Landesrecht
Freistaat Bayern

Bayerisches Baurecht

mit Bauplanungsrecht, Rechtsschutz sowie Raumordnungs- und Landesplanungsrecht

3. Auflage

von

Dr. Andreas Decker
Richter am Bayerischen Verwaltungsgerichtshof
Nebenamtlicher Arbeitsgemeinschaftsleiter
bei der Regierung von Oberbayern
Lehrbeauftragter an der Ludwigs-Maximilians-Universität
München
Prüfer im ersten juristischen Staatsexamen

Christian Konrad
Regierungsdirektor
Ehemaliger nebenamtlicher Arbeitsgemeinschaftsleiter
bei der Regierung von Oberbayern
Repetitor

Verlag C. H. Beck München 2011

www.beck.de

ISBN 978 3 406 62804 7

© 2012 Verlag C. H. Beck oHG
Wilhelmstraße 9, 80801 München
Druck und Bindung: Nomos Verlagsgesellschaft
In den Lissen 12, 76547 Sinzheim

Satz: jürgen ullrich typosatz, Nördlingen

Gedruckt auf säurefreiem, alterungsbeständigem Papier
(hergestellt aus chlorfreiem Zellstoff)

Vorwort zur 3. Auflage

Aufgrund der überaus positiven Aufnahme unseres Werkes, für die wir uns an dieser Stelle ganz herzlich bedanken möchten, ist es erforderlich, schon nach vergleichsweise kurzer Zeit mit einer Neuauflage zu erscheinen. Im Unterschied zur Vorauflage hat sich diesmal allerdings sowohl der Bundesgesetzgeber im Bereich des BauGB (anders in den in das öffentliche Baurecht hinein spielenden Materien des Raumordnungsrechts [ROG; siehe Kapitel 5], des Naturschutzrechts [BNatSchG] und des Wasserrechts [WHG]) als auch der Landesgesetzgeber in Bezug auf die BayBO (mit Ausnahme der Folgeänderungen zum BNatSchG im BayNatSchG bzw. zum WHG im BayWG) weitgehend Zurückhaltung verordnet. Änderungen sind zwar erfolgt. Diese weisen aber überwiegend nur geringe Examensrelevanz auf. So hatten Rechtsprechung, Literatur und Praxis die Möglichkeit, das neue Recht zu erproben, dieses zu konsolidieren, Lücken und ggf. neue Lösungswege aufzuzeigen. Unabhängig davon sind aber auch neue Themen entstanden. Im Bereich des Bauordnungsrechts wären hier vor allem die Auslegung und Anwendung des Art. 68 Abs. 1 S. 1 HS. 2 BayBO, die Behandlung bloßer Nutzungsunterbrechungen oder auch sog. „Schrottimmobilien" zu nennen; im Bereich des Bauplanungsrechts standen Probleme mit zentralen Versorgungsbereichen oder auch der interkommunalen Abstimmung im Vordergrund.

Vorstehend dargestellte Entwicklung machte es erforderlich, das Werk grundlegend zu überarbeiten und an neue Tendenzen in Rechtsprechung und Literatur anzupassen. Es versteht sich dabei von selbst, dass die seit dem Abschluss der 2. Auflage ergangene Rechtsprechung und Literatur, soweit sie Examensrelevanz besitzt, Eingang in die Neuauflage gefunden hat. Das Werk befindet sich jetzt auf dem Rechtsstand Anfang September 2011. Das während der Manuskriptabgabe und der Drucklegung des vorliegenden Werkes verkündete und am 30. 7. 2011 in Kraft getretene Gesetz zur Förderung des Klimaschutzes bei der Entwicklung in den Städten und Gemeinden vom 22. 7. 2011 (BGBl. I S. 1509) konnte noch eingearbeitet werden.

Gerne haben wir für die 3. Auflage auch die uns übermittelten Anregungen und Verbesserungsvorschläge geprüft und soweit erforderlich im Werk berücksichtigt. Wo Klarstellungen erforderlich waren, sind diese erfolgt. Von daher möchten wir nochmals alle Leser des Werkes ermuntern, sich auch zukünftig mit Fragen und Bedenken sowie Kritik und Verbesserungsvorschlägen an den Verlag oder die Autoren zu wenden, an Herrn Dr. Decker gerne auch per E-Mail (info@richter-decker.de). Wie bisher wird Herr Dr. Decker, soweit dies erforderlich erscheint, auf seiner Website (www.andreas-decker.de) auf aktuelle Änderungen in Gesetzgebung und/oder Rechtsprechung (kostenlos) hinweisen. So kann das Werk ohne großen Aufwand stets auf dem aktuellen Stand gehalten werden.

Gilching/Bad-Tölz im September 2011

Dr. Andreas Decker   *Christian Konrad*

Vorwort zur 1. Auflage

Mit dem vorliegenden Buch soll in der bewährten C.H. Beck-Reihe „Landesrecht Freistaat Bayern" sowohl Studenten wie auch Referendaren das äußerst prüfungs- und klausurrelevante öffentliche Baurecht näher gebracht und vermittelt werden.

Dabei wird entsprechend der „Philosophie" dieser Lehr- und Lernbuchreihe ausgehend vom Landesrecht – der Bayerischen Bauordnung – das öffentliche Baurecht systematisch aufgearbeitet und mit Beispielen unterlegt, um die nicht immer einfach zu verstehende Materie verständlich zu machen. Dabei wird, eine Selbstverständlichkeit, das Zusammenspiel von Bauordnungs- und Bauplanungsrecht eingehend behandelt und auch die Verbindungen zu anderen, insoweit prüfungsrelevanten Rechtsbereichen, wie dem Raumordnungs- und Landesplanungsrecht, dem Kommunalrecht, dem Abgrabungsrecht und nicht zuletzt dem Verfassungsrecht, dargestellt. „Standardprobleme" des öffentlichen Baurechts, die in Klausuren regelmäßig zu behandeln sind, werden genauso hervorgehoben, wie neue Rechtsentwicklungen. Um ein sichereres Gefühl bei Klausurenlösungen zu bekommen, werden Aufbauschemata für unterschiedliche Klausursituationen angeboten, die allerdings nicht unbesehen verwendet werden sollten.

Durch ihre langjährige Erfahrung als Leiter von Arbeitsgemeinschaften für Rechtsreferendare im öffentlichen Recht, sowie als Repetitor bzw. Lehrbeauftragter und infolge ihrer bisherigen Veröffentlichungstätigkeit in diesem Bereich hoffen die Autoren mit diesem Buch einen Beitrag dazu leisten zu können, das öffentliche Baurecht für die Klausurlösung transparenter zu machen.

Gesetzgebung, Rechtsprechung und Literatur sind bis einschließlich Dezember 2001 berücksichtigt. Bereits eingearbeitet ist das Gesetz zur Umsetzung der UVP-Änderungsrichtlinie, der IVU-Richtlinie und weiterer EG-Richtlinen zum Umweltschutz vom 27. Juli 2001, BGBl. I S. 1950 [2013 ff.].

Anregungen, Verbesserungsvorschläge und Hinweise auf mögliche Ungenauigkeiten werden gerne entgegengenommen.

Das Buch ist unseren Familien gewidmet. Ihnen möchten wir dafür danken, dass sie die Erstellung des Buches mit großem Verständnis und großer Geduld begleitet haben.

Dr. Andreas Decker *Christian Konrad*

Inhaltsübersicht

Kapitel I. Allgemeine Einführung	1
Kapitel II. Bauordnungsrecht – BayBO	21
Teil 1. Geschichte der BayBO	21
Teil 2. Einführung, Begriffsbestimmungen, staatliche Organisation	23
Teil 3. Ablauf eines Baugenehmigungsverfahrens	39
Teil 4. Gestattungsformen nach der BayBO	50
Teil 5. Das genehmigungspflichtige Vorhaben	68
Teil 6. Prüfungsmaßstab im Baugenehmigungsverfahren	86
Teil 7. Die materiellen Anforderungen des Bauordnungsrechts	94
Teil 8. Die bauaufsichtlichen Eingriffsbefugnisse	125
Kapitel III. Bauplanungsrecht	157
Teil 1. Bauleitplanung	157
Teil 2. Städtebaulicher Vertrag, § 11 BauGB	252
Teil 3. Sicherung der Bauleitplanung	258
Teil 4. Bauplanungsrechtliche Zulässigkeit von Vorhaben	274
Kapitel IV. Rechtsschutz im Baurecht	329
Kapitel V. Landesplanungsrecht	359
Stichwortverzeichnis	367

Inhaltsverzeichnis

	Seite
Abkürzungs- und Literaturverzeichnis	XXI

Kapitel I. Allgemeine Einführung

A. Die Bedeutung des Baurechts in der Praxis, in Ausbildung und Examen	1
B. Verfassungsrechtliche Bezüge des Baurechts	3
I. Gesetzgebungskompetenzen	3
1. Einführung	3
2. Abgrenzung von Bundesbaurecht und Landesbaurecht	4
3. Raumordnungsrecht	7
II. Baurecht und Grundrechte	7
1. Art. 14 GG, Art. 2 Abs. 1 GG	7
a) Baufreiheit	7
b) Bestandsschutz	9
aa) Vorbemerkung	9
bb) Rechtliche Grundlagen des Bestandsschutzes	10
cc) Voraussetzungen des Bestandsschutzes	11
dd) Reichweite des formellen Bestandsschutzes	12
ee) Reichweite des passiven Bestandsschutzes	13
ff) Reichweite des aktiven Bestandsschutzes	14
gg) Bestandsschutz für Nutzungen	15
hh) Ende des Bestandsschutzes	17
ii) Beweislast für den Bestandsschutz	18
2. Art. 13 GG, Art. 106 Abs. 3 BV	19
3. Art. 3 Abs. 1 GG	20

Kapitel II. Bauordnungsrecht – BayBO

Teil 1. Geschichte der BayBO

Teil 2. Einführung, Begriffsbestimmungen, staatliche Organisation

A. Aufbau der BayBO	23
B. Anwendungsbereich	23
C. Begriffsbestimmungen	24
I. Vorbemerkung	24
II. Das (Bau-)Grundstück	24
III. Bauliche Anlage (Art. 2 Abs. 1 BayBO)	25
1. Vorbemerkung	25
2. Bauliche Anlage nach Satz 1	25
a) Mit dem Erdboden verbunden	25
b) Aus Bauprodukten hergestellt	26
3. Werbeanlage nach Satz 2	27
4. Fingierte bauliche Anlage nach Satz 3	28
5. Beispiele für bauliche Anlagen	29

		Seite

      6. Legaldefinition der Anlage (Abs. 1 Satz 4) 30
   IV. Gebäude (Art. 2 Abs. 2 BayBO) 31
   V. Einteilung der Gebäude in Gebäudeklassen (Art. 2 Abs. 3 BayBO) 32
   VI. Sonderbauten (Art. 2 Abs. 4 BayBO) 33
   VII. Vollgeschosse (Art. 2 Abs. 5 BayBO 1998) 33
   VIII. Begriffsdefinitionen in Art. 2 Abs. 5 bis 9 BayBO 33
   IX. Bauprodukte, Bauart (Art. 2 Abs. 10, Abs. 11 BayBO) 35
D. Die staatliche Organisation des Bauordnungsrechts 35
   I. Bauaufsichtsbehörden 35
   II. Große und kleine Delegation 36
   III. Schaubild 37
E. Die am Baugenehmigungsverfahren Beteiligten 37
   I. Einführung 37
   II. Bauherr (Art. 50 BayBO) 38
   III. Entwurfsverfasser (Art. 51 BayBO) 38
   IV. Unternehmer (Art. 52 BayBO) 39

Teil 3. Ablauf eines Baugenehmigungsverfahrens

A. Erarbeitung des Bauantrages 39
B. Beteiligung des Nachbarn Art. 66 BayBO 41
   I. Einführung 41
   II. Der Nachbarbegriff 42
   III. Bedeutung der Zustimmung, Widerrufbarkeit 43
      1. Zustimmung, Wirksamkeit der Zustimmung, Widerrufbarkeit 44
      2. Verweigerung der Unterschrift 45
   IV. Verstoß gegen Art. 66 BayBO 45
C. Verfahren bei der Gemeinde 46
D. Verfahren bei der Baugenehmigungsbehörde 47
E. Abschluss des Verfahrens durch Entscheidung über den Bauantrag 49
F. Baugenehmigungsverfahren und Nachbarschutz 49

Teil 4. Gestattungsformen nach der BayBO

A. Baugenehmigung 50
   I. Vorbemerkung 50
   II. Wirkungen der Baugenehmigung, Geltungsdauer 51
      1. Wirkungen 51
      2. Geltungsdauer 55
   III. Verfahren und Form der Baugenehmigung 55
   IV. Sonderfall: Die sog. Tekturgenehmigung 57
B. Vorbescheid 58
   I. Grundsätze 58
   II. Verhältnis Vorbescheid und nachfolgende Baugenehmigung 61
   III. Änderungen der Sach- und Rechtslage 64
C. Teilbaugenehmigung (Art. 70 BayBO) 65
D. Isolierte Abweichung (Art. 63 Abs. 3 BayBO) 65
E. Verlängerungsmöglichkeit (Art. 69 Abs. 2 BayBO) 67

Teil 5. Das genehmigungspflichtige Vorhaben

A. Einführung 68
B. Genehmigungspflichtigkeit nach Art. 55 Abs. 1 BayBO 68
   I. Vorbemerkung 68

Inhaltsverzeichnis XI

	Seite
II. Begriffsbestimmungen	69
III. Ausnahmen von der Genehmigungspflicht (Art. 55 Abs. 1 HS. 2 BayBO)	70
C. Vorrang anderer Gestattungsverfahren (Art. 56 BayBO)	70
1. Vorbemerkung	70
2. Anlagen nach Wasserrecht (Art. 56 S. 1 Nr. 1 BayBO)	71
3. Anlagen nach dem BayAbgrG (Art. 56 S. 1 Nr. 2 BayBO)	73
4. Die übrigen Kollisionstatbestände des Art. 56 S. 1 BayBO	73
D. Verfahrensfreiheit gemäß Art. 57 BayBO	73
I. Vorbemerkung	73
II. Verfahrensfreie Bauvorhaben nach Art. 57 Abs. 1, Abs. 2 BayBO	74
1. Verfahrensfreiheit von Gebäuden (Art. 57 Abs. 1 Nr. 1 BayBO)	75
2. Verfahrensfreiheit von Energiegewinnungsanlagen (Art. 57 Abs. 1 Nr. 3 BayBO)	76
3. Verfahrensfreiheit von Masten, Antennen und ähnlichen Anlagen (Art. 57 Abs. 1 Nr. 5 BayBO)	76
4. Verfahrensfreiheit von Mauern und Einfriedungen (Art. 57 Abs. 1 Nr. 7 BayBO)	77
5. Verfahrens-/Genehmigungsfreiheit von Aufschüttungen (Art. 57 Abs. 1 Nr. 9 BayBO) und Abgrabungen (Art. 6 Abs. 2 S. 1 Nr. 1 BayAbgrG)	78
6. Verfahrensfreiheit bestimmter tragender und nichttragender Bauteile sowie tragender oder aussteifender Bauteile in Wohngebäuden (Art. 57 Abs. 1 Nr. 11 BayBO)	79
7. Verfahrensfreiheit unbedeutender baulicher Anlagen (Art. 57 Abs. 1 Nr. 17e BayBO)	79
8. Verfahrensfreiheit nach Art. 57 Abs. 2 BayBO	79
III. Die verfahrensfreie Nutzungsänderung (Art. 57 Abs. 4 BayBO)	80
E. Genehmigungsfreistellung nach Art. 58 BayBO	81
1. Einführung	81
2. Verfahren der Genehmigungsfreistellung	82
3. Voraussetzungen der Genehmigungsfreistellung	82
4. Rechtsfolgen	84
5. Nachbarschutz im Genehmigungsfreistellungsverfahren	84
F. Die Sonderregelungen in Art. 72, 73 BayBO	86
I. Fliegende Bauten (Art. 72 BayBO)	86
II. Bauaufsichtliche Zustimmung (Art. 73 BayBO)	86

Teil 6. Prüfungsmaßstab im Baugenehmigungsverfahren

A. Einführung	86
B. Die einzelnen Verfahrensarten	87
I. Genehmigungsfreistellung (Art. 58 BayBO)	87
II. Anzeigeverfahren (Art. 57 Abs. 5 S. 2 BayBO)	87
III. Zustimmungsverfahren (Art. 73 BayBO)	87
IV. Vereinfachtes Genehmigungsverfahren (Art. 59 BayBO)	87
1. Grundsatz	87
2. Pflichtprüfprogramm/Ermessensprüfprogramm	89
3. Folgen des eingeschränkten Prüfprogrammes	93
V. „Normales" Genehmigungsverfahren gemäß Art. 60 BayBO	94

Teil 7. Die materiellen Anforderungen des Bauordnungsrechts   Seite

A. Allgemeine Anforderungen an bauliche Anlagen (Art. 3 BayBO) 94
B. Das Grundstück und seine Bebauung 95
    I. Bebauung der Grundstücke mit Gebäuden (Art. 4 BayBO) 95
       1. Grundstücksbegriff 95
       2. Geeignetheit des Grundstücks (Art. 4 Abs. 1 Nr. 1 BayBO) 95
       3. Ausreichend sichere Zufahrt zum Grundstück (Art. 4 Abs. 1 Nr. 2 BayBO) 96
       4. Ausnahmen nach Art. 4 Abs. 2, Abs. 3 BayBO 97
       5. Nachbarschutz 97
    II. Zugänge und Zufahrten auf den Grundstücken (Art. 5 BayBO) 98
    III. Abstandsflächen (Art. 6 BayBO) 98
       1. Zweck der Regelung 98
       2. Abstandsflächenrechtlich bedeutsame Maßnahmen 98
       3. Systematik des Abstandsflächenrechts 100
       4. Grundbegriffe des Abstandsflächenrechts 100
       5. Erforderlichkeit einer Abstandsfläche 104
       6. Verhältnis des Abstandsflächenrechts zum Bauplanungsrecht 104
       7. Lage der Abstandsflächen 106
       8. Tiefe der Abstandsfläche 108
          a) Grundsatz 108
          b) Das sog. 16-Meter-Privileg (Art. 6 Abs. 6 BayBO) 109
          c) Art. 6 Abs. 7 BayBO 111
          d) Örtliche Bauvorschrift 112
       9. Nachbarschutz 112
    IV. Art. 8 bis Art. 46 BayBO 112
    V. Stellplätze (Art. 47 BayBO) 112
    VI. Barrierefreies Bauen (Art. 48 BayBO) 114
C. Örtliche Bauvorschriften (Art. 81 BayBO) 115
    I. Einführung 115
    II. Verfahren zum Erlass einer örtlichen Bauvorschrift 116
       1. Vorbemerkung 116
       2. Das Verfahren im Einzelnen 116
          a) Ordnungsgemäße Beschlussfassung durch das hierfür zuständige Organ 116
          b) Wahrung staatlicher Mitwirkungsrechte 117
          c) Ausfertigung 117
          d) Bekanntmachung 117
    III. Materielle Anforderungen an örtliche Bauvorschriften 118
       1. Vorbemerkung 118
       2. Die einzelnen Satzungsermächtigungen 119
          a) Schutz- und Gestaltungssatzungen (Art. 81 Abs. 1 Nr. 1 BayBO) 119
          b) Satzungen über das Verbot von Werbeanlagen (Art. 81 Abs. 1 Nr. 2 BayBO) 120
          c) Satzungen über die Lage, Größe, Beschaffenheit, Ausstattung und Unterhaltung von Kinderspielplätzen (Art. 81 Abs. 1 Nr. 3 BayBO) 121
          d) Satzungen über Zahl, Größe und Beschaffenheit der Stellplätze für Kraftfahrzeuge etc. (Art. 81 Abs. 1 Nr. 4 BayBO) 121
          e) Satzungen über Einfriedungen (Art. 81 Abs. 1 Nr. 5 BayBO) 122
          f) Abstandsflächensatzungen (Art. 81 Abs. 1 Nr. 6 BayBO) 122

Inhaltsverzeichnis XIII

Seite

    IV. Örtliche Bauvorschriften als Teil eines Bebauungsplanes etc. (Art. 81 Abs. 2 BayBO) 123
    V. Örtliche Bauvorschriften und Nachbarschutz 123
D. Abweichungen nach Art. 63 BayBO 124

Teil 8. Die bauaufsichtlichen Eingriffsbefugnisse

A. Einführung 125
B. Die bauaufsichtlichen Eingriffsbefugnisse 126
    I. Zuständigkeit der Bauaufsichtsbehörde 126
    II. Aufgabe der Bauaufsichtsbehörde 127
    III. Die Befugnisse für die Bauaufsichtsbehörde 127
        1. Vorbemerkung 127
        2. Einzelne Spezialbefugnisse in der BayBO, soweit sie examensrelevant sind 128
        3. Anordnungen nach Art. 54 Abs. 4 BayBO 131
            a) Anwendungsbereich/Konkurrenzen 131
            b) Voraussetzungen 132
            c) Ermessen 133
            d) Sofortvollzug 133
        4. Baueinstellung nach Art. 75 BayBO 133
            a) Einführung 133
            b) Die Baueinstellungsverfügung nach Art. 75 Abs. 1 BayBO 134
                aa) Tatbestandliche Voraussetzungen 134
                bb) Ermessen der Bauaufsichtsbehörde 137
            c) Versiegelung (Art. 75 Abs. 2 BayBO) 138
            d) Anordnung der sofortigen Vollziehung 138
        5. Baubeseitigung (Art. 76 S. 1 BayBO) 139
            a) Einführung 139
            b) Tatbestandliche Voraussetzungen 140
                aa) Anlagen, die errichtet oder geändert werden 140
                bb) Widerspruch zu öffentlich-rechtlichen Vorschriften 141
                cc) Keine Herstellung rechtmäßiger Zustände 143
            c) Ermessen 143
            d) Anordnung der sofortigen Vollziehung 145
        6. Nutzungsuntersagung (Art. 76 S. 2 BayBO) 146
            a) Vorbemerkung 146
            b) Tatbestandliche Voraussetzungen 147
                aa) Nutzung von Anlagen 147
                bb) Im Widerspruch zu öffentlich-rechtlichen Vorschriften 147
            c) Ermessen 147
            d) Anordnung der sofortigen Vollziehung 148
    IV. Richtung der Maßnahme 149
C. Anspruch auf bauaufsichtsrechtliches Einschreiten 150
    I. Grundsätze 150
    II. Sonderfall: Anspruch der Gemeinde als örtlicher Planungsträger auf bauaufsichtsrechtliches Einschreiten 154

Kapitel III. Bauplanungsrecht

Teil 1. Bauleitplanung

A. Einführung 157
   I. Vorbemerkung 157
   II. Bauleitpläne 158
B. Das Verfahren zur Bauleitplanung 162
   I. Vorbemerkung 162
      1. Allgemeines zum Verfahren 162
      2. Die Systematik der §§ 214 f. BauGB 163
      3. Die Einschaltung eines Dritten nach § 4b BauGB 164
      4. Monitoring (§ 4c BauGB) 165
   II. Das Verfahren zur Bauleitplanung im Einzelnen (zugleich Prüfungsschema) 165
      1. Verfahrensrechtliche Anforderungen nach dem BauGB 165
         a) Aufstellungsbeschluss 165
         b) Ortsübliche Bekanntmachung des Aufstellungsbeschlusses 166
         c) Beteiligung der Öffentlichkeit 167
            aa) Vorbemerkung 167
            bb) Frühzeitige (vorgezogene) Öffentlichkeitsbeteiligung nach § 3 Abs. 1 BauGB 167
            cc) Förmliche Öffentlichkeitsbeteiligung nach § 3 Abs. 2 BauGB ... 168
         d) Beteiligung der Behörden und der sonstigen Träger öffentlicher Belange nach § 4 BauGB 175
            aa) Einführung 175
            bb) Ausgestaltung der Trägerbeteiligung 175
               (1) Frühzeitige Behördenbeteiligung (sog. Scoping) 175
               (2) Förmliche Behördenbeteiligung 176
            cc) Beachtlichkeit der Stellungnahme, Präklusion 177
            dd) Änderung oder Ergänzung des Entwurfs 177
            ee) Fehlerfolge 177
         e) Grenzüberschreitende Beteiligung nach § 4a Abs. 5 BauGB 177
         f) Bekanntmachung des Ergebnisses der Prüfung der Einwendungen ... 178
         g) Umweltprüfung 179
         h) Beschluss über den Bauleitplan 180
         i) Genehmigung des Bauleitplans 180
            aa) Vorbemerkung 180
            bb) Flächennutzungsplan 181
            cc) Bebauungsplan 182
            dd) Sonderproblem: sog. Beitrittsbeschluss 183
            ee) Zeitpunkt der Genehmigung 183
         j) Bekanntmachung des Bauleitplans 184
            aa) Flächennutzungsplan 184
            bb) Bebauungsplan 184
            cc) Bekanntmachung als maßgebliches Ereignis für die §§ 214 f. BauGB 186
            dd) Fehler bei der Bekanntmachung 186
      2. Verfahrensfehler nach Landesrecht 187
         a) Vorbemerkung 187
         b) Verfahrensfehler bei Beschlüssen 187
            aa) Funktionale Zuständigkeit 187
            bb) Persönliche Beteiligung nach Art. 49 GO 188
            cc) Konsequenzen für die einzelnen Beschlüsse 189

	Seite
(1) Aufstellungsbeschluss	189
(2) Auslegungsbeschluss und Einwendungsprüfungsbeschluss	189
(3) Beschluss des Bauleitplans	189
c) Fehler bei der Ausfertigung	189
d) Verfahrensfehler bei der Bekanntmachung nach Art. 26 Abs. 2 GO i. V. m. BekV	190
e) Heilungsmöglichkeit nach § 214 Abs. 4 BauGB	191
III. Erreichen des Verfahrenszwecks (§ 2 Abs. 3 BauGB)	191
C. Materiell-rechtliche Anforderungen an die Bauleitplanung	194
I. Einführung	194
II. Gemeinsame materiell-rechtliche Anforderungen an den Flächennutzungsplan und an den Bebauungsplan	194
1. Erforderlichkeit der Bauleitplanung (§ 1 Abs. 3 BauGB)	194
2. Anpassung an die Ziele der Raumordnung (§ 1 Abs. 4 BauGB)	198
3. Kein Verstoß gegen sonstiges zwingendes Bundesrecht	200
4. Abwägungsgebot, § 1 Abs. 7 BauGB	201
a) Vorbemerkung	201
b) Die vier Stufen der Abwägung	203
aa) Abwägungsausfall	203
bb) Abwägungsdefizit	203
(1) Einführung	203
(2) Öffentliche Belange	204
(3) Die besonderen öffentlichen Belange des § 1 Abs. 6 Nr. 7 BauGB i. V. m. § 1a Abs. 3 BauGB	206
(4) Private Belange	209
(5) Auszuscheidende Belange	210
cc) Abwägungsdisproportionalität der 1. Stufe	210
dd) Abwägungsdisproportionalität der 2. Stufe	211
ee) Besondere Teilaspekte der Abwägung bei Bebauungsplänen	
(1) Abwägungsbereitschaft, Planung nach vollendeten Tatsachen, Vorwegbindung	211
(2) Grundsatz der Konfliktbewältigung	212
(3) Der sog. Trennungsgrundsatz	213
(4) Die interkommunale Abstimmung (§ 2 Abs. 2 BauGB)	214
ff) Fehlerfolge	217
III. Besondere materiell-rechtliche Anforderungen an den Flächennutzungsplan	219
IV. Besondere materiell-rechtliche Anforderungen an den Bebauungsplan	224
1. Entwicklungsgebot (§ 8 Abs. 2–Abs. 4 BauGB)	224
a) Grundsatz (§ 8 Abs. 2 S. 1 BauGB)	224
b) Selbständiger Bebauungsplan (§ 8 Abs. 2 S. 2 BauGB)	225
c) Parallelverfahren (§ 8 Abs. 3 BauGB)	225
d) Vorzeitiger Bebauungsplan (§ 8 Abs. 4 BauGB)	225
2. Die Festsetzungsmöglichkeiten nach § 9 BauGB	226
a) Vorbemerkung	226
b) Die Regelungen in § 9 Abs. 1 bis Abs. 3 BauGB	227
c) Auf Landesrecht beruhende Regelungen (§ 9 Abs. 4 BauGB)	232
d) Kennzeichnung und nachrichtliche Übernahme (§ 9 Abs. 5, Abs. 6 BauGB)	233
e) Begründung mit den Angaben nach § 2a BauGB (§ 9 Abs. 8 BauGB)	233

		Seite
	f) Beispiel für einen Bebauungsplan	236
D.	Rechtsfolge von Fehlern in der Bauleitplanung	237
	I. Vorbemerkung	237
	II. (Teil-)Unwirksamkeit	237
	III. Das ergänzende Verfahren nach § 214 Abs. 4 BauGB	238
E.	Das vereinfachte Verfahren nach § 13 BauGB	240
	I. Vorbemerkung	240
	II. Voraussetzungen für das vereinfachte Verfahren	241
	1. Vorbemerkung	241
	2. Zulässigkeit des vereinfachten Verfahrens	241
	3. Kein Ausschlussgrund	243
	III. Rechtsfolge des § 13 BauGB	244
	IV. Fehlerfolge im Rahmen von § 13 BauGB	244
F.	Das beschleunigte Verfahren nach § 13 a BauGB	246
	I. Vorbemerkung	246
	II. Anwendungsbereich des Bebauungsplanes der Innenentwicklung	246
	III. Zulässigkeit eines Bebauungsplanes der Innenentwicklung	247
	1. Grundflächenbegrenzung (§ 13 a Abs. 1 S. 2 und S. 3 BauGB)	247
	2. Ausschlussgründe	247
	IV. Verfahren	248
	V. Rechtsfolgen (Abs. 2)	248
	VI. Änderung und Ergänzung eines Bebauungsplans (Abs. 4)	249
	VII. Fehlerfolge im Rahmen von § 13 a BauGB	249
G.	Der vorhabenbezogene Bebauungsplan (§ 12 BauGB)	250
H.	Außerkrafttreten von Flächennutzungsplan und Bebauungsplan	250

Teil 2. Städtebaulicher Vertrag, § 11 BauGB

A.	Bedeutung	252
B.	Arten städtebaulicher Verträge	252
	I. § 11 Abs. 1 S. 2 Nr. 1 BauGB	252
	II. § 11 Abs. 1 S. 2 Nr. 2 BauGB	253
	III. § 11 Abs. 1 S. 2 Nr. 3 BauGB	254
	IV. § 11 Abs. 1 S. 2 Nr. 4 BauGB	255
	V. § 11 Abs. 1 S. 2 Nr. 5 BauGB	255
C.	Rechtsnatur städtebaulicher Verträge	255
D.	Wirksamkeitsvoraussetzungen, § 11 Abs. 2, Abs. 3 BauGB	256
E.	Leistungsstörungen und Fehlerfolgen	257
F.	Andere städtebauliche Verträge	258

Teil 3. Sicherung der Bauleitplanung

A.	Veränderungssperre, §§ 14, 16–18 BauGB	259
	I. Voraussetzungen	259
	1. Formelle Voraussetzungen	259
	2. Materielle Voraussetzungen	260
	II. Inhalt und Folgen der Veränderungssperre	261
	III. Bestandsschutz	262
	IV. Geltungsdauer einer Veränderungssperre	263
	V. Entschädigung	264
B.	Zurückstellung von Baugesuchen	265
	I. Verhältnis zur Veränderungssperre	265
	II. Verfahren	265

	Seite
III. Rechtsschutz	266
IV. Vorläufige Untersagung des Bauvorhabens	267
C. Sicherung von Gebieten mit Fremdenverkehrsfunktion, § 22 BauGB	268
I. Inhalt und Voraussetzungen	268
II. Verfahren	270
III. Folgen für das Grundbuchamt	271
IV. Rechtsschutz	271
D. Gemeindliche Vorkaufsrechte, §§ 24–28 BauGB	271
I. Arten	271
II. Gründe des Wohls der Allgemeinheit	272
III. Ausübung des Vorkaufsrechts	272
IV. Rechtsweg bei Streitigkeiten im Zusammenhang mit dem Vorkaufsrecht	274

Teil 4. Bauplanungsrechtliche Zulässigkeit von Vorhaben (§§ 29–38 BauGB)

A. Vorhabensbegriff, § 29 Abs. 1 BauGB	274
B. Fachplanungsvorbehalt, § 38 BauGB	276
C. Die planungsrechtlichen Bereiche	279
I. Geltungsbereich eines Bebauungsplans, § 30 BauGB	280
1. Qualifizierter Bebauungsplan gemäß § 30 Abs. 1 BauGB	280
a) Charakterisierung	280
b) Nachbarschutz	281
c) Ausnahmen und Befreiungen, § 31 BauGB	283
2. Vorhabenbezogener Bebauungsplan, § 30 Abs. 2 BauGB	286
3. Einfacher Bebauungsplan, § 30 Abs. 3 BauGB	288
II. Innenbereich des § 34 BauGB	288
1. Unbeplanter Innenbereich i. S. v. § 34 Abs. 1 BauGB	288
a) Bebauungszusammenhang und Ortsteil	288
b) „Innenbereichssatzungen", § 34 Abs. 4 BauGB	290
c) „Einfügen"	293
d) Sonstige Anforderungen des § 34 Abs. 1 BauGB	296
e) Nachbarschutz	296
III. Außenbereich nach § 35 BauGB	296
1. Privilegierte Vorhaben gemäß § 35 Abs. 1 BauGB	297
a) Land- und forstwirtschaftlicher Betrieb	297
b) § 35 Abs. 1 Nr. 2 BauGB	300
c) Öffentliche Versorgungseinrichtungen und ortsgebundene gewerbliche Betriebe	300
d) Auffangtatbestand des § 35 Abs. 1 Nr. 4 BauGB	301
e) § 35 Abs. 1 Nr. 5 BauGB	302
f) § 35 Abs. 1 Nr. 6 BauGB	302
g) § 35 Abs. 1 Nr. 7 BauGB	302
h) § 35 Abs. 1 Nr. 8 BauGB	302
2. Sonstige Vorhaben nach § 35 Abs. 2 BauGB	303
3. Öffentliche Belange gemäß § 35 Abs. 3 BauGB	303
a) Darstellungen des Flächennutzungsplans	304
b) Schädliche Umwelteinwirkungen	304
c) Splittersiedlung	308
d) § 35 Abs. 3 S. 1 Nr. 5 BauGB	309
e) § 35 Abs. 3 S. 1 Nr. 2 BauGB	309
f) § 35 Abs. 3 S. 1 Nr. 4 BauGB	310

Seite

        g) § 35 Abs. 3 S. 1 Nr. 6 BauGB 310
        h) § 35 Abs. 3 S. 1 Nr. 8 BauGB 310
        i) § 35 Abs. 3 S. 2 Hs. 1 BauGB 310
        j) § 35 Abs. 3 S. 3 BauGB 310
        k) Ungeschriebene öffentliche Belange 311
     4. Teilprivilegierte Vorhaben gemäß § 35 Abs. 4 BauGB 312
        a) Nutzungsänderung landwirtschaftlicher Gebäude 313
        b) Ersatzbau 314
        c) Wiedererrichtung eines Gebäudes 314
        d) Besonders erhaltenswerte Gebäude 315
        e) Erweiterung von Wohngebäuden 315
        f) Erweiterung von Gewerbebetrieben 316
     5. Außenbereichssatzung gemäß § 35 Abs. 6 BauGB 316
     6. Erschließung 317
     7. Nachbarschutz 317
D. Einvernehmen, § 36 BauGB 319
     1. Bedeutung und Rechtsnatur des Einvernehmens 319
     2. Anwendungsbereich 319
     3. Zuständigkeit 320
     4. Wirkung und Ersetzung des Einvernehmens 321
     5. Rechtsschutz der Gemeinde 322
     6. Einvernehmensfiktion 323
E. Bauliche Maßnahmen des Bundes und der Länder nach § 37 BauGB 324
Anhang: Schema für die Prüfung der planungsrechtlichen Zulässigkeit eines Bauvorhabens 326

Kapitel IV. Rechtsschutz im Baurecht

A. Gerichtlicher Rechtsschutz in der Hauptsache 329
   I. Rechtsschutz des Bauherrn bei Versagung einer bauaufsichtlichen Genehmigung 329
   II. Rechtsschutz des Bauherrn gegen Nebenbestimmungen 333
   III. Rechtsschutz des Bauherrn gegenüber einer bauaufsichtlichen Maßnahme 334
   IV. Nachbarrechtsschutz 335
     1. Begriff des Nachbarn im öffentlichen Baurecht 335
     2. Prozessuale Durchsetzung eines Genehmigungsabwehranspruchs .. 336
        a) Verwaltungsprozessualer Rechtsbehelf 336
        b) Klagebefugnis 337
           aa) Klausurrelevante nachbarschützende Regelungen des Bauplanungsrechts 337
              (1) Sog. „Gebietserhaltungsanspruch" 337
              (2) Gebot der Rücksichtnahme 338
           bb) Klausurrelevante nachbarschützende Normen des Bauordnungsrechts 341
              (1) Abstandsflächen, Art. 6 BayBO 341
              (2) Stellplatzregelungen, Art. 47 BayBO 341
              (3) Abweichungen, Art. 63 BayBO 341
     3. Reichweite des nachbarlichen Abwehranspruchs 342
     4. Prüfungsumfang in der Begründetheit der Nachbarklage 343
     5. Zeitpunkt der maßgeblichen Sach- und Rechtslage für die Entscheidung durch das Verwaltungsgericht 343

	Seite
6. Beiladung	343
7. Geltendmachung eines nachbarlichen Anspruchs auf bauaufsichtliches Einschreiten (repressiver Nachbarschutz)	344
a) bei (klassischen) „Schwarzbauten"	344
b) bei genehmigungsfreigestellten Vorhaben	345
8. Verhältnis zum zivilrechtlichen Nachbarschutz	345
V. Rechtsschutz der Gemeinden	346
1. Genehmigungsabwehranspruch von Gemeinden gegenüber bauaufsichtlichen Genehmigungen	346
2. Geltendmachung eines Anspruchs einer Gemeinde zum Schutz ihrer Planungshoheit	347
3. Gemeindlicher Rechtsschutz gegenüber Bebauungsplänen anderer Gemeinden	347
VI. Normenkontrolle, § 47 VwGO	348
1. Charakterisierung	348
2. Zulässigkeit der Normenkontrolle	348
3. Begründetheit der Normenkontrolle	349
4. Normenkontrollentscheidung	351
5. Normenkontrolle gegen örtliche Bauvorschriften	352
B. Vorläufiger Rechtsschutz	353
I. Vorläufiger Rechtsschutz bei Genehmigungsabwehransprüchen von Nachbarn	353
II. Vorläufiger Rechtsschutz des Bauherrn	355
III. Vorläufiger Rechtsschutz im Zusammenhang mit bauaufsichtlichem Einschreiten	355
1. durch den Bauherrn	355
2. durch den Nachbarn, der bauaufsichtliches Einschreiten begehrt	356
IV. „Faktischer" Vollzug	357
C. Verfassungsrechtliche Rechtsbehelfe	358

Kapitel V. Landesplanungsrecht

A. Gesetzliche Grundlagen	359
B. Aufgabe der Raumordnung	360
C. Landesplanung im Einzelnen	360
I. Aufgabe und Zuständigkeit	360
II. Regionaler Planungsverband	361
III. Instrumente der Landesplanung	361
1. Landesentwicklungsprogramm	361
2. Regionalplan	362
3. Verhältnis zur Bauleitplanung	363
4. Raumordnungsverfahren	366
Stichwortverzeichnis	367

Bearbeiter:

Dr. Andreas Decker: Kapitel 1, Kapitel 2, Kapitel 3 Teil 1
Christian Konrad: Kapitel 3 Teil 2 bis Teil 4, Kapitel 4, Kapitel 5

Abkürzungs- und Literaturverzeichnis

a. A.	anderer Ansicht
a. E.	am Ende
a. M.	anderer Meinung
aaO.	am angegebenen Ort
ABl.EG	Amtsblatt der Europäischen Gemeinschaften
Abs.	Absatz
AEG	Allgemeines Eisenbahngesetz
AGVwGO	Ausführungsgesetz zur VwGO
AllMBl.	Allgemeines Ministerialblatt der Bayer. Staatsregierung u. a.
Alt.	Alternative
APF	Zeitschrift für Ausbildung, Fortbildung und Praxis
Art.	Artikel
AtG	Atomgesetz
Aufl.	Auflage
Az.	Aktenzeichen
Battis	Battis, Öffentliches Baurecht und Raumordnungsrecht, 5. Auflage 2006
Battis/Krautzberger/Löhr	BauGB, Komm., 11. Auflage, 2009
Bauer/Böhle/Ecker	Bayer. Kommunalgesetze, Loseblatt
BauGB	Baugesetzbuch
BauNVO	Baunutzungsverordnung
BauR	Baurecht (Zeitschrift)
BayAbfAlG	Bayer. Abfallwirtschafts- und Altlastengesetz
BayAbgrG	Bayerisches Abgrabungsgesetz
BayBO	Bayer. Bauordnung
BayEG	Bayer. Enteignungsgesetz
BayLPlG	Bayer. Landesplanungsgesetz
BayNatSchG	Bayer. Naturschutzgesetz
BayObLG	Bayer. Oberstes Landesgericht
BayStrWG	Bayerisches Straßen- und Wegegesetz
BayVBl.	Bayer. Verwaltungsblätter
BayVerf.	Bayer. Verfassung
BayVerfGH	Bayer. Verfassungsgerichtshof
BayVGH	Bayer. Verwaltungsgerichtshof
BayVwVfG	Bayer. Verwaltungsverfahrensgesetz
BayVwZVG	Bayer. Verwaltungszustellungs- und Vollstreckungsgesetz
BayWG	Bayer. Wassergesetz
BBauG	Bundesbaugesetz
Bbg.	Brandenburg
Becker/Heckmann/Kempen/Manssen	Becker/Heckmann/Kempen/Manssen, Öffentliches Recht in Bayern, 5. Auflage 2011, C. H. Beck
Beck-RS	Beck'sche Rechtssammlung
BFH	Bundesfinanzhof

BGB	Bürgerliches Gesetzbuch
BGBl.	Bundesgesetzblatt
BImSchG	Bundesimmissionsschutzgesetz
BImSchV	Verordnung zum Bundesimmissionsschutzgesetz
Birk	Birk, Bauplanungsrecht in der Praxis, 5. Auflage 2007
Bln.	Berlin
BNatSchG	Bundesnaturschutzgesetz
Bosch/Schmidt	Praktische Einführung in das verwaltungsgerichtliche Verfahren, 8. Auflage, 2005
Brohm	Brohm, Öffentliches Baurecht, 3. Auflage 2002, C. H. Beck
BRS	Baurechtssammlung
BT-DS	Bundestags-Drucksache
Büchner/ Schlotterbeck	Büchner/Schlotterbeck, Baurecht Band I, 4. Auflage 2007
Buchst.	Buchstabe
BVerfG	Bundesverfassungsgericht
BVerfGE	Amtl. Entscheidungssammlung des Bundesverfassungsgerichts
BVerwG	Bundesverwaltungsgericht
BVerwGE	Entscheidungssammlung des Bundesverwaltungsgerichts
BVwZG	Verwaltungszustellungsgesetz des Bundes
BW/B. W.	Baden-Württemberg
Decker – JA – Akte	Decker, JA – Die öffentlich-rechtliche Akte, 1. Auflage 2000
Decker/Konrad	Decker/Konrad, Öffentlich-rechtliche Assessorklausuren mit Erläuterungen, 5. Auflage 2010, Luchterhandverlag
ders.	derselbe
DöV	Die öffentliche Verwaltung
Dürr/König	Dürr/König, Baurecht, 4. Auflage 2000
DVBl.	Deutsches Verwaltungsblatt
e. V.	eingetragener Verein
EG	Europäische Gemeinschaft
EGGVG	Einführungsgesetz zum Gerichtsverfassungsgesetz
EGV	Vertrag über die Europäische Gemeinschaft
Erl.	Erläuterung
Ernst/Zinkahn/ Bielenberg/ Krautzberger	BauGB, Kommentar, Loseblattsammlung
EU	Europäische Union
EuGH	Europäischer Gerichtshof
EuGHE	Amtl. Entscheidungssammlung des EuGH
EUV	Vertrag zur Gründung der Europäischen Union
EuZW	Europäische Zeitschrift für Wirtschaftsrecht
EWG	Europäische Wirtschaftsgemeinschaft
Eyermann	Eyermann, VwGO, 13. Auflage 2010
f., ff.	folgende, fortfolgende
Finkelnburg/ Dombert/ Külpmann/Jank	Vorläufiger Rechtsschutz im Verwaltungsstreitverfahren, 6. Auflage 2011
Finkelnburg/ Ortloff, I	Finkelnburg/Ortloff/Kment, Öffentliches Baurecht, Band I, 6. Auflage 2011, C. H. Beck

Finkelnburg/ Ortloff, II	Finkelnburg/Ortloff, Öffentliches Baurecht, Band II, 5. Auflage 2005, C. H. Beck
Fl.Nr.	Flurnummer
Fn.	Fußnote
FSt	Die Fundstelle (zitiert nach Jahr und Nr.)
FStrG	Fernstraßengesetz
GastG	Gaststättengesetz
GBl.	Gesetzblatt
GewArch	Gewerbearchiv (Zeitschrift)
GewO	Gewerbeordnung
GG	Grundgesetz
ggf.	gegebenenfalls
GmbH	Gesellschaft mit beschränkter Haftung
GmbHG	GmbH-Gesetz
GO	Bayer. Gemeindeordnung
GrKV	Große Kreisstadt Verordnung
Gubelt	Gubelt, Fälle und Lösungen zum Bau- und Raumordnungsrecht, 6. Auflage 2007, C. H. Beck
GVBl.	Bayer. Gesetz- und Verordnungsblatt
h. M.	herrschende Meinung
Happ/Allesch/Geiger/Metschke/ Hüttenbrink	Die Station in der öffentlichen Verwaltung, 6. Auflage 2006, C. H. Beck
HB	Bremen
Hess.	Hessen
HH	Hamburg
Hoppenberg, Handbuch	Hoppenberg, Handbuch des öffentlichen Baurechts, Loseblattsammlung
Hrsg.	Herausgeber
Hs./HS.	Halbsatz
Hufen	Verwaltungsprozessrecht, 8. Auflage 2011, C. H. Beck
i. d. G. d.	in der Gestalt des
i. d. R.	in der Regel
i. S. d., i. S. v.	im Sinne des, im Sinne von
i. V. m.	in Verbindung mit
JA	Juristische Arbeitsblätter
Jäde/Dirnberger/ Bauer/Weiß, zitiert nach Autor	Jäde/Dirnberger/Bauer/Weiß, BayBO, Loseblatt
Jarass/Pieroth	Kommentar zum Grundgesetz, 11. Auflage 2010
Jura	Juristische Ausbildung
JuS	Juristische Schulung
JZ	Juristenzeitung
KG	Kostengesetz
Knemeyer	Knemeyer, Bayerisches Kommunalrecht, 12. Auflage 2007
Koch/Molodovsky/Famers	Koch/Molodovsky/Famers, BayBO, Loseblatt
Komm.	Kommentar
König/Roeser/ Stock	König/Roeser/Stock, BauNVO, Kommentar, 2. Auflage 2004

Kopp/Ramsauer ..	Kommentar zum VwVfG, 11. Auflage 2010
Kopp/Schenke	Kommentar zur VwGO, 16. Auflage 2011
Kuschnerus	Kuschnerus, Der sachgerechte Bebauungsplan, 4. Auflage 2010 vhw Verlag
L	Leitsatz
LHO	Landeshaushaltsordnung
Lissack	Lissack, Bayerisches Kommunalrecht, 3. Auflage 2009
LkrO	Bayer. Landkreisordnung
LStVG	Bayer. Landesstraf- und Verordnungsgesetz
LT-DS	Landtags-Drucksache
LuftVG	Luftverkehrsgesetz
m.w.N.	mit weiteren Nachweisen
Maurer	Allgemeines Verwaltungsrecht, 10. Auflage 2000, C.H. Beck
Meck-Po.	Mecklenburg-Vorpommern
n.F.	neue Fassung
Nds.	Niedersachsen
NJW	Neue Juristische Wochenschrift
Nr.	Nummer
NRW	Nordrhein-Westfalen
NuR	Zeitschrift für Natur und Recht
NVwZ	Neue Zeitschrift für Verwaltungsrecht
NVwZ-RR	Neue Zeitschrift für Verwaltungsrecht – Rechtsprechungsreport
NZV	Neue Zeitschrift für Verkehrsrecht
o.g.	oben genannt
ÖffBauR	Monatsinformation zum öffentlichen Baurecht
ÖPNV	Öffentlicher Personennahverkehr
OVG	Oberverwaltungsgericht
OWiG	Ordnungswidrigkeitengesetz
Pietzner/Ronellen-fitsch	Das Assessorexamen im öffentlichen Recht, 12. Auflage 2010
Redeker/ v. Oertzen	VwGO, 14. Auflage 2004
Reichel/Schulte, BauOR	Handbuch Bauordnungsrecht, C.H. Beck 2004
Rh.-P.	Rheinland-Pfalz
Rn.	Randnummer
RP	Zeitschrift für Rechtspolitik
Rspr.Dienst	Beilage zu den VBl.BW
S.	Satz, Seite
s.o.	siehe oben
Saal.OVG	Oberverwaltungsgericht des Saarlandes
Sachs.	Sachsen
Sachs.-Anh.	Sachsen-Anhalt
SächsVerfGH	Verfassungsgerichtshof des Landes Sachsen
Schrödter	Schrödter, BauGB, 7. Auflage 2006, Verlag Vahlen
Schwarzer/König	Schwarzer/König, BayBO, Kommentar, 3. Auflage 2000
SH	Schleswig-Holstein
Simon/Busse, zitiert nach Autor	Simon/Busse, Bayerische Bauordnung – Kommentar, Loseblattsammlung
Slg.	Sammlung
sog.	so genannt(e)
Sp.	Spalte

Abkürzungs- und Literaturverzeichnis XXV

std. Rspr.	ständige Rechtsprechung
Stüer, Der Bebauungsplan	Stüer, Der Bebauungsplan, Städtebaurecht in der Praxis, 4. Auflage 2009, C. H. Beck
Stüer, Handbuch	Stüer, Handbuch des Bau- und Fachplanungsrechts, 3. Auflage 2005
TA-Lärm	Technische Anleitung zum Schutz gegen Lärm
TA-Luft	Technische Anleitung zur Reinhaltung der Luft
Thür.	Thüringen
u. a.	unter anderem
u. U.	unter Umständen
Ule/Laubinger	Verwaltungsverfahrensrecht, 4. Auflage 1995
UPR	Zeitschrift für Umwelt- und Planungsrecht
UVP	Umweltverträglichkeitsprüfung
UVPG	Gesetz über die Umweltverträglichkeitsprüfung
v.	vom
VA	Verwaltungsakt
VBl.BW	Verwaltungsblätter Baden-Württemberg
VerfGH	Verfassungsgerichtshof
VerwArch	Verwaltungsarchiv, Zeitschrift für Verwaltungslehre, Verwaltungsrecht und Verwaltungspolitik
VG	Verwaltungsgericht
VGH n. F.	amtl. Sammlung der Entscheidungen des BayVGH
VGH	Verwaltungsgerichtshof
vgl.	vergleiche
VR	Verwaltungsrundschau
VwGO	Verwaltungsgerichtsordnung
VwGO-ÄndG	Änderungsgesetz zur VwGO
VwZVG	Bayer. Verwaltungszustellungs- und Vollstreckungsgesetz
WHG	Wasserhaushaltsgesetz
Wolff/Decker, VwGO/VwVfG	Wolff/Decker, Studienkommentar zur VwGO und zum VwVfG, 2. Auflage 2007, C. H. Beck
Wolff/Bachof/Stober	Verwaltungsrecht Bd. I–III
z. A.	zur Anstellung
z. B.	zum Beispiel
z. K.	zur Kenntnis(-nahme)
z. T.	zum Teil
ZfBR	Zeitschrift für Baurecht
ZfW	Zeitschrift für Wasserrecht
Ziff.	Ziffer
Zippelius	Juristische Methodenlehre, 10. Auflage 2007

Kapitel I. Allgemeine Einführung

A. Die Bedeutung des Baurechts in der Praxis, in Ausbildung und Examen

Das menschliche Dasein war schon immer begleitet von dem Bedürfnis zu bauen. Zwar gab es eine über die schlichte traditionelle Bauweise hinausreichende Architektur nicht vor 3200 v. Chr. Etwa um diese Zeit wurde aber in Ägypten und in Mesopotamien damit begonnen, kunstvolle Gebäude zu entwerfen und aus Stein zu bauen. Der erste staatliche Baumeister oder Hofarchitekt war Imhotep, der im 32. Jahrhundert v. Chr. für den ägyptischen Pharao Djoser arbeitete, sich vor allem mit der Architektur von Grabanlagen beschäftigte und der als Erfinder der Pyramiden bezeichnet werden darf. Ein großer Teil seines Werkes kann heute noch in Sakkara, einem Grabkomplex in der Nähe von Memphis, besichtigt werden[1]. 1

Auch wenn es zur damaligen Zeit noch keine (gesetzlichen) Reglementierungen in Bezug auf die Bautätigkeit gab, so wurde doch frühzeitig erkannt, dass es sich hierbei um eine Materie handelt, die einen erheblichen Regelungsbedarf aufweist, weil die vielfältigen Auswirkungen von Bauvorhaben auf die Umwelt, die Allgemeinheit und den einzelnen miteinander vereinbart werden müssen. Das geltende Baurecht, dessen Beginn im Allgemeinen auf die 2. Hälfte des 19. Jahrhunderts datiert wird[2], versucht diese widerstreitenden Interessen in Einklang zu bringen. Dabei ist insoweit zu unterscheiden zwischen 2

- dem **privaten Baurecht,** das von dem aus § 903 BGB abzuleitenden Grundsatz der bürgerlich-rechtlichen Baufreiheit beherrscht wird und welches bestimmt, ob und in welcher Weise ein Grundstück privaten Dritten gegenüber baurechtlich genutzt werden darf[3]; dieses regelt auch die privatrechtlichen Rechtsbeziehungen zwischen Bauherrn und Architekten bzw. Bauausführenden (vgl. §§ 631 ff. BGB, HOAI, VOB);
- dem **öffentlichen Baurecht,** das die rechtlichen Regelungen zur Lenkung und zur Ordnung des Baugeschehens enthält, also die Regelungen, denen die bauliche und sonstige Nutzung der Grundstücke im öffentlichen Interesse unterworfen ist.

Nur Letzteres soll Gegenstand des vorliegenden Buches sein.

Da sich jegliche Bautätigkeit innerhalb der Bundesrepublik Deutschland bzw. innerhalb des Freistaats Bayern in Ausübung und Anwendung der geltenden Gesetze des (öffentlichen) Baurechts vollzieht, folgt hieraus ohne weiteres, dass die praktische Bedeutung des (öffentlichen) Baurechts kaum unterschätzt werden kann. Auch der Gesetzgeber hat versucht, das Bauen 3

---

[1] Vgl. das populäre Lexikon der ersten Male, S. 135.
[2] Brohm, § 1 Rn. 3.
[3] Finkelnburg/Ortloff, Bd. I, § 1 S. 1.

als solches, insbesondere aber im Zusammenhang mit der Schaffung von Wohnraum, kontinuierlich zu fördern.

4   Allerdings hat die Bautätigkeit in der Bundesrepublik Deutschland bzw. in Bayern (dort nach geringem Anstieg in 2009) im Jahr 2010 wieder nachgelassen.[4] Auch die Bereitschaft des Bundesgesetzgebers, die Schaffung von Wohnungseigentum zu fördern, ist zwischenzeitlich erheblich zurückgegangen. Gleichwohl kann auch vor diesem Hintergrund die große praktische Bedeutung des (öffentlichen) Baurechts kaum ernsthaft in Abrede gestellt werden.

5   Dem entsprechend ist es nur konsequent, wenn die Bayerische Ausbildungs- und Prüfungsordnung für Juristen vom 13. 10. 2003 (im Folgenden „JAPO")[5] auch das öffentliche Baurecht – in gewissen Grenzen – zum Prüfungsstoff in den Staatsexamina erhebt. Gemäß § 18 Abs. 1 S. 1 JAPO erstreckt sich die **Erste Juristische Staatsprüfung** auf die Pflichtfächer mit ihren geschichtlichen, gesellschaftlichen, wirtschaftlichen, politischen, rechtsphilosophischen und europarechtlichen Grundlagen. Andere Rechtsgebiete dürfen im Zusammenhang mit den Prüfungsfächern zum Gegenstand der Prüfung gemacht werden, soweit lediglich Verständnis und Arbeitsmethode festgestellt werden sollen und Einzelwissen nicht vorausgesetzt wird (§ 18 Abs. 1 S. 2 JAPO). § 18 Abs. 2 JAPO legt dabei im Einzelnen die Pflichtfächer fest. Hierzu gehören aus dem Bereich des öffentlichen Rechts u. a. die Grundzüge[6] des Bauordnungsrechts (ohne Teil 3 Abschnitte 1 bis 6 und ohne Art. 45, 46 der Bayerischen Bauordnung) sowie das Bauplanungsrecht (nur Bauleitplanung und deren Sicherung sowie bauplanungsrechtliche Zulässigkeit von Vorhaben) in Grundzügen (Abs. 2 Nr. 5 Buchst. c).

Pflichtstoff sind daher folgende Regelungen der BayBO 2008:
Art. 1–3, Art. 4–7 sowie Art. 49–84; ferner gehören zum Pflichtstoff Art. 47 (Stellplätze) und Art. 48 (barrierefreies Bauen), weil diese Regelungen im Abschnitt 7 des 3. Teils der BayBO stehen und daher nicht von der Bereichsausnahme des § 18 Abs. 2 Nr. 5 Buchst. c JAPO erfasst werden.

Pflichtstoff aus dem Bereich des Bauplanungsrechts sind folgende Normen:
§§ 1–13 a, §§ 14–28 und §§ 29–38 BauGB, sowie die auf einzelne vorstehend genannte Normen bezogenen (neuen) §§ 248, 249 BauGB.

6   Das **Zweite juristische Staatsexamen** erstreckt sich gemäß § 58 Abs. 1 S. 1 JAPO zunächst auf die Pflichtfächer und das von den Bewerbern zu bestimmende Berufsfeld mit den jeweiligen gesellschaftlichen, wirtschaftlichen, politischen und europarechtlichen Grundlagen. Dabei gehört zu den Pflichtfächern zunächst der Prüfungsstoff der Ersten Juristischen Staatsprüfung (§ 18 Abs. 2 JAPO) unter Berücksichtigung der in der praktischen Ausbildung an-

---

[4] Vgl. Baugenehmigungen im Hochbau, Deutschland, Statistisches Bundesamt, Wiesbaden, 2011, unter www-genesis.destatis.de.

[5] GVBl. S. 758, zuletzt geändert durch § 7 Dienstrechtsanpassungsverordnung vom 28. 1. 2011, GVBl. S. 65; siehe Ziegler/Tremel Nr. 80.

[6] Gemäß § 18 Abs. 1 S. 3 JAPO umfassen die Grundzüge eines Rechtsgebiets seine Systematik, seine wesentlichen Normen und Rechtsinstitute sowie deren Regelungsgehalt, Sinn und Zweck, Struktur und Bedeutung im Gesamtzusammenhang.

gestrebten Ergänzung und Vertiefung (§ 58 Abs. 2 Nr. 1 JAPO), wobei gemäß § 58 Abs. 2 Nr. 4 Buchst. a JAPO der Prüfungsstoff des Ersten Juristischen Staatsexamens bezüglich des Bauordnungs- und des Bauplanungsrechts unverändert bleibt, allerdings nicht mehr auf die Grundzüge beschränkt ist.

Im Zweiten juristischen Staatsexamen sind darüber hinaus im **Berufsfeld Verwaltung** die Grundzüge des Raumordnungs- und des Landesplanungsrechts zusätzlicher Prüfungsstoff (vgl. § 58 Abs. 3 Nr. 2 Buchst. e JAPO).

Es verwundert daher nicht weiter, dass – jedenfalls in Bayern – kaum ein Examenstermin im ersten oder zweiten juristischen Staatsexamen vergeht, in welchem nicht Fragen des öffentlichen Baurechts mehr oder weniger zentral sind. Die Kenntnis des insoweit examensrelevanten Stoffes ist somit für Ausbildung und Examen gleichermaßen unverzichtbar.

Das öffentliche Baurecht gehört allerdings – auch wegen seiner permanenten Änderungen („dynamisches Recht") – mit zu den schwierigsten Materien des besonderen Verwaltungsrechts[7]. Es umfasst nicht nur das Bauplanungs-, Stadtplanungs- oder Städtebaurecht, also die örtliche Planung der Bodennutzung, sondern auch das Bauordnungsrecht. Zudem sind im öffentlichen Baurecht in wesentlich größerem Umfang als dies in anderen Bereichen des öffentlichen Rechts der Fall ist, Definitionen zu lernen (z. B. zum Ortsteil und zum Bebauungszusammenhang in § 34 BauGB, zum Gebot der Rücksichtnahme etc.) und in der Klausur anzuwenden. Dabei ergibt sich sofort das nächste Problem: das öffentliche Baurecht weist einen **hohen Praxisbezug** auf, d.h. die Umsetzung des theoretischen Wissens setzt gewisse praktische Grundkenntnisse voraus. Wer nie die Frage der Abgrenzung des Innenbereichs vom Außenbereich anhand eines Lageplanes versucht hat, wer nie einen Flächennutzungsplan oder einen Bebauungsplan – in welcher Form auch immer – gesehen hat, dem wird im Zweifel auch das für die Lösung baurechtlicher Fälle erforderliche „Feingefühl" fehlen, dessen Ausführungen werden zu theoretisch, ggf. sogar lebensfremd und damit wenig überzeugend sein.

Hier Abhilfe zu schaffen und neben den theoretischen Grundlagen für eine erfolgreiche Prüfung auch die praktische Umsetzung zu vermitteln, ist oberstes Gebot des vorliegenden Werkes[8].

B. Verfassungsrechtliche Bezüge des Baurechts

I. Gesetzgebungskompetenzen

1. Einführung

Nach Art. 70 Abs. 1 GG haben die Länder das Recht zur Gesetzgebung, soweit das Grundgesetz nicht dem Bund Gesetzgebungsbefugnisse verleiht.

---

[7] Brohm, § 1 Rn. 1.
[8] Wer sich mit dem Gang eines Baugenehmigungsverfahrens vom Antrag bis zum verwaltungsgerichtlichen Urteil näher befassen möchte, dem wird **Decker, JA – Akte**, dringend ans Herz gelegt.

Eine ausdrückliche Regelung des Bereichs des „Baurechts" findet sich im Grundgesetz allerdings nicht.

Gleichwohl schweigt das Grundgesetz nicht. Vielmehr enthält es an verschiedenen Stellen (z.B. Art. 74 Abs. 1 Nr. 14, 15, 18, 30, 31, 32 GG) Regelungen, die dem Bundesgesetzgeber jedenfalls für Teilbereiche des Baurechts eine konkurrierende Gesetzgebungskompetenz einräumen. Zentral für die Abgrenzung von Bundes- und Landesgesetzgebungskompetenz ist dabei **Art. 74 Abs. 1 Nr. 18 GG.**

2. Abgrenzung von Bundesbaurecht und Landesbaurecht

12   Nach Art. 74 Abs. 1 Nr. 18 GG hat der Bund die konkurrierende Gesetzgebungskompetenz u.a. für das **Bodenrecht**[9]. Die Auslegung dieses Begriffes ist dabei entscheidend für die Abgrenzung von Bundes- und Landesgesetzgebungskompetenz.

13   In seinem **Rechtsgutachten** vom 16. 6. 1954[10] hat das **Bundesverfassungsgericht** im Einzelnen die Zuständigkeit des Bundes zum Erlass eines Baugesetzes dargelegt. Dabei hat das Bundesverfassungsgericht zunächst betont, der Begriff des „Bodenrechts" in Art. 74 Abs. 1 Nr. 18 GG könne nicht dahin verstanden werden, dass damit die Gesamtmaterie „Baurecht" der Gesetzgebungskompetenz des Bundes zugewiesen sei[11]. Vielmehr müsse die Gesetzgebungskompetenz für jeden einzelnen Bereich des Baurechts jeweils gesondert aus dem Grundgesetz nachgewiesen werden[12]. Zur Materie des **Bodenrechts** i.S.v. Art. 74 Abs. 1 Nr. 18 GG gehörten **nur solche Vorschriften, die den Grund und Boden unmittelbar zum Gegenstand rechtlicher Ordnung haben**, also die rechtlichen Beziehungen des Menschen zu Grund und Boden regelten[13]. Folglich sei der Bundesgesetzgeber etwa für die Regelung des Rechts der städtebaulichen Planung zuständig, mithin für die Vorbereitung und Leitung der gesamten Bebauung in Stadt und Land, der zu ihr gehörenden baulichen Anlagen und Einrichtungen sowie der mit der Bebauung in Verbindung stehenden Nutzung des Bodens[14]. **Nicht unter die Gesetzgebungskompetenz des Bundes** falle aber das sog. „Baupolizeirecht im bisher gebräuchlichen Sinne". Dieses umfasse die Regelungen der Baugestaltung und die mit der Bausicherheit zusammenhängenden Anforderungen, mithin die grundsätzlichen Anforderungen baukonstruktiver, baugestalterischer und bauwirtschaftlicher Art an Bauwerke und Baustoffe, ebenso wie die Grundlagen des Genehmigungsverfahrens (vgl. auch Art. 84 Abs. 1 GG) und der Ordnung des Bauvorganges sowie die Pflicht zur ordnungsgemäßen Unter-

---

[9] Insoweit ist Art. 74 Abs. 1 Nr. 18 GG durch das sog. Föderalismusreformgesetz vom 28. 8. 2006 (BGBl. I S. 2034) unverändert geblieben; allerdings ist die Inbezugnahme des Art. 74 Abs. 1 Nr. 18 GG in der Erforderlichkeitsklausel des Art. 72 Abs. 2 GG entfallen.
[10] BVerfGE 3, 407.
[11] BVerfGE 3, 407 [413, 414, 416].
[12] BVerfGE 3, 407 [423].
[13] BVerfGE 3, 407 [424].
[14] BVerfGE 3, 407 [423 ff.].

B. Verfassungsrechtliche Bezüge des Baurechts

haltung und Instandsetzung oder Beseitigung bei gefährlichen oder ordnungswidrigen Zuständen[15].

An diese Rechtsprechung anknüpfend hat auch das **Bundesverwaltungsgericht** wiederholt[16] hervorgehoben, dass das nach Art. 70 Abs. 1 GG grundsätzlich den Ländern zustehende Recht der Gesetzgebung für das Gebiet des Baurechts durch die konkurrierende Gesetzgebungszuständigkeit des Bundes (Art. 72 GG) nur im Hinblick auf die Rechtsetzung bodenrechtlichen, insbesondere planungsrechtlichen (städtebaurechtlichen) Inhalts eingeschränkt sei. Hierzu gehöre das Bodenrecht im Sinne des Art. 74 Abs. 1 Nr. 18 GG, das der Bundesgesetzgeber insbesondere im Baugesetzbuch kodifiziert habe. Dieses Gesetz regele die rechtlichen Beziehungen zu Grund und Boden und treffe Bestimmungen darüber, in welcher Weise der Eigentümer sein Grundstück nutzen dürfe. Das städtebauliche Instrumentarium reiche unter diesem Blickwinkel indes nur soweit, wie das Baugesetzbuch entsprechende Gestaltungsmöglichkeiten (vgl. § 5 Abs. 1, § 9 Abs. 1 BauGB) eröffne. Dagegen unterliege die Landesgesetzgebung auf den herkömmlich mit Bauordnungsrecht bezeichneten Gebieten keinen Einschränkungen. Zur Regelung des Bauordnungsrechts zähle dabei nicht bloß die Abwehr von Gefahren, die der Allgemeinheit oder dem einzelnen von baulichen Anlagen drohten. Das Bauordnungsrecht dürfe, soweit dies im Rahmen einer Inhalts- und Schrankenbestimmung im Sinne des Art. 14 Abs. 1 S. 2 GG zulässig ist, auch zur Wahrung ästhetischer Belange nutzbar gemacht werden. Dies schließe neben der Abwehr von Verunstaltungen eine positive Gestaltungspflege ein[17].

Unter Zugrundelegung dieser Grundsätze ergibt sich, dass die Regelungen baurechtlich relevanter Vorgänge unter planungsrechtlichen Gesichtspunkten durch den Bundesgesetzgeber, deren Regelung unter bauordnungsrechtlichen Gesichtspunkten durch den Landesgesetzgeber nicht notwendig ausschließen. Vielmehr ist umgekehrt davon auszugehen, dass die unterschiedliche Zielsetzung des Bauplanungsrechts einerseits und diejenige des Bauordnungsrechts andererseits hinsichtlich ein und desselben Gegenstandes oder Sachverhaltes sowohl planungsrechtliche und daher bundesrechtliche als auch bauordnungsrechtliche und mithin landesrechtliche Regelungen ermöglichen und erforderlich machen kann[18]. Auch der Umstand, dass die Normen des Bauordnungsrechts in gewissem Umfang notwendiger Weise auf die jeweilige Art des Baugebiets und damit auf den planungsrechtlichen Zweck, der mit der Ausweisung bestimmter Baugebiete verbunden ist, abstellen müssen, bedeutet keinen unzulässigen Übergriff des einen in den Regelungsbereich des anderen Rechtsgebietes. Eine solche Anknüpfung ergibt sich aus dem übereinstimmenden Ziel von Bauplanungs- und Bauordnungs-

14

---

[15] BVerfGE 3, 407 [430, 431, 434]; ebenso BVerfGE 40, 261 [266].
[16] Z.B. BVerwGE 40, 94 [95, 96]; BVerwG, NVwZ 2000, 1169; siehe auch: BayVerfGH, BayVBl. 2004, 559; BayVGH, BayVBl. 2004, 369; BayVGH, BayVBl. 2005, 759; ferner OVG Münster, BRS 70 (2006) Nr. 139.
[17] BVerwGE 40, 94; BVerwG, Buchholz 406.11 § 29 BauGB Nr. 52; BVerwG, NVwZ-RR 1998, 486 = ZfBR 1997, 327; vgl. auch BVerwGE 91, 234; siehe auch BVerwG, NVwZ 2000, 1179.
[18] BVerwGE 27, 29 [31]; BVerwG, BBauBl. 1971, 277; BVerwG, Buchholz 406.11 § 173 BBauG Nr. 7; BVerwG, NVwZ 2001, 1046.

recht, nach Möglichkeit nur mit dem Charakter des Baugebietes vereinbare Vorhaben zuzulassen[19].

15 In einem Schaubild soll nachfolgend die Abgrenzung der Gesetzgebungszuständigkeiten von Bund und Ländern im Bereich des öffentlichen Baurechts dargestellt werden.

Schaubild:

```
                    Bodenrecht i. S. v.
                    Art. 74 Abs. 1 Nr. 18 GG
```

Bundeskompetenz:	Landeskompetenz:
Vorschriften, die den Grund und Boden unmittelbar zum Gegenstand rechtlicher Ordnung haben, also die rechtlichen Beziehungen des Menschen zu Grund und Boden regeln, mithin das gesamte Planungs- und Städtebaurecht.	Baupolizeirecht im bisher gebräuchlichen Sinn, also • Anforderungen an bauliche Anlagen in baukonstruktiver, bauwirtschaftlicher und baugestalterischer Hinsicht einschließlich des Schutzes vor Verunstaltungen sowie der Möglichkeit der positiven Gestaltungspflege; • Anforderungen an bauliche Anlagen (Gefahrenabwehr) • Grundlagen des Baugenehmigungsverfahrens[20]

16 Aufgrund dieser Unterscheidung vollzieht sich das öffentliche Baurecht vor allem in Anwendung des auf dem Kompetenztitel des Art. 74 Abs. 1 Nr. 18 GG beruhenden BauGB, als auch nach der auf der Gesetzgebungszuständigkeit der Länder beruhenden BayBO. Beide Gesetze waren in jüngster Vergangenheit grundlegenden Änderungen ausgesetzt:

Für das BauGB sei hier vor allem auf das Gesetz zur Anpassung des Baugesetzbuchs an EU-Richtlinien (Europarechtsanpassungsgesetz Bau – EAG-Bau) vom 24. Juni 2004 (BGBl. I S. 1359) und das Gesetz zur Erleichterung von Planungsvorhaben für die Innenentwicklung der Städte vom 21. 12. 2006 (BGBl. I S. 3316)[21] sowie auf das am 30. 7. 2011 in Kraft getretene Gesetz zur Förderung des Klimaschutzes bei der Entwicklung in den Städten und Gemeinden vom 22. 7. 2011 (BGBl. I S. 1509)[21a] verwiesen.

Die BayBO wurde vor allem durch das Gesetz zur Änderung der Bayerischen Bauordnung und Änderungsgesetz vom 24. 7. 2007 (GVBl. S. 499) grundlegend geändert und unter dem 14. 8. 2007 (GVBl. S. 588) neu bekannt gemacht, was insbe-

---

[19] BVerwGE 21, 251; BVerwGE 40, 94.

[20] Das Baugenehmigungsverfahren zu regeln, liegt, auch soweit in diesem Verfahren über die bodenrechtliche Zulässigkeit von Vorhaben entschieden wird, folglich ausschließlich in der Kompetenz des Landesgesetzgebers; vgl. BVerwG, BauR 2009, 233; BVerwG v. 1. 4. 2008, Az.: 4 B 26.08; BVerwGE 69, 1 [2].

[21] Siehe hierzu etwa: Krautzberger, DWW 2007, 4; Battis/Krautzberger/Löhr, NVwZ 2007, 121; Uechtritz, BauR 2007, 476; Bienek, SächsVBl. 2007, 49; Engel, KommPrax BY 2007, 44; Krautzberger, UPR 2007, 53; Mustereinführungserlass BauGBÄndG 2007 v. 21. 3. 2007.

[21a] Siehe hierzu etwa Battis u. a., NVwZ 2011, 897; Söfker, ZfBR 2011, 541.

B. Verfassungsrechtliche Bezüge des Baurechts

sondere eine neue Artikelfolge des Gesetzes zur Folge hat. Die Änderungen traten überwiegend am 1. 1. 2008 in Kraft. Eine Art „Reparaturnovelle" hat der Gesetzgeber mit dem Gesetz zur Änderung der Bayerischen Bauordnung, des Baukammergesetzes und des Denkmalschutzgesetzes vom 27. 7. 2009 (GVBl. S. 385) mit Wirkung ab 1. 8. 2009 nachgeschoben[22].

3. Raumordnungsrecht

Gemäß **Art. 74 Abs. 1 Nr. 31 GG** besitzt der Bund seit dem Föderalismusreformgesetz (vom 28. 8. 2006, BGBl. I S. 2034) nunmehr die konkurrierende Gesetzgebungskompetenz für die Raumordnung. Hierunter versteht die h. M. die überörtliche Planung im Bereich eines Landes[23]. 17

Art. 72 Abs. 3 S. 1 Nr. 4 GG eröffnet dabei den Ländern die Möglichkeit, im Bereich des Raumordnungsrechts vom Bundesrecht abweichende Regelungen zu treffen. Nach **Satz 2** treten Bundesgesetze auf den in Art. 72 Abs. 3 Nr. 1 bis 6 GG genannten Gebieten frühestens sechs Monate nach ihrer Verkündung in Kraft, um den Ländern Gelegenheit zu geben, durch gesetzgeberische Entscheidungen festzulegen, ob und in welchem Umfang sie von Bundesrecht abweichendes Landesrecht beibehalten oder erlassen wollen. Durch die Sechs-Monats-Frist sollen kurzfristig wechselnde Rechtsbefehle an den Bürger vermieden werden. Für Eilfälle (z. B. wegen europarechtlicher Umsetzungsfristen) besteht die Möglichkeit eines früheren Inkrafttretens, wenn der Bundesrat dem zustimmt (die insoweit noch im Gesetzentwurf vorgesehene 2/3-Mehrheit im Bundesrat ist im Gesetzgebungsverfahren entfallen). Mit Art. 72 Abs. 3 S. 3 GG wird das Verhältnis von Bundes- und Landesrecht im Bereich des Abs. 3 klargestellt: Ein vom Bundesrecht abweichendes Landesgesetz setzt das Bundesrecht für das Gebiet des betreffenden Landes nicht außer Kraft, sondern hat (lediglich) Anwendungsvorrang („geht vor"). Satz 3 ist zum einen Ausnahme vom Grundsatz des Art. 31 GG (Bundesrecht bricht Landesrecht) und passt zum anderen den Grundsatz „lex posterior derogat legi priori" dem insoweit gewollten Anwendungsvorrang im Verhältnis zwischen Bundes- und Landesrecht an. Übergangsfragen zu Art. 72 Abs. 3 GG werden in Artikel 125 b Abs. 1 GG geregelt.

Von dieser Gesetzgebungskompetenz hat der **Bundesgesetzgeber** durch das **Raumordnungsgesetz** vom 22. 12. 2008 (BGBl. I S. 2986) Gebrauch gemacht[24]. Auf **Landesebene** wäre hier das **Bayerische Landesplanungsgesetz** vom 27. 12. 2004 (GVBl. S. 521) zu nennen. 18

II. Baurecht und Grundrechte

1. Art. 14 GG, Art. 2 Abs. 1 GG

a) Baufreiheit

Das Recht des Grundstückseigentümers, sein Grundstück im Rahmen der Gesetze zu bebauen, ist durch die Eigentumsgarantie des Art. 14 Abs. 1 S. 1 GG geschützt[25]. Das Recht zu bauen, muss somit nicht verwaltungsrechtlich 19

---

[22] Examensrelevant sind insofern vor allem die Änderungen in Art. 2 Abs. 4, Art. 6 Abs. 5 und 8, Art. 57 und Art. 68 Abs. 1 Satz 1 BayBO.
[23] Jarass/Pieroth, GG, zu Art. 74 Rn. 70.
[24] Siehe hierzu in Kapitel 5 sowie Jarass/Schnittker/Milstein, JuS 2011, 215.
[25] BVerfGE 35, 263 [276].

verliehen werden, sondern ist herkömmlich mit dem Grundeigentum jedenfalls in bestimmten Lagen verbunden[26]. Wie weit der Schutz der Eigentumsgarantie dabei reicht, ergibt sich aus der Bestimmung von Inhalt und Schranken des Eigentums, deren Festlegung nach Art. 14 Abs. 1 S. 2 GG Sache des Gesetzgebers ist[27]. Auch die Baufreiheit ist somit nur nach Maßgabe des einfachen Rechts gewährleistet[28]. Verfassungsrechtlichen Schutz genießt eine Eigentumsposition im Bereich des Baurechts nur im Rahmen der mit ihr zulässigerweise verbundenen, gesetzlich definierten Befugnisse[29]. Der Gesetzgeber ist bei seiner Aufgabe, Inhalt und Schranken des Eigentums zu bestimmen, durch verfassungsrechtliche Vorgaben gebunden. Er hat einerseits dem durch Art. 14 Abs. 1 S. 1 GG gewährleisteten Privateigentum Rechnung zu tragen, das in seinem rechtlichen Gehalt vor allem durch die grundsätzliche Verfügungsbefugnis und das Merkmal der Privatnützigkeit gekennzeichnet ist. Er hat aber andererseits auch auf die in Art. 14 Abs. 2 GG angesprochenen Belange des Gemeinwohls Rücksicht zu nehmen. Im Falle von Interessenkollisionen, die nicht zuletzt daher rühren können, dass neben den Bestandsinteressen des Eigentümers auch die Interessen anderer grundrechtlichen Schutz genießen, hat er einen gerechten Ausgleich zu schaffen[30]. Das gilt sowohl in Ansehung des Eigentums desjenigen, dem durch solche Regelungen Beschränkungen bei der Errichtung baulicher Anlagen auferlegt werden, als auch hinsichtlich des Eigentums des Nachbarn, der eine unter Beachtung dieser Regelungen errichtete bauliche Anlage dulden muss[31]. Schränkt der Gesetzgeber das Privateigentum ein, so muss er, auch wenn er den verfassungsrechtlichen Gewährleistungsgehalt unangetastet lässt, den Gleichheitssatz und das Verhältnismäßigkeitsprinzip beachten[32]. Weist eine gesetzliche Regelung vor dem Hintergrund der Anforderungen des Art. 14 Abs. 1 S. 1 GG Defizite auf, etwa weil der Betroffene an einer funktionsgerechten Verwendung seines Eigentums gehindert wird[33], und lassen sich diese Defizite weder durch Auslegung noch im Wege der Analogie beheben[34], so ist es den Fachgerichten verwehrt, unter Umgehung des einfachen Rechts unmittelbar auf der Grundlage der Verfassung Ansprüche zu gewähren, die von der Entscheidung des hierzu berufenen Gesetzgebers nicht gedeckt werden. Vielmehr ist bei Vorliegen der Voraussetzungen des Art. 100 Abs. 1 GG das Verfahren auszusetzen und die Entscheidung des BVerfG einzuholen[35]. Art. 14 Abs. 1 S. 1 GG fungiert in diesem Zusammenhang ausschließlich als

---

[26] Jarass/Pieroth, GG, zu Art. 14 Rn. 24 m.w.N.
[27] BVerfGE 53, 257 [292]; BVerfGE 58, 81 [109]; BVerfGE 72, 9 [22]; BVerfGE 74, 203 [214].
[28] BVerfGE 35, 263 [276]; siehe auch BVerwGE 120, 130.
[29] BVerfGE 95, 64 [82].
[30] BVerfGE 50, 290 [340]; BVerfGE 87, 114 [138]; BVerfGE 91, 294 [308].
[31] BayVerfGH, NVwZ 2010, 580 [581].
[32] BVerfGE 52, 1 [30]; BVerfGE 70, 191 [199]; BVerfGE 72, 66 [78].
[33] Vgl. BayVerfGHE 39, 36 [38]; BayVerfGHE 58, 94 [98]; BayVerfGH, NJOZ 2009, 2875.
[34] BVerfGE 78, 306 [319]; BVerfGE 85, 329 [333].
[35] BVerfGE 58, 300 [320]; BVerfGE 79, 174 [192].

verfassungsrechtlicher Prüfungsmaßstab, an dem das einfache Recht zu messen ist, nicht aber als eigenständige Anspruchsgrundlage, die sich als Mittel dafür benutzen lässt, die Inhalts- und Schrankenbestimmung des Gesetzgebers fachgerichtlich anzureichern[36]. Zusammenfassend lässt sich also festhalten, dass sowohl Bundes- als auch Landesgesetzgeber nach Art. 14 Abs. 1 S. 2 GG die Aufgabe haben, Inhalt und Schranken des Eigentums zu bestimmen. Diesen obliegt es, einen Ausgleich zwischen dem durch Art. 14 Abs. 1 S. 1 GG gewährleisteten Privateigentum und dem aus Art. 14 Abs. 2 GG ersichtlichen Gebot zu schaffen, dass der Gebrauch des Eigentums zugleich dem Wohl der Allgemeinheit dienen soll.

Damit gewährt Art. 14 Abs. 1 GG einen Rechtsanspruch auf Erteilung einer Baugenehmigung im Rahmen der geltenden Baugesetze (vor allem BauGB und BayBO), die als solche in Ausprägung von Inhalt und Schranken des Eigentums gemäß Art. 14 Abs. 1 S. 2 GG die Baufreiheit in zulässiger Weise einschränken.

Der Anspruch auf Erteilung einer Baugenehmigung findet seine Grundlage neben einem möglichen Eigentum an dem zu bebauenden Grundstück aber auch in dem Recht auf Entfaltungsfreiheit nach Art. 2 Abs. 1 GG. Insoweit wird mithin ein Recht am Grundstück nicht vorausgesetzt[37]. Das wiederum bedeutet, dass auch der Nichteigentümer grundsätzlich in verfassungsrechtlich geschützter Art und Weise die Bebauung eines Grundstückes planen und hierfür eine Baugenehmigung erhalten kann.

b) Bestandsschutz[38]

aa) Vorbemerkung

Die Rechtsfigur des Bestandsschutzes entstammt ursprünglich der höchstrichterlichen Rechtsprechung[39]; eine gesetzliche Definition des Bestandsschutzes gibt es nicht. Art. 14 Abs. 1 GG schützt den Bestand der Eigentümerposition in der Hand des Eigentümers und die Nutzung dieser Position[40]. Der Grundgedanke des Bestandsschutzes liegt dabei in der Wahrung eines tatsächlichen oder rechtlichen status quo[41].

Beispielsfall: A erbt von seinem Onkel in Kelheim, Landkreis Kelheim, Regierungsbezirk Niederbayern, einen Wald, in dem sich eine kleine Jagdhütte befindet. Diese ist zwar in schlechtem Zustand, aber mit vergleichsweise geringem Aufwand reparaturfähig. Der Onkel war bis kurz vor seinem Tod von dieser Hütte aus der Jagd nachgegangen. A, der ebenfalls Jäger ist, möchte die Hütte wieder herrichten, sie vergrößern und insbesondere Sanitäreinrichtungen einbauen. Sind diese Maßnahmen vom Bestandsschutz gedeckt, wenn unterstellt wird, dass die Hütte seinerzeit baurechtlich genehmigt wurde?

---

[36] BVerwG, NVwZ 1998, 735.
[37] BVerwGE 106, 228; OVG Schleswig, NuR 1996, 478 m.w.N.
[38] Siehe hierzu etwa Bahnsen, Der Bestandsschutz im öffentlichen Baurecht, 2011, Dissertation; Decker, BayVBl. 2011, 517.
[39] BVerwGE 25, 161 [161]; BVerwGE 27, 341 [343]; BVerwGE 36, 296 [300]; BVerwGE 42, 8 [13]; BVerwGE 47, 126 [128].
[40] BVerfGE 88, 366 [377]; BVerfGE 101, 54 [75].
[41] Dreier, Verw 36 (2003), 105 [122] m.w.N.

Ergibt sich etwa anderes, wenn die Hütte bereits so stark verfallen ist, dass sie nur noch eine Ruine darstellt?

bb) Rechtliche Grundlagen des Bestandsschutzes

23   In Rechtsprechung und Literatur wurde der baurechtliche Bestandsschutz über Jahrzehnte hinweg verfassungsrechtlich unmittelbar aus Art. 14 Abs. 1 S. 1 GG abgeleitet[42], sei es in direkter Anwendung oder indirekt über die Baufreiheit, die ein Element der Eigentumsgarantie des Art. 14 Abs. 1 Satz 1 GG sei (vgl. oben Rn. 19). Der Umbruch begann mit dem so genannten Nassauskiesungsbeschluss des BVerfG vom 15. 7. 1981[43] und der Entwicklung des *„formalisierten Eigentumsbegriffs"*. Das Bundesverfassungsgericht hatte dabei betont, dass sich Inhalt und Schranken des Eigentums gemäß Art. 14 Abs. 1 S. 2 GG aus der Gesamtheit der zu einem bestimmten Zeitpunkt geltenden, insbesondere dem öffentlichen Recht angehörenden Regelungen über die Eigentumsnutzung, bestimme. Falls sich aus diesen Bestimmungen ergebe, dass dem Eigentümer eine bestimmte Befugnis nicht zustehe, so gehöre sie auch nicht zu seinem Eigentumsgrundrecht. Damit würden sich Gegenstand und Umfang des durch Art. 14 Abs. 1 S. 1 GG gewährleisteten Bestandsschutzes aus der Gesamtheit der verfassungsgemäßen Gesetze, die den Inhalt des Eigentums bestimmten, ergeben[44]. An dieser Rechtsprechung hat das BVerfG bis heute festgehalten[45]. Die Rechtsprechung der Fachgerichte, insbesondere das BVerwG, haben sich dem – wenn auch zögerlich – angeschlossen[46]. Aus den genannten Entscheidungen folgt die h. M.[47] – zu recht – den Abschied des BVerwG vom verfassungsunmittelbaren Bestandsschutz hin zum einfachrechtlich ausgestalteten Bestandsschutz. Der Begriff des Bestandsschutzes hat sich danach soweit verselbständigt, dass ihm eine eigenständige bundes- bzw. landesrechtlich begründete Bedeutung zukommt, losgelöst von seinen verfassungsrechtlichen Wurzeln aus Art. 14 GG[48]. Hieraus folgt, dass baurechtlicher Bestandsschutz grundsätzlich nurmehr im Rahmen einfachgesetzlicher Regelungen besteht, es einen verfassungsunmittelbaren – aus Art. 14 Abs. 1 S. 1 GG hergeleiteten – Bestandsschutz daher nicht mehr gibt[49].

---

[42] Lieder, ThürVBl. 2004, 53 [54 ff.].
[43] BVerfGE 58, 300.
[44] So auch BVerfGE 58, 300 [336].
[45] BVerfG, NVwZ 2001, 424; BVerfGE 104, 1; BVerfGE 115, 97.
[46] Buchholz 11 Art. 14 GG Nr. 317 S. 37; BVerwGE 106, 228.
[47] Aus neuerer Zeit: Uschkereit, BauR 2010, 718 [720]; Brenndörfer, Reichweite und Grenzen des baurechtlichen Bestandsschutzes, 2008, S. 35 ff; so auch schon: Sarnighausen, DöV 1993, 758; Sendler, WiVerw 1993, 235 [253 ff.]; Wichel, BauR 1994, 557; Uechtritz, DVBl. 1997, 347; Mampel, NJW 1999, 975 [977]; Gehrke/Brehsam, NVwZ 1999, 932; Brenner, Vergleich des Bestandsschutzes im Baurecht und im Immissionsschutzrecht, Symposium des Zentralinstituts für Raumplanung am 16. 10. 2006, Bestandsschutz bei Gewerbebetrieben, hrsg. von Hans D. Jarass, 2007, S. 27.
[48] Siehe auch BVerwG, ZfBR 2007, 582.
[49] So auch BVerwG, NJW-RR 1999, 165 [166]; BVerwG, NVwZ 1999, 523 [524 f.]; BVerwG, BayVBl. 2000, 471 = NVwZ 2000, 1048 [1050]; BVerwG, ZfBR 2007, 582; BVerwG v. 12. 1. 2010, Az.: 7 B 34/09 m. w. N.; siehe auch BayVGH, NVwZ-RR 2004, 94 [95].

cc) Voraussetzungen des Bestandsschutzes

Nach **herkömmlicher Auffassung**[50], die sich wesentlich an den Grundsätzen der Rechtsprechung zum verfassungsunmittelbaren Bestandsschutz orientiert, setzt der Bestandsschutz die rechtmäßige Errichtung der (baulichen) Anlage voraus. Folglich kommen alle Bauten in den Genuss des Bestandsschutzes, welche zu irgendeinem Zeitpunkt – formell oder materiell – rechtmäßig waren, was ggf. sogar auch nachträglich möglich sein soll[51]. D. h. Bestandsschutz liegt dann vor, wenn der Bestand zu irgendeinem Zeitpunkt genehmigt worden oder jedenfalls genehmigungsfähig gewesen ist[52]. Ausreichend für die materielle Rechtmäßigkeit ist dabei, dass der Bestand der baulichen Anlage seit ihrem Entstehen in irgendeinem namhaften Zeitraum dem maßgebenden materiellen Recht entsprochen hat[53]. Für den „namhaften" Zeitraum ist danach erforderlich, dass die Rechtmäßigkeit der Anlage für einen „Mindestzeitraum, der die angemessene Frist zur Bearbeitung eines dem vorhandenen Bestand entsprechenden Bauantrags umfassen würde", bestand. In Anlehnung an § 75 Satz 2 VwGO wird insoweit überwiegend von einem Zeitraum von drei Monaten ausgegangen[54].

Nach **neuerer Auffassung**[55] und unter Zugrundelegung der neueren Eigentumsdogmatik, erstreckt sich der Bestandsschutz für bauliche Anlagen gegenüber Änderungen der Baurechtsordnung dagegen nur noch auf den genehmigten Bestand und die genehmigte Funktion. Erforderlich sei damit, dass das Vorhaben formell und materiell rechtmäßig ist bzw. war[56], um Bestandsschutz genießen zu können. Die materielle Legalität einer Anlage über einen „namhaften" Zeitraum ist folglich allein nur mehr dann ausreichend, wenn die Anlage verfahrensfrei errichtet werden konnte. Dem entsprechend genießt eine Anlage nur dann Bestandsschutz, wenn sie seit ihrem Entstehen in irgendeinem – namhaften – Zeitraum dem maßgebenden materiellen Recht entsprochen hat, sofern in diesem Zeitraum eine förmliche Genehmigung nicht erforderlich war, bzw. wenn die (bauliche) Anlage förmlich genehmigt worden ist[57]. Die illegale Errichtung und anschließend lange – nicht

---

[50] Siehe z. B. Dreier, Verw 36 (2003), 105 [127, 128]; Lieder, ThürVBl. 2004, 53, 81; allgemein zum Bestandsschutz im Baurecht auch Wehr, Verw 38 (2005), 65.
[51] BVerwG, NJW 1971, 1624.
[52] So ausdrücklich BVerfG, NVwZ 2001, 424.
[53] BVerwG, NJW 1981, 473; BVerwG, DÖV 1971, 640; so auch BayVGH v. 24. 9. 2002, Az.: 20 ZB 02.1764.
[54] Weidemann/Krappel, NVwZ 2009, 1207.
[55] BayVGH, NVwZ-RR 2004, 94; BayVGH v. 17. 10. 2006, Az.: 1 B 05.1429; BayVGH, BRS 71 (2009) Nr. 193; wohl auch BVerwG, NVwZ-RR 1998, 357 [358]; Simon/Busse, BayBO, zu Art. 76 Rn. 118; siehe ferner BVerfG, BayVBl. 1996, 240 = BauR 1996, 235; vgl. auch Konrad, JA 1998, 691 [692]; Aichele/Herr, NVwZ 2003, 415; in diese Richtung auch BayVGH v. 17. 10. 2006, Az.: 1 B 05.1429 [hierauf nimmt auch BayVGH, NVwZ-RR 2004, 94 Bezug]; OVG Saarlouis v. 18. 2. 2009, Az.: 2 V 1/02.
[56] BVerwG, NVwZ-RR 1998, 357 = BauR 1997, 991.
[57] BVerfG, NVwZ-RR 1996, 48; BVerwG, NJW 1981, 473; BVerwG, DÖV 1971, 640; in diese Richtung auch BayVGH v. 17. 10. 2006, Az.: 1 B 05.1429; kritisch hierzu etwa Jäde, BayVBl. 2007, 641 [643].

genehmigte, aber genehmigungspflichtige – Nutzung begründet danach keinen Bestandsschutz[58]. Oder anders ausgedrückt: ein illegal (weil ohne die erforderliche Baugenehmigung) errichtetes Vorhaben erlangt nur dadurch Bestandsschutz, dass es nachträglich genehmigt wird.

Die neuere Auffassung ist vorzugswürdig. Bestimmen sich Inhalt und Umfang des Bestandsschutzes nach Maßgabe des einfachen Rechts, dann ist bei genehmigungspflichtigen Anlagen der Umstand, dass die BayBO für bestimmte Vorhaben ein Baugenehmigungsverfahren vorschreibt und mit dem Bau erst begonnen werden darf, wenn bestimmte Voraussetzungen gegeben sind, zu beachten. Folglich schützt die BayBO eine genehmigungsbedürftige Anlage gegen Eingriffe in die Bausubstanz erst dann, wenn für diese die entsprechende Baugenehmigung erteilt worden ist. Das schließt es aus, Bestandsschutz bereits dann zu bejahen, wenn die genehmigungsbedürftige Anlage über einen namhaften Zeitraum dem materiellen Recht entsprochen hat, ohne dass sie durch eine Baugenehmigung zugelassen worden wäre. Dies gilt umso mehr, als ansonsten die rechtswidrige Umgehung eines an sich erforderlichen Baugenehmigungsverfahrens auch noch mit den Wohltaten eines Bestandsschutzes belohnt würde. Wer sich aber außerhalb der Rechtsordnung bewegt, kann von dieser keinen Schutz erwarten, selbst wenn sein Tun zu irgendeinem Zeitpunkt der materiellen Rechtslage entspricht oder entsprochen hat. Die herkömmliche Auffassung verkennt zudem, dass durch die Beibehaltung der zum verfassungsunmittelbaren Bestandsschutz entwickelten Grundsätze die Kompetenz des Gesetzgebers zur Ausgestaltung der Eigentumsordnung auf der Basis der neuen Eigentumsdogmatik unterlaufen wird. Jedenfalls bleibt sie den Nachweis schuldig, dass es im einfachen Recht eine Regelung gibt, durch die eine genehmigungspflichtige, aber nicht genehmigte, gleichwohl zu irgendeinem Zeitpunkt einmal materiell legale bauliche Anlage etwa gegenüber Anordnungen der Bauaufsichtsbehörde geschützt wird. Des Weiteren ist zu beachten, dass die Durchführung eines Baugenehmigungsverfahrens auch dazu dient, etwaigen Beteiligungsrechten der Gemeinden Rechnung zu tragen (vgl. § 36 BauGB). Diese sollen in die Lage versetzt werden, durch den Erlass einer Veränderungssperre (§§ 14, 16 ff. BauGB) oder eines Zurückstellungsgesuchs (§ 15 BauGB) die Verwirklichung von Vorhaben verhindern zu können, die nicht den gemeindlichen Planungsvorstellungen entsprechen. Wird aber kein Baugenehmigungsverfahren durchgeführt und wird dem ohne ein solches Verfahren verwirklichten Vorhaben (materieller) Bestandsschutz gewährt, weil es dem bei seiner Verwirklichung oder später geltenden materiellen Baurecht entsprochen hat, dann wird der Gemeinde die Möglichkeit genommen durch eine Änderung des Bauplanungsrechts (z. B. die Aufstellung eines Bebauungsplans) die Verwirklichung des Vorhabens zu verhindern. Die Auffassung, die in Fortsetzung der zum verfassungsunmittelbaren Bestandsschutz entwickelten Rechtsprechung die materielle Rechtmäßigkeit des Vorhabens zu irgendeinem „namhaften" Zeitpunkt ausreichen lässt, muss sich daher auch den Vorwurf gefallen lassen, das verfassungsrechtlich durch Art. 28 Abs. 2 GG garantierte gemeindliche Selbstverwaltungsrecht zu missachten.

dd) Reichweite des formellen Bestandsschutzes

26 Der formelle Bestandsschutz wird durch die für das Vorhaben erteilte Baugenehmigung vermittelt[59]. Für die Entstehung formellen Bestandsschut-

---

[58] OVG Schleswig v. 18. 7. 1994, Az.: 1 M 42/94; OVG Bautzen, LKV 1994, 336.
[59] Folglich wird vom formellen Bestandsschutz dann gesprochen, wenn die inmitten stehende bauliche Anlage durch eine Baugenehmigung „gedeckt" ist.

zes spielt es zwar keine Rolle, ob die Baugenehmigung in rechtmäßiger oder in rechtswidriger Weise erteilt worden ist. Ist die erteilte Baugenehmigung aber rechtswidrig, dann verstößt die zugelassene Anlage gegen materielles Recht. Dies wiederum hat zur Folge, dass die Anlage keinen materiellen Bestandsschutz[60] erwerben kann, solange sich die Rechts- oder Tatsachenlage nicht zugunsten des Bauwerks ändert.

Die Baugenehmigung ist u.a. ein **feststellender Verwaltungsakt**, weil sie verbindlich feststellt, dass dem Vorhaben öffentlich-rechtliche Vorschriften, die im Baugenehmigungsverfahren zu prüfen sind, nicht entgegenstehen, das Vorhaben also insoweit dem materiellen öffentlichen Recht entspricht. Solange und soweit die Baugenehmigung wirksam besteht, ist das genehmigungsgemäß errichtete Vorhaben (zumindest) formell rechtmäßig (es genießt formellen Bestandsschutz) und darf entsprechend genutzt werden[61]. Da die feststellende Wirkung der Baugenehmigung aber auf die „im Baugenehmigungsverfahren zu prüfenden öffentlich-rechtlichen Vorschriften" beschränkt ist, folgt hieraus zwingend, dass einer Baugenehmigung, die z.B. in einem vereinfachten Genehmigungsverfahren (Art. 59 BayBO) erteilt wird, nur eine beschränkte Feststellungswirkung zukommt (zu Einzelheiten siehe in Kapitel 2, Teil 6 B IV.). Ist dem aber so, dann folgt hieraus weiter, dass der durch Baugenehmigung vermittelte formelle Bestandsschutz nur soweit reichen kann, wie die Feststellungswirkung der Baugenehmigung reicht.

Diese Bindungswirkung hindert allerdings auch andere Behörden, aus den zum Prüfverfahren gehörenden Gründen gegen die bauliche Anlage einzuschreiten, solange die Baugenehmigung nicht (unanfechtbar oder sofort vollziehbar) aufgehoben ist[62]. Geht die Bauaufsichtsbehörde dagegen über den gesetzlich festgelegten Mindestinhalt des Prüfverfahrens hinaus, dann können auch die weiteren von der Behörde geprüften Vorschriften an der Feststellungswirkung der Baugenehmigung teilnehmen, womit ein erweiterter formeller Bestandsschutz für die genehmigte Anlage begründet werden könnte (im einzelnen str.).

ee) Reichweite des passiven Bestandsschutzes

Der (passive) Bestandsschutz[63] gewährleistet das Recht, das Bauwerk weiterhin so zu unterhalten und zu nutzen, wie es seinerzeit – im Einklang mit dem damals geltenden materiellen Recht oder aufgrund einer entsprechenden Genehmigung – errichtet wurde, selbst wenn die bauliche Anlage nunmehr geltendem Recht widerspricht[64]. Er beginnt, sobald das Vorhaben fertig gestellt und in formeller oder – im Falle der fehlenden Genehmigungs-

---

[60] Der materielle baurechtliche Bestandsschutz resultiert aus der Übereinstimmung der baulichen Anlage mit materiellen Normen des Bauplanungs- und des Bauordnungsrechts.

[61] BayVGH, BayVBl. 2003, 626.

[62] OVG Bautzen, LKV 2010, 182 [183].

[63] Vom **passiven Bestandsschutz** wird dann gesprochen, wenn es allein um die Fortführung der bisherigen Nutzung des baulichen Bestands geht, dem Bestandsschutz also eine **Abwehrfunktion** gegenüber einschränkenden Anforderungen der Behörden aufgrund neuer gesetzlicher Normierungen zukommt.

[64] BayVGH v. 14.2.2011, Az.: 2 ZB 09.2671 m.w.N.

pflicht – materieller Hinsicht rechtmäßig ist. Eine Anlage ist errichtet und damit u. U. in ihren Bestand geschützt, wenn sie – im Wesentlichen – bestimmungsgemäß fertig gestellt und funktionsgemäß benutzbar ist[65].

29 Der Bestandsschutz für genehmigungsbedürftige Anlagen erstreckt sich also gegenüber Änderungen der Baurechtsordnung auf den genehmigten Bestand und die genehmigte Nutzung. Er erfasst grundsätzlich nicht Bestands- oder Funktionsänderungen (es sei denn, diese sind verfahrensfrei und entsprechen über einen namhaften Zeitraum dem materiellen Recht), weil diese über den genehmigten Zustand hinausgreifen würden und ein solches Hinausgreifen von den die Eigentümerstellung regelnden Bauvorschriften nicht gedeckt wäre[66]. Auch schließt er bauliche Erweiterungen aus[67], ebenso einen Ersatzbau[68], lässt jedoch Reparaturen und Instandhaltungsarbeiten (zum Begriff siehe bei Art. 57 BayBO) zu[69]. Dem passiven Bestandsschutz kommt somit eine **Abwehrfunktion** gegenüber einschränkenden Anforderungen der Behörden aufgrund neuer gesetzlicher Normierungen zu. Soweit der passive Bestandsschutz reicht, sind z. B. Beseitigungsanordnungen bzw. Nutzungsuntersagungen wegen eines Widerspruchs der (baulichen) Anlage zur aktuellen Rechtslage ausgeschlossen[70].

Im Beispielsfall kann A daher die Jagdhütte wieder instand setzen, da nach dem Sachverhalt die Instandsetzungsarbeiten die Identität des Bauwerks noch unberührt lassen und die Hütte seinerzeit genehmigt worden war, mithin Bestandsschutz genießt. Die geplanten Erweiterungsarbeiten bzw. der Einbau von Sanitäreinrichtungen sind dagegen vom passiven Bestandsschutz nicht gedeckt, weil hierdurch der bisherige Zustand verändert würde.

ff) Reichweite des aktiven Bestandsschutzes

30 Im Unterschied zur früheren Rechtslage erkennen heute die herrschende Literatur[71] und Rechtsprechung[72] einen verfassungsunmittelbaren aktiven Bestandsschutz[73] zu recht nicht mehr an; das gilt in gleicher Weise für An-

---

[65] BVerwG, BayVBl. 1971, 425.
[66] BVerfG, BayVBl. 1996, 240 = BauR 1996, 235 unter Hinweis auf BVerfGE 58, 300 [336, 352].
[67] BVerwGE 25, 161.
[68] BVerwGE 42, 8.
[69] BVerwG, NVwZ-RR 1998, 357; BVerwGE 47, 126.
[70] Allgemeine Meinung, vgl. z. B. Schenke, Nur 1989, 8 [9]; Uechtritz, DVBl. 1997, 347 m. w. N.
[71] Vgl. z. B. Battis/Krautzberger/Löhr, BauGB, zu § 35 Rn. 107; Simon/Busse, BayBO, zu Art. 76 Rn. 115.
[72] Grundlegend BVerwG, NVwZ 1998, 842 = UPR 1998, 228 = BauR 1998, 760 = DÖV 1998, 600 unter ausdrücklicher Aufgabe von BVerwGE 72, 362 = BauR 1986, 302; siehe auch BVerwG, BauR 1999, 152 [154]; BVerwG, NVwZ-RR 1998, 357; BVerwG, Buchholz 406.11 § 35 BauGB Nr. 282; BVerwG, NVwZ-RR 1991, 231 = ZfBR 1991, 83; BVerwGE 85, 289; OVG Münster, BauR 2006, 959; OVG Lüneburg, NVwZ-RR 1994, 71; siehe auch Aichele/Herr, NVwZ 2003, 415.
[73] Von **aktivem Bestandsschutz** wird gesprochen, wenn der Bestandsschutz auch als Grundlage der Genehmigung von baulichen Maßnahmen, also zur Erweiterung des vorhandenen Bestands dienen soll.

sprüche auf Bebauung aus einer eigentumskräftig verfestigten Anspruchsposition. Änderungen oder Erweiterungen baulicher Anlagen sind folglich nur noch dann möglich, wenn sie ausdrücklich gesetzlich zugelassen worden sind. M. a. W., **einen aktiven Bestandsschutz außerhalb des einfachen Rechts gibt es heute nicht mehr.** Folglich sind vom Bestandsschutz insbesondere Maßnahmen nicht mehr gedeckt, die einer Neuerrichtung oder einem Ersatzbau gleichkommen[74].

Im Beispielsfall hätte A die Erweiterung und den Einbau der Sanitäreinrichtungen nur unter dem Gesichtspunkt des aktiven bzw. überwirkenden Bestandsschutzes durchführen können. Da diese Rechtsinstitute heute von Literatur und Rechtsprechung nicht mehr anerkannt werden, kann er jedenfalls unter reinen Bestandsschutzgesichtspunkten die genannten Maßnahmen in zulässiger Weise nicht durchführen.

Das BauGB enthält an verschiedenen Stellen Regelungen, die von der Rechtsprechung als einfachgesetzliche Ausprägung des aktiven Bestandsschutzes verstanden werden. Das gilt namentlich für § 34 Abs. 3 a und § 35 Abs. 4 BauGB. Den bauplanungsrechtlichen Regelungen des aktiven Bestandsschutzes ist gemeinsam, dass die bauliche Anlage, an der unter erleichterten Voraussetzungen weitere Maßnahmen zugelassen werden können, **in zulässiger Weise errichtet** worden sein muss. Die h. M. geht von der Erfüllung dieser Voraussetzung dann aus, wenn die vorhandene Bausubstanz Bestandsschutz genießt[75]. Damit wird für die Auslegung dieser Tatbestandsvoraussetzung auch die Frage virulent, welcher Meinung zum Bestandsschutzbegriff zu folgen ist. Nach hier vertretener Auffassung ist das die zum neuen Bestandsschutzbegriff (siehe auch in Kapitel 4). 31

gg) Bestandsschutz für Nutzungen

Vom Bestandsschutz wird nach **h. M.** nicht nur der legale Bestand der Anlage als solcher erfasst, sondern auch die mit der Anlage genehmigte Nutzung. Dabei deckt der Bestandsschutz aber nur die Fortführung einer legal ausgeübten Nutzung, nicht jedoch den Übergang auf eine andere Nutzung, die bodenrechtlich relevant ist und deshalb die Genehmigungsfrage neu aufwirft, weil die Veränderung die Qualität einer Änderung oder Nutzungsänderung i. S. v. § 29 Abs. 1 BauGB erreicht[76]. Bei Nutzungsänderungen, die mit den §§ 30 ff. BauGB unvereinbar sind, kommt Bestandsschutz daher nicht mehr in Betracht, sobald die jeder Nutzung eigene tatsächliche Variationsbreite überschritten und der neuen Nutzung unter städtebaulichen Gesichtspunkten eine andere Qualität zukommt als der alten[77]. 32

Für die Frage, wie lange eine Nutzung, die zwar nicht durch eine andere Nutzung ersetzt, wohl aber aufgegeben worden ist, Bestandsschutz genießt, 33

---

[74] BVerwG, Buchholz 406.16 Grundeigentum Nr. 60; BayVGH v. 25. 1. 2006, Az.: 1 ZB 04.1439.
[75] BVerwG, ZfBR 2007, 696 = BauR 2007, 1697; Battis/Krautzberger/Löhr, BauGB, zu § 35 Rn. 81.
[76] BVerwG, BauR 1997, 991; BVerwG, BRS 64 Nr. 73; OVG Mecklenburg-Vorpommern v. 22. 5. 2005, Az.: 3 M 236/04; OVG Münster, BauR 2006, 959.
[77] BVerwG, BayVBl. 1990, 726.

hat das BVerwG in Anlehnung an die in seiner früheren Rechtsprechung zu § 35 Abs. 5 Nr. 2 BBauG (jetzt § 35 Abs. 4 Satz 1 Nr. 3 BauGB) entwickelten Grundsätze ein „**Zeitmodell**" entworfen[78]. **Danach gilt folgendes: Im ersten Jahr** nach Aufgabe der Nutzung rechnet die Verkehrsauffassung stets mit deren Wiederaufnahme. Eine Einzelfallprüfung erübrigt sich. Im **zweiten Jahr** nach der Aufgabe spricht für die Annahme, dass die Verkehrsauffassung eine Wiederaufnahme erwartet, eine Regelvermutung, die im Einzelfall jedoch entkräftet werden kann, wenn Anhaltspunkte für das Gegenteil vorhanden sind. **Nach Ablauf von zwei Jahren** kehrt sich diese Vermutung um. Es ist davon auszugehen, dass die Grundstückssituation nach so langer Zeit für eine Wiederaufnahme der Nutzung nicht mehr offen ist. Der Bauherr hat besondere Gründe dafür darzulegen, dass die Aufgabe der Nutzung noch keinen als endgültig erscheinenden Zustand herbeigeführt hat.

In der Praxis werfen die Fälle der so genannten **Nutzungsunterbrechung**[79], wie z.B. der schlichte Leerstand von Wohnungen, besondere Probleme auf. Auch auf diese Fälle wendet das BVerwG sein soeben dargestelltes Zeitmodell an[80]. Das vermag jedoch **nicht zu überzeugen**. Dabei ist zunächst zu berücksichtigen, dass Bestandsschutz nur nach Maßgabe des einfachen Rechts gewährleistet wird (vgl. oben). Ist eine bestimmte Nutzung bauaufsichtsrechtlich genehmigt und in Vollzug gesetzt worden, dann genießt sie Bestandsschutz aufgrund der Baugenehmigung und zwar solange, wie die Baugenehmigung wirksam ist. Diese Wirkung kann nur entfallen, wenn es hierfür im einfachen Recht eine entsprechende Regelung gibt. Eine solche findet sich jedoch für den Fall der bloßen Nutzungsunterbrechung weder im BauGB noch in der BayBO. Des weiteren ist zu beachten, dass das BVerwG das „Zeitmodell" zugleich als Auslegungshilfe zu dem in § 35 Abs. 4 Satz 1 Nr. 2 BBauG (jetzt § 35 Abs. 4 Satz 1 Nr. 3 BauGB) enthaltenen Tatbestandsmerkmal „alsbald" entwickelt hat. Insofern ist aber festzustellen, dass ein vergleichbares Tatbestandsmerkmal, das im Falle einer (vorübergehenden) Nutzungsaufgabe als Anknüpfungspunkt für das Zeitmodell dienen könnte, im einfachen Recht fehlt. Des Weiteren ist zu beachten, dass der Inhaber einer Baugenehmigung, der diese noch nicht ausgenutzt hat, nach Art. 69 Abs. 1 BayBO durch diese gegen eine Veränderung der rechtlichen oder tatsächlichen Situation für 4 Jahre geschützt wird. Würde nun das „Zeitmodell" des BVerwG auf die Nutzungsunterbrechung angewandt, dann entstünde hierdurch ein kaum lösbarer Wertungswiderspruch, denn es ist nicht recht verständlich, warum der Bauherr, der seine Baugenehmigung ausgenutzt und eine legale Nutzung aufgenommen hat, im Falle der Nutzungsunterbrechung i.d.R. nur einen Schutz gegen Rechts- und Tatsachenänderungen für zwei Jahre besitzen soll (nach dem Zeitmodell des BVerwG besteht nach Ablauf von zwei Jahren bereits eine Vermutung für das Ende des Bestandsschutzes; vgl. oben). Folglich lässt die zeitlich begrenzte, auch länger andauernde Nutzungsunterbrechung die Wirksamkeit der Baugenehmigung grundsätzlich unberührt und rechtfertigt auch nicht den Schluss, der Inhaber einer

---

[78] BVerwG, DVBl. 1996, 40 = NVwZ 1996, 379 mit Hinweis auf BVerwG, Buchholz 406.11, § 35 BBauG Nr. 248 und BVerwGE 64, 42; siehe auch VGH Kassel, ESVGH 51, 141; OVG Münster, BauR 2006, 959 m.w.N.; dieses Zeitmodell wendet das BVerwG auch im Rahmen von § 34 Abs. 1 BauGB an in Bezug auf einen Altbestand, der vernichtet wurde; vgl. BVerwG, ZfBR 2008, 52 = BauR 2008, 482.

[79] Z.B. Graf, ZfBR 2006, 215; Haaß, NJW-Spezial 2010, 108; Uschkereit, BauR 2010, 718; Bringewat, NVwZ 2011, 733.

[80] BVerwGE 98, 235.

B. Verfassungsrechtliche Bezüge des Baurechts

Baugenehmigung habe die genehmigte Nutzung endgültig aufgegeben oder auf die Genehmigung verzichten wollen[81]. Bloße Nutzungsunterbrechungen können somit nicht ohne weiteres zum Entfallen des Bestandsschutzes für die genehmigte Nutzung führen[82].

hh) Ende des Bestandsschutzes[83]

Der Bestandsschutz, der durch eine Baugenehmigung vermittelt wird, erlischt, wenn die Genehmigung unwirksam wird. Das kann mit Blick auf Art. 43 Abs. 2 BayVwVfG aus verschiedenen Gründen der Fall sein, wie z. B. durch Aufhebung der Baugenehmigung nach Art. 48, 49 BayVwVfG, durch die Zerstörung der baulichen Anlage[84], wenn der Bauherr auf die Baugenehmigung verzichtet[85], sei es durch ausdrückliche Erklärung gegenüber der Baugenehmigungsbehörde oder dadurch, dass ein entsprechender dauerhafter und endgültige Verzichtswillen unmissverständlich und unzweifelhaft zum Ausdruck kommt[86].

Der Bestandsschutz **endet des weiteren** mit der Beseitigung der Anlage[87]; das gilt auch für den Schutz der Bestandsnutzung. Ist eine Anlage bereits so verfallen, dass der ursprünglich legale Bestand in seiner Substanz praktisch nicht mehr vorhanden ist und kommen die zur Instandsetzung erforderlichen Aufwendungen denen für einen Neubau (nahezu) gleich, so ist die „Ruine" ebenfalls nicht mehr bestandsgeschützt[88]. Auch die Verwendung moderner Wiederherstellungsmaterialien führt zu einer Änderung der Bausubstanz und lässt den Bestandsschutz entfallen[89].

In der Alternative des Beispielsfalles ist die Hütte bereits so verfallen, dass sie nur noch eine Ruine darstellt. Der ursprünglich legale Bestand ist in seiner Substanz praktisch nicht mehr vorhanden. Die Hütte genießt daher keinen Bestandsschutz mehr – auch nicht in der passiven Form –, so dass auch die „Instandsetzungsarbeiten" (tatsächlich handelt es sich um Wiedererrichtungsarbeiten) allein unter Bestandsschutzgesichtspunkten nicht zulässig sind.

Ferner entspricht es allgemeiner Auffassung, dass mit der endgültigen Aufgabe einer zugelassenen Nutzung ebenfalls der Bestandsschutz für diese endet oder wenn mit einer andersartigen Nutzung – also einer solchen, die außerhalb der jeder Nutzung eigenen Variationsbreite liegt – tatsächlich begonnen wird, sofern diese erkennbar nicht nur vorübergehend ausgeübt

34

34a

34b

---

[81] BayVGH, BayVBl. 2008, 667.
[82] Ebenso: BayVGH v. 7. 12. 2009, Az.: 15 CS 09.2755; BayVGH, BayVBl. 2008, 667; BayVGH, BayVBl. 2003, 626; OVG Lüneburg, DVBl. 2011, 183 (LS); OVG Lüneburg, NVwZ-RR 2009, 910 = BauR 2009, 1887; VGH Mannheim, BauR 2009, 1881; Graf, ZfBR 2006, 215; siehe auch Bringewat, NVwZ 2011, 733.
[83] Siehe hierzu auch Goldschmidt, DVBl. 2011, 591.
[84] Sarnighausen, DöV 1993, 758 [760]; Uechtritz, DVBl. 1998, 347 [348].
[85] BayVGH v. 23. 9. 1999, Az.: 14 B 94.2334.
[86] BayVGH, NVwZ-RR 2003, 726 = BayVBl 2003, 626 m. w. N.
[87] BayVGH v. 2. 4. 2001, Az.: 1 B 97.1549; BayVGH v. 14. 2. 2011, Az.: 2 ZB 09.2671 m. w. N.
[88] BVerwG, NVwZ-RR 1997, 521.
[89] BVerwG, Buchholz 406.16 Eigentumsschutz Nr. 63.

werden soll[90]. Mit der Aufgabe oder Änderung der Nutzung entfällt dabei nicht nur der Bestandsschutz für die Nutzung, sondern auch der Bestandsschutz für die Bausubstanz; es gilt das Prinzip der Einheit von **Substanz und Funktion**[91]. Ist der Bestandsschutz für eine Nutzung verloren gegangen und ist die vorhandene bauliche Substanz unter keinem rechtlichen Gesichtspunkt – auch nicht anderweitig – nutzbar, hat also die bauliche Anlage ihre Funktion ganz und gar verloren, genießt daher auch die bauliche Anlage als solches keinen Bestandsschutz mehr. Das so betroffene Grundstück gilt dann als unbebaut im Rechtssinne[92].

Letztlich bleibt noch zu klären, ob es einen Zeitpunkt gibt, ab welchem der Bestandsschutz für eine aufgegebene und nicht durch eine neue ersetzte Nutzung – außerhalb des Zeitmodells – ausnahmslos nicht mehr besteht. Insofern ist zur Bestimmung des (**absoluten**) **Endes des Bestandsschutzes** für eine aufgegebene Nutzung der Rechtsgedanke des § 42 Abs. 2, Abs. 3 BauGB heranzuziehen[93]. Danach kann der Eigentümer eine Entschädigung für Eingriffe in eine ausgeübte Nutzung verlangen, wenn die zulässige Nutzung eines Grundstücks vor Ablauf einer Frist von sieben Jahren ab Zulässigkeit aufgehoben oder geändert wird (§ 42 Abs. 2 BauGB). Ist die Nutzung dagegen bereits länger als sieben Jahre ausgeübt worden, erhält der Eigentümer nurmehr im Ausnahmefall eine Entschädigung (§ 42 Abs. 3 BauGB). Da die rechtliche Situation zwischen dem absoluten Ende des Bestandsschutzes für eine aufgegebene Nutzung und der Entschädigung für eine entzogene Nutzung durchaus ähnlich ist, stellt die in § 42 Abs. 2, Abs. 3 BauGB normierte Frist insoweit eine sinnvolle Auslegungshilfe dar. Das gilt umso mehr, als auch § 35 Abs. 4 Satz 1 Nr. 1 Buchst. c BauGB – eine Regelung des aktiven Bestandsschutzes (vgl. oben Rn. 31) – maßgeblich darauf abstellt, dass die Aufgabe der bisherigen Nutzung nicht länger als 7 Jahre zurück liegt. Hieraus ist zu folgern, dass der Bestandsschutz für eine aufgegebene Nutzung **nach Ablauf von sieben Jahren** seit deren Aufgabe ausnahmslos nicht mehr bestehen dürfte. Ob diese zeitliche Grenze auch in Fälle der bloßen Nutzungsunterbrechung Anwendung finden kann, erscheint zumindest diskussionswürdig.

ii) Beweislast für den Bestandsschutz

35   In der Praxis können sich häufig Probleme in Bezug auf den Nachweis eines etwaigen Bestandsschutzes, z.B. die angebliche Baugenehmigung für ein Vorhaben ist nicht mehr auffindbar, oder die Dauer der Aufgabe einer Nutzung, ergeben. Fraglich ist damit, wen die Folgen der fehlenden Nachweisbarkeit – **materielle Beweislast** – eines etwaigen Bestandsschutzes treffen. Nach ganz herrschender Meinung **geht dies zu Lasten** desjenigen, **der sich auf den Bestandsschutz beruft**. Das hat z.B. zur Folge, dass im Verhältnis zwischen einem bauaufsichtlichen Verlangen (etwa einer Beseitigungsanordnung) und einem ihr entgegenstehenden Bestandsschutz, was die Beweislast anbetrifft, der Bestandsschutz rechtlich die Stellung eines „Gegenrechts"

---

[90] BVerwG, NuR 1991, 251 = NVwZ 1989, 667; BVerwG, BayVBl. 1990, 726 = NVwZ 1991, 264.
[91] BVerfG, BayVBl. 1996, 240 = BauR 1996, 235 = NVwZ-RR 1996, 483; kritisch hierzu etwa Jäde, BayVBl. 2007, 641 [645, 646].
[92] BVerwG, NVwZ-RR 1997, 462 = DVBl. 1997, 432 = BauR 1997, 276.
[93] Vgl. auch VG München v. 16. 12. 2002, Az.: M 1 S 02.4503.

B. Verfassungsrechtliche Bezüge des Baurechts   19

(d. h. einer „Einwendung") hat. Mit dem Gesichtspunkt des Bestandsschutzes verteidigt der Betroffene eine (mittlerweile) materiell rechtswidrige Anlage oder Nutzung. Er leitet aus der Vergangenheit ein Recht ab, das es ihm ermöglicht, sich gegen einen bauaufsichtlichen Eingriffsakt zur Wehr zu setzen, obgleich die beanstandete Anlage oder Nutzung (derzeit) materiell rechtswidrig ist[94]. Erweist sich im Einzelfall als unaufklärbar, ob ein solches „Gegenrecht" besteht, so geht das zu Lasten dessen, der dieses Recht für sich in Anspruch nimmt; das ist derjenige, der sich auf den Bestandsschutz beruft[95].

2. Art. 13 GG, Art. 106 Abs. 3 BV

Gemäß Art. 13 Abs. 1 GG ist die Wohnung unverletzlich. Der Begriff der „Wohnung" ist dabei weit auszulegen; er umfasst auch Arbeits-, Betriebs- und Geschäftsräume[96]. Darüber hinaus werden nach allgemeiner Meinung[97] auch unmittelbar an die Wohnräume angrenzende befriedete Räume wie Höfe, Gärten oder Spielplätze sowie nicht bebaute Flächen geschützt[98]. Das BauGB und die BayBO sehen nun an verschiedenen Stellen Betretungsrechte (z. B. § 209 BauGB, Art. 54 Abs. 2 S. 4 HS. 1 BayBO) vor, aufgrund derer in den soeben beschriebenen Schutzbereich der Unverletzlichkeit der Wohnung des Art. 13 Abs. 1 GG und des Art. 106 Abs. 3 BV eingegriffen werden kann. Da jedoch Art. 13 Abs. 1 GG gemäß Art. 13 Abs. 7 GG unter einem qualifizierten Gesetzesvorbehalt steht, ist eine Einschränkung dieses Grundrechts unter Beachtung des Art. 19 Abs. 1 S. 2 GG grundsätzlich möglich, zumal das bauaufsichtliche Betreten und Besichtigen einer Wohnung keine Durchsuchung i. S. v. Art. 13 Abs. 2 GG darstellt[99]. Während die BayBO eine entsprechende Einschränkung in Art. 54 Abs. 2 S. 4 HS. 2 BayBO enthält, fehlt im BauGB eine solche Regelung, so dass gegen § 209 BauGB gewisse verfassungsrechtliche Bedenken bestehen. **36**

Für den Eingriff in den durch Art. 106 Abs. 3 BV geschützten Bereich gilt im Grundsatz – bezüglich der Betretungsrechte der BayBO – nichts anderes. Auch wenn Art. 106 Abs. 3 BV, im Unterschied zu Art. 13 Abs. 7 GG, nicht ausdrücklich Beschränkungen des Grundrechts aus „triftigen Gründen" vorsieht, so entspricht es doch h. M., dass solche Beschränkungen – als von vorneherein mitgedacht – auch nach bayerischen Verfassungsrecht zulässig sind[100]. Dabei **37**

---

[94] BVerwG, Buchholz 406.11 § 35 BBauG Nr. 112 S. 90 [93 f.]; BVerwG, Buchholz 406.11 § 29 BBauG Nr. 21 S. 7 [11].
[95] BVerwG v. 23. 12. 1994, Az.: 4 B 262/94; BVerwG, Buchholz 406.17 Bauordnungsrecht Nr. 35; BVerwG v. 19. 2. 1988, Az.: 4 B 33/88 m. w. N.; BVerwG, BauR 1979, 228 = BayVBl. 1979, 504 m. w. N.; VGH Kassel, BauR 1995, 679; VGH Kassel v. 20. 2. 1992, Az.: 3 UE 4020/88.
[96] BVerfGE 32, 54.
[97] Vgl. etwa VGH BW, DVBl. 1993, 778; VGH BW, ESVGH 45, 277; BayVGH, BayVBl. 1994, 272.
[98] Jarass/Pieroth, GG, zu Art. 13 Rn. 4 m. w. N.
[99] BVerwG, NJW 2006, 2504.
[100] BayVerfGH, BayVBl. 2006, 304; BayVerfGHE 41, 151 [158 f.] m. w. N.; BayVerfGH v. 25. 7. 1975, Az.: Vf. 50-VI-74; Meder, BV, zu Art. 106 Rn. 4.

soll es auch nicht darauf ankommen, ob die besonderen Voraussetzungen des Art. 98 S. 2 BV erfüllt sind[101].

3. Art. 3 Abs. 1 GG

38   Art. 3 Abs. 1 GG hat vor allem Bedeutung für die Exekutive, insbesondere im Rahmen der Ermessensverwaltung (z.B. Selbstbindung der Verwaltung, Willkürverbot). Aus Art. 3 Abs. 1 GG folgt aber kein Anspruch auf Fehlerwiederholung, also auf sog. Gleichbehandlung im Unrecht[102]. Das bedeutet, dass niemand unter Berufung auf die Behandlung eines anderen verlangen kann, dass auch er etwas erhält, was weder ihm noch dem anderen zusteht.

39   Hieraus folgt, dass im **Bauplanungsrecht** der Gleichbehandlungsgrundsatz grundsätzlich keine Rolle spielt, da die (bauplanungsrechtliche) Zulässigkeit von Bauvorhaben sich allein nach §§ 29, 30 ff. BauGB als Ausfluss von Inhalt und Schranken des Eigentums gemäß Art. 14 Abs. 1 S. 2 GG richtet und für einen daneben bestehenden Zulassungstatbestand aus Art. 3 Abs. 1 GG oder sonstigem Verfassungsrecht kein Raum ist[103]. Etwas anderes gilt allerdings dann, soweit die Bauaufsichtsbehörde ausnahmsweise Ermessen auszuüben hat, wie etwa bei der Erteilung von Ausnahmen (§ 31 Abs. 1 BauGB) oder von Befreiungen (§ 31 Abs. 2 BauGB). Insofern kann der Gleichbehandlungsgrundsatz eine Rolle spielen.

40   Anders ist es dagegen grundsätzlich im **Bauordnungsrecht**. Gerade die bauaufsichtlichen Eingriffsbefugnisse (vgl. z.B. Art. 54 Abs. 4, Art. 75, Art. 76 BayBO) eröffnen der Bauaufsichtsbehörde einen Ermessensspielraum. Aus dem Gleichbehandlungsgebot bzw. dem Willkürverbot des Art. 3 Abs. 1 GG folgt dabei, dass die Behörde gerade im Ermessensbereich zu gleichmäßiger Behandlung gleichgelagerter Fälle verpflichtet ist. Die Bauaufsichtsbehörde darf daher nicht ohne erkennbaren Grund unterschiedlich, systemwidrig oder planlos ihr Ermessen ausüben[104]. Sie darf somit in einem weiteren zur Entscheidung anstehenden Fall, der mit den bisher entschiedenen vergleichbar ist, ohne besondere, speziell für den neuen Fall zutreffende Gründe, keine abweichende Regelung treffen, da sie sonst gegen Art. 3 Abs. 1 GG verstoßen würde[105].

---

[101] BayVerfGHE 16, 128 [135, 136]; **a.A.** noch BayVerfGHE 3, 65 [66].
[102] Jarass/Pieroth, GG, zu Art. 3 Rn. 36 m.w.N.
[103] BVerwG, NVwZ 1998, 842: BVerwG, BauR 1999, 152.
[104] BVerwG, Buchholz 406.17 Bauordnungsrecht Nr. 68.
[105] Zu Einzelheiten siehe bei den bauaufsichtlichen Eingriffsbefugnissen Kapitel 2 Teil 8.

Kapitel II. Bauordnungsrecht – BayBO

Teil 1. Geschichte der BayBO

Das bayerische Baurecht war bis 1861 nicht einheitlich kodifiziert. Es beruhte auf zahlreichen älteren Vorschriften mit verschieden begrenztem örtlichen Geltungsbereich und zum größten Teil auf Bestimmungen, die anlässlich einzelner Bauunternehmungen durch landesrechtliche Erlasse, Ministerial- und Regierungsentschließungen getroffen worden waren[1]. Die gesetzliche Grundlage zu einer (ersten) zusammenfassenden Regelung wurde durch Art. 180 ff. des Bayerischen Polizeistrafgesetzbuches – PStGB – vom 10. 11. 1861 geschaffen. In Ausführung dieser Vorschriften erging am 2. 10. 1863 die „Allgemeine Bauordnung für die Haupt- und Residenzstadt München"[2] – später dann die sog. **Münchner Bauordnung** vom 29. 7. 1895[3] – und am 30. 6. 1864 für die Landesteile diesseits des Rheins mit Ausnahme der Residenzstadt München die „Allgemeine Bauordnung"[4]. 1

Die genannten Bauordnungen wurden mehrfach ergänzt, vor allem durch Bauvorschriften zum Schutz der Gesundheit. 2

Nach der Änderung des PStGB durch das Gesetz vom 22. 6. 1900[5] ist dann am 17. 2. 1901 die **Verordnung über die Bauordnung**[6] erlassen worden, die – von geringfügigen abweichenden Bestimmungen der Münchner Bauordnung abgesehen – in dieser Grundkonzeption länger als sechs Jahrzehnte in Bayern die Rechtsgrundlage für das Planen und Bauen bildete. 3

Die große Zersplitterung des Baurechts in einer für die Praxis kaum noch zu übersehenden Zahl von Gesetzen, Verordnungen und Verwaltungsvorschriften und die fehlende Abstimmung dieser Vorschriften aufeinander, die zu einer erheblichen Erschwerung des Vollzugs des Baurechts führte, sowie der Erlass des Bundesbaugesetzes, das auch Teile des bis dahin in bayerischen Vorschriften enthaltenen Baurechts regelte und dieses damit aufhob (vgl. Art. 31 GG), zwang den Landesgesetzgeber – nicht nur in Bayern – schließlich zu einer Neuregelung[7]. Auf gemeinsame Initiative der Länder und des Bundesministeriums für Wohnungsbau wurde daher am 21. 1. 1955 die „Musterbaukommission" gebildet, die in vierjähriger Tätigkeit am 30. 10. 1959 die sog. **Musterbauordnung** verabschiedete und sie den Ländern als 4

---

[1] Vgl. Döllinger Verordnungen, Sammlung, Bd. 13 S. 996, Bd. 16 S. 1106, Bd. 29 S. 489, Bd. 31 S. 407, zitiert nach Englert/Mang, BayBO, 11. Auflage 1957, Einleitung A.
[2] RegBl. S. 1697.
[3] BayBS II S. 430.
[4] RegBl. S. 817.
[5] GVBl. S. 484.
[6] BayBS II S. 446.
[7] Vgl. Begründung des Entwurfs einer Bayerischen Bauordnung, LT-DS 4/2060 S. 33.

Grundlage für die Ausarbeitung einer Landesbauordnung Anfang Februar 1960 vorlegte[8].

5   Auf der Basis dieser Musterbauordnung erging schließlich am 1. 8. 1962 die Bayerische Bauordnung (BayBO)[9], die am 1. 10. 1962 in Kraft trat und die Verordnung über die Bauordnung von 1901 und die Münchner Bauordnung von 1895 ablöste.

6   Bis zum heutigen Tag ist die BayBO diverse Male geändert worden, davon sechs Mal grundlegend[10] mit jeweils entsprechender Neubekanntmachung[11], was in den Fällen der Neubekanntmachung von 1982, 1994, 1997 und 2007 jeweils auch zu einer neuen Artikelfolge führte. Während die früheren Novellen am Grundkonzept der BayBO festhielten, brachten die Novellen 1994, 1997 und 2007 grundlegende Änderungen, vor allem im Verfahrensbereich. Durch die Erweiterung der Freistellungen von der Genehmigungspflicht, die Einführung des Genehmigungsfreistellungsverfahrens, die Beschränkung des Prüfungsumfanges im baurechtlichen Verfahren des vereinfachten Genehmigungsverfahrens sowie durch die verstärkte Beteiligung privater Sachverständiger, sollten die Verfahren beschleunigt und zugleich die Verantwortung des Bauherrn deutlich gestärkt werden[12]. Dass allerdings gerade mit den neuen Verfahrensarten nicht unerhebliche – rechtliche – Probleme geschaffen wurden, soll hier nur erwähnt werden.

7   Während mit den Novellen 1994 und 1997 eine gewisse Experimentierphase im Bauordnungsrecht eingeläutet worden ist, soll diese durch die Novelle 2007 nunmehr abgeschlossen sein (mit Ausnahme der Regelung in Art. 6 Abs. 7 BayBO), wobei die Novelle 2007 im hohen Maße um eine Umsetzung der Musterbauordnung 2002 bemüht ist[13].

---

[8] Vgl. Begründung des Entwurfs einer Bayerischen Bauordnung, LT-DS 4/2060 S. 35.

[9] GVBl. 179, ber. 250.

[10] 1. Änderungsgesetz vom 29. 7. 1969, GVBl. S. 184; 2. Änderungsgesetz vom 24. 7. 1974, GVBl. 350; 4. Änderungsgesetz vom 21. 6. 1982, GVBl. S. 313; 1. Gesetz zur Vereinfachung und Beschleunigung bau- und wasserrechtlicher Verfahren vom 12. 4. 1994, GVBl. S. 210; 2. Gesetz zur Vereinfachung und Beschleunigung baurechtlicher Verfahren vom 26. 7. 1997, GVBl. 323; Gesetz zur Änderung der Bayerischen Bauordnung und Änderungsgesetz vom 24. 7. 2007 (GVBl. S. 499); zu den einzelnen Änderung siehe auch den Überblick bei Decker in Simon/Busse, BayBO, zu Art. 84 Rn. 11.

[11] Vom 21. 8. 1969, GVBl. S. 263; vom 1. 10. 1974, GVBl. S. 513; vom 2. 7. 1982, GVBl. S. 419; vom 18. 4. 1994. GVBl. S. 251; vom 26. 7. 1997, GVBl. S. 344; vom 14. 8. 2007 (GVBl. S. 588).

[12] Vgl. Begründung des Gesetzentwurfs der Staatsregierung, LT-DS 12/13482 S. 1.

[13] Vgl. Begründung des Gesetzentwurfs der Staatsregierung, LT-DS 15/7161 S. 1.

Teil 2. Einführung, Begriffsbestimmungen, staatliche Organisation

A. Aufbau der BayBO

Die BayBO gliedert sich in acht Teile. Der erste Teil enthält allgemeine 1 Vorschriften (über den Anwendungsbereich, über die wichtigsten Begriffe und über allgemeine Anforderungen); der zweite Teil regelt das Grundstück und seine Bebauung. Der dritte Teil enthält die Vorschriften über bauliche Anlagen und ist in sieben Abschnitte untergliedert. Im vierten Teil finden sich Regelungen über die am Bau Beteiligten, im fünften Teil solche über die Bauaufsichtsbehörden und das Verfahren. Der sechste Teil schließlich befasst sich mit den Ordnungswidrigkeitentatbeständen und den Rechtsvorschriften, während im siebten Teil Ausführungsbestimmungen zum BauGB enthalten sind. Der achte Teil enthält letztlich die Übergangs- und Schlussvorschriften.

Aufgrund der Einschränkungen des Prüfungsstoffs in den Examina (vgl. Teil 1 Rn. 5, 6) und weil in den Examina regelmäßig nur ganz bestimmte Problemfelder der BayBO, wie z.B. Probleme im Zusammenhang mit dem Verfahren, eine Rolle spielen, werden nachfolgend die Abschnitte 1–6 des dritten Teils sowie Art. 45, 46 BayBO, die nicht Prüfungsstoff sind, **nicht weiter behandelt**; das gilt in gleicher Weise für den achten Teil (Übergangs- und Schlussvorschriften).

Die Darstellung orientiert sich dabei zugleich an den Gegebenheiten der 2 Praxis bzw. an den Anforderungen in der Klausur, so dass zunächst – nach der Klärung einiger grundlegender Dinge – die formell-rechtliche und sodann die materiell-rechtliche Seite behandelt werden.

B. Anwendungsbereich

Nach Art. 1 Abs. 1 S. 1 BayBO gilt die Bayerische Bauordnung für alle 3 baulichen Anlagen (siehe hierzu die Legaldefinition in Art. 2 Abs. 1 BayBO sowie Rn. 9 ff.) und für alle Bauprodukte (Art. 19–27 BayBO). Sie gilt auch für Grundstücke (vgl. Art. 4 BayBO sowie Rn. 7, 8) sowie für andere Anlagen und Einrichtungen, an die nach der BayBO oder in Vorschriften aufgrund der BayBO (vor allem Art. 80, 81 BayBO) Anforderungen gestellt werden (Art. 1 Abs. 1 S. 2 BayBO).

Von diesem weitgefassten Anwendungsbereich nimmt Art. 1 Abs. 2 Bay- 4 BO bestimmte Anlagen aus, die sich ihrem Wesen nach von den üblichen baulichen Anlagen unterscheiden und daher nicht ohne weiteres denselben baurechtlichen Vorschriften unterworfen werden können. Für die in Art. 1 Abs. 2 BayBO genannten Anlagen bestehen zudem durchweg besondere verfahrens- und materiell-rechtliche Regelungen (wie z.B. für Anlagen, die der Bergaufsicht unterliegen [Abs. 2 Nr. 2] das Bundesberggesetz vom 13. 8.

1980[14]), die hinreichend die Belange der öffentlichen Sicherheit und Ordnung wahren[15].

5   In diesem Zusammenhang soll allerdings noch auf die Anlagen des öffentlichen Verkehrs (Art. 1 Abs. 2 Nr. 1 BayBO) hingewiesen werden. Anlagen des öffentlichen Verkehrs sind solche Anlagen, die der Beförderung von Personen oder Gütern auf dem Land, dem Wasser und in der Luft dienen, einschließlich des ruhenden Verkehrs, wie z.B. Parkplätze. Voraussetzung ist aber, dass es sich um öffentliche Verkehrsanlagen handelt. Das ist dann der Fall, wenn die Verkehrsanlage dem öffentlichen Verkehr nach den für sie geltenden Vorschriften gewidmet ist oder dient[16]. Folglich sind private Verkehrsanlagen nach der BayBO zu beurteilen (siehe hierzu aber Art. 57 Abs. 1 Nr. 7 BayBO über die Verfahrensfreiheit).

C. Begriffsbestimmungen

I. Vorbemerkung

6   Die für die Anwendung der BayBO zentralen Begriffe, wie etwa der Begriff der baulichen Anlage, des Gebäudes, der Gebäudeklasse etc., werden in Art. 2 BayBO **legaldefiniert**. Im Unterschied zur Fassung der BayBO bis zur Novelle 1982 – dort Art. 2 Abs. 1 BayBO – enthält die BayBO in ihrer aktuellen Fassung allerdings keine Begriffsbestimmung mehr über das (Bau-)Grundstück, auch wenn dieser Begriff in zahlreichen Vorschriften, wie z.B. in Art. 3 Abs. 3 oder Art. 6 BayBO, Verwendung findet und in Art. 4 Abs. 1 BayBO sogar grundsätzliche Anforderungen an das Grundstück, auf dem Gebäude errichtet werden sollen, gestellt werden. Da aber auch dieser Begriff zentral für die Arbeit mit dem Bauordnungsrecht ist, soll dieser zunächst geklärt werden.

II. Das (Bau-)Grundstück

7   Für die Bestimmung des Begriffs des (Bau-)Grundstücks ist zu beachten, dass es sich – auch insoweit – um einen **speziellen Begriff des Bauordnungsrechts** handelt. Es können mithin zwischen dem bauordnungsrechtlichen und dem bauplanungsrechtlichen Grundstücksbegriff durchaus Unterschiede bestehen[17], womit für das Bauordnungsrecht von einer eigenständigen Begrifflichkeit auszugehen ist[18].

8   In Anlehnung an die bis zur Novelle 1982 in Art. 2 Abs. 1 BayBO enthaltene Legaldefinition ist ein (Bau-)Grundstück im bauordnungsrechtlichen Sin-

---

[14] BGBl. I S. 1310, zuletzt geändert durch Art. 15a des Gesetzes zur Neuregelung des Wasserrechts vom 31. 7. 2009 (BGBl. I S. 2585).
[15] Lechner in Simon/Busse, BayBO, zu Art. 1 Rn. 43.
[16] Lechner in Simon/Busse, BayBO, zu Art. 1 Rn. 46.
[17] BVerwGE 88, 24 = DVBl. 1991, 812 = BauR 1991, 739.
[18] Lechner in Simon/Busse, BayBO, zu Art. 2 Rn. 14.

C. Begriffsbestimmungen

ne ein Grundstück, das nach den öffentlich-rechtlichen Vorschriften entweder mit einem Gebäude bebaut werden darf oder mit einem Gebäude bereits bebaut ist[19]. Der Begriff des Grundstücks ist dabei im bürgerlich-rechtlichen Sinne zu verstehen, mithin als ein katastermäßig vermessener, räumlich abgegrenzter Teil der Erdoberfläche, der im Bestandsverzeichnis eines Grundbuchblattes unter einer bestimmten Nummer oder nach § 3 Abs. 5 GBO gebucht ist. **Baugrundstück** kann folglich nur ein Grundstück sein, das den in bauplanungs- und erschließungsrechtlichen Vorschriften des BauGB (insbesondere §§ 29 ff. BauGB), in bauordnungsrechtlichen Regelungen (vor allem Art. 4–7, 47 BayBO) und in sonstigen öffentlich-rechtlichen Vorschriften, wie etwa den Straßengesetzen, den Wassergesetzen, dem BImSchG, dem Naturschutzrecht etc., an ein Baugrundstück gestellten Anforderungen genügt.

So ist beispielsweise ein Außenbereichsgrundstück i.S.v. § 35 BauGB grundsätzlich kein Baugrundstück, weil im Außenbereich i.d.R. nicht gebaut werden darf; Gleiches gilt für ein Grundstück in einem Naturschutzgebiet (vgl. § 23 BNatSchG) oder wenn das Grundstück keinerlei Verbindung zu einer befahrbaren öffentlichen Verkehrsfläche hat (Art. 4 Abs. 1 Nr. 2 BayBO) oder schließlich im sog. Baumwurfbereich eines angrenzenden Waldes zu stehen käme[20].

III. Bauliche Anlage (Art. 2 Abs. 1 BayBO)

1. Vorbemerkung

Art. 2 Abs. 1 BayBO unterscheidet dem Grunde nach drei Fälle von baulichen Anlagen: 9
- solche, die die Tatbestandsvoraussetzungen nach Satz 1 erfüllen,
- solche, die die Tatbestandsvoraussetzungen nach Satz 2 erfüllen (Werbeanlagen), und
- solche, die gemäß Satz 3 – unabhängig vom Vorliegen der Tatbestandsvoraussetzungen nach Satz 1 oder Satz 2 – als bauliche Anlagen fingiert werden.

Diese Dreiteilung hat selbstverständlich unmittelbare Auswirkungen auf 10 die Prüfung in der Klausur, denn steht z.B. fest, dass es sich um eine nach Satz 3 fingierte bauliche Anlage handelt, erübrigt sich eine Prüfung nach Satz 1 oder Satz 2; steht fest, dass es sich um eine Werbeanlage i.S.v. Satz 2 handelt, bedarf es keiner Erörterungen mehr in Bezug auf Satz 1 oder Satz 3.

2. Bauliche Anlage nach Satz 1

Art. 2 Abs. 1 S. 1 BayBO definiert den Begriff der baulichen Anlage als 11 mit dem Erdboden verbundene, aus Bauprodukten hergestellten Anlagen. Der bauliche Anlagenbegriff weist mithin mehrere Komponenten auf:

a) Mit dem Erdboden verbunden

Die Anlage muss zunächst mit dem Erdboden verbunden sein. Diese Voraussetzung ist gekennzeichnet durch das Kriterium der „**Ortsfestigkeit**", wie 12

---

[19] Lechner in Simon/Busse, BayBO, zu Art. 2 Rn. 16.
[20] Vgl. BayVGH, BauR 1988, 67.

es auch Satz 3 HS. 1 zum Ausdruck bringt[21], und erfordert eine wertende Betrachtungsweise. Es genügt in der Regel die eigene Schwerkraft, womit es ausreichend ist, dass die Anlage wegen ihrer Größe oder ihrem Gewicht in unzerlegtem Zustand ohne technische Hilfe nicht fortbewegt werden kann[22]. Hieraus folgt, dass zwischen dem Erdboden und dem Objekt zwar eine verfestigte Beziehung bestehen muss; das Objekt muss aber – im Unterschied zur Rechtslage bei §§ 93, 94 BGB – nicht fest mit dem Erdboden verbunden sein. So wäre etwa eine ortsfeste Kreissäge eine bauliche Anlage, nicht aber eine unbewegliche Sache i.S.d. BGB. Auch auf den Grad der Verbindung kommt es nicht an (es genügt die Schwerkraft); ferner ist unbeachtlich, dass die Anlage ohne weiteres umgebaut[23] oder wieder weggeschafft[24] werden kann. Wie bei § 29 Abs. 1 BauGB dürfte für eine bauliche Anlage nach Art. 2 Abs. 1 S. 1 BayBO eine lediglich **mittelbare Verbindung** der Anlage mit Grund und Boden, z.B. über ein Gebäude, ausreichen[25]. Auch Fundamente oder sonstige Gründungen sind nicht erforderlich; ferner ist die Dauer der Verbindung nicht entscheidend. Selbst Anlagen, die nur vorübergehend aufgestellt werden, wie z.B. Anlagen, die zu ihrem schnellen Auf- und Abbau bestimmt sind (Traglufthallen etc.), sind gemäß Abs. 1 S. 1 mit dem Erdboden verbunden.

b) Aus Bauprodukten hergestellt

13   Eine bauliche Anlage setzt des weiteren voraus, dass sie aus Bauprodukten (siehe hierzu die Legaldefinition in Art. 2 Abs. 10 BayBO) hergestellt ist. Es muss sich also um ein von Menschenhand geschaffenes Gebilde handeln; eine Naturerscheinung reicht nicht aus. Welches Material verwendet wird, ist unerheblich, ebenso ob wenige große Elemente (ggf. ein einziges vorgefertigtes) oder mehrere kleine Teile zusammengefügt werden. Nicht erforderlich ist die Schaffung von Hohlräumen oder die Herstellung einer Überdachung (wie bei Gebäuden; vgl. Art. 2 Abs. 2 BayBO). Dem entsprechend kommt es nicht darauf an, ob das Bauwerk von Menschen betreten werden kann oder ein Aufenthalt von Menschen in dem Bauwerk möglich ist. Dagegen sind Bäume, Sträucher u.ä., auch wenn sie systematisch angeordnet werden (z.B. als lebender Zaun), nicht aus Bauprodukten hergestellt und folglich keine baulichen Anlagen.

---

[21] Lechner in Simon/Busse, BayBO, zu Art. 2 Rn. 70.
[22] Koch/Molodovsky/Famers, BayBO, zu Art. 2 Rn. 11.
[23] BayVGH v. 16. 3. 2006, Az.: 25 CS 06.459 für einen teilweise aus Metallgittern und -türen, teilweise aus Treppengeländern sowie der Haus- und Garagenwand gebildeten Hundezwinger.
[24] VG Augsburg v. 30. 8. 2004, Az.: Au 8 S 04.1174 für eine Hagelschutzkonstruktion.
[25] Str.; vgl. Lechner in Simon/Busse, BayBO, zu Art. 2 Rn. 73; Reichel/Schulte, Handbuch BauOR, Kapitel 2 Rn. 65; Koch/Molodovsky/Famers, BayBO, zu Art. 2 Rn. 11; **a.A.** BayVGH, BayVBl. 1980, 21.

C. Begriffsbestimmungen

3. Werbeanlage nach Satz 2

Gemäß Art. 2 Abs. 1 S. 2 BayBO sind Werbeanlagen ortsfeste Anlagen der Wirtschaftswerbung einschließlich Automaten. Voraussetzung ist somit zunächst, dass es sich um eine **Anlage** handelt, also etwas, das vom Menschen angelegt, von ihm geschaffen wurde. **Nicht** hierunter fallen

- sog. **Werbemittel,** die an dafür genehmigten Säulen, Tafeln oder Flächen, wie z. B. Anschläge, Plakate, Bilder etc. an Litfasssäulen oder Plakatwänden, angebracht sind. Da diese Werbemittel an Werbeanlagen i. S. v. Satz 2 angebracht werden, bedarf es deren Qualifizierung als Werbeanlagen nicht[26].
- Auslagen und Dekorationen in Schaufenstern und Schaukästen.
- Werbung für Zeitungen und Zeitschriften an deren Verkaufsstellen (Kioske).

Die Anlage muss der **Wirtschaftswerbung,** also beruflichen oder gewerblichen Zwecken dienen. Nicht hierunter fällt die politische Werbung sowie die Ankündigungen von Kirchen, sozialen Einrichtungen, ideellen Vereinen etc.[27]

Die Anlage muss schließlich **ortsfest** sein. Das Merkmal der Ortsfestigkeit grenzt bauordnungsrechtlich relevante Werbeeinrichtungen von Anlagen der fahrenden Werbung – etwa an Bussen und Straßenbahnen – ab, die allein den straßenverkehrsrechtlichen Vorschriften unterliegen[28]. Ortsfestigkeit bedeutet, dass eine Verbindung mit dem Erdboden besteht, wobei eine feste Verankerung nicht verlangt wird[29]. Insoweit gelten die gleichen Grundsätze wie für bauliche Anlagen i. S. d. Art. 2 Abs. 1 S. 1 BayBO. Ob eine Einrichtung ortsfest ist, unterliegt daher einer wertenden Betrachtungsweise[30]. Dabei ist der Sinn und Zweck des Art. 2 Abs. 1 S. 2 BayBO zu berücksichtigen. Sinn und Zweck dieser Bestimmung bestehen darin, Anlagen den Anforderungen des Bauordnungsrechts zu unterwerfen, die unter solchen Umständen an einem Platz aufgestellt und benutzt werden, dass sie in eine erkennbar verfestigte Beziehung zu ihrem Standort treten und deswegen wie Werbeanlagen wirken. Ob dies der Fall ist, kann im Einzelfall anhand der Dauer ihrer Aufstellung ermittelt werden. Lassen sonstige – objektive – Umstände jedoch den Schluss darauf zu, dass die Anlage in eine verfestigte Beziehung zu ihrem Standort getreten ist und deswegen wie eine Werbeanlage wirkt, kommt es nicht darauf an, dass die Anlage von Zeit zu Zeit bewegt worden ist[31].

Beispiele: Pkw-Anhänger als Werbeanlage[32]; der auf dem Dach einer Diskothek fest angebrachte Strahler, der über mehrere Kilometer sichtbare Lichtstrahlen in den

---

[26] Lechner in Simon/Busse, BayBO, zu Art. 2 Rn. 120.
[27] Koch/Molodovsky/Famers, BayBO, zu Art. 2 Rn. 29.
[28] Vgl. OVG Münster, NVwZ-RR 1999, 14; ThürOVG, BauR 2000, 1043.
[29] BayVGH v. 27. 4. 2001, Az.: 26 ZS 01.677; BayObLG, BRS 59 Nr. 135; Jäde/Dirnberger/Bauer/Weiß, BayBO, zu Art. 2 Rn. 35.
[30] Siehe etwa OVG Münster, BauR 2011, 242 [243].
[31] BayVGH v. 27. 4. 2001, Az.: 26 ZS 01. 677; ThürOVG, BauR 2000, 1043; BayObLG, BayVBl. 1998, 350.
[32] OVG Münster, BauR 2011, 242: „Für die Beurteilung der Ortsfestigkeit ist insofern maßgeblich darauf abzustellen, ob die Gesamtumstände den Schluss zulassen, dass die Teilnahme des Anhängers am Straßenverkehr – jedenfalls vorübergehend –

Nachthimmel aussendet, um die Gäste auf den Standort der Diskothek hinzuweisen; beleuchtetes Spanntransparent in den Ausmaßen von 10 m × 12 m an einer 14 m breiten und 29 m hohen (ohne Giebelbereich) Giebelwand; Planwagen mit Werbeaufschrift seitlich einer Bundesstraße; regelmäßiges dauerndes Abstellen eines Kleinlasters mit großem Werbeaufdruck an immer der gleichen (werbewirksamen) Stelle[33].

16a Probleme mit Werbeanlagen sind in der Praxis häufig. Eine Werbeanlage, die den Anlagenbegriff des Art. 2 Abs. 1 S. 2 BayBO erfüllt und – was regelmäßig der Fall ist – Fremdwerbung zum Gegenstand hat, stellt bauplanungsrechtlich eine eigenständige „Hauptnutzung" dar[34] und unterliegt insofern dem Regime vor allem der §§ 29 ff. BauGB. Daneben gelten für Werbeanlagen aber auch bauordnungsrechtliche Anforderungen, wie z.B. Art. 81 Abs. 1 Nr. 1 und Nr. 2 BayBO zeigen. Werbeanlagen sind also je nach der gesetzgeberischen Zielsetzung sowohl einer bauplanungsrechtlichen als auch einer bauordnungsrechtlichen Regelung zugänglich[35].

4. Fingierte bauliche Anlage nach Satz 3

17 Gemäß Art. 2 Abs. 1 S. 3 HS. 1 gelten (= Fiktion) als bauliche Anlagen solche Anlagen, die nach ihrem Verwendungszweck dazu bestimmt sind, **überwiegend ortsfest** benutzt zu werden (zum Begriff der **Ortsfestigkeit** siehe oben Rn. 12 und 16). Ob solche Anlagen die weiteren Merkmale einer baulichen Anlage gemäß Abs. 1 S. 1 erfüllen, ist unerheblich.

18 **Überwiegend** ortsfest ist die Anlage dann, wenn sie langfristig oder festgesetzt an einem Ort aufgestellt oder benutzt wird und dadurch zwischen ihr und dem betroffenen Grundstück eine nach außen verfestigte Beziehung besteht. Das ist dann der Fall, wenn die Anlage an ihrem Standort nach ihrem Verwendungszweck als **Gebäudeersatz** fungiert. Dem entsprechend ist eine Anlage **überwiegend ortsfest,** wenn sie langfristig oder fortgesetzt an einem Ort aufgestellt und hier benutzt wird und dadurch zwischen ihr und dem betroffenen Grundstück eine nach außen erkennbare verfestigte Beziehung besteht[36]. Das ist auch der Fall, wenn die Ab- und Aufstellung zwar kurzfristig (z.B. für ein paar Stunden) erfolgt, dafür aber ständig wiederholt wird, soweit die Wiederholung das bewirkt, was andernfalls durch eine ununterbrochen an dem betreffenden Standort vorhandene Anlage bewirkt werden könnte.

Beispiel: Wohnwagen, wenn er für mehrere Monate an einer bestimmten Stelle steht oder nach Art eines Wochenendhauses immer wieder an der gleichen Stelle

---

beendet ist und die an ihm angebrachten Werbemittel an einem günstigen Standort ihren erkennbaren Bestimmungszweck nach ihre Werbewirkung entfalten sollen."; allgemein zur Anhängerwerbung als Rechtsproblem: Knauff, BayVBl. 2005, 517.

[33] VG Minden v. 1. 3. 2007, Az.: 9 K 2784/06.
[34] BVerwG, BRS 54 Nr. 126.
[35] Vgl. OVG Münster, BRS 70 Nr. 139; siehe hierzu allgemeine auch Jäde, ZfBR 2010, 34.
[36] BayVGH v. 7. 5. 2007, Az.: 14 ZB 07.76 für ein Partyzelt, einen Pavillon und ein Zweimannzelt, die seit zwei Monaten aufgestellt sind und dort noch länger bleiben sollen.

C. Begriffsbestimmungen 29

aufgestellt wird[37]; Blumenverkaufswagen[38]; Imbiss-Stand, der mehrmals wöchentlich an dieselbe Stelle gefahren wird[39]; Fischverkaufswagen, der einmal wöchentlich vormittags für 4 Stunden aufgestellt wird[40].

Des Weiteren nennt Art. 2 Abs. 1 S. 3 HS. 2 BayBO weitere Maßnahmen, die als bauliche Anlagen gelten. Es sind dies:

- **Aufschüttungen** (= Tätigkeit, die zu einer Anhebung des vorgefundenen Bodenniveaus führt, wie z. B. Wälle, Hügel etc.), soweit sie nicht unmittelbare Folge von Abgrabungen sind (**Nr. 1**); ist Letzteres der Fall, ist das BayAbgrG einschlägig.
- **Lagerplätze, Abstellplätze und Ausstellungsplätze (Nr. 2)**; das sind abgegrenzte Flächen, die außerhalb von Gebäuden (Art. 2 Abs. 2 BayBO) zu den genannten Zwecken genutzt werden, wie z. B. Bootsliegeplätze, Abstellplätze der Spediteure (sog. Verkehrshöfe), Bauhöfe, Flächen zur Lagerung von gebrauchten Kraftfahrzeugen und Fahrzeugteilen sowie Flächen zur Ausstellung vom zum Verkauf stehenden Fahrzeugen[41].
- **Campingplätze und Wochenendplätze (Nr. 3)**; ein **Campingplatz** ist ein Platz, der während des ganzen Jahres oder wiederkehrend während bestimmter Zeiten des Jahres betrieben wird und der zum Aufstellen und Bewohnen von mehr als drei Zelten oder Wohnfahrzeugen bestimmt ist[42]; ein **Wochenendplatz** ist ein Platz, der ausschließlich zum dauernden Aufstellen von ortsveränderlichen Wochenendhäusern (Mobilheimen) und zum Errichten von Kleinwochenendhäusern dient[43]. Die Fiktion des Wochenendplatzes als einheitliche bauliche Anlage führt dabei dazu, dass es für die rechtliche Behandlung eines solchen Platzes nicht mehr darauf ankommt, ob die einzelnen Gegenstände, die seine Nutzung ermöglichen, bei isolierter Betrachtung als bauliche Anlagen im Rechtssinn einzustufen sind[44].
- **Stellplätze für Kraftfahrzeuge;** siehe hierzu die Legaldefinition in Art. 2 Abs. 8 S. 1 BayBO.

5. Beispiele für bauliche Anlagen

Liegt in folgenden Fällen eine bauliche Anlage vor:
a) Ein nicht unterkellertes Ziegelhaus
b) Gartenhäuschen
c) Zerlegbarer, zusammenklappbarer und transportabler Verkaufskiosk
d) Hähnchengrill- und Verkaufswagen, der sich regelmäßig an einem Werktag von morgens 9 Uhr bis abends 18 Uhr auf einem Wochenmarkt befindet.

---

[37] BVerwG, BRS 23 Nr. 129; BVerwG, BRS 30 Nr. 117.
[38] OVG Saarlouis v. 12. 7. 1985, Az.: 2 W 1395/85; siehe auch OVG Lüneburg, NVwZ-RR 2005, 607 für einen landwirtschaftlich genutzten Verkaufswagen.
[39] OVG Lüneburg, BRS 46 Nr. 57.
[40] OVG Lüneburg, BRS 54 Nr. 142; siehe auch OVG Saarlouis, BRS 44 Nr. 137.
[41] BayVGH v. 20. 9. 2000, Az.: 2 CS 00.808.
[42] Koch/Molodovsky/Famers, BayBO, zu Art. 2 Rn. 43; Lechner in Simon/Busse, BayBO, zu Art. 2 Rn. 359.
[43] Lechner in Simon/Busse, BayBO, zu Art. 2 Rn. 400.
[44] BayVGH, BayVBl. 1995, 631.

e) Zeltgarage
f) Tiefgarage
g) Baumhaus

21 Lösung:

a) Es liegt eine bauliche Anlage i. S. v. Art. 2 Abs. 1 S. 1 BayBO vor; für die danach notwendige Verbindung mit dem Erdboden ist es nicht erforderlich, dass ein Unterbau (z. B. ein Keller) oder eine Gründung vorhanden sind. Das Haus ist aufgrund seines Gewichts (Schwerkraft) mit dem Erdboden verbunden.

b) Es gilt das zu (1) Gesagte entsprechend. Ohne technische Hilfsmittel (z. B. Kran) lässt sich auch ein Gartenhäuschen nicht – in unzerlegtem Zustand – von der Stelle bewegen.

c) Hierbei handelt es sich ebenfalls um eine bauliche Anlage i. S. v. Art. 2 Abs. 1 S. 1 BayBO. Die Verbindung mit dem Erdboden wird nicht dadurch aufgehoben, dass die Anlage jederzeit abgebaut und anderswo wieder aufgestellt werden kann[45].

d) Der fahrbare Hähnchengrill- und Verkaufswagen auf einem Wochenmarkt ist dagegen keine bauliche Anlage nach Art. 2 Abs. 1 S. 1 BayBO, weil es – aufgrund der Fahrbereitschaft – an der festen Verbindung mit dem Erdboden fehlt. Es handelt sich aber um eine fingierte bauliche Anlage nach Art. 2 Abs. 1 S. 3 HS. 1 BayBO, weil der Hähnchengrill- und Verkaufswagen regelmäßig an der selben Stelle ab- und aufgestellt wird und durch die ständige Wiederholung der Aufstellung dem Wagen die Funktion einer ununterbrochen an dem betreffenden Standort vorhandenen Anlage (= Ersatzfunktion) verliehen wird[46].

e) Es gilt das unter c) Gesagte entsprechend.

f) Die Tiefgarage ist eine bauliche Anlage nach Art. 2 Abs. 1 S. 1 BayBO, da es insoweit nicht darauf ankommt, ob die Anlage oberirdisch oder unterirdisch errichtet wird.

g) Das Baumhaus ist eine bauliche Anlage nach Art. 2 Abs. 1 S. 1 BayBO, weil es – über den Baum – eine mittelbare Verbindung mit dem Erdboden aufweist (str.). Es ist aber jedenfalls eine fingierte bauliche Anlage nach Art. 2 Abs. 1 S. 3 HS. 1 BayBO, da es überwiegend ortsfest benutzt wird.

6. Legaldefinition der Anlage (Abs. 1 Satz 4)

22 Durch die Novelle 2007 ist an Art. 2 Abs. 1 BayBO der Satz 4 angefügt worden. Dieser enthält eine Legaldefinition von „Anlagen". Die BayBO bediente sich bisher – mit nicht immer deutlicher Systematik – an mehreren Stellen der Wendung „bauliche Anlagen und sonstige Anlagen und Einrichtungen". Durch die neue gesetzliche Bestimmung des (Ober-)Begriffs „Anlagen" wurde der Sprachgebrauch vereinheitlicht und gestrafft[47]. Wann immer daher in der BayBO von „Anlagen" die Rede ist, sind damit i. S. v. Art. 2 Abs. 1 S. 4 BayBO „bauliche Anlagen" (siehe hierzu Art. 2 Abs. 1 S. 1–3 BayBO) „sowie andere Anlagen und Einrichtungen im Sinne des Art. 1 Abs. 1 S. 2 BayBO" gemeint.

---

[45] BVerwG, BauR 1977, 109.
[46] OVG Saarlouis v. 27. 11. 2000, Az.: 2 Q 12/00.
[47] Vgl. Begründung des Gesetzentwurfs der Staatsregierung, LT-DS 15/7161 S. 38.

IV. Gebäude (Art. 2 Abs. 2 BayBO)

Art. 2 Abs. 2 BayBO definiert den Begriff des Gebäudes legal. **Gebäude** sind danach selbständig benutzbare, überdeckte bauliche Anlagen, die von Menschen betreten werden können.

Voraussetzung ist somit zunächst, dass es sich um eine bauliche Anlage i.S.v. Art. 2 Abs. 1 BayBO handelt. Die Anlage muss ferner selbständig benutzbar sein, d.h. für sich allein, zu dem bestimmten Zweck entsprechend den zu stellenden Anforderungen genutzt werden können[48], mithin funktional selbständig sein; auf die rechtliche Selbständigkeit kommt es dagegen nicht an[49].

Ferner muss die bauliche Anlage „überdeckt" sein, also ein Dach besitzen. Auch wenn die auf einer festen Unterkonstruktion ruhende Abdeckung zeitweilig entfernt, aber – z.B. bei schlechter Witterung – immer wieder aufgebracht wird, handelt es sich um eine Überdeckung i.S.v. Art. 2 Abs. 2 BayBO[50]. Die Anlage muss dagegen nicht räumlich vollkommen umschlossen sei, wie z.B. durch Umfassungswände; es genügt eine gewisse räumliche Begrenzung durch Pfeiler, Stützen etc.[51], so dass z.B. ein überdachter Freisitz[52], eine überdachte Terrasse oder eine überdachte Pergola, ein Gebäude i.S.v. Art. 2 Abs. 2 BayBO darstellen. Erforderlich ist allerdings eine gewisse Raumwirkung, weshalb kein Gebäude vorliegt, wenn es sich lediglich um eine Überdeckung handelt, die nur auf einer oder mehreren Mittelstützen ruht, wie z.B. Tankstellen-, Bahnsteig- oder Haltestellenüberdeckungen[53].

Letztlich muss die Anlage von Menschen betreten werden können, was eine normale, für den Eintritt von Menschen – in aufrechter, gewöhnlicher Haltung – geeignete Eintrittsmöglichkeit, wie etwa Tür- oder Toröffnung, voraussetzt[54]. Behelfsmäßige Eintrittsmöglichkeiten, wie Luken, Leitern oder schmale Stege, genügen daher nicht[55].

Beispiele:
- Eine durch Naturereignisse entstandene **Höhle**, z.B. Tropfsteinhöhle, ist kein Gebäude, weil es sich hierbei nicht um eine bauliche Anlage i.S.v. Art. 2 Abs. 1 BayBO (nicht von Menschenhand geschaffen) handelt.
- Eine Pergola in einem Wirtsgarten, die bei Regen mit einer elektrisch ausfahrbaren und auf der Pergola ruhenden Markise abgedeckt wird, stellt ein Gebäude dar. Dass die Überdeckung nicht dauerhaft, sondern nur bei Regen erfolgt, steht dem nicht entgegen. Die Abdeckung ist so ausgestaltet, dass sie nicht nur vorüberge-

---

[48] Lechner in Simon/Busse, BayBO, zu Art. 2 Rn. 485.
[49] OVG Lüneburg, BauR 1987, 293.
[50] BayVGH, BayVBl. 1987, 626.
[51] Lechner in Simon/Busse, BayBO, zu Art. 2 Rn. 493 m.w.N.
[52] Siehe z.B. BayVGH v. 30.10.1992, Az.: 14 B 89.2521 für einen an drei Seiten umschlossenen Freisitz.
[53] VGH BW v. 1.12.1999, Az.: 3 S 2737/97.
[54] BayVGH, BayVBl. 1973, 641.
[55] Lechner in Simon/Busse, BayBO, zu Art. 2 Rn. 497.

hend, sondern regelmäßig wiederkehrend den darunter liegenden Raum abschirmt und auf einer auf Dauer angelegten Konstruktion (Pergola) ruht[56].
- Ein Baumhaus ist zwar eine bauliche Anlage nach Art. 2 Abs. 1 S. 1 bzw. S. 3 HS. 1 BayBO (vgl. oben), aber kein Gebäude i. S. v. Art. 2 Abs. 2 BayBO, weil es keine für den normalen Eintritt von Menschen geeignete Eintrittsmöglichkeit besitzt. Baumhäuser sind nur über Leitern oder ähnliche Klettereinrichtungen zu erreichen. Damit fehlt es an der Betretbarkeit für Menschen.

27 Die Legaldefinition des Gebäudes durch Art. 2 Abs. 2 BayBO ist vor allem für die Anwendung der Art. 2 Abs. 3, Art. 4 und Art. 6 BayBO bedeutsam.

V. Einteilung der Gebäude in Gebäudeklassen (Art. 2 Abs. 3 BayBO)

28 Durch die Novelle 1994 ist in die BayBO – korrespondierend mit der Einführung verschiedener verfahrensrechtlicher und materiell-rechtlicher Erleichterungen – die Legaldefinition für das Gebäude geringer Höhe und für das Hochhaus eingefügt worden. Die Novelle 1997 brachte ergänzend die Definition des Gebäudes mittlerer Höhe. Durch die Novelle 2007 ist diese Unterscheidung, ebenso wie die Unterscheidung zwischen Gebäuden geringer und mittlerer Schwierigkeit, wieder entfallen. Das Gesetz differenziert nunmehr nach Gebäudeklassen.

29 Danach ergibt sich folgende Unterscheidung:
- **Gebäudeklasse 1** umfasst freistehende Gebäude mit einer Höhe bis zu 7 m (Höhe in diesem Sinn ist dabei das Maß der Fußbodenoberkante des höchstgelegenen Geschosses, in dem ein Aufenthaltsraum möglich ist, über der Geländeoberfläche im Mittel; vgl. S. 2) mit nicht mehr als zwei Nutzungseinheiten von insgesamt nicht mehr als 400 m² (Flächen in Kellergeschossen bleiben dabei außer Betracht; siehe S. 3). Das sind vor allem die freistehenden Ein- und Zweifamilienhäuser. Jedoch ist die Gebäudeklasse nicht auf Wohnnutzungen beschränkt. Ebenfalls in die Gebäudeklasse 1 fallen die land- und forstwirtschaftlichen Betriebsgebäude.
- Die gleichen Gebäude (ohne landwirtschaftliche Betriebsgebäude) sind in die **Gebäudeklasse 2** eingestuft, wenn sie nicht freistehend sind. Diese Gebäudeklasse erfasst somit Hausgruppen oder Doppelhäuser.
- In **Gebäudeklasse 3** werden alle übrigen Gebäude mit einer Höhe bis zu 7 m eingeordnet. Das sind vor allem solche Gebäude, deren Nutzungseinheiten mehr als 400 m² aufweisen.
- **Gebäudeklasse 4** umfasst Gebäude mit einer Höhe bis zu 13 m und Nutzungseinheiten mit jeweils nicht mehr als 400 m², wie z. B. Wohnblocks.
- Alle sonstigen Gebäude einschließlich unterirdischer Gebäude fallen in die **Gebäudeklasse 5**.

30 Die Einstufung in Gebäudeklassen ist unabhängig von der Einstufung als Sonderbau nach Art. 2 Abs. 4 BayBO. Sie ist vor allem im Zusammenhang mit dem durch die Novelle 2007 eingeführten neuen Brandschutzkonzept von Bedeutung, spielt aber auch noch in anderem Zusammenhang eine Rol-

---

[56] Vgl. BayVGH v. 9. 10. 1986, Az.: 26 B 84 A. 2610.

C. Begriffsbestimmungen

le, wie z.B. bei den Abstandsflächen (vgl. Art. 6 Abs. 3 Nr. 2 BayBO), der kleinen Delegation (vgl. Art. 53 Abs. 2 S. 1 Nr. 2 BayBO), bei der Beseitigung von Anlagen (vgl. Art. 57 Abs. 5 BayBO) und vor allem bei den bautechnischen Nachweisen (Art. 62 BayBO).

VI. Sonderbauten (Art. 2 Abs. 4 BayBO)

Aufgrund der Novelle 2007 regelt Art. 2 Abs. 4 BayBO nurmehr die sog. Sonderbauten. Die Aufzählung ist **abschließend** (zu den einzelnen Sonderbauten siehe den Text des Abs. 4).

Die Einstufung eines Vorhabens als Sonderbau ist vor allem verfahrensrechtlich von Bedeutung, denn bei Sonderbauten findet das vereinfachte Genehmigungsverfahren nach Art. 59 BayBO keine Anwendung (vgl. Art. 59 S. 1 HS. 1 BayBO); auch sind Sonderbauten nicht nach Art. 58 BayBO von der Genehmigung frei gestellt (vgl. Art. 58 Abs. 1 S. 1 HS. 2 BayBO).

VII. Vollgeschosse (Art. 2 Abs. 5 BayBO 1998)

Durch die Novelle 2007 ist der Begriff des Vollgeschosses in Art. 2 Abs. 5 BayBO gestrichen worden. Insofern enthält allerdings Art. 83 Abs. 7 BayBO eine Übergangsbestimmung. Danach gilt Art. 2 Abs. 5 BayBO 1998[57] solange weiter, bis der Bundesgesetzgeber eine entsprechende Regelung geschaffen hat. Der Vollgeschossbegriff ist vor allem für die Bestimmung des Maßes der baulichen Nutzung in einem Bebauungsplan (vgl. § 16 Abs. 2 Nr. 3, § 20 Abs. 1 BauNVO) von Bedeutung. Soweit die BauNVO auf den bauordnungsrechtlichen Vollgeschossbegriff rekurriert, handelt es sich wohl um eine sog. **dynamische Verweisung**[58], d.h. es kommt auf die gesetzliche Definition in Art. 2 Abs. 5 BayBO in dem Zeitpunkt an, da über die Zulässigkeit eines konkreten Vorhabens zu entscheiden ist und nicht auf die Fassung des Art. 2 Abs. 5 BayBO zum Zeitpunkt des Erlasses des maßgeblichen Bebauungsplans.

VIII. Begriffsdefinitionen in Art. 2 Abs. 5 bis 9 BayBO

Mit der Novelle 2007 wurden in Abs. 5 bis 9 verschiedene Begriffsdefinitionen zusammengefasst, die sich bisher – jedenfalls zum Teil – an unter-

---

[57] Art. 2 Abs. 5 BayBO 1998 hatte zuletzt folgende Fassung: *„(5) Vollgeschosse sind Geschosse, die vollständig über der natürlichen oder festgelegten Geländeoberfläche liegen und über mindestens zwei Drittel ihrer Grundfläche eine Höhe von mindestens 2,30 m haben. Als Vollgeschosse gelten Kellergeschosse, deren Deckenunterkante im Mittel mindestens 1,20 m höher liegt als die natürliche oder festgelegte Geländeoberfläche."*.
[58] Umstr.; so aber zu recht: König/Roeser/Stock, BauNVO, zu § 20 Rn. 4 und Ernst/Zinkahn/Bielenberg/Krautzberger, BauGB, zu § 20 BauNVO Rn. 17 ff. mit Hinweisen zum Streitstand.

schiedlichen Stellen in der BayBO befunden haben. Es sind dies Legaldefinitionen über:

1. Aufenthaltsräume (Abs. 5)

Gemäß Art. 2 Abs. 5 BayBO liegt ein Aufenthaltsraum dann vor, wenn der Bauherr (Art. 50 BayBO) eine entsprechende Zweckbestimmung trifft, indem er in den Bauplänen die konkrete Nutzung der Räume des Gebäudes bestimmt. Neben dieser subjektiven Komponente enthält – zur Vermeidung der Umgehung der Anforderungen an Aufenthaltsräume – Art. 2 Abs. 5 BayBO alternativ hierzu ein objektives Element. Danach ist ein Aufenthaltsraum auch ohne eine entsprechende Zweckbestimmung durch den Bauherrn dann gegeben, wenn der betroffene Raum nach Lage und Größe geeignet ist, von Menschen nicht nur zum vorübergehenden Aufenthalt benutzt zu werden. Der insofern maßgebliche Zeitraum ist auf den Tagesablauf der Menschen bezogen und im Verhältnis zu dem ungleich kürzeren oder nur gelegentlichen Aufenthalt in anderen Räumen des Gebäudes zu sehen[59]. Führt die objektive Eignung eines Raumes zur Zuordnung als Aufenthaltsraum, ist eine etwaige abweichende subjektive Zweckbestimmung des Bauherrn unerheblich. Ist ein Raum weder zum nicht nur vorübergehenden Aufenthalt bestimmt noch geeignet, so handelt es sich um einen Nebenraum. Diese sind deshalb gegenüber den Aufenthaltsräumen abzugrenzen. Problematisch ist dabei vor allem die Einordnung sog. **„Hobbyräume"**. Diese Frage kann nicht abstrakt beantwortet werden, sondern hängt von den Umständen des Einzelfalles ab. Eine einzelfallbezogene und differenzierte Betrachtungsweise ist schon deshalb geboten, weil der Begriff des „Hobbyraums" weder in der BayBO vorkommt noch sonst definiert ist und demgemäß ein hohes Maß an Unbestimmtheit aufweist. Angesichts der Vielzahl von unterschiedlichen Hobbies wie das gelegentliche Basteln, Sporttreiben oder Musizieren und des jeweils mit ihnen verbundenen Zeitaufwands sowie vor allem der jeweils erforderlichen unterschiedlichen Ausstattung solcher „Hobbyräume", lässt sich nur im konkreten Fall ermitteln, ob ein „Hobbyraum" nicht nur zum vorübergehenden Aufenthalt bestimmt und geeignet ist und damit einen Aufenthaltsraum darstellt[60].

Beispiele für Aufenthaltsräume: Abstell-, Wäsche-, Wirtschafts-, Geräte- und Lagerräumen, Küchen, Wohn- oder Essdielen, Werkstätten, Wartezimmer, **nicht dagegen** WC, Heizräume, Garagen und Ställe[61].

2. Die Ermittlung von Flächen (Abs. 6)

Hier gilt das Prinzip der Ermittlung der Bruttoflächen.

3. Abgrenzung von oberirdischen und Kellergeschossen (Abs. 7)

4. Stellplätze und Garagen (Abs. 8)

Siehe hierzu vor allem im Teil 7.

5. Feuerstätten (Abs. 9)

---

[59] VGH BW v. 15. 9. 1999, VGHBW-Ls 1999, Beilage 12, B 4.
[60] VGH BW v. 15. 9. 1999, VGHBW-Ls 1999, Beilage 12, B 4.
[61] Lechner in Simon/Busse, BayBO, zu Art. 2 Rn. 1184, 1185.

IX. Bauprodukte, Bauart (Art. 2 Abs. 10, Abs. 11 BayBO)

Art. 2 Abs. 10 und Abs. 11 BayBO definieren die zur Anwendung der 35
Art. 15 ff. BayBO erforderlichen Begriffe des Bauprodukts und der Bauart.

D. Die staatliche Organisation des Bauordnungsrechts

I. Bauaufsichtsbehörden

Art. 53 Abs. 1 S. 1 BayBO legt die Bauaufsichtsbehörden für den Vollzug 36
des öffentlichen Baurechts fest und unterscheidet zwischen der obersten, der
höheren und der unteren Bauaufsichtsbehörde.

Oberste Bauaufsichtsbehörde ist danach das **Bayerische Staatsministerium** 37
des Innern – Oberste Baubehörde –;[62] dieses ist vor allem für den Erlass landesweiter Richtlinien zum Vollzug des Baurechts, zur Behandlung von Petitionen sowie für fachübergreifende Tätigkeiten zuständig.

Höhere Bauaufsichtsbehörde sind die **Regierungen**[63], die insbesondere für 38
Widersprüche (seit 1. 7. 2007 für den Bereich des Baurechts abgeschafft; vgl.
Art. 15 Abs. 1, Abs. 2 AGVwGO) und Aufsichtsbeschwerden zuständig sind.
Bei diesen liegt auch die Fachaufsicht über die kreisfreien Städte.

Untere Bauaufsichtsbehörde sind die **Kreisverwaltungsbehörden**, die ge- 39
mäß Art. 53 Abs. 1 S. 2 BayBO zuständig sind, soweit gesetzlich nichts anderes bestimmt ist. Diese Zuständigkeit ist im Zusammenhang mit Art. 54
Abs. 1 BayBO zu sehen, wonach die Aufgaben der Bauaufsichtsbehörden
Staatsaufgaben, für die Gemeinden übertragene Aufgaben i. S. v. Art. 8, 58
GO sind. Damit ergibt sich für die untere Bauaufsichtsbehörde folgende Differenzierung:
- Untere Bauaufsichtsbehörde ist zunächst das **Landratsamt als Staatsbehörde** gemäß Art. 37 Abs. 1 S. 2 LKrO (nicht als Kreisbehörde nach Art. 37 Abs. 1 S. 1 LKrO) mit der Folge, dass das Landratsamt insoweit der staatlichen – hierarchischen – Aufsicht im Rahmen des dreigliedrigen Staatsaufbaus in Bayern unterliegt. **Handelt das Landratsamt als Staatsbehörde, so hat dies folglich absolut nichts mit dem Handeln des Landratsamtes im übertragenen Wirkungskreis des Landkreises zu tun!** Wird gegen einen Bescheid des Landratsamtes in diesen Fällen Klage[64] erhoben, so ist Beklagter der Freistaat Bayern (Art. 78 Abs. 1 Nr. 1 VwGO).
- Untere Bauaufsichtsbehörde ist des Weiteren gemäß Art. 9 Abs. 1 GO die **kreisfreie Stadt**. Für diese sind die Aufgaben der Bauaufsicht **übertragene Angelegenheiten** mit der Folge, dass insoweit das kommunale Aufsichtsrecht nach Art. 115 ff. GO eingreift. Fachaufsichtsbehörde ist dabei die jeweilige Regierung. Wird Klage gegen eine Maßnahme der kreisfreien Stadt erhoben, so ist Beklagter die Stadt selbst. **Zu trennen** ist diese Tätig-

---

[62] Vgl. Art. 2 Abs. 1 ZustVO-Bau, Ziegler/Tremel Nr. 65.
[63] Vgl. Art. 2 Abs. 2 ZustVO-Bau, Ziegler/Tremel Nr. 65.
[64] Das Widerspruchsverfahren ist seit 1. 7. 2007 insoweit abgeschafft.

keit als Bauaufsichtsbehörde von den Aufgaben und Rechten, die die Gemeinde im **eigenen Wirkungskreis** als Träger der örtlichen Planungshoheit hat, und von ihrem Mitwirkungsrecht nach § 36 BauGB bei der Prüfung der planungsrechtlichen Zulässigkeit von Bauvorhaben.
- Schließlich handeln auch die **Großen Kreisstädte** gemäß Art. 9 Abs. 2 GO i. V. m. Art. 1 Nr. 1 GrKV als untere Bauaufsichtsbehörden. Auch für diese sind die Aufgaben der Bauaufsicht **übertragene Angelegenheiten**. Es gelten damit die Ausführungen zur kreisfreien Gemeinde entsprechend.

Erörterungswürdig ist insofern der Fall, dass während eines anhängigen bauaufsichtlichen Verfahrens die Aufgaben der unteren Bauaufsichtsbehörde (Landratsamt) auf eine – bisher kreisangehörige und nunmehr – zur großen Kreisstadt erklärte Gemeinde übergehen. Nach Auffassung des 1. Senats des BayVGH[65] soll in einem solchen Fall das Landratsamt unter den Voraussetzungen des Art. 3 Abs. 3 BayVwVfG berechtigt sein, die bei ihm im Zeitpunkt des Zuständigkeitswechsels anhängigen bauaufsichtlichen Verfahren fort und zu Ende zu führen. Begründet wird dies damit, dass sich aus der Sicht des Landratsamtes der Zuständigkeitswechsel als Einschränkung der örtlichen Zuständigkeit des Landratsamtes darstelle (keine Zuständigkeit mehr für das Gebiet der zur großen Kreisstadt ernannten Gemeinde) und daher die Anwendung des Art. 3 Abs. 3 BayVwVfG (Fortbestehen der Zuständigkeit bei Änderungen der örtlichen Zuständigkeit) gerechtfertigt sei. Diese ersichtlich von praktischen Überlegungen beeinflusste Entscheidung vermag m. E. dogmatisch nicht zu überzeugen, weil es sich beim Übergang von bauaufsichtlichen Befugnissen – aus welcher Sicht auch immer – um einen Wechsel in der Behördenzuständigkeit handelt (es ist nicht mehr das Landratsamt, sondern die große Kreisstadt zuständig; vgl. Art. 53 Abs. 1, Art. 54 Abs. 1 BayBO) und damit um einen Fall der sachlichen Zuständigkeit, auf den Art. 3 Abs. 3 BayVwVfG gerade keine Anwendung findet[66].

II. Große und kleine Delegation

40 Art. 53 Abs. 2 S. 1 BayBO ermächtigt das Bayerische Staatsministerium des Innern unter bestimmten Voraussetzungen auf Antrag im Wege der Rechtsverordnung die Aufgaben der unteren Bauaufsichtsbehörde leistungsfähigen kreisangehörigen Gemeinden ganz (= große Delegation, Art. 53 Abs. 2 S. 1 Nr. 1 BayBO) oder teilweise (= kleine Delegation, Art. 53 Abs. 2 S. 1 Nr. 2 BayBO) zu übertragen. Durch die Delegation wird eine irreguläre Zuständigkeit durch Übertragung der Kompetenz eines Subjekts auf ein anderes begründet; der Delegatar wird im eigenen Namen und unter eigener Verantwortung tätig[67]. Von der Möglichkeit der großen und der kleinen Delegation hat das Bayerische Staatsministerium des Innern durch § 5 Abs. 1, Abs. 2 ZustVBau[68] Gebrauch gemacht.

---

[65] BayVGH, BayVBl. 2008, 84.
[66] Vgl. Kopp/Ramsauer, VwVfG, zu § 3 Rn. 4, 5.
[67] Vgl. z. B. Ule/Laubinger, Verwaltungsverfahrensrecht, § 10 III; hiervon zu unterscheiden ist das **Mandat**, also eine Ermächtigung des Mandatar, eine Kompetenz des Mandanten in dessen Namen auszuüben; die vom Mandatar getroffene Maßnahme gilt als solche des Mandanten.
[68] Ziegler/Tremel Nr. 63.

Soweit danach die genannten Gemeinden Aufgaben der Bauaufsicht wahrnehmen, handeln auch diese im **übertragenen Wirkungskreis**. Es gelten daher die Ausführungen zur kreisfreien Gemeinde (vgl. Rn. 39) entsprechend.

III. Schaubild

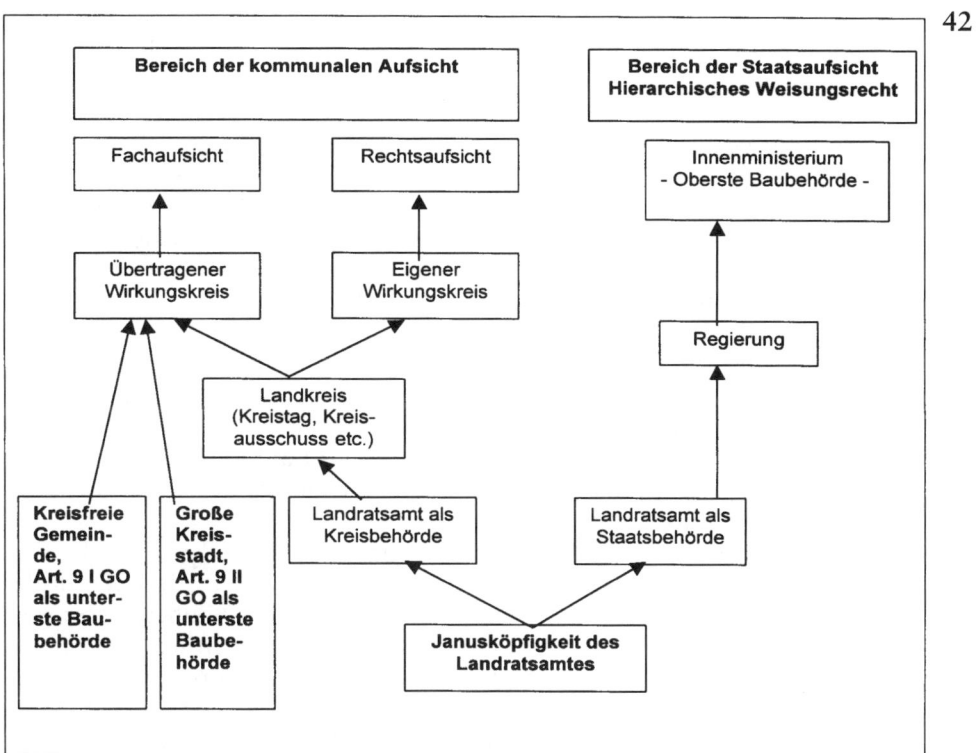

E. Die am Baugenehmigungsverfahren Beteiligten

I. Einführung

Bei der Errichtung, Änderung, Nutzungsänderung und Beseitigung von Anlagen sind, je innerhalb ihres Wirkungskreises, der Bauherr und die anderen am Bau Beteiligten dafür verantwortlich, dass die öffentlich-rechtlichen Vorschriften eingehalten werden (Art. 49 BayBO). Wer am Bau beteiligt ist und welche Verantwortungsbereiche wem dabei zukommen, regeln Art. 50 (Bauherr), Art. 51 (Entwurfsverfasser) und Art. 52 BayBO (Unternehmer). Dabei müssen die in diesen Normen genannten Funktionen nicht notwendiger Weise von verschiedenen Personen wahrgenommen werden. Bei entsprechender Qualifikation kann auch eine Person zugleich Bauherr, Entwurfsverfasser und Unternehmer sein[69].

---

[69] Koch/Molodovsky/Famers, BayBO, zu Art. 50 Rn. 17.

II. Bauherr (Art. 50 BayBO)

44 Für den Bereich des bauaufsichtlichen Verfahrens ist die Bauherreneigenschaft von zentraler Bedeutung. Der Bauherr hat die Bauvorlagen zu unterschreiben (Art. 64 Abs. 4 S. 1 BayBO). Er bestimmt damit Gegenstand und Umfang des bauaufsichtlichen Prüfungsverfahrens. Er ist innerhalb seines Wirkungskreises dafür verantwortlich, dass die öffentlich – rechtlichen Vorschriften eingehalten werden (Art. 49 BayBO). Er hat zur Vorbereitung und Ausführung eines genehmigungspflichtigen Vorhabens geeignete Entwurfsverfasser und geeignete Unternehmer zu bestellen, soweit er nicht selbst zur Erfüllung der Verpflichtungen aus Art. 51, 52 BayBO geeignet ist (Art. 50 Abs. 1 S. 1 BayBO). Ihm obliegen auch die nach öffentlich-rechtlichen Vorschriften erforderlichen Anträge und Anzeigen an die Bauaufsichtsbehörde (Art. 50 Abs. 1 S. 2 BayBO). Damit ist der Bauherr für die Behörde der verantwortliche Ansprechpartner im bauaufsichtlichen Verfahren, weshalb für diese unzweifelhaft erkennbar sein muss, wer jeweils Bauherr ist[70]. **Bauherr** ist derjenige, der den Bauantrag unterschrieben und sich damit der Bauaufsichtsbehörde als Bauherr und damit als verantwortlicher Beteiligter im bauaufsichtlichen Verfahren vorgestellt hat (so noch die Definition in Art. 56 Abs. 1 S. 1 BayBO 1998, die sich zwar in Art. 50 BayBO nicht mehr findet, gleichwohl aber hier nutzbar gemacht werden kann); das muss nicht der Grundstückseigentümer sein (vgl. Kapitel 1 Rn. 21).

45 Diesen Grundsätzen (sog. **Offenheitsprinzip,** welches das gesamte bauaufsichtliche Verfahren beherrscht) trägt auch Art. 50 Abs. 1 S. 3 BayBO für den **Bauherrenwechsel** Rechnung. Danach ist ein Wechsel des Bauherrn vom neuen Bauherrn der Bauaufsichtsbehörde unverzüglich **schriftlich** mitzuteilen. Solange diese schriftliche Anzeige nicht vorliegt, darf und muss die Bauaufsichtsbehörde davon ausgehen, dass derjenige, der den Bauantrag unterschrieben hat, Bauherr und damit ihr gegenüber Verantwortlicher im bauaufsichtlichen Verfahren ist. Nur so ist gewährleistet, dass der Behörde stets ein eindeutig bestimmbarer verantwortlicher Beteiligter zur Verfügung steht[71].

III. Entwurfsverfasser (Art. 51 BayBO)

46 Der Bauherr hat zur Vorbereitung eines genehmigungspflichtigen Vorhabens, einen geeigneten Entwurfsverfasser zu bestellen, soweit er hierzu nicht selbst geeignet ist (Art. 50 Abs. 1 S. 1 BayBO). Dies ist vor allem deshalb wichtig, weil von diesem die Bauvorlagen gemäß Art. 64 Abs. 4 BayBO unterschrieben sein müssen.

47 Art. 51 BayBO regelt nun die öffentlich-rechtliche Verantwortung des Entwurfsverfassers mit der Folge, dass sich (auch) gegen ihn Verwaltungsmaßnahmen der Bauaufsichtsbehörde richten können[72]. Entwurfsverfasser i. S. d.

---

[70] BayVGH v. 17. 7. 2000, Az.: 1 B 95.1595.
[71] BayVGH v. 17. 7. 2000, Az.: 1 B 95.1595.
[72] Würfel in Simon/Busse, BayBO, zu Art. 51 Rn. 11.

Art. 51 BayBO ist dabei, wer die technischen Unterlagen für den Bauantrag und/oder die Bauausführung anfertigt oder unter seiner Verantwortung anfertigen lässt[73]. Entwurfsverfasser wird regelmäßig ein Architekt sein, weil dieser gemäß Art. 61 Abs. 2 Nr. 1 BayBO bauvorlageberechtigt ist (siehe aber auch die weiteren Bauvorlageberechtigten in Art. 61 Abs. 2 Nr. 2, Abs. 3–6 BayBO).

IV. Unternehmer (Art. 52 BayBO)

Unternehmer i.S.d. Art. 52 BayBO ist, wer als Gewerbetreibender im Auftrag des Bauherrn mit der selbstständigen Ausführung von Arbeiten zur Errichtung, Änderung, Beseitigung oder zur Nutzungsänderung einer baulichen Anlage (Bauarbeiten) betraut ist[74]. An einer Baustelle können mehrere, z.B. je nach Gewerk etwa Maurer, Bodenleger, Spengler etc., oder auch nur ein (General-)Unternehmer tätig sein. 48

Art. 52 BayBO normiert dabei den **öffentlich-rechtlichen Verantwortungsbereich des Unternehmers.** Seine Verantwortlichkeit besteht selbständig neben der des Bauherrn. Der Gewerbeunternehmer kann jedoch seine Verantwortlichkeit auf nachgeordnete Aufsichtspersonen übertragen. 49

Im Rahmen seiner aus Art. 52 Abs. 1 S. 1 BayBO folgenden Hauptverpflichtung, ist der Unternehmer z.B. auch verpflichtet, sich über die Baugenehmigung und die genehmigten Bauvorlagen vor Aufnahme der Arbeiten zu informieren[75]. Der Unternehmer kann seine Verantwortlichkeit nach Art. 52 BayBO, z.B. für das Vorliegen einer Baugenehmigung, nicht durch eine privatrechtliche Vereinbarung auf den Bauherrn abwälzen; ebenso wird der Unternehmer nicht von seiner Verantwortung freigestellt, wenn er darauf vertraut, dass der Bauherr die Baugenehmigung einholt[76]. 50

Teil 3. Ablauf eines Baugenehmigungsverfahrens

A. Erarbeitung des Bauantrages

Das Baugenehmigungsverfahren wird durch die Einreichung des Bauantrages bei der zuständigen Stelle eingeleitet; es handelt sich um ein Antragsverfahren i.S.v. Art. 22 S. 2 Nr. 2 BayVwVfG. Ohne einen entsprechenden Antrag kann grundsätzlich auch keine Baugenehmigung erteilt werden[77]. 1

Durch den Bauantrag legt der Bauherr das zur Genehmigung gestellte Vorhaben für das Baugenehmigungsverfahren und ein gegebenenfalls später sich an-

---

[73] Würfel in Simon/Busse, BayBO, zu Art. 51 Rn. 16.
[74] Würfel in Simon/Busse, BayBO, zu Art. 52 Rn. 11.
[75] OLG Düsseldorf, BRS 40 Nr. 236.
[76] BayObLG v. 23. 3. 1972, Az.: RReg. 8 St 135/71.
[77] Zu den Folgen eines fehlenden Antrags im Antragsverfahren allgemein siehe Wolf/Decker, VwGO/VwVfG, zu § 22 VwVfG Rn. 4 ff.

schließendes Klageverfahren **verbindlich** fest[78]. Nur das Vorhaben, wie es sich nach den eingereichten Bauvorlagen darstellt (also z. B. die Qualifizierung eines Gebäudes als Wohngebäude), ist Gegenstand der bauaufsichtlichen/gerichtlichen Prüfung[79]. Zwar kann eine Antragsänderung im Baugenehmigungsverfahren und auch unmittelbar im gerichtlichen Verfahren zulässig sein; das gilt jedoch bezüglich des gerichtlichen Verfahrens nicht für erhebliche Änderungen, die Anlass zu einer erneuten Prüfung der Zulässigkeit des Vorhabens durch die Baugenehmigungsbehörde bieten[80].

1a Gemäß Art. 64 Abs. 2 BayBO müssen dem Bauantrag die erforderlichen Bauvorlagen beigefügt sein. Von daher ist es zunächst erforderlich, die Bauantragsunterlagen zu erarbeiten. Welche Unterlagen zusammen mit dem Bauantrag einzureichen sind regelt dabei die (nunmehr) auf Art. 80 Abs. 4 BayBO beruhende sog. **Bauvorlagenverordnung**[81] – BauVorlV – und zwar in Abhängigkeit zum jeweiligen Verfahren. Für das Baugenehmigungsverfahren sind dabei gemäß § 3 BauVorlV u. a. einzureichen:
- ein **Lageplan** mit einem Auszug aus dem Katasterkartenwerk (Nr. 1); dieser muss das Baugrundstück und die benachbarten Grundstücke im Umgriff von ca. 50 Metern um das Baugrundstück im Maßstab 1:1000 darstellen (vgl. § 7 Abs. 1 BauVorlV);

Ein solcher Lageplan könnte wie folgt aussehen:

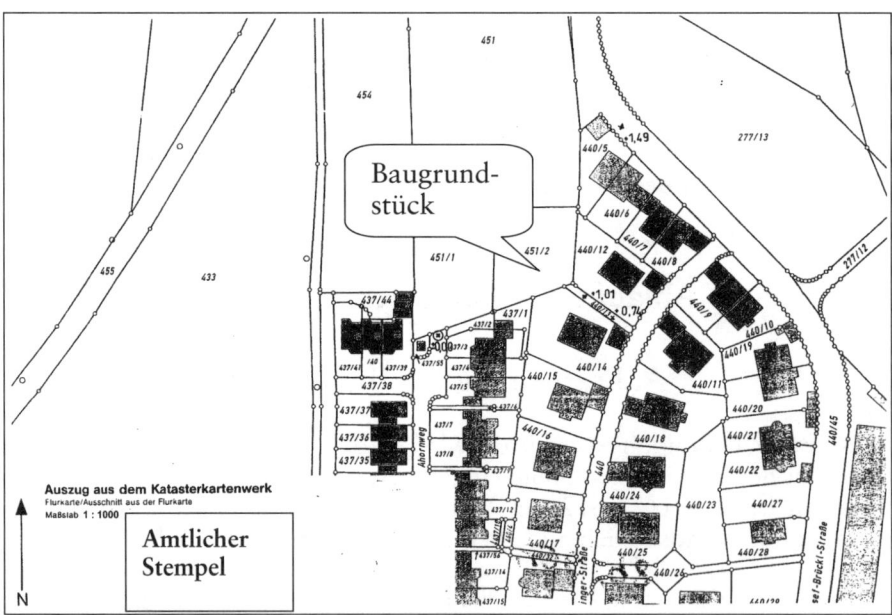

- die **Bauzeichnungen** (Nr. 2); das sind die eigentlichen Baupläne, also z. B. die Darstellung der Grundrisse aller Geschosse, die Schnitte, aus denen

---

[78] Vgl. etwa Gaßner in Simon/Busse, BayBO, zu Art. 64 Rn. 21 m. w. N.
[79] OVG Mecklenburg-Vorpommern v. 21. 12. 2010, Az.: 3 M 244/10.
[80] BayVGH, BayVBl. 1990, 597; BayVGH, BayVBl. 2002, 22.
[81] Ziegler/Tremel Nr. 62.

sich u. a. die Geschosshöhen und die lichten Raumhöhen ergeben müssen, die Ansichten der geplanten baulichen Anlage (vgl. § 8 BauVorlV); für die Darstellung in den Bauzeichnungen enthält die BauVorlV eine Anlage, in welcher die Zeichen für die Bauvorlagen beschrieben sind; hierauf ist bei den Bauzeichnungen zu achten.
- die **Baubeschreibung** (Nr. 3); in der Baubeschreibung sind die Eignung des Baugrundstücks und das Vorhaben, insbesondere seine Konstruktion und seine Nutzung zu erläutern, soweit dies zur Beurteilung der Genehmigungsfähigkeit des Vorhabens erforderlich ist (vgl. § 9 BauVorlV);
- die erforderlichen Angaben über die **gesicherte Erschließung** hinsichtlich der Versorgung mit Wasser und Energie sowie der Entsorgung von Abwasser und der verkehrsmäßigen Erschließung, soweit das Bauvorhaben nicht an eine öffentliche Wasser- oder Energieversorgung oder eine öffentliche Abwasserentsorgungsanlage angeschlossen werden kann oder nicht in ausreichender Breite an einer öffentlichen Verkehrsfläche liegt (Nr. 6),
- etwa erforderliche **Abweichensanträge** (Nr. 9).

Für den Bauantrag ist dabei das amtlich hierfür vorgesehene Formular zu verwenden[82].

In der Regel muss der Bauantrag außer vom Bauherrn auch von einem Bauvorlageberechtigten (vgl. Art. 64 Abs. 4 S. 1 BayBO), z.B. einem Architekten, unterschrieben sein. Die so beschränkte Bauvorlagenberechtigung (vgl. Art. 61 BayBO) – sog. Planvorlagemonopol – ist dabei eine mit Art. 12 GG vereinbare, verhältnismäßige, der Gefahrenabwehr dienende Regelung der Berufsausübung[83].

B. Beteiligung des Nachbarn Art. 66 BayBO

I. Einführung

Bauliche Anlagen haben regelmäßig Auswirkungen auf die dem Baugrundstück benachbarten Grundstücke. Sind die Bauantragsunterlagen komplett erarbeitet, so sind daher vom Bauherrn oder seinem Beauftragten der Lageplan und die Bauzeichnungen den Eigentümern der benachbarten Grundstücke **zur Unterschrift** vorzulegen (Art. 66 Abs. 1 S. 1 BayBO; sog. **Nachbarbeteiligung**), um diese über die beabsichtigte Baumaßnahme zu informieren. Es ist also zunächst Sache des Bauherrn, den Nachbarn seine Pläne zur Unterschrift vorzulegen.

Der Nachbar wird gemäß Art. 66 Abs. 2 S. 1 BayBO automatisch Verfahrensbeteiligter i.S.d. Art. 13 Abs. 1 Nr. 1 BayVwVfG, ohne dass es seiner Hinzuziehung bedarf. Ihm stehen daher die den Beteiligten im Verwaltungsverfahren zustehenden Rechte, wie z.B. das Akteneinsichtsrecht nach Art. 29 BayVwVfG, zu. Da die Nachbarbeteiligung nach Art. 66 BayBO eine spe-

---

[82] Als instruktives Beispiel für einen komplett ausgefüllten Bauantrag und eine entsprechende Baubeschreibung für ein Einfamilienhaus sei insoweit auf Decker, JA – Akte, S. 9 ff. verwiesen.
[83] Finkelnburg/Ortloff, II S. 106 m.w.N.; Battis S. 218.

zielle Form der Anhörung darstellt, bedarf es der Anhörung nach Art. 28 BayVwVfG nicht; das stellt Art. 66 Abs. 2 S. 2 BayBO klar (zum Verfahren bei mehr als 10 bzw. mehr als 20 gleichförmig betroffenen Nachbarn siehe Art. 66 Abs. 2 S. 3 bis S. 6 BayBO[84]; zum Verfahren der Nachbarbeteiligung bei bestimmten immissionsträchtigen Vorhaben siehe Art. 66 Abs. 4 BayBO).

6 Gegenstand der Nachbarunterschrift ist das **konkrete, in den vorgelegten Bauunterlagen dargestellte Vorhaben** (vgl. oben Rn. 1). Ändert der Bauherr das Vorhaben nach Unterschriftsleistung – es sei denn, es handelt sich um eine so geringfügige Änderung, dass die Zustimmung des Nachbarn hierzu unterstellt werden kann –, so muss der Bauherr die Nachbarbeteiligung erneut durchführen[85].

II. Der Nachbarbegriff

7 Nachbar i.S.v. Art. 66 BayBO ist grundsätzlich jeder, der rechtlich oder tatsächlich durch die Genehmigung des Bauvorhabens und dessen Verwirklichung betroffen wird. Der Kreis der Personen, die als Nachbarn anzusehen sind, richtet sich dabei zunächst nach den Auswirkungen, die von dem Bauvorhaben ausgehen.

8 In **gegenständlicher Hinsicht** sind benachbart in jedem Fall die angrenzenden Grundstücke (vgl. Art. 66 Abs. 1 S. 1 BayBO).

Nach h.M. sind benachbart aber auch diejenigen Grundstücke, die in nachbarrechtlich relevanter Weise im Einwirkungsbereich des Bauvorhabens liegen[86], der nach Art und Intensität der von dem Vorhaben ausgehenden Beeinträchtigungen verschieden bemessen sein kann und dementsprechend flexibel den Kreis der Nachbarn bestimmt[87]. Das bedeutet, dass ein Grundstück dann benachbart i.S.d. Art. 66 Abs. 1 S. 1 BayBO ist, wenn das Bauvorhaben so zu diesem Grundstück liegt, wie z.B. in einer solchen Nähe, dass es sich auf dieses und besonders dessen Nutzung unmittelbar und tatsächlich auswirken kann. Im Regelfall werden aber nur die unmittelbar angrenzenden Grundstücke benachbart sein. Vor allem bei Lärm, Abgasen, Gerüchen oder sonst emittierenden Vorhaben können aber auch noch andere als angrenzende Grundstücke benachbart sein, da jedes Grundstück benachbart ist, das belastenden Auswirkungen ausgesetzt sein kann[88]; insofern ist eine potentielle Betroffenheit ausreichend[89].

9 In **personeller Hinsicht** ist eine dingliche Berechtigung an dem so ermittelten Grundstück erforderlich, weil das öffentliche Baurecht grundstücksbezogen ist[90]. Danach ist Nachbar:
- der *Eigentümer*;

---

[84] Grundlegend zu den Anforderungen an die öffentliche Bekanntmachung einer Baugenehmigung: BayVGH, BayVBl. 1998, 151 = NVwZ-RR 1998, 487.
[85] Dirnberger in Simon/Busse, BayBO, zu Art. 66 Rn. 114.
[86] BayVGH, NVwZ-RR 1998, 487.
[87] Dirnberger in Simon/Busse, BayBO, zu Art. 66 Rn. 65.
[88] BayVGH v. 24.11.1989 Az.: 14 CS 89.3046.
[89] BayVGH v. 4.4.2011, Az.: 14 CS 11.263 m.w.N.
[90] Dirnberger in Simon/Busse, BayBO, zu Art. 66 Rn. 78.

B. Beteiligung des Nachbarn Art. 66 BayBO

- der *Miteigentümer*[91], wobei jedem Miteigentümer ein entsprechendes Abwehrrecht zusteht;
- der *Wohnungseigentümer*[92]; ein Wohnungseigentümer kann sich allerdings gegen bauliche Maßnahmen anderer Wohnungseigentümer in dem selben Gebäude nur mit zivilrechtlichen Abwehransprüchen nach dem WEG zur Wehr setzen[93]; eine Klage gegen eine der Wohnungseigentümergemeinschaft erteilte Baugenehmigung, mit der bauliche Maßnahmen am gemeinschaftlichen Eigentum gestattet werden, wäre daher mangels Klagebefugnis (§ 42 Abs. 2 VwGO) unzulässig[94]. Bei Wohnungseigentümergemeinschaften enthält Art. 66 Abs. 3 S. 2 HS. 1 BayBO zudem eine Verfahrensvereinfachung zugunsten des Bauherrn; danach genügt die nach Art. 66 Abs. 1 S. 1 BayBO erforderliche Vorlage des Lageplans und der Bauzeichnungen gegenüber dem Verwalter; dessen Unterschrift gilt allerdings nicht als Zustimmung der einzelnen Wohnungseigentümer (Art. 66 Abs. 3 S. 2 HS. 2 BayBO). Etwas anderes gilt jedoch dann, wenn der Verwalter von der Wohnungseigentümergemeinschaft ausdrücklich ermächtigt wird (z.B. durch einen entsprechenden Beschluss in der Wohnungseigentümerversammlung) dem konkreten Bauvorhaben im Namen aller Wohnungseigentümer zuzustimmen.
- der *Nießbraucher*[95] und der *Erbbauberechtigte* (bezüglich letzterem siehe Art. 66 Abs. 3 S. 1 BayBO);
- der durch eine *Auflassungsvormerkung* gesicherte *Käufer,* soweit auf ihn Besitz, Nutzungen und Lasten übergegangen sind[96];
- **nicht** dagegen der Mieter oder Pächter eines Grundstücks; dessen Rechte hat gemäß Art. 66 Abs. 3 S. 3 BayBO der Eigentümer des Grundstücks wahrzunehmen. Tut dieser das nicht und kommt es durch das Bauvorhaben zu einer Einschränkung des vertragsgemäßen Gebrauchs der Mietsache, kann der Mieter gemäß § 537 BGB die Miete mindern. Infolge dessen wird der Mieter durch Art. 66 Abs. 3 S. 3 BayBO nicht rechtlos gestellt.

III. Bedeutung der Zustimmung, Widerrufbarkeit

Werden dem Nachbarn der Lageplan und die Bauzeichnungen vorgelegt, hat er (rechtlich) nur 2 Alternativen: er kann dem Vorhaben durch seine Un-

10

---

[91] BayVGH, BayVBl. 1975, 558.
[92] BVerwG, NJW 1989, 3279; allerdings ist ein Wohnungseigentümer aufgrund seines ideellen Anteils am gemeinschaftlichen Eigentum (§ 1 Abs. 5 WEG) grundsätzlich nicht berechtigt, wegen Beeinträchtigungen des gemeinschaftlichen Eigentums im eigenen Namen Abwehrrechte gegen ein Bauvorhaben auf dem Nachbargrundstück geltend zu machen; Ausnahme: § 21 Abs. 2 WEG; vgl. BayVGH, BauR 2005, 1818; bei Beeinträchtigungen seines Sondereigentums kann er dagegen in vollem Umfang und aus eigenem Recht gegen ein Bauvorhaben vorgehen: BayVGH v. 2. 10. 2003, Az.: 1 CS 03.1785.
[93] BVerwG, NJW 1989, 3279; BVerwG, NVwZ 1990, 655.
[94] BVerwG, NJW 1989, 3279.
[95] BVerwG, NJW 1989, 2766 m.w.N.
[96] BVerwG, NJW 1988, 1228; BVerwG, NJW 1983, 1626.

terschrift zustimmen (Art. 66 Abs. 1 S. 2 BayBO) oder er kann seine Unterschrift verweigern. Hieraus ergeben sich unterschiedliche Konsequenzen:

1. Zustimmung, Wirksamkeit der Zustimmung, Widerrufbarkeit

11   Mit seiner – vorbehaltlosen – Unterschrift auf dem Lageplan und auf den Bauzeichnungen stimmt der Nachbar dem Vorhaben zu. Hierin liegt zum einen ein **Verzicht** auf Rechtsbehelfe, zum anderen ein **Verzicht** auf materiellrechtliche subjektiv-öffentliche Rechte, soweit diese disponibel sind, wie z.B. das Eigentum, nicht aber etwa das Recht aus Art. 2 Abs. 2 GG[97]. Diese materiell-rechtliche Wirkung des Verzichts erfasst nicht nur die Ausführung des (konkreten) Bauvorhabens im Rahmen der erteilten Baugenehmigung, sondern auch dessen Nutzung und hierbei etwa entstehende Immissionen[98]. Das hat zur Folge, dass sich der zustimmende Nachbar nicht mehr in zulässiger Weise gegen das konkrete Bauvorhaben wenden kann. Seine Klage wäre wegen fehlender Klagebefugnis (§ 42 Abs. 2 VwGO) bereits unzulässig. Auch ein Anspruch auf Aufhebung der Baugenehmigung nach Art. 48 BayVwVfG kann dann nicht mehr geltend gemacht werden[99].

12   Aufgrund dieser weitreichenden Wirkungen der Zustimmung und dem Umstand, dass Nachbarn die Unterschriftsleistung im nachhinein oftmals bereuen, fragt sich, wie lange die erteilte Zustimmung frei widerrufen oder wie sie ggf. wieder beseitigt werden kann. Das war lange umstritten[100].

13   Nach der Grundsatzentscheidung des Großen Senats des BayVGH v. 3.11.2005[101], der sowohl im Ergebnis als auch in der Begründung vollumfänglich zuzustimmen ist, kann die als Zustimmung geltende Unterschrift des Nachbarn nur bis zu ihrem Eingang bei der Baugenehmigungsbehörde frei widerrufen werden, weil die nachbarliche Unterschrift ihrer Rechtsnatur nach eine analog § 130 BGB zu behandelnde dem öffentlichen Recht angehörende, einseitig empfangsbedürftige Willenserklärung gegenüber der Bauaufsichtsbehörde darstellt, auf die § 183 BGB weder direkt noch entsprechend anwendbar ist. Zudem ist weder die Wirksamkeit des Bauantrages noch die Erteilung der Baugenehmigung von der Zustimmung des Nachbarn abhängig. Letztlich werden wegen Art. 68 Abs. 4 BayBO etwaige privatrechtliche Abwehransprüche des Nachbarn durch seine Unterschrift unter den Bauantrag auch nicht berührt, weshalb er insoweit nicht schutzbedürftig ist. Hieraus folgt, dass **nach Eingang der Nachbarunterschrift bei der Baugenehmigungsbehörde nur noch** eine **Anfechtung nach §§ 119ff. BGB** in Betracht kommt.

---

[97] So im Ergebnis Dirnberger in Simon/Busse, BayBO, zu Art. 66 Rn. 153.
[98] BayVGH, BayVBl. 1987, 398; VGH BW, BauR 1979, 222.
[99] BayVGH v. 16.5.2007, Az.: 1 ZB 06.1180.
[100] Vgl. etwa BayVGH v. 29.8.1990, Az.: 2 CS 90.2054; Schwarzer/König, BayBO 1998, zu Art. 71 Rn. 14; Koch/Molodovsky/Famers, BayBO 1998, zu Art. 71 Anm. 4.3.3 m.w.N.; Decker/Konrad, Bayer. Baurecht, 1. Aufl., Kapitel 2 Teil 3 Rn. 13 einerseits; BayVGH, BayVBl. 1972, 635; BayVGH, BayVBl. 1980, 88; BayVGH v. 1.10.1992, Az.: 26 CS 92.2740; BayVGH v. 4.7.1995, Az.: 14 CS 95.1127; Jäde/Dirnberger/Bauer/Weiß, BayBO 1998, zu Art. 71 Rn. 86 andererseits.
[101] BayVBl. 2006, 246 = DöV 2006, 303 = UPR 2006, 239, lesenswert!

B. Beteiligung des Nachbarn Art. 66 BayBO

Letztlich ist in diesem Zusammenhang zu beachten, dass die einmal erteilte und bindende Unterschrift dabei grundsätzlich auch den Rechtsnachfolger bindet[102]. Das gilt auch im Falle der Verlängerung der Baugenehmigung gemäß Art. 69 Abs. 2 BayBO[103].

2. Verweigerung der Unterschrift

Verweigert der Nachbar seine Unterschrift, dann stimmt er damit dem Bauvorhaben nicht zu. Er hält sich so die Möglichkeit, ggf. im Wege einer Anfechtungsklage gegen eine Baugenehmigung vorzugehen, offen. In diesem Fall ist ihm nach Art. 66 Abs. 1 S. 6 BayBO zwingend eine Ausfertigung der Baugenehmigung zuzustellen (Art. 41 Abs. 5 BayVwVfG i.V.m. Art. 2 ff. BayVwZVG). Unterbleibt diese Zustellung oder erfolgt sie fehlerhaft, dann kann dieser Fehler nach Maßgabe des Art. 9 BayVwZVG geheilt werden; bis dahin laufen diesem Nachbarn gegenüber keine Rechtsbehelfsfristen, wie z.B. die Klagefrist nach § 74 Abs. 1 VwGO (siehe aber sogleich).

Hat der Nachbar aber in anderer Weise sichere Kenntnis von der Baugenehmigung erlangt, z.B. weil mit den Bauarbeiten begonnen wurde, oder hätte er diese erlangen müssen, so muss er innerhalb der Jahresfrist des § 74 i.V.m. § 58 Abs. 2 VwGO Klage erheben, ansonsten ist das Anfechtungsrecht nach Treu und Glauben verwirkt, eine etwaige Klage mithin unzulässig[104]. Diese Jahresfrist kann allerdings von der Baugenehmigungsbehörde jederzeit durch Nachholung der Zustellung der Baugenehmigung ausgeräumt werden mit der Folge (vgl. Art. 9 BayVwZVG), dass dann die Monatsfrist des § 74 Abs. 1 VwGO gilt.

Beispiel: Dem Nachbarn N wird die Baugenehmigung nicht zugestellt. Am 3. 5. 2010 beginnt Bauherr B mit dem Erdaushub. N muss damit bis spätestens 3. 5. 2011, 24.00 Uhr, Klage erheben. Erhält N jetzt am 6. 8. 2010 die Baugenehmigung doch noch zugestellt, muss er bis zum 6. 9. 2010 Klage erheben, soll diese nicht verfristet sein.

IV. Verstoß gegen Art. 66 BayBO

Wird die Nachbarbeteiligung – aus welchen Gründen auch immer – vom Bauherrn oder seinem Beauftragten unterlassen, so liegt hierin ein Verfahrensfehler. Dieser Fehler ist aber regelmäßig – anders bei Ausnahme und Befreiung (§ 31 BauGB) und Abweichung (Art. 63 BayBO), da Ermessensentscheidung – gemäß Art. 46 BayVwVfG unbeachtlich, da auf die Erteilung einer Baugenehmigung ein Rechtsanspruch besteht, es sich mithin um eine gebundene Entscheidung handelt. Im Übrigen kann nach h.M. die fehlende

---

[102] BayVGH v. 24. 8. 2007, Az.: 25 ZB 06.3296 m.w.N.; Dirnberger in Simon/Busse, BayBO, zu Art. 66 Rn. 156; Koch/Molodovsky/Famers, BayBO, zu Art. 66 Rn. 155 m.w.N.
[103] Vgl. Decker in Simon/Busse, BayBO, zu Art. 69 Rn. 95.
[104] BVerwG, BayVBl. 1994, 374 m.w.N.

Nachbarbeteiligung analog Art. 45 Abs. 1 Nr. 3 BayVwVfG im Rahmen des Klageverfahrens mit heilender Wirkung ggf. nachgeholt werden[105].

18 Ungeachtet dessen führt allein die Verletzung des Art. 66 BayBO nach h.M. – und zutreffender Ansicht – nicht zum Erfolg eines Nachbarrechtsbehelfs, denn Art. 66 BayBO ist als solches **nicht drittschützend.** Die Regelung begünstigt zwar den Nachbarn, sie dient aber nicht dem Schutz seiner materiellen Rechte in dem Sinne, dass der Nachbar schon dann einen Aufhebungsanspruch i.S.v. § 113 Abs. 1 S. 1 VwGO besitzt, wenn die an sich erforderliche Nachbarbeteiligung unterbleibt[106].

C. Verfahren bei der Gemeinde

19 Gemäß Art. 64 Abs. 1 S. 1 BayBO ist der Antrag auf Baugenehmigung (Bauantrag) bei der Gemeinde einzureichen. Das gilt ebenso für Änderungen eines Bauantrages[107]. Das weitere Verfahren hängt nun davon ab, ob die Gemeinde selbst als Baugenehmigungsbehörde über den Bauantrag entscheiden kann – z.B. bei einer kreisfreien Gemeinde oder bei einer großen Kreisstadt[108] – oder nicht (bei einer kreisangehörigen Gemeinde).

20 Die kreisangehörige Gemeinde muss den ordnungsgemäß bei ihr gestellten Bauantrag gemäß Art. 64 Abs. 1 S. 2 BayBO unverzüglich, d.h. ohne schuldhaftes Zögern (§ 121 BGB), vorbehandeln und mit ihrer Stellungnahme der Bauaufsichtsbehörde vorlegen. Dabei folgt aus der Regelung in Art. 64 Abs. 1 S. 3 BayBO (Verlangen der Gemeinde auf Vervollständigung/Berichtigung der Bauunterlagen), dass die Gemeinde bezüglich des bei ihr eingereichten Bauantrages eine Vorprüfungsverpflichtung trifft. Die Stellungnahme der Gemeinde nach Art. 64 Abs. 1 BayBO beinhaltet dabei insbesondere ihre Erklärung zur Erteilung oder Versagung des **Einvernehmens nach § 36 BauGB**, sofern dieses erforderlich ist, weil es sich um ein Vorhaben nach § 31, §§ 33–35 BauGB handelt, sowie des Einvernehmens nach Art. 81 Abs. 1 BayBO[109] bei einer Abweichung von einer örtlichen Bauvorschrift. **Zuständig** für diese Entscheidung ist grundsätzlich der Gemeinderat der Gemeinde oder gemäß Art. 32 Abs. 1 GO ein entsprechender beschließenden Ausschusses, zumeist der sog. Bauausschuss; in großen Gemeinden kann die Erteilung des Einvernehmens bei unbedeutenden baulichen Maßnahmen auch eine Angelegenheit der laufenden Verwaltung (Art. 37 Abs. 1 S. 1 Nr. 1 GO) sein.

21 Nach der Beschlussfassung über die Erteilung oder die Verweigerung des gemeindlichen Einvernehmens legt die kreisangehörige Gemeinde den Bauantrag mit allen dazu gehörigen Plänen zusammen mit ihrer Stellungnah-

---

[105] Dirnberger in Simon/Busse, BayBO, zu Art. 66 Rn. 209; Koch/Molodovsky/Famers, BayBO, zu Art. 66 Rn. 193 und 247.
[106] Dirnberger in Simon/Busse, BayBO, zu Art. 66 Rn. 208 m.w.N.
[107] BayVGH, BayVBl. 1990, 597.
[108] Zu Einzelheiten siehe Rn. 22 ff.
[109] Siehe hierzu die Ausführungen unter Kapitel 2 Teil 7 Rn. 55 ff., 85.

me[110] der Bauaufsichtsbehörde zur Entscheidung vor (Art. 64 Abs. 1 S. 2 BayBO). Dabei hat sie darauf zu achten, dass der Bauantrag mit ihrer Stellungnahme vor Ablauf der in § 36 Abs. 2 S. 2 BauGB (ggf. i. V. m. Art. 81 Abs. 2 S. 2 BayBO) normierten Zwei-Monatsfrist bei der Baugenehmigungsbehörde eingeht, denn ansonsten gilt das gemeindliche Einvernehmen als erteilt.

D. Verfahren bei der Baugenehmigungsbehörde

Sobald der Bauantrag mit der gemeindlichen Stellungnahme sowie den für die Beurteilung des Vorhabens und die Bearbeitung des Antrages erforderlichen Unterlagen (vgl. Art. 64 Abs. 2 S. 1 BayBO) bei der Baugenehmigungsbehörde eingegangen ist, teilt diese den Eingang dem Bauherrn mit und prüft, ob die Bauvorlagen Mängel aufweisen, z. B. weil sie unvollständig sind; ggf. fordert sie den Bauherrn auf noch erforderliche Angaben, Zeichnungen, Erklärungen etc. nachzureichen (vgl. Art. 65 Abs. 2 BayBO).

Ferner wird die Baugenehmigungsbehörde prüfen, ob durch das Bauvorhaben die Aufgabenbereiche anderer staatlicher Stellen, die Träger öffentlicher Belange sind, berührt werden, und ggf. deren Stellungnahme einholen (Art. 65 Abs. 1 S. 1 HS. 1 BayBO; beachte aber die Einschränkung in Art. 65 Abs. 1 S. 1 HS. 2 BayBO). Die Träger öffentlicher Belange haben sich dabei innerhalb eines Monats zu äußern (Art. 65 Abs. 1 S. 3 HS. 1 BayBO). Geht eine Stellungnahme nicht innerhalb eines Monats nach Aufforderung durch die Baugenehmigungsbehörde bei dieser ein, kann die Behörde diese unberücksichtigt lassen, es sei denn, die verspätete Stellungnahme ist für die Rechtmäßigkeit der Entscheidung über den Bauantrag von Bedeutung (Art. 65 Abs. 1 S. 3 BayBO).

In bestimmten Fällen bedarf die Erteilung der Baugenehmigung **nach Landesrecht** der „Mitwirkung" einer anderen öffentlichen Stelle. Diese Stellen sind daher zwingend am Baugenehmigungsverfahren zu beteiligen (Art. 65 Abs. 1 S. 1 Nr. 1 BayBO). Auch insoweit gilt jedoch eine Monatsfrist, denn eine erforderliche Zustimmung, ein erforderliches Einvernehmen etc. gelten als erteilt, wenn die angegangene Stelle nicht innerhalb eines Monats nach Zugang des Ersuchens die erforderliche Zustimmung etc. verweigert (vgl. Art. 65 Abs. 1 S. 2 BayBO). Das Anlaufen der Monatsfrist setzt allerdings voraus, dass die Baugenehmigungsbehörde die andere Stelle schriftlich um die gesetzlich vorgeschriebene Mitwirkung unter Übermittlung der entsprechenden Unterlagen bittet[111]. Ausweislich des Wortlauts des im Vergleich zu Art. 69 Abs. 1 S. 4 BayBO 1998 („nach Landesrecht") durch die Novelle 2007 weiter gefassten Art. 65 Abs. 1 S. 1 BayBO gilt das auch für nach Bundesrecht vorgesehene Mitwirkungsrechte/-pflichten.

Beispiel: führt die Verwirklichung eines Bauvorhabens zu Eingriffen in Natur und Landschaft, ist § 18 BNatSchG zu beachten; soll das Vorhaben im Landschaftsschutzgebiet ausgeführt werden, bedarf es einer Befreiung nach § 67 BNatSchG

---

[110] Die regelmäßig auf dem hierfür vorgesehenen Formular erfolgt; siehe hierzu das Beispiel bei Decker, JA – Akte, S. 24 ff.
[111] Shirvani in Simon/Busse, BayBO, zu Art. 65 Rn. 78.

i.V.m. Art. 56 BayNatSchG; soll eine denkmalgeschützte bauliche Anlage geändert werden, so muss die untere Denkmalschutzbehörde zustimmen (siehe Art. 6 DSchG); bei Bauvorhaben in der Nähe bestimmter Straßen bedarf es des Einvernehmens der Straßenbaubehörde (vgl. Art. 24 Abs. 1 S. 1, Abs. 2 BayStrWG).

25   Erforderlich kann es schließlich auch sein, die Eigentümer der benachbarten Grundstücke am Verfahren zu beteiligen, sofern dies nicht schon durch den Bauherrn geschehen ist (Art. 66 BayBO; vgl. oben Rn. 4ff.).

26   Sind die Unterlagen komplett und liegen die Stellungnahmen, Zustimmungen etc. vor, so tritt die Baugenehmigungsbehörde in die eigentliche Sachprüfung ein. Der Umfang dieser Prüfung bzw. die weitere Behandlung des Bauantrages hängt dabei von verschiedenen weiteren Faktoren ab:
- Maßgeblich ist zunächst, wegen des Grundsatzes der Unteilbarkeit der Baugenehmigung (vgl. unten Teil 4 Rn. 12), welches Vorhaben – ein einheitliches oder mehrere objektiv trennbare Vorhaben – der Bauherr zur Prüfung gestellt hat[112].
- Danach muss geklärt werden, in welchem Verfahren das Vorhaben zu genehmigen ist und welcher **Prüfungsumfang** hieraus resultiert, denn die Baugenehmigung kann nur erteilt werden, wenn dem Vorhaben öffentlich-rechtliche Vorschriften, die im Baugenehmigungsverfahren zu prüfen sind, nicht entgegenstehen (vgl. Art. 68 Abs. 1 S. 1 HS. 1 BayBO[113]). Zudem ist zu beachten, dass die durch eine Umweltverträglichkeitsprüfung ermittelten, beschriebenen und bewerteten Umweltauswirkungen nach Maßgabe der hierfür geltenden Vorschriften im Baugenehmigungsverfahren zu berücksichtigen sind (Art. 68 Abs. 1 S. 2 BauGB).
- Der hiernach maßgeblich Prüfungsumfang kann weiter eingeschränkt sein, wenn der Bauherr sog. bautechnische Nachweise vorlegt (vgl. Art. 62 Abs. 4 BayBO).
- Schließlich kommt es auch darauf an, ob die **kreisangehörige Gemeinde** das Einvernehmen nach § 36 Abs. 1 BauGB (ggf. i.V.m. Art. 81 Abs. 1 BayBO) erteilt hat[114]. Ist dies nicht der Fall, kann die Bauaufsichtsbehörde grundsätzlich die Baugenehmigung nicht erteilen (sog. **negative Bindungswirkung**[115]), es sei denn, sie ersetzt das gemeindliche Einvernehmen gemäß § 36 Abs. 2 S. 3 BauGB i.V.m. Art. 67 BayBO. Ist das gemeindliche Einvernehmen erteilt worden, so bedeutet das aber nicht, dass die Baugenehmigungsbehörde nunmehr die Baugenehmigung erteilen müsste (**keine sog. positive Bindungswirkung**)[116].

---

[112] Zu Einzelheiten siehe Kapitel 2 Teil 5 Rn. 4.

[113] Zum Problem des Art. 68 Abs. 1 S. 1 HS. 2 BayBO siehe Kapitel 2 Teil 6 Rn. 11 ff.

[114] Dieses Problem stellt sich nicht, wenn die Gemeinde selbst Baugenehmigungsbehörde ist; vgl. bei § 36 BauGB.

[115] Zu beachten ist, dass bereits die Missachtung des gesetzlich gewährleisteten Rechts der Gemeinde auf Einvernehmen zur Aufhebung der Baugenehmigung führt, ohne dass es einer materiell-rechtlichen Überprüfung der Rechtslage bedarf; so z.B. BVerwG, BayVBl. 2009, 27 m.w.N.; zu weiteren Einzelheiten zum gemeindlichen Einvernehmen nach § 36 BauGB siehe in Kapitel 3 Teil 4 D.

[116] Zu weiteren Einzelheiten siehe bei § 36 BauGB sowie bei Decker, JA – Akte, S. 18ff.

E. Abschluss des Verfahrens durch Entscheidung über den Bauantrag

Das Baugenehmigungsverfahren endet mit der Entscheidung über den gestellten Bauantrag durch Erteilung, ggf. mit Nebenbestimmungen, oder Versagung der Baugenehmigung.

27

F. Baugenehmigungsverfahren und Nachbarschutz

Verfahrensvorschriften sind – mit Ausnahme der sog. absoluten Verfahrensrechte[117] – grundsätzlich nicht drittschützend. Sie sind nur dann den Interessen eines Drittbetroffenen zu dienen bestimmt, wenn sie eine nach materiellem Recht geschützte Rechtsstellung des Nachbarn berühren[118]. Der Drittbetroffene hat damit grundsätzlich nur einen Anspruch auf Schutz seiner materiellen Rechte[119]. Hieraus folgt für die Regelungen über das Baugenehmigungsverfahren, dass ein Nachbar weder einen Anspruch auf Durchführung des richtigen Verfahrens (also z.B. Verfahren nach Art. 60 BayBO anstelle des vereinfachten Verfahrens nach Art. 59 BayBO) hat noch einen solchen auf Durchführung eines Baugenehmigungsverfahrens überhaupt, denn die Vorschriften über die Genehmigungspflicht, die Genehmigungsfreiheit und das Baugenehmigungsverfahren dienen nicht dem Schutz des Nachbarn, sondern „nur" dem öffentlichen Interesse an einem geordneten Verwaltungsverfahren[120]. D.h., allein aus einer verfahrensfehlerhaft erteilten Baugenehmigung erwächst einem hiervon Betroffenen noch kein Aufhebungsanspruch[121]. Ein subjektives Recht i.S.e. allgemeinen Gesetzesvollzugsanspruchs auf die „richtige Verfahrensart" sieht die Rechtsordnung nicht vor[122]. Auch von Verfassungswegen ergibt sich keine Pflicht des Gesetzgebers zum Schutz von Grundstücksnachbarn stets ein präventives Baugenehmigungsverfahren vorzuschreiben oder vom Bauherrn vor Ausführung des Vorhabens eine Benachrichtigung von Nachbarn zu verlangen[123].

27a

Das ist auch gar nicht erforderlich, denn wird ein Vorhaben ohne Baugenehmigung oder mit im falschen Verfahren erteilter Baugenehmigung verwirklicht, so kann sich ein von dem genehmigungsbedürftigen Vorhaben (nachteilig) betroffener Dritter gegen jede Beeinträchtigung seiner materiellen Rechte, die durch das Vorha-

---

[117] Siehe hierzu etwa Schoch/Schmidt-Aßmann/Pietzner, VwGO, § 42 Abs. 2 Rn. 73.
[118] Kopp/Schenke, VwGO, zu § 42 Rn. 95.
[119] Vgl. VGH BW, DÖV 2006, 656 = VBlBW 2006, 314; wohl auch BVerwG, NVwZ 1998, 737.
[120] BayVGH, BayVBl. 2009, 964 [695]; ebenso OVG Bautzen, BauR 2010, 947 (LS); OVG Saarland v. 27. 5. 2010, Az.: 2 B 95/10; OVG Mecklenburg-Vorpommern v. 21. 12. 2010, Az.: 3 M 244/10.
[121] BayVGH v. 31. 3. 2001, Az.: 15 B 96.1537; siehe auch BVerwGE 62, 243 zu den Vorschriften über das wasserrechtliche Planfeststellungsverfahren.
[122] BayVGH v. 31. 3. 2001, Az.: 15 B 96.1537.
[123] BayVerfGH, NVwZ 2010, 580 [583, 584].

ben hervorgerufen werden können, ohne weiteres zur Wehr setzen[124]. Ihm stehen insbesondere alle aus seiner materiellen Rechtsposition folgenden öffentlich-rechtlichen Abwehr-, Unterlassungs- und (Folgen-) Beseitigungsansprüche zu[125].

27b Dem entsprechend kann z. B. ein Nachbar die Aufhebung einer Baugenehmigung nicht allein deshalb verlangen, weil sie von einer sachlich unzuständigen Behörde erteilt worden ist[126].

Teil 4. Gestattungsformen nach der BayBO

A. Baugenehmigung

I. Vorbemerkung

1 Im Mittelpunkt der Gestattungsformen nach der BayBO steht die Baugenehmigung, die in Art. 68 Abs. 1 S. 1 HS. 1 BayBO geregelt ist, denn nach Art. 55 BayBO, der ein (präventives) Verbot mit Erlaubnisvorbehalt beinhaltet, bedarf die Errichtung, Änderung oder Nutzungsänderung von Anlagen der Baugenehmigung. Die Baugenehmigung schließt dabei die nach der BayBO für den Regelfall vorgesehene präventive Zulässigkeitsprüfung ab.

2 Allerdings stellt die Baugenehmigung nach heute herrschendem Verständnis (in Bayern) mit Blick auf die Formulierung des Art. 68 Abs. 1 S. 1 HS. 1 BayBO („… wenn dem Vorhaben keine öffentlich-rechtlichen Vorschriften entgegenstehen, **die im bauaufsichtlichen Genehmigungsverfahren zu prüfen sind**") nicht mehr den Schlusspunkt der öffentlich-rechtlichen Zulässigkeitsprüfung dar.

Das war bis zur Entscheidung des großen Senats des BayVGH vom 18. 3. 1993[127] durchaus streitig. Nach der bis dahin vor allem in der Literatur vertretenen sog. **Schlusspunkttheorie** sollte die Baugenehmigung die Vereinbarkeit des Vorhabens mit dem gesamten maßgeblichen öffentlichen Recht bestätigen, weshalb sie den „Schlusspunkt" einer umfassenden öffentlich-rechtlichen Prüfung bilden müsse. Wenn danach neben der Baugenehmigung für die Errichtung, die Änderung, die künftige Nutzung oder den Abbruch einer baulichen Anlage noch andere öffentlich-rechtliche Gestattungen notwendig waren, durfte die Baugenehmigung grundsätzlich erst ausgesprochen werden, wenn diese andere(n) Gestattung(en) vorlagen oder gleichzeitig erteilt werden konnten[128]. Der Große Senat des BayVGH vermochte sich dieser Einschätzung aber nicht anzuschließen.

3 Mit der Novelle 1994 hat der Gesetzgeber, der Rechtsprechung des Großen Senats des BayVGH folgend, die Vorgängerregelung zu Art. 68 Abs. 1

---

[124] So schon BVerwG, Buchholz 407.2 KreuzungsG Nr. 1.
[125] BVerwGE 62, 243.
[126] VGH BW, DÖV 2006, 656 = VBlBW 2006, 314; die **a. A.** von BayVGH, BayVBl. 1997, 51, vermag vor diesem Hintergrund daher nicht zu überzeugen.
[127] VGHE BY 46, 47 = NVwZ 1994, 304 = BayVBl. 1993, 370 = JuS 1994, 441 = BRS 55 Nr. 146.
[128] Vgl. etwa Upmeier, NuR 1986, 309 [313]; Gaentzsch, NJW 1986, 2787 [2792 f.]; Ortloff, NJW 1987, 1665 [1669]; Hahn, DVBl. 1992, 1408 [1412 f.].

A. Baugenehmigung

BayBO neu gefasst. Hieraus ergibt sich nunmehr eindeutig, dass die Baugenehmigungsbehörde in Fällen, in denen das Vorhaben mit den von ihr im Baugenehmigungsverfahren zu prüfenden öffentlich-rechtlichen Vorschriften im Einklang steht, mit der Erteilung der Baugenehmigung nicht warten muss, bis geklärt ist, ob eine andere öffentlich-rechtliche Gestattung, wie z.B. eine sanierungsrechtliche Genehmigung nach § 144 Abs. 1 BauGB, erteilt werden kann, die für das Vorhaben neben der Baugenehmigung erforderlich ist. Liegen die Voraussetzungen für die Erteilung der Baugenehmigung vor, so ist die Baugenehmigung folglich zu erteilen und zwar unabhängig davon, ob etwaige andere, ebenfalls zur Verwirklichung des Vorhabens erforderliche Gestattungen vorliegen oder nicht. Allerdings hindert diese Verpflichtung die Baugenehmigungsbehörde nicht, wie Art. 68 Abs. 1 S. 1 HS 2 BayBO zeigt, einen Bauantrag gleichwohl abzulehnen, wenn feststeht, dass eine andere für das Vorhaben erforderliche Gestattung nicht erteilt werden kann und von vornherein ausgeschlossen ist, dass der Bauherr von der Baugenehmigung Gebrauch machen kann[129].

Die Formulierung in Art. 68 Abs. 1 S. 1 HS. 1 BayBO „… wenn dem Bauvorhaben keine öffentlich-rechtlichen Vorschriften entgegenstehen, die im bauaufsichtlichen Genehmigungsverfahren zu prüfen sind" hat aber noch in anderem Zusammenhang Bedeutung. Durch diese Wendung wird der Bezug vor allem zum vereinfachten Genehmigungsverfahren nach Art. 59 BayBO, in welchem der Prüfungsumfang der Baugenehmigungsbehörde ganz erheblich eingeschränkt ist, hergestellt.

II. Wirkungen der Baugenehmigung, Geltungsdauer

1. Wirkungen

Die Baugenehmigung ist ein Verwaltungsakt (Art. 35 S. 1 BayVwVfG), der nur aufgrund eines entsprechenden Antrages (vgl. Art. 64 Abs. 1 BayBO) ergehen kann (sog. **mitwirkungsbedürftiger Verwaltungsakt**). Fehlt es an einem (wirksamen) Antrag, so ist die gleichwohl erteilte Baugenehmigung rechtswidrig[130]; der Antrag kann allerdings nach Art. 45 Abs. 1 Nr. 1 BayVwVfG mit heilender Wirkung nachgeholt werden.

Sie ist ferner ein **begünstigender** Verwaltungsakt, weil das konkret zur Überprüfung gestellte Vorhaben genehmigt wird. Sind der Baugenehmigung Nebenbestimmungen (vgl. Art. 36 BayVwVfG) beigefügt, ist sie insofern auch **belastend (Verwaltungsakt mit Doppelwirkung)**. Soweit durch die Baugenehmigung auf Rechte Dritter, z.B. eines Nachbarn durch die Erteilung einer Abweichung nach Art. 63 Abs. 1 BayBO oder einer Ausnahme oder Befreiung nach § 31 BauGB, eingewirkt wird, ist sie ein **Verwaltungsakt mit Drittwirkung** i.S.v. § 80a VwGO[131].

---

[129] Zu Einzelheiten siehe Kapitel 2 Teil 6 Rn. 9 ff.
[130] Vgl. Wolff/Decker, VwGO/VwVfG, zu § 22 VwVfG Rn. 4.
[131] Dort wird allerdings ungenau vom Verwaltungsakt mit Doppelwirkung gesprochen; in der Sache meint § 80a VwGO aber den Verwaltungsakt mit Drittwirkung.

7   Die Baugenehmigung ist ferner ein **feststellender Verwaltungsakt,** weil sie verbindlich feststellt, dass dem Vorhaben öffentlich-rechtliche Vorschriften, die im Baugenehmigungsverfahren zu prüfen sind, nicht entgegenstehen, das Vorhaben also insoweit dem materiellen öffentlichen Recht entspricht. Da die feststellende Wirkung der Baugenehmigung aber auf die „im Baugenehmigungsverfahren zu prüfenden öffentlich-rechtlichen Vorschriften" beschränkt ist, folgt hieraus zwingend, dass einer Baugenehmigung, die im vereinfachten Genehmigungsverfahren nach Art. 59 BayBO erteilt wird, nur eine beschränkte Feststellungswirkung zukommt. Soweit mithin das Prüfprogramm der Behörde aufgrund entsprechender gesetzlicher Normen eingeschränkt ist, scheidet infolgedessen auch eine Verletzung außerhalb dieses Prüfprogramms liegender drittschützender Normen zu Lasten eines Nachbarn, aufgrund der entsprechenden Beschränkung der Feststellungswirkung der baubehördlichen Entscheidung, aus[132].

Für das bayerische Landesrecht ist dabei geklärt, dass die (Tatbestands- und) Feststellungswirkung der Baugenehmigung nach der Errichtung der genehmigten baulichen Anlage erhalten bleibt und den rechtlichen Bestand des ausgeführten Vorhabens und seiner Nutzung gewährleistet[133]. Solange und soweit die Baugenehmigung wirksam besteht, ist das genehmigungsgemäß errichtete Vorhaben (zumindest) formell rechtmäßig (es genießt formellen Bestandsschutz) und darf entsprechend genutzt werden[134]. Das gilt grundsätzlich auch für die Dauer der Nichtausübung der genehmigten Nutzung[135].

8   Im Unterschied zur Baugenehmigung, mit der die Vereinbarkeit des Vorhabens mit den zur Zeit der Genehmigung geltenden und von der Bauaufsichtsbehörde zu prüfenden Vorschriften festgestellt wird, enthält der eine Baugenehmigung **versagende Bescheid** nach h. M.[136] keine solche **Feststellungswirkung**[137]. Die Tatbestandswirkung[138] des Ablehnungsbescheides erfasst daher nicht die Frage der materiellen Illegalität der in Mitten stehenden Anlage, sondern erschöpft sich in der Ablehnung des Antrages, womit die Ablehnung auch nicht präjudiziell für andere Entscheidungen der Bauaufsichtsbehörde, wie z. B. einer Beseitigungsanordnung, sein kann[139]. Hier-

---

[132] Statt vieler: BVerwG, NVwZ 1998, 58; BayVGH, BayVBl. 2000, 377; BayVGH v. 22. 8. 2001, Az.: 2 B 01.74; VG München vom 24. 8. 1999, Az.: M 1 SN 99.3701.

[133] BayVGH, BayVBl. 2008, 667; BayVGH, BayVBl. 2003, 626; ebenso OVG Berlin, LKV 2005, 227; ThürOVG, NVwZ-RR 2000, 578 für das jeweilige Landesrecht.

[134] BayVGH, BayVBl. 2003, 626.

[135] BayVGH, BayVBl. 2003, 626; BayVGH v. 1. 2. 2007, Az.: 2 B 05.2470 m. w. N.; zu Einzelheiten siehe in Kapitel 1 Rn. 32 ff.

[136] BVerwGE 48, 271 = BauR 1975, 410 m. Anm. von Drexelius, NJW 1976, 817; von Weiß, JuS 1976, 401 und Krebs, VerwArch 1976, 411; BVerwGE 84, 11 [17] = BRS 49 Nr. 160; BVerwG v. 9. 3. 1990, Az.: 4 B 145/88; BGH, NJW 1984, 1169 = BauR 1984, 501; BayVGH, BayVBl. 1989, 312.

[137] Ortloff, NJW 1987, 1665 [1670] m. w. N.; Gaentsch, NJW 1986, 2792.

[138] Siehe hierzu etwa Wolff/Decker, VwGO/VwVfG, zu § 43 VwVfG Rn. 26 f.

[139] Ortloff, NJW 1987, 1665 [1670]; Lechner in Simon/Busse, BayBO, zu Art. 68 Rn. 95.

A. Baugenehmigung

aus folgt des Weiteren, dass ein einmal abgelehnter Bauantrag jederzeit wieder gestellt werden kann, ohne dass es i. S. v. Art. 51 BayVwVfG z. B. einer Änderung der Sach- oder Rechtslage bedarf. Die Baugenehmigungsbehörde ist vielmehr verpflichtet, über einen solchen – wiederholten – Bauantrag erneut in der Sache zu entscheiden. Etwas anderes soll allerdings dann gelten, mit der Folge, dass über die Baurechtswidrigkeit einer Anlage abschließend entschieden ist, soweit der Versagungsbescheid Gegenstand eines rechtskräftigen Gerichtsurteils war, das die Rechtmäßigkeit dieses Bescheides bestätigt hat[140].

Zur Begründung dieser Auffassung wird auf Art. 14 Abs. 1 S. 2 GG (bei nicht gerichtlich bestätigtem Bescheid wäre ansonsten – wegen der Bestandskraft des Ablehnungsbescheides – keine gerichtliche Überprüfung dieser Frage mehr möglich, womit die Illegalität der Anlage feststünde), aus dem Unterschied zwischen Bestandskraft von Verwaltungsakten (insbesondere Aufhebbarkeit nach Art. 48 ff. BayVwVfG) und Rechtskraft von Urteilen (nur beschränkte Abänderbarkeit nach §§ 118 ff. VwGO) sowie auf dem aus Art. 19 Abs. 4 GG folgenden Anspruch auf Gewährleistung effektiven Rechtsschutzes[141], verwiesen.

Die Baugenehmigung stellt ferner einen **verfügenden – rechtsgestaltenden – Verwaltungsakt** dar. Im verfügenden (gestattenden) Teil hebt sie das – formelle – Bauverbot auf und bestimmt damit, wie Art. 68 Abs. 5 BayBO zeigt, dass mit dem Bau begonnen werden darf (sog. „Baufreigabe"). Zu beachten ist allerdings, dass ein in anderen Vorschriften begründetes Verbot mit Erlaubnisvorbehalt von der Baugenehmigung unberührt bleibt[142]. 9

Des Weiteren ist die Baugenehmigung i. d. R. ein **gebundener Verwaltungsakt**, weil auf die Erteilung der Baugenehmigung ein Rechtsanspruch besteht. Soweit Ausnahmen oder Befreiungen nach § 31 BauGB oder Abweichungen nach Art. 63 BayBO erforderlich sind, hat die Bauaufsichtsbehörde hierüber allerdings im Rahmen pflichtgemäßer Ermessensausübung (vgl. jeweils Wortlaut „kann") zu entscheiden. 10

Schließlich ist die Baugenehmigung auch ein **sachbezogener** (= dinglicher, grundstücksbezogener) **Verwaltungsakt**, weil sie sich auf die Verwirklichung eines konkreten Bauvorhabens auf einem bestimmten Grundstück richtet; sie gilt gemäß Art. 54 Abs. 2 S. 3 BayBO für und gegen den Rechtsnachfolger des Bauherrn (vgl. Art. 50 BayBO). Das bedeutet zweierlei: erstens ist die Baugenehmigung nicht an eine bestimmte Person gebunden und von daher kein personenbezogener Verwaltungsakt; zweitens gewährt sie aber auch nicht jeder beliebigen Person das Recht, das genehmigte Vorhaben auszuführen, sondern nur dem Bauherrn und seinen Rechtsnachfolgern. 11

---

[140] BVerwGE 48, 271; BVerwG v. 9. 3. 1990, Az.: 4 B 145/88; BayVGH, BayVBl. 1989, 312; BayVGH, BayVBl. 1991, 245; siehe aber auch BVerwG, BayVBl. 2010, 544.
[141] Ablehnend: Kopp, DVBl. 1983, 399; Drexelius, NJW 1976, 817; wohl auch Mampel, BauR 1996, 13 [23 ff.].
[142] Großer Senat des BayVGH, VGHE BY 46, 47 = NVwZ 1994, 304 = BayVBl. 1993, 370 = JuS 1994, 441 = BRS 55 Nr. 146.

12   Die Baugenehmigung ist des weiteren ein **unteilbarer Verwaltungsakt,** sofern sie sich nicht ausnahmsweise auf mehrere selbständige Bauvorhaben bezieht[143], weil sie die Feststellung trifft, dass das bestimmte, im Bauantrag und in den Bauvorlagen beschriebene Bauvorhaben den öffentlich-rechtlichen Vorschriften entspricht[144]. Hieraus folgt zunächst, dass die Rechtswidrigkeit eines Teils des gesamten Vorhabens grundsätzlich die Rechtswidrigkeit des gesamten Vorhabens und damit der gesamten Baugenehmigung nach sich zieht[145].

Beispiel: Baugenehmigung für ein 6-Familienhaus mit Walmdach. Aufgrund einer örtlichen Bauvorschrift dürfen Wohnhäuser nur mit einem Satteldach errichtet werden. Konsequenz: Die gesamte Baugenehmigung ist rechtswidrig, weil dem Vorhaben die örtliche Bauvorschrift entgegensteht und es daher unzulässig ist.

Des Weiteren ist hierdurch im Grundsatz auch eine Teilrücknahme der Baugenehmigung nach Art. 48 BayVwVfG für ein unteilbares Vorhaben ausgeschlossen[146]. Letztlich ist es aufgrund des Unteilbarkeitsgrundsatzes auch nicht möglich, dass der Bauherr sich mehrere Bauvorhaben genehmigen lässt und dann ein aus den verschiedenen Baugenehmigungen kombiniertes Bauvorhaben verwirklicht.

13   Die Baugenehmigung ist allerdings **kein privatrechtsgestaltender Verwaltungsakt,** denn gemäß Art. 68 Abs. 4 BayBO wird sie unbeschadet der privaten Rechte Dritter erteilt. Der Dritte wird somit durch die Baugenehmigung nicht gehindert, dem Vorhaben entgegenstehende private Rechte dinglicher oder obligatorischer Art vor den Zivilgerichten geltend zu machen. Andererseits kann er unter Berufung auf solche Rechte die Baugenehmigung aber auch nicht mit Erfolg angreifen[147]. Aus Art. 68 Abs. 4 BayBO folgt des Weiteren, dass die privatrechtliche Realisierbarkeit eines Vorhabens von dem Genehmigungsanspruch zu trennen ist. Zu beachten ist allerdings, dass nach Bundesrecht eine Genehmigung, auf die „an sich" ein Anspruch besteht, grundsätzlich dennoch versagt werden darf, wenn es dem Antragsteller an einem schutzwürdigen Antrags- (oder Sachbescheidungs-)Interesse fehlt. Dieser Grundsatz greift insbesondere dort ein, wo der Antragsteller aus Gründen, die jenseits des Verfahrensgegenstandes liegen, an einer Verwertung der begehrten Genehmigung gehindert und deshalb die Genehmigung ersichtlich nutzlos wäre. Ein solcher Fall kann bei fehlender (und nach Lage der Dinge auch nicht erreichbarer) privatrechtlicher Berechtigung gegeben sein: An einer (Bau-)Genehmigung, die sich mit Rücksicht auf die privatrechtlichen Verhältnisse nicht verwirklichen lässt, hat der Bauherr kein schutzwürdiges Interesse; die zur Entscheidung berufene Behörde ist daher zwar nicht verpflichtet, wohl aber berechtigt, die Genehmigung allein aus diesem Grunde

---

[143] Zur Maßgeblichkeit des Bauantrages für die Prüfung durch die Bauaufsichtsbehörde siehe Teil 3, Rn. 26.
[144] BVerwG, BRS 27 Nr. 178; OVG Berlin, DVBl. 1993, 120; OVG Saarlouis, BauR 1997, 283 m.w.N.
[145] BayVGH v. 3. 5. 1999, Az.: 15 B 96.189.
[146] Siehe z.B. OVG Bautzen, SächsVBl. 1999, 137.
[147] Vgl. Lechner in Simon/Busse, BayBO, zu Art. 68 Rn. 254.

A. Baugenehmigung

zu verweigern[148]. Die Entscheidung hierüber hat sie in Ausübung pflichtgemäßen Ermessens zu treffen[149].

Beispiel: Bauherr B möchte auf dem Grundstück des E eine Doppelgarage errichten. Obwohl E diesem Ansinnen in der Vergangenheit wiederholt ausdrücklich widersprochen hat, beantragt B die Erteilung einer Baugenehmigung für eine Doppelgarage auf dem Grundstück des E. Die Baugenehmigungsbehörde kann – sie muss aber nicht – diesen Antrag wegen fehlendem Sachbescheidungsinteresses ablehnen, weil aufgrund des Widerspruchs des E die Baugenehmigung für B ersichtlich ohne Nutzen ist; B kann ohne Zustimmung des E zivilrechtlich sein Vorhaben nicht verwirklichen.

2. Geltungsdauer

Gemäß Art. 69 Abs. 1 S. 1 BayBO erlischt die Baugenehmigung im Grundsatz (siehe aber HS. 1), wenn nicht innerhalb von **vier Jahren** nach Erteilung der Baugenehmigung mit der Ausführung des Bauvorhabens begonnen wurde oder innerhalb dieser Frist zwar mit den Bauarbeiten begonnen, diese dann aber vier Jahre unterbrochen wurden. Wird gegen die Baugenehmigung ein Rechtsbehelf erhoben, z.B. eine Nachbarklage, so ist die 4-Jahresfrist bis zur Unanfechtbarkeit der Baugenehmigung i.S.v. § 205 BGB gehemmt (Art. 69 Abs. 1 S. 1 HS. 2 BayBO). Dabei spielt es keine Rolle, ob die Baugenehmigung (gemäß § 80 Abs. 2 S. 1 Nr. 3 VwGO i.V.m. § 212a Abs. 1 BauGB) vollziehbar ist und der Bauherr deshalb von ihr auch vor Eintritt der Unanfechtbarkeit Gebrauch machen kann[150]. 14

III. Verfahren und Form der Baugenehmigung

Zu den verschiedenen Verfahrensvarianten siehe die Ausführungen in Kapitel 2 Teil 6 Rn. 4 ff. 15

Gemäß Art. 68 Abs. 2 S. 1 HS. 1 BayBO bedarf die Baugenehmigung der **Schriftform**. Damit findet Art. 37 Abs. 3 BayVwVfG Anwendung. Art. 68 Abs. 2 S. 1 HS. 2 schließt dabei Art. 3a BayVwVfG aus, d.h. eine Baugenehmigung kann nicht in elektronischer Form erlassen werden. Wird die Baugenehmigung nicht schriftlich, sondern z.B. mündlich oder in elektronischer Form erteilt, ist sie gemäß Art. 44 Abs. 1 BayVwVfG nichtig. 16

Die Baugenehmigung muss, wie jeder andere Verwaltungsakt auch, gemäß Art. 37 Abs. 1 BayVwVfG hinreichend bestimmt sein. Hinreichende Bestimmtheit eines Verwaltungsakts bedeutet, dass aus der getroffenen Regelung, d.h. aus dem Entscheidungssatz im Zusammenhang mit den Gründen und den sonstigen bekannten oder ohne weiteres erkennbaren Umständen, für die Beteiligten, insbesondere für die Adressaten, die Regelung, die den 17

---

[148] Vgl. BVerwGE 20, 124 [126f.]; BVerwG v. 31.10.1966, Az.: IV B 129.65; BVerwG v. 10.8.1967, Az.: IV CB 210.65; BVerwG v. 29.2.1968, Az.: IV B 43.66; BVerwG v. 10.5.1968, Az.: IV C 8.67; BVerwGE 42, 115; BVerwG, UPR 1994, 27; VGH BW, BauR 1998, 526; Gierth, DVBl. 1967, 848; Kienzle, NJW 1965, 1497.
[149] Jäde, BayVBl. 2005, 301.
[150] VGH BW, BauR 2000, 714.

Sinn, Zweck und Inhalt des Verwaltungsakts ausmacht, so vollständig, klar und unzweideutig erkennbar sein muss, dass diese ihr Verhalten danach richten können[151].

Probleme können insofern dann auftreten, wenn die Baugenehmigung erteilt wird, obwohl die nach § 1, §§ 7 ff. BauVorlV erforderlichen Bauvorlagen ungenau, unvollständig oder sogar in sich widersprüchlich sind, etwa weil die nach § 1 Abs. 1 Nr. 2, § 5 Abs. 1 Nr. 3, § 8 BauVorlV dreifach einzureichenden Bauzeichnungen nicht übereinstimmen. Lässt sich der Inhalt der Baugenehmigung unter Rückgriff auf die in der Baugenehmigung bezeichneten Bauvorlagen und sonstigen Unterlagen nicht eindeutig klären, wird dies – insbesondere bei Widersprüchlichkeit – regelmäßig die Nichtigkeit der Baugenehmigung zur Folge haben (Art. 44 Abs. 1 BayVwVfG)[152].

18 Unter den Voraussetzungen des Art. 68 Abs. 2 S. 2 HS. 1 BayBO ist die Baugenehmigung zu begründen, wobei sich der Umfang der hiernach erforderlichen Begründung nach Art. 39 Abs. 1 BayVwVfG richtet; Art. 39 Abs. 2 Nr. 2 BayVwVfG bleibt hiervon unberührt (Art. 68 Abs. 2 S. 2 HS. 2 BayBO). Eine Begründung ist danach insbesondere dann erforderlich, wenn ohne Zustimmung des Nachbarn von nachbarschützenden Vorschriften abgewichen wird, weil eine Ausnahme (§ 31 Abs. 1 BauGB), eine Befreiung (§ 31 Abs. 2 BauGB) oder eine Abweichung (Art. 63 Abs. 1 BayBO) erteilt wurde. Fehlt eine solche Begründung, auch bezüglich etwaiger Ermessenserwägungen (vgl. Art. 39 Abs. 1 S. 3 BayVwVfG), kann sie gemäß Art. 45 Abs. 1 Nr. 2 BayVwVfG nachgeholt werden[153].

19 Die Baugenehmigung ist schließlich mit einer Ausfertigung der mit dem Genehmigungsvermerk zu versehenden Bauvorlagen dem Antragsteller (= Bauherr; Art. 50 Abs. 1 BayBO) **zuzustellen** (Art. 68 Abs. 2 S. 3 BayBO), also förmlich bekanntzugeben. Damit ordnet das Gesetz i. S. v. Art. 41 Abs. 5 BayVwVfG die Zustellung an mit der Folge, dass die Baugenehmigung nur in den im BayVwZVG vorgesehenen Formen bekanntgegeben werden kann, also z. B. durch die Post mittels Postzustellungsurkunde (Art. 3 BayVwZVG) oder mittels eingeschriebenen Briefes (Art. 4 BayVwZVG) oder durch die Behörde etwa mittels Empfangsbekenntnis (Art. 5 BayVwZVG). Hat die **Gemeinde** dem Vorhaben nicht zugestimmt (Art. 68 Abs. 2 S. 3 BayBO) oder hat der **Nachbar** seine Unterschrift nicht erteilt oder wurde seinen Einwendungen nicht entsprochen (Art. 66 Abs. 1 S. 6 BayBO), so ist auch diesen eine Ausfertigung der Baugenehmigung, der Gemeinde zusätzlich eine Ausfertigung der mit Genehmigungsvermerk versehenen Bauvorlagen, zuzustellen[154].

20 Nach Art. 66 Abs. 3 BayBO kann vom Bauherrn eine Sicherheitsleistung verlangt werden, wenn die Baugenehmigung unter Auflagen und Bedingungen erteilt wurde. Die Vorschrift regelt nach ihrem klaren Wortlaut dabei

---

[151] Statt aller: Wolff/Decker, VwGO/VwVfG, zu § 37 VwVfG Rn. 9.
[152] BayVGH v. 19. 6. 1986, Az.: 2 B 85 A. 1489; OVG Münster, BauR 1988, 709; VGH BW, VerwRspr. Bd. 32, 992.
[153] Vgl. allgemein zur Nachholung der Begründung bei Ermessensentscheidungen: Decker, JA 1999, 154; siehe auch Posser/Wolff, VwGO, zu § 114 Rn. 40 ff.
[154] Zur Bekanntgabe inländischer Verwaltungsakte im Ausland siehe etwa Ohler/Kruis, DÖV 2009, 93.

A. Baugenehmigung

nicht die Zulässigkeit von Nebenbestimmungen zur Baugenehmigung, sondern lediglich die Zulässigkeit einer Sicherheitsleistung bei Auflagen und Bedingungen zur Genehmigung. Die Zulässigkeit von Nebenbestimmungen ergibt sich vielmehr (grundsätzlich) aus Art. 36 Abs. 1 BayVwVfG, weil auf die Baugenehmigung ein Rechtsanspruch besteht[155]. Folglich darf eine Baugenehmigung mit einer Nebenbestimmung nur versehen werden, soweit hierdurch ein Versagungsgrund ausgeräumt wird, wobei sich ein solcher nur aus Regelungen ergeben kann, die im entsprechenden Baugenehmigungsverfahren zu prüfen sind, denn eine Rechtsvorschrift, die Nebenbestimmungen zur Baugenehmigung ausdrücklich zulässt, wie z.B. § 12 BImSchG für die immissionsschutzrechtliche Genehmigung, findet sich in der BayBO nicht.

Beispiel: Im Wege einer Nebenbestimmung könnte etwa angeordnet werden, dass das Bauvorhaben an die gemeindliche Abwasseranlage angeschlossen wird, da ansonsten die Erschließung nicht gesichert und das Vorhaben nicht genehmigungsfähig ist (vgl. §§ 30, 34, 35 BauGB); ferner könnte durch eine entsprechend konkrete Pflanzauflage sichergestellt werden, dass ein mit der Verwirklichung des Bauvorhabens verbundener Eingriff i.S.d. § 18 BNatSchG, der sonst zur Versagung der Genehmigung führen müsste, ausgeglichen wird. Nicht zulässig wäre es dagegen, die Baugenehmigung unter der aufschiebenden Bedingung zu erteilen, dass der Nachbar keine Klage erhebt, denn dadurch würde zum einen kein Versagungsgrund ausgeräumt, zum anderen würde damit gegen den allgemeinen verwaltungsrechtlichen Grundsatz, wonach Verwaltungsakte mit ihrer Bekanntgabe an den Adressaten wirksam und damit vollziehbar werden[156], verstoßen und schließlich auch die gesetzliche Wertung des § 80 Abs. 2 S. 1 Nr. 3 VwGO i.V.m. § 212a Abs. 1 BauGB konterkariert. Der Behörde bleibt in einem solchen Fall nur die Möglichkeit, bei Erhebung einer Klage durch den Nachbarn, gemäß § 80a Abs. 1 Nr. 2, § 80 Abs. 4 VwGO auf Antrag die aufschiebende Wirkung der Klage anzuordnen.

IV. Sonderfall: Die sog. Tekturgenehmigung

In der Praxis spielt die sog. **Tekturgenehmigung** eine relativ große Rolle. Dabei handelt es sich um eine nachträgliche Änderung der Baugenehmigung für geringfügige oder kleinere, das Gesamtvorhaben insbesondere in seinen Grundzügen nur unwesentlich berührende Änderungen eines Vorhabens, die im zeitlichen Zusammenhang mit dem Genehmigungsverfahren durchgeführt wird[157]. Für die Abgrenzung der Tekturgenehmigung von einer neuen Genehmigung bzw. einer Nachtragsgenehmigung kommt es dabei nicht auf die Bezeichnung, sondern auf den wahren Charakter der Genehmigung an[158]. Dabei ist Gegenstand einer Nachtragsgenehmigung die nachträgliche

21

---

[155] Vgl. etwa VG Weimar, LKV 2000, 558; siehe auch BVerwG, NVwZ 1998, 1067, zur Zulässigkeit einer den Lärmschutz bezweckenden Nebenbestimmung zur Baugenehmigung.
[156] Vgl. etwa Schmidt in Eyermann, VwGO, zu § 80 Rn. 5.
[157] Zum Begriff ausführlich BayVGH v. 2. 8. 2007, BayVBl. 2007, 758.
[158] Die Praxis zeigt allerdings, dass praktisch jede Genehmigung, die im Laufe der Fertigstellung eines Vorhabens für Planabweichungen erteilt wird, fälschlicherweise als „Tekturgenehmigung" bezeichnet wird.

Legalisierung eines ohne oder abweichend von der Baugenehmigung fertig gestellten Vorhabens[159]. Dieser ist durch einen Vergleich der Baupläne zu ermitteln. Dabei zeigt sich, dass die als Tektur zur Genehmigung gestellten Pläne oftmals so erheblich von den ursprünglichen Plänen abweichen, dass tatsächlich keine Tektur, sondern – weil gegenüber den ursprünglichen Plänen ein aliud darstellend – ein neuer Bauantrag vorliegt[160].

22　Die Unterscheidung ist deshalb von Bedeutung, weil durch einen Tekturantrag – im Unterschied zu einem neuen Bauantrag – nur die (geringfügigen) Änderungen und nicht das (geänderte) Gesamtvorhaben zur Überprüfung gestellt wird und die Tekturgenehmigung nur in Verbindung mit der ursprünglichen Baugenehmigung vollzogen werden kann[161].

B. Vorbescheid

I. Grundsätze

23　Durch das BayBO-ÄndG 2007 ist Art. 71 BayBO im Vergleich zur Vorgängerregelung (Art. 75 BayBO 1998) neu gefasst worden. Die Neufassung stellt nunmehr klar, dass auf die Erteilung eines Vorbescheides ein Rechtsanspruch besteht und nicht nur ein Anspruch auf ermessensfehlerfreie Entscheidung, was vom Wortlaut „kann" in Art. 75 Abs. 1 BayBO 1998 hätte intendiert sein können. Das entsprach aber auch schon bisher h.M.[162]

24　Interessant ist die Neufassung des Art. 71 BayBO in seinem S. 1. Im Unterschied zum bisherigen Recht bezieht sich Art. 71 Satz 1 BayBO nicht mehr auf „einzelne in der Baugenehmigung zu entscheidende Fragen", sondern „auf einzelne Fragen des Bauvorhabens". Damit ist erörterungsbedürftig, ob auch andere Fragen als solche, die in der Baugenehmigung zu prüfen sind, in einem Vorbescheid zur Entscheidung gestellt werden können. Nach dem Wortlaut des Art. 71 Satz 1 BayBO ist dies unproblematisch zu bejahen. Dies gilt umso mehr, als die BayBO sehr genau zwischen Bauvorhaben auf der einen Seite und Baugenehmigung auf der anderen Seite unterscheidet. „Bauvorhaben" sind auch solche, die keiner Baugenehmigung bedürfen (vgl. z.B. Art. 57 Abs. 1 BayBO). Bei einer solchen Auslegung bliebe allerdings unberücksichtigt, dass der Vorbescheid nach allgemeiner Meinung[163] einen vorweggenommenen Ausschnitt aus dem feststellenden Teil der Bau-

---

[159] BayVGH v. 2. 8. 2007, BayVBl. 2007, 758; Lechner in Simon/Busse, BayBO, zu Art. 68 Rn. 114.

[160] Vgl. BayVGH v. 30. 7. 2003, Az.: 2 B 01.1366.

[161] BayVGH v. 2. 8. 2007, BayVBl. 2007, 758.

[162] Bauer in Simon/Busse, BayBO 1998, zu Art. 75 Rn. 3; Koch/Molodovsky/Famers, BayBO 1998, zu Art. 75 Anm. 4.1; Jäde/Dirnberger/Bauer/Weiß, BayBO 1998, zu Art. 75 Rn. 31.

[163] Siehe z.B. Schmaltz, BauR 2007, 975 [976]; Jäde, BayVBl. 2005, 332 [333]; Kuchler/Erhard, BayVBl. 2004, 652 [653]; Jäde/Dirnberger/Bauer/Weiß, BayBO, zu Art. 71 Rn. 3; Koch/Molodovsky/Famers, BayBO, zu Art. 71 Rn. 4; Decker in Simon/Busse, BayBO, zu Art. 71 Rn. 15.

B. Vorbescheid

genehmigung darstellt. Dem entsprechend besteht weitgehend Einigkeit darüber, dass nur solche Fragen zum Gegenstand einer Bauvoranfrage gemacht werden können, über die (auch) im Baugenehmigungsverfahren zu entscheiden wäre[164]. Hieraus folgt, dass nur solche Fragen Gegenstand eines Vorbescheides sein können, die in das Prüfprogramm des Baugenehmigungsverfahrens fallen, welches für das der Bauvoranfrage zugrunde liegende Bauvorhaben voraussichtlich durchzuführen sein wird[165]. Trotz der Neufassung der Regelung über den Vorbescheid in Art. 71 BayBO hat sich daher der Anwendungsbereich des Vorbescheids nicht verändert[166, 167].

Der Vorbescheid ist die verbindliche und abschließende hoheitliche, zeitlich befristete Erklärung der Bauaufsichtsbehörde, dass einem Vorhaben in bestimmter Hinsicht („einzelne Fragen") nach dem zur Zeit der Entscheidung geltenden öffentlichen Recht keine öffentlich-rechtlichen Hindernisse entgegenstehen[168]. Mit dem Vorbescheid wird über einen Teil des Gegenstandes der Baugenehmigung vorweg endgültig entschieden; der Vorbescheid nimmt somit einen Teil der sachlichen Prüfung des bauaufsichtlichen Genehmigungsverfahrens vorweg[169], gibt aber den **Bau** – mangels verfügenden Teils – **nicht** i.S.e. Aufhebung des präventiven Verbots mit Erlaubnisvorbehalt frei[170]. Folglich findet **§ 212a Abs. 1 BauGB auf den Vorbescheid keine Anwendung**, weil es sich bei diesem gerade nicht um eine „bauaufsichtliche Zulassung" i.S.d. § 212a Abs. 1 BauGB handelt[171]. 25

Der Vorbescheid ist ein Rechtsinstitut des Bauordnungsrechts[172]. Dem gemäß bestimmt auch das jeweilige Landesrecht, was Inhalt eines Vorbescheides sein kann, wobei sich auch nach Landesrecht regelt, was als „einzelne 26

---

[164] A.A. Hauth, BauR 2010, 32, wonach dies nur im Falle einer sog. Bebauungsgenehmigung (siehe Rn. 27) gelten soll, im Übrigen aber nicht. Das vermag aber schon deshalb nicht zu überzeugen, weil hierbei der dogmatische Zusammenhang zwischen Vorbescheid und Baugenehmigung zu sehr vernachlässigt wird; im Übrigen dürfte für eine derartige Auslegung auch kein praktisches Bedürfnis bestehen.

[165] Schmaltz, BauR 2007, 975 [976] m.w.N.; Decker, BauR 2008, 443; Schröder, BayVBl. 2009, 495 [496].

[166] Folglich ist in der Begründung des Gesetzentwurfs der Staatsregierung (LT-DS 15/7161) auf S. 70 zu Recht darauf hingewiesen worden, dass die Vorschrift nur geringfügig redaktionell verändert worden sei.

[167] Zur Frage der Möglichkeit der Beantragung eines Vorbescheids bei einem Vorhaben, das dem Genehmigungsfreistellungsverfahren unterfällt, siehe Jäde, BayVBl. 2005, 332 und Kuchler/Erhard, BayVBl. 2004, 652.

[168] Siehe etwa BayVGH v. 11. 1. 2011, Az.: 15 ZB 08.1565.

[169] BVerwGE 48, 242 [244]; BVerwGE 68, 241 [243]; BVerwGE 69, 1; BVerwG, DVBl. 1989, 673.

[170] Das kann nur die Baugenehmigung oder die Teilbaugenehmigung; vgl. BayVGH, BayVBl. 1999, 467.

[171] str.; wie hier: BayVGH, BayVBl. 1999, 467; VGH BW, NVwZ 1997, 1008; Schiwy/Decker/Konrad, Synopse, zu § 212a BauGB, Anm. II 1; Eyermann, VwGO, zu § 80 Rn. 29; Decker in Simon/Busse, BayBO, zu Art. 71 Rn. 158; Jäde/Dirnberger/Bauer/Weiß, BayBO, zu Art. 71 Rn. 65 a.A. OVG Brandenburg, NVwZ-RR 1998, 484 [486]; OVG Lüneburg, NVwZ-RR 1999, 716; Koch/Molodovsky/Famers, BayBO, zu Art. 71 Rn. 77; Kopp/Schenke, VwGO, zu § 80 Rn. 65.

[172] BVerwG, BauR 2009, 233.

Frage" anzusehen ist[173]. Die soeben beschriebenen Eigenschaften des Vorbescheids setzen dabei begrifflich voraus, dass die im Vorbescheidsverfahren zur Überprüfung gestellten Fragen einer eigenständigen Prüfung und Beantwortung für das nachfolgende bauaufsichtliche Genehmigungsverfahren zugänglich sind und **konkreten Vorhabensbezug** aufweisen[174]. Daher muss z.B. ein Vorbescheidsantrag für ein Bauvorhaben i.d.R. dessen beabsichtigten Standort auf dem Baugrundstück bezeichnen[175].

Damit kann z.B. im Rahmen eines Vorbescheidsverfahrens über die planungsrechtliche Zulässigkeit eines Vorhabens nach §§ 29, 30 ff. BauGB nicht die Frage ausgeklammert werden, ob dem Vorhaben das Gebot der Rücksichtnahme entgegensteht, weil es sich hierbei um kein eigenständiges Tatbestandsmerkmals handelt, das einer isolierten Prüfung zugänglich ist[176]. Auch ein Vorbescheid zu der Frage, ob sich die Zulässigkeit von Vorhaben auf einem bestimmten Grundstück nach § 34 BauGB beurteilt, ist – mangels konkretem Vorhabensbezug – nicht möglich[177]. Ein Vorbescheid zu Fragen, die außerhalb des nachfolgenden Baugenehmigungsverfahrens stehen, wie z.B. das Abstandsflächenrecht im Falle eines nachfolgenden vereinfachten Baugenehmigungsverfahren nach Art. 59 BayBO, ist ebenfalls nicht möglich (vgl. oben), es sei denn, es wird angefragt, ob für eine Abstandsflächenunterschreitung eine Abweichung nach Art. 63 BayBO in Aussicht gestellt werden kann (vgl. Art. 59 Satz 1 Nr. 2 BayBO).

26a Die konkrete Bezeichnung des Gegenstandes des Vorbescheidsantrages ist dabei – nicht anders als bei der Baugenehmigung (siehe Kapitel 2 Teil 3 Rn. 1) – Sache des Bauherrn, womit es insbesondere nicht Aufgabe der Bauaufsichtsbehörde ist, zulässige Standorte auf dem Baugrundstück zu ermitteln oder aus dem Gesamtvorbringen des Bauherrn vorbescheidsfähige Fragen herauszuarbeiten[178].

27 Gegenstand eines Vorbescheids kann insbesondere die planungsrechtliche Zulässigkeit eines Vorhabens sein. In diesem Fall wird von einer „**Bebauungsgenehmigung**" gesprochen[179]. Liegen die an den Vorbescheid gestellten gesetzlichen Voraussetzungen vor, so ist die Bauaufsichtsbehörde verpflichtet, den beantragten Vorbescheid zu erteilen (vgl. Wortlaut „ist … zu erteilen.").

28 Der **Vorbescheid gilt** gemäß Art. 71 S. 2 BayBO **drei Jahre**, soweit in ihm keine andere – respektive kürzere Frist – bestimmt ist. Die Frist kann gemäß Art. 71 S. 3 BayBO auf schriftlichen Antrag um jeweils bis zu zwei Jahre verlängert werden (vgl. dazu unten Rn. 44 ff.).

---

[173] BVerwG, BauR 1999, 1281 = ZfBR 1999, 178; BVerwG, Buchholz 406.17 Bauordnungsrecht Nr. 71; BVerwG, BauR 2009, 233.
[174] BayVGH, ZfBR 2008, 391 = NVwZ-RR 2008, 377 = BauR 2008, 975; BayVGH v. 26.2.2008, Az.: 14 ZB 07.149; BayVGH v. 14.5.2007, Az.: 1 ZB 06.225; VGH BW, BauR 2007; 1378; Schmaltz, BauR 2007, 975 [976].
[175] BayVGH, FSt Bay 2005, 338.
[176] BayVGH v. 9.9.1999, Az.: 1 B 96.3475; siehe auch BayVGH, BayVBl. 2011, 271.
[177] BayVGH, BayVBl. 2009, 310; siehe auch OVG Greifswald, LKV 2007, 234 für die Fragestellung „Windkraftanlage".
[178] BayVGH v. 11.1.2011, Az.: 15 ZN 08.1565; VGH BW, BauR 1998, 381.
[179] BVerwGE 48, 242 [244 ff.] m.w.N.; BVerwGE 68, 241 [243 f.].

B. Vorbescheid

Das **Verfahren** zur Erteilung eines Vorbescheids regelt Art. 71 S. 4 BayBO. 29
Es finden dem gemäß nachfolgende Verfahrensvorschriften aus dem Baugenehmigungsverfahren entsprechende Anwendung:
- Art. 64 BayBO (Bauantrag und Bauvorlagen[180]); darüber hinaus muss der Antrag auch hinreichend bestimmt i.S.v. Art. 37 Abs. 1 BayVwVfG sein, d.h. ihm muss sowohl das Vorhaben, dessen Zulässigkeit geprüft werden soll, als auch der Umfang, in dem die Prüfung begehrt wird, entnommen werden können[181].
- Art. 65 BayBO (Behandlung des Antrages).
- Art. 66 BayBO (Beteiligung des Nachbarn); hiervon kann abgesehen werden, wenn der Bauherr dies beantragt (Art. 71 S. 4 HS. 2 BayBO); dann entfaltet der Vorbescheid aber auch keine Wirkungen gegenüber dem Nachbarn.
- Art. 67 BayBO (Ersetzung des gemeindlichen Einvernehmens).
- Art. 68 Abs. 1 bis Abs. 4 BayBO (Form und Bekanntgabe; Nebenbestimmungen; Erteilung unbeschadet der privaten Rechte Dritter).
- Art. 69 Abs. 2 S. 2 BayBO (Möglichkeit der rückwirkenden Verlängerung der Geltungsdauer bei rechtzeitigem Antrag);
- **Beachte:** da Art. 71 S. 4 BayBO auch nach der Novelle 2007 nicht auf Art. 69 Abs. 1 HS. 2 BayBO verweist, ist der Lauf der Frist für die Geltungsdauer des Vorbescheids während eines Rechtsbehelfsverfahrens nicht gehemmt[182].

II. Verhältnis Vorbescheid und nachfolgende Baugenehmigung

Geht der Erteilung einer Baugenehmigung ein Vorbescheidsverfahren voraus und wird der erteilte – positive – Vorbescheid, sei es auch nach Durchführung eines Rechtsbehelfsverfahrens, **bestandskräftig**, so besteht bezüglich der im Vorbescheid entschiedenen Einzelfragen grundsätzlich eine auf drei Jahre befristete Bindungswirkung (Art. 71 S. 2 BayBO) für die Bauaufsichtsbehörde, die Gemeinde und die Nachbarn, für letztere jedoch nur insoweit, als der Vorbescheid zur Zeit der Erteilung der Baugenehmigung auch für sie bestandskräftig war[183]. Die dreijährige Bindungsfrist bezieht sich dabei auf den nachfolgenden Bauantrag, d.h., innerhalb von drei Jahren nach Bekanntgabe (vgl. oben Rn. 29) des – positiven – Vorbescheides an den Bauherrn muss ein auf dem Vorbescheid aufbauender Bauantrag gestellt werden, um die Bindungswirkung des Vorbescheides auszulösen[184]. Der im Vorbescheid vorweg entschiedene Teil der Baugenehmigung ist dann im spä- 30

---

[180] § 4 BauVorlV.
[181] BayVGH, NVwZ-RR 2007, 653; OVG Berlin-Brandenburg, LKV 2007, 473.
[182] So jetzt ausdrücklich BayVGH v. 15. 3. 2010, BayVBl. 2011, 439, unter Hinweis auf den durch die am 1. 1. 2008 in Kraft getretene BayBO-Novelle klar geäußerten Willen des Gesetzgebers.
[183] BVerwG, NVwZ 1989, 863 = JuS 1990, 291.
[184] Decker in Simon/Busse, BayBO, zu Art. 71 Rn. 115.

teren Baugenehmigungsverfahren nicht mehr von der Bauaufsichtsbehörde zu prüfen[185]. Die nachfolgende Baugenehmigung übernimmt demzufolge den Inhalt eines bestandskräftigen Vorbescheides nur redaktionell oder als Hinweis, aber ohne eine eigene, Dritte beschwerende Regelung[186]. Die in der Sache von einem Dritten trotzdem gegen die Baugenehmigung erhobene Klage ist dann zwar nicht unzulässig, wohl aber unbegründet, soweit sich der Dritte auf Feststellungen stützt, die ihm gegenüber durch den Vorbescheid bereits bestandskräftig geworden sind[187].

31 Wird der Vorbescheid hingegen **abgelehnt**, bewirkt dies grundsätzlich keine rechtliche Bindungswirkung im späteren Baugenehmigungsverfahren. Die Ausführungen zur Ablehnung einer Baugenehmigung (Rn. 8) gelten insoweit entsprechend.

32 Wesentlich schwieriger ist dagegen die Rechtslage für den Fall zu beurteilen, in welchem der Vorbescheid **noch nicht bestandskräftig** ist, z. B. weil ein Dritter diesen angefochten hat, nunmehr die Baugenehmigung ergeht, und diese ebenfalls angefochten wird. Zwar hat das BVerwG[188] die Auffassung vertreten, dass der Inhalt eines noch nicht bestandskräftigen Vorbescheids in der Baugenehmigung erneut geregelt werden müsse. Daraus ist im Schrifttum geschlossen worden, dass sich der Bauvorbescheid auf der Grundlage dieser Rechtsauffassung mit der Erteilung der Baugenehmigung erledige[189]. Diese Rechtsprechung hat das BVerwG jedoch ausdrücklich aufgegeben und betont, bundesrechtlich sei nicht geregelt, dass ein nicht bestandskräftiger Vorbescheid von der später erteilten Baugenehmigung konsumiert wird[190]. Es sei vielmehr Sache des landesrechtlichen Bauordnungsrechts, gegebenenfalls eine Regelung zu treffen, nach der sich ein Bauvorbescheid mit der Erteilung der Baugenehmigung erledigt. Da aber in der BayBO eine entsprechende Regelung nach wie vor fehlt, fragt sich, wie in dieser Fallkonstellation zu verfahren ist. Dazu sind zwei Möglichkeiten denkbar:
- Entsprechend der ursprünglichen Rechtsprechung des BVerwG und des BayVGH ist davon auszugehen, dass sich ein nicht bestandskräftiger Vorbescheid mit Ergehen der Baugenehmigung erledigt, weil die Baugenehmigung den vom Vorbescheid erfassten Teil erneut regelt bzw. regeln muss.
- Der nicht bestandskräftige Vorbescheid erledigt sich nicht durch eine nachfolgende Baugenehmigung. Die Rechtslage ist vielmehr ebenso wie beim bestandskräftigen Vorbescheid, d. h. die Baugenehmigung übernimmt den Inhalt des Vorbescheids nur nachrichtlich[191].

33 Der **ersten Auslegungsalternative** dürfte der **Vorzug** zu geben sein. Das folgt vor allem daraus, dass bei der zweiten Alternative dogmatisch nicht

---

[185] BayVGH v. 13. 1. 2011, BayVBl. 2011, 410.
[186] BVerwG, NVwZ 1989, 863 = JuS 1990, 291; siehe auch BVerwG, NVwZ 1995, 894 = JuS 1996, 465.
[187] BVerwG, NVwZ 1989, 863 = JuS 1990, 291.
[188] BVerwG, Buchholz 406.19 Nachbarschutz Nr. 88 = DVBl. 1989, 673; BVerwGE 68, 241.
[189] Vgl. etwa Schenke, DöV 1989, 489 [491].
[190] BVerwG, NVwZ 1995, 894 = BauR 1995, 523 = BRS 57 Nr. 206.
[191] So wohl Koch/Molodovsky/Famers, BayBO, zu Art. 71 Rn. 71.

zu lösende Probleme entstehen. Übernimmt die Baugenehmigung die vom nicht bestandskräftigen Vorbescheid entschiedenen Fragen nur nachrichtlich, so bedeutet das, dass ein Dritter die Baugenehmigung unter diesem Gesichtspunkt nicht angreifen kann. Hat seine Klage gegen den Vorbescheid Erfolg, wird der Vorbescheid mithin aufgehoben, liegt eine Baugenehmigung für ein Vorhaben vor, welches Nachbarrechte verletzt. Diese Baugenehmigung kann der Nachbar, wenn im Übrigen nachbarschützende Vorschriften durch das Vorhaben nicht verletzt werden, aber nicht mit Erfolg anfechten, weil die vom Vorbescheid geregelten Fragen gerade nicht in der Baugenehmigung – nach der zweiten Auslegungsalternative – geregelt werden. In der Konsequenz läge ein „Torso" einer Baugenehmigung vor, auf deren Grundlage der Bauherr gleichwohl bauen könnte (Baufreigabe). Dieses Ergebnis wird vermieden, wenn davon ausgegangen wird, dass ein nicht bestandskräftiger Vorbescheid durch eine nachfolgende Baugenehmigung konsumiert und dessen Inhalt in der Baugenehmigung neu geregelt wird. Der betroffene Dritte kann dann umfassenden Rechtsschutz gegen die Baugenehmigung erhalten.

Dieses Ergebnis wird zudem durch Art. 43 Abs. 2 BayVwVfG gestützt. Nach Art. 43 Abs. 2 BayVwVfG bleibt ein Verwaltungsakt wirksam, solange und soweit er nicht zurückgenommen, widerrufen, anderweitig aufgehoben oder durch Zeitablauf oder auf andere Weise erledigt ist. Er verliert folglich seine Wirksamkeit, wenn eine der in dieser Norm genannten Voraussetzungen eingetreten ist. Art. 43 Abs. 2 BayVwVfG erfasst damit gewissermaßen spiegelbildlich den Fallbereich, in dem die dem Verwaltungsakt ursprünglich zukommende steuernde Funktion des Verwaltungshandelns nachträglich entfällt. Dies kann – wie die katalogartige Aufzählung des Art. 43 Abs. 2 BayVwVfG zeigt – in unterschiedlicher Weise geschehen. Das Gesetz unterscheidet hierbei zwischen einem eher formalisierten Handeln, das willentlich und zumeist einseitig auf die Aufgabe der steuernden Funktion des Verwaltungsakts gerichtet ist, und solchen Rechtslagen, in denen nicht eine einseitige Handlung, sondern die Sach- und Rechtslage selbst zur Beendigung der ehemaligen Rechtswirkung (durch Zeitablauf oder „in sonstiger Weise") führt. Die Steuerungsfunktion des Verwaltungsakts geht aber auch verloren, wenn die an einem Verwaltungsakt Beteiligten übereinstimmend dem ursprünglichen Verwaltungsakt keinerlei tatsächliche oder rechtliche Bedeutung mehr beimessen. Das setzt keinen Verzichtswillen voraus, sondern nur „konsensuales" Verhalten[192]. Ähnlich dem Verlust der Wirksamkeit durch Zeitablauf, stellen sich die Beteiligten bewusst auf eine neue, veränderte Sachlage ein, die sie ihrem weiteren Verhalten nunmehr zugrunde legen. Sie verändern übereinstimmend gleichsam die „Geschäftsgrundlage". Die Rechtsordnung nimmt dies hin[193]. Ein solches konsensuales Verhalten ist aber anzunehmen, wenn der Bauherr bei noch nicht bestandskräftigem Vorbescheid einen Bauantrag stellt, eine Baugenehmigung erhält und der Dritte (auch) hiergegen einen Rechtsbehelf ergreift, weil die Beteiligten dann – zumindest konkludent – von der Maßgeblichkeit allein der Baugenehmigung ausgehen und die ohnehin noch nicht verbindliche Vorabklärung einzelner Fragen durch den Vorbescheid als hinfällig erachten[194]. Schließlich spricht für diese Auslegung auch die unter Rn. 38 dargestellte

---

[192] BVerwG, NVwZ 1998, 729 = BauR 1998, 642 = JA 1999, 194.
[193] BVerwG, NVwZ 1998, 729 = BauR 1998, 642 = JA 1999, 194.
[194] Decker in Simon/Busse, BayBO, zu Art. 71 Rn. 117; wohl gegen eine Erledigung nach Art. 43 Abs. 2 BayVwVfG: BayVGH, BayVBl. 1999, 467.

Rechtslage bei der Teilbaugenehmigung, die zu der hier vorliegenden Problematik durchaus vergleichbar ist.

34 **Im Ergebnis bleibt daher festzuhalten:** Ergeht ein Vorbescheid, muss der Nachbar, um die Bestandskraft zu verhindern, hiergegen Anfechtungsklage erheben. Wird nach dem Erlass eines nicht bestandskräftigen Vorbescheids eine auf diesem Vorbescheid aufbauende Baugenehmigung erlassen, so regelt diese Baugenehmigung den Inhalt des Vorbescheides neu; auch hiergegen muss der Nachbar daher Klage erheben. Durch den Erlass der Baugenehmigung erledigt sich der nicht bestandskräftige Vorbescheid auf sonstige Weise gemäß Art. 43 Abs. 2 BayVwVfG und damit auch der Rechtsbehelf gegen den Vorbescheid. Das ergibt sich zwar nicht aus Bundesrecht, wohl aber aus Sinn und Zweck des Vorbescheids[195].

III. Änderungen der Sach- und Rechtslage

35 Liegt ein bestandskräftiger Vorbescheid vor, so ist fraglich, wie sich **spätere Änderungen der Sach- und Rechtlage** auf diesen auswirken. Es entspricht dabei ganz herrschender Meinung[196], dass ein Vorbescheid von nachträglichen Änderungen der Sach- bzw. Rechtslage unberührt bleibt und seine Bindungswirkung nicht verliert. Er bleibt so lange wirksam, bis er widerrufen oder zurückgenommen wird. Art. 38 Abs. 3 BayVwVfG ist auf ihn nicht – auch nicht analog – anwendbar. Bei Art. 38 Abs. 3 BayVwVfG handelt es sich um eine gesetzliche Normierung der Rechtsgrundsätze über die sog. „Geschäftsgrundlage" (clausula rebus sic stantibus)[197], die im Bereich des Zusicherungsrechts eine zeitlich unbefristete Bindung der zusichernden Behörde verhindern will mit der Konsequenz, dass im Falle der rechtserheblichen nachträglichen Änderung der Sach- oder Rechtslage die Bindungswirkung der Zusicherung kraft Gesetzes unabhängig von einer etwaigen Aufhebungsentscheidung der Behörde entfällt. Im Unterschied hierzu sieht Art. 71 S. 2 BayBO eine bereits zeitlich befristete Bindungswirkung von drei Jahren vor, so dass es für eine Analogie zu Art. 38 Abs. 3 BayVwVfG schon an einer planwidrigen Regelungslücke fehlt. Darüber hinaus würde bei einer Analogie zu Art. 38 Abs. 3 BayVwVfG auch der im Lichte des Art. 14 Abs. 1 GG zu sehende Zweck des Vorbescheides außer acht gelassen. Danach soll durch den Vorbescheid eine zu einem bestimmten Zeitpunkt bestehende (Bau-)Rechtslage für einen begrenzten Zeitraum gesichert werden, um etwa eine entsprechende Planung aufstellen und ausarbeiten oder das Vorhaben finanzieren oder sonstige Dispositionen treffen zu können[198]. Dieser Zweck

---

[195] Ebenso Koch/Molodovsky/Famers, BayBO 1998, zu Art. 75 Anm. 7.9.3.
[196] Vgl. z.B. BVerwGE 69, 1 = NJW 1984, 1473 = NVwZ 1984, 435 = BauR 1984, 384; VGH BW v. 21. 4. 1995, Az.: 3 S 2514/94; OVG Berlin, NVwZ 1991, 899 = BRS 50 Nr. 162 = LKV 91, 243; OVG Lüneburg, NJW 1982, 1772 = BauR 1982, 363 = DÖV 1982, 949 mit Besprechung von Geiger in JA 1982, 562; VGH BW, BImSchG-Rspr. § 3 Nr. 38; OVG Koblenz, DöV 1981, 189 = BRS 36 Nr. 171.
[197] Vgl. auch Kopp/Ramsauer, VwVfG, zu § 38 Rn. 36.
[198] Decker in Simon/Busse, BayBO, Art. 71 Rn. 111.

D. Isolierte Abweichung (Art. 63 Abs. 3 BayBO) 65

würde bei einer Analogie zu Art. 38 Abs. 3 BayVwVfG offensichtlich in Frage gestellt.

C. Teilbaugenehmigung (Art. 70 BayBO)

Nach Art. 70 S. 1 BayBO kann für den Baugrubenaushub und für einzelne 36
Bauteile (z. B. Bodenplatte) oder Bauabschnitte (z. B. Errichtung des Kellers) auf schriftlichen Antrag eine Teilbaugenehmigung erteilt werden. Die Teilbaugenehmigung berechtigt nur zur Ausführung des genehmigten Teils des Vorhabens (Art. 70 S. 2 i. V. m. Art. 68 Abs. 5 BayBO). Für das Verfahren gelten Art. 67, 68 BayBO entsprechend (Art. 70 S. 2 BayBO).

Ob die Baugenehmigungsbehörde eine Teilbaugenehmigung erteilt, steht 37
in ihrem pflichtgemäßen Ermessen (vgl. Wortlaut „kann"). Die Teilbaugenehmigung kann aber nur ergehen, wenn der von der Teilbaugenehmigung zu legalisierende Teil des Bauvorhabens zulässig ist (insofern erfolgt nach h. M. eine abschließende Prüfung mit der Folge, dass die Teilbaugenehmigung insoweit einer endgültigen Baugenehmigung gleichsteht[199]) und im Übrigen zu erwarten ist, dass die endgültige Genehmigung erteilt werden wird („**vorläufiges positives Gesamturteil**")[200], weil das Gesamtvorhaben genehmigungsfähig ist.

Hinsichtlich der Geltungsdauer der Teilbaugenehmigung gilt das zur Bau- 38
genehmigung Gesagte entsprechend (vgl. Art. 69 Abs. 1 BayBO, der ausdrücklich die Teilbaugenehmigung erwähnt). Eine Teilbaugenehmigung wird von einer nachfolgenden Baugenehmigung, die den Inhalt der Teilbaugenehmigung umfasst, dabei mit der Folge „aufgezehrt", dass sie nicht mehr selbständiger Gegenstand einer Anfechtungsklage sein kann[201].

D. Isolierte Abweichung (Art. 63 Abs. 3 BayBO)

Alle unter den Anwendungsbereich der BayBO fallenden Vorhaben, auch 39
soweit sie genehmigungsfrei sind (vgl. etwa Art. 55 Abs. 2 BayBO) oder nur teilweise im Baugenehmigungsverfahren auf ihre Vereinbarkeit mit öffentlich-rechtlichen Vorschriften überprüft werden, haben (im Übrigen) die materiell-rechtlichen Anforderungen nach der BayBO einzuhalten. Verantwortlich ist hierfür der Bauherr. Nun kann es aber sein, dass ein solches Vorhaben gegen bestimmte materiell-rechtliche Vorgaben verstößt, z. B. von den Regelungen in örtlichen Bauvorschriften geringfügig abweicht. Damit könnte es an sich nicht verwirklicht werden. Art. 63 Abs. 3 BayBO sieht für diesen Fall eine sog. **isolierte Abweichung** vor. Danach entscheidet über Abweichungen nach Art. 63 Abs. 1 S. 1 BayBO von örtlichen Bauvorschriften sowie über Ausnahmen und Befreiungen nach Art. 63 Abs. 2 S. 1 BayBO bei

---

[199] Vgl. Begründung zum Änderungsgesetz 1997, LT-DS 13/7008 S. 48.
[200] BVerwG, NVwZ 1989, 1169.
[201] BayVGH v. 23. 6. 2005, Az.: 25 CS 05.736.

verfahrensfreien Bauvorhaben **die Gemeinde** nach Maßgabe des Art. 63 Abs. 1, Abs. 2 BayBO. Im Unterschied zu dem bis zum 31. 12. 2007 geltenden Recht ist somit seit 1. 1. 2008 nicht mehr die Bauaufsichtsbehörde, sondern vielmehr die Gemeinde zuständig. Diese kann daher im Wege pflichtgemäßer Ermessensausübung (vgl. Wortlaut „kann" in Art. 63 Abs. 1 S. 1 BayBO) eine isolierte Abweichung erteilen und damit den materiellrechtlichen Verstoß einer verfahrensfreien baulichen Anlage (Art. 63 Abs. 3 S. 1 i. V. m. Art. 55, 57 BayBO) legalisieren, um ein repressives bauaufsichtsrechtliches Einschreiten zu verhindern.

40 Mit Ausnahme des Erfordernisses des schriftlichen Antrages (Art. 63 Abs. 3 S. 1 i. V. m. Abs. 2 Satz 1 BayBO) enthält die BayBO keine Regelungen über das Verfahren zur Erteilung einer isolierten Abweichung. Die BayBO ist insofern lückenhaft, auch nach der Novelle 2007.

In Art. 63 Abs. 2 Satz 1 BayBO, der auch für die isolierte Abweichung gilt[202], wird allerdings zusätzlich eine Begründung des Antrages verlangt. Freilich soll es sich hierbei nur um eine Ordnungsvorschrift handeln[203]. Damit stellt sich zugleich die Frage nach der Sinnhaftigkeit dieser Verpflichtung.

41 Aufgrund der Wesensverwandtschaft zwischen isolierter Abweichung und Vorbescheid nach Art. 71 BayBO erscheint es jedoch sachgerecht, für das Verfahren zur isolierten Abweichung Art. 71 S. 4 HS. 1 BayBO entsprechend anzuwenden[204]. Auf die oben zum Vorbescheid gemachten Ausführungen wird daher verwiesen.

Der Prüfungsumfang bei der Entscheidung über die isolierte Abweichung ist inhaltlich auf die Reichweite der beantragten Abweichung beschränkt und ist insofern dem vereinfachten Genehmigungsverfahren nach Art. 59 BayBO vergleichbar. Das hat zur Folge, dass Dritte durch eine isolierte Abweichung nur insoweit beschwert werden, als darin drittschützende Regelungen geprüft worden sind[205].

42 In diesem Zusammenhang ist ferner darauf hinzuweisen, dass die BayBO auch keine Regelung über die **Geltungsdauer** der isolierten Abweichung enthält. Insoweit wendet der BayVGH[206] – allerdings in einer vereinzelt gebliebenen Entscheidung – aber Art. 69 Abs. 1 BayBO entsprechend an, d. h. auch die isolierte Abweichung gilt im Grundsatz vier Jahre.

43 Schließlich gilt auch für die isolierte Abweichung § 212a Abs. 1 BauGB[207].

---

[202] Siehe Art. 63 Abs. 3 Satz 1 HS. 2 BayBO.
[203] Begründung des Gesetzentwurfs der Staatsregierung, LT-DS 15/7161 S. 69.
[204] Nach **a. A.** sind die Regelungen über das Baugenehmigungsverfahren entsprechend anzuwenden, was im Ergebnis aber zu ähnlichen Ergebnissen führt; vgl. z. B. Koch/Molodovsky/Famers, BayBO, zu Art. 63 Rn. 64.
[205] BayVGH v. 7. 10. 2003, Az.: 26 ZB 03.1933.
[206] BayVGH v. 15. 2. 2005, Az.: 25 ZB 00.1906.
[207] BayVGH, BRS 63 Nr. 199; OVG Berlin-Brandenburg, LKV 2010, 34 m. w. N.; OVG Saarland v. 5. 7. 2007, Az.: 2 B 144/07; OVG Sachsen-Anhalt, JMBl ST 2006, 367; VGH BW, BauR 2006, 880; OVG Schleswig-Holstein, BauR 1998, 1223; VGH BW, NVwZ-RR 1995, 489 = BauR 1995, 514; VG München, BayVBl. 2001, 754 = NVwZ-RR 2001, 154; VG Stuttgart v. 25. 2. 2005, Az.: 2 K 5119/04; Dhom in Si-

E. Verlängerungsmöglichkeit (Art. 69 Abs. 2 BayBO)

Nach Art. 69 Abs. 2 S. 1 BayBO kann die Geltungsdauer der Bau- bzw. der Teilbaugenehmigung jeweils um bis zu zwei Jahre verlängert werden, wenn der Antrag vor Ablauf der Geltungsdauer der unteren Bauaufsichtsbehörde zugegangen ist. Das ist auch rückwirkend möglich, wenn der Antrag vor Fristablauf bei der Baugenehmigungsbehörde eingegangen ist (Art. 69 Abs. 2 S. 2 BayBO). Das gilt gemäß Art. 71 S. 4 HS. 1 BayBO auch für den Vorbescheid und wohl analog auch für die isolierte Abweichung, denn es wäre inkonsequent auf die isolierte Abweichung zwar Art. 69 Abs. 1 BayBO, nicht aber dessen Abs. 2 entsprechend anzuwenden.

Die eigentliche Bedeutung des Art. 69 Abs. 1 liegt in der **Verfahrensvereinfachung**[208], denn eine Verlängerung kommt nur in Betracht, wenn das in Mitten stehende Vorhaben noch dem materiellen Recht entspricht bzw. die Voraussetzungen für die isolierte Abweichung immer noch gegeben sind; die Bauaufsichtsbehörde hat folglich zu prüfen, ob dem Vorhaben zum Zeitpunkt ihrer Entscheidung über den Verlängerungsantrag öffentlich-rechtliche Vorschriften, die in diesem Verfahren zu prüfen sind (i.d.R. Maßstab des Art. 59 BayBO), entgegenstehen, wobei sie nicht an die im Baugenehmigungsbescheid vertretene Rechtsauffassung gebunden ist[209]. Für diese Prüfung müssen aber keine neuen Unterlagen, wie z.B. Bauvorlagen, eingereicht werden. Bei unveränderter Sach- und Rechtslage bedarf es auch keiner (erneuten) Beteiligung der Nachbarn, der Gemeinde oder der Träger öffentlicher Belange[210].

Weitere Voraussetzung ist, dass der Verlängerungsantrag **vor Ablauf der Geltungsdauer** der unteren Bauaufsichtsbehörde zugegangen sein muss. Geht er später ein, besteht grundsätzlich keine Verlängerungsmöglichkeit mehr, weil die Genehmigung dann erloschen ist[211].

Wird der Antrag rechtzeitig gestellt und liegen die Voraussetzungen für die Verlängerung im Übrigen vor, kann die Genehmigung um jeweils bis zu zwei Jahre verlängert werden. Nach h.M.[212] ist auch eine wiederholte Verlängerung nach Art. 69 Abs. 2 BayBO möglich ist.

---

mon/Busse, BayBO, zu Art. 63 Rn. 61 m.w.N.; Decker, BayVBl. 2003, 5; a.A.: OVG Münster, NVwZ-RR 2008, 757; OVG Münster, DVBl. 1999, 788.
[208] Vgl. etwa Decker in Simon/Busse, BayBO, zu Art. 69 Rn. 77.
[209] BayVGH, BayVBl. 2004, 216; BayVGH v. 12.8.2010, Az.: 14 ZB 10.1005.
[210] Decker in Simon/Busse, zu Art. 69 Rn. 77 und 95.
[211] Zur Möglichkeit, die Antragsfrist gemäß Art. 31 Abs. 7 BayVwVfG rückwirkend zu verlängern, vgl. BayVGH, BayVBl. 2000, 20.
[212] Koch/Molodovsky/Famers, BayBO, zu Art. 69 Rn. 23; Jäde/Dirnberger/Bauer/Weiß, BayBO, zu Art. 69 Rn. 40; hiervon geht offensichtlich auch BayVGH, BayVBl. 2000, 20, aus, ohne diese Frage allerdings zu problematisieren.

Teil 5. Das genehmigungspflichtige Vorhaben

A. Einführung

1   Mit Art. 55 Abs. 1 BayBO hat der Gesetzgeber für den Bereich des Baurechts ein **präventives Verbot mit Erlaubnisvorbehalt** eingeführt, welches als Inhalts- und Schrankenbestimmung i. S. v. Art. 14 Abs. 1 S. 2 GG zu qualifizieren ist. Die Regelung steht unter dem Vorbehalt der Art. 56 bis 58, 72 und 73 BayBO. Art. 56 BayBO eröffnet unter bestimmten Voraussetzungen die Möglichkeit der Genehmigungsfreistellung, Art. 57 BayBO stellt bestimmte Maßnahmen von der nach Art. 55 Abs. 1 BayBO bestehenden Genehmigungspflicht frei, Art. 58 BayBO löst Konkurrenzfragen und Art. 72, 73 BayBO sehen für bestimmte Fälle Sonderverfahren vor.

B. Genehmigungspflichtigkeit nach Art. 55 Abs. 1 BayBO

I. Vorbemerkung

2   Nach Art. 55 Abs. 1 BayBO bedarf die Errichtung, die Änderung oder die Nutzungsänderung von **Anlagen** (siehe hierzu die Legaldefinition in Art. 2 Abs. 1 Satz 4 BayBO) der Genehmigung. Von Art. 55 Abs. 1 BayBO wird ausweislich des Wortlauts die Beseitigung von Anlagen nicht erfasst; diese ist gemäß Art. 57 Abs. 5 BayBO in bestimmten Fällen verfahrensfrei, im Übrigen lediglich anzeigepflichtig.

3   Die Genehmigungsfrage ist dabei immer einheitlich für die gesamte bauliche Maßnahme zu stellen. Eine Aufspaltung einer einheitlichen Baumaßnahme in einen genehmigungspflichtigen und einen genehmigungsfreien Teil ist somit unzulässig. Ist auch nur ein (kleiner) Teil einer Baumaßnahme genehmigungspflichtig, so zieht das die Genehmigungspflicht für die gesamte Maßnahme nach sich[213]. Eine Ausnahme gilt insofern allein für die in Art. 57 Abs. 1 Nr. 10 BayBO genannten Maßnahmen, denn hier schließt die Verfahrensfreiheit auch Änderungen vor der Fertigstellung der baulichen Anlage ein.

4   Welche bauliche(n) Maßnahme(n) durchgeführt werden sollen, hat der Bauherr durch seinen Genehmigungsantrag zu bestimmen. Ob bei einer technisch teilbaren Anlage die einzelnen Teile zur Genehmigung gestellt sind und daher jedes für sich eine eigenständige Maßnahme darstellt oder ob die Gesamtmaßnahme als ein „einziges" Projekt Gegenstand der Beurteilung ist, bestimmt sich daher grundsätzlich nach dem erkennbaren Willen des Bauherrn[214]. Folglich ist es Sache des jeweiligen Bauherrn, durch seinen Genehmigungsantrag den Inhalt der baulichen Maßnahmen festzulegen, soweit er

---

[213] Z. B. BayVGH v. 20. 9. 2000, Az.: 2 CS 00.808.
[214] So BVerwG, Buchholz 406.11, § 35 BBauG Nr. 109; BVerwG, NUR 1979, 26, BVerwG, NJW 1981, 776 und BVerwG, NVwZ-RR 1992, 345 zum bauplanungsrechtlichen Vorhabensbegriff; diese Ausführungen gelten im Rahmen des Art. 55 BayBO aber sinngemäß, vgl. BayVGH v. 3. 5. 1999, Az.: 15 B 96.189 m. w. N.

B. Genehmigungspflichtigkeit nach Art. 55 Abs. 1 BayBO

sich dabei innerhalb derjenigen Grenzen hält, die einer Zusammenfassung oder Trennung objektiv gesetzt sind[215].

II. Begriffsbestimmungen

Der Begriff der Anlage ist in Art. 2 Abs. 1 S. 4 i. V. m. S. 1–3 BayBO legal definiert. Auf die Ausführungen unter Kapitel 2 Teil 2 Rn. 9 ff. wird verwiesen.

Die Begriffe der Errichtung, Änderung und Nutzungsänderung decken sich im Wesentlichen mit denen des BauGB, sind aber eigenständiger Natur. Während im Bauplanungsrecht die städtebauliche Relevanz der Maßnahme im Vordergrund steht, kommt es im Bauordnungsrecht vor allem auf sicherheitsrechtliche Aspekte an[216]. Dies kann im Einzelfall zu einer unterschiedlichen Beurteilung führen.

Des Weiteren ist zu beachten, dass Art. 55 Abs. 1 BayBO tatbestandlich bereits dann eingreift, wenn eine Anlage **alternativ** errichtet oder geändert wird oder wenn eine Nutzungsänderung gegeben ist. Ist eines dieser Merkmale erfüllt, so ist die konkrete Maßnahme dem Grundsatz nach genehmigungspflichtig.

Eine Anlage wird **errichtet,** wenn sie am konkreten Ort mit den aktuellen Baumaterialien hergestellt wird. Erfasst wird damit auch der Wiederaufbau (mit alten oder neuen Stoffen) einer beseitigten Anlage am gleichen Ort oder die Umsetzung einer bestehenden Anlage an einen anderen Ort[217]. Gegenstand der bauaufsichtlichen Prüfung ist in diesem Fall das zu errichtende Gesamtvorhaben.

Eine **Änderung** im Sinne des Art. 55 Abs. 1 BayBO liegt vor, wenn ein vorhandenes Gebäude baulich umgestaltet wird. „Änderung" i. S. d. Vorschrift erfordert daher eine Änderung der Substanz der baulichen Anlage, mithin einen Umbau, ggf. sogar mit Teilabriss, einen Ausbau oder eine Erweiterung[218]. Aber auch in Fällen, in denen das Erscheinungsbild unangetastet bleibt und das Bauvolumen nicht erweitert wird, können an der Anlage vorgenommene Bauarbeiten das Merkmal einer Änderung aufweisen, denn nach dem Wortsinn des Art. 55 Abs. 1 BayBO reicht es aus, dass eine bauliche Anlage nach Durchführung von baulichen Maßnahmen als eine andere erscheint als vorher. Im Fall der Änderung einer baulichen Anlage ist Gegenstand der bauaufsichtlichen Prüfung grundsätzlich das Gesamtvorhaben in seiner geänderten Gestalt.

Die Änderung ist abzugrenzen von bloßen **Instandhaltungsmaßnahmen** i. S. v. Art. 57 Abs. 6 BayBO, die verfahrensfrei sind. Unter den Begriff der Instandhaltungsarbeiten sind dabei Maßnahmen zu fassen, die dazu dienen, die Gebrauchsfähigkeit und den Wert von baulichen Anlagen und Einrichtungen

---

[215] BVerwG, GewArch 1993, 35; BVerwG, NVwZ-RR 1992, 345 m. w. N.; BayVGH v. 1. 8. 2003, Az.: 1 ZB 02.1267.
[216] BVerwG, NVwZ- RR 2000, 758 = BauR 2000, 1312; BVerwG; Buchholz 406.11 § 29 BauGB Nr. 52; BVerwGE 44, 59.
[217] Lechner in Simon/Busse, BayBO, zu Art. 3 Rn. 51 ff.
[218] Koch/Molodovsky/Famers, BayBO, zu Art. 3 Rn. 42.

unter Belassung von Konstruktion und äußerer Gestalt zu erhalten[219]. Zur Instandhaltung gehören damit das Wiederherrichten zerstörter oder schadhafter Bauteile und das Beseitigen von Mängeln und Schäden durch Maßnahmen, die den bisherigen Zustand im Wesentlichen unverändert lassen oder diesen wieder herstellen und erhalten. Der Rahmen der Instandhaltung wird verlassen, wenn wesentliche Bauteile vollständig ausgewechselt werden oder das ganze Bauwerk derart ausgekernt wird, dass dies einer Neuerrichtung gleichkommt[220]. Als Instandhaltungsarbeiten kommen daher in erster Linie Reparatur- und Ausbesserungsarbeiten an der baulichen Anlage in Frage.

11 Eine **Nutzungsänderung** im Sinne von Art. 55 Abs. 1 BayBO ist gegeben, wenn die jeder Nutzung eigene tatsächliche Variationsbreite überschritten wird und der neuen Nutzung aus dem Blickwinkel der maßgeblichen öffentlich-rechtlichen Vorschriften eine andere Qualität zukommt als der bisherigen Nutzung[221]. Dabei liegt eine Nutzungsänderung auch dann vor, wenn der baulichen Anlage eine andere, eine zusätzliche oder wenigstens eine teilweise andere Zweckbestimmung gegeben wird. Dem entsprechend ist von einer Nutzungsänderung i. S. v. Art. 55 Abs. 1 BayBO immer dann auszugehen, wenn die – nach außen in Erscheinung tretende oder rein subjektive – Änderung der Zweckbestimmung der baulichen Anlage abstrakt gesehen öffentlich-rechtliche Vorschriften im Sinne von Art. 68 Abs. 1 BayBO berühren kann[222]. Für die Frage, ob eine bestimmte Nutzung gegenüber einer früheren Nutzung eine baurechtlich bedeutsame Nutzungsänderung darstellt, kommt es dabei nicht darauf an, welche Nutzung früher tatsächlich ausgeübt wurde, sondern allein darauf, welche Nutzung genehmigt worden ist.

III. Ausnahmen von der Genehmigungspflicht (Art. 55 Abs. 1 HS. 2 BayBO)

12 Die Genehmigungspflicht nach Art. 55 Abs. 1 BayBO entfällt in den Fällen des Art. 56–58 BayBO sowie der Art. 72 und 73 BayBO. Finden diese Vorschriften Anwendung, bedarf es folglich keiner Baugenehmigung. Die nachfolgende Darstellung entspricht zugleich der Prüfungsreihenfolge in der Klausur.

C. Vorrang anderer Gestattungsverfahren (Art. 56 BayBO)

1. Vorbemerkung

13 Die BayBO regelt **anlagenbezogen** die (Bau-)Genehmigungs- bzw. Zustimmungsbedürftigkeit bei Errichtung, Änderung und Nutzungsänderung von

---

[219] BayVGH v. 16. 11. 2000, Az.: 2 CS 00.2127.
[220] BayVGH, BRS 59 Nr. 212; BayVGH v. 29. 4. 2004, Az.: 2 CS 04.821.
[221] BayVGH v. 20. 12. 2000, Az.: 2 B 99.2118; VG München v. 26. 9. 2001, Az.: M 1 S 01.3903.
[222] Grundsätzlich: BayVGH, BayVBl. 1986, 275; BayVGH, BayVBl. 1983, 656.

C. Vorrang anderer Gestattungsverfahren (Art. 56 BayBO)

baulichen Anlagen. Daneben gibt es aber eine Vielzahl anderer Gesetze, die ebenfalls eine anlagenbezogene Genehmigung vorsehen. Z. T. enthalten diese, wie z. B. das BImSchG in § 13 BImSchG oder für das Planfeststellungsverfahren der Art. 75 Abs. 1 S. 1 HS. 2 BayVwVfG, bereits eine Kollisionsnorm. Soweit solche Kollisionsnormen aber fehlen, wären an sich zwei oder mehrere Verfahren parallel durchzuführen[223]. Die Vermeidung derartiger Parallelverfahren ist Ziel des Art. 56 S. 1 BayBO, wonach keine Baugenehmigung, Abweichung, Genehmigungsfreistellung, Zustimmung und Bauüberwachung nach der BayBO erforderlich ist, wenn sich eine Genehmigungspflicht nach bestimmten anderen Normen außerhalb der BayBO ergibt. Das hat zur Folge, dass das Vorhaben dann nur noch nach Maßgabe der Verfahrensregelungen des anderen Gesetzes genehmigt werden muss (sog. **formelle Konzentrationswirkung**). Die behördlichen Zuständigkeiten werden somit konzentriert; das hiernach maßgebliche Verfahrensrecht folgt der Konzentrationswirkung, ergibt sich mithin aus dem Gesetz, nach dem die anlagenbezogene Genehmigung zu erteilen ist.

Zu beachten ist allerdings, dass mit Art. 56 S. 1 BayBO keine **sog. materielle Konzentrationswirkung** (also auch eine Konzentration der materiellen Anforderungen an die Anlage) stattfindet[224]. Das belegt schon Art. 56 S. 2 BayBO, wonach die für den Vollzug der entsprechenden Rechtsvorschriften eines anderen Gestattungsverfahrens zuständige Behörde die Aufgaben und Befugnisse der Bauaufsichtsbehörde wahrnimmt. Diese Behörde hat damit im Rahmen ihres Verfahrens das materielle Bauordnungs- und Bauplanungsrecht zu beachten und auf die konkret zur Genehmigung stehende Anlage anzuwenden. 14

2. Anlagen nach Wasserrecht (Art. 56 S. 1 Nr. 1 BayBO)

Den für Klausuren wichtigsten Fall enthält Art. 56 S. 1 Nr. 1 BayBO. Die Beherrschung dieser mit Blick auf Art. 20 Abs. 5 BayWG komplizierten Verweisungskette wird von Examenskandidaten erwartet. 15

Nach Art. 56 S. 1 Nr. 1 HS. 1 BayBO bedürfen keiner Baugenehmigung, Abweichung, Genehmigungsfreistellung, Zustimmung und Bauüberwachung nach der BayBO, nach anderen Rechtsvorschriften zulassungsbedürftige Anlagen in oder an oberirdischen Gewässern und Anlagen, die dem Ausbau, der Unterhaltung oder der Benutzung eines Gewässers dienen oder als solche gelten. Das gilt jedoch nicht, soweit es um die Errichtung von Gebäuden, Überbrückungen, Lager-, Camping- und Wochenendplätze geht (Art. 56 S. 1 Nr. 1 HS. 2 BayBO). Gemäß Art. 20 Abs. 5 S. 1 BayWG entfällt die Genehmigung nach Art. 20 Abs. 1, Abs. 2 BayWG, wenn eine baurechtliche Genehmigung oder eine bauaufsichtliche Zustimmung zu erteilen ist. Werden diese beiden Vorschriften unbefangen gelesen, so scheinen sie kaum miteinander vereinbar: bedarf ein baugenehmigungspflichtiges Vorhaben einer wasserrechtlichen Anlagengenehmigung, so entfällt die Baugenehmigung etc., und umgekehrt! 16

---

[223] Zum Nebeneinader von Gaststättenerlaubnis und Baugenehmigung siehe etwa Winkler, Jura 2006, 280.
[224] Dhom in Simon/Busse, BayBO, zu Art. 56 Rn. 59.

17 Die **Auflösung** dieses vermeintlichen Zirkelschlusses liegt in Art. 56 S. 1 Nr. 1 HS. 2 BayBO. Danach bedarf die Errichtung von Gebäuden, Überbrückungen, Lager-, Camping- und Wochenendplätzen, sofern es sich um ein nach Art. 55 Abs. 1, 57 BayBO genehmigungspflichtiges Vorhaben handelt, stets der Baugenehmigung; eine (zusätzliche) wasserrechtliche Anlagengenehmigung entfällt gemäß Art. 20 Abs. 5 S. 1 BayWG. **Die Prüfung des Art. 56 S. 1 Nr. 1 BayBO beginnt somit immer mit dessen HS. 2.**

18 Liegt dagegen kein Fall des Art. 56 S. 1 Nr. 1 HS. 2 BayBO vor, so ist weiter zu differenzieren und zwar zwischen:
- Anlagen in oder an oberirdischen Gewässern (siehe auch § 36 WHG) und
- Anlagen, die dem Ausbau, der Unterhaltung oder der Benutzung eines Gewässers dienen oder als solche gelten.

19 Handelt es sich um eine Anlage in oder an einem oberirdischen Gewässer (vgl. insoweit die Legaldefinition in Art. 20 Abs. 1 S. 2 BayWG: bis zu 60 Meter von der Uferlinie) und bedarf diese gemäß Art. 20 Abs. 1, Abs. 2 BayBO einer wasserrechtlichen Anlagengenehmigung, dann entfällt die Baugenehmigung gemäß Art. 56 S. 1 Nr. 1 HS. 1 BayBO. Bedarf sie keiner Anlagengenehmigung, bleibt es bei der Baugenehmigungspflicht.

20 Bei Anlagen, die dem Ausbau, der Unterhaltung oder der Benutzung eines Gewässers dienen oder als solche gelten, ist zu prüfen, ob hierfür nach Wasserrecht eine Genehmigung erforderlich ist, also z.B. ein Planfeststellungsbeschluss nach § 68, § 70 WHG, Art. 69 BayWG oder eine Erlaubnis (§§ 8 bis 10 WHG) bzw. eine Bewilligung (§§ 8 bis 10 WHG). Ist das der Fall, entfällt die Baugenehmigung nach Art. 56 S. 1 Nr. 1 HS. 1 BayBO.

21 Problematisch waren früher die Fälle, in welchen ein an sich nach Art. 62, 63 BayBO 1998 genehmigungsfreies Vorhaben – aus welchen Gründen auch immer – einer **isolierten Abweichung** nach Art. 70 Abs. 3 BayBO 1998, gleichzeitig aber auch einer wasserrechtlichen Anlagengenehmigung bedurfte, weil die isolierte Abweichung weder in Art. 87 Abs. 1 S. 1 Nr. 1 BayBO 1998 noch in Art. 59 Abs. 7 BayWG genannt war. Daher ging die h. M.[225] für Anlagen, die unter Art. 87 Abs. 1 S. 1 Nr. 1 HS. 2 BayBO 1998[226] fielen, davon aus, dass sowohl eine isolierte Abweichung, als auch eine wasserrechtliche Anlagengenehmigung in diesem Fall erforderlich sind. Die BayBO-Novelle 2007 hat dieses Problem zwar nicht gelöst, wohl aber die Novelle zum BayWG. So wird nunmehr in Art. 56 S. 1 HS. 1 BayBO ausdrücklich die Abweichung – im Übrigen auch die Genehmigungsfreistellung – genannt. Liegt daher ein Fall des Art. 56 S. 1 Nr. 1 HS. 2 BayBO vor (also z. B. im Falle der Errichtung eines verfahrensfreien Gebäudes, das die maßgeblichen Abstandsflächen nicht einhält), dann bleibt eine isolierte Abweichung weiter erforderlich. In diesem Fall ist zu beachten, dass der neue Art. 20 Abs. 5 BayWG – neben der Genehmigung nach § 78 WHG – nur auf die Baugenehmigung (vgl. Art. 68 BayBO; hierzu dürfte auch die Teilbauge-

---

[225] VG München, BayVBl. 2001, 754 = NVwZ-RR 2001, 154; Decker, BayVBl. 2003, 5 [9]; Reither, BayVBl. 2004, 757.
[226] Soweit ein Fall des Art. 87 Abs. 1 S. 1 Nr. 1 HS. 1 BayBO 1998 vorlag, bedurfte es dagegen nur einer wasserrechtlichen Anlagengenehmigung; die isolierte Abweichung entfiel dann nach Art. 87 Abs. 1 S. 1 Nr. 1 HS. 1 BayBO 1998.

nehmigung nach Art. 70 BayBO gehören) bzw. die bauaufsichtliche Zulassung (das ist der Fall des Art. 73 BayBO) abstellt, nicht aber auch auf die (isolierte) Abweichung; diese ist weder Bau- noch Teilbaugenehmigung noch bauaufsichtliche Zulassung. Hieraus wiederum folgt, dass über Art. 20 Abs. 5 S. 1 BayWG die wasserrechtliche Anlagengenehmigung auch nicht entfällt. Damit sind – wie nach früherem Recht – zwei Gestattungen (isolierte Abweichung, für die die (kreisangehörige) Gemeinde zuständig ist, und wasserrechtliche Anlagengenehmigung) erforderlich[227].

3. Anlagen nach dem BayAbgrG (Art. 56 S. 1 Nr. 2 BayBO)

Nach der Legaldefinition des Art. 2 Abs. 1 S. 3 BayBO – im Umkehrschluss – stellen (selbständige) Abgrabungen und die hiermit im Zusammenhang stehenden Aufschüttungen keine baulichen Anlagen dar. Damit besteht aber auch keine Genehmigungspflicht nach Art. 55 Abs. 1, 57 BayBO, womit auch eine (verfahrensrechtliche) Kollision ausscheidet. Folglich kommt der Vorschrift nur im Zusammenhang mit **baulichen Anlagen, die einem Abgrabungsbetrieb dienen,** Bedeutung zu[228], denn diese Anlagen bedürfen – neben einer Baugenehmigung nach Art. 55 Abs. 1, 57 BayBO – einer Genehmigung nach dem Abgrabungsgesetz (vgl. Art. 9 Abs. 1 BayAbgrG). Gemäß Art. 56 S. 1 Nr. 2 BayBO entfällt jedoch für diese Fälle die Baugenehmigung mit der Folge, dass die für die Abgrabungsgenehmigung zuständige Behörde das materielle Bauordnungs- und Bauplanungsrecht zu prüfen hat.

4. Die übrigen Kollisionstatbestände des Art. 56 S. 1 BayBO

Die weiteren Kollisionstatbestände des Art. 56 S. 1 BayBO haben bisher in Klausuren keine Rolle gespielt und sind aus sich heraus verständlich.

22

23

D. Verfahrensfreiheit gemäß Art. 57 BayBO

I. Vorbemerkung

Im Unterschied zum bis zum 31. 12. 2007 geltenden Recht spricht die BayBO 2008 nicht mehr von der Genehmigungsfreiheit, sondern von der Verfahrensfreiheit. Diese Terminologie wurde gewählt, um die unter Art. 57 BayBO fallenden Bauvorhaben von den der Genehmigungsfreistellung nach Art. 58 BayBO unterliegenden und damit ebenfalls genehmigungsfreien Bauvorhaben zu unterscheiden[229].

24

---

[227] Ebenso: Koch/Molodovsky/Famers, BayBO, zu Art. 56 Rn. 18; ungenau daher Dhom in Simon/Busse, BayBO, zu Art. 56 Rn. 14, der Art. 56 Abs. 1 S. 1 HS. 2 BayBO zu wenig beachtet.

[228] Dhom in Simon/Busse, BayBO, zu Art. 56 Rn. 23.

[229] Vgl. Begründung des Gesetzentwurfes der Staatsregierung, LT-DS 15/7161 S. 60.

Die Verfahrensfreiheit führt dazu, dass die Bauaufsichtsbehörde vor Baubeginn die Einhaltung der öffentlich-rechtlichen Vorschriften nicht überprüft und die am Bau Beteiligten (vgl. oben), insbesondere auch der Bauherr, in erhöhtem Maße die Verantwortung dafür tragen, dass diese Vorschriften beachtet werden[230]. Sinn und Zweck der Regelungen über die Verfahrensfreiheit bestimmter baulicher Maßnahmen ist es dabei, die Bauaufsichtsbehörde von der Prüfung solcher Vorhaben zu entlasten, bei denen der Gesetzgeber wegen ihrer geringen bau- oder bodenrechtlichen Relevanz eine präventive Verwaltungskontrolle für entbehrlich hält[231].

25 Bei der Anwendung des Art. 57 BayBO ist zunächst die Systematik der Norm zu beachten. Danach ist zu unterscheiden zwischen der verfahrensfreien Errichtung und Änderung bestimmter Anlagen in Abs. 1 und Abs. 2 sowie der verfahrensfreien Nutzungsänderung nach Abs. 4. Lediglich Art. 57 Abs. 3 BayBO enthält eine Sonderregelung hinsichtlich luftrechtlich zugelassenen Flugplätzen dienenden Anlagen, soweit es sich hierbei nicht um Sonderbauten gemäß Art. 2 Abs. 4 BayBO handelt.

Gemäß Art. 57 Abs. 5 BayBO ist die **Beseitigung** von Anlagen nach Art. 57 Abs. 1 bis 3 BayBO sowie bestimmter Gebäude und sonstiger Anlagen verfahrensfrei (S. 1), im Übrigen lediglich anzeigepflichtig (S. 2), wobei unter den in S. 3–6 genannten Voraussetzungen bestimmte Nachweise erbracht werden müssen.

26 Einen weiteren Sonderfall beinhaltet Art. 57 Abs. 6 BayBO, wonach auch Instandhaltungsarbeiten verfahrensfrei sind. Die Regelung hat jedoch nur klarstellenden Charakter, da Instandsetzungsarbeiten ohnehin nicht unter Art. 55 Abs. 1 BayBO fallen (vgl. oben Rn. 10).

27 Auch wenn Art. 57 Abs. 1 bis Abs. 6 BayBO bestimmte bauliche Maßnahmen von der (präventiven) Genehmigung freistellen, bedeutet das nicht, dass diese nunmehr ungeachtet der materiellen Regelungen der BayBO durchgeführt werden können. Vielmehr stellt Art. 55 Abs. 2 BayBO klar, dass die Verfahrensfreiheit nicht von der Verpflichtung zur Einhaltung der materiellen Vorschriften der BayBO entbindet und dass hierdurch insbesondere die bauaufsichtlichen Eingriffsbefugnisse nicht berührt werden. Es liegt in diesen Fällen allein im Verantwortungsbereich des Bauherrn die Einhaltung der materiellen Regelungen der BayBO zu gewährleisten. Das gilt in gleicher Weise für Vorhaben, die im vereinfachten Genehmigungsverfahren zugelassen werden hinsichtlich der von der Bauaufsichtsbehörde nicht geprüften Vorschriften.

II. Verfahrensfreie Bauvorhaben nach Art. 57 Abs. 1, Abs. 2 BayBO

28 Die folgende Darstellung kann schon aus Platzgründen nicht auf alle Tatbestände des Art. 57 Abs. 1, Abs. 2 BayBO, die durch das Gesetz vom 27. Juli 2009 (GVBl. S. 385) noch erweitert wurden, eingehen. Erörtert werden sollen aber diejenigen Regelungen, die Klausurrelevanz besitzen. Zu beachten ist dabei allerdings, dass die Tatbestände des Art. 57 BayBO nur für jeweils **selbständige bauliche Maßnahmen** gelten; an sich nach Art. 57 BayBO

---

[230] OVG Magdeburg, ZfBR 2009, 594.
[231] OVG Koblenz, DÖV 2005, 921.

D. Verfahrensfreiheit gemäß Art. 57 BayBO

verfahrensfreie bauliche Maßnahmen, die im Zusammenhang mit genehmigungspflichtigen baulichen Maßnahmen durchgeführt werden (sog. unselbständige Maßnahmen), sind ebenfalls genehmigungspflichtig (vgl. oben Rn. 3).

1. Verfahrensfreiheit von Gebäuden (Art. 57 Abs. 1 Nr. 1 BayBO)

Nach dieser Vorschrift ist die Errichtung oder Änderung bestimmter Gebäude (zum Begriff vgl. Art. 2 Abs. 2 BayBO) verfahrensfrei.

- Das gilt zunächst für **Gebäude** mit einem umbauten (Brutto-) Raum bis zu 75 m³ (= Länge mal Breite mal Höhe nach den Außenmaßen ≤ 75 m³), die sich nicht im Außenbereich nach § 35 BauGB befinden (Buchst. a).

  Beispiel: Gartengerätehütte, überdachte Terrasse, Bienenhäuser, Mobilheime, Wohn- und Verkaufswagen, die als Gebäude anzusehen sind.

- **Garagen** (vgl. Art. 2 Abs. 8 S. 2 BayBO) **und überdachte Stellplätze** (siehe Art. 2 Abs. 8 S. 1 BayBO) im Sinne des Art. 6 Abs. 9 S. 1 Nr. 1 BayBO, die nicht im Außenbereich (§ 35 BauGB)[232] liegen, mit einer Fläche bis zu 50 m² (Buchst. b). Nach dieser in der Praxis überaus wichtigen Vorschrift können Grenzgaragen und überdachte Stellplätze an der Grundstücksgrenze unter bestimmten in Art. 6 Abs. 9 S. 1 Nr. 1 BayBO genannten Voraussetzungen bis zu einer Bruttofläche von 50 m² verfahrensfrei errichtet werden. Im Gegensatz zur vor der Novelle 2007 geltenden Rechtslage setzt die Norm nun keine Grenzbebauung mehr voraus; verfahrensfrei können vielmehr auch grenznahe bzw. gebäudenahe Garagen etc. sein (vgl. den Einleitungsteil in Art. 6 Abs. 9 S. 1 BayBO: „In den Abstandsflächen eines Gebäudes sowie ohne eigene Abstandsflächen sind, auch wenn sie nicht an die Grundstücksgrenze oder an das Gebäude angebaut werden ...").

- Nach Buchst. c sind **freistehende Gebäude** (Art. 2 Abs. 2 BayBO) ohne Feuerungsanlagen (Art. 40 Abs. 1 S. 1 BayBO), die einem land- oder forstwirtschaftlichen Betrieb i.S.d. § 35 Abs. 1 Nr. 1, Nr. 2, § 201 BauGB dienen (siehe hierzu die Ausführungen im Bauplanungsrecht), nur eingeschossig und nicht unterkellert sind, höchstens 100 m² Bruttogrundfläche und höchstens 140 m² überdachte Fläche haben und nur zur Unterbringung von Sachen oder zum vorübergehenden Schutz von Tieren bestimmt sind, ebenfalls verfahrensfrei. Die Regelung begünstigt somit die Errichtung bestimmter land- und forstwirtschaftlicher Gebäude, wie etwa Stadel, Maschinenhallen oder Schutzhütten für Tiere, nicht aber z.B. Ställe, da diese zum dauerhaften und nicht nur vorübergehenden Schutz von Tieren bestimmt sind. Ob die Land- oder Forstwirtschaft haupt- oder nebenberuflich ausgeübt wird, ist unerheblich.

- Die in Buchst. d) bis h) genannten Gebäude dürften kaum Examensrelevanz besitzen und sind aus sich heraus verständlich.

---

[232] In diesem Fall kann sich eine Verfahrensfreiheit aber eventuell nach Art. 57 Abs. 2 Nr. 1 BayBO ergeben.

2. Verfahrensfreiheit von Energiegewinnungsanlagen (Art. 57 Abs. 1 Nr. 3 BayBO)

29a Die durch das Gesetz vom 27. Juli 2009 (GVBl. S. 385) neu eingefügte Nr. 3 stellt bestimmte Sonnenenergieanlagen und Sonnenkollektoren sowie Kleinwindanlagen verfahrensfrei. Da die Flächenbegrenzung in Nr. 3a, aa ausweislich des klaren Wortlauts der Norm nicht für Sonnenenergieanlagen und Sonnenkollektoren in und an Dach- und Außenwandflächen sowie auf Flachdächern gilt, können auf diesen Dächern genehmigungsfrei beliebig große Flächen für solche Energiegewinnungsanlagen genutzt werden (die Grenze stellt nur die Flächengröße des Daches dar; zur Privilegierung solcher Anlagen nach § 35 Abs. 1 Nr. 8 BauGB im Falle ihrer Genehmigungspflichtigkeit siehe in Teil 4 C). Soweit in der Anbringung von Solarenergieanlagen und Sonnenkollektoren auf Gebäudedächern eine Nutzungsänderung (zum Begriff siehe oben) zu sehen wäre, wäre diese nach Abs. 4 Nr. 2 verfahrensfrei[232a].

3. Verfahrensfreiheit von Masten, Antennen und ähnliche Anlagen (Art. 57 Abs. 1 Nr. 5 BayBO)

30 Nach Art. 57 Abs. 1 Nr. 5a BayBO sind Antennen einschließlich der Masten mit einer Höhe bis 10 m und zugehörige Versorgungseinheiten mit einem Bruttorauminhalt bis zu 10 m^3 verfahrensfrei sowie, soweit sie in, auf oder an einer bestehenden baulichen Anlage errichtet werden, die damit verbundene Änderung der Nutzung oder der äußeren Gestalt der Anlage. Diese Regelung ist von besonderer praktischer Bedeutung einmal im Hinblick auf die Errichtung von Parabolantennen (sog. „Schüsseln"), zum anderen in Bezug auf die Errichtung von **Mobilfunksendemasten**[233]. Aufgrund dieses Tatbestandes ist regelmäßig die Errichtung einer Mobilfunkbasisstation, bei der Antennenanlage und Versorgungseinheit eine einheitliche Baumaßnahme darstellen, verfahrensfrei möglich. Hinsichtlich der maximalen Höhe von 10 Metern ist zu beachten, dass hierfür auf das Höhenmaß der (gesamten) Antennenanlage (also z. B. einschließlich eines Sockels) **für sich** abzustellen ist und zwar insoweit, als es sich nicht in dem Gebäude befindet; nur der sichtbare Teil der Antenne ist folglich maßgeblich[234]. Wird die Mobilfunkantenne – wie regelmäßig – auf einem Gebäude installiert, zählt daher die Höhe dieses Gebäudes nicht mit[235]; es kommt also nicht auf die Höhe der Antennenanlage im Verhältnis zur (natürlichen) Geländeoberfläche an[236], sondern maßgeblich ist allein die (sichtbare) Höhe des Masten mit Antenne.

Beispiel: Auf einem 25 Meter hohen Gebäude soll eine 8 Meter hohe Mobilfunkantenne errichtet werden; unter dem Dach des Hochhauses soll die entsprechende Versorgungseinheit untergebracht werden, die die Ausmaße von 2 Meter mal 2 Meter mal 1,5 Meter aufweist. Die Anlage ist verfahrensfrei, weil die Mobilfunkantenne

---

[232a] Zum Problem etwa Jäde, ZfBR 2011, 427 [432, 433]; Jäde, LKV 2011, 306; Phillip, LKV 2011, 208.
[233] Siehe hierzu allgemein Gehrken, NVwZ 2006, 977; Seebauer, BayVBl. 2007, 357.
[234] Vgl. bei Jäde, BayVBl. 2006, 197 [203].
[235] VGH BW v. 27. 6. 1990, BauR 1990, 703; VG München v. 15. 5. 2001, Az.: M 1 S 01.1794; Lechner in Simon/Busse, BayBO, zu Art. 57 Rn. 438.
[236] Koch/Molodovsky/Famers, BayBO, zu Art. 57 Rn. 61a.

D. Verfahrensfreiheit gemäß Art. 57 BayBO

nicht höher als 10 Meter ist (die Höhe des Gebäudes hat außer Betracht zu bleiben) und die Versorgungseinheit weniger als 10 m³ (2 m × 2 m × 1,5 m = 6 m³) aufweist.

4. Verfahrensfreiheit von Mauern und Einfriedungen (Art. 57 Abs. 1 Nr. 7 BayBO)

Art. 57 Abs. 1 Nr. 7 BayBO stellt die Errichtung oder Änderung von bestimmten Mauern und Einfriedungen verfahrensfrei. Dabei ist allerdings zu beachten, dass diese Anlagen, auch wenn sie verfahrensfrei sind, ggf. die Abstandsflächen nach Art. 6 BayBO einzuhalten haben, weil von ihnen Wirkungen wie von einem Gebäude ausgehen können (Art. 6 Abs. 1 S. 2 BayBO[237]). Außerdem kann über eine örtliche Bauvorschrift nach Art. 81 Abs. 1 Nr. 5 BayBO die Notwendigkeit, die Art, die Gestaltung und die Höhe von Einfriedungen geregelt werden, die dann gemäß Art. 55 Abs. 2 BayBO zu beachten sind.

Eine **Einfriedung** ist eine Anlage, die dem Zweck dient, ein Grundstück oder wesentliche Teile davon gegen unbefugtes Betreten, gegen unerwünschte Einsicht, gegen Witterungseinflüsse oder gegen Immissionen nach außen abzuschirmen. Folglich ist als Einfriedung alles anzusehen, was ein Grundstück oder Teile eines Grundstückes gegenüber der Außenwelt schützt oder ein Hindernis für alles sein soll, was von außen her den Frieden des Grundstücks stören oder dessen Nutzung beeinträchtigen könnte[238]. Der mit einer Einfriedung verfolgte Abwehrzweck muss sich dabei nicht gleichmäßig auf die gesamten Grundstücksgrenzen erstrecken; es sind auch Teileinfriedungen oder unterschiedliche Einfriedungen möglich[239]; auch diese fallen unter Art. 57 Abs. 1 Nr. 7 BayBO.

Buchst. a) stellt Mauern und Einfriedungen im **Bebauungsplansbereich** (§ 30 BauGB) und im **Innenbereich** (§ 34 BauGB) bis zu einer Höhe von zwei Metern verfahrensfrei.

Im **Außenbereich** sind dagegen lediglich offene (= einen Durchblick ermöglichend und deshalb nicht wie eine Wand wirkend), sockellose (= die Pfosten sind nicht in den Boden einbetoniert oder gemauert, sondern ohne Halterungen im Boden verankert[240]) Einfriedungen, die einem der in **Buchst. b)** genannten privilegierten (Haupt-, Neben- oder Zuerwerbs-)Betrieben dienen, verfahrensfrei (z.B. Maschendrahtzaun, Latten- oder Weidezäune).

Nach **Buchst. c)** sind auch Sichtschutzzäune und Terrassentrennwände zwischen **Doppelhäusern** (= eine bauliche Anlage, die dadurch entsteht, dass zwei Gebäude auf benachbarten Grundstücken durch Aneinanderbauen an der gemeinsamen Grundstücksgrenze zu einer Einheit zusammengefügt werden[241]; vgl. § 22 Abs. 2 BauNVO) und den Gebäuden von **Hausgruppen** (= eine bauliche Anlage, die aus mindestens drei auf benachbarten Grund-

---

[237] Siehe hierzu die Ausführungen in Kapitel 2 Teil 7 Rn. 24.
[238] BayVGH, BayVBl. 1978, 762; BayVGH v. 22. 2. 2000, Az.: 2 B 94.2587.
[239] BayVGH v. 22. 2. 2000, Az.: 2 B 94.2587.
[240] Koch/Molodovsky/Famers, BayBO, zu Art. 57 Rn. 94; siehe auch BayVGH v. 31. 1. 2000, Az.: 2 ZB 99.3446.
[241] Grundlegend: BVerwGE 110, 355 = NVwZ 2000, 1055 = BauR 2000, 1168 = DVBl. 2000, 1338 = VwRR BY 2000, 332 = DöV 2000, 964 = UPR 2000, 453.

stücken stehenden aneinander gebauten Gebäuden besteht[242]; vgl. § 22 Abs. 2 BauNVO) bis zu einer Höhe von zwei Metern und einer Tiefe von vier Metern verfahrensfrei.

5. Verfahrens-/Genehmigungsfreiheit von Aufschüttungen (Art. 57 Abs. 1 Nr. 9 BayBO) und Abgrabungen (Art. 6 Abs. 2 S. 1 Nr. 1 BayAbgrG)

36 Unter **Aufschüttung** ist eine Tätigkeit zu verstehen, die zu einer Anhebung des vorgefundenen Bodenniveaus führt (z. B. Wälle, Hügel etc.); **Abgrabungen** führen dagegen zu einer Absenkung des vorgefundenen Bodenniveaus (z. B. Kies-, Sand- oder Torfabbau, Nassauskiesungen etc.). Aufschüttungen und Abgrabungen sind aber nur dann verfahrens-/genehmigungsfrei, wenn ihre Grundfläche maximal bis zu 500 m² beträgt *und* die Aufschüttung nicht höher als 2 Meter bzw. die Abgrabung nicht tiefer als 2 Meter ist. Liegt auch nur eine dieser Voraussetzungen nicht vor, ist die Aufschüttung/Abgrabung genehmigungspflichtig. Zudem ist zu beachten, dass Art. 57 Abs. 1 Nr. 9 BayBO nur **selbständige** Aufschüttungen bzw. Art. 6 Abs. 2 S. 1 Nr. 1 BayAbgrG nur selbständige Abgrabungen erfassen; unselbständige Aufschüttungen/Abgrabungen, also solche, die keine darüber hinaus gehende funktionale Bedeutung haben[243], wie z. B. im Zusammenhang mit der Errichtung einer baulichen Anlage, fallen nicht hierunter und sind genehmigungspflichtig, wenn die Errichtung der baulichen Anlage genehmigungspflichtig ist.

Beispiele:
- B möchte in seinem Garten einen Gartenteich anlegen; dieser soll eine Fläche von 5 Meter mal 4 Meter aufweisen und maximal 1 Meter tief sein; die Abgrabung ist genehmigungsfrei, weil ihre Fläche kleiner als 500 m² (hier 20 m²) und ihre Tiefe geringer als 2 Meter (hier 1 Meter) ist.
- C hat auf einer Fläche von 100 Meter mal 50 Meter den Humus auf einer Tiefe von 30 cm abgeschoben und einen Erdwall in der Länge von 100 Meter mal 5 Meter mit einer Höhe von 3 Metern errichtet. Beide Maßnahmen sind genehmigungspflichtig. Das Abschieben des Humus stellt eine Abgrabung dar, weil das vorhandene Bodenniveau abgesenkt wird; die abgeschobene Fläche beträgt dabei 5000 m² (100 m mal 50 m) und übersteigt die genehmigungsfreie Fläche von 500 m²; dass nur auf einer Tiefe von 30 cm (und damit die „Tiefengrenze" eingehalten ist) abgeschoben wurde, spielt keine Rolle, da die beiden Maßfaktoren des Art. 6 Abs. 2 S. 1 Nr. 1 BayAbgrG kumulativ erfüllt sein müssen. Dem entsprechend ist auch die Aufschüttung (Erdwall) genehmigungspflichtig. Diese übersteigt zwar nicht die zulässige Fläche von 500 m² (hier 100 m × 5 m = 500 m²), wohl aber die verfahrensfreie Höhe von maximal 2 Metern (hier 3 Meter).
- Im Zusammenhang mit der Errichtung seines Einfamilienhauses hebt D eine Baugrube in den Ausmaßen 15 Meter mal 10 Meter mal 3 Meter[244] aus. Die Maßnahme ist ungeachtet des Art. 6 Abs. 2 S. 1 Nr. 1 BayAbgrG genehmigungspflichtig, weil es sich um eine unselbständige Abgrabung im Zusammenhang mit der Errichtung eines – genehmigungspflichtigen – Einfamilienhauses handelt.

---

[242] König/Roeser/Stock, BauNVO, zu § 22 Rn. 16.
[243] BayVGH v. 4. 4. 2005, Az.: 1 ZB 04.585.
[244] Länge mal Breite mal Tiefe.

D. Verfahrensfreiheit gemäß Art. 57 BayBO

6. Verfahrensfreiheit bestimmter tragender und nichttragender Bauteile sowie tragender oder aussteifender Bauteile in Wohngebäuden (Art. 57 Abs. 1 Nr. 11 BayBO)

Art. 57 Abs. 1 Nr. 11 BayBO ermöglicht die verfahrensfreie Änderung von baulichen Anlagen durch Errichtung oder Änderung von nicht tragenden Bauteilen (Buchst. a), also insbesondere das Einziehen oder das Verändern von Wänden. Über die Regelung in Buchst. b) wird die Verfahrensfreiheit bei Wohngebäuden auch auf die Änderung tragender oder aussteifender Bauteile erweitert. 37

Besonderer Erwähnung bedarf die Regelung in Buchst. c), die den Dachgeschossausbau zu Wohnzwecken verfahrensfrei stellt. Buchst. d) stellt darüber hinaus den Einbau von Fenster und Türen sowie die Schaffung der dafür erforderlichen Öffnungen verfahrensfrei. Damit können z. B. Dachflächenfenster verfahrensfrei eingebaut werden. 38

Eine weitere Besonderheit dieser Regelung besteht darin, dass nach HS. 2 die genannten Maßnahmen auch vor Fertigstellung der baulichen Anlage (also in der Bauphase und damit unter Abweichung von der Baugenehmigung) verfahrensfrei durchgeführt werden können. Hierin liegt eine Durchbrechung des oben bereits beschriebenen Grundsatzes, wonach unselbständige Baumaßnahmen das (genehmigungsrechtliche) Schicksal der Hauptmaßnahme teilen. 39

7. Verfahrensfreiheit unbedeutender baulicher Anlagen (Art. 57 Abs. 1 Nr. 17e BayBO)

Art. 57 Abs. 1 Nr. 17e BayBO stellt einen **Auffangtatbestand** dar, der alle nicht ausdrücklich in Art. 57 Abs. 1 Nr. 1 bis 16, Nr. 17a–d BayBO genannten baulichen Maßnahmen erfasst, die aus dem Blickwinkel der bauordnungs- und bauplanungsrechtlichen Belange so unbedeutend erscheinen, dass auf eine präventive Prüfung ihrer Vereinbarkeit mit den öffentlich-rechtlichen Vorschriften verzichtet werden kann. Ob es sich in konkreto um die Errichtung oder Änderung einer unbedeutenden baulichen Anlage handelt, ist eine Frage des Einzelfalles, wobei die beispielhaft genannten Anlagen, wie z.B. Hauseingangsüberdachungen, Terrassen, Pergolen (= ein allseits offener, nicht überdachter (Lauben-) Gang, der meist von Pfeilern oder Säulen flankiert wird), als Auslegungshilfen herangezogen werden können. 40

Beispiele: Einfache Bade- und Landungsstege; einfache Sitzgruppe, die aus einer Holzbank mit Betonfüßen und einem Holztisch besteht; Plakattafeln mit politischen oder sonstigem ideellen Inhalt, die keine Werbeanlagen sind, soweit sie die Maße des Art. 57 Abs. 1 Nr. 13a BayBO nicht übersteigen[245]; nicht dagegen ein Wirtsgarten oder eine Windenergieanlage.

8. Verfahrensfreiheit nach Art. 57 Abs. 2 BayBO

Art. 57 Abs. 2 BayBO enthält einen weiteren Katalog von Anlagen (Art. 2 Abs. 1 S. 4 BayBO), die verfahrensfrei errichtet oder geändert werden dür- 41

---

[245] Koch/Molodovsky/Famers, BayBO, zu Art. 57 Rn 184.

fen unter der Voraussetzung, dass sie sich im Geltungsbereich einer **städtebaulichen Satzung** (= Bebauungsplan nach § 30 Abs. 1, Abs. 2, Abs. 3 BauGB, Satzung nach § 34 Abs. 4 BauGB oder nach § 35 Abs. 6 BauGB), oder einer **örtlichen Bauvorschrift** nach Art. 81 BayBO, die jeweils gewisse Mindestvoraussetzungen (Festsetzungen über Zulässigkeit, Standort und Größe der Anlage) erfüllen, befinden, wenn sie den Festsetzungen dieser Satzungen entsprechen.

III. Die verfahrensfreie Nutzungsänderung (Art. 57 Abs. 4 BayBO)

42 Art. 57 Abs. 4 BayBO enthält eine abschließende Regelung bezüglich der Verfahrensfreiheit von Nutzungsänderungen.

43 Von besonderer Bedeutung ist dabei **Art. 57 Abs. 4 Nr. 1 BayBO**, der Änderungen der Nutzung von Anlagen – unabhängig davon, in welchem Planbereich sie sich befinden – dann verfahrensfrei stellt, wenn für die neue Nutzung keine anderen öffentlich-rechtlichen Anforderungen als für die bisherige Nutzung in Betracht kommen. Letzteres ist dann nicht der Fall, wenn **konkret** feststeht, dass für die neue Nutzung andere öffentlich-rechtliche Anforderungen gelten als für die bisher genehmigte[246].

Beispiele: Liegt in den folgenden Fälle eine genehmigungspflichtige Nutzungsänderung vor?
- B möchte in seinem Wohnhaus einen Wohnraum in ein privates Arbeitszimmer umwandeln.
  In diesem Fall liegt schon keine Nutzungsänderung i.S.d. Art. 55 Abs. 1 BayBO vor. Zwar wird dem Zimmer (subjektiv) eine andere Zweckbestimmung gegeben. Diese andere Zweckbestimmung hat aber schon abstrakt keinerlei Bezug zu baurechtlichen oder sonstigen von der Baugenehmigungsbehörde zu prüfenden öffentlich-rechtlichen Vorschriften, insbesondere weil sie weder bauordnungs- noch bauplanungsrechtliche Auswirkungen hat.
- C möchte ein privates Arbeitszimmer in seinem Wohnhaus in einen Büroraum im Rahmen eines Gewerbebetriebes oder für freie Berufe umwandeln.
  Eine Nutzungsänderung i.S.v. Art. 55 Abs. 1 BayBO liegt vor, weil dem Raum eine andere Zweckbestimmung gegeben wird und die neue Nutzung auch abstrakt geeignet ist, andere öffentlich-rechtliche Vorschriften, insbesondere Bauplanungsrecht (BauGB, BauNVO), zu berühren. Ob diese Nutzungsänderung über Art. 57 Abs. 4 Nr. 1 BayBO verfahrensfrei ist, hängt davon ab, ob konkret andere öffentlich-rechtliche Vorschriften berührt werden. Das ist Tatfrage.
- D möchte seinen Rinderstall in einen Schweinstall umnutzen.
  Hier liegt nun unzweifelhaft eine genehmigungspflichtige Nutzungsänderung vor. Der Stall erhält eine andere Zweckbestimmung (Schweine statt Rinder), die abstrakt geeignet ist, bauplanungsrechtliche Vorschriften zu berühren (Immissionen). Da für die Nutzung eines Schweinestalles auch konkret andere Immissionsrichtwerte (TA-Luft, VDI 3471 – Schweine) gelten als für einen Rinderstall, liegt kein Fall des Art. 57 Abs. 4 Nr. 1 BayBO vor.
- **Beachte:** Nach Ansicht des Gesetzgebers[247] soll die Genehmigungspflicht einer Nutzungsänderung über Abs. 4 Nr. 1 unabhängig davon ausgelöst werden, ob die

---

[246] Vgl. grundsätzlich: BayVGH, BayVBl. 1986, 275; BayVGH, BayVBl. 1983, 656.
[247] Vgl. Begründung des Gesetzentwurfs der Staatsregierung, LT-DS 15/7161 S. 62.

in Betracht kommenden anderen öffentlich-rechtlichen Anforderungen in das Prüfprogramm des jeweiligen Baugenehmigungsverfahrens fallen mit der Folge, dass die Baugenehmigung ggf. keine Feststellungs-, sondern lediglich eine den Bau freigebende Wirkung entfaltet und das Baugenehmigungs- einem bloßen Anzeigeverfahren angenähert ist. Das leuchtet nicht ohne weiteres ein, denn warum soll ein Baugenehmigungsverfahren durchgeführt werden, wenn bezüglich der in Mitten stehenden Nutzungsänderung nach dem hierfür einschlägigen Genehmigungsverfahren (i.d.R. Art. 59 BayBO) nichts geprüft wird. Es bleibt abzuwarten, ob die Rechtsprechung sich dem anschließen wird.

Nach **Art. 57 Abs. 4 Nr. 2 BayBO** ist eine Nutzungsänderung ferner verfahrensfrei, wenn die Errichtung oder Änderung der Anlagen nach Abs. 1 und 2 verfahrensfrei wäre. Das war zwar auch schon bisher so, allerdings war die Regelung vor der Novelle 2007 sprachlich wenig geglückt. Die Neufassung ist folglich eine echte Verbesserung. 44

Beispiel:
- Ein nach Art. 57 Abs. 1 Nr. 10a BayBO verfahrensfrei errichtetes Schwimmbecken mit 50 m³ Beckeninhalt soll nunmehr als Jauchegrube verwendet werden, die nach Art. 57 Abs. 1 Nr. 6d BayBO verfahrensfrei wäre. Damit ist die Nutzungsänderung gemäß Art. 57 Abs. 4 Nr. 2 BayBO verfahrensfrei.
- Ein Gebäude ohne Feuerungsanlage i.S.v. Art. 57 Abs. 1 Nr. 1a BayBO soll künftig als Maschinenhalle für einen landwirtschaftlichen Betrieb i.S.v. § 35 Abs. 1 Nr. 1 BauGB genutzt werden. Die Nutzungsänderung ist gemäß Art. 57 Abs. 4 Nr. 2, Abs. 1 Nr. 1c BayBO verfahrensfrei.

E. Genehmigungsfreistellung nach Art. 58 BayBO

1. Einführung

Die Einführung des Genehmigungsfreistellungsverfahrens durch die Novelle 1994 hatte zu einer umfangreichen Diskussion in der Literatur geführt[248], vor allem auch deshalb, weil praktisch alle Bauordnungen der Bundesländer dieses oder ein ähnliches Verfahren (z.B. Kenntnisgabe- oder Anzeigeverfahren) vorsehen. Allen Verfahren gemeinsam ist dabei die Verlagerung der Verantwortung für die Übereinstimmung des Vorhabens mit dem öffentlichen Recht, soweit es im Baugenehmigungsverfahren geprüft wird, vom Staat auf den privaten Bauherrn; das Baurecht wird sozusagen „privatisiert"[249]. Nach Art. 58 BayBO sind nun unter den dort genannten Voraussetzungen bestimmte bauliche Maßnahmen, die an sich gemäß Art. 55 45

---

[248] Aus der kaum überschaubare Literatur (und ohne Anspruch auf Vollständigkeit und nur beispielhaft): Berg, BauR 1993, 286; Borges, DÖV 1997, 900; Bunzel/Handke, ZfBR 1996,173; Decker, JA 1998, 799; Degenhart, NJW 1996, 1433; Dirnberger, BayBgm. 1994, 237; Erbguth/Stollmann, BayVBl. 1996, 65; Goerlich, SächsVBl. 1995, 249; Gröpl/Schleyer, BayVBl. 1996, 97; Herbert/Keckemeti/Dittrich, ZfBR 1995, 67; Jäde, NVwZ 1996, 672; ders., ZfBR 2000, 519; ders., ZfBR 2002, 21; Jäde/Weiß, BayVBl. 1998, 7; Manssen, NVwZ 1994, 144; Ortloff, NVwZ 2001, 997; Stollmann, NordÖR 2000, 400; Uechtritz, NVwZ 1996, 640.

[249] Vgl. hierzu etwa Bauer, VVDStRL 54, (1996), 245; Goerlich, SächsVBl. 1996, 1, 3.

Abs. 1, 57 BayBO genehmigungspflichtig wären, vom Erfordernis einer Baugenehmigung freigestellt. Eine Prüfung nach Art. 58 BayBO kommt folglich erst dann in Betracht, wenn vorher festgestellt wurde, dass die in Mitten stehende bauliche Maßnahme nach Art. 55 Abs. 1, 57 BayBO genehmigungspflichtig und Art. 56 BayBO nicht einschlägig ist.

2. Verfahren der Genehmigungsfreistellung

46   Das Verfahren zur Genehmigungsfreistellung regelt sich nach Art. 58 Abs. 3 BayBO. Der Bauherr hat danach die erforderlichen Unterlagen bei der Gemeinde einzureichen (S. 1). Spätestens mit der Vorlage bei der Gemeinde benachrichtigt der Bauherr die Eigentümer der benachbarten Grundstücke von dem Bauvorhaben (S. 2). Insoweit gelten Art. 66 Abs. 1 S. 2 und S. 5, Abs. 3 BayBO entsprechend. Das bedeutet u.a., dass die Unterschrift des Nachbarn auf den Bauvorlagen als Zustimmung gilt. Auch insoweit ist umstritten, bis zu welchem Zeitpunkt der Nachbar seine Unterschrift frei widerrufen kann. Analog zur Rechtslage im Baugenehmigungsverfahren und unter Zugrundelegung der Entscheidung des Großen Senats des BayVGH zur Widerruflichkeit der Nachbarunterschrift[250] ist wohl davon auszugehen, dass diese nur bis zum Eingang der Bauunterlagen bei der Gemeinde frei widerrufen werden kann, es sei denn, die Gemeinde verlangt ein Baugenehmigungsverfahren, dann bis zum Eingang des Bauantrages bei der Bauaufsichtsbehörde (zu Einzelheiten siehe oben Kapitel 2, Teil 3 Rn. 11 ff.).

3. Voraussetzungen der Genehmigungsfreistellung

47   Nach Art. 58 Abs. 1 S. 1 BayBO bedarf unter den Voraussetzungen des Art. 58 Abs. 2 BayBO die Errichtung, Änderung und Nutzungsänderung baulicher Anlagen, die keine Sonderbauten (Art. 2 Abs. 4 BayBO) sind, keiner Genehmigung. Die von Art. 58 BayBO erfassten Vorhaben müssen somit genehmigungspflichtig, dürfen mithin nicht verfahrensfrei sein. Folglich ist Art. 57 BayBO immer vor Art. 58 BayBO zu prüfen.

Durch den Ausschluss lediglich der Sonderbauten wurde durch die Novelle 2007 der Anwendungsbereich der Genehmigungsfreistellung im Vergleich zum bisherigen Recht ganz erheblich erweitert. Allerdings kann nach Art. 58 Abs. 1 S. 2 BayBO die Gemeinde durch eine örtliche Bauvorschrift i.S.v. Art. 81 Abs. 2 BayBO – also eine in einen Bebauungsplan integrierte Regelung, nicht als selbständige Satzung – das Genehmigungsfreistellungsverfahren für bestimmte handwerkliche und gewerbliche Betriebe ausschließen.

48   Eine Genehmigungsfreistellung erfolgt nach Abs. 2 unter folgenden Voraussetzungen:
- das Vorhaben muss im Geltungsbereich eines Bebauungsplanes i.S.v. § 30 Abs. 1 BauGB bzw. § 12, 30 Abs. 2 BauGB liegen (Nr. 1); erforderlich ist somit zunächst ein qualifizierter Bebauungsplan i.S.v. § 30 Abs. 1 BauGB oder ein Vorhabens- und Erschließungsplan mit Bebauungsplan i.S.v. §§ 12, 30 Abs. 2 BauGB. Keine Anwendung findet das Genehmigungsfrei-

---

[250] BayVBl. 2006, 246 = DÖV 2006, 303 = UPR 2006, 239.

E. Genehmigungsfreistellung nach Art. 58 BayBO

stellungsverfahren daher, wenn (nur) ein einfacher Bebauungsplan nach § 30 Abs. 3 BauGB vorliegt.

- das Vorhaben darf den Festsetzungen des Bebauungsplanes und den Regelungen örtlicher Bauvorschriften (Art. 81 Abs. 1 BayBO) nicht widersprechen (Nr. 2); weicht das Vorhaben vom Bebauungsplan oder einer etwa vorhandenen örtlichen Bauvorschrift ab, ist es nicht gemäß Art. 58 Abs. 1 BayBO von der Genehmigung freigestellt. Das gilt selbst dann, wenn die Abweichung unschwer über eine Ausnahme nach § 31 Abs. 1 BauGB, eine Befreiung nach § 31 Abs. 2 BauGB oder durch eine Abweichung nach Art. 63 Abs. 1, Abs. 2 BayBO legalisiert werden könnte.
- die Erschließung im Sinne des BauGB muss gesichert sein; damit stellt Art. 58 Abs. 2 Nr. 3 BayBO den Gleichklang mit den §§ 30 ff. BauGB her. Auf die bauordnungsrechtliche Erschließung nach Art. 4 BayBO kommt es folglich nicht an.
- die Gemeinde darf nicht innerhalb eines Monats (vgl. Art. 58 Abs. 3 S. 3 BayBO) nach Eingang des Freistellungsersuchens erklären, dass ein Genehmigungsverfahren durchgeführt werden soll oder eine vorläufige Untersagung nach § 15 Abs. 1 S. 2 BauGB beantragt wird. Die Frage, ob ein bestimmtes Vorhaben genehmigungsfrei gestellt oder ob ein Baugenehmigungsverfahren durchzuführen ist, hängt folglich ganz wesentlich von der **Entscheidung der betroffenen Gemeinde** ab (Art. 58 Abs. 2 Nr. 4 BayBO). Der Äußerung der Gemeinde muss dabei eindeutig zu entnehmen sein, dass die Rechtsfolge, die Art. 58 Abs. 2 Nr. 4 BayBO – keine Behandlung des Vorhabens im Freistellungsverfahren – an die Erklärung knüpft, gewollt ist[251]. Dafür genügt es nicht, dass die Gemeinde „irgendwie zum Ausdruck" bringt, sie sei mit dem Vorhaben nicht einverstanden.

Die Erklärung der Gemeinde, dass ein Genehmigungsverfahren durchgeführt werden soll, kann insbesondere deshalb erfolgen, weil sie eine Überprüfung der sonstigen Voraussetzungen des Art. 58 Abs. 2 BayBO oder des Bauvorhabens aus anderen Gründen für erforderlich hält (vgl. Art. 58 Abs. 4 S. 1 BayBO). Die Erklärung der Gemeinde stellt dabei gegenüber dem Bauherrn wohl keinen **Verwaltungsakt** dar[252]. Um diese Erklärung abgeben zu können, sollte die Gemeinde den Bauantrag im Hinblick auf die Voraussetzungen des Art. 58 Abs. 2 BayBO jedoch prüfen; verpflichtet ist sie hierzu allerdings nicht[253].

Nach Art. 58 Abs. 4 S. 2 BayBO hat zudem der Bauherr keinen Rechtsanspruch darauf, dass die Gemeinde von ihrer Erklärungsmöglichkeit keinen Gebrauch macht. Hieraus schließt die ganz h. M., dass der Gemeinde im Hinblick auf das Verlangen auf Durchführung eines Baugenehmigungsverfahrens ein sehr weiter Ermessensspielraum zur Verfügung steht, des-

---
[251] BayVGH, BayVBl. 2000, 311 [312].
[252] Heute wohl h. M.; vgl. Taft in Simon/Busse, BayBO, zu Art. 58 Rn. 39; Jäde/Weinl/Dirnberger BayVBl. 1994, 321 [325]; Jäde, BayVBl. 1994, 363; Jäde, NVwZ 1995, 672; Jäde, NWVBl. 1995, 206; wohl auch Preschel, DöV 1998, 45 [49]; **a. A.** z. B. Erbguth/Stollmann, BayVBl. 1996, 65 [68] mit Darstellung des Meinungsstreits; Simon, BayVBl. 1994, 332 [336]; Decker, JA 1998, 799.
[253] Ebenso: Taft in Simon/Busse, BayBO, zu Art. 56 Rn. 35; Preschel, DöV 1998, 45 [49]; Jäde/Weinl/Dirnberger, BayVBl. 1994, 321; BayVGH, BayVBl. 2000, 311.

sen Grenze letztendlich nur im Willkürverbot (Art. 3 Abs. 1 GG) zu sehen ist[254].

4. Rechtsfolgen

50 Sind die Voraussetzungen nach Art. 58 Abs. 2 BayBO gegeben und teilt die Gemeinde (ggf. auch schon vor Ablauf der Frist) schriftlich mit, dass kein Genehmigungsverfahren durchgeführt werden soll und sie eine Untersagung nach § 15 Abs. 1 Satz 2 BauGB nicht beantragen wird, bzw. erklärt sie sich innerhalb eines Monats nach Vorlage der erforderlichen Unterlagen bei der Gemeinde nicht, darf der Bauherr mit der Ausführung des Bauvorhabens beginnen (Art. 58 Abs. 3 S. 3 BayBO). Der Bauherr muss dann die in Art. 62 BayBO verlangten Nachweise erstellen bzw. vor Baubeginn erstellt haben (vgl. Art. 58 Abs. 5 S. 1 BayBO). Wie aber insbesondere Art. 55 Abs. 2 BayBO durch die Inbezugnahme des Art. 58 BayBO zeigt, ist der Bauherr dann allein dafür verantwortlich, dass sein Vorhaben den materiellrechtlichen Anforderungen entspricht[255]. Auf eine irgendwie geartete Legalisierung seines Vorhabens kann er sich in diesem Fall nicht berufen. Auch vermittelt die Genehmigungsfreistellung keinen einer Baugenehmigung vergleichbaren Bestandsschutz etwa für den Fall, dass sich der zugrunde liegende Bebauungsplan als unwirksam erweisen sollte[256].

51 Liegen die Voraussetzungen des Art. 58 Abs. 2 BayBO nicht vor, bedarf das Vorhaben nach Art. 55 Abs. 1, 57 BayBO einer Baugenehmigung[257]. Das gilt selbst dann, wenn die Gemeinde erklärt, ein Genehmigungsverfahren sei nicht durchzuführen. Die Erklärung der Gemeinde geht in diesem Fall ins Leere. Baut der Bauherr gleichwohl, tut er dies ohne die hierfür erforderliche Genehmigung und setzt sich damit der Gefahr bauaufsichtlicher Maßnahmen durch die Bauaufsichtsbehörde aus[258].

5. Nachbarschutz im Genehmigungsfreistellungsverfahren

52 Im Zentrum der Diskussionen um das Genehmigungsfreistellungsverfahren, die mittlerweile abgeflacht sind, steht der Schutz des betroffenen Nachbarn[259], denn das Freistellungsverfahren hat erhebliche Auswirkungen auf dessen öffentlich-rechtlichen Rechtsschutz: Gegen eine Baugenehmigung kann er Anfechtungsklage erheben. Der Klage kommt zwar gemäß § 212a Abs. 1 BauGB grundsätzlich keine aufschiebende Wirkung mehr zu, doch kann der betroffene Nachbar gemäß § 80a Abs. 1 Nr. 2, Abs. 3, i.V.m. § 80 Abs. 4, Abs. 5 VwGO bei der Behörde oder dem zuständigen Verwaltungs-

---

[254] Koch/Molodovsky/Famers, BayBO, zu Art. 58 Rn. 43 und 46.
[255] Vgl. Taft in Simon/Busse, BayBO, zu Art. 58 Rn. 5, 58 ff.
[256] BayVGH v. 8. 10. 2004, Az.: 1 NE 04.1437.
[257] Preschel, DöV 1998, 45 [49]; Mampel, NVwZ 1996, 13 [14, Fn. 16]; Pfaff, VBl.BW 1996, 281 [284].
[258] Grundlegend: Decker, JA 1998, 799.
[259] Zum (theoretisch denkbaren) Rechtsschutz des Bauherrn bei Versagung der Genehmigungsfreistellung: Decker, JA 1998, 799; allgemein etwa Callies, Die Verwaltung 2001, 169.

E. Genehmigungsfreistellung nach Art. 58 BayBO

gericht die Anordnung der aufschiebenden Wirkung seiner Klage beantragen[260]. Dieser Rechtsschutz fehlt beim Freistellungsverfahren, was aber nicht bedeutet, dass der Nachbar darauf verwiesen ist, Rechtsverletzungen auf dem Zivilrechtsweg unmittelbar gegen den Bauherrn geltend machen zu müssen. Es handelt sich bei den Freistellungsregelungen nur um einen **Verzicht** auf ein **präventives bauaufsichtliches Verfahren** mit behördlicher Einzelentscheidung durch Verwaltungsakt[261]. Das dreipolige Verhältnis Bauherr – Bauaufsichtsbehörde – Nachbar[262] und damit auch die Geltung der drittschützenden Funktionen des öffentlichen Baurechts, sind vom Gesetzgeber beibehalten worden[263]. Das Freistellungsverfahren schränkt die Befugnisse der Bauaufsichtsbehörde z.B. nach Art. 75, 76 BayBO daher nicht ein und entbindet sie auch nicht von der Verpflichtung, von diesen Befugnissen u.U. auch zum Schutz betroffener Nachbarn Gebrauch zu machen[264].

Der Rechtsschutz des Nachbarn gegen ein nach Art. 58 BayBO genehmigungsfrei gestelltes Vorhaben ist dabei darauf beschränkt, die Bauaufsichtsbehörde zum repressiven bauaufsichtsrechtlichen Einschreiten gegen das Vorhaben zu bewegen[265]. Da die bauaufsichtlichen Eingriffsbefugnisse durchweg Ermessensnormen sind – womit grundsätzlich nur ein Anspruch des Nachbarn auf ermessensfehlerfreie Entscheidung über ein behördliches Tätigwerden besteht – hat er einen Anspruch auf Einschreiten nur im Falle einer sog. **Ermessensreduzierung auf Null**[266]. Das wiederum setzt aber voraus, dass das konkret angegriffene Bauvorhaben gegen drittschützende, d.h. gerade den das Einschreiten der Behörde erzwingen wollenden Nachbarn schützende Normen verstößt[267]. 53

Hinsichtlich der Einzelheiten ist dabei vieles umstritten. Es gelten aber im Wesentlichen die allgemeinen Voraussetzungen für einen Anspruch auf bauaufsichtsrechtliches Einschreiten. Auf die Ausführungen unter Kapitel 2 Teil 8 Rn. 73 ff. wird daher verwiesen. Zur prozessualen Durchsetzung siehe Kapitel 4. 54

---

[260] Preschel, DöV 1998, 45 [51]; Borges, DöV 1997, 900; Degenhart, NJW 1996, 1433 [1436]; Uechtritz, NVwZ 1996, 640 [641].
[261] So zutreffend Preschel, DöV 1998, 45 [51]; Erbguth/Stollmann, BayVBl. 1996, 65 [70]; vgl. auch oben.
[262] Insoweit stellt sich allerdings das Problem, dass die Nachbarbeteiligung allein dem Bauherrn obliegt; kommt er seiner Verpflichtung nicht oder nur ungenügend nach, so hat er keine Sanktionsfolgen oder Zwangsmittel zu befürchten, weil die BayBO hierfür nichts vorsieht.
[263] Preschel, DöV 1998, 45 [51]; Borges, DöV 1997, 900 [901].
[264] BayVGH, NVwZ 1997, 927 zu Art. 70 BayBO; Degenhart, NJW 1996, 1433 [1436]; Uechtritz, NVwZ 1996, 640 [642] m.w.N.; Ortloff, NVwZ 1994, 229 [237].
[265] Vgl. zum Rechtschutz des Nachbarn ausführlich Taft in Simon/Busse, BayBO, zu Art. 56 Rn. 49 ff.
[266] Allgemein zur Ermessensreduzierung: Di Fabio, VerwArch 1996, 214.
[267] Zu Einzelheiten hierzu siehe beim Rechtschutz in Kapitel 4.

F. Die Sonderregelungen in Art. 72, 73 BayBO

I. Fliegende Bauten (Art. 72 BayBO)

55 Art. 72 BayBO regelt speziell die Genehmigung sog. fliegender Bauten. Diese bedürfen lediglich vor ihrer erstmaligen Aufstellung und ihrem erstmaligen Gebrauch einer sog. **Ausführungsgenehmigung** (Art. 72 Abs. 2 S. 1 BayBO). Dabei entbindet Art. 72 Abs. 3 BayBO bestimmte Anlagen – vergleichbar Art. 57 BayBO – von der Genehmigungspflicht.

56 Fliegende Bauten sind nach der Legaldefinition des Art. 72 Abs. 1 S. 1 BayBO bauliche Anlagen, die geeignet und bestimmt sind, wiederholt an wechselnden Orten aufgestellt und zerlegt zu werden. Hierzu zählen nicht Baustelleneinrichtungen (Art. 72 Abs. 1 S. 2 BayBO). Fliegende Bauten, die einer Ausführungsgenehmigung nach Art. 72 Abs. 2 BayBO bedürfen, sind gemäß Art. 2 Abs. 4 Nr. 15 BayBO **Sonderbauten**.

II. Bauaufsichtliche Zustimmung (Art. 73 BayBO)

57 Nicht verfahrensfreie Bauvorhaben bedürfen unter den Voraussetzungen des Art. 73 Abs. 1 S. 1 BayBO keiner Baugenehmigung, Genehmigungsfreistellung, Anzeige und Bauüberwachung, sondern lediglich der Zustimmung der Regierung (Art. 73 Abs. 1 S. 2 BayBO), die unter den Voraussetzungen des Abs. 1 S. 3 zudem entfallen kann. Art. 73 Abs. 5 BayBO erweitert den Anwendungsbereich der Norm unter bestimmten Voraussetzungen auf Bauvorhaben der Landkreise und Gemeinden. Da die Norm praktisch keine Examensrelevanz besitzt, sind weitere Erläuterungen nicht veranlasst.

Teil 6. Prüfungsmaßstab im Baugenehmigungsverfahren

A. Einführung

1 Bis zur Novelle 1994 blieben die Verfahren zur Erlangung einer Baugenehmigung im Wesentlichen unverändert. Mit der Novelle 1994 hat der Gesetzgeber dann – um die Eigenverantwortlichkeit des Bauherrn zu stärken – **neue Verfahren,** wie z.B. das Genehmigungsfreistellungsverfahren (Art. 64 BayBO a.F.), das Verfahren zur planungsrechtlichen Genehmigung (Art. 66 BayBO a.F.) oder das vereinfachte Genehmigungsverfahren (Art. 73 BayBO a.F.), in welchen das staatliche Prüfprogramm erheblich zurück gefahren ist, **eingeführt, bestimmte Verfahren gestrichen,** wie z.B. die Typengenehmigung nach Art. 77 BayBO 1982 oder die Teilungsgenehmigung nach Art. 11 BayBO 1982, oder auch **geändert,** wie z.B. kein Genehmigungsverfahren mehr bei Abbruch und Beseitigung von Anlagen, sondern nur noch ein Anzeigeverfahren. Auch bezüglich des Verfahrensablaufs wurde durch die Novelle 1994 einiges geändert. Dabei stand die Eigenverantwortung des Bauherrn auch hinsichtlich der Ordnungsgemäßheit der von ihm beizubringenden

B. Die einzelnen Verfahrensarten

Bauantragsunterlagen im Vordergrund. Darüber hinaus enthielt die Novelle 1994 aber auch Neuregelungen bezüglich des gemeindlichen Einvernehmens (Art. 74 BayBO a. F.) sowie hinsichtlich der Nachbarbeteiligung (Art. 71 BayBO a. F.).

Mit der Novelle 1997 ist der bayerische Gesetzgeber den durch die Novelle 1994 vorgezeichneten Weg weiter gegangen und hat insbesondere das vereinfachte Genehmigungsverfahren zum baurechtlichen Regel-Genehmigungsverfahren ausgebaut. Folglich findet grundsätzlich nurmehr eine eingeschränkte bauaufsichtsrechtliche Prüfung statt.

Während die Novellen 1994 und 1997 noch in eine Art Experimentierphase fielen, wurde diese durch die Novelle 2007 abgeschlossen. Verfahrensrechtlich unterscheidet die BayBO seit 1. 1. 2008 nurmehr zwischen dem vereinfachten Genehmigungsverfahren (Art. 59 BayBO) und dem „normalen" Genehmigungsverfahren nach Art. 60 BayBO. Das Verfahren der planungsrechtlichen Genehmigung nach Art. 66 BayBO 1998 ist entfallen.

B. Die einzelnen Verfahrensarten

I. Genehmigungsfreistellung (Art. 58 BayBO)

Siehe hierzu die Ausführungen unter Kapitel 2 Teil 5 Rn. 45 ff. Hervorzuheben ist insofern nochmals, dass die Genehmigungspflicht per se entfällt und nicht aufgrund einer Erklärung der Gemeinde.

II. Anzeigeverfahren (Art. 57 Abs. 5 S. 2 BayBO)

Art. 57 Abs. 5 S. 2 BayBO regelt das Verfahren bei der Beseitigung von Anlagen. Diese Maßnahmen sind nicht genehmigungs-, sondern nur anzeigepflichtig, soweit sie nicht nach Art. 57 Abs. 5 S. 1 BayBO ohnehin verfahrensfrei sind. Die beabsichtigte Beseitigung einer Anlage muss mindestens einen Monat vor Beginn der Gemeinde und der Bauaufsichtsbehörde angezeigt werden.

III. Zustimmungsverfahren (Art. 73 BayBO)

Siehe hierzu die Ausführungen in Kapitel 2 Teil 5 Rn. 57

IV. Vereinfachtes Genehmigungsverfahren (Art. 59 BayBO)

1. Grundsatz

Wie bereits ausgeführt, ist in Bayern mittlerweile das sog. vereinfachte Genehmigungsverfahren nach Art. 59 BayBO die Regel; hieran wurde durch die Novelle 2007 festgehalten. In diesem Verfahren ist das Prüfprogramm der Bauaufsichtsbehörde ganz erheblich reduziert und die Einhaltung bausicherheitsrechtlicher Anforderungen in die Verantwortung des Bauherrn gelegt (siehe Art. 59 S. 2 i. V. m. Art. 62 BayBO). Außer bei Sonderbauten i. S. v. Art. 2 Abs. 4 BayBO prüft die Bauaufsichtsbehörde daher nur noch

- die Übereinstimmung mit den Vorschriften über die Zulässigkeit der baulichen Anlagen nach den §§ 29 bis 38 BauGB[268] und den Regelungen örtlicher Bauvorschriften im Sinn des Art. 81 Abs. 1 BayBO (S. 1 Nr. 1),
- beantragte[269] Abweichungen im Sinn des Art. 63 Abs. 1, Abs. 2 Satz 2 BayBO (S. 1 Nr. 2) sowie
- andere öffentlich-rechtliche Anforderungen, soweit wegen der Baugenehmigung eine Entscheidung nach anderen öffentlich-rechtlichen Vorschriften entfällt, ersetzt oder eingeschlossen wird (S. 1 Nr. 3). Das ist immer dann der Fall, wenn ein fachrechtliches Anlagenzulassungsverfahren für den Fall eines Baugenehmigungsverfahrens diesem – unter Zurücktreten der fachrechtlichen Zulassung – die Prüfung des materiellen Fachrechts zuweist[270], wie z. B. §§ 9 Abs. 3, Abs. 3a FStrG[271], Art. 20 BayWG, Art. 6 Abs. 3 DSchG, Art. 18 Abs. 1, Art. 56 S. 3 BayNatSchG)[272].

Damit ist im Grundsatz das gesamte Bauordnungsrecht aus der Prüfung ausgeklammert. Dem steht jedenfalls Bundesrecht nicht entgegen[273].

8   Die Baugenehmigung stellt im Verfahren des Art. 59 BayBO dem entsprechend nur mehr eine **beschränkte öffentlich-rechtliche Unbedenklichkeitsbescheinigung** dar, d. h. die Feststellungswirkung der Baugenehmigung bezieht sich nur noch auf das Pflichtprüfprogramm[274]. Insofern ist aber zu beachten, dass die Feststellungswirkung jedenfalls das Mindestprüfprogramm des Art. 59 BayBO umfasst, d. h. bleibt die Bauaufsichtsbehörde mit ihrer Prüfung hinter den Anforderungen des Art. 59 BayBO zurück (prüft sie also z. B. die Anforderungen einer örtlichen Bauvorschrift – Art. 81 i. V. m. Art. 59 Satz 1 Nr. 1 Alt. 2 BayBO – nicht), so ändert dies nichts daran, dass mit der erteilten Baugenehmigung auch die Vereinbarkeit – um im Beispiel zu bleiben – mit den örtlichen Bauvorschriften festgestellt worden ist (die Baugenehmigung ist dann aber eventuell rechtswidrig). Diese Bindungswirkung hindert auch andere Behörden, aus den zum Prüfverfahren gehörenden Gründen ge-

---

[268] Zum Problem der Prüfung einer Veränderungssperre im vereinfachten Baugenehmigungsverfahren, die die h. M. auch ohne ausdrücklichen Verweis auf § 14, §§ 16 ff. BauGB in Art. 59 S. 1 BayBO vornimmt, siehe Jarass, BayVBl. 2010, 129.

[269] Die im vereinfachten Verfahren erteilte Baugenehmigung enthält nicht konkludent etwa erforderliche Abweichungen; diese müssen ausdrücklich beantragt werden und hierüber ist ausdrücklich in der Baugenehmigung zu entscheiden; vgl. OVG Mecklenburg-Vorpommern v. 21. 12. 2010, Az.: 3 M 244/10.

[270] VGH Kassel, NVwZ-RR 2007, 740.

[271] BayVGH v. 29. 9. 2009, Az.: 14 ZB 08.3159; VGH Kassel, NVwZ-RR 2007, 740.

[272] Die nach Art. 73 Abs. 1 BayBO 1998 bestehende Verpflichtung zur Prüfung der Abstandsflächen (Art. 6, 7 BayBO 1998), der Baugestaltung (Art. 11 BayBO 1998) und der Regeln über die Erfüllung der Stellplatzverpflichtung (Art. 52, 53 BayBO 1998) ist entfallen.

[273] BVerwG, BauR 1997, 807.

[274] BVerwG, NVwZ 1998, 48; BayVGH, BayVBl. 2000, 377; BayVGH v. 22. 8. 2001, Az.: 2 B 01.74; VG München v. 24. 8. 1999, Az.: M 1 SN 99.3701; VG München v. 15. 9. 2000, Az.: M 1 SN 00.1413.

B. Die einzelnen Verfahrensarten

gen die bauliche Anlage einzuschreiten, solange die Baugenehmigung nicht (unanfechtbar oder sofort vollziehbar) aufgehoben ist[275]. Weicht das Vorhaben von Vorschriften, die im Genehmigungsverfahren nicht geprüft werden, ab, so kann gemäß Art. 63 Abs. 2 S. 2, S. 1 BayBO hierfür – neben der Baugenehmigung – eine isolierte Abweichung beantragt werden.

2. Pflichtprüfprogramm/Ermessensprüfprogramm

Die besondere Problematik des vereinfachten Genehmigungsverfahrens liegt zunächst in der nur beschränkten Prüfung des Bauvorhabens auf seine Vereinbarkeit mit öffentlich-rechtlichen Anforderungen. Nach ganz h. M. ist die Baugenehmigungsbehörde auf das im Gesetz genannte Pflichtprüfprogramm beschränkt[276]. Zur Begründung wird hierzu auf die eindeutige Formulierung in Art. 68 Abs. 1 S. 1 HS. 1 BayBO („Vorschriften …, die im bauaufsichtlichen Genehmigungsverfahren zu prüfen sind") verwiesen. Insofern stellt sich dann allerdings das Problem, wie zu verfahren ist, wenn für die Bauaufsichtsbehörde im Rahmen ihrer Prüfung ein Verstoß gegen eine Norm offensichtlich wird, die außerhalb des Prüfprogramms liegt.

Die Behandlung dieses Falles war in der Vergangenheit heftig umstritten. Im Wesentlichen wurden dabei zwei Meinungen vertreten:

- Nach der wohl h. M. in der **Literatur**[277] war die Bauaufsichtsbehörde zwar auf das Pflichtprüfprogramm des Art. 59 S. 1 BayBO beschränkt. Stellte sie aber bei „Gelegenheit der Abarbeitung des Prüfprogramms"[278] einen Widerspruch des Bauvorhabens zu Anforderungen, die nicht Gegenstand des Prüfprogramms sind, fest, dann sollte die Bauaufsichtsbehörde die Baugenehmigung unter dem Gesichtspunkt des fehlenden Sachbescheidungsinteresses versagen können; verpflichtet sei sie hierzu freilich nicht[279]. Die Entscheidung über die Versagung der beantragten Baugenehmigung wegen fehlenden Sachbescheidungsinteresses sei dabei eine Ermessensentscheidung[280].
- Der **Bayerische Verwaltungsgerichtshof** betonte dagegen – m. E. zu recht – in ständiger Rechtsprechung[281], dass die Bauaufsichtsbehörde allein die im Pflicht-

---

[275] Siehe etwa OVG Bautzen, LKV 2010, 182 [183].
[276] Vgl. z. B. BayVGH v. 13. 7. 2001, Az.: 15 ZB 01.246; sehr deutlich auch OVG Koblenz, BeckRS 2008, 40359: „Die Bauaufsichtsbehörde ist im vereinfachten Genehmigungsverfahren nicht befugt, das ihr gesetzlich vorgegebene Prüfprogramm und damit die gesetzlichen Anspruchsvoraussetzungen für die zu erteilende Baugenehmigung zu erweitern."; die noch von Winkler, BayVBl. 1997, 744, vertretene Auffassung, eine Erweiterung des Prüfprogramms im Ermessenswege sei zulässig, kann heute als überwunden bezeichnet werden.
[277] Siehe etwa Wolf in Simon/Busse, BayBO 1998, zu Art. 73 Rn. 39 ff., insb. Rn. 43; Schwarzer/König, BayBO 1998, zu Art. 73 Rn. 12; Jäde/Dirnberger/Bauer/Weiß, BayBO 1998, zu Art. 73 Rn. 28 ff., insb. Rn. 32, 33; Reicherzer, BayVBl. 2000, 750; Jäde, BayVBl. 2005, 301; siehe aber etwa auch VG Darmstadt, NVwZ-RR 2006, 680; VG Ansbach v. 14. 7. 2005, Az.: AN 18 K 04.03319.
[278] So Jäde, BayVBl. 2006, 539 [540].
[279] Jäde, BayVBl. 2005, 301.
[280] Jäde, BayVBl. 2006, 539 [540].
[281] BayVGH, BayVBl. 2000, 377; BayVGH v. 23. 5. 2001, Az.: 2 B 97.2601; BayVGH v. 22. 8. 2001, Az.: 2 B 01.74; BayVGH, BayVBl. 2002, 499; BayVGH,

prüfprogramm enthaltenen Anforderungen prüfen dürfe und nicht mehr[282]. Liege kein Verstoß gegen danach zu prüfende Vorschriften vor, sei sie verpflichtet, die Baugenehmigung zu erteilen. Zwar sei die Prüfung des Sachbescheidungsinteresses als allgemeine Antragsvoraussetzung von der Prüfung der öffentlich-rechtlichen Genehmigungsvoraussetzungen zu unterscheiden, weshalb auch im vereinfachten Genehmigungsverfahren die Ablehnung eines Bauantrages aufgrund fehlenden Sachbescheidungsinteresses nicht von vornherein ausgeschlossen sei[283]. Die Bauaufsichtsbehörde könne einem Bauantrag aber nur dann das Fehlen des grundsätzlich anzunehmenden Sachbescheidungsinteresses entgegen halten, wenn feststehe, dass der Bauherr aus Gründen, die jenseits des – auf die Erteilung der Baugenehmigung beschränkten – Verfahrensgegenstandes liegen, an einer Verwertung der begehrten Genehmigung gehindert und die Genehmigung daher für ihn ersichtlich nutzlos wäre[284]. Die zuständige Behörde braucht danach dann nicht in die sachliche Prüfung eines Antrags einzutreten, wenn der Antragsteller die erstrebte Erlaubnis zwar (möglicherweise) formal beanspruchen kann, zugleich aber klar ist, dass er aus anderweitigen Gründen an deren Verwertung gehindert und die Erteilung daher ersichtlich nutzlos wäre[285]. Das Sachbescheidungsinteresse fehle jedoch nicht schon dann, wenn lediglich zweifelhaft oder ungewiss sei, ob der Bauherr wegen – vermeintlicher – Hindernisse von der angestrebten Erlaubnis Gebrauch machen könne. Erforderlich sei vielmehr, dass ein „offensichtliches" und schlechthin nicht ausräumbares Hindernis gegen die Verwertung der Erlaubnis bestehe, wobei an das Vorliegen der Offensichtlichkeit strenge Anforderungen zu stellen seien[286]. Da aber das vereinfachte Genehmigungsverfahren die bauaufsichtlichen Eingriffsbefugnisse unberührt lasse, bleibe es der Bauaufsichtsbehörde im konkreten Einzelfall unbenommen zu prüfen, ob sie gegen das Vorhaben ggf. einschreiten müsse[287]. Sei dies der Fall, wäre die Baugenehmigung ggf. mit einer Baueinstellungsverfügung zu verbinden, um baurechtswidrige Zustände zu vermeiden. Dieses Ergebnis sei unter dem Gesichtspunkt der Verwaltungseffizienz und Verfahrensökonomie möglicherweise unbefriedigend, sei jedoch als Konsequenz der eindeutigen gesetzgeberischen Vorgaben hinzunehmen[288].

BayVBl. 2003, 342; BayVGH, BayVBl. 2003, 505; grundlegend und sehr überzeugend: BayVGH, BayVBl. 2006, 537 mit ablehnender, aber wenig überzeugender und z. T. fehlerhafter Anm. von Jäde, BayVBl. 2006, 538; BayVGH v. 11. 8. 2006, Az.: 26 B 05.3024; ebenso VG Augsburg v. 26. 1. 2005, Az.: Au 4 K 1767; Fischer, BayVBl. 2005, 299.

[282] Interessant ist insoweit BayVGH, BayVBl. 2006, 220 mit abl. Anm. von Jäde, wonach im Falle der Überschreitung des Prüfungsumfanges durch die Bauaufsichtsbehörde und anschließender Baugenehmigungserteilung auch die in unzulässiger Weise mitgeprüften öffentlich-rechtlichen Vorschriften an der Feststellungswirkung der Baugenehmigung teilnehmen und auch insoweit zu einer Legalisierung des Vorhabens führen.

[283] BayVGH, Großer Senat, BayVBl. 1993, 370 [372]; BayVGH v. 24. 1. 2006 Az. 14 ZB 04.3116; ebenso OVG Koblenz v. 22. 10. 2008, BeckRS 2008, 40349 m. w. N.

[284] So überzeugend: BayVGH, BayVBl. 2006, 537 [538].

[285] BVerwGE 61, 128, 130 m. w. N.; siehe auch VGH Kassel, NVwZ-RR 2011, 227.

[286] Grundlegend: BayVGH, BayVBl. 2006, 537 [538].

[287] So zu recht BayVGH v. 13. 7. 2001, Az.: 15 ZB 01.246.

[288] BayVGH, BayVBl. 2006, 537 [538].

B. Die einzelnen Verfahrensarten

Verschärft wurde die Diskussion schließlich durch eine Entscheidung des 11
2. Senats des BayVGH[289]. Danach durften die Bauaufsichtsbehörden einen Bauantrag nicht deshalb wegen fehlendem Sachbescheidungsinteresses ablehnen, weil dem Vorhaben ihrer Ansicht nach im Baugenehmigungsverfahren nicht zu prüfende bauordnungsrechtliche Vorschriften entgegenstehen. Diese Entscheidung, die eine konsequente Fortführung der bisherigen (und soeben dargestellten) Rechtsprechung des BayVGH[290] und damit alles andere als eine nicht vorhersehbare Ausreißerentscheidung darstellt[291], veranlasste aber jedenfalls den Gesetzgeber zu einer Ergänzung des Art. 68 Abs. 1 S. 1 BayBO. Durch das Gesetz vom 27. 7. 2009 (GVBl. S. 385) hat er daher mit Wirkung ab 1. 8. 2009 die genannte Vorschrift um einen HS. 2 ergänzt, wonach die Bauaufsichtsbehörde den Bauantrag auch ablehnen darf, wenn das Bauvorhaben gegen sonstige öffentlich-rechtliche Vorschriften verstößt. Es ist wohl nicht weiter verwunderlich, dass in kürzester Zeit ein heftiger Streit in der Literatur darüber ausgebrochen ist, wie Art. 68 Abs. 1 S. 1 HS. 2 BayBO zu verstehen sowie anzuwenden ist und welche Wirkungen die Norm hat.

Im Wesentlichen lassen sich insofern folgende Auffassungen unterscheiden: 12

- Nach der vor allem von Jäde vertretenen Meinung[292], soll es sich bei Art. 68 Abs. 1 S. 1 HS. 2 BayBO um einen gesetzlich geregelten Fall des fehlenden Sachbescheidungsinteresses handeln. Die Bauaufsichtsbehörde werde durch die Norm befugt, bei Verstößen des Bauvorhabens gegen außerhalb des Prüfprogramms des Art. 59 BayBO liegende Normen, die anlässlich der Abarbeitung des Prüfprogramms festgestellt werden (sog. Zufallsfunde), hierauf mit einer Ablehnung des Bauantrages wegen fehlenden **Sachbescheidungsinteresses** reagieren zu können. Hierfür soll es ausreichen, dass der für diesen Rechtsverstoß maßgebliche Sachverhalt abgeschlossen und abschließend ermittelt sei und sich der Rechtsverstoß nicht – etwa durch Zulassung einer Abweichung nach Art. 63 BayBO – ausräumen lasse[293]. Zur Begründung beruft sich Jäde vor allem auf die Gesetzesbegründung (auch die entsprechenden Vollzugshinweise sehen HS. 2 in gleicher Weise).
- Nach anderer Auffassung in der Literatur[294] handelt es sich bei Art. 68 Abs. 1 S. 1 HS. 2 BayBO dagegen um eine Norm, die der Bauaufsichtsbehörde die Befugnis verleiht, bei Verstößen gegen außerhalb des Prüfprogramms liegende Normen, die Erteilung der Baugenehmigung im Wege pflichtgemäßer Ermessensausübung zu versagen. Die Baugenehmigung als präventives Verbot mit Erlaubnisvorbehalt werde somit um ein ausnahmsweise eröffnetes **Versagungsermessen** erweitert. Zur Begründung wird darauf verwiesen, dass bei der Lösung über das Sachbescheidungsinteresse ein einheitlicher Begriff des Sachbescheidungsinteresses aufgegeben werde. Vom Wortlaut her handele es sich bei HS. 2 zudem um eine materielle Befugnisnorm. Durch die Wendung „darf" sei des Weiteren hinreichend klar, dass der Bauaufsichtsbehörde ein Ermessensspielraum eröffnet wurde, den diese pflichtgemäß auszuüben habe. Da dieses Versagungsermessen aber nur im öffentlichen

---

[289] BayVGH, BayVBl. 2009, 507; bestätigt durch BayVGH, BayVBl. 2009, 727; siehe aber auch VGH Kassel, NVwZ-RR 2011, 227.
[290] So völlig zu recht Manssen/Greim, BayVBl. 2010, 421 [422].
[291] So aber Jäde, BayVBl. 2009, 709 [713]; Jäde, ZfBR 2011, 427 [433].
[292] BayVBl. 2009, 709; BayVBl. 2010, 741.
[293] So auch schon Jäde, BayVBl. 2006, 537 [540].
[294] Vgl. etwa Manssen/Greim, BayVBl. 2010, 421; Schrödter, BayVBl. 2010, 426; siehe auch schon Schröder, BayVBl. 2009, 495.

Interesse bestehe, habe ein Nachbar/Dritter keinen Anspruch auf pflichtgemäße Ermessensausübung im Hinblick auf die Versagung der Baugenehmigung bei (vermeintlichen) Verstößen der Baugenehmigung gegen außerhalb des Prüfprogramms liegende, aber nachbarschützende Normen (z. B. das Abstandsflächenrecht). In Bezug auf letzteren Punkt berge ein anderes Verständnis die Gefahr, dass Nachbarn gegenüber der Bauaufsichtsbehörde diverse Verstöße eines (ungeliebten) Bauvorhabens im Vorfeld der Genehmigungserteilung geltend machten, um eine Ausweitung des Prüfprogramms zu erreichen und später dann Erfolg versprechend gegen die Baugenehmigung vorgehen zu können. Dies würde dem eindeutigen Willen des Gesetzgerbers bei der Einführung des vereinfachten Baugenehmigungsverfahrens widersprechen. Dieser Auffassung hat sich zwischenzeitlich auch der 2. Senat des BayVGH[295] angeschlossen.

- Die am weitestgehende Auffassung wird insofern von Koehl[296] vertreten, der in Art. 68 Abs. 1 S. 1 HS. 2 BayBO zwar wohl auch einen Fall des Versagungsermessens sieht, über Art. 65 Abs. 2 BayBO, den er als drittschützend erachtet, aber zu dem Ergebnis gelangt, in der Zusammenschau mit Art. 65 Abs. 2 BayBO sei auch Art. 68 Abs. 1 S. 1 HS. 2 BayBO nachbarschützend, so dass auch ein Nachbar einen Anspruch auf ermessensfehlerfreie Entscheidung über die Versagung der Baugenehmigung habe.

- **Eigene Stellungnahme**: keine der dargestellten Auffassungen vermag letztlich vollständig zu überzeugen. Die von Jäde vertretene Meinung führt zum einen dazu, dass ein einheitlicher Begriff des Sachbescheidungsinteresses als Voraussetzung für die Ablehnung eines Antrages als unzulässig aufgegeben wird. Zum anderen lässt sich dieses Verständnis auch nur schwer mit dem Wortlaut des Art. 68 Abs. 1 S. 1 HS. 2 BayBO in Einklang bringen, der als materielle Befugnisnorm und nicht als Zulässigkeitsschranke formuliert ist. Die Auffassung von Koehl geht dagegen viel zu weit und konterkariert Sinn und Zweck des vereinfachten Genehmigungsverfahrens. Zudem ergibt sich aus den Gesetzesmaterialien, dass durch HS. 2 Dritten gerade keine Rechte eingeräumt werden sollten. Am überzeugendsten erscheint die derzeit von Literatur und BayVGH vertretene vermittelnde Auffassung. Sie lässt sich am ehesten auf den Wortlaut der Norm stützen, wenn auch die Bedeutung des Wortes „darf" m. E. nicht ausreichend beleuchtet wird. Richtig ist zwar, dass „darf" regelmäßig synonym zu „kann" verwendet wird und Ausdruck eines der Behörde eröffneten Ermessens ist. Aber nicht nur! Es gibt auch Normen, die „kann" und „darf" im Sinne von „Zuständigkeitsbegründung" und/oder Ermächtigung der Behörde, eine im Gesetz für diesen Fall vorgesehene bestimmte Entscheidung zu treffen, verstanden wissen wollen[297]. Zu dieser Entscheidung wäre die Behörde dann verpflichtet, wenn die rechtlichen Voraussetzungen dafür erfüllt sind. Ein solches Verständnis hätte im Fall des Art. 68 Abs. 1 S. 1 HS. 2 BayBO möglicherweise die Konsequenz, dass die Bauaufsichtsbehörde bei Feststellung eines unheilbaren Verstoßes des Vorhabens gegen außerhalb des Prüfverfahrens liegende Normen, die Baugenehmigung versagen müsste. Ungeachtet dieser dogmatischen Feinheiten, wird für die Klausur empfohlen, von einem Versagungsermessen, wofür sich auch der 2. Senat des BayVGH entschieden hat, auszugehen und das Wort „darf" i. S. e. „Ermessens-Darf" auszulegen[298]. In keinem Fall ist Art. 68

---

[295] BayVGH, BayVBl. 2011, 147; ebenso Drittschutz verneinend: BayVGH, BayVBl. 2011, 413.
[296] BayVBl. 2009, 645.
[297] Vgl. Kopp/Ramsauer, VwVfG, zu § 40 Rn. 43.
[298] Kopp/Ramsauer, VwVfG, zu § 40 Rn. 43: Ob Ermessen oder Ermächtigung gemeint ist, ist Auslegungsfrage.

B. Die einzelnen Verfahrensarten   93

Abs. 1 S. 1 HS. 2 BayBO aber drittschützend. Auch kann die Bauaufsichtsbehörde in einem anschließenden verwaltungsgerichtlichen Verpflichtungsrechtsstreit keine außerhalb des Prüfprogramms liegenden Vorstöße nachschieben[298a].

Damit ergeben sich folgende Konsequenzen: Stehen einem Vorhaben keine öffentlich-rechtlichen Vorschriften entgegen, die nach Art. 59 S. 1 BayBO zu prüfen sind, dann ist die Baugenehmigungsbehörde grundsätzlich verpflichtet die Baugenehmigung zu erteilen[299]. Stellt sie allerdings bei der Abarbeitung des Pflichtprüfprogramms[300] einen Verstoß des Vorhabens gegen außerhalb des Prüfprogramms liegende Vorschriften fest und kann dieser Mangel nicht durch eine Abweichung (Art. 63 BayBO), eine Ausnahme (§ 31 Abs. 1 BauGB) oder eine Befreiung (§ 31 Abs. 2 BayBO) beseitigt werden, kann sie im Wege pflichtgemäßer Ermessensausübung die Erteilung der Baugenehmigung ablehnen. In einem nachfolgenden verwaltungsgerichtlichen Verfahren ist dann auch zu prüfen, ob der von der Bauaufsichtsbehörde gerügte Verstoß tatsächlich vorliegt. Versagt die Bauaufsichtsbehörde die Baugenehmigung trotz Verstoßes nicht, bleibt es ihr im konkreten Einzelfall unbenommen zu prüfen, ob sie gegen das Vorhaben ggf. einschreitet[301], da Art. 55 Abs. 2 BayBO die bauaufsichtlichen Eingriffsbefugnisse unberührt lässt. In diesem Fall unterliegt die Ermessensentscheidung über ein bauaufsichtliches Einschreiten aber einem erhöhten Rechtfertigungsbedarf, weil es kaum verständlich wäre, vom Versagungsermessen nicht, vom Einschreitensermessens – in Bezug auf den selben materiellen Verstoß – aber dennoch Gebrauch zu machen. In der Regel dürfte in solchen Fällen ein bauaufsichtliches Einschreiten jedenfalls wegen des konkret geprüften Verstoßes (wohl aber wegen anderer Verstöße gegen außerhalb des Prüfprogramms liegender Normen, deren Verletzung im vereinfachten Genehmigungsverfahren nicht erkennbar war) ausscheiden. 13

3. Folgen des eingeschränkten Prüfprogrammes

Für den Bauherrn bedeutet die Einschränkung des Prüfprogramms, neben der Erhöhung seiner Eigenverantwortlichkeit für die materielle Rechtmäßigkeit des Vorhabens, vor allem eine **Einschränkung** des – behördlicherseits vermittelten – **Bestandsschutzes.** Aufgrund der nur eingeschränkten bauaufsichtlichen **Prüfung „zerfällt" das Vorhaben sozusagen in einen durch die Baugenehmigung legalisierten Teil und in einen allein im Verantwortungsbereich des Bauherrn liegenden Teil.** Soweit die bauliche Anlage durch die Baugenehmigung legalisiert ist (siehe dazu oben Rn. 8), genießt sie (formellen) Bestandsschutz. Etwas anderes gilt allerdings bezüglich der Vorschriften, die 14

[298a] So zu recht Jäde, ZfBR 2011, 427 [434].
[299] Grundlegend: BayVGH, BayVBl. 2006, 537 [**lesenswert!**]; siehe auch BayVGH, BayVBl. 2000, 377; BayVGH v. 23. 5. 2001, Az.: 2 B 97.2601; BayVGH v. 22. 8. 2001, Az.: 2 B 01.74.
[300] Völlig ungeklärt ist bisher allerdings der Fall, dass die Behörde nicht zufällig, sondern ganz gezielt nach Fehlern sucht oder z.B. aufgrund einer internen Anweisung immer das Abstandsflächenrecht prüft. Wird in einem solchen Fall vom Versagungsermessen pflichtwidrig Gebrauch gemacht und wenn dies zu bejahen ist, welche Folgen ergeben sich hieraus?
[301] So zu recht BayVGH v. 13. 7. 2001, Az.: 15 ZB 01.246.

im vereinfachten Genehmigungsverfahren nicht geprüft werden. Diesbezüglich kann Bestandsschutz nur erworben werden, soweit sich die bauliche Anlage mit den im Übrigen für sie geltenden materiellen Vorschriften tatsächlich im Einklang befindet[302]. Damit steht die bauliche Anlage insofern faktisch den nach Art. 57 BayBO verfahrensfreien Vorhaben gleich mit der Folge, dass ein etwaiger Verstoß gegen materielles Recht, das von der Bauaufsichtsbehörde im Baugenehmigungsverfahren nicht geprüft wurde, (tatbestandlich) zu einem entsprechenden bauaufsichtlichen Einschreiten berechtigt.

15 Aufgrund der eingeschränkten Prüfung findet auch nur ein **eingeschränkter Nachbarrechtsschutz** statt, denn die Baugenehmigung kann Nachbarrechte in Bezug auf die an der Feststellungswirkung der Baugenehmigung nicht teilnehmenden nachbarschützenden Vorschriften, wie z. B. die Abstandsflächenregelungen in Art. 6 BayBO, nicht verletzen[303]. Sieht sich der Nachbar nur hinsichtlich solcher Bestimmungen in seinen Rechten berührt, die im vereinfachten Genehmigungsverfahren nicht geprüft werden, so ist seine Anfechtungsklage bzw. auch sein Antrag auf vorläufigen Rechtsschutz nach §§ 80a Abs. 3, 80 Abs. 5 VwGO bereits wegen der fehlenden Möglichkeit einer Rechtsverletzung und damit mangels Klage- bzw. Antragsbefugnis (analog) § 42 Abs. 2 VwGO unzulässig[304]. Möglich wäre dann allenfalls einstweiliger Rechtsschutz nach § 123 VwGO auf bauaufsichtsrechtliches Einschreiten[305], entsprechend der Rechtslage im Genehmigungsfreistellungsverfahren[306]. Andernfalls bliebe nur der Weg vor die Zivilgerichte.

V. „Normales" Genehmigungsverfahren gemäß Art. 60 BayBO

16 Hinsichtlich des „normalen" Genehmigungsverfahrens wird auf die Ausführungen in Kapitel 2 Teil. 3 Rn. 1 ff. verwiesen. Unter den Voraussetzungen des Art. 62 BayBO kann die Prüfung weiter beschränkt sein.

Teil 7. Die materiellen Anforderungen des Bauordnungsrechts[307]

A. Allgemeine Anforderungen an bauliche Anlagen (Art. 3 BayBO)

1 Art. 3 BayBO ist die materiell-rechtliche Grundnorm des gesamten Bauaufsichtsrechts. Die Vorschrift stellt die allgemeinen und grundsätzlichen

---

[302] Vgl. Teil 1 Rn. 24ff.
[303] BVerwG, NVwZ 1998, 48; VG München, VwRR-BY 1997, 258; VG München, FSt 1998, 850.
[304] Vgl. Uechtritz, NVwZ 1996, 640 [647].
[305] BVerwG, NVwZ 1998, 58; Uechtritz, NVwZ 1996, 640 [647].
[306] Vgl. hierzu ausführlich Decker, JA 1999, 799.
[307] Die nachfolgende Darstellung beschränkt sich auf die für beide Staatsexamina relevanten Normen (siehe hierzu in Kapitel 1 Rn. 5ff.).

Anforderungen zur Gefahrenabwehr, zur Dauerhaftigkeit und zur Benutzbarkeit auf, die Baugrundstücke und Anlagen (siehe Art. 2 Abs. 1 S. 4 BayBO) erfüllen müssen[308]. Die Generalklausel wird durch die Anforderungen nach Art. 4 bis Art. 48 BayBO inhaltlich ausgefüllt und näher bestimmt. Art. 3 BayBO steckt damit den materiellrechtlichen Rahmen und den Aufgabenbereich der Bauaufsichtsbehörde ab[309]. Das verfahrensrechtliche Gegenstück hierzu ist Art. 54 BayBO über die Aufgaben und Befugnisse der Bauaufsichtsbehörden.

Art. 3 BayBO ist grundsätzlich **nicht nachbarschützend**[310]. Ausnahmsweise kann sich jedoch eine nachbarschützende Wirkung dann ergeben, wenn neben der öffentlichen Sicherheit und Ordnung zugleich Rechtsgüter des einzelnen bedroht sind, sofern hierfür nicht Spezialvorschriften gelten[311]. Von einem solchen Nachbarschutz ist z. B. auszugehen, wenn nicht zugelassene und für den Nachbarn gefährliche Bauprodukte verwendet werden[312].

B. Das Grundstück und seine Bebauung

I. Bebauung der Grundstücke mit Gebäuden (Art. 4 BayBO)

Art. 4 Abs. 1 BayBO normiert die materiellen bauordnungsrechtlichen Mindestvoraussetzungen für die Errichtung von Gebäuden (Art. 2 Abs. 2 BayBO) in Abhängigkeit zur Geeignetheit des Grundstücks und zur Sicherstellung der (bauordnungsrechtlichen) Erschließung. Die Regelung gilt über ihren eigentlichen Wortlaut hinaus auch für die Änderung und die Nutzungsänderung von Gebäuden, wenn dadurch objektiv die öffentlich-rechtlichen Erfordernisse des Zugangs oder der Zufahrt berührt werden[313]. Ein Grundstück, welches die Anforderungen nach Art. 4 BayBO nicht erfüllt, ist kein Baugrundstück.

1. Grundstücksbegriff

Der Begriff des Grundstücks ist bereits im Rahmen des Kapitels 2 Teil 2 Rn. 7, 8 besprochen worden. Hierauf wird verwiesen.

2. Geeignetheit des Grundstücks (Art. 4 Abs. 1 Nr. 1 BayBO)

Gemäß Art. 4 Abs. 1 Nr. 1 BayBO muss das Grundstück nach Lage, Form und Beschaffenheit für die beabsichtigte Bebauung geeignet sein. Das Grundstück darf somit zunächst aufgrund seiner **Lage** nicht Gefahren ausgesetzt sein, die zu Schäden für die Gesundheit, das Eigentum und den Besitz der Bewohner und Benutzer oder Dritter i. S. v. Art. 3 Abs. 1 BayBO führen können[314].

---

[308] Lechner in Simon/Busse/Busse, BayBO, zu Art. 3 Rn. 8.
[309] Koch/Molodovsky/Famers, BayBO, zu Art. 3 Rn. 7.
[310] Siehe z. B. BayVGH, BayVBl. 1977, 118; BayVGH, BayVBl. 1987, 727.
[311] Dirnberger in Simon/Busse, BayBO, zu Art. 66 Rn. 251.
[312] BayVGH, NVwZ 1999, 446.
[313] BayVGH v. 22. 6. 1982, Az.: 1 B 80 A. 1655; OVG Lüneburg, BRS 35, 210.
[314] Lechner in Simon/Busse, BayBO, zu Art. 4 Rn. 37.

Beispiel: Ein Grundstück ist nach seiner Lage für die Errichtung von Gebäuden ungeeignet, wenn es wegen seiner unmittelbaren Nähe zu einem Waldgebiet der Baumwurfgefahr ausgesetzt ist, oder wenn es wegen seiner unmittelbaren Nähe zu einem Felshang der Gefahr des Felssturzes oder des Lawinenabgangs ausgesetzt ist, wenn das Grundstück in einem Überschwemmungs- oder in einem Lawinengebiet liegt.

6   Das Grundstück muss ferner so zugeschnitten sein, dass es sich für die (konkret) beabsichtigte Bebauung eignet (Form). Das wäre z.B. für sog. „Handtuchgrundstücke", die zwar sehr lang, dafür aber sehr schmal sind, zu verneinen.

7   Das Grundstück muss des weiteren so groß sein, dass es für die beabsichtigte Bebauung einschließlich etwaiger Nebenanlagen (z.B. Kinderspielplatz nach Art. 7 Abs. 2 BayBO, Stellplätze nach Art. 47 BayBO) geeignet ist. Insofern können sich entsprechende Anforderungen z.B. auch aus dem Bauplanungsrecht (z.B. bezüglich der Mindestgröße der Grundstücke in Bebauungsplänen; § 9 Abs. 1 Nr. 1 BauGB, §§ 16 Abs. 2, 19, 20 BauNVO) ergeben[315].

8   Schließlich muss das Grundstück auch so beschaffen sein, dass es – wie konkret geplant – bebaut werden kann. Hieran fehlt es z.B. bei Grundstücken, die mit Altlasten verseucht sind oder bei Bodenverhältnissen, denen die zur Errichtung eines Bauwerks erforderliche Tragfähigkeit fehlt.

3. Ausreichend sichere Zufahrt zum Grundstück (Art. 4 Abs. 1 Nr. 2 BayBO)

9   Nach Art. 4 Abs. 1 Nr. 2 BayBO darf ein Gebäude nur errichtet werden, wenn das Grundstück in angemessener Breite an einer befahrbaren öffentlichen Verkehrsfläche liegt. Mit diesem Erfordernis soll gewährleistet werden, dass ein Grundstück mit Kraftfahrzeugen erreicht werden kann, die dort im öffentlichen Interesse tätig sind, wie etwa die Feuerwehr, die Post oder die Müllabfuhr, ferner, dass der durch die Grundstücksbebauung ausgelöste Verkehr ohne Schaden für den Weg und den sonstigen Verkehr abgewickelt werden kann (sog. **bauordnungsrechtliche Erschließung**)[316].

10 Eine öffentliche Straße im Sinne des Art. 4 Abs. 1 Nr. 2 BayBO ist grundsätzlich nur eine Straße, die dem öffentlichen Verkehr unwiderruflich gewidmet ist und dadurch den Status einer öffentlichen Verkehrsfläche im Sinne des Straßen- und Wegerechts erlangt hat[317]. In angemessener Breite liegt das Grundstück an einer öffentlichen Verkehrsfläche, wenn es die erforderliche Zugangsbreite (mind. 3 m für einen Pkw) besitzt, mithin die Erreichbarkeit mit Pkws sichergestellt ist. Ein lediglich punktförmiges Angrenzen an eine öffentliche Straße genügt daher nicht[318].

---

[315] Koch/Molodovsky/Famers, BayBO, zu Art. 4 Rn. 22.
[316] Vgl. BayVGH v. 11. 4. 1994, Az.: 2 B 92.3865 m. w. N.
[317] Koch/Molodovsky/Famers, BayBO, zu Art. 4 Rn. 51.
[318] BayVGH v. 14. 2. 2001, Az.: 26 B 97.462; siehe auch BayVGH, BayVBl. 1989, 343: zwei Meter Breite genügt nicht.

4. Ausnahmen nach Art. 4 Abs. 2, Abs. 3 BayBO

Art. 4 Abs. 2, Abs. 3 BayBO enthalten Ausnahmen von den Anforderungen nach Art. 4 Abs. 1 Nr. 2 BayBO. Beide Regelungen erfordern keine behördliche Entscheidung, sondern regeln die entsprechende Ausnahme selbst.

Nach **Art. 4 Abs. 2 BayBO** ist es im Bereich eines qualifizierten Bebauungsplans nach § 30 Abs. 1 BauGB, eines Bebauungsplans mit Vorhabens- und Erschließungsplan (§ 12, § 30 Abs. 2 BauGB) sowie im Innenbereich nach § 34 BauGB in Abweichung von Art. 4 Abs. 1 Nr. 2 BayBO nicht erforderlich, dass ein Wohnweg begrenzter Länge (ca. bis zu 100 Metern) befahrbar ist, wenn keine Bedenken wegen des Brandschutzes und des Rettungsdienstes bestehen (Art. 4 Abs. 2 Nr. 1 BayBO) bzw. unter den Voraussetzungen des Art. 4 Abs. 2 Nr. 2 BayBO, wenn die Widmung (vgl. Art. 6 BayStrWG) von Wohnwegen begrenzter Länge fehlt. Unter einem **Wohnweg** ist dabei eine dem Anliegerverkehr und nicht dem Durchgangsverkehr dienende Verkehrsfläche zu verstehen[319].

Auch **Art. 4 Abs. 3 BayBO** lässt gegenüber Art. 4 Abs. 1 Nr. 2 BayBO geringere Anforderungen genügen. Danach ist im **Außenbereich** (§ 35 BauGB) eine befahrbare, gegenüber dem Rechtsträger der Bauaufsichtsbehörde rechtlich gesicherte Zufahrt zu einem befahrbaren öffentlichen Weg ausreichend. Die an sich erforderliche Widmung wird hier durch eine rechtliche Sicherung der Zufahrt, z.B. durch eine beschränkt persönliche Dienstbarkeit nach § 1090 BGB zugunsten des Trägers der Bauaufsichtsbehörde, ersetzt. Ein Notwegerecht nach § 917 BGB stellt dagegen keine rechtlich gesicherte Zufahrt dar, weil der Notweg seiner Rechtsnatur nach nur eine vorübergehende Lösung „bis zur Hebung des Mangels" ist; der Notweg ist ein Notbehelf, wenn einem Grundstück die Verbindung mit einem öffentlichen Weg fehlt[320].

5. Nachbarschutz

Art. 4 BayBO ist als solches **nicht drittschützend**. Das gilt auch soweit darin die Zugänglichkeit von Grundstücken von öffentlichen Straßen aus geregelt ist[321]. Nach einhelliger Meinung[322] kann der Nachbar aber mit Erfolg eine Baugenehmigung anfechten, wenn bei Ausführung des genehmigten Vorhabens wegen einer nicht ausreichenden Erschließung eine „ordnungsgemäße Benutzung" des Baugrundstückes nicht mehr gewährleistet wäre und der Nachbar deshalb ein Notwegerecht (§ 917 BGB) dulden müsste[323].

---

[319] Koch/Molodovsky/Famers, BayBO, zu Art. 4 Rn. 51; Lechner in Simon/Busse, BayBO, zu Art. 4 Rn. 142.
[320] BayVGH, BayVBl. 1997,758; BayVGH v. 14. 2. 2001, Az.: 26 B 97.462.
[321] BayVGH v. 28. 11. 1996, Az.: 14 CS 96.3425; BayVGH v. 8. 12. 1998, Az.: 15 B 98.1844; BayVGH v. 11. 4. 2001, Az.: 14 ZS 01.665.
[322] Vgl. etwa BayVGH v. 24. 10. 1996, Az.: 2 B 94.3416 m.w.N.; BayVGH v. 28. 11. 1996, Az.: 14 CS 96.3425; BayVGH v. 8. 12. 1998, Az.: 15 B 98.1844; siehe auch BVerwGE 50, 282 m.w.N.
[323] Vgl. BVerwGE 50, 282.

II. Zugänge und Zufahrten auf den Grundstücken (Art. 5 BayBO)

15 Art. 5 BayBO enthält Regelungen über die ausreichenden Zufahrten und Bewegungsflächen für die Feuerwehr. Die Vorschrift ist nicht drittschützend und dürfte in Klausuren keine Rolle spielen.

III. Abstandsflächen (Art. 6 BayBO)

1. Zweck der Regelung

16 Das Abstandsflächenrecht sichert Freiflächen zwischen den Gebäuden, die grundsätzlich nicht überbaut werden dürfen. Abstandsflächen entsprechen den neuzeitlichen Forderungen an ein gesundes Wohnen und Arbeiten in gut belichteten, besonnten und belüfteten Gebäuden[324] und sichern so im öffentlichen, wie im privaten Interesse gesunde Wohn- und Arbeitsverhältnisse[325]. Gleichzeitig wird ein sozial verträgliches Wohnen ermöglicht, das einen ausreichenden Abstand zu den Nachbarn voraussetzt[326]. Nach wie vor ist das Abstandsflächenrecht aber auch dem Brandschutz verpflichtet[327]. Die Abstandsflächenregelungen sind daher nach der grundlegenden Bestimmung des Art. 3 BayBO notwendig. Diese Zielsetzung des Abstandsflächenrechts ist bedingt durch eine entsprechende (beschränkte) landesrechtliche Gesetzgebungskompetenz (vgl. Einführung Kapitel 1). Hieran hat sich durch die Novelle 2007 und nachfolgende Gesetzesänderungen nichts geändert, auch wenn sich die abstandsflächenregelnden Vorschriften nunmehr allein in Art. 6 BayBO befinden[328].

2. Abstandsflächenrechtlich bedeutsame Maßnahmen

17 Die Abstandsflächenvorschriften sind in erster Linie dann zu beachten, wenn es um die (**Neu-)Errichtung** eines Gebäudes oder einer (baulichen) Anlage, von der Wirkungen wie von einem Gebäude ausgehen (vgl. Art. 6 Abs. 1 S. 2 BayBO), geht.

18 Wird ein genehmigter Baukörper baulich verändert, etwa durch Anbauten oder durch Aufstockungen, kann Art. 6 BayBO ebenfalls zu beachten sein, denn auch der **geänderte Baukörper** – und nicht etwa nur die Änderung, im Beispiel mithin der Anbau – muss den abstandsflächenrechtlichen Anforderungen genügen[329]. Wirken sich daher die Änderungen auf Lage, Tiefe und/

---

[324] BayVGH, BayVBl. 1987, 337; BayVGH, NVwZ-RR 2009, 992 [994].
[325] Dhom in Simon/Busse, BayBO, zu Art. 6 Rn. 1; BayVGH v. 3. 5. 1999, Az.: 15 B 96.189; BayVGH v. 13. 3. 1998, Az.: 1 ZS/CS 97.3288; OVG Berlin, BRS 54 Nr. 91 m. w. N.
[326] BayVGH, BayVBl. 2004, 369; BayVGH, NVwZ-RR 2009, 992 [994].
[327] BVerwGE 88, 191 = NJW 1991, 3293.
[328] Und nicht mehr in Art. 6 und Art. 7 BayBO, wie dies bis zum 31. 12. 2007 der Fall war.
[329] Siehe z. B. BayVGH v. 12. 7. 1999, Az.: 14 B 95.2069; BayVGH, BayVBl. 1989, 721.

B. Das Grundstück und seine Bebauung

oder Breite der für die Abstandsflächen maßgeblichen Gebäudeteile aus, ist die abstandsflächenrechtliche Zulässigkeit dieser Gebäudeteile insgesamt neu zu prüfen[330]. Bei dieser **abstandsflächenrechtlichen Gesamtbetrachtung**[331] wäre daher die z. B. durch einen Anbau geänderte Außenwand wie ein Neubau zu behandeln. Werden die Abstandsflächen durch das geänderte Gebäude nicht eingehalten, kann die Änderung nicht erfolgen, es sei denn, es kann eine Abweichung nach Art. 63 BayBO erteilt werden; der Altbestand wird hierdurch allerdings nicht in Frage gestellt. Sind die Änderungen dagegen abstandsflächenrechtlich irrelevant, z. B. weil es sich nur um Umbauten im Inneren des Gebäudes handelt, die nach Außen nicht in Erscheinung treten, bedarf es grundsätzlich keiner abstandsflächenrechtlichen Neubetrachtung.

Werden allerdings **bestehende Gebäude, die die nach geltendem Recht vorgeschriebenen Abstandsflächen nicht einhalten,** baulich geändert, ist abstandsflächenrechtlich wiederum die Änderung unter Einbeziehung des Altbestandes zu überprüfen. Es ist dann auch in diesem Fall grundsätzlich eine **abstandsflächenrechtliche Gesamtbetrachtung** des neuen Gebäudes als bauliche Einheit vorzunehmen. Das gilt selbst dann, wenn die Änderung abstandsflächenrechtlich nicht bedeutsam ist, weil sie die abstandsflächenrechtlichen Merkmale nicht berührt oder die vorgeschriebene Abstandsfläche, für sich betrachtet, einhält. Folglich wäre eine bauliche Änderung abstandsflächenrechtlich grundsätzlich unzulässig, wenn der Altbestand nach geltendem Abstandsflächenrecht nicht genehmigungsfähig ist[332]. Für die vorzunehmende abstandsflächenrechtliche Gesamtbetrachtung ist dabei darauf abzustellen, ob das Änderungsvorhaben, das für sich betrachtet auch abstandsflächenrechtlich unerheblich sein kann, dennoch unter Einbeziehung des Altbestandes abstandsflächenrechtlich erheblich erscheint. Das ist der Fall, wenn die Änderung des Gebäudes, das die jetzt vorgeschriebenen Abstandsflächen nicht einhält, im Vergleich mit dem bisherigen Bestand eine nicht unerheblich ungünstigere abstandsflächenrechtliche Beurteilung, insbesondere im Hinblick auf nachbarliche Interessen, als möglich erscheinen lässt[333] (z. B. durch Schaffung von Einsichtsmöglichkeiten). Ist das, wie regelmäßig, zu bejahen, so bedarf das Gesamtgebäude wegen Unterschreitung der vorgeschriebenen Abstandsfläche der Zulassung einer Abweichung nach Art. 63 BayBO; ist das nicht der Fall, ist die Änderung auch ohne Abweichung zulässig.

Diese vorstehend zur Änderung eines Gebäudes gemachten Ausführungen gelten in gleicher Weise bei **Nutzungsänderungen**[334]. Wird die Nutzung eines

---

[330] Z. B. BayVGH v. 17. 1. 2001, Az.: 2 CS 00.3285; Dhom in Simon/Busse, BayBO, Art. 6 Rn. 15 ff.
[331] Vgl. z. B. BayVGH v. 9. 10. 1986, Az.: 1 CS/CE 86.021139.
[332] Vgl. etwa Dhom in Simon/Busse, BayBO, zu Art. 6 Rn. 14 ff., insbesondere Rn. 15 m. w. N.
[333] BayVGH, BayVBl. 1980, 405; BayVGH, BayVBl. 1990, 500; BayVGH v. 25. 8. 1993, Az.: 2 CS 93.1133.
[334] Siehe z. B. BayVGH v. 15. 3. 1999, Az.: 20 CS 99.480; BayVGH v. 29. 4. 2004, Az.: 2 CS 04.821; BayVGH v. 19. 2. 2004, Az.: 26 ZB 03.1559; **a. A.** Hauth, BayVBl. 2000, 545 [533].

Gebäudes, das die nach heute geltendem Recht vorgeschriebenen Abstandsflächen nicht einhält, geändert, und erscheint im Vergleich mit der bisherigen Nutzung eine nicht unerheblich ungünstigere abstandsflächenrechtliche Beurteilung, insbesondere im Hinblick auf nachbarliche Interessen, als möglich, so bedarf das in seiner Nutzung geänderte Gesamtgebäude wegen Unterschreitung der vorgeschriebenen Abstandsfläche der Zulassung einer Abweichung nach Art. 63 BayBO; kann diese nicht erteilt werden, ist die Nutzungsänderung abstandsflächenrechtlich unzulässig.

Beispiele: Änderung der Nutzung eines unter Verletzung der Abstandsflächen genehmigten und errichteten Rinderstalles in einen Schweinestall. Eine abstandsflächenrechtliche Gesamtbetrachtung ist erforderlich, weil der Altbestand die erforderlichen Abstandsflächen nicht einhält und – aufgrund der stärkeren Immissionsbelastung durch einen Schweinestall – die nachbarlichen Interessen im Hinblick auf die Belüftung des Nachbaranwesens nicht unwesentlich verschlechtert werden. Ob eine Abweichung nach Art. 59 S. 1 Nr. 2, Art. 63 Abs. 2 S. 2 BayBO erteilt werden kann, ist Tatfrage, dürfte aber wegen der erheblich höheren Immissionsbelastung eher zu verneinen sein („bauordnungsrechtliches Rücksichtnahmegebot" im Rahmen des Art. 63 BayBO)[335].

Auch bei einem Übergang von einer Wochenendhausnutzung zu einer Dauerwohnnutzung ist eine abstandsflächenrechtliche Neubeurteilung des Gebäudes erforderlich wegen der potentiell ungünstigeren Auswirkungen auf die nachbarlichen Interessen[336].

3. Systematik des Abstandsflächenrechts

21   Aufgrund der Neufassung des Art. 6 BayBO durch die Novelle 2007 (unter Wegfall des bisherigen Art. 7 BayBO 1998) ist die Systematik des Abstandsflächenrechts nunmehr leichter zu begreifen. Gleichwohl ist auch die Neuregelung durch ein vielfältiges Nebeneinander von Grundsätzen und Ausnahmen gekennzeichnet, die ein sehr genaues Arbeiten am Gesetzestext unverzichtbar machen. Das gilt gleichermaßen für Theorie und Praxis und vor allem für die Klausur.

4. Grundbegriffe des Abstandsflächenrechts

22   a) Mit dem Begriff der **Abstandsfläche** wird eine gedachte Fläche bezeichnet, die in der Horizontalen vor der Außenwand eines Gebäudes (oder einer Anlage mit gebäudegleicher Wirkung) liegt. Die Abstandsfläche ist damit – vereinfacht ausgedrückt – die am Fußpunkt nach außen geklappte Außenwand.

---

[335] Diese Konstellation war z. B. in der Klausur Nr. 6 der ersten juristischen Staatsprüfung 2001/1 in Bayern zur Lösung gestellt.
[336] BayVGH v. 29. 4. 2004, Az.: 2 CS 04.821.

Schaubild:

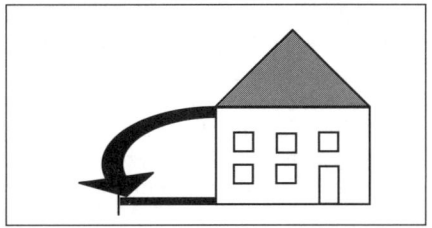

b) Abstandsflächen sind zunächst vor **Gebäuden** i.S.v. Art. 2 Abs. 2 Bay- 23
BO[337] einzuhalten. Der Gebäudebegriff in Art. 6 Abs. 1 S. 1 BayBO ist dabei mit dem planungsrechtlichen Vorhabensbegriff in § 29 Abs. 1 BauGB **nicht identisch**[338]. Das hat zur Folge, dass, wenn Gegenstand eines (bauplanungsrechtlichen) Vorhabens die Errichtung mehrerer – nicht zusammengebauter (siehe Art. 6 Abs. 6 S. 3 BayBO; diese sind wie ein Gebäude zu behandeln) – Gebäude ist, abstandsflächenrechtlich grundsätzlich jedes Gebäude für sich betrachtet werden muss.

Art. 6 Abs. 1 S. 1 BayBO gilt sinngemäß für andere Anlagen (siehe Art. 2 24
Abs. 1 S. 4 BayBO), wenn diese selbständig sind und von ihnen Wirkungen wie von einem Gebäude ausgehen (Art. 6 Abs. 1 S. 2 BayBO; sog. **gebäudegleiche Wirkung**). Bei der Beurteilung, ob von einer Anlage Wirkungen wie von Gebäuden ausgehen, ist in 1. Linie auf die körperliche bzw. optische Wirkung einer Anlage oder Einrichtung im Raum abzustellen, die auf das Bedürfnis der Nachbarn nach ausreichender Belichtung, Besonnung und Belüftung sowie nach ausreichendem Schutz vor optischer Beengung und Wahrung der Privatsphäre in gleicher Weise und Intensität einwirken kann wie ein Gebäude[339]. Insofern spielt die Größe einer Anlage eine wesentliche Rolle[340]. Daneben ist aber auch die Funktion/die Nutzung der (baulichen) Anlage zu berücksichtigen[341]. Folglich ist im Hinblick auf den soeben beschriebenen Sinn und Zweck des Abstandsflächenrechts jeweils im Einzelfall zu untersuchen, ob von einer kein Gebäude darstellenden (baulichen) Anlage negative Auswirkungen ausgehen, die denen vergleichbar sind, die die Abstandsflächenvorschriften verhindern sollen. Dabei kann auch Art. 57 Abs. 1 Nr. 17e BayBO als Auslegungshilfe herangezogen werden[342], mit der Folge, dass unbedeutenden (baulichen) Anlagen i.S.d. Vorschrift keine gebäudegleiche Wirkung nach Art. 6 Abs. 1 S. 2 BayBO zukommt.

Beispiele:
- **Mauern:** hier gilt nach der Rechtsprechung die Faustformel, wonach von einer gebäudegleichen Wirkung von Mauern über 2 Metern Höhe stets und von Mau-

---

[337] Siehe hierzu die Ausführungen unter Kapitel 2 Teil 2 Rn. 23 ff.
[338] BayVGH v. 31. 5. 2000, Az.: 2 ZS 00.678.
[339] BayVGH, NVwZ-RR 2009, 992 [994].
[340] BayVGH v. 9. 8. 2007, Az.: 25 B 05.1341 m.w.N.
[341] Z.B. BayVGH v. 3. 5. 1999, Az.: 15 B 96.189; Dhom in Simon/Busse, BayBO, zu Art. 6 Rn. 26.
[342] BayVGH v. 30. 10. 1992, Az.: 14 B 89.2521; BayVGH v. 11. 5. 2005, Az.: 25 ZB 05.175.

ern zwischen 1,50 Metern und 2 Metern Höhe je nach Lage des Einzelfalles auszugehen ist[343]. Diesen Grundsätzen entsprechend wurde die gebäudegleiche Wirkung von Mauern bejaht bei einer Grenzmauer, die bis zu 1,80 Meter hoch und 23 Meter lang war[344], bei einer Friedhofsmauer von 1,65 Metern Höhe und 35 Metern Länge[345], nicht dagegen bei einem Sichtschutzzaun, der nicht blickdicht und für Licht und Luft durchlässig war[346]. Art. 57 Abs. 1 Nr. 7a BayBO kann dabei nicht unbedingt als Auslegungshilfe herangezogen werden.

- **Wälle:** es gelten die Grundsätze für Mauern entsprechend[347]; daher wurde die gebäudegleiche Wirkung z. B. bejaht bei einem 2 Meter hohen und 16 Meter langen Wall[348].
- **Werbeanlage im Euroformat** in einer Höhe von 1,30 m[349].
- **Weitere Beispiele:** *Windkraftanlage,* wobei die Rotorhaube auf einem 63 Meter hohem, dreiteiligem Stahlrohrturm, der am Turmfuß einen Durchmesser von ca. 3 Metern und an der Spitze einen solchen von ca. 1,20 Metern hat, sitzt *(bejaht[350]);* ein auf Pfosten ruhendes „*Rankgerüst*" über Stellplätze mit wildem Wein bewachsen" auf einer Länge von ca. 17 Metern, bei einer Breite von 5 Metern und einer Höhe von 2,30 Metern *(bejaht[351]); Holzstapel,* wenn die Anlage einer Mauer vergleichbar ist *(bejaht[352]).*

25 c) Die Tiefe der Abstandsfläche bestimmt sich nach der **Wandhöhe** (Art. 6 Abs. 4 S. 1 HS. 1 BayBO); sie wird senkrecht zur Wand gemessen (HS. 2). Als Wandhöhe gilt dabei das Maß von der natürlichen oder festgelegten Geländeoberfläche bis zum Schnittpunkt der Wand mit der Dachhaut oder bis zum Abschluss der Wand (Art. 6 Abs. 4 S. 2 BayBO). Der untere Bezugspunkt für die Wandhöhe ist folglich im Grundsatz die **natürliche Geländeoberfläche** vor Durchführung der in Mitten stehenden Baumaßnahme. Hiervon abweichend kann aber auch ein anderer unterer Bezugspunkt, wie z. B. die Oberkante des Rohfußbodens, festgesetzt werden. Hierzu ist aber eine ausdrückliche Regelung, z. B. im Bebauungsplan oder in der Baugenehmigung, erforderlich[353]. Ohne ausdrückliche Festsetzung ist die natürliche Geländeoberfläche maßgeblich. Zudem sollte mit der Festsetzung eines anderen unteren Bezugspunktes für die Wandhöhe Zurückhaltung geübt werden

---

[343] BayVGH v. 26. 10. 1995, Az.: 26 B 95.1282; BayVGH v. 24. 4. 1996, Az.: 26 CS 96.876; BayVGH v. 3. 5. 2001, Az.: 2 ZB 01.983; BayVGH v. 13. 7. 2001, Az.: 15 ZB 01.246.
[344] BayVGH v. 13. 7. 2001, Az.: 15 ZB 01.246.
[345] VG München v. 24. 6. 1997, Az.: M 1 K 96.792.
[346] BayVGH v. 3. 5. 2001, Az.: 2 ZB 01.983.
[347] Vgl. etwa BayVGH v. 8. 2. 1999, Az.: 15 ZS 98.3375.
[348] BayVGH v. 3. 5. 1999, Az.: 15 B 96.189.
[349] BayVGH, BayVBl. 2006, 114; OVG Berlin-Brandenburg, LKV 2007, 478: ab 2 m Höhe.
[350] BayVGH v. 12. 3. 1999, Az.: 2 ZB 98.3014; OVG Bautzen, LKV 2007, 476; zur Berechnung der Tiefe der **Abstandsfläche bei Windkraftanlagen** siehe grundlegend BayVGH, NVwZ-RR 2009, 992.
[351] BayVGH v. 8. 1. 1999, Az.: 14 ZS 98.3418.
[352] BayVGH v. 25. 4. 2000, Az.: 25 ZB 00.365; BayVGH v. 13. 3. 1998, Az.: 1 ZS/CS 97.3288.
[353] Rauscher in Simon/Busse, BayBO, zu Art. 6 Rn. 171; vgl. etwa BayVGH v. 31. 5. 2000, Az.: 2 ZS 00. 678.

bzw. ist eine andere Festlegung nur in Ausnahmefällen angebracht[354], da ansonsten die Abstandsflächenregelungen allzu leicht manipuliert werden könnten.

Schaubild:

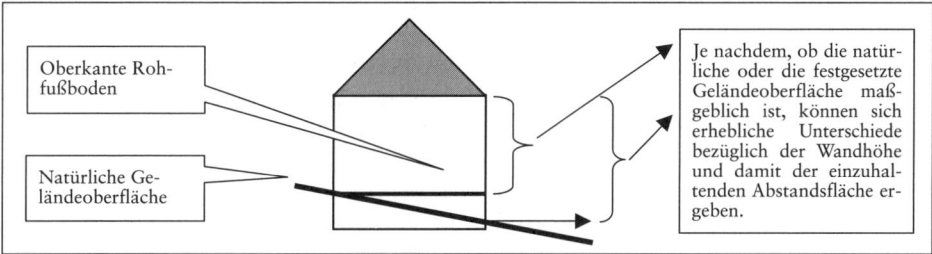

d) Die Tiefe der Abstandsfläche beträgt **1 H,** mindestens 3 Meter (Art. 6 Abs. 5 S. 1 BayBO). „H" ist dabei in Art. 6 Abs. 4 BayBO definiert und ergibt sich aus:

- Wandhöhe (Art. 6 Abs. 4 S. 2 BayBO; siehe oben) plus
- ggf. Dächer (Art. 6 Abs. 4 S. 3 BayBO), wenn steiler als 45 Grad, plus
- ggf. Giebelflächen (Art. 6 Abs. 4 S. 4 BayBO: ab 70 Grad Dachneigung voll, im Übrigen zu $1/3$)[355].

Vor die Außenwand vortretende Bauteile, wie z.B. Gesimse, Dachüberstände (vgl. Art. 6 Abs. 8 Nr. 1 BayBO), untergeordnete[356] Vorbauten wie Balkone und eingeschossige Erker, letztere nur, wenn sie bestimmte in Art. 6 Abs. 8 Nr. 2 BayBO genannten Voraussetzungen erfüllen, sowie – eingefügt durch das Gesetz vom 27. 7. 2009 (GVBl. S. 385)[357] – untergeordnete Dachgauben, sofern sie die in Art. 6 Abs. 8 Nr. 3 a) und b) BayBO genannten Voraussetzungen erfüllen, bleiben allerdings bei der Ermittlung von H außer Betracht.

Beispiel: Ein 2 Meter breiter und 1 Meter tiefer Balkon im 1. Stock einer 10 Meter breiten Fassade eines Gebäudes, der einen Abstand zur Nachbargrenze von 2 Metern einhält, bleibt bei der Ermittlung der Abstandsfläche gemäß Art. 6 Abs. 8 Nr. 2 BayBO außer Betracht; anders dagegen, wenn der Balkon praktisch über die

---

[354] Rauscher in Simon/Busse, BayBO, zu Art. 6 Rn. 173.

[355] Durch Abs. 4 S. 3 und S. 4 wollte der Gesetzgeber Bauformen privilegieren, die gegenüber einer senkrecht stehenden Wandfläche mindere Auswirkungen haben, weil die in Bezug genommenen Bauteile nur in sich verjüngender oder gegenüber der Außenwand zurücktretender Form auf das Abstandsflächenrecht einwirken; vgl. BayVGH, NVwZ-RR 2009, 992 [993].

[356] „Untergeordnet" sind Vorbauten, wenn sie nach ihrer Art und ihrem Umfang sowie nach ihren Auswirkungen dem Gesamtbauvorhaben gegenüber nicht nennenswert in Gewicht fallen oder in Erscheinung treten; sie müssen im Verhältnis hierzu von der Baumasse her unbedeutend erscheinen; so schon BayVGH, VGH n.F. 28, 29 [30].

[357] Durch die Einfügung der Nr. 3 wurde die von Pauli-Gerz/Schlämmer, BayVBl. 2008, 527, aufgezeigte und durch die Novelle 2007 verursachte Lücke im Abstandsflächenrecht geschlossen.

gesamte Fassade des Gebäudes verläuft, denn dann nimmt er mehr als 5 m der Außenwand in Anspruch (vgl. Art. 6 Abs. 8 Nr. 2 a BayBO).

5. Erforderlichkeit einer Abstandsfläche

28   Nach Art. 6 Abs. 1 S. 1 BayBO bzw. Art. 6 Abs. 1 S. 2 BayBO ist vor der Außenwand eines jeden Gebäudes oder einer jeden Anlage mit gebäudegleicher Wirkung eine Abstandsfläche einzuhalten. Von diesem Grundsatz enthält Art. 6 Abs. 9 S. 1 BayBO wiederum **Ausnahmen**. Danach sind in den Abstandsflächen eines Gebäudes sowie ohne eigene Abstandsflächen, auch wenn sie nicht an die Grundstücksgrenze oder an das Gebäude angebaut werden, zulässig:
- Garagen (vgl. Art. 2 Abs. 8 S. 2 BayBO) einschließlich deren Nebenräume, überdachte Tiefgaragenzufahrten und Aufzüge zu Tiefgaragen und Gebäude ohne Aufenthaltsräume und Feuerstätten mit einer mittleren Wandhöhe bis zu 3 m und einer Gesamtlänge je Grundstücksgrenze von 9 m, bei einer Länge dieser Grundstücksgrenze[358] von mehr als 42 m, darüber hinaus freistehende Gebäude ohne Aufenthaltsräume und Feuerstätten mit einer mittleren Wandhöhe bis zu 3 m, nicht mehr als 50 m³ Brutto-Rauminhalt und einer Gesamtlänge je Grundstücksgrenze von 5 m (Nr. 1)[359]; diese Regelung verletzt weder das Eigentumsgrundrecht des Nachbarn (Art. 14 Abs. 1 GG, Art. 103 Abs. 1 BV) noch steht sie in einem Wertungswiderspruch zu den bürgerlich-rechtlichen Regeln über Abstandsflächen von Gewächsen nach Art. 47 Abs. 1 AGBGB[360].
- gebäudeunabhängige Solaranlagen mit einer Höhe bis zu 3 m und einer Gesamtlänge je Grundstücksgrenze von 9 m (Nr. 2),
- Stützmauern und geschlossene Einfriedungen in Gewerbe- und Industriegebieten, außerhalb dieser Baugebiete mit einer Höhe bis zu 2 m (Nr. 3).

29   Die Regelung ermöglicht somit die Errichtung bestimmter (untergeordneter) baulicher Anlagen nicht nur alternativ an der Grenze bzw. als Anbau an ein anderes Gebäude oder unter Einhaltung einer Abstandsfläche, sondern auch (nur) grenz- und gebäudenah. Das war nach dem bis zum 31. 12. 2007 geltenden Recht nicht möglich. Gemäß Art. 6 Abs. 9 S. 2 BayBO darf allerdings die Länge der die Abstandsflächentiefe gegenüber den Grundstücksgrenzen nicht einhaltenden Bebauung nach Art. 6 Abs. 9 S. 1 Nr. 1 und Nr. 2 BayBO auf einem Grundstück insgesamt 15 m nicht überschreiten. Tut sie es doch, kann sie nur im Wege einer Abweichung (Art. 63 BayBO) zugelassen werden; wird eine solche nicht erteilt, ist die entsprechende Bebauung unzulässig.

6. Verhältnis des Abstandsflächenrechts zum Bauplanungsrecht

30   Es ist nicht bestreitbar, dass durch die Regelungen über die Abstandsflächen auch bauplanerische „Ergebnisse" erzielt werden. So dürfte es im Er-

---

[358] Es kommt also auf die einzelne und nicht auf die Summe aller Grundstücksgrenzen an; vgl. LT-Drucks. 16/375 S. 12.
[359] Abweichend von Art. 6 Abs. 4 BayBO bleibt dabei bei einer Dachneigung bis zu 70 Grad die Höhe von Dächern und Giebelflächen unberücksichtigt (Art. 6 Abs. 9 S. 1 Nr. 1 HS. 2 BayBO).
[360] BayVerfGH, NVwZ 2010, 580 = ZfBR 2010, 139 = BayVBl. 2010, 338.

B. Das Grundstück und seine Bebauung

gebnis unerheblich sein, ob sich der Abstand von zwei Gebäuden aus den Festsetzungen eines Bebauungsplanes über die überbaubare Grundstücksfläche, über Baulinien und/oder über Baugrenzen (vgl. § 23 BauNVO)[361] ergibt, oder aus dem landesrechtlichen Abstandsflächenrecht. Des Weiteren ist offensichtlich, dass bauplanungsrechtliche und abstandsflächenrechtliche Anforderungen miteinander unvereinbar sein können.

Beispiel: Nach Bebauungsplan (Festsetzung einer Baulinie gemäß § 23 Abs. 2 BauNVO) muss in einem Abstand von 2 Metern zur Grundstücksgrenze gebaut werden; nach Art. 6 Abs. 4 S. 1, Abs. 5 S. 1 BayBO ist aber ein Mindestabstand von 3 Metern erforderlich.

In dieser Situation ist der **planungsrechtliche Vorbehalt**, unter dem das Abstandsflächenrecht steht und der in Art. 6 Abs. 1 S. 3, Abs. 5 S. 3 und S. 4 BayBO zum Ausdruck kommt, zu beachten:

- So räumt **Art. 6 Abs. 1 S. 3 BayBO** dem Bauplanungsrecht den Vorrang ein, soweit es die Errichtung von Gebäuden ohne Grenzabstand regelt[362]. Dazu gehören die Vorschriften über die überbaubare Grundstücksfläche in Bebauungsplänen nach § 9 Abs. 1 Nr. 2 BauGB i.V.m. § 23 BauNVO, über die geschlossene oder überwiegend geschlossene Bauweise nach § 9 Abs. 1 Nr. 2 BauGB i.V.m. § 22 BauNVO sowie Festsetzungen nach § 9 Abs. 1 Nr. 2a BauGB. Dieser Vorrang gilt auch für den nicht beplanten Innenbereich, denn bauplanungsrechtlich ist ein Vorhaben nach § 34 Abs. 1 BauGB nur zulässig, wenn es sich – auch – hinsichtlich der Bauweise und der überbaubaren Grundstücksfläche in die Eigenart der näheren Umgebung[363] einfügt[364].
- Im Unterschied zu Art. 6 Abs. 1 S. 3 BayBO, wonach ggf. gar keine Abstandsfläche erforderlich ist, befasst sich **Art. 6 Abs. 5 S. 3 BayBO** mit der Tiefe der Abstandsfläche und räumt auch insoweit dem Bauplanungsrecht den Vorrang ein. Voraussetzung ist allerdings, dass sich aus den Festsetzungen des Bebauungsplans klar und eindeutig das zu Art. 6 Abs. 5 S. 1 und S. 2 BayBO abweichende Abstandsflächenmaß ergibt. Einer insoweit konkreten Festsetzung bedarf es allerdings nicht, wenngleich diese gemäß § 9 Abs. 1 Nr. 2a BauGB nunmehr möglich ist; es genügt, wenn sich das abweichende Abstandsflächenmaß jedenfalls mittelbar (z.B. über Bauli-

---

[361] Vgl. BayVGH v. 31. 3. 2005, Az.: 2 ZB 04.2673; siehe auch BayVGH, BayVBl. 2009, 751.
[362] Siehe hierzu etwa Schröer, NZBau 2008, 243.
[363] Dhom in Simon/Busse, BayBO, zu Art. 6 Rn. 34; zu weiteren Einzelheiten siehe auch bei § 34 BauGB.
[364] Da insofern allein der sich nach § 34 Abs. 1 BauGB ergebende Rahmen maßgeblich ist, muss der Innenbereich kein sog. städtebauliches Ordnungssystem aufweisen; der BayVGH (vgl. BayVGH, BauR 2000, 1038 m.w.N.; BayVGH v. 22. 11. 2006, Az.: 25 B 05.1714; BayVGH, BayVBl. 2011, 81; BayVGH v. 20. 10. 2010, Az.: 14 B 09.1616; siehe auch BayVGH, BayVBl. 2009, 751) hat daher zu recht die frühere, gegenteilige Ansicht (vgl. etwa BayVGH, BayVBl. 1998, 534), wonach Abs. 1 S. 3 nur einschlägig war, wenn im gesamten maßgeblichen Bereich nur geschlossene Bauweise vorhanden ist, aufgegeben.

nien etc.) aus dem Bebauungsplan ergibt[365]. Art. 6 Abs. 5 S. 1 und S. 2 BayBO finden daher grundsätzlich keine Anwendung, es sei denn, in der städtebaulichen Satzung (Bebauungsplan, Satzung nach § 34 Abs. 4 BauGB bzw. nach § 35 Abs. 6 BauGB) oder in der maßgeblichen örtlichen Bauvorschrift nach Art. 81 BayBO ist ausdrücklich die Geltung der genannten Vorschriften angeordnet. Die Gemeinde kann somit, sie muss aber nicht, Art. 6 Abs. 5 S. 1 und S. 2 BayBO in Geltung versetzen.

Im obigen **Beispiel** wäre daher gemäß Art. 6 Abs. 5 S. 3 BayBO die Festsetzung im Bebauungsplan (Baulinie) maßgeblich, so dass mit einem Abstand zur Grundstückgrenze von 2 Metern zu bauen ist. Ein Anhaltspunkt dafür, dass die Gemeinde die Geltung der Art. 6 Abs. 5 S. 1 und S. 2 BayBO im Bebauungsplan angeordnet hätte, besteht nicht.

- Der durch das Gesetz vom 27. 7. 2009 (GVBl. S. 385) neu eingefügte **Abs. 5 S. 4** erklärt Abs. 5 S. 3 für entsprechend anwendbar, wenn sich einheitlich abweichende Abstandsflächentiefen aus der umgebenden Bebauung i. S. v. § 34 Abs. 1 S. 1 BauGB ergeben. Erforderlich ist insofern, dass sich aus der Umgebungsbebauung eine einheitliche (abweichende) Abstandsflächentiefe ergibt. Das kann namentlich bei sog. Traufgassen der Fall sein. Nicht von S. 4 erfasst werden dagegen solche Bereiche, in denen die Umgebungsbebauung lediglich einen von den gesetzlichen Abstandsflächentiefen abweichenden Rahmen und damit eine Bandbreite von Abstandsflächentiefen vorgibt[366]. Die für S. 4 maßgebliche Umgebungsbebauung bestimmt sich dabei nach den zu § 34 Abs. 1 BauGB entwickelten Kriterien.

Wie sich aus dem eindeutigen Wortlaut des von S. 4 in Bezug genommenen S. 3 ergibt, kann das Vorliegen der dargestellten Voraussetzungen nur zu einer Verringerung oder Vergrößerung der vorgeschriebenen Abstandsflächentiefe führen, nicht jedoch zu einem völligen Verzicht auf Abstandsflächen, wie z. B. bei einem Grenzbau[367].

7. Lage der Abstandsflächen

a) Nach Art. 6 Abs. 2 S. 1 BayBO müssen die Abstandsflächen im Grundsatz auf dem (Bau-)Grundstück liegen. Grund für die Regelung ist, dass andernfalls wegen des Überdeckungsverbots von Abstandsflächen nach Art. 6 Abs. 3 S. 1 HS. 1 BayBO und des Gebots, die Abstandsflächen von oberirdischen baulichen Anlagen frei zu halten, die Bebaubarkeit des Nachbargrundstücks erheblich eingeschränkt, ggf. sogar verhindert würde, und letztlich nur der „schnellere" Bauherr zum Zuge käme[368].

Etwas anderes gilt allerdings dann, wenn sich die Abstandsfläche ausnahmsweise **auf das Nachbargrundstück** erstrecken darf. Das ist in folgenden Fällen möglich:

---

[365] BayVGH v. 17. 1. 2001, Az.: 2 ZS 00.3285 m. w. N.
[366] Jäde, BayVBl. 2009, 709 [716]; LT-Drucks. 16/375 S. 11.
[367] BayVGH v. 20. 10. 2010, Az.: 14 B 09.1616.
[368] Vgl. BayVGH v. 12. 7. 1999, Az.: 14 B 95.2069.

- Bei dem Nachbargrundstück handelt es sich um eine öffentliche Verkehrsfläche, eine öffentliche Grünfläche oder eine öffentliche Wasserfläche; nach Art. 6 Abs. 2 S. 2 BayBO kann die Hälfte dieser Flächen für die erforderliche Abstandsfläche in Anspruch genommen werden.
- Der Nachbar übernimmt die Abstandsfläche (ganz oder zum Teil) auf sein Grundstück (Art. 6 Abs. 2 S. 3 HS. 1 TS. 2 BayBO). Hierzu bedarf es einer ausdrücklichen schriftlichen Erklärung des Nachbarn gegenüber der Bauaufsichtsbehörde. Die schriftliche Erklärung des Nachbarn kann dabei nicht durch eine Zustimmung in elektronischer Form ersetzt werden (vgl. Art. 6 Abs. 2 S. 3 HS. 1 TS. 2 BayBO). Inhalt der Erklärung ist vor allem die Zustimmung des Nachbarn, dass sich die Abstandsfläche in einer bestimmten Tiefe und Breite auf das Nachbargrundstück erstrecken darf. Wegen des Überdeckungsverbots (Art. 6 Abs. 3 S. 1 HS. 1 BayBO) ist eine Übernahme der Abstandsfläche aber nur möglich, wenn in diesem Bereich noch keine Abstandsfläche zu liegen kommt. Darüber hinaus bewirkt die Übernahme, dass der Nachbar die entsprechende Fläche für die Abstandsflächen eines eigenen Vorhabens nicht mehr in Anspruch nehmen kann (vgl. Art. 6 Abs. 2 S. 4 BayBO). Die Zustimmung zur Abstandsflächenübernahme wirkt auch für und gegen dessen Rechtsnachfolger (vgl. Art. 6 Abs. 2 S. 3 HS. 2 BayBO).
- Ferner dürfen sich Abstandsflächen ganz oder teilweise auf andere Grundstücke erstrecken, wenn rechtlich oder tatsächlich gesichert ist, dass sie nicht überbaut werden (Art. 6 Abs. 2 S. 3 HS. 1 TS. 1 BayBO). Hierbei muss es sich um Gründe handeln, die die **Bebaubarkeit auf Dauer** ausschließen[369]. **Tatsächliche Gründe** der Unbebaubarkeit wären etwa gegeben, wenn das Nachbargrundstück als Zufahrt zu einem anderen Grundstück genutzt wird und so schmal ist, dass daneben keine Bauwerke mehr errichtet werden können[370], oder wenn aus topografischen Gründen eine Bebauung ausscheidet (z.B. Steilhang, private Wasserfläche). **Rechtliche Gründe** können sich aus dem öffentlichen und dem privaten Recht ergeben. Zu denken wäre etwa an ein durch Dienstbarkeit gesichertes Bauverbot. Nicht ausreichend ist dagegen die Ausweisung einer Fläche in einem Bebauungsplan z.B. als öffentliche Grünfläche, weil diese Festsetzung jederzeit von der Gemeinde im Wege der Bebauungsplanänderung aufgehoben oder von dieser Festsetzung nach § 31 Abs. 2 BauGB befreit und damit ein Baurecht begründet werden könnte; dieser rechtliche Grund schließt mithin die Bebaubarkeit nicht auf Dauer aus.

Soweit ein Nachbargrundstück tatsächlich oder rechtlich (dauerhaft) nicht bebaut werden kann, und die Regelung in Art. 6 Abs. 2 S. 3 HS. 1 TS. 1 BayBO zwei Grundstücken zugute kommen könnte, ist der Rechtsgedanke des Art. 6 Abs. 2 S. 2 BayBO entsprechend anzuwenden, d.h. jedes dieser Grundstücke kann die Hälfte des tatsächlich oder rechtlich nicht bebaubaren Grundstücks für seine Abstandsfläche in Anspruch nehmen. Dies folgt daraus, dass der Gesetzgeber auch mit der Regelung in

---

[369] Siehe etwa BayVGH v. 12. 7. 1999, Az.: 14 B 95.2069.
[370] Siehe hierzu etwa BayVGH, NVwZ-RR 2007, 83.

Art. 6 Abs. 2 S. 3 HS. 1 TS. 1 BayBO wohl kein Recht für den schnelleren Bauherrn schaffen wollte[371].

Liegen die Voraussetzungen dafür, dass sich eine Abstandsfläche auf das Nachbargrundstück erstrecken darf, nicht vor, dann bewirkt die gegen Abstandsflächenrecht verstoßende Errichtung eines Gebäudes oder einer gebäudegleichen Anlage nicht, dass dessen Abstandsfläche dann (teilweise) auf dem Nachbargrundstück zu liegen käme. Folglich muss eine entsprechende (fiktive) Fläche bei der Errichtung von Gebäuden oder gebäudegleichen Anlagen auf dem Nachbargrundstück weder vom Nachbarn freigehalten werden noch dürfen diese Abstandsflächen auf die auf dem Nachbargrundstück für ein Bauwerk erforderlichen Abstandsflächen angerechnet werden. Für das Nachbargrundstück bedeutet somit die Überschreitung der Abstandsflächen keine Rechtsverkürzung in Bezug auf die für dieses Grundstück maßgeblichen Abstandsflächen[372].

34 b) Gemäß Art. 6 Abs. 3 HS. 1 BayBO dürfen sich die Abstandsflächen ferner nicht überdecken (sog. **Überdeckungsverbot**). Auch von diesem Grundsatz gibt es Ausnahmen, die in HS. 2 geregelt sind. Eine Überdeckung ist danach für Außenwände möglich, die in einem Winkel von mehr als 75° zueinander stehen (Art. 6 Abs. 3 HS. 2 Nr. 1 BayBO).

Schaubild:

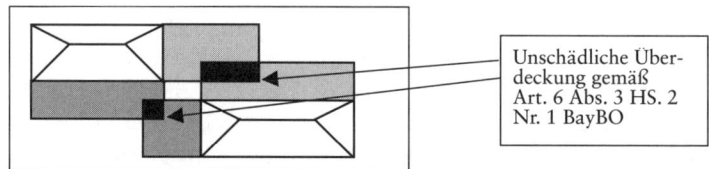

35 Ferner gilt das Überdeckungsverbot nicht für Außenwände zu einem fremder Sicht entzogenen Gartenhof bei Wohngebäuden der Gebäudeklassen 1 und 2 (vgl. Art. 6 Abs. 3 HS. 2 Nr. 2 i.V.m. Art. 2 Abs. 3 Nr. 1 und Nr. 2 BayBO), sowie bei Gebäuden und anderen baulichen Anlagen, die in den Abstandsflächen zulässig sind (Art. 6 Abs. 3 HS. 2 Nr. 3 i.V.m. Art. 6 Abs. 9 BayBO).

8. Tiefe der Abstandsfläche

a) Grundsatz

36 Nach Art. 6 Abs. 5 S. 1 BayBO beträgt die Tiefe der Abstandsfläche 1 H (vgl. hierzu oben), mindestens 3 Meter.

37 Von diesem Grundsatz enthält zunächst Art. 6 Abs. 5 S. 2 BayBO **Ausnahmen**:
- In Kerngebieten (§ 7 BauNVO) genügt eine Tiefe von 0,5 H, mindestens 3 Meter;
- In Gewerbe- (§ 8 BauNVO) und Industriegebieten (§ 9 BauNVO) ist eine Tiefe von 0,25 H, mindestens aber 3 Meter, ausreichend

---

[371] BayVGH v. 17. 10. 1995, Az.: 26 CS 95.3108.
[372] BayVGH, BayVBl. 2009, 694 in Klarstellung zu BayVGH, BayVBl. 2002, 499; siehe zum Problem auch Troidl, BayVBl. 2011, 389.

B. Das Grundstück und seine Bebauung

Zu beachten ist dabei, dass es nach dem Wortlaut des Art. 6 Abs. 5 S. 2 **38** BayBO lediglich darauf ankommt, ob das Grundstück, auf dem das abstandsflächenrelevante Vorhaben verwirklicht werden soll, in dem für die (abweichende) Bestimmung der Abstandsflächentiefe maßgeblichen Gebiet liegt. Die Zugehörigkeit eines Grundstücks zu einem bestimmten Baugebiet bleibt folglich auch dann maßgebend, wenn das Grundstück an der Grenze des Baugebiets liegt. Die Einhaltung einer im benachbarten Baugebiet geltenden höheren Abstandsfläche ist dem entsprechend bauordnungsrechtlich nicht erforderlich.

Schaubild:

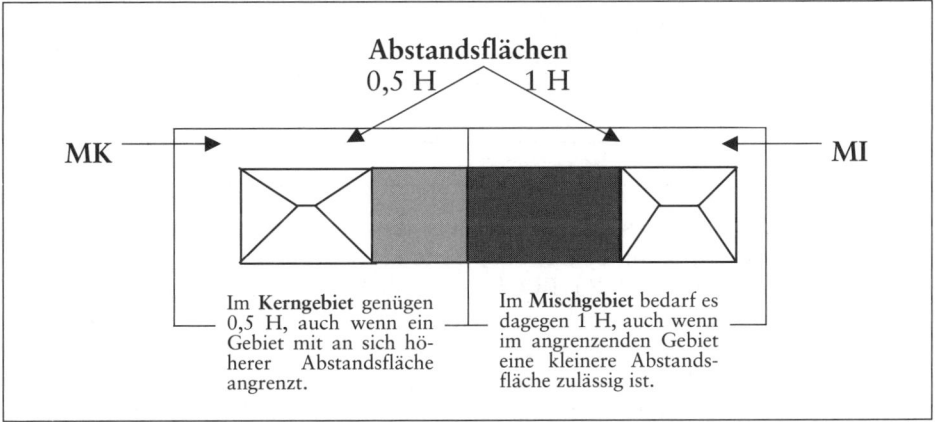

b) Das sog. 16-Meter-Privileg (Art. 6 Abs. 6 BayBO)

Nach Art. 6 Abs. 6 S. 1 BayBO genügt vor zwei Außenwänden von nicht **39** mehr als je 16 m Länge als Tiefe der Abstandsfläche die Hälfte der nach Art. 6 Abs. 5 BayBO erforderlichen Tiefe, mindestens 3 m. Maßgeblich sind dabei nur die **abstandsflächenrelevanten Außenwandteile**[373]. Das sind diejenigen Wandteile, die näher als das Tiefenmaß nach Art. 6 Abs. 5 BayBO an die Grundstücksgrenze bzw. an die Abstandsfläche eines anderen Gebäudes auf dem gleichen Grundstück herangerückt werden sollen; es ist somit nicht die tatsächliche Länge der Außenwand entscheidend, sondern nur die Länge der Außenwand, die die Abstandsfläche von 1 H nicht einhält. Bei der Bestimmung der abstandsflächenrelevanten Teile einer Außenwand im Sinn des Art. 6 Abs. 6 BayBO ist dabei für Gebäude mit versetzten Außenwandteilen die Wandhöhe und damit die Abstandsflächentiefe nach Art. 6 Abs. 5 S. 1 BayBO für jeden Wandteil gesondert zu ermitteln[374]. Kann für einen Teil der betreffenden Außenwand, sei es aufgrund einer Gliederung durch Vor- oder Rücksprünge oder infolge eines abknickenden oder schrägen Grenzverlaufs,

---

[373] Vgl. BayVGH, VGH n. F. 39, 9.
[374] BayVGH, VGH n. F. 39, 9; nach Ansicht des Gesetzgebers der Novelle 2007 versteht es sich von selbst, dass bei versetzten Außenwandteilen die Wandhöhe jeweils gesondert zu ermitteln ist; vgl. LT-DS 15/7161 S. 42.

die volle Abstandsflächentiefe nach Art. 6 Abs. 5 BayBO eingehalten werden, so genügt für den verbleibenden Teil der Außenwand – auch wenn diese insgesamt über 16 m lang ist – nach Art. 6 Abs. 6 S. 1 BayBO die halbe Abstandsflächentiefe, sofern dieser verbleibende Außenwandteil maximal 16 m misst[375].

Schaubild:

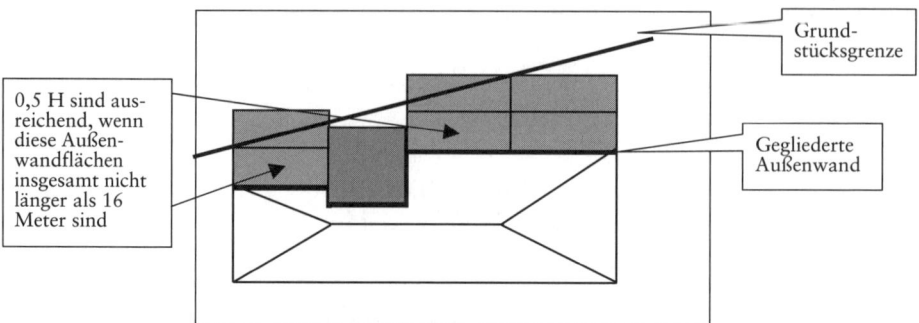

40 Auf welcher Gebäudeseite der Bauherr das sog. 16-Meter-Privileg in Anspruch nehmen will, kann er frei bestimmen[376].

41 Art. 6 Abs. 6 S. 1 HS. 1 BayBO findet allerdings keine Anwendung, wenn die Abstandsflächentiefe des Art. 6 Abs. 5 S. 1 BayBO vor mehr als zwei Außenwänden unterschritten wird, mit der Folge, dass das Vorhaben dann allein nach Art. 6 Abs. 5 S. 1 BayBO zu beurteilen ist. Wird dem entsprechend die erforderliche Abstandsfläche vor mehr als zwei Außenwänden nicht eingehalten, kann das Vorhaben nur zugelassen werden, wenn für **jede** Abstandsflächenunterschreitung eine Abweichung nach Art. 63 BayBO erteilt werden kann[377].

Begründet wird diese – noch zu Art. 6 Abs. 5 BayBO 1998 ergangene, aber für den gleichlautenden Art. 6 Abs. 6 BayBO ebenso geltende – Rechtsprechung, der zuzustimmen ist, zunächst damit, dass Art. 6 Abs. 5 S. 1 BayBO die Einhaltung einer Abstandsflächentiefe von 1 H als Grundregel aufstellt, von der Art. 6 Abs. 6 S. 1 BayBO als Ausnahme eine Verkürzung der Abstandsflächentiefe auf 0,5 H vor zwei Außenwänden zulasse. Ferner spreche dafür, dass sich diese Auslegung besser in die Systematik des Gesetzes einfüge und nicht in Konflikt mit der allgemein bestehenden Möglichkeit, gemäß Art. 63 BayBO die Zulassung von Abweichungen zu erlangen, gerate. Schließlich werde nur bei einer solchen Auslegung den Erfordernissen des Nachbarschutzes in ausreichender Weise genügt, weil bei einer Kombination von Art. 6 Abs. 6 BayBO und Abweichung nach Art. 63 BayBO die Abwehrmöglichkeiten für den Nachbar unzumutbar verkürzt würden. Auch wenn das Abstandsflächenrecht im vereinfachten Genehmigungsverfahren nach Art. 59 BayBO nicht mehr geprüft wird, hat diese Rechtsprechung im Hinblick auf Art. 59 S. 1 Nr. 2 BayBO und Art. 68 Abs. 1 S. 1 HS. 2 BayBO nach wie vor ihre Berechtigung.

---

[375] BayVGH v. 25. 4. 1998, Az.: 2 B 94.2682.
[376] Vgl. etwa Hauth, BayVBl. 2000, 545 [546] m. w. N.
[377] Grundlegend: Großer Senat des BayVGH, VwRR BY 2000, 227 = DVBl. 2000, 1359 = DöV 2000, 830 = BauR 2000, 1728 [**lesenswert!**]; so bereits BayVGH, BayVBl. 1999, 246; zu Unrecht ablehnend: Hauth, BayVBl. 2000, 545 [547].

Gemäß Art. 6 Abs. 6 S. 1 HS. 2 BayBO gilt das 16-Meter-Privileg nicht in 42 Kerngebieten, Gewerbe- und Industriegebieten, da in diesen Baugebieten die Abstandsfläche gemäß Art. 6 Abs. 5 S. 2 BayBO bereits auf höchstens 0,5 H herabgesetzt ist. Ferner wird das 16-Meter-Privileg durch Art. 6 Abs. 6 S. 2 BayBO eingeschränkt für den Fall, dass ein Gebäude mit einer Außenwand oder mit zwei Außenwänden an eine Grundstücksgrenze gebaut wird.

c) Art. 6 Abs. 7 BayBO

Gemäß Art. 6 Abs. 7 BayBO kann die Gemeinde durch Satzung, die auch 43 nach Art. 81 Abs. 2 BayBO erlassen werden kann, abweichend von Art. 6 Abs. 4 Sätze 3 und 4, Abs. 5 Sätze 1 und 2 sowie Abs. 6 BayBO für ihr Gemeindegebiet oder Teile ihres Gemeindegebiets vorsehen, dass
- nur die Höhe von Dächern mit einer Neigung von weniger als 70 Grad zu einem Drittel, bei einer größeren Neigung der Wandhöhe voll hinzugerechnet wird (Nr. 1) und
- die Tiefe der Abstandsfläche 0,4 H, mindestens 3 m, in Gewerbe- und Industriegebieten 0,2 H, mindestens 3 m, beträgt (Nr. 2).

Diese Regelung will der Gesetzgeber bewusst als Experimentierklausel für die Gemeinden verstanden wissen. Nach einem angemessenen Zeitraum von vier bis fünf Jahren nach Inkrafttreten der Novelle 2007 sollen die mit dem neuen Abstandsflächenrecht gesammelten Erfahrungen evaluiert und darüber dem Bayerischen Landtag berichtet werden, der dann über das künftige Abstandsflächensystem zu entscheiden haben wird[378]. Bisher wurde von der Ermächtigung aber nur sehr zurückhaltend Gebrauch gemacht.

Die Möglichkeit des Satzungserlasses nach Art. 6 Abs. 7 BayBO steht in 44 Konkurrenz mit § 9 Abs. 1 Nr. 2a BauGB[379] sowie Art. 81 Abs. 1 Nr. 6 BayBO, die ebenfalls von Art. 6 BayBO abweichende Abstandsflächenregelungen im Wege des Satzungserlasses (Bebauungsplan oder örtliche Bauvorschrift) ermöglichen. Während aber § 9 Abs. 1 Nr. 2a BauGB und Art. 81 Abs. 1 Nr. 6 BayBO der Gemeinde sowohl die flexible Verkürzung als auch Verlängerung der Abstandsflächen erlauben, schreibt Art. 6 Abs. 7 BayBO den möglichen Satzungsinhalt genau vor; der Gemeinde verbleibt allein insoweit ein Gestaltungsspielraum, als sie entscheiden kann, ob sie in der Satzung eine Regelung gemäß Nr. 1, nach Nr. 2 oder nach beiden Vorschriften erlassen möchte. Zum anderen ist zu beachten, dass Festsetzungen in Satzungen nach Art. 6 Abs. 7 BayBO nicht zum Pflichtprüfprogramm nach Art. 59 S. 1 BayBO gehören, denn es handelt sich hierbei zwar um eine örtliche Bauvorschrift, jedoch nicht um seine solche i.S.v. Art. 81 Abs. 1 BayBO[380]. Will die Gemeinde daher sicherstellen, dass die Vorgaben einer Satzung nach Art. 6 Abs. 7 BayBO im Baugenehmigungsverfahren geprüft

---

[378] Vgl. Begründung des Gesetzentwurfs der Staatsregierung, LT-Drucks. 15/7161 S. 38.
[379] Siehe hierzu etwa Boeddinghaus, BauR 2007, 641 [643 ff.].
[380] Das setzt allerdings Art. 59 S. 1 Nr. 1 BayBO voraus.

werden, dann muss sie diese zwangsläufig in einen Bebauungsplan – nach Durchführung eines ordnungsgemäßen Bebauungsplanverfahrens – integrieren (Art. 6 Abs. 7 i. V. m. Art. 81 Abs. 2 BayBO).

d) Örtliche Bauvorschrift

45   Eine von Art. 6 BayBO abweichende Abstandsflächentiefe kann sich schließlich auch aufgrund einer Regelung in einer örtlichen Bauvorschrift nach Art. 81 Abs. 1 Nr. 6 BayBO ergeben.

9. Nachbarschutz

46   Art. 6 BayBO ist nach h. M. insgesamt **nachbarschützend**. Hält ein Gebäude daher die nach Art. 6 BayBO erforderliche Abstandsfläche nicht ein, wird der Nachbar hierdurch in seinen Rechten verletzt. Wird von der einzuhaltenden Abstandsfläche eine Abweichung erteilt (Art. 63 BayBO), so kann der Nachbar auch dagegen vorgehen mit der Begründung, die Abweichung verletze ihn in seinen durch das Abstandsflächenrecht geschützten Rechten. Ein Nachbar, der von der halben Abstandsfläche nach Art. 6 Abs. 6 BayBO betroffen ist, wird dabei auch dann in seinen Rechten verletzt, wenn vor einer anderen Gebäudeseite die dort erforderliche Abstandsfläche nicht eingehalten wird bzw. wenn das Vorhaben an drei Seiten das 16-Meter-Privileg in Anspruch nehmen müsste[381].

47   Auf eine Verletzung der Abstandsflächen kann sich ein Nachbar nach Treu und Glauben (§ 242 BGB) allerdings dann nicht berufen, wenn er selbst die erforderliche Abstandsfläche zum Baugrundstück nicht einhält, die beiderseitigen Abweichungen etwa gleichgewichtig sind und nicht zu – gemessen am Schutzzweck des Abstandsflächenrechts – schlechthin untragbaren, als Missstand (Art. 3 Abs. 1 S. 2 BayBO) zu qualifizierenden Verhältnisses führen[382].

IV. Art. 8 bis Art. 46 BayBO

48   Art. 8 bis Art. 46 BayBO sind nicht Prüfungsstoff und haben (auch über Art. 18 Abs. 1 S. 2 JAPO) bisher in den Staatsexamina keine Rolle gespielt, weshalb eine Erörterung dieser Normen entbehrlich erscheint.

V. Stellplätze (Art. 47 BayBO)

49   Durch die Novelle 2007 wurden auch die Vorschriften über die Stellplatzverpflichtung neu gefasst. Nunmehr finden sich die Regelungen – wie im Abstandsflächenrecht – in einer Norm und nicht mehr in zwei (Art. 52, 53

---

[381] BayVGH, BayVBl. 1999, 246; BayVGH, BayVBl. 1989, 19; BayVGH, BayVBl. 1986, 143; Dhom in Simon/Busse, BayBO, zu Art. 6 Rn. 604 ff.
[382] BayVGH v. 4. 2. 2011, Az.: 1 BV 08.131; BayVGH v. 16. 7. 1997, Az.: 2 B 96.201 m. w. N. für einen (unzulässigen) Grenzbau; BayVGH, BayVBl. 1995, 22 [23]; siehe auch VGH BW, BRS 71 Nr. 181.

B. Das Grundstück und seine Bebauung

BayBO 1998). Die Neuregelung bringt einige Änderungen mit sich, welche vor allem dadurch bedingt waren, dass die Einhaltung der Stellplatzverpflichtung im vereinfachten Genehmigungsverfahren (Art. 59 BayBO) nicht mehr geprüft wird[383].

Wie bisher auch, sind Stellplätze (vgl. Art. 2 Abs. 8 S. 1 BayBO) in ausreichender Zahl und Größe und in geeigneter Beschaffenheit herzustellen, wenn bauliche Anlagen errichtet werden, bei denen ein Zu- und Abfahrtsverkehr zu erwarten ist (Art. 47 Abs. 1 Satz 1 BayBO). Im Unterschied zum bisherigen Recht[384] legt aber nunmehr gemäß Art. 47 Abs. 2 Satz 1 BayBO das Bayerische Staatsministerium des Innern die Zahl der notwendigen Stellplätze durch Rechtsverordnung (verbindlich) fest, es sei denn, die Gemeinde hat gemäß Art. 81 Abs. 1 Nr. 4 BayBO eine entsprechende Regelung in einer örtlichen Bauvorschrift erlassen, dann geht diese vor (Art. 47 Abs. 2 Satz 2 BayBO). Der Gesetzgeber erwartet damit von den Gemeinden, dass sie für ihr Gemeindegebiet die Frage der erforderlichen Stellplätze in Eigenverantwortung lösen. 50

Abweichend von dem bis zum 31. 12. 2007 geltenden Recht eröffnet Art. 47 Abs. 3 BayBO dem Bauherrn zur Erfüllung der Stellplatzverpflichtung drei Möglichkeiten, zwischen denen er ein **Wahlrecht** hat: 51
- Herstellung der notwendigen Stellplätze auf dem Baugrundstück (Nr. 1),
- Herstellung der notwendigen Stellplätze auf einem geeigneten Grundstück in der Nähe des Baugrundstücks, wenn dessen Benutzung für diesen Zweck gegenüber dem Rechtsträger der Bauaufsichtsbehörde rechtlich gesichert ist (Nr. 2), oder
- Übernahme der Kosten für die Herstellung der notwendigen Stellplätze durch den Bauherrn gegenüber der Gemeinde (Ablösungsvertrag; Nr. 3). Hierzu bedarf es des Abschlusses eines öffentlich-rechtlichen (subordinationsrechtlichen) Vertrages nach Art. 54 ff. BayVwVfG **vor Erteilung** der Baugenehmigung. Der Abschluss eines Ablösevertrages mit dem Bauherrn steht dabei im pflichtgemäßen Ermessen der Gemeinde[385]. Weigert sich diese, einen Ablösevertrag abzuschließen, und kann der Bauherr daher die für sein Bauvorhaben erforderlichen Stellplätze nicht herstellen, kann das Vorhaben nicht verwirklicht werden.

Der Unterschied zur früheren Rechtslage besteht damit darin, dass die Möglichkeit der Ablösung der Stellplatzverpflichtung an keine tatbestandlichen Voraussetzungen mehr geknüpft ist. Die Schwäche dieser Regelung liegt allerdings darin begründet, dass die Gemeinde – nach wie vor – nicht verpflichtet ist, mit dem Bauherrn einen Ablösevertrag zu schließen. Die gemeindliche Entscheidung, ob und zu welchen näheren Bedingungen sie den Bauherrn die notwendigen Stellplätze ganz oder zum Teil ablösen lässt, indem sie einen entsprechenden Ablösevertrag schließt, liegt ausschließlich im gemeindlichen Ermessen. Dieses kann zwar im Rahmen einer örtlichen Bauvorschrift nach Art. 81 Abs. 1 Nr. 4 BayBO

---

[383] Anders nur dann, wenn die Gemeinde die erforderlichen Stellplätze in einer örtlichen Bauvorschrift nach Art. 81 Abs. 1 Nr. 4 BayBO vorschreibt; vgl. Art. 59 S. 1 Nr. 1 HS. 2 BayBO.
[384] Siehe hierzu Decker/Konrad, Bayer. Baurecht, 1. Aufl., Kapitel 2 Teil 7 Rn. 64.
[385] Statt vieler: Würfel in Simon/Busse, BayBO, zu Art. 47 Rn. 317 m. w. N.

näher ausgestaltet werden; eine Verpflichtung der Gemeinde hierzu besteht aber nicht.

52 Bei Änderungen oder Nutzungsänderungen von Anlagen (Art. 2 Abs. 1 S. 4 BayBO) sind Stellplätze in solcher Zahl und Größe herzustellen, dass die Stellplätze die durch die Änderung zusätzlich zu erwartenden Kraftfahrzeuge aufnehmen können (Art. 47 Abs. 1 S. 2 BayBO). Dabei ergibt sich aus der Norm eindeutig, dass Stellplätze nur für den durch die Änderung bedingten zusätzlichen Bedarf herzustellen sind. Fehlen für die bisher bestehende oder genutzte bauliche Anlage von Anfang an oder aufgrund der heutigen Anforderungen Stellplätze, so müssen diese im Falle der Änderung oder Nutzungsänderung nicht geschaffen werden. Die Änderung/Nutzungsänderung kann nicht zum Anlass genommen werden, die Herstellung von Stellplätzen zu verlangen, die schon für die bisherige Nutzung gefehlt haben. Eine Nachforderung ist unzulässig[386], es sei denn, es liegt ein Fall des Art. 54 Abs. 4 BayBO vor. Werden durch die Änderung etc. der baulichen Anlage bereits vorhandene Stellplätze vernichtet, so führt dies jedoch zu einer Erhöhung der im Zusammenhang mit der Änderung herzustellenden Stellplätze, da diese Erhöhung änderungsbedingt ist.

53 Es entspricht h.M.[387], dass die Erfüllung der Stellplatzpflicht nur dem öffentlichen Interesse dient und **nicht dem Nachbarschutz**. Zu beachten ist allerdings, dass die Frage der Nichterfüllung der Stellplatzpflicht unter dem Gesichtspunkt der Beachtung des bauplanungsrechtlichen Gebots der Rücksichtnahme von Bedeutung sein und zur Unzulässigkeit der in Mitten stehenden baulichen Maßnahme (aus bauplanungsrechtlichen Gründen) führen kann; das setzt i.d.R. entsprechende Immissionen, insbesondere Lärm- und Abgaseinwirkungen voraus[388]. Insofern ist aber auch § 12 BauNVO zu beachten.

VI. Barrierefreies Bauen (Art. 48 BayBO)

54 Nach Art. 48 BayBO müssen bestimmte in der Norm genannte bauliche und andere Anlagen und Einrichtungen auf die Bedürfnisse der Behinderten, von alten Menschen sowie von Personen mit Kleinkindern besondere Rücksicht nehmen. Die dort genannten Anforderungen gelten insbesondere gegenüber Rollstuhlfahrern (Art. 48 Abs. 2 S. 1 BayBO). Gleichwohl bestehen die besonderen Anforderungen des Art. 48 BayBO nur im öffentlichen Interesse und gewähren auch dem begünstigten Personenkreis keinen Anspruch auf Durchführung der entsprechenden baulichen Maßnahmen[389].

---

[386] Würfel in Simon/Busse, BayBO, zu Art. 47 Rn. 71.
[387] Vgl. Dirnberger in Simon/Busse, BayBO, Art. 66 Rn. 284; BayVGH v. 4.9.1992, Az.: 26 CS 92.2170; OVG Münster, BauR 1999, 237.
[388] Z.B. BVerwG, DVBl. 2001, 645 = VwRR BY 2001, 256; VGH BW, NVwZ-RR 2008, 600; siehe auch OVG Münster, NVwZ 2007, 735; OVG Bremen, NVwZ-RR 2003, 549.
[389] Würfel in Simon/Busse, BayBO, zu Art. 48 Rn. 14.

C. Örtliche Bauvorschriften (Art. 81 BayBO)

I. Einführung

Es entspricht dem Wesen der Gemeinde als einer autonomen Gebietskörperschaft, dass sie ihr Orts-, Straßen- und Landschaftsbild selbst mitgestaltet und ihr „Gesicht" selbst mitbestimmt sowie alle aus der örtlichen Gemeinschaft sich ergebenden Angelegenheiten selbst regelt. Das Gesetz räumt deshalb den Gemeinden – in Ergänzung zu den planungsrechtlichen Regelungsmöglichkeiten, auch auf der Ebene des Bauordnungsrechts – in einem weiten Umfang durch Art. 81 Abs. 1 BayBO die Befugnis ein, eigenes Ortsbaurecht durch den Erlass von **Satzungen** zu setzen. 55

Zweck der Norm ist die bereichsspezifische Ergänzung und Modifizierung der landesrechtlich normierten Anforderungen des Bauordnungsrechts durch örtliche Bauvorschriften. Zwingende Grenze der landesrechtlichen Zuweisung von Satzungsautonomie an die Gemeinden ist dabei das „Bodenrecht" als Gegenstand der konkurrierenden Gesetzgebungszuständigkeit des Bundes (Art. 74 Abs. 1 Nr. 18 GG; siehe in Kapitel 1 ausführlich), von der der Bundesgesetzgeber durch die Vorschriften des BauGB über die Bauleitplanung materiell wie verfahrensmäßig abschließend und umfassend Gebrauch gemacht hat[390]. Dies ist bei der Überprüfung örtlicher Bauvorschriften stets zu beachten.

Der Erlass örtlicher Bauvorschriften vollzieht sich – wie Art. 81 Abs. 1 HS. 1 BayBO nunmehr klarstellt – im **eigenen Wirkungskreis** der Gemeinde. Dieses Recht wird auf alle die Gegenstände erstreckt, die wegen ihrer Abhängigkeit von örtlichen Gegebenheiten zweckmäßiger Weise nur örtlich geregelt werden sollen. Damit wird auch für das Bauaufsichtsrecht die Autonomie der Gemeinde statuiert, wie sie für das Gebiet des Bauplanungsrechts nach § 1 Abs. 1 und § 2 Abs. 1 BauGB besteht[391]. 56

Den örtlichen Bauvorschriften kommt neben ihrem materiellen Regelungsgehalt auch Bedeutung für die Durchführung bauaufsichtlicher Verfahren zu. Die Einhaltung örtlicher Bauvorschriften wird nicht nur im „überkommenen" – und jetzt praktisch die Ausnahme bildenden – Baugenehmigungsverfahren nach Art. 60 S. 1 Nr. 2 BayBO geprüft, sondern auch im vereinfachten Genehmigungsverfahren (Art. 59 S. 1 Nr. 1 BayBO). Darüber hinaus erlangen örtliche Bauvorschriften Bedeutung in Bezug auf die Genehmigungsfreistellung nach Art. 58 BayBO, denn eine solche kommt nur dann in Betracht, wenn das entsprechende Vorhaben den Festsetzungen einer örtlichen Bauvorschrift nicht widerspricht (Art. 58 Abs. 2 Nr. 2 BayBO). Ferner sind örtliche Bauvorschriften im Zusammenhang mit verfahrensfreien Vorhaben zu beachten (Art. 55 Abs. 2, Art. 57 Abs. 2 BayBO). 57

Schließlich können auf der Basis von örtlichen Bauvorschriften auch Grundrechtseingriffe (z.B. in Art. 14, Art. 12, Art. 4, Art. 5 GG) erfolgen[392]. 58

---

[390] Z.B. BayVerfGH, BayVBl. 2004, 559; BVerwG, NVwZ 2000, 1169; BayVGH, BayVBl. 2004, 369; BayVGH, BayVBl. 2005, 759.
[391] Decker in Simon/Busse, BayBO, zu Art. 81 Rn. 26.
[392] Siehe in Bezug auf die Kunstfreiheit etwa BVerwG v. 27.6.1991, Az.: 4 B 138/90.

Angesichts dieser Bedeutung der örtlichen Bauvorschriften verwundert es, dass diese in Ausbildung und Prüfung bisher eher ein Schattendasein geführt haben.

II. Verfahren zum Erlass einer örtlichen Bauvorschrift

1. Vorbemerkung

59 Für den Erlass örtlicher Bauvorschriften als selbständige Satzungen fehlen zwar entsprechende verfahrensrechtliche Vorgaben. Gleichwohl ist auch dieses **Verfahren streng formalisiert.** Es ergeben sich dabei im Vergleich zum Erlass von Satzungen nach anderen Rechtsvorschriften, z. B. KAG, keine Besonderheiten. Der Beschlussfassung folgt – soweit gesetzlich vorgesehen – die Genehmigung durch bzw. die Vorlage an die zuständige Behörde, anschließend die Ausfertigung. Das Verfahren findet seinen Abschluss mit der Bekanntmachung. Abweichungen in der zeitlichen Abfolge führen dazu, dass die Satzung nicht wirksam erlassen wurde und damit **unwirksam** ist[393].

60 Soweit eine örtliche Bauvorschrift allerdings Teil eines Bebauungsplanes ist (sog. **integrierte örtliche Bauvorschriften;** vgl. § 9 Abs. 4 BauGB einerseits und Art. 81 Abs. 2 BayBO andererseits), findet das Verfahren zum Erlass eines Bebauungsplanes kraft der Verweisung in Art. 81 Abs. 2 S. 2 BayBO Anwendung[394].

2. Das Verfahren im Einzelnen

a) Ordnungsgemäße Beschlussfassung durch das hierfür zuständige Organ

61 Sachlich zuständig für den Erlass von örtlichen Bauvorschriften ist die Gemeinde (vgl. Wortlaut Art. 81 Abs. 1 BayBO im Einleitungssatz) als Träger der Hoheitsgewalt innerhalb des Gemeindegebietes (Art. 22 Abs. 1 GO). Ihre Zuständigkeit wird folglich durch das Gemeindegebiet begrenzt, so dass Satzungen nach Art. 81 BayBO **für gemeindefreie Gebiete nicht** erlassen werden können[395]. Funktional ist die Satzung grundsätzlich vom Gemeinde- bzw. Stadtrat zu beschließen (Art. 29, 31, 37 Abs. 2 S. 1 HS. 2 GO). Gemäß Art. 32 Abs. 2 S. 2 Nr. 2 HS. 2 GO können aber alle örtlichen Bauvorschriften i. S. d. Art. 81 BayBO auch von einem beschließenden Ausschuss erlassen werden, wenn der Gemeinderat diesem die entsprechende Aufgabe, z. B. durch eine Regelung in der Geschäftsordnung, übertragen hat.

62 Hinsichtlich der Beschlussfassung ergeben sich keine Besonderheiten. Es gelten Art. 47 ff. GO[396]. Dabei wird für den Erlass örtlicher Bauvorschriften regelmäßig eine persönliche Beteiligung i. S. v. Art. 49 Abs. 1 GO nicht anzunehmen sein[397]. Das einzelne Gemeinderatsmitglied ist als Grundstücks-

---

[393] BayVGH, BayVBl. 1991, 23 [24] m. w. N.; BayVGH v. 26. 6. 1990, Az.: 23 CS 89.019423; BayVGH, NVwZ 1994, 88.
[394] Siehe zu diesem Verfahren in Kapitel 3 Teil 1.
[395] Zum Bebauungsplan: BVerwGE 99, 127 = BauR 1995, 804 = NVwZ 1996, 265.
[396] Hierzu ausführlich Lissack, § 5 Rn. 24 ff.
[397] Decker in Simon/Busse, BayBO, zu Art. 81 Rn. 51.

eigentümer regelmäßig nur Teil einer größeren Gruppe und folglich nicht individuell betroffen[398]. Anders kann es dagegen sein, wenn es sich um eine örtliche Bauvorschrift handelt, die nur für einen relativ kleinen Teil des Gemeindegebietes bzw. nur für relativ wenige Grundstücke Geltung beansprucht oder deren Auslöser ein Bauvorhaben oder eine bauliche Anlage eines Gemeinderatsmitgliedes ist.

b) Wahrung staatlicher Mitwirkungsrechte

63 Seit dem Gesetz zur Änderung kommunalrechtlicher Vorschriften vom 26.7. 1997 (GVBl. S. 344) ist Art. 25 GO aufgehoben. Folglich besteht für selbständige örtliche Bauvorschriften weder eine Genehmigungs- noch eine Vorlage- oder Anzeigepflicht.

c) Ausfertigung

64 Gemäß Art. 26 Abs. 2 S. 1 GO sind Satzungen und damit auch örtliche Bauvorschriften **auszufertigen**. Die Ausfertigung ist dabei ein Teil des Rechtsetzungsverfahrens. Nach h. M. hat die Ausfertigung die Aufgabe, mit öffentlich-rechtlicher Wirkung zu bezeugen, dass die zeichnerische und textliche Fassung der Rechtsvorschrift mit dem Willen des Rechtsetzungsberechtigten übereinstimmt. Durch die Ausfertigung entsteht die Originalurkunde. Das Ausfertigungsoriginal bezeugt die Übereinstimmung des Inhalts der Normurkunde mit dem Willen des Rechtsetzungsberechtigten (**„Authentizität"**) sowie die Einhaltung des für die Normgebung gesetzlich vorgeschriebenen Verfahrens (**„Legalität"**)[399].

65 Mit der Ausfertigung der Satzung wird somit zum einen die Originalurkunde geschaffen, die den Willen des Normgebers nach außen wahrnehmbar macht; zum anderen wird bezeugt, dass der Inhalt der Urkunde mit dem Beschluss des zuständigen Organs übereinstimmt und die für die Rechtswirksamkeit maßgeblichen Umstände beachtet wurden[400]. Zum Zwecke der Ausfertigung hat das dafür zuständige Organ (Erster Bürgermeister oder Stellvertreter, Art. 36, 39 GO) den beschlossenen Normtext unter Angabe des Datums handschriftlich zu unterschreiben[401]. Nur durch die so geschaffene Originalurkunde wird erreicht, dass die Rechtswirkungen mit der nachfolgenden Bekanntmachung eintreten können[402].

d) Bekanntmachung

66 Nach Art. 26 Abs. 2 S. 1 GO sind Satzungen auszufertigen und im Amtsblatt der Gemeinde amtlich **bekanntzumachen.** Hat die Gemeinde kein

---

[398] Siehe auch Lissack, § 5 Rn. 49 ff.
[399] Aus der umfangreichen Rechtsprechung z. B.: BVerwG, NVwZ 1996, 372; BayVGH, VwRR-BY 1998, 76; BayVGH v. 25. 2. 1993, Az.: 23 B 90.931; BayVGH, BayVBl. 1993, 146; BayVGH, BayVBl. 1991, 23.
[400] Vgl. z. B. Decker, JA 2001, 247.
[401] BayVGH v. 26. 6. 1990, Az. 23 CS 89.1942; BayVGH v. 16. 3. 1990, Az. 23 B 88.568.
[402] BayVGH, BayVBl. 1991, 23.

Amtsblatt, so sind die Satzungen im Amtsblatt des Landkreises oder des Landratsamtes, sonst in anderen regelmäßig erscheinenden Druckwerken amtlich bekanntzumachen; die amtliche Bekanntmachung kann auch dadurch bewirkt werden, dass die Satzung in der Verwaltung der Gemeinde niedergelegt und die Niederlegung durch Anschlag an den Gemeindetafeln oder durch Mitteilung in einer Tageszeitung bekanntgegeben wird (Art. 26 Abs. 2 S. 2 GO)[403]. Bekanntzumachen ist die ausgefertigte Satzung. Wird die örtliche Bauvorschrift erst nach ihrer Bekanntmachung ausgefertigt, so liegt ein Verfahrensfehler vor, der zur Unwirksamkeit der Satzung führt. Formelle Mängel im Bekanntmachungsvorgang können jedoch nachträglich dadurch ausgeräumt werden, dass eine ordnungsgemäße Bekanntmachung die nicht dem geltenden Recht entsprechende Bekanntmachung ersetzt[404].

67 Zum Inkrafttreten siehe Art. 26 Abs. 1 GO[405].

III. Materielle Anforderungen an örtliche Bauvorschriften

1. Vorbemerkung

68 Eine örtliche Bauvorschrift als materielles Gesetz (Satzung) muss, um wirksam zu sein, mit dem geltenden Recht, insbesondere mit den (förmlichen) Gesetzen, im Einklang stehen. Das ist dann der Fall, wenn die Satzung von der Ermächtigungsgrundlage (Art. 81 BayBO) gedeckt und nicht im Widerspruch zur Verfassung (GG, BV) steht[406]. Ferner muss die Satzung inhaltlich vollständig, klar und unzweideutig sein, so dass sich mit ausreichender Sicherheit ermitteln lässt, was von dem Betroffenen verlangt wird[407]; die Verwendung unbestimmter Rechtsbegriffe ist dabei grundsätzlich zulässig[408]. Auch wenn dies weder in Art. 81 BayBO noch sonst in der BayBO vorgeschrieben ist, muss die örtliche Bauvorschrift zudem das **Ergebnis einer sachgerechten Abwägung** aller im Einzelfall berührten und erheblichen Belange sein[409]. Hierbei handelt es sich allerdings um eine ausschließlich nach den Vorgaben des jeweiligen Landesrechts zu beurteilende Frage[410]. Das Erfordernis einer Abwägung leitet sich dabei aus dem Charakter örtlicher Bauvorschriften als Inhalts- und Schrankenbestimmung i. S. v.

---

[403] Zu Einzelheiten der Bekanntmachung, wenn die Gemeinde kein Amtsblatt hat, siehe die Bekanntmachungsverordnung, Ziegler/Tremel Nr. 282.
[404] BVerwG, Buchholz 406.11 § 12 BBauG Nr. 5; BVerwG, Buchholz 406.11 § 16 BauGB Nr. 1; BVerwGE 92, 266.
[405] Im Grundsatz eine Woche nach der Bekanntmachung, es sei denn, in der Satzung ist ein anderer Zeitpunkt bestimmt worden.
[406] Vgl. z. B. BVerwGE 21, 251 [254].
[407] BVerwG, BayVBl. 1989, 313; BVerwG, NVwZ-RR 1994, 1099 m. w. N.; BayVGH, BayVBl. 1995, 119.
[408] Z. B. BayVGH v. 20. 8. 2009, Az.: 15 ZB 08.2745 für den Begriff „grelle Farben".
[409] Siehe z. B. BayVGH, BayVBl. 1989, 210 = BRS 48 Nr. 11; BayVGH, BRS 50 Nr. 133.
[410] BVerwG, NVwZ-RR 1998, 486 = BauR 1997, 999; BVerwG, DVBl. 1995, 754.

C. Örtliche Bauvorschriften (Art. 81 BayBO)

Art. 14 Abs. 1 S. 2 GG her und hat nichts mit der Abwägung nach § 1 Abs. 7 BauGB zu tun[411].

Gemäß Art. 23 S. 3 GO bedarf es darüber hinaus der Angabe der Rechtsgrundlage, wenn die örtliche Bauvorschrift bewehrt ist, also einen Ordnungswidrigkeitentatbestand (Art. 79 Abs. 1 Nr. 1 BayBO) enthält. Soweit das nicht der Fall ist, bedarf es deren Angabe nicht; es genügt vielmehr das allgemeine Zitat des Art. 23 GO[412].

In der **Klausur** wäre daher zu prüfen, ob die konkrete örtliche Bauvorschrift diesen Anforderungen gerecht wird.

2. Die einzelnen Satzungsermächtigungen

a) Schutz- und Gestaltungssatzungen (Art. 81 Abs. 1 Nr. 1 BayBO)

Durch eine örtliche Bauvorschrift nach Art. 81 Abs. 1 Nr. 1 BayBO können besondere Anforderungen an die äußere Gestaltung baulicher Anlagen zur Erhaltung (= Schutzsatzung[413]) und Gestaltung (= Gestaltungssatzung) von Ortsbildern getroffen werden. Zweck solcher örtlicher Bauvorschriften ist es zunächst ganz allgemein, zu verhindern, dass bauliche Anlagen verunstaltend wirken und sich nicht in das vorhandene oder beabsichtigte Straßen-, Orts- oder Landschaftsbild einfügen. Örtliche Bauvorschriften nach Art. 81 Abs. 1 Nr. 1 BayBO können und sollen aber über die Abwehr von Verunstaltungen hinaus eine positive Gestaltungspflege ermöglichen[414]. Die gesetzliche Ermächtigung umfasst daher auch das Anlegen strengerer ästhetischer Maßstäbe, als es die allgemeinen gestalterischen Vorschriften der BayBO, insbesondere Art. 8 BayBO, zulassen[415]. Sie beschränkt sich insbesondere nicht auf die Verhinderung bloßer Unschönheiten oder Störungen der architektonischen Harmonie. Den Gemeinden wird daher mit der Satzung nach Art. 81 Abs. 1 Nr. 1 BayBO ein Instrument zur Verfügung gestellt, aufgrund eigener gestalterischer Zielsetzungen das Ortsbild „dynamisch zu beeinflussen", wobei das von der Gemeinde verfolgte Gestaltungskonzept in der betreffenden Gestaltungssatzung erkennbar sein muss[416]. Diese planerische Gestaltungsfreiheit[417] wird jedoch durch das Verhältnismäßigkeitsprinzip sowie das durch Art. 14 GG geschützte Eigentum begrenzt, wobei diese Grenzen nicht überschritten werden, wenn die gestalteri-

---

[411] BVerwG, NVwZ 1995, 899; OVG Koblenz, DVBl. 2009, 56; VGH BW, BauR 2009, 1712 m. w. N.

[412] Zur Nichtanwendbarkeit des Art. 80 Abs. 1 S. 3 GG in diesem Fall: OVG Koblenz, DVBl. 2009, 56.

[413] Hierfür muss aber ein erhaltenswertes Ortsbild vorhanden sein, was sich nach dessen Schutzwürdigkeit und Schutzbedürftigkeit richtet; vgl. BayVGH v. 3. 11. 2009, Az.: 22 B 09.564.

[414] Z. B. BayVGH, NVwZ 2005, 576; BayVGH v. 12. 5. 2005, Az.: 26 B 03.2454; BayVGH v. 9. 8. 2007, Az.: 25 B 05.1340; BayVGH v. 3. 11. 2009, Az.: 2 ZB 09.564; OVG Koblenz, DVBl. 2009, 56 [57].

[415] BayVGH, BayVBl. 1989, 210; BVerwG, BRS 59 Nr. 19.

[416] OVG Münster, BauR 2001, 62; OVG Koblenz, DVBl. 2009, 56.

[417] Vgl. hierzu etwa BayVGH, ZfBR 1998, 315 = BayVBl. 1999, 340.

schen Anforderungen auf einer fehlerfreien Abwägung aller im Einzelfall erheblichen Belange beruhen[418].

Beispiele: Es können Anforderungen gestellt werden an
- Außenwände, Verputz, Wandverkleidungen;
- Balkone und Brüstungen;
- Dachneigung[419], Dacheindeckung und Dachaufbauten, wie z. B. das Verbot, Parabolantennen (sog. Schüsseln) zu installieren[420] oder auch Regeln über die Dachform (Pultdach, Satteldach, Walmdach etc.)[421];
- Einfriedungen, z. B. nur verputzte Mauern mit Ziegel- oder Natursteinabdeckungen oder Lattenzäune aus senkrechten Latten oder Brettern mit Zwischenräumen;
- Gestaltung des Daches, z. B. bezüglich Werkstoff und Farbton für die Dacheindeckung.

72   Eine Begrenzung der planerischen Gestaltungsfreiheit der Gemeinde ergibt sich jedoch vor allem aus der beschränkten Gesetzgebungskompetenz des Landesgesetzgebers im Hinblick auf Art. 74 Abs. 1 Nr. 18 GG. Insofern ist zu beachten, dass gestalterische Ziele auch mit zahlreichen Festsetzungen, wie sie das Bauplanungsrecht vorsieht, verfolgt werden können, so z. B. mit Festsetzungen über das Maß der baulichen Nutzung (§ 9 Abs. 1 Nr. 1 BauGB i. V. m. §§ 16 ff. BauNVO) oder über die überbaubare Grundstücksfläche (§ 9 Abs. 1 Nr. 2 BauGB i. V. m. § 23 BauNVO) oder über die Festsetzung von Flächen für Garagen und Stellplätze (§ 9 Abs. 1 Nr. 4 BauGB). Derartige Regelungen sind daher der Befugnis des Landesgesetzgebers entzogen und können nicht zum Gegenstand örtlicher Bauvorschriften gemacht werden[422]. Dass eine Gemeinde mit derartigen Festsetzungen zugleich im weitesten Sinn gestalterische Ziele verfolgen will, ändert daran nichts, solange solche Regelungen bodenrechtlichen Bezug aufweisen. Die Gemeinden sind nicht befugt, im Gewande bauordnungsrechtlicher Gestaltungsvorschriften bodenrechtliche Regelungen zu treffen[423].

b) Satzungen über das Verbot von Werbeanlagen (Art. 81 Abs. 1 Nr. 2 BayBO)

73   Während über Art. 81 Abs. 1 Nr. 1 BayBO u. a. Anforderungen an die Gestaltung von baulichen Anlagen, zu denen auch Werbeanlagen gehören (vgl. Art. 2 Abs. 1 S. 2 BayBO), gestellt werden können, ermächtigt Art. 81 Abs. 1 Nr. 2 BayBO aus ortsgestalterischen Gründen, die Errichtung von Werbeanlagen ganz zu untersagen. Der Anwendungsbereich der beiden Normen lässt

---

[418] BayVGH, BayVBl. 1989, 210, 212; OVG Münster v. 9. 2. 2000, Az.: 7 A 2386/98.
[419] Z. B. BayVGH v. 3. 11. 2009, Az.: 2 ZB 09.564.
[420] Vgl. hierzu VG Arnsberg v. 13. 2. 1990, Az.: 4 K 787/90; insoweit stellt sich in besonderer Weise das Problem der Rundfunkfreiheit nach Art. 5 GG.
[421] OVG Münster, BauR 2007, 1560.
[422] Grundlegend: BVerwG, ZfBR 2005, 559 = BauR 2005, 1768; siehe auch BVerwG, NVwZ-RR 1998, 486.
[423] BVerwG, NVwZ 2008, 311; BVerwG, ZfBR 2005, 559 = BauR 2005, 1768; BVerwG, NVwZ-RR 1998, 486; BayVGH, BayVBl. 2004, 369; BayVGH v. 3. 2. 2010, Az.: 1 N 06.646; kritisch zu dieser Rspr. Jäde, ZfBR 2006, 9.

C. Örtliche Bauvorschriften (Art. 81 BayBO)

sich damit am besten wohl so umschreiben, dass Art. 81 Abs. 1 Nr. 2 BayBO die Frage des „Ob" der Errichtung von Werbeanlagen regelt, während Art. 81 Abs. 1 Nr. 1 BayBO die des „Wie" (äußere Gestaltung) umfasst[424].

Werbeanlagen (zum Begriff siehe Art. 2 Abs. 1 S. 2 BayBO) unterliegen allerdings grundsätzlich dem Bauplanungsrecht. Es handelt sich insofern nach der Art der baulichen Nutzung um eine gewerbliche (Haupt- oder Neben-) Nutzung im System der BauNVO[425]. Doch gehören Werbeanlagen weder allein dem Bauplanungsrecht noch allein dem Bauordnungsrecht an; sie sind vielmehr je nach der gesetzgeberischen Zielsetzung sowohl einer bauplanerischen als auch einer bauordnungsrechtlichen Regelung zugänglich[426]. Hierin liegt das besondere Problem gerade für Werbeanlagensatzungen. Es kommt hinzu, dass solche Satzungen auch aufgrund des Verfassungsrechts, insbesondere der Grundrechte aus Art. 14 GG (Eigentum, Recht am eingerichteten und ausgeübten Gewerbebetrieb), Art. 12 GG (Berufsfreiheit), weiteren Restriktionen unterliegen (können)[427]. Folglich sind solche örtlichen Bauvorschriften nur unter strikter Wahrung des Grundsatzes der Verhältnismäßigkeit zulässig und bedürfen einer besonderen Rechtfertigung[428].

c) Satzungen über die Lage, Größe, Beschaffenheit, Ausstattung und Unterhaltung von Kinderspielplätzen (Art. 81 Abs. 1 Nr. 3 BayBO)

Gemäß Art. 7 Abs. 2 BayBO müssen unter bestimmten Voraussetzungen Kinderspielplätze errichtet werden. Art. 81 Abs. 1 Nr. 3 BayBO gibt hier der Gemeinde die Möglichkeit, im Wege des Satzungserlasses die Lage, Größe, Beschaffenheit, Ausstattung und Unterhaltung von Kinderspielplätzen zu regeln.

d) Satzungen über Zahl, Größe und Beschaffenheit der Stellplätze für Kraftfahrzeuge etc. (Art. 81 Abs. 1 Nr. 4 BayBO)

Diese Satzungsermächtigung korrespondiert unmittelbar mit Art. 47 BayBO, insbesondere mit Art. 47 Abs. 2 S. 2 BayBO. Auf der Grundlage dieser Regelung können die Gemeinden nicht nur die **erforderliche Zahl von Stellplätzen für Kraftfahrzeuge** bei der Errichtung, Änderung oder Nutzungsänderung von Anlagen festlegen, sondern auch einen etwaigen Mehrbedarf bei Änderungen und Nutzungsänderungen der Anlagen (Art. 47 Abs. 1 S. 2 BayBO) sowie die Modalitäten über die Ablösung der Herstellungspflicht und die Höhe der Ablösungsbeträge (vgl. Art. 47 Abs. 3 BayBO). Dabei muss die Gemeinde aber eine sachgerechte Differenzierung entsprechend den vorhandenen Anlagen und deren Nutzung vornehmen, wobei dem Satzungsgeber eine gewisse Pauschalierung zuzugestehen ist[429]. Der Gleichheitsgrundsatz und der Grundsatz der Verhältnismäßigkeit müssen beachtet werden.

---

[424] Decker in Simon/Busse, BayBO, zu Art. 81 Rn. 131.
[425] BVerwGE 91, 234 [239].
[426] BVerwGE 40, 94; BVerwGE 91, 234; siehe allgemein auch Jäde, ZfBR 2010, 34.
[427] Decker in Simon/Busse, BayBO, zu Art. 81 Rn. 129, 145.
[428] BVerwGE 40,94; BVerwG, NVwZ 1995, 899.
[429] BayVGH, NVwZ 1998, 205.

Eine Kompetenz zur Regelung der Situierung und Anordnung von Stellplätzen auf dem Baugrundstück, wie z.B. den Ausschluss von Stellplätzen im Vorgartenbereich, gibt Art. 81 Abs. 1 Nr. 4 BayBO nicht. Das wäre auch gar nicht möglich, weil sich eine solche Regelung flächenbezogen auswirken und damit Grund und Boden unmittelbar zum Gegenstand rechtlicher Ordnung machen würde. Das ist jedoch aus kompetenzrechtlichen Gründen (konkurrierende Gesetzgebungszuständigkeit des Bundes, Art. 74 Abs. 1 Nr. 18 GG) nicht möglich[430].

e) Satzungen über Einfriedungen (Art. 81 Abs. 1 Nr. 5 BayBO)

77 Art. 81 Abs. 1 Nr. 5 BayBO ermächtigt die Gemeinden aus Gründen der Gestaltung, aber auch aus Sicherheitsgründen, allgemein verbindliche Regelungen über Einfriedungen zu treffen.

f) Abstandsflächensatzungen (Art. 81 Abs. 1 Nr. 6 BayBO)

78 Durch Art. 81 Abs. 1 Nr. 6 BayBO wird die Gemeinde generell ermächtigt, in örtlichen Bauvorschriften größere oder geringere Abstandsflächen vorzugeben, als sich dies aus den Abstandsflächenvorschriften (Art. 6 BayBO) ergibt. Wegen der notwendigen Abgrenzung zur Bauleitplanung und mithin zu den nur durch Bebauungsplan zu treffenden Festsetzungen (etwa über die überbaubaren Grundstücksflächen oder nach § 9 Abs. 1 Nr. 2a BauGB; siehe oben Rn. 72), vor allem aber vor dem Hintergrund der Rechtsprechung des BVerwG[431], des BayVerfGH[432] und des BayVGH[433], sah es der Gesetzgeber der Novelle 2007 als notwendig an, die zulässigen Motive und Zwecksetzungen solcher örtlicher Bauvorschriften abgrenzend zu konkretisieren. Nunmehr dürfen von Art. 6 BayBO abweichende Maße der Abstandsflächentiefe nur noch festgesetzt werden, soweit dies zur Gestaltung des Ortsbildes (siehe dazu Rn. 71, 72) oder zur Verwirklichung der Festsetzungen einer städtebaulichen Satzung erforderlich ist oder der Verbesserung der Wohnqualität dient und eine ausreichende Belichtung sowie der Brandschutz gewährleistet sind.

79 Art. 81 Abs. 1 Nr. 6 BayBO ist nach dem Rechtsstaatsprinzip hinreichend bestimmt und bei verfassungskonformer, an der Kompetenzordnung des GG orientierter Auslegung verfassungsrechtlich unbedenklich[434].

80 Liegen z.B. entsprechende Gründe der Ortsbildgestaltung vor, so kann die Gemeinde im Rahmen ihrer Gestaltungsfreiheit und unter Beachtung des Verhältnismäßigkeitsgrundsatzes sowie der Eigentumsgarantie des Art. 14 Abs. 1 GG geringere oder größerer Abstandsflächen als nach Art. 6 BayBO vorgeschrieben, vorsehen. Die Systematik der Abstandsflächenregelungen der BayBO, also z.B. die Maßgeblichkeit der Abstände der baulichen Anlagen von den Grundstücksgrenzen, muss dabei grundsätzlich eingehalten

---

[430] BayVGH, BayVBl. 2005, 759 m.w.N.
[431] Siehe nur BVerwG, ZfBR 2005, 559 = BauR 2005, 1768 zum Verhältnis von Bauordnungs- und Bauplanungsrecht.
[432] BayVerfGH v. 12.5.2004, Az.: Vf. 7-VII-02.
[433] Etwa BayVGH, BayVBl. 2004, 369.
[434] BayVGH, BayVBl. 2004, 369; BayVGH, BayVBl. 2005, 759; Decker in Simon/Busse, BayBO, zu Art. 81 Rn. 204ff. insbesondere Rn. 206; **a.A.** Schönfeld/Numberger, BayVBl. 2000, 678.

C. Örtliche Bauvorschriften (Art. 81 BayBO)

werden. Die Tiefe der Abstandsflächen kann jedoch auch einheitlich festgelegt und muss nicht von der Wandhöhe oder der Zahl der Geschosse abhängig gemacht werden.

Verkürzt eine Gemeinde die Mindestabstandsfläche, so darf sie dabei das wesentliche Ziel des Abstandsflächenrechts, eine ausreichende Belichtung und Belüftung zu gewährleisten (vgl. oben Rn. 16), aber nicht aus dem Auge verlieren, ansonsten wird die Satzungsregelung nicht von der Ermächtigungsnorm gedeckt[435]; das stellt Art. 81 Abs. 1 Nr. 6 BayBO in HS. 2 durch die Formulierung „und eine ausreichende Belichtung sowie der Brandschutz gewährleistet sind" klar.

IV. Örtliche Bauvorschriften als Teil eines Bebauungsplanes etc. (Art. 81 Abs. 2 BayBO)

Örtliche Bauvorschriften, die auf Grund des Landesbaurechts durch Gemeindesatzungen erlassen werden können, können kraft ausdrücklicher Ermächtigung in Art. 81 Abs. 2 BayBO auch als Festsetzungen in Bebauungspläne aufgenommen werden. Für das Bebauungsplanverfahren gelten sinngemäß die in Art. 81 Abs. 2 S. 2 BayBO aufgeführten Vorschriften des BauGB. Die Gemeinde hat grundsätzlich die Wahl, ob sie örtliche Bauvorschriften in der Rechtsform der (selbständigen) Gemeindesatzung oder als Bestandteil eines Bebauungsplans erlässt. Das bestimmt sich im Wesentlichen nach Gesichtspunkten der Zweckmäßigkeit[436], denn Art. 81 Abs. 2 BayBO will einer zweckmäßigen Praxis bei örtlichen Regelungen dienen[437]. 81

V. Örtliche Bauvorschriften und Nachbarschutz

Örtliche Bauvorschriften nach Art. 81 Abs. 1 BayBO – und sei es auch in einem Bebauungsplan; Art. 81 Abs. 2 BayBO i.V.m. § 9 Abs. 4 BauGB – sind **grundsätzlich nicht drittschützend**[438]. Örtlichen Bauvorschriften kommt im Grundsatz – ebenso wie Festsetzungen in Bebauungsplänen nach § 9 Abs. 1 BauGB, mit Ausnahme der Festsetzungen über die Art der baulichen Nutzung, die per se drittschützend sind – nur dann nachbarschützende Wirkung zu, wenn die Gemeinde einer solchen Festsetzung eine entsprechende Wirkung geben wollte[439]. Das ist Auslegungsfrage. 82

---

[435] BayVGH v. 20. 1. 2004, Az.: 15 B 02.1021 für eine Verkürzung der Mindestabstandsfläche auf 1 m für Nebengebäude ohne jede Längen- und Höhenbeschränkung.
[436] BayVGH, ZfBR 1998, 315 = BayVBl. 1999, 340.
[437] Zu weiteren Einzelheiten siehe die Erläuterungen in Kapitel 3 Teil 1 zu § 9 Abs. 4 BauGB.
[438] BayVGH v. 10. 1. 2000, Az.: 27 ZB 97.1931; OVG Mecklenburg-Vorpommern v. 3. 12. 2010, Az.: 3 M 244/10; OVG Münster, BauR 2007, 1560.
[439] Vgl. BayVGH v. 20. 5. 1999, Az.: 14 ZS 99.1333; BayVGH v. 13. 8. 2003, Az.: 15 CS 03.1646; BayVGH v. 19. 11. 2004, Az.: 15 ZB 04.288; BayVGH v. 29. 8. 2006, Az.: 15 CS 06.1943.

D. Abweichungen nach Art. 63 BayBO

83 Mit Art. 63 BayBO hat der Gesetzgeber eine Generalklausel geschaffen, nach der von den materiellen Anforderungen der BayBO im Einzelfall eine Abweichung erteilt werden kann. Zuständig für die Abweichung ist – im Grundsatz; siehe aber Art. 63 Abs. 3 S. 1 BayBO, dort die Gemeinde – die Bauaufsichtsbehörde, die hierüber in Ausübung pflichtgemäßen Ermessens (Art. 40 BayVwVfG) unter Berücksichtigung der nachbarlichen Interessen entscheidet (Art. 63 Abs. 1 BayBO). Unter den Voraussetzungen des Art. 63 Abs. 1 S. 2 BayBO bedarf es keiner Abweichung.

84 Die Erteilung einer Abweichung nach Art. 63 Abs. 1 BayBO ist an keine (ausdrücklichen) Voraussetzungen geknüpft. Die Regelung will der Einzelfallgerechtigkeit dienen und setzt daher einen atypischen – also von der Regel abweichenden – Einzelfall voraus[440].

Besondere Probleme entstehen insbesondere dann, wenn von der Einhaltung der **Abstandsflächen** eine Abweichung erteilt werden soll. Da in einem solchen Fall dem Schutzzweck des Art. 6 BayBO (siehe oben Rn. 16) im Allgemeinen auf andere Weise nicht entsprochen werden kann, müssen besondere Gründe vorliegen, die es im Einzelfall rechtfertigen, dass die Anforderungen des Abstandsflächenrechts unvollkommen erfüllt werden[441]. Solche Gründe könne sich etwa ergeben aus einem besonderen Grundstückszuschnitt, einer aus dem Rahmen fallenden Bebauung auf dem Bau- oder Nachbargrundstück, einer besonderen städtebaulichen Situation (z.B. Lage des Baugrundstücks in einem historischen Ortskern), aus der Lage und dem Zuschnitt der benachbarten Grundstücke zueinander, bei topografischen Besonderheiten des Geländeverlaufs oder schließlich auch daraus, dass große Teile des von der Nichteinhaltung einer Abstandsfläche betroffenen Nachbargrundstücks unbebaut und – weil im Außenbereich liegend – grundsätzlich auch nicht bebaut werden können[442].

Im Rahmen der Ermessensentscheidung der Bauaufsichtsbehörde über die Gewährung einer Abweichung sind zudem die nachbarlichen Interessen zu würdigen. Das ist besonders dann von Bedeutung, wenn von drittschützenden Vorschriften, wie z.B. dem Abstandsflächenrecht (vor allem Schutz vor unzureichender Belichtung, Belüftung und Besonnung), eine Abweichung erteilt wird[443]. Dem entsprechend wird es regelmäßig erforderlich sein, zwischen den Interessen des Bauwerbers an der Abweichung und den Interessen des Nachbarn an der Beachtung der materiell-rechtlichen Anforderungen abzuwägen, was in der Sache auf ein **bauordnungsrechtliches Rücksichtnahmegebot** hinausläuft. Erweist sich die Abweichung dem Nachbarn ge-

---

[440] Dhom in Simon/Busse, BayBO, zu Art. 63 Rn. 23; BayVGH v. 9. 11. 1998, Az.: 2 ZS 98.2043.
[441] BayVGH, BayVBl. 2008, 183 [184]; siehe auch BayVerfGH, BayVBl. 2011, 366 [367].
[442] Siehe hierzu etwa BayVGH, NVwZ-RR 2009, 992 [994]; BayVGH, NVwZ-RR 2008, 84 m.w.N.; OVG Magdeburg, ZfBR 2009, 594; OVG Münster, NVwZ-RR 2007, 510.
[443] Diese Frage kann sich gemäß Art. 63 Abs. 2 S. 2, S. 1, Abs. 1 S. 1 BayBO auch im vereinfachten Genehmigungsverfahren stellen (vgl. Art. 59 S. 1 Nr. 2 BayBO).

A. Einführung

genüber als rücksichtslos, hat sie zu unterbleiben; wird sie trotzdem erteilt, wird der Nachbar hierdurch in seinen Rechten verletzt; eine Anfechtungsklage wäre dann begründet. Maßgeblich für diese Beurteilung ist dabei die in der Baugenehmigung bzw. im Ablehnungsbescheid gegebene Begründung (Art. 39 Abs. 1 S. 1, S. 3 BayVwVfG).

Von gemeindlichen Bauvorschriften nach Art. 81 Abs. 1 BayBO kann die Bauaufsichtsbehörde gemäß Art. 63 Abs. 3 S. 2 BayBO nur im Einvernehmen mit der Gemeinde (Art. 36 Abs. 2 BauGB) Abweichungen zulassen. Das gilt sowohl für den Fall, dass die örtliche Bauvorschrift selbst eine Ausnahmeregelung enthält, als auch dafür, dass eine solche fehlt. 85

Zur isolierten Abweichung siehe in Kapitel 2 Teil 4 Rn. 39 ff. 86

Teil 8. Die bauaufsichtlichen Eingriffsbefugnisse

A. Einführung

Das Bauordnungsrecht ist in seinem Kern Gefahrabwehrrecht[444] und damit Bestandteil des Sicherheitsrechts, womit es sich bei den bauaufsichtlichen Eingriffsbefugnissen um **spezielle sicherheitsrechtliche Befugnisnormen** für die Bauaufsichtsbehörden handelt. Dem entsprechend gelten auch für die bauaufsichtlichen Eingriffsbefugnisse die Gesetzmäßigkeiten des allgemeinen Sicherheitsrechts einschließlich der Systematik der Überprüfung behördlicher Anordnungen (insbesondere der Unterscheidung nach formeller und materieller Rechtmäßigkeit). Soweit in der BayBO Regelungen zur Ausfüllung der sicherheitsrechtlichen Befugnisnormen fehlen, kann daher auf die entsprechenden Normen des allgemeinen Sicherheitsrechts, wie z.B. Art. 8 LStVG (Verhältnismäßigkeit) oder Art. 9 LStVG (Richtung der Maßnahme), und die dort entwickelten Grundsätze zurückgegriffen werden[445]. Leider wird dieser Umstand in Klausuren nur allzu oft übersehen. So fehlen z.B. regelmäßig Ausführungen zum Adressaten der Maßnahme (Verantwortlicher/Störer). Um hier Abhilfe zu schaffen, sei nachfolgend das Schema zur Prüfung der **Rechtmäßigkeit** sicherheitsrechtlicher Anordnungen im Allgemeinen bzw. bauaufsichtlicher Eingriffsbefugnisse im speziellen in Erinnerung gebracht. 1

Prüfungsschema

I. Formelle Rechtmäßigkeit
1. Zuständigkeit der Bauaufsichtsbehörde (Art. 53 Abs. 1, 54 Abs. 1 BayBO)
2. Anhörung (Art. 28 BayVwVfG), Begründung (Art. 39 BayVwVfG) etc.

---

[444] Schoch, Jura 2005, 178.
[445] BayVGH, BayVBl. 1993, 147; Decker in Simon/Busse, BayBO, zu Art. 76 Rn. 7.

> **II. Materielle Rechtmäßigkeit**
> 1. **Aufgabenbereich** der Bauaufsichtsbehörde gemäß Art. 54 Abs. 2 S. 1 BayBO
> 2. **Befugnis** für die Bauaufsichtsbehörde zum konkreten Handeln
>   - Spezialbefugnis aus z.B. Art. 7 Abs. 2 S. 3, Art. 48 Abs. 5 S. 2, Art. 54 Abs. 2 S. 2, Abs. 3 S. 1, Abs. 4, Abs. 5, Art. 75, Art. 76 BayBO oder
>   - Generalklausel in Art. 54 Abs. 2 S. 2, Abs. 3 BayBO
>   - Befugnis aus anderer Rechtsvorschrift, wie z.B. §§ 175ff. BauGB, §§ 17, 20, 24, 25 BImSchG, § 100 Abs. 1 S. 2 WHG, Art. 58 Abs. 1 S. 2 BayWG, Art. 4 Abs. 2 bis Abs. 4, Art. 5 S. 6 DSchG
> 3. Richtung der Anordnung (**Adressat**), Art. 9 LStVG analog
> 4. **Ermessen** (Art. 40 BayVwVfG) mit **Verhältnismäßigkeit** (Art. 8 LStVG analog)

2   Die Bedeutung der repressiven bauaufsichtsbehördlichen Befugnisse hat in den letzten Jahren erheblich an Bedeutung gewonnen, da infolge der Deregulierung des Bauordnungsrechts durch das Genehmigungsfreistellungsverfahren (Art. 58 BayBO) und das vereinfachte Genehmigungsverfahren (Art. 59 BayBO) bei gleichzeitiger – weitgehender – Beibehaltung der materiellrechtlichen Anforderungen an Bauvorhaben eine Verschiebung der präventiven Zulassungskontrolle (Baugenehmigung) zu repressiven bauaufsichtsbehördlichen Maßnahmen stattgefunden hat[446]. Damit hat sich zugleich auch die Bedeutung dieser Materie für die Staatsexamina erhöht.

Um die Bearbeitung bauaufsichtlicher Anordnungen in der Klausur zu erleichtern, orientiert sich die nachfolgende Darstellung an vorstehendem Prüfungsschema. Zu beachten ist allerdings, dass sämtliche bauaufsichtlichen Eingriffsbefugnisse **Ermessensnormen** sind, d.h. die Frage des „Ob" und des „Wie" des Tätigwerdens im (pflichtgemäßen) Ermessen (Art. 40 BayVwVfG) der Bauaufsichtsbehörde steht. Da jedoch an die Ermessensausübung – je nach Befugnisnorm – unterschiedliche Anforderungen gestellt werden, sollen die entsprechenden Ausführungen auch bei der jeweiligen Befugnisnorm erfolgen. Das gilt in gleicher Weise für die Verhältnismäßigkeit der Maßnahme und den Sofortvollzug.

B. Die bauaufsichtlichen Eingriffsbefugnisse

I. Zuständigkeit der Bauaufsichtsbehörde

3   Hierzu wird auf die Ausführungen in Kapitel 2 Teil 2 Rn. 36 ff. verwiesen. Zu beachten ist allerdings die **Kollisionsregelung** in Art. 54 Abs. 2 S. 1 BayBO für Fälle des positiven Zuständigkeitskonflikts. Danach sind die Bauaufsichtsbehörden nur dann zuständig, soweit nicht eine andere Behörde zuständig ist. Die Aufgabenzuweisung an die Bauaufsichtsbehörden ist damit grundsätzlich **subsidiär** ausgestaltet; eine bauaufsichtliche Aufgabe besteht nicht, wenn die Überwachung der Einhaltung bestimmter öffentlich-rechtlicher Anforderungen anderen (Fach-) Behörden zugewiesen ist.

---

[446] Schoch, Jura 2005, 178.

II. Aufgabe der Bauaufsichtsbehörde

Art. 54 Abs. 2 S. 1 BayBO legt die Aufgaben der Bauaufsichtsbehörden in Form einer Generalklausel als umfassende Überwachungsaufgabe fest, die nicht mit der Ausführung des Vorhabens (= Errichtung, Änderung, Nutzungsänderung, Beseitigung) endet, sondern auch die Nutzung und die Instandhaltung umfasst sowie die Einhaltung der öffentlich-rechtlichen Vorschriften und der auf deren Grundlage ergangenen Anordnungen in jeder Phase des Entstehens und des Bestehens der Anlage gewährleisten soll[447]. Diese ihnen zugewiesenen Aufgaben erfüllen die Bauaufsichtsbehörden zum einen durch eine präventive Überprüfung der Vereinbarkeit des konkreten Vorhabens im Baugenehmigungsverfahren, zum anderen durch repressive Maßnahmen unter Inanspruchnahme der ihnen in der BayBO zugewiesenen Eingriffsbefugnisse.

Die Aufgabe, dass die einschlägigen öffentlich-rechtlichen Vorschriften eingehalten werden (Art. 54 Abs. 2 S. 1 BayBO), ist den Bauaufsichtsbehörden – aus sicherheitsrechtlichem Blickwinkel – dabei zunächst im öffentlichen Interesse zugewiesen. Private Belange durchzusetzen, obliegt in erster Linie dem Betroffenen selbst; die Behörde hat sie nur – entsprechend ihrem Gewicht – zusätzlich zu den berührten öffentlichen Belangen in die Ermessensausübung einzubeziehen[448].

In der Klausur wird die Frage der Aufgabeneröffnung für die Bauaufsichtsbehörde regelmäßig keine größere Rolle spielen[449].

III. Die Befugnisse für die Bauaufsichtsbehörde

1. Vorbemerkung

Befugnisse für die Bauaufsichtsbehörde zum Einschreiten sieht die BayBO an verschiedenen Stellen vor[450]. Zentral für die Praxis – und damit auch für die Prüfung – sind dabei aber die Befugnisse aus Art. 54 Abs. 4 BayBO gegenüber bestandsgeschützten Anlagen sowie aus Art. 75 BayBO (Baueinstellung) und Art. 76 BayBO (Beseitigung, Nutzungsuntersagung). Die Erörterung dieser Normen bildet daher das Schwergewicht der folgenden Darstellung.

Im Zusammenhang mit den bauaufsichtlichen Eingriffsbefugnissen ergeben sich für die Bauaufsichtsbehörden oftmals auch „Zeitprobleme", die dadurch bedingt sind, dass gegen einen baurechtswidrigen Zustand erst eingeschritten wird, nachdem dieser schon eine erhebliche Zeitspanne bestanden hat, oder dass sofort nach Ermittlung des baurechtswidrigen Zustandes

---

[447] Koch/Molodovsky/Famers, BayBO, zu Art. 65 Rn. 17.
[448] BayVGH v. 14. 12. 1998, Az.: 26 B 95.3758.
[449] Vgl. für Abgrabungen die Aufgabennorm in Art. 4 Abs. 2 S. 1 bis S. 3 BayAbgrG.
[450] Allgemein zu Bauordnungsverfügungen Mampel, BauR 2000, 996.

durch die Bauaufsichtsbehörde gehandelt wird und das von der Behörde verlangte Handeln keinen Aufschub duldet.

9 Im **ersten Fall** fragt sich, ob die Befugnis zum bauaufsichtlichen Einschreiten **verwirkt** werden kann. Das ist nach **ganz h. M. zu verneinen**[451], denn zum einen können nur Rechte verwirkt werden, nicht aber Pflichten (hier die Pflicht der Bauaufsichtsbehörde für rechtmäßige Zustände zu sorgen). Zum anderen muss auch gegen illegale Anlagen, die schon seit längerer Zeit bestehen, noch eingeschritten werden können, denn ein illegaler Zustand wird nicht dadurch legal, dass er über einen längeren Zeitraum von der Behörde hingenommen wird. Allerdings ist die Tatsache, dass eine illegale Anlage bereits seit längerer Zeit von der Behörde bewusst hingenommen wurde, ein Umstand, der im Rahmen der Ermessensentscheidung über ein bauaufsichtliches Einschreiten zu berücksichtigen ist (Art. 3 Abs. 1 GG).

10 Im **zweiten Fall** ist fraglich, ob die sofortige Vollziehung nach § 80 Abs. 2 S. 1 Nr. 4, Abs. 3 VwGO angeordnet werden muss, um einem etwaigen Rechtsbehelf die aufschiebende Wirkung (§ 80 Abs. 1 S. 1 VwGO) zu nehmen. Diese Frage kann für die bauaufsichtlichen Eingriffsbefugnisse nicht einheitlich beantwortet werden. Dem entsprechend soll folgend auch darauf eingegangen werden, bei welchen Eingriffsmaßnahmen der Bauaufsichtsbehörden die Anordnung der sofortigen Vollziehung in Betracht kommt und bei welchen nicht.

2. Einzelne Spezialbefugnisse in der BayBO, soweit sie examensrelevant sind

11 a) **Art. 7 Abs. 2 S. 3 BayBO** ermächtigt die Bauaufsichtsbehörde bei bestehenden Gebäuden i. S. v. Art. 7 Abs. 2 S. 1 BayBO nachträglich die Herstellung von Kinderspielplätzen zu fordern.

12 b) Nach **Art. 48 Abs. 5 S. 2 BayBO** soll (= eingeschränktes Ermessen[452]) die Bauaufsichtsbehörde bei bestehenden baulichen Anlagen verlangen, dass ein zu Art. 48 Abs. 1 bis 4 BayBO gleichwertiger Zustand hergestellt wird, wenn das technisch möglich und dem Eigentümer wirtschaftlich zumutbar ist. Die Anordnungsbefugnis setzt somit die technische Realisierbarkeit entsprechender behindertengerechter Einrichtungen sowie die wirtschaftliche Zumutbarkeit i. S. e. besonders am Verhältnis von Aufwand und Ertrag orientierten Verhältnismäßigkeitsprüfung im engeren Sinn voraus. Die Regelung steht selbständig neben Art. 54 Abs. 4 BayBO.

13 c) **Art. 54 Abs. 2 S. 2 BayBO** ermächtigt die Bauaufsichtsbehörden, in Wahrnehmung ihrer in Art. 54 Abs. 2 S. 1 BayBO umschriebenen Aufgaben die erforderlichen Maßnahmen in Ausübung pflichtgemäßen Ermessens (Art. 40 BayVwVfG) zu treffen (HS. 1); ferner sind sie berechtigt, die Vorlage von Bescheinigungen von Prüfsachverständigen zu verlangen (HS. 2). Der Anwendungsbereich dieser Befugnisnorm knüpft somit unmittelbar an die Festlegung des Aufgabenkreises durch Art. 54 Abs. 2 S. 1 BayBO an.

---

[451] Vgl. nur BayVGH, BayVBl. 1970, 103; BayVGH, BayVBl. 1971, 349; BayVGH, BayVBl. 1998, 660; BayVGH, BayVBl. 1996, 634.
[452] Wolff/Decker, VwGO/VwVfG, zu § 114 VwGO Rn. 13 f.

Art. 54 Abs. 2 S. 2 BayBO kann folglich als Befugnisnorm dann nicht herangezogen werden, wenn die konkrete Maßnahme nicht der Wahrnehmung von konkreten Aufgaben nach Art. 54 Abs. 2 S. 1 BayBO dient, wie insbesondere Anordnungen gegenüber bestandsgeschützten baulichen Anlagen, die über den Rahmen der Instandhaltung hinausgehen[453]. Zu beachten ist des weiteren, dass Art. 54 Abs. 2 S. 2 BayBO nur dann Anwendung findet, wenn sich eine Befugnis zum Handeln nicht aufgrund von speziellen Vorschriften der BayBO ergibt. M. a. W.: Art. 54 Abs. 2 S. 2 BayBO findet dann keine Anwendung, wenn sich der in der Sache zu gebende Befehl auf der Rechtsfolgenseite einer speziellen Befugnisnorm der BayBO findet, denn diese stellen für ihren Anwendungsbereich abschließende Sonderregelungen dar[454]. Liegen mithin die Voraussetzungen einer solchen Spezialregelung nicht vor, ist ein Rückgriff auf die (**subsidiäre**) **Generalklausel** des Art. 54 Abs. 2 S. 2 BayBO nicht zulässig. Damit verbleiben für Art. 54 Abs. 2 S. 2 BayBO vor allem die Bauberatung und sonstige Anordnungen außerhalb von gesetzlich geregelten Verfahren und Befugnissen.

Beispiel: Anordnung, dass eine bauliche Anlage fertig gestellt, z. B. verputzt, wird; Instandhaltungs- oder Sanierungsanordnungen[455], wie z. B. die Beseitigung von schadhaften Mauerwerks- oder Dachziegelteilen[456] oder die Erneuerung einer schadhaften bzw. durchgefaulten Tragkonstruktion (wie Sparren, Fußplatte, Säulen etc.) eines Daches[457]; Maßnahmen zur Herbeiführung der Standsicherheit[458].

Ein besonderes Problem stellen in diesem Zusammenhang sog. „**Schrottimmobilien**" dar, also bauliche Anlagen, die ursprünglich rechtmäßig (z. B. weil aufgrund einer Baugenehmigung) errichtet und genutzt wurden, deren Nutzung dann aber aufgegeben worden ist, die dem Verfall preisgegeben wurden und nunmehr soweit zerstört sind, dass sie sinnvoller Weise nicht mehr genutzt werden können. Solche **Ruinen** stellen oftmals einen Schandfleck dar, dessen Beseitigung im öffentlichen Interesse liegt. Während die Bauordnungen anderer Bundesländer für diese Fälle teilweise entsprechende Befugnisnormen vorsehen[459], fehlt eine solche Regelung in Bayern. Da die „Schrottimmobilie" rechtmäßig errichtet wurde, scheidet Art. 76 S. 1 BayBO als Befugnisnorm aus. Bei lediglich verunstaltender Wirkung, greift auch Art. 54 Abs. 4 BayBO nicht (siehe Rn. 20). Von daher bleibt als Rechtsgrundlage für die Beseitigung einer „Schrottimmobilie" nur Art. 54 Abs. 2 S. 2 BayBO[460].

13a

d) **Art. 54 Abs. 3 S. 1 BayBO** ermächtigt die Bauaufsichtsbehörde über die materiellen Anforderungen des Zweiten (= Art. 4 bis Art. 7 BayBO) und des

14

---

[453] Koch/Molodovsky/Famers, BayBO, zu Art. 54 Rn. 30.
[454] Koch/Molodovsky/Famers, BayBO, zu Art. 54 Rn. 30.
[455] Siehe hierzu BVerwG, NJW 1989, 2638.
[456] OVG Berlin, BauR 1990, 203.
[457] BayVGH v. 14. 10. 1994, Az.: 26 B 92.873.
[458] VGH BW, BauR 2000, 864.
[459] Vgl. hierzu Guckelberger, NVwZ 2010, 743 [744]; siehe auch Johlen, BauR 2010, 1680.
[460] So BayVGH v. 16. 11. 2010, Az.: 9 B 10.481, 9 b 11.90.

Dritten Teils (= Art. 8 bis Art. 48 BayBO, wobei Art. 8, Art. 9 ausdrücklich in Art. 54 Abs. 3 S. 1 BayBO ausgenommen sind) der BayBO hinaus im Einzelfall zusätzliche – da über Art. 3 BayBO hinausgehend – Anforderungen zu stellen, um **erhebliche Gefahren** abzuwenden. Eine Gefahr ist erheblich, wenn sie **konkret**[461] ist und wenn ein Schaden für ein besonders bedeutsames Rechtsgut (Leben, Gesundheit, Freiheit etc.) oder für andere Rechtsgüter im größerem Umfang zu befürchten ist (siehe auch unten Rn. 25). Diese in der Praxis nicht sehr bedeutsame Befugnisnorm ist für den Fall gedacht, dass die im Zweiten und Dritten Teil der BayBO normierten Anforderungen in einem bestimmten Bereich, z.B. wegen des Voranschreitens der technischen Entwicklung, sich als unzureichend erweisen.

Beispiel: Zusätzliche Brandschutzanforderungen, Gefahrerforschungseingriffe[462].

15   Bezüglich **Sonderbauten** i.S.v. Art. 2 Abs. 4 BayBO enthält Art. 54 Abs. 3 BayBO verschiedene Sonderregelungen in Satz 1 HS. 1 a.E. (es genügen Nachteile anstelle von erheblichen Gefahren), in Satz 1 HS. 2 und in Satz 2 (jeweils Ausschluss der Anwendbarkeit des Art. 54 Abs. 3 S. 1 BayBO).

16   e) **Art. 54 Abs. 5 BayBO** – der durch Art. 54 Abs. 6 BayBO wieder eingeschränkt wird – enthält eine dem Art. 54 Abs. 3 BayBO vergleichbare Regelung bei der Änderung baulicher Anlagen über Art. 3 BayBO hinausgehende Anforderungen auch bezüglich der nicht geänderten Teile der baulichen Anlage zu stellen.

17   f) Schließlich eröffnet **Art. 77 BayBO** aus Anlass der Bauüberwachung der Bauaufsichtsbehörde die Befugnis, zu Prüfungen, zur Überwachung, zur Probe- und zur Einsichtnahme. Das Recht, u.a. zu diesem Zweck Grundstücke und Anlagen einschließlich Wohnungen zu betreten, ergibt sich dabei aus Art. 54 Abs. 2 S. 4 BayBO.

18   g) Da die Baugenehmigung ein mitwirkungsbedürftiger Verwaltungsakt ist, die rechtswidrig (vgl. Art. 45 Abs. 1 Nr. 1 BayVwVfG)[463] ist, wenn sie ohne wirksamen Bauantrag erlassen wird, muss die Behörde das Recht haben, zu verlangen, dass ein Bauantrag gestellt wird. **Art. 76 S. 3 BayBO** ermächtigt sie hierzu. Die Befugnis ist dabei bereits dann eröffnet, wenn die in Mitten stehende Maßnahme formell rechtswidrig ist[464]. Das Verlangen nach einem Bauantrag ist von der Behörde grundsätzlich bei allen baugenehmigungspflichtigen Vorhaben, die ausgeführt werden sollen, zu stellen, aber auch bei Bauvorhaben, die bereits ohne die vorgeschriebene Genehmigung ausgeführt sind (auf den Zeitpunkt kommt es nicht an) oder die zwar genehmigt sind, bei denen aber von der Genehmigung abgewichen worden ist. In den zuletzt genannten Fällen hat die Ermächtigung an die Behörde ihre wesentliche praktische Bedeutung. Auch die Anordnung nach Art. 76 S. 3 BayBO ist eine solche, die im (pflichtgemäßen) Ermessen (Art. 40 BayVwVfG) der Bauaufsichtsbehörde steht. Stellt diese fest, dass an einer Anlage genehmigungs-

---

[461] Koch/Molodovsky/Famers, BayBO, zu Art. 54 Rn. 111a.
[462] VG München v. 28.5.1996, Az.: M 1 K 94.3966.
[463] Vgl. Wolff/Decker, VwGO/VwVfG, zu § 22 VwVfG Rn. 4, 5.
[464] BayVGH v. 28.1.1999, Az.: 2 ZB 99.234; BayVGH v. 19.6.1995, Az.: 15 B 94.1156; zu Einzelheiten siehe bei der Nutzungsuntersagung.

B. Die bauaufsichtlichen Eingriffsbefugnisse

pflichtige bauliche Veränderungen vorgenommen wurden, bleibt ihr i.d.R. zur Beurteilung der Genehmigungsfähigkeit nur die Möglichkeit der Anordnung, einen Bauantrag mit entsprechenden Plänen einzureichen, womit es regelmäßig pflichtgemäßer Ermessensausübung entspricht, den Bauherrn zur Einreichung eines solchen Bauantrages aufzufordern (sog. **intendiertes Ermessen**[465]).

h) In den vorstehend genannten Fällen a. bis g. ergeben sich hinsichtlich der Anordnung des Sofortvollzuges nach § 80 Abs. 2 S. 1 Nr. 4, Abs. 3 VwGO keine Besonderheiten. Maßgeblich ist der konkrete Einzelfall. Bei Anordnungen zur Gefahrenbekämpfung (etwa Art. 54 Abs. 3 BayBO) wird aber regelmäßig die Anordnung der sofortigen Vollziehung gerechtfertigt sein.

3. Anordnungen nach Art. 54 Abs. 4 BayBO

a) Anwendungsbereich/Konkurrenzen

Nach Art. 54 Abs. 4 BayBO können bei bestandsgeschützten baulichen Anlagen durch die Bauaufsichtsbehörde Anforderungen gestellt werden, wenn das zur Abwehr von erheblichen Gefahren für Leben und Gesundheit notwendig ist[466].

Art. 54 Abs. 4 BayBO dürfte gegenüber Art. 54 Abs. 2 S. 2, Abs. 3 BayBO speziell sein und ermöglicht über diese Vorschriften hinausgehende Maßnahmen gegenüber bestandsgeschützten baulichen Anlagen.

Eine Konkurrenz des Art. 54 Abs. 4 BayBO mit Art. 76 BayBO besteht nicht, denn die genannten Normen haben unterschiedliche Zielsetzungen. Während Art. 76 BayBO die Herstellung rechtmäßiger Zustände im Auge hat, ermächtigt Art. 54 Abs. 4 BayBO zur Abwehr von Gefahren bei bestandsgeschützten Anlagen. Art. 54 Abs. 4 BayBO greift folglich immer dann ein, wenn Art. 76 BayBO oder andere Rechtsgrundlagen ausscheiden, insbesondere wegen eines bestehenden Bestandsschutzes[467]. In dieser Hinsicht hat Art. 54 Abs. 4 BayBO seine eigentliche Bedeutung. Das wird gerade bei baulichen Anlagen, die im vereinfachten Genehmigungsverfahren (Art. 59 BayBO) genehmigt worden sind, deutlich. Wie in Kapitel 2 Teil 6 Rn. 14 dargestellt, „zerfällt" das Vorhaben aufgrund der nur eingeschränkten bauaufsichtlichen Prüfung in einen durch die Baugenehmigung legalisierten Teil

---

[465] BVerwG, DöV 1965, 460; vgl. auch BayVGH v. 28. 1. 1999, Az.: 2 ZB 99.234.

[466] Die noch in Art. 60 Abs. 5 BayBO 1998 enthaltene weitere Alternative „oder zum Schutz des Straßen-, Orts- oder Landschaftsbilds vor Verunstaltungen" ist durch die Novelle 2007 gestrichen worden, weil nach Ansicht des Gesetzgebers bestandsgeschützte bauliche Anlagen keine Verunstaltung des Straßen-, Orts- und Landschaftsbilds bewirken können, denn dann dürften sie entweder nicht genehmigt sein oder wären niemals mit dem materiellen Recht im Einklang gestanden, weshalb sie nicht bestandsgeschützt sein können; vgl. Begründung des Gesetzentwurfs der Staatsregierung, LT-DS 15/7161 S. 59; hierbei wird allerdings das Problem der „Schrottimmobilien" (siehe Rn. 13a) übersehen.

[467] BayVGH vom 9. 12. 1993, Az.: 4 C 93.1745; VG München vom 18. 5. 1999, Az.: M 1 K 98.1998; VG München v. 3. 9. 1999, Az.: M 1 S 99.3463.

und in einen allein im Verantwortungsbereich des Bauherrn liegenden Teil. Soweit die bauliche Anlage durch die Baugenehmigung legalisiert ist, genießt sie Bestandsschutz; das gilt in gleicher Weise bezüglich der Vorschriften, die im vereinfachten Genehmigungsverfahren nicht geprüft werden, soweit sich die bauliche Anlage mit den im Übrigen für sie geltenden materiell-rechtlichen Vorschriften tatsächlich im Einklang befindet, denn auch dann genießt die bauliche Anlage (insoweit) Bestandsschutz[468]. In der Konsequenz bedeutet das, dass etwaige Anordnungen auf Art. 54 Abs. 4 BayBO zu stützen wären.

23 Steht die bauliche Anlage (vgl. Art. 2 Abs. 1 S. 1–3 BayBO) dagegen mit den im Übrigen für sie geltenden materiellen Vorschriften nicht im Einklang, genießt sie insofern keinen Bestandsschutz mit der Folge, dass ein etwaiger Verstoß gegen materielles Recht, das von der Bauaufsichtsbehörde im Baugenehmigungsverfahren nicht geprüft wurde, zu einer Anordnung nach Art. 76 BayBO berechtigen würde[469].

b) Voraussetzungen

24 Voraussetzung für eine Anordnung nach Art. 54 Abs. 4 BayBO ist zunächst, dass die bauliche Anlage **Bestandsschutz** genießt (siehe hierzu die Ausführungen in Kapitel 1 Rn. 19 ff.). Liegt eine nicht bestandsgeschützte bauliche Anlage vor, sind ggf. Art. 75, 76 BayBO einschlägig, nicht aber Art. 54 Abs. 4 BayBO.

25 Des Weiteren setzt eine Anordnung nach Art. 54 Abs. 4 BayBO voraus, dass diese zur Abwehr von erheblichen Gefahren, die Leben und Gesundheit betreffen, notwendig ist. Schon aus der Wendung „erhebliche Gefahren" folgt dabei, dass es sich insoweit um **konkrete Gefahren** handeln muss, mithin das Vorliegen einer nur abstrakten Gefahr nicht ausreicht[470]. Von einer erheblichen Gefahr ist dann auszugehen, wenn die Gefahr oder der Nachteil schwerwiegend und nachhaltig ist (vgl. auch oben Rn. 14), wobei es auf die übermäßige Empfindlichkeit eines Einzelnen nicht ankommt, sondern auf die objektiven Gegebenheiten. Dabei sind an die Wahrscheinlichkeit des Schadenseintritts umso geringere Anforderungen zu stellen, je größer und folgenschwerer der möglicherweise eintretende Schaden ist[471]. Wichtige Anwendungsfälle sind insoweit einsturzgefährdete Gebäude oder Teile davon. Befindet sich ein Anwesen in einem derart schlechten Zustand, dass nach der allgemeinen Lebenserfahrung z. B. neugierige Jugendliche oder vorbeikommende Spaziergänger durch einstürzende Dach- oder Mauerteile verletzt werden können, ist ebenfalls die Möglichkeit einer Beeinträchtigung von Leben und Gesundheit gegeben[472].

---

[468] Vgl. Kapitel 1 Rn. 22 ff.
[469] Vgl. Kapitel 1 Rn. 22 ff.
[470] BayVGH, BayVBl. 2009, 637 [638] m. w. N.; BayVGH v. 20. 5. 2009, Az.: 14 CS 09.478; BayVGH v. 21. 6. 2011, Az.: 14 CS 11.790; VGH Kassel, BauR 2000, 553 = NVwZ-RR 2000, 581 m. w. N.
[471] BVerwG, Buchholz 402.41 Nr. 73.
[472] BayVGH, BauR 1987, 189 = BayVBl 1987, 597.

c) Ermessen

Liegen die tatbestandlichen Voraussetzungen des Art. 54 Abs. 4 BayBO vor, so kann die Bauaufsichtsbehörde im Rahmen pflichtgemäßer Ermessensausübung (Art. 40 BayVwVfG) die im konkreten Einzelfall erforderlichen Anordnungen erlassen.

Beispiele für mögliche Anordnungen:
- Beseitigungsanordnung[473].
- Nutzungsuntersagung eines Stalles, dessen Gewölbe einsturzgefährdet ist[474].
- Räumung und Absperrung eines Durchgangsraumes wegen fehlender Standsicherheit infolge von Bodenbewegungen[475].
- Räumung und Nutzungsuntersagung für Dachgeschosswohnung, weil der Dachstuhl instabil und einsturzgefährdet ist[476] oder weil das Erdgeschoss wegen Umbauarbeiten eine Baustelle und ein gefahrloses Erreichen der Dachgeschoßwohnung deshalb nicht möglich ist[477].
- Instandsetzungsaufforderung für einen beschädigten Massivholzzaun[478].

d) Sofortvollzug

Da es im Rahmen von Anordnungen nach Art. 54 Abs. 4 BayBO um die Beseitigung von erheblichen Gefahren geht, die keinen Aufschub dulden, wird regelmäßig die Anordnung der sofortigen Vollziehung nach § 80 Abs. 2 S. 1 Nr. 4, Abs. 3 VwGO gerechtfertigt sein.

4. Baueinstellung nach Art. 75 BayBO

a) Einführung

Die Einstellung unzulässiger „Arbeiten" hat den Zweck, vor allem das formelle Baurecht durchzusetzen[479]. Insoweit dient sie dazu, die Einhaltung der Baugenehmigungspflicht zu sichern[480] und damit zu gewährleisten, dass Bauvorhaben erst ausgeführt werden, wenn durch Erteilung der Baugenehmigung ihre Vereinbarkeit mit dem öffentlichen Recht festgestellt ist oder erst dann fortgeführt werden, wenn Planabweichungen durch eine Tektur- oder Änderungsgenehmigung formell zulässig sind. Die Baueinstellung hat aber auch den Zweck dem materiellen Baurecht Geltung zu verschaffen. Andernfalls könnten rechtswidrige Zustände entstehen oder verfestigt werden, die nicht mehr oder nur noch schwer wieder rückgängig gemacht werden könnten. Eine Baueinstellungsverfügung beinhaltet daher noch keine Entscheidung über die Genehmigungsfähigkeit der vorgenommenen Arbei-

---

[473] BayVGH, BayVBl. 1987, 597.
[474] BayVGH v. 31. 7. 1995, Az.: 1 CS 95.2359; siehe auch VG München v. 18. 5. 1999, Az.: M 1 K 98.1998.
[475] VG München v. 3. 9. 1999, Az.: M 1 S 99.3463.
[476] BayVGH v. 30. 4. 1996, Az.: 2 CS 96.1263.
[477] BayVGH v. 21. 6. 2011, Az.: 14 CS 11.790.
[478] BayVGH v. 20. 5. 2009, Az.: 14 CS 09.479.
[479] Vgl. Koch/Molodovsky/Famers, BayBO, zu Art. 75 Rn. 2.
[480] Vgl. OVG Thüringen, NVwZ 1995, 1009 = LKV 1995, 296; VGH Kassel, BauR 1991, 447.

ten, sondern soll nur sicherstellen, dass diese Prüfung und Entscheidung aufgrund ordnungsgemäßer Bauvorlagen in dem dafür vorgesehenen Verfahren erfolgt und bis dahin keine vollendeten Tatsachen geschaffen werden[481].

29 Die Möglichkeit der Baueinstellung lässt die Befugnisse der Bauaufsichtsbehörde, ggf. weitergehende Anordnungen (z. B. Nutzungsuntersagung nach Art. 76 S. 2 BayBO) zu erlassen, unberührt[482].

b) Die Baueinstellungsverfügung nach Art. 75 Abs. 1 BayBO

aa) Tatbestandliche Voraussetzungen

30 Nach Art. 75 Abs. 1 S. 1 BayBO kann die Bauaufsichtsbehörde die Einstellung von Arbeiten anordnen, wenn Anlagen (siehe Art. 2 Abs. 1 S. 4 BayBO) im Widerspruch zu öffentlich-rechtlichen Vorschriften errichtet, geändert oder beseitigt werden.

31 (1) Voraussetzung für eine Baueinstellung ist somit zunächst, dass Anlagen durch Arbeiten „errichtet, geändert oder beseitigt" werden[483]. Eine Baueinstellung kommt daher weder tatbestandlich noch praktisch in Betracht, wenn lediglich die Nutzung einer Anlage ohne begleitende bauliche Maßnahmen geändert wird. Insoweit wäre dann eine Nutzungsuntersagung nach Art. 76 S. 2 BayBO möglich. Liegen lediglich Instandsetzungsarbeiten[484] vor, scheidet eine Baueinstellung ebenfalls aus[485].

32 (2) Weiter setzt die Baueinstellung voraus, dass **„Arbeiten"** durchgeführt werden. Dieser Begriff ist weit zu verstehen und umfasst auch Maßnahmen zur Herstellung von fiktiven baulichen Anlagen nach Art. 2 Abs. 1 S. 2, S. 3 BayBO[486].

Die „Arbeiten" müssen tatsächlich begonnen und dürfen noch nicht abgeschlossen sein. Der Abschluss der „Arbeiten" bestimmt sich dabei grundsätzlich nach dem objektivierbaren Willen des Bauherrn. Sind die „Arbeiten" an der Anlage abgeschlossen, kann eine Baueinstellung nicht – mehr – verfügt werden[487], denn nach ihrem Sinn und Zweck setzt die Verfügung der Baueinstellung voraus, dass das Bauvorhaben noch nicht vollendet ist. Eine Baueinstellungsverfügung hat lediglich zeitbezogene Funktion in der Verhinderung des Weiterbaus. Ausreichend ist aber das Fehlen geringfügiger baulicher Maßnahmen zur Vollendung des Vorhabens[488].

33 (3) Schließlich müssen die „Arbeiten" im **Widerspruch zu öffentlich-rechtlichen Vorschriften** erfolgen. Öffentlich-rechtliche Vorschriften, mit denen „Arbeiten" in Widerspruch stehen können, sind zunächst die gesamten Re-

---

[481] BayVGH v. 5. 2. 1996, Az.: 1 CS 95.4163.
[482] Decker in Simon/Busse, BayBO, zu Art. 75 Rn. 45.
[483] Siehe zu diesen Begriffen die Ausführungen in Kapitel 2 Teil 5 Rn. 8 ff.
[484] Zum Begriff siehe in Kapitel 2 Teil 5 Rn. 10.
[485] Koch/Molodovsky/Famers, BayBO, zu Art. 75 Rn. 15.
[486] Decker in Simon/Busse, BayBO, zu Art. 75 Rn. 41; Koch/Molodovsky/Famers, BayBO, zu Art. 75 Rn. 14.
[487] Z. B. BayVGH v. 9. 11. 1998, Az.: 2 ZS 98.2043.
[488] Decker in Simon/Busse, BayBO, zu Art. 75 Rn. 43 m. w. N.

B. Die bauaufsichtlichen Eingriffsbefugnisse

gelungen des Baurechts selbst. Die praktisch wichtigsten **verfahrensrechtlichen Einstellungsgründe** zählt das Gesetz dabei in Art. 75 Abs. 1 S. 2 BayBO **beispielhaft** (vgl. Wortlaut „das gilt auch dann") auf.

Verfahrensrechtliche Einstellungsgründe wären daher z. B. gegeben, wenn
- mit der Ausführung des Vorhabens entgegen Art. 68 Abs. 5 BayBO begonnen wird, d. h. dass dem Bauherrn die erforderliche Baugenehmigung noch nicht zugegangen ist, oder dass der Bauaufsichtsbehörde die Bescheinigungen nach Art. 62 Abs. 3 BayBO oder die Baubeginnsanzeige (vgl. Art. 68 Abs. 7 BayBO) noch nicht vorliegen (Art. 75 Abs. 1 S. 2 Nr. 1 BayBO);
- bei der Ausführung
  a) eines genehmigungsbedürftigen Bauvorhabens von den genehmigten Bauvorlagen,
  b) eines genehmigungsfreigestellten Bauvorhabens von den eingereichten Unterlagen
  abgewichen wird (Art. 75 Abs. 1 S. 2 Nr. 2 BayBO); dieser Tatbestand erfasst somit die Fälle, in welchen abweichend von den genehmigten bzw. eingereichten Bauvorlagen gebaut wird, und ermächtigt selbst dann zur Baueinstellung, wenn einzelne Bauteile auf der Grundlage der Baugenehmigung hätten errichtet werden dürfen[489]. Hierher gehören auch die Fälle, dass die Baugenehmigung unanfechtbar oder sofort vollziehbar zurückgenommen, widerrufen oder eingeschränkt worden (Art. 48, 49 BayVwVfG) oder gemäß Art. 69 Abs. 1 BayBO erloschen ist, oder dass „Arbeiten" über das durch eine Teilbaugenehmigung (Art. 70 BayBO) zulässige Ausmaß hinaus weitergeführt werden.
- Bauprodukte verwendet werden, die entgegen Art. 15 Abs. 1 keine CE-Kennzeichnung oder kein Ü-Zeichen tragen (Art. 75 Abs. 1 S. 2 Nr. 3 BayBO).
- Bauprodukte verwendet werden, die unberechtigt mit der CE-Kennzeichnung (Art. 15 Abs. 1 Satz 1 Nr. 2) oder dem Ü-Zeichen (Art. 20 Abs. 4) gekennzeichnet sind (Art. 75 Abs. 1 S. 2 Nr. 4 BayBO).

Des weiteren kann sich der Widerspruch zu öffentlich-rechtlichen Vorschriften aber auch aus allen anderen öffentlich-rechtlichen Vorschriften ergeben, über deren Einhaltung die Bauaufsichtsbehörde zu wachen hat, also insbesondere Vorschriften des Straßen-, Wasser-, Immissionsschutz-, Gewerbe-, Denkmalschutz-, Abfallbeseitigungs- und Naturschutzrechts, des Gemeinderechts, Stiftungsrechts usw., soweit sie sich auf die vom Baurecht erfassten Anlagen beziehen und nicht die Subsidiaritätsklausel des Art. 54 Abs. 2 S. 2 BayBO greift[490]. 34

So kann eine Baueinstellungsverfügung z. B. dann ergehen, wenn bei einem in einem förmlich festgelegten Sanierungsgebiet liegenden Bauvorhaben Bauarbeiten ohne die hierfür erforderliche sanierungsrechtliche Genehmigung (§ 144 BauGB) ausgeführt werden, selbst wenn eine Baugenehmigung vorliegt[491], da die Baugenehmigung die sanierungsrechtliche Genehmigung, für die die Gemeinde zuständig ist (§ 144 Abs. 1 BauGB), nicht erfasst.

Zu beachten ist im Rahmen des Art. 75 Abs. 1 BayBO, dass der Beginn oder die Fortführung von „Arbeiten" bereits allein wegen **formeller Baurechtswidrigkeit** (= Bauen ohne die hierfür erforderliche Genehmigung etc.) 35

---

[489] OVG Münster, BRS 47 Nr. 193.
[490] Decker in Simon/Busse, BayBO, zu Art. 75 Rn. 47.
[491] OVG Thüringen, BauR 1999, 164 = ThürVBl. 1999, 19.

verhindert werden kann, da Bauen ohne Beachtung der formellen Voraussetzungen, insbesondere ohne die erforderliche Baugenehmigung oder sonstige öffentlich-rechtliche Genehmigungen (Erlaubnisse usw.) oder von ihr abweichend, eine Störung der öffentlichen Ordnung darstellt, die von den Behörden zu unterbinden ist[492]. Zur Einstellung genügt mithin der objektive Verstoß gegen öffentlich-rechtliche Vorschriften; **auf ein Verschulden kommt es nicht an.**

36 Die **materielle Rechtmäßigkeit** der „Arbeiten" spielt hingegen grundsätzlich **keine Rolle.** Insbesondere kommt es regelmäßig nicht darauf an, ob die rechtswidrig begonnene Baumaßnahme auch gegen sachliches Baurecht verstößt[493] und materiell genehmigungsfähig wäre. **Etwas anderes** gilt allerdings dann, wenn es sich um „Arbeiten" für Vorhaben handelt, die keinem bauaufsichtlichen Verfahren unterworfen sind (insbesondere verfahrensfreie und genehmigungsfreigestellte Vorhaben); aufgrund des Fehlens der Verpflichtung zur Einholung einer Baugenehmigung etc. können diese Vorhaben nicht formell illegal sein. Bei diesen Baumaßnahmen kommt es somit für die Einstellung von „Arbeiten" gemäß Art. 75 Abs. 1 BayBO maßgeblich darauf an, ob sie gegen materiell-rechtliche Vorschriften verstoßen[494].

Beispiel: B will auf seinem Innenbereichsgrundstück eine Grenzgarage in Fertigbauweise errichten und zwar mit einem Flachdach. Nach der maßgeblichen Gestaltungssatzung der Gemeinde G (Art. 81 Abs. 1 Nr. 1 BayBO) sind Garagen aber mit einem Satteldach zu versehen. Die Baumaßnahme des B ist zwar verfahrensfrei (Art. 57 Abs. 1 Buchst. b i. V. m. Art. 6 Abs. 9 S. 1 Nr. 1 BayBO) und damit nicht formell illegal. Sie verstößt aber gegen materielles Recht (hier die Gestaltungssatzung der Gemeinde G). Beginnt B nun mit der Errichtung des Flachdaches (der Beginn der Arbeiten an der Garage allein genügt noch nicht, weil diese auch materiell rechtmäßig erfolgen), können die Arbeiten hieran gemäß Art. 75 Abs. 1 BayBO eingestellt werden.

37 Ist für ein genehmigungspflichtiges Vorhaben die Genehmigung erteilt, widerspricht es aber **im Baugenehmigungsverfahren zu prüfenden materiellen Vorschriften** des öffentlichen Rechts (rechtswidrige Baugenehmigung), dann können die „Arbeiten" (zunächst) nicht nach Art. 75 Abs. 1 BayBO eingestellt werden. Das gilt auch, soweit das Vorhaben lediglich im vereinfachten Genehmigungsverfahren (Art. 59 BayBO) zugelassen wurde bezüglich der in diesem Verfahren zu prüfenden Anforderungen an die (bauliche) Anlage. In diesem Fall bleibt nur die Möglichkeit, die Genehmigung nach Art. 48 BayVwVfG zurückzunehmen oder nachträglich einzuschränken. Die Baueinstellungsverfügung ist jedoch erst zulässig, wenn der Rücknahmebescheid unanfechtbar oder sofort vollziehbar ist[495].

Etwas anderes gilt allerdings dann, wenn sich der Verstoß gegen das materielle Recht aus Vorschriften ergibt, die im Baugenehmigungsverfahren, wie z. B. im vereinfachten Genehmigungsverfahren (Art. 59 BayBO), **nicht geprüft werden.** Insoweit ist anerkannt, dass die Einschränkung des Prüfprogramms der Bauaufsichtsbehörde

---

[492] BayVGH v. 14. 8. 1986, Az.: 1 ZS 85 A. 518; BayVGH, BayVBl. 1974, 436.
[493] BayVGH v. 30. 9. 1970, Az.: 35 I 69; BayVGH v. 16. 10. 1970, Az.: 63 I 68.
[494] Siehe z. B. Decker in Simon/Busse, BayBO, zu Art. 75 Rn. 38.
[495] OVG Saarlouis, BRS 42 Nr. 215 = NVwZ 1985, 430 = BauR 1985, 299.

B. Die bauaufsichtlichen Eingriffsbefugnisse

zwar zu einem Entfallen ihrer präventiven Befugnisse bezüglich des konkreten Vorhabens führt, dass aber andererseits die repressiven Befugnisse der Bauaufsichtsbehörde hiervon unberührt bleiben (vgl. nur Art. 55 Abs. 2 BayBO). Da zudem bezüglich der im Baugenehmigungsverfahren nicht geprüften Vorschriften keine Legalisierungswirkung durch die Baugenehmigung erfolgt, steht die Anlage damit insofern faktisch den nach Art. 57 BayBO verfahrensfreien Vorhaben gleich mit der Folge, dass ein etwaiger Verstoß gegen materielles Recht, das von der Bauaufsichtsbehörde im Baugenehmigungsverfahren nicht geprüft wurde und auch nicht geprüft werden musste, zur Einstellung der Bauarbeiten nach Art. 75 Abs. 1 BayBO berechtigt[496].

bb) Ermessen der Bauaufsichtsbehörde

Die Einstellung von „Arbeiten" liegt nach Art. 75 Abs. 1 BayBO im pflichtgemäßen Ermessen der Bauaufsichtsbehörde. In aller Regel besteht ein öffentliches Interesse, die Fortführung unzulässiger „Arbeiten" zu verhindern (sog. **intendiertes Ermessen**)[497]. Auch der Zeitpunkt des Einschreitens steht im pflichtgemäßen Ermessen der Behörde. Die Baueinstellung ist nicht ausgeschlossen, wenn die Behörde nach Kenntnis der unzulässigen „Arbeiten" zunächst untätig geblieben ist. Sie handelt nicht ermessensfehlerhaft, wenn sie erst längere Zeit nach Baubeginn wegen veränderter Sachlage den Bau einstellt[498]. Ebenfalls schließt die Aussicht auf eine nachträgliche Genehmigung die Baueinstellung nicht aus, jedoch kann die Behörde im Einzelfall untätig bleiben, wenn mit dem baldigen Abschluss des Genehmigungsverfahrens zu rechnen ist[499].

Auch bei materieller Rechtmäßigkeit eines formell rechtswidrigen Vorhabens übt die Behörde ihr Ermessen nicht fehlerhaft aus, wenn sie die „Arbeiten" einstellt. Die Bauaufsichtsbehörde ist nicht verpflichtet, vor Anordnung der Baueinstellung zu prüfen, ob z.B. eine planwidrige Bauausführung zugleich gegen das materielle Baurecht verstößt und ob sie aus diesem Grund nicht genehmigungsfähig ist[500].

Bei gänzlich ungenehmigten „Arbeiten" wird i.d.R. nur die gänzliche Einstellung der Arbeiten in Betracht kommen. Dagegen ist bei Abweichungen von den genehmigten Bauvorlagen nach dem allgemeinen verwaltungsrechtlichen Grundsatz der **Erforderlichkeit,** der als Bestandteil der Verhältnismäßigkeitsprüfung zu berücksichtigen ist, in der Regel die Weiterführung der Baumaßnahmen nur insoweit zu untersagen, als es nach der Sachlage zur Abwendung von Gesetzesverstößen geboten ist[501]. Es sind nur die „Arbeiten" einzustellen, die sich auf die davon betroffenen Bauteile beziehen, sofern diese in einem rechtlich oder technisch trennbaren Zusammenhang mit dem übrigen Bauvorhaben stehen und die Planabweichung deshalb das

---

[496] Siehe z.B. BayVGH, BayVBl. 2006, 220 [221]; OVG Berlin-Brandenburg, NVwZ-RR 2010, 795; OVG Berlin-Brandenburg, LKV 2009, 182.
[497] BayVGH v. 16.11.2000, Az.: 2 CS 00.2127; Decker in Simon/Busse, BayBO, zu Art. 75 Rn. 83 m.w.N.
[498] BayVGH v. 24.6.1976, Az.: 104 I 74.
[499] OVG Münster, BauR 1974, 266.
[500] BayVGH v. 12.7.2004, Az.: 14 B 03.2545.
[501] BayVGH v. 24.10.1974, Az.: 179 I 73; VG München v. 27.10.1994, Az.: M 1 S 94.3423.

gesamte Bauvorhaben nicht berührt, wie z. B. bei einem zusätzlichen Obergeschoss (Teileinstellung). In einem solchen Fall können die von der Baueinstellung nicht erfassten Teile des Bauvorhabens, soweit sie den genehmigten Bauvorlagen entsprechen, fortgeführt werden.

Im obigen **Beispiel** mit der **Grenzgarage** wird sich daher die Baueinstellung auf die Errichtung des Daches zu beschränken haben, weil es sich hierbei um ein vom Rest technisch ohne weiteres abtrennbares Bauteil handelt, denn Fertiggaragen besitzen üblicherweise eine Überdeckung, werden komplett an die Baustelle geliefert, dort aufgestellt und erhalten dann erst eine zusätzliche Abdeckung.

40   Die für die Ermessensausübung maßgeblichen Kriterien sind im Baueinstellungsbescheid gemäß Art. 39 Abs. 1 S. 1, S. 3 BayVwVfG dem Betroffenen mitzuteilen.

c) Versiegelung (Art. 75 Abs. 2 BayBO)

41   Alle am Bau Beteiligten sind verpflichtet, auf Grund der Baueinstellungsverfügung, die „Arbeiten" an der Anlage sofort einzustellen. Werden trotz der Einstellung „Arbeiten" im Widerspruch zu öffentlich-rechtlichen Vorschriften unerlaubt fortgesetzt, dann sind der Bauaufsichtsbehörde Mittel an die Hand gegeben, um die Einstellungsverfügung durchzusetzen. Die Mittel des Verwaltungszwangs nach dem BayVwZVG, insbesondere das Zwangsgeld (vgl. Art. 31 BayVwZVG), werden zwar häufig unter Beachtung des im BayVwZVG vorgeschriebenen Verfahrens ausreichen. Die BayBO räumt aber darüber hinaus in Art. 75 Abs. 2 BayBO als besonderes, **eigenständig geregeltes Zwangsmittel** das Recht ein, die Baustelle zu versiegeln oder die an der Baustelle vorhandenen Bauprodukte, Geräte, Maschinen und Bauhilfsmittel in amtlichen Gewahrsam zu bringen[502]. Da es sich bei Art. 75 Abs. 2 BayBO um eine eigenständige rechtliche Regelung handelt, **gelten für die Maßnahmen nach Art. 75 Abs. 2 BayBO die Art. 18 ff. BayVwZVG nicht;** es bedarf somit insbesondere keiner vorherigen Androhung (Art. 36 BayVwZVG)[503].

d) Anordnung der sofortigen Vollziehung

42   Die Baueinstellungsverfügung ist ein anfechtbarer Verwaltungsakt mit sicherheitsrechtlichem Charakter. Sie weist den Bauherrn in die Schranken des formellen Baurechts zurück und beseitigt eine „angemaßte Rechtsposition". Eine Anfechtungsklage[504] gegen die Baueinstellungsverfügung hat allerdings aufschiebende Wirkung (§ 80 Abs. 1 S. 1 VwGO). Die Baueinstellung kann aber in der Regel ihren Zweck nur erfüllen, wenn sie sofort vollziehbar ist und damit die Schaffung vollendeter Tatsachen verhindert wird. Sie würde ihren Zweck im Allgemeinen verfehlen, wenn mit ihrem Vollzug bis zum

---

[502] Siehe hierzu Rasch, BauR 1989, 1.
[503] Decker in Simon/Busse, BayBO, zu Art. 75 Rn. 115; BayVGH v. 26. 1. 2004, Az.: 14 CS 03.2849.
[504] Das Widerspruchsverfahren ist seit dem 1. 7. 2007 in Bayern insoweit abgeschafft, vgl. Art. 15 Abs. 1, Abs. 2 AGVwGO.

B. Die bauaufsichtlichen Eingriffsbefugnisse

Eintritt der Unanfechtbarkeit zugewartet werden müsste[505], weil dann auch umfangreiche Bauvorhaben in der Zwischenzeit fertig gestellt sein und damit kaum noch rückgängig zu machende rechtswidrige Zustände geschaffen würden. Infolge dessen kann eine Baueinstellungsverfügung in der Regel gemäß § 80 Abs. 2 S. 1 Nr. 4 VwGO für sofort vollziehbar erklärt werden.

5. Baubeseitigung (Art. 76 S. 1 BayBO)[506]

a) Einführung

Mit der in Art. 76 S. 1 BayBO normierten Beseitigungsbefugnis soll, sozusagen als „actus contrarius", eine illegal geschaffene Bausubstanz beseitigt und das betroffene Grundstück in den Zustand materieller Legalität zurückgeführt werden, der vor Beginn der Bauarbeiten bestanden hat[507]. Folglich verleiht Art. 76 S. 1 BayBO der Bauaufsichtsbehörde zunächst die Befugnis, die Beseitigung des baurechtswidrigen Zustandes (ganz oder teilweise) zu verlangen. Mit der Beseitigung der Anlage soll erreicht werden, dass deren bisheriger Standort von ihr wieder „frei" wird, was im Regelfall ihre „Entfernung" von dort voraussetzt. Da dies nur ausnahmsweise und bei Gebäuden praktisch überhaupt nicht „im Ganzen" geschehen kann, heißt das, dass die die Anlage bildenden Teile entfernt werden müssen, die in dieser Funktion von dem Beseitigungsverlangen erfasst werden und nicht etwa mit dem Einreißen als „Trümmer" Eigenständigkeit in dem Sinne erlangen, dass sie – möglicherweise – einen neuen (bau-)rechtswidrigen Zustand bilden, gegen den ggf. gesondert vorgegangen werden müsste. Folglich gibt die Befugnis zur Anordnung der Beseitigung der Bauaufsichtsbehörde das Recht, die vollständige Beseitigung einer Anlage, also einschließlich der Fundamente und der Betonbodenplatte zu verlangen. Darüber hinaus wird von der Befugnis auch die Entfernung der Baumaterialien, von Restbauteilen, von Schutt sowie von Auf- und Anschüttungen im Rahmen der illegal geschaffenen Anlage vom Grundstück, umfasst[508].

43

Aus der Beschränkung der Befugnis auf die Entfernung der baurechtswidrigen Anlagen folgt jedoch auch, dass von dem Betroffenen im Rahmen des Art. 76 S. 1 BayBO **keine positiven Baumaßnahmen** gefordert werden können, der Inhalt der Beseitigungsanordnung quasi nur negativ (= Entfernung der baurechtswidrigen Anlage) ist. Eine Anordnung mit dem Inhalt, den genehmigten oder zuvor bestehenden Zustand (wieder) herzustellen, kann folglich zumindest dann nicht auf Art. 76 S. 1 BayBO gestützt werden, wenn dies nicht im Wege der bloßen Beseitigung der (bauli-

---

[505] BayVGH v. 3. 2. 2005, Az.: 25 CS 04.3341; BayVGH, BayVBl. 1978, 19; BayVGH v. 7. 10. 1977, Az.: 42 XIV 77; BayVGH v. 25. 7. 1975, Az.: 123 I 75.
[506] Siehe allgemein hierzu: Ramsauer, NordÖR 2006, 282.
[507] Mampel, BauR 1996, 13, 16.
[508] BayVGH v. 4. 6. 1997, Az.: 27 B 95.2273; BayVGH, BayVBl. 1993, 147; BayVGH, BauR 1987, 189 [191]; VG München v. 10. 2. 1999, Az.: M 1 S 98.5673 [Zulassung der Beschwerde abgelehnt durch BayVGH v. 16. 6. 1999, Az.: 1 CS 99.827]; Decker in Simon/Busse, BayBO, zu Art. 76 Rn. 41 ff.; Ortloff, NVwZ 1995, 436, 443; vgl. auch BVerwG v. 10. 11. 1993, Az.: 4 B 185/93.

chen) Anlage oder von Teilen hiervon möglich ist[509]. Infolgedessen wird die Wiederherstellung des natürlichen Verlaufs der Geländeoberfläche nach Beseitigung der rechtswidrigen Anlage, wie z.B. die Wiederbegrünung einer Fläche nach Beseitigung eines Lagerplatzes, oder die Anordnung, den ursprünglichen Zustand durch Bepflanzung mit bodendeckenden Stauden und Gehölzen wiederherzustellen, nicht von Art. 76 S. 1 BayBO gedeckt[510].

44 Art. 76 S. 1 BayBO ist **verfassungsrechtlich unbedenklich**[511]. Die Anordnung, den rechtswidrigen Zustand einer Sache, den der Eigentümer oder dessen Rechtsvorgänger herbeigeführt hat, zu beseitigen, ist keine entschädigungspflichtige Enteignung i.S.d. Art. 14 Abs. 3 GG[512], denn sie verweist nur jene, die Begünstigte eines rechtswidrigen Zustandes sind, in die gesetzlichen Schranken[513].

b) Tatbestandliche Voraussetzungen

45 Werden Anlagen im Widerspruch zu öffentlich-rechtlichen Vorschriften errichtet oder geändert, so kann die Bauaufsichtsbehörde nach Art. 76 S. 1 BayBO die vollständige oder teilweise Beseitigung der Anlage anordnen, wenn nicht auf andere Weise rechtmäßige Zustände hergestellt werden können.

aa) Anlagen, die errichtet oder geändert werden

46 Als erste Voraussetzung für eine Beseitigungsverfügung müssen **„Anlagen, errichtet oder geändert werden"**. Was unter einer Anlage zu verstehen ist, definiert Art. 2 Abs. 1 S. 4 BayBO legal (siehe daher in Kapitel 2 Teil 2 Rn. 22). Allerdings unterliegen den Maßnahmen des Art. 76 S. 1 BayBO nur solche Anlagen, an die das öffentliche Recht materiell-rechtliche oder verfahrensrechtliche Anforderungen stellt und für die die BayBO anwendbar ist (vgl. Art. 1 Abs. 2 BayBO).

Unter den **„Anlagenbegriff"** des Art. 76 S. 1 BayBO **fallen z.B.:** Bodenplatten aus Beton oder Holz[514], Flutlichtanlagen von Sportplätzen[515], ein 6 m langer, 2 m hoher und 1 m breiter Holzstapel[516], Blumen-/Gemüsebeete, gekieste Wege und Einfassungen, betonierte Wege, selbständige oder unselbständige Teile von baulichen Anlagen, wie Installationseinrichtungen, Fassaden, Putze und Anstriche oder auch Laserstrahler auf dem Dach eines Gebäudes[517].

---

[509] **H.M.**; BayVGH v. 21. 8. 1998, Az.: 27 CS 96.4155; BayVGH, BayVBl. 1991, 245; BayVGH, BayVBl. 1984, 688; VG München v. 10. 12. 1996, Az.: M 1 K 95.2485 [rkr.]; VG München v. 25. 5. 1999, Az.: M 1 S 99.1828 [rkr.].

[510] BayVGH v. 4. 6. 1997, Az.: 27 B 95.2273; BayVGH, BayVBl. 1991, 245.

[511] BVerfG, NVwZ 2005, 203 zum inhaltsgleichen § 81 BauO RP.

[512] BVerwG, BayVBl. 1965, 382 = NJW 1965, 1195.

[513] BVerwG, UPR 1994, 450 = BauR 1994, 740 = NVwZ 1995, 272; die gegen die Entscheidung erhobene Verfassungsbeschwerde hat das BVerfG mit Beschluss vom 13. 10. 1994, Az.: 1 BvR 1634/94, nicht zur Entscheidung angenommen.

[514] BayVGH v. 23. 11. 1977, Az.: 48 II 75.

[515] VG Würzburg, NVwZ 1988, 381.

[516] BayVGH v. 13. 3. 1998, Az.: 1 ZS/CS 97.3288; BayVGH v. 22. 6. 1995, Az.: 20 B 94.3355.

[517] BayVGH, BayVBl. 1996, 343.

B. Die bauaufsichtlichen Eingriffsbefugnisse

Nicht hierunter fallen z.B.: nicht ortsfeste Werbeanlagen, nichtbauliche Einfriedungen wie Hecken, Bäume, Sträucher und sonstige Anpflanzungen[518].

Die Beseitigung von Anlagen kann angeordnet werden, wenn diese **errichtet** oder **geändert** werden[519]. Ist eine Anlage genehmigt worden, wird die Genehmigung nicht aufgehoben und bleibt die Anlage unverändert, scheidet eine Beseitigung aus, auch wenn die Anlage dem materiellen Recht widerspricht. Wird die Nutzung – in unzulässiger Weise – geändert, kommt nach dem eindeutigen Wortlaut des Art. 76 S. 1 BayBO eine Beseitigung der Anlage ebenfalls nicht in Betracht (wohl aber eine Nutzungsuntersagung).

bb) Widerspruch zu öffentlich-rechtlichen Vorschriften

Eine Anlage ist nach ganz h.M.[520] dann i.S.v. Art. 76 S. 1 BayBO im Widerspruch zu öffentlich-rechtlichen Vorschriften errichtet oder geändert, wenn sie **formell**, d.h. ohne durch die hierfür erforderliche Baugenehmigung gedeckt zu sein, errichtet oder geändert wurde, **und materiell** rechtswidrig ist, d.h. sie kann auch so, wie sie errichtet oder geändert wurde, nicht (nachträglich) genehmigt werden. Etwas anderes gilt nur bei einem nach Art. 57 Abs. 1 bis Abs. 5 BayBO verfahrensfreien bzw. nach Art. 58 BayBO genehmigungsfreigestellten Vorhaben. Da diese gerade keiner Genehmigung oder einer sonst wie gearteten verfahrensrechtlichen Legitimation (z.B. Zustimmungsverfahren) bedürfen, können solche Anlagen nicht formell illegal errichtet werden. Insoweit ist allerdings anerkannt[521], dass bei verfahrensfreien Vorhaben die Befugnis zur Beseitigung dann besteht, **wenn sie dem materiellen Recht,** sei es Bauordnungs- oder Bauplanungsrecht oder sonstiges von der Bauaufsichtsbehörde zu prüfendes Recht, widersprechen. Der Verstoß gegen materiell-rechtliche Vorschriften genügt hier somit für den von Art. 76 S. 1 BayBO geforderten Widerspruch zu öffentlich-rechtlichen Vorschriften.

Der Satz der h.M. *„wenn die Anlage formell und materiell baurechtswidrig ist"*, bedarf m.E. jedoch der Überprüfung, denn er gilt in dieser Allgemeinheit – wie gerade dargestellt – nur für genehmigungsbedürftige, aber nicht genehmigungsfähige Anlagen; noch nicht einmal eine genehmigungsbedürftige, aber gegen außerhalb des Prüfprogramms liegende Normen (Art. 59 BayBO) verstoßende Anlage kann hierunter subsumiert werden, weil diese grundsätzlich genehmigungsfähig ist. Von daher erscheint es angebracht, statt nach der formellen Illegalität, für die Zulässigkeit einer Beseitigungsanordnung danach zu fragen, ob die in Mitten stehende Errichtung/Änderung einer Anlage bezüglich des intendierten Verstoßes gegen materielle öffentlich-rechtliche Vorschriften durch eine Baugenehmigung legalisiert ist, also formelle Bestandskraft genießt. Der Satz der h.M. *„wenn die Anlage formell und materiell baurechtswidrig ist"* wäre also dahin zu fassen, **„wenn die Anlage – in Be-**

---

[518] Für Hecken: BayVGH, BayVBl. 1976, 114.
[519] Siehe hierzu die Ausführungen in Kapitel 2 Teil 5 Rn. 8 ff.
[520] BVerwGE 5, 51 = BRS 39 Nr. 80; Decker in Simon/Busse, BayBO, zu Art. 76 Rn. 79 m.w.N.; Schoch, Jura 2006, 178 [181]; Fischer, NVwZ 2004, 1057; Konrad, JA 1998, 691 [692]; Kischel, DVBl. 1996, 185; Ortloff, JuS 1981, 574; Rabe, BauR 1978, 166.
[521] Siehe z.B. Ortloff, NVwZ 1996, 647 [655] m.w.N.; Erbguth/Stollmann, BayVBl. 1996, 65 [71].

zug auf den in Mitten stehenden Verstoß gegen öffentlich-rechtliche Vorschriften – keinen formellen Bestandsschutz genießt und materiell baurechtswidrig ist". Diese Formulierung bedeutet indessen keine Abkehr von der h. M., sondern passt diese lediglich terminologisch an die Änderungen der BayBO durch die Novellen 1993, 1997 und 2007 an. Zum besseren Verständnis soll aber im Weiteren an der herkömmlichen Terminologie festgehalten werden.

49 Hinsichtlich der **formellen Illegalität** einer Anlage kann auf die Ausführungen bei der Baueinstellung verwiesen werden, die hier sinngemäß gelten, auch soweit es um die Beseitigung von im vereinfachten Genehmigungsverfahren (Art. 59 BayBO)[522] zugelassenen baulichen Anlagen geht[523].

50 Die Anlage muss des weiteren **materiell illegal** sein. Davon ist auszugehen, wenn die Maßnahme (Errichtung oder Änderung einer Anlage) nach materiellem Recht **nicht genehmigungsfähig** ist. Dabei kann sich die Genehmigung**sun**fähigkeit einer Anlage ergeben aus dem geltenden Bauplanungsrecht (vor allem §§ 29, 30 ff. BauGB), wie z. B. aus einem Verstoß gegen die Festsetzungen eines Bebauungsplanes, aus einem Verstoß gegen Bauordnungsrecht, auf darauf gestützte unanfechtbare oder sofort vollziehbare Anordnungen im Einzelfall einschließlich der Baugenehmigung mit ihren Nebenbestimmungen sowie aus allen sonstigen öffentlich-rechtlichen Vorschriften, die für bauliche oder andere Anlagen und Einrichtungen gelten und/oder im Rahmen eines bauaufsichtlichen Verfahrens zu berücksichtigen sind, wie z. B. die immissionsschutzrechtlichen Vorschriften für nicht genehmigungsbedürftige Anlagen (§§ 22 ff. BImSchG), die Vorschriften des Denkmal- und des Naturschutzrechts, ggf. des Wasserrechts etc. Die materielle Rechtswidrigkeit der Anlage ist daher von der Bauaufsichtsbehörde im Verfahren auf Erlass einer Beseitigungsanordnung zu prüfen.

51 Ein – auch in Klausuren – besonderes Problem stellt im Zusammenhang mit der materiellen Illegalität einer Anlage der sog. **Bestandsschutz** dar, denn eine nach heutigem Recht materiell illegale Anlage kann gleichwohl nicht beseitigt werden, wenn sie Bestandsschutz genießt. Die in Kapitel 1 erörterten Bestandsschutzprobleme können sich daher an dieser Stelle in ihrer „vollen Schärfe" auch im Hinblick auf die materielle Beweislast stellen.

52 Schließlich bleibt noch die Frage zu klären, nach welcher Rechtslage zu beurteilen ist, ob eine Anlage in Widerspruch zu öffentlich-rechtlichen Vorschriften errichtet oder geändert wurde. Wie bereits der Wortlaut des Art. 76 S. 1 BayBO zeigt („*Werden Anlagen im Widerspruch zu öffentlich-rechtlichen Vorschriften errichtet oder geändert....*") und wegen des einer Anlage ggf. zukommenden Bestandsschutzes ist zunächst die Rechtslage im Zeitpunkt der Errichtung oder der Änderung der Anlage maßgeblich[524]. Spätere Rechtsänderungen, die z. B. strengere Anforderungen an die Anlage stellen oder die die Errichtung oder Änderung verbieten, bleiben außer Betracht, wenn die Anlage formell bzw. bei genehmigungsfreien Vorhaben materiell

---

[522] Siehe hierzu z. B. BayVGH, BayVBl. 2006, 220 [221]; OVG Berlin-Brandenburg, NVwZ-RR 2010, 794.
[523] Siehe hierzu ausführlich Decker in Simon/Busse, BayBO, zu Art. 76 Rn. 99 ff.
[524] Vgl. etwa BVerwGE 3, 351 = DVBl. 1956, 721; siehe auch BVerwG v. 10. 12. 1982, Az.: 4 C 52/78; ferner BayVGH v. 17. 10. 2006, Az.: 1 B 05.1429.

B. Die bauaufsichtlichen Eingriffsbefugnisse

rechtmäßig errichtet oder geändert wurde[525]. Andererseits ist auch bei der Prüfung von Beseitigungsanordnungen – wegen der Eigentumsgarantie des Art. 14 Abs. 1 GG – neues, für den Betroffenen günstigeres Recht zu berücksichtigen, wenn eine solche Rechtsänderung das bebaute Grundstück erfasst und die Anlage heute – also im Zeitpunkt der Entscheidung der Behörde – zulässig wäre[526]. Dem entsprechend ist die Rechtmäßigkeit einer Anlage nach altem und nach neuem Recht zu beurteilen und im Ergebnis die dem Betroffenen günstigste Regelung zu berücksichtigen[527] (siehe auch Rn. 53).

cc) Keine Herstellung rechtmäßiger Zustände

Die Beseitigungsbefugnis des Art. 76 S. 1 BayBO steht unter dem ausdrücklichen Vorbehalt, dass auf andere Weise – als durch Beseitigung – rechtmäßige Zustände nicht hergestellt werden können. Diese bereits vom Grundsatz der Verhältnismäßigkeit (Art. 8 LStVG analog) her erforderliche Voraussetzung gebietet es, eine so schwerwiegende Anordnung, wie die Beseitigung einer Anlage, erst dann zu treffen, wenn die Beseitigung die einzige Möglichkeit ist, um wieder rechtmäßige Zustände herzustellen („**ultima-ratio-Prinzip**")[528]. Dem entsprechend hat nach Art. 76 S. 1 BayBO die Bauaufsichtsbehörde vor Erlass einer Beseitigungsanordnung zunächst zu prüfen, ob bei genehmigungspflichtigen Anlagen nicht z. B. eine Nutzungsuntersagung (Art. 76 S. 2 BayBO) ausreicht oder ob nachträglich die Genehmigung erteilt werden kann oder ob bei verfahrensfreien Anlagen nicht durch weniger belastende Anordnungen (Art. 54 Abs. 2 S. 2 BayBO) die rechtswidrigen Zustände beseitigt werden können. Insbesondere muss geprüft werden, ob nicht die Gesetzesverstöße durch Befreiungen oder Ausnahmen nach § 31 BauGB oder Abweichungen nach Art. 63 BayBO geheilt werden können oder ob nicht entsprechende Nebenbestimmungen (Auflagen, Bedingungen, Befristung oder Widerrufsvorbehalt; vgl. Art. 36 Abs. 1, Abs. 2 BayVwVfG) ausreichen. Um diese Fragen nach der Genehmigungsbedürftigkeit und der Genehmigungsfähigkeit beantworten zu können, kann die Behörde über Art. 76 S. 3 BayBO auch die Einreichung eines nachträglichen Bauantrages verlangen[529].

53

c) Ermessen

Art. 76 S. 1 BayBO sieht vor, dass die Bauaufsichtsbehörde die (vollständige oder teilweise) Beseitigung anordnen kann. Der Behörde wird mithin ein Ermessen bezüglich der im Einzelfall zu treffenden Rechtsfolge eingeräumt, dass sie pflichtgemäß (Art. 40 BayVwVfG) auszuüben hat. Dieser Ermessens-

54

---

[525] BVerwGE 3, 351 = DVBl. 1956, 721; BayVGH v. 28. 6. 1973, Az.: 146 II 71.
[526] BVerwGE 3, 351, 353, 354 = DVBl. 1956, 721; BVerwG, DöV 1964, 1029 = DVBl. 1965, 280 mit Anm. von Weyreuther; BayVGH v. 28. 6. 1973, Az.: 146 II 71; Mampel, BauR 1996, 13 [17].
[527] BayVerfGHE 19, 81 mit weiteren Hinweisen; BayVGH v. 28. 3. 1979, Az.: 12 XV 73; BayVGH, BayVBl. 1974, 433, 434; BayVGH v. 29. 4. 1971, Az.: 181 II 68; BayVGH v. 12. 2. 1969, Az.: 146 II 66.
[528] Vgl. Decker in Simon/Busse, BayBO, zu Art. 76 Rn. 139.
[529] Decker in Simon/Busse, BayBO, zu Art. 76 Rn. 139.

spielraum bezieht sich zum einen darauf, ob und wann die Behörde handelt (sog. Entschließungsermessen), zum anderen darauf wie und wem gegenüber sie handelt, also welche von mehreren möglichen Handlungsformen sie ergreift (sog. Auswahlermessen). Durch die Einräumung eines Ermessensspielraums soll der Verwaltung ein flexibles Vorgehen und die Beachtung der Besonderheiten des Einzelfalles ermöglicht werden[530]. Der Verwaltungsbehörde bleibt insbesondere vorbehalten, mit welchen Mitteln und zu welchem Zeitpunkt gegen den rechtswidrigen Zustand vorgegangen werden soll. Aus der Ermessensfreiheit der Behörde resultiert zugleich das subjektiv-öffentliche Recht des in seinen Rechten betroffenen Bürgers auf fehlerfreien Ermessensgebrauch und damit auf Ermessensgebrauch überhaupt.

55 Die Ermessensausübung dient in 1. Linie der Einzelfallgerechtigkeit. Neben dem besonderen öffentlichen Interesse an der Wiederherstellung baurechtmäßiger Zustände sind daher auch die Interessen des Pflichtigen zu berücksichtigen und in die Ermessensentscheidung einzustellen. Des Weiteren können etwa bei der Verletzung nachbarschützender Vorschriften die Interessen des in seinen Rechten verletzten Nachbarn von Bedeutung sein[531]. Schließlich kann bei der Entscheidung über den Erlass einer Beseitigungsanordnung auch die Beeinträchtigung der gemeindlichen Planungshoheit eine wesentliche Rolle spielen[532]. Vor diesem Hintergrund wird es regelmäßig pflichtgemäßer Ermessensausübung entsprechen, wenn die Bauaufsichtsbehörde gegen eine formell und materiell rechtswidrige Anlage einschreitet[533].

56 Die Ausübung des Ermessens kann allerdings vielfachen Bindungen unterworfen sein. Solche können sich zum einen unmittelbar aus dem Verfassungsrecht, vor allem aus dem allgemeinen Willkürverbot des Art. 3 Abs. 1 GG, ergeben. Hieraus folgt, dass die Behörde auch im Ermessensbereich zu gleichmäßiger Behandlung gleichgelagerter Fälle verpflichtet ist. Die Bauaufsichtsbehörde darf daher nicht ohne erkennbaren Grund unterschiedlich, systemwidrig oder planlos ihr Ermessen ausüben[534].

Ein **Sonderproblem,** das auch schon Gegenstand von Examensklausuren[535] gewesen ist, stellt die Ermessensausübung im Zusammenhang mit einer Vielzahl baurechtswidriger Zustände dar. Der Gleichbehandlungsgrundsatz verpflichtet die Behörde zwar grundsätzlich nicht, in einem Bereich[536], in dem sie baurechtswidrige Zustände beobachtet hat, schlagartig gegen alle Schwarzbauten vorzugehen. Die Behörde darf sich vielmehr auf ein Vorgehen gegen einzelne Störer beschränken, sofern

---

[530] Decker in Simon/Busse, BayBO, zu Art. 76 Rn. 203.
[531] BVerwGE 11, 95 [97]; BVerwG, NVwZ 1998, 395 = UPR 1998, 117 = BauR 1998, 319 = JUS 1998, 665.
[532] BVerwG, UPR 1992, 262; OVG Thüringen, BauR 1999, 164.
[533] BVerwG v. 6. 11. 1968, Az.: 4 C 31.66; BayVGH, BayVBl. 1982, 435; BayVGH, BayVBl. 1981, 89; VGH BW, BauR 2009, 1712.
[534] BVerwG, Buchholz 406.17 Bauordnungsrecht Nr. 68.
[535] Vgl. die Aufgabe Nr. 6 im Ersten juristischen Staatsexamen 1996/2, BayVBl. 1998, 287 und 317.
[536] Der insoweit in den Blick zu nehmende Bereich ist grundsätzlich der gesamte Zuständigkeitsbereich der Bauaufsichtsbehörde; insoweit kann dann allerdings nicht verlangt werden, dass sie gegen alle baurechtswidrigen Zustände gleichzeitig vorgeht: BayVGH v. 25. 11. 2004, Az.: 2 ZB 04.2299.

sie hierfür sachliche Gründe hat[537]. Dabei ergibt sich aus dem verfassungsrechtlichen Gleichheitssatz aber keine zeitliche Grenze für ein unterschiedliches Vorgehen gegen baurechtswidrige Zustände[538]. So können z.b. neue Schwarzbauten vor alten aufgegriffen werden. Gleichheitssatzwidrig ist eine Beseitigungsanordnung allerdings dann, wenn sie als systemlos oder willkürlich bezeichnet werden muss, weil die Behörde ohne vernünftigen, aus der Natur der Sache folgenden oder sonst wie einleuchtenden Grund im Wesentlichen gleiche Sachverhalte ungleich behandelt[539]. Sofern eine Vielzahl ungenehmigter Bauten vorliegt, bedarf es deshalb im Regelfall eines sog. **Sanierungskonzeptes**, um die rechtswidrigen Verhältnisse zu bereinigen, denn gemäß Art. 3 Abs. 1 GG besteht eine Verpflichtung für die zuständige Behörde zu einer systematischen Handlungsweise[540].

Weitere Bindungen können aus entsprechenden Verwaltungsanweisungen folgen. Schließlich kann es auch sein, dass im Einzelfall nur eine einzige Entscheidung allein ermessensgerecht erscheint (sog. Ermessensreduzierung auf Null)[541]. **57**

Im Rahmen der nach Art. 76 S. 1 BayBO zu treffenden Entscheidung sind auch die Grundsätze der Verhältnismäßigkeit (Art. 8 LStVG analog) zu berücksichtigen, was Art. 76 S. 1 BayBO in seinem HS. 2 („wenn nicht auf andere Weise rechtmäßige Zustände hergestellt werden können.") gesondert zum Ausdruck bringt. Die ins Auge gefasste Maßnahme muss somit grundsätzlich geeignet, erforderlich und zulässig sein und darf zum erwarteten Erfolg nicht außer Verhältnis stehen (sog. Verhältnismäßigkeit im engeren Sinn). Die Forderung, ein formell und materiell baurechtswidriges Bauwerk zu beseitigen, verstößt in aller Regel nicht gegen den Grundsatz der Verhältnismäßigkeit[542]. Auch die Frage, ob eine Anlage ganz oder nur teilweise beseitigt werden soll, ist eine solche der Erforderlichkeit und der Verhältnismäßigkeit im engeren Sinne und daher im Rahmen der Entscheidung über die Beseitigung zu berücksichtigen. **58**

d) Anordnung der sofortigen Vollziehung

Für die Anordnung der sofortigen Vollziehung nach § 80 Abs. 2 S. 1 Nr. 4 VwGO einer Beseitigungsanordnung bedarf es nach ständiger Rechtsprechung[543] eines besonderen öffentlichen Interesses, das über das eigentliche Vollzugsinteresse hinausgehen muss. Ein solches besonderes öffentliches Interesse lässt sich nicht allein mit der Prognose rechtfertigen, ein Rechtsmittel **59**

---

[537] H.M.; BVerwG, Buchholz 406.17 Bauordnungsrecht Nr. 68 = BauR 1999, 734; BVerwG, BRS 57 Nr. 248; BVerwG, NVwZ-RR 1992, 360 = DöV 1992, 748 = BayVBl. 1992, 489.
[538] BVerwG, Buchholz 406.17 Bauordnungsrecht Nr. 68.
[539] BayVGH, BayVBl. 1983, 243.
[540] BayVGH, BayVBl. 1983, 243; geradezu schulbuchmäßig: OVG Koblenz, ZfBR 2010, 807 [808]; ferner OVG Thüringen, BauR 2011, 244; siehe auch Konrad, JA 1998, 691 [695].
[541] Siehe hierzu etwa Di Fabio, VerwArch 1996, 214.
[542] Decker in Simon/Busse, BayBO, zu Art. 76 Rn. 238; siehe hierzu auch BVerfG, NVwZ 2005, 203: ggf. nur Teilbeseitigung verhältnismäßig.
[543] BayVGH v. 17.4.1997, Az.: 1 CS 96.4182; VGH BW, NVwZ 1996, 601 = BRS 58 Nr. 207.

gegen die Beseitigungsanordnung werde voraussichtlich erfolglos bleiben. Bei der vorzunehmenden Interessenabwägung ist deshalb zunächst festzustellen, ob Tatsachen vorliegen, die ein besonderes, das Vollzugsinteresse übersteigendes öffentliches Interesse rechtfertigen. Sind solche Tatsachen im Einzelfall gegeben, ist das besondere öffentliche Interesse mit dem Suspensivinteresse des Rechtsmittelführers abzuwägen. Dabei ist insbesondere auf Seiten des Pflichtigen zu berücksichtigen, dass vor Abschluss des Hauptsacheverfahrens durch den Vollzug der Beseitigungsanordnung und der damit i.d.R. verbundenen Vernichtung der Bausubstanz der Anlage keine unabänderlichen Zustände geschaffen werden (keine Vorwegnahme der Hauptsache) und damit die Gewährung effektiven Rechtsschutzes (Art. 19 Abs. 4 GG) unmöglich gemacht wird. Folglich wird das besondere öffentliche Interesse an der sofortigen Vollziehung einer Beseitigungsanordnung grundsätzlich **zu verneinen** sein, weil der – ggf. nur durch ein Eilverfahren bestätigte – sofortige Abbruch von Anlagen und die hiermit verbundene nicht zumutbare Substanzvernichtung, die Hauptsache in unangemessener Weise vorwegnimmt, mit der Folge, dass ein öffentliches Interesse am Sofortvollzug im Hinblick auf das überwiegende Interesse des Betroffenen verneint werden muss[544]. Etwas anderes kann aber z.B. dann gelten, wenn ein Schwarzbau erhebliche negative Vorbildwirkung für andere hat oder dadurch zustande gekommen ist, dass sich der Bauherr über mehrfach verfügte Baueinstellungsverfügungen hinweggesetzt und das (illegale) Vorhaben vollendet hat[545].

6. Nutzungsuntersagung (Art. 76 S. 2 BayBO)

a) Vorbemerkung

60   Nutzungsverbote werden im Rahmen der staatlichen Aufgabenerfüllung durch die Bauaufsichtsbehörde erlassen, um für im Widerspruch zu öffentlich-rechtlichen Vorschriften errichtete Anlagen oder in ihrer Nutzung geänderte (bauliche) Anlagen wieder rechtmäßige Zustände herzustellen[546]. Hierdurch soll regelmäßig sichergestellt werden, dass nicht ohne die Durchführung des erforderlichen Genehmigungsverfahrens eine Nutzung aufgenommen wird. Zugleich sollen Gefahren für die Allgemeinheit durch möglicherweise unzulässige Baumaßnahmen vermieden werden. Der unerlaubt Nutzende wird im Regelfall ohne zusätzlichen Verlust an Vermögenssubstanz in die formellen Schranken des Baurechts verwiesen und gezwungen, seine Interessen auf dem vorgeschriebenen Weg durch Einleitung eines Ge-

---

[544] **Ganz h. Rspr.**; vgl. etwa BayVGH, BRS 42 Nr. 221; OVG Thüringen, BRS 59 Nr. 211; OVG Münster, BauR 1996, 236; OVG Lüneburg, BauR 1994, 611; OVG Greifswald, NVwZ 1995, 608; VGH Kassel, BRS 44 Nr. 198; VGH Kassel, BRS 44 Nr. 206; siehe auch Konrad, JA 1998, 691, 698.
[545] BayVGH v. 9. 11. 1998, Az.: 2 ZS 98.2043; BayVGH v. 12. 10. 2005, Az.: 14 CS 05.1869; OVG Greifswald, LKV 2003, 477; OVG Frankfurt/Oder, LKV 2004, 232; OVG Berlin-Brandenburg, NVwZ-RR 2010, 794; OVG Lüneburg, ZfBR 2010, 585.
[546] OVG Thüringen, NVwZ 1997, 1238; OVG Thüringen, DöV 1997, 555 = BRS 59 Nr. 216.

B. Die bauaufsichtlichen Eingriffsbefugnisse

nehmigungsverfahrens weiterzuverfolgen[547]. Die Nutzungsuntersagung nach Art. 76 S. 2 BayBO ist ein Dauerverwaltungsakt[548], erschöpft sich mithin nicht in einem einmaligen Befehl.

b) Tatbestandliche Voraussetzungen

Die Bauaufsichtsbehörde kann nach Art. 76 S. 2 BayBO die Nutzung von Anlagen untersagen, wenn diese im Widerspruch zu öffentlich-rechtlichen Vorschriften benutzt werden.

aa) Nutzung von Anlagen

Hinsichtlich des Anlagenbegriffs gilt auch hier die Legaldefinition des Art. 2 Abs. 1 S. 4 BayBO. Zum Begriff der Nutzung siehe bei Art. 55 Abs. 1 BayBO.

bb) Im Widerspruch zu öffentlich-rechtlichen Vorschriften

Es entspricht ganz h. M.[549], dass für eine Nutzungsuntersagung grundsätzlich die bloße **formelle Rechtswidrigkeit ausreicht,** d. h. Nutzen ohne die hierfür erforderliche Baugenehmigung[550]. Ob die Nutzung der baulichen Anlage dagegen materiell genehmigungsfähig wäre, spielt grundsätzlich keine Rolle, es sei denn, die Genehmigungsfähigkeit ist offensichtlich oder die Nutzung genießt offensichtlich Bestandsschutz. In diesem Fall wäre die Verfügung einer Nutzungsuntersagung ermessensfehlerhaft[551] bzw. im letzteren Fall nicht tatbestandsmäßig. Die Nutzungsuntersagung steht somit tatbestandlich der Baueinstellung nach Art. 75 BayBO gleich, wird aber durch die Berücksichtigung der „offensichtlichen Genehmigungsfähigkeit" bei der Ermessensausübung von dieser abgehoben.

Hinsichtlich der **formellen Illegalität** einer Anlage kann auf die Ausführungen bei der Baueinstellung verwiesen werden, die hier sinngemäß gelten, auch soweit es um die Nutzungsuntersagung von im vereinfachten Genehmigungsverfahren (Art. 59 BayBO) zugelassenen baulichen Anlagen geht.

c) Ermessen

Die Entscheidung über eine Nutzungsuntersagung nach Art. 76 S. 2 BayBO ist eine Ermessensentscheidung (Art. 40 BayVwVfG). Allerdings ist zu beachten, dass das öffentliche Interesse grundsätzlich das Einschreiten gegen

---

[547] VGH Kassel, BRS 57 Nr. 255; OVG Saarlouis, BauR 1984, 616, 617.
[548] BayVGH v. 16. 3. 2006, Az.: 25 CS 06.459.
[549] Statt vieler: Decker in Simon/Busse, BayBO, zu Art. 76 Rn. 282 m. w. N.; siehe z. B. auch OVG Koblenz, ZfBR 2010, 807.
[550] Zum Problem des Erlöschens einer Baugenehmigung im Falle einer Nutzungsaufgabe oder einer Nutzungsunterbrechung siehe in Kapitel 1 Rn. 32 f.
[551] Z. B. BayVGH v. 23. 3. 1992, Az.: 2 B 89.818; BayVGH v. 16. 8. 1990, Az.: 1 CS 90/1591, 1592; BayVGH, NuR 1983, 158; BayVGH v. 16. 12. 1981, Az.: 110 XV 78 m. w. N.; BayVGH v. 6. 10. 1976, Az.: 206 II 75; BayVGH v. 29. 9. 1981, Az.: 69 II 78, VG München v. 21. 1. 1997, Az.: M 1 K 95.1188; Konrad, JA 1998, 691, 692.

baurechtswidrige Zustände im Wege der Nutzungsuntersagung gebietet. Die Behörde macht folglich im Regelfall von ihrem Ermessen in einer dem Zweck des Gesetzes entsprechenden Weise Gebrauch, wenn sie die unzulässige Nutzung von Anlagen untersagt, weil nur so die Rechtsordnung wiederhergestellt werden kann. Dem Ermessen in Art. 76 S. 2 BayBO ist deshalb die Tendenz eigen, die der Natur der Sache nach gebotene Pflicht zum Einschreiten zu verwirklichen (sog. **intendiertes Ermessen**). Das behördliche Ermessen wird durch Art. 76 S. 2 BayBO nur eröffnet, um in Ausnahmefällen zu ermöglichen, von dem an sich gebotenen Einschreiten abzusehen, wenn dies nach den konkreten Umständen angezeigt ist. Folglich ist davon auszugehen, dass bei Vorliegen der tatbestandlichen Voraussetzungen für den Erlass einer Nutzungsuntersagungsverfügung der Ausspruch eines Nutzungsverbotes grundsätzlich eine ermessensgerechte Entscheidung darstellt[552].

66　Ist die aufgenommene Nutzung jedoch offensichtlich genehmigungsfähig, so scheidet eine Nutzungsuntersagung im Rahmen pflichtgemäßer Ermessensausübung (Art. 40 BayVwVfG) aus[553]. Nach Sinn und Zweck des Art. 76 S. 2 BayBO ist die Bauaufsichtsbehörde jedoch nicht gehalten nach den Maßstäben für ein Baugenehmigungsverfahren zu prüfen[554]; es genügt mithin eine **Offensichtlichkeitsprüfung,** denn die Eingriffsbefugnis nach Art. 76 S. 2 BayBO soll sicherstellen, dass genehmigungspflichtige Vorhaben nicht ohne die Durchführung des erforderlichen Genehmigungsverfahrens verwirklicht werden und eine baurechtlich nicht zulässige Nutzung unterbunden werden kann.

67　Im Rahmen der Entscheidung über eine Nutzungsuntersagung sind auch die Grundsätze der Verhältnismäßigkeit (Art. 8 LStVG analog) sowie der allgemeine Gleichheitsgrundsatz des Art. 3 Abs. 1 GG (z.B. bei einer Vielzahl von rechtswidrigen Nutzungen[555]) zu berücksichtigen.

d) Anordnung der sofortigen Vollziehung

68　Die sofortige Vollziehung einer Nutzungsuntersagung liegt regelmäßig im besonderen öffentlichen Interesse i.S.v. § 80 Abs. 2 S. 1 Nr. 4 VwGO, weil bei einer illegalen Nutzung die Vorbildwirkung dieser Maßnahme eine Nachahmung vor dem rechtskräftigen Abschluss des Verfahrens und damit eine Verfestigung baurechtswidriger Zustände befürchten lässt[556]. Es entsteht somit die Gefahr der Breitenwirkung. Zudem kann nur mit einer Nutzungsuntersagung demjenigen, der ein Bauwerk illegal nutzt, der ungerechtfertigte Vorteil der zwischenzeitlichen Nutzung gegenüber demjenigen, der eine Nutzung erst aufnimmt, wenn die erforderliche Genehmigung erteilt ist, entzogen und damit das Entstehen unangemessener Wettbewerbsvorteile

---

[552] BVerwG, BRS 36 Nr. 93; OVG Thüringen, BRS 59 Nr. 213.
[553] Vgl. z.B. BayVGH, NVwZ-RR 2005, 611; BayVGH, ÖffBauR 2004, 8; VGH BW, NVwZ-RR 2007, 308; OVG Koblenz, ZfBR 2010, 807; siehe auch oben Rn. 63.
[554] OVG Thüringen, BRS 59 Nr. 213 = UPR 1998, 319.
[555] Vgl. insoweit das Parallelproblem bei der Beseitigungsanordnung oben Rn. 56.
[556] BayVGH v. 25. 6. 1996, Az.: 1 CS 96.636; BayVGH, GewArch 1997, 36.

B. Die bauaufsichtlichen Eingriffsbefugnisse

verhindert werden[557]. Schließlich wird durch eine sofort vollziehbare Nutzungsuntersagung vermieden, dass die präventive Kontrolle der Bauaufsicht (erfolgreich) unterlaufen werden kann[558]. Zeichnet sich allerdings die Erteilung einer Baugenehmigung bereits ab, dann kommt eine Anordnung der sofortigen Vollziehung nicht mehr in Betracht[559].

IV. Richtung der Maßnahme

Die BayBO regelt an keiner Stelle, wem gegenüber entsprechende bauaufsichtsrechtliche Anordnungen zu ergehen haben. Die ganz h. M.[560] greift daher auf Art. 9 LStVG als allgemeinen Grundsatz der sicherheitsrechtlichen Verantwortlichkeit zurück und wendet diesen auch im Rahmen der bauaufsichtlichen Eingriffsbefugnisse an.

Art. 9 LStVG legt im Einzelnen fest, gegen wen Anordnungen für den Einzelfall zu richten sind. Die Vorschrift ist keine Befugnisnorm, sondern setzt eine solche voraus. Sie bestimmt den Adressaten und damit die Richtung einer sicherheitsrechtlichen Maßnahme. Dabei unterscheidet die Norm zwischen dem sog. **Handlungsstörer** (Abs. 1), dem **Zustandsstörer** (Abs. 2) und dem **Nichtstörer** (Abs. 3). Sind mehrere Personen für den baurechtswidrigen Zustand einer (baulichen) Anlage verantwortlich, so kann sich auch im Rahmen der bauaufsichtlichen Eingriffsbefugnisse das Problem der (ermessensgerechten) **Störerauswahl** stellen. Das Gleiche gilt, wenn die Anlage im Eigentum mehrerer Personen (z. B. Ehegatten oder Miterben oder sonstiger Miteigentümer als Bruchteilsgemeinschaft, Wohnungseigentümer nach dem WEG) steht. Die Bauaufsichtsbehörde hat dann bei einer solchen Mehrheit von „Störern" nach pflichtgemäßem Ermessen über deren Inanspruchnahme (**Auswahlermessen**) zu entscheiden[561]. Die Bauaufsichtsbehörde ist dabei prinzipiell befugt, entweder alle oder einzelne Störer oder nur einen einzelnen Verantwortlichen heranzuziehen[562]. Richtschnur für diese Entscheidung ist in jedem Fall der Grundsatz der **Effektivität** der Gefahrenabwehr.

Sind für einem baurechtswidrigen Zustand mehrere Störer verantwortlich, wird aber nur einer oder ein Teil von diesen in Anspruch genommen, so kann es zur Durchsetzung der Anordnung notwendig sein, dass die Bauaufsichtsbehörde auch andere an der Anlage Berechtigte, die sich der Anordnung wi-

---

[557] BayVGH, GewArch 1997, 36.
[558] BayVGH v. 26. 7. 1991, Az.: 1 CS 91.2044; VGH Kassel, NVwZ-RR 1996, 487.
[559] BayVGH v. 18. 8. 2004, Az.: 2 CS 04.1535.
[560] BayVGH, NJW 1993, 81 = BayVBl. 1993, 147 = NVwZ 1993, 196; siehe bereits BayVGH, BayVBl. 1978, 340; Konrad, JA 1998, 691, 696; Decker in Simon/Busse, BayBO, zu Art. 76 Rn. 152; Koch/Molodovsky/Famers, BayBO, zu Art. 54 Rn. 57; Jäde, BayVBl. 2004, 481 [488]; siehe auch Schoch, Jura 2005, 178 [184, 185].
[561] Einhellige Auffassung; siehe z. B. BayVGH, BauR 1990, 202 m. w. N.; BayVGH, UPR 1987, 275.
[562] BayVerfGH, BayVBl. 2010, 622; zur bauordnungsrechtlichen Inanspruchnahme des Verwalters einer Wohnungseigentümergemeinschaft siehe etwa OVG Münster, NVwZ-RR 2011, 351.

dersetzen, selbst mit einer entsprechenden Anordnung belegt oder diese zur Duldung der Anordnung durch den Inanspruchgenommenen verpflichtet. So könnte z. B. der Eigentümer über § 1004 BGB den Bauherrn hindern, einer Beseitigungsanordnung Folge zu leisten mit der Konsequenz, dass dann vom Bauherrn durch die Beseitigungsanordnung etwas rechtlich Unmögliches verlangt würde; die Verwaltungsvollstreckung wäre damit unzulässig. Mit einer sog. **Duldungsanordnung** kann der Dritte aber verpflichtet werden, die seine Rechte berührende Vollziehung der Ausgangsverfügung zu dulden.

Dem Adressaten der Duldung wird kraft öffentlichen Rechts die Pflicht auferlegt, die zwangsweise Durchsetzung des Gebots hinzunehmen; seine nach Privatrecht erforderliche Einwilligung in die Handlung des Pflichtigen wird durch die Duldungsanordnung ersetzt. Die Duldungsanordnung stellt damit einen Rechtseingriff dar und bedarf der Ermächtigungsgrundlage. Diese findet sich nach **h. M.** in **Bayern**[563] in der zum Handeln gegenüber dem Störer maßgeblichen bauaufsichtlichen Befugnisnorm, bei einer Nutzungsuntersagung also z. B. in Art. 76 S. 2 BayBO (argumentum a majore ad minus). Fehlt es an einer solchen Duldungsanordnung, so wird hierdurch allerdings die Rechtmäßigkeit der bauaufsichtlichen Anordnung selbst nicht berührt; die Anordnung ist jedoch nicht vollziehbar und damit nicht mit den Zwangsmitteln des BayVwZVG vollstreckbar[564].

72 Aufgrund der Regelung in Art. 54 Abs. 2 S. 3 BayBO wirkt eine mittels Bescheid bereits konkretisierte bauaufsichtsrechtliche Anordnung auch gegenüber dem **Rechtsnachfolger** des in Anspruch genommenen Störers und zwar sowohl im Falle der Gesamtrechtsnachfolge (z. B. Erbschaft), wie auch im Falle der Einzelrechtsnachfolge (z. B. Kauf oder Versteigerung)[565]. Dass der Rechtsnachfolger keine Kenntnis von der Anordnung gehabt hat, ist öffentlich-rechtlich unbeachtlich und berührt ausschließlich das privatrechtliche Verhältnis zum Rechtsvorgänger.

C. Anspruch auf bauaufsichtsrechtliches Einschreiten

I. Grundsätze

73 Die bauaufsichtlichen Eingriffsbefugnisse stellen die Möglichkeit des Einschreitens durch die Bauaufsichtsbehörde durchgängig in deren (pflichtgemäß auszuübendes) Ermessen. In diese Ermessensentscheidung können aber neben den Interessen der Allgemeinheit und denen des Pflichtigen auch die Interessen eines Nachbarn oder einer Gemeinde einzustellen sein. Dabei fragt sich, inwieweit Dritte einen Anspruch darauf haben, dass die Bauauf-

---

[563] Aus neuerer Zeit z. B. BayVGH, KommPrax 2007, 267 LS; BayVGH v. 30. 9. 2004, Az.: 20 CS 04.2260; BayVGH v. 2. 10. 2001, Az.: 15 ZS 01.2101 u. a.; BayVGH v. 6. 12. 2000, Az.: 14 ZS 00.3392; BayVGH v. 17. 8. 2000, Az.: 14 CS 00.2167.

[564] Grundlegend: BVerwGE 40, 101; siehe auch BVerwG, VwRR-BY 1999, 21; BayVGH, BayVBl. 1991, 245; BayVGH, BayVBl. 1977, 403; Konrad, JA 1998, 691; von Kalm, DöV 1996, 463.

[565] Siehe z. B. BayVGH, BayVBl. 1997, 248 = NVwZ 1997, 604; BayVGH, BayVBl. 1983, 21 zum BayWG; OVG Lüneburg, BRS 46 Nr. 201.

C. Anspruch auf bauaufsichtsrechtliches Einschreiten

sichtsbehörde gegen baurechtswidrige Zustände zu ihren Gunsten einschreitet. Ein solcher Anspruch wäre die Kehrseite des Anspruchs des Pflichtigen nur im Rahmen pflichtgemäßer Ermessensausübung von der Bauaufsichtsbehörde in Anspruch genommen zu werden. Insoweit ist vieles im Fluss[566]. Von folgender dreigliedriger Prüfung kann jedoch ausgegangen werden:

1. **Grundvoraussetzung** für einen etwaigen Anspruch auf bauaufsichtsrechtliches Einschreiten ist zunächst, dass der Nachbar durch die Anlage in seinen Rechten verletzt wird, was einen Verstoß der Anlage gegen nachbarschützende Vorschriften (z. B. Abstandsflächenrecht, nachbarschützende Festsetzungen eines Bebauungsplanes, Gebot der Rücksichtnahme) erfordert[567]. Ob eine konkrete Norm Drittschutz vermittelt, wird im Wesentlichen nach den Grundsätzen der sog. **Schutznormtheorie**[568] ermittelt. Die betreffende Norm muss mithin ein Privatinteresse derart schützen, dass der Träger des Individualinteresses die Einhaltung des Rechtssatzes soll verlangen können. Ob dies der Fall ist, ist durch Auslegung der betreffenden Norm zu ermitteln, wobei vor allem der systematische Zusammenhang, in dem die Norm steht, zu berücksichtigen ist[569].

2. Liegt ein objektiver Verstoß einer Anlage gegen eine den – das Einschreiten beantragenden – Nachbarn vor, so hat dieser **keinen Rechtsanspruch auf bauaufsichtsrechtliches Einschreiten**, sondern nur einen **Anspruch auf ermessensfehlerfreie Entscheidung** über ein solches Einschreiten und über die Art und Weise des Einschreitens[570]. Dabei gelten für die Ermessensausübung der Bauaufsichtsbehörde auch in diesem Fall die allgemeinen Grundsätze mit der Folge, dass die Entscheidung über ein bauaufsichtsrechtliches Einschreiten beispielsweise ermessensfehlerhaft ist, wenn die Bauaufsichtsbehörde von unzutreffenden tatsächlichen oder rechtlichen Voraussetzungen ausgeht.

3. Ein Rechtsanspruch auf ein bauaufsichtliches Einschreiten besteht allerdings dann, wenn das Entschließungs- und das Auswahlermessen für die Bauaufsichtsbehörde auf **Null reduziert sind**. Wann das der Fall ist, entscheidet sich dabei grundsätzlich nach Landesrecht[571], wobei die Einzelheiten nicht unumstritten und einem gewissen Wandel unterzogen sind.

---

[566] Vgl. allgemein zu diesem Thema; Mampel, DVBl. 1999, 1403; Mehde/Hansen, NVwZ 2010, 14.

[567] Z. B. BayVGH, BayVBl. 1998, 153; OVG Bremen, NVwZ-RR 2002, 488.

[568] BVerwG, NJW 1994, 1604 = DVBl. 1994, 479; BVerwGE 78, 40 [41]; BayVGH v. 24. 3. 2009, Az.: 14 CS 08.3017; OVG Münster, NVwZ 2007, 735; Kopp/Schenke, VwGO, zu § 42 Rn. 98 ff.; Voßkuhle/Kaiser, JuS 2009, 16; Scherzberg, Jura 2006, 839; Kaplonek/Mittag, JA 2006, 664; Dürr, KommJur 2005, 211; Schoch, Jura 2004, 317.

[569] Zu weiteren Einzelheiten siehe die Ausführungen beim Rechtsschutz in Kapitel 4.

[570] Siehe z.B. BayVGH v. 6. 2. 1995, Az.: 15 B 94.1645; BayVGH, BRS 40 Nr. 237; BayVGH, BRS 48 Nr. 174 sowie Sarnighausen, NJW 1993, 1623 und Konrad, JA 1998, 691 [698].

[571] BVerwG, BauR 2008, 1294; BVerwG, NVwZ 1998, 395 = BayVBl. 1998, 219; BVerwG, Buchholz 406.19 Nachbarschutz Nr. 80 = NVwZ 1988, 824 = BRS 48 Nr. 161.

77 Die wohl als (noch) herrschend zu bezeichnende Auffassung geht im Anschluss an die sog. „Bandsäge-Entscheidung" des BVerwG[572] davon aus, dass eine Ermessensreduzierung auf Null nur dann angenommen werden kann, wenn eine besondere Intensität der Störung oder der Gefährdung nachbargeschützter Rechtsgüter gegeben ist[573]. Dies soll dann der Fall sein, wenn eine unmittelbare auf andere Weise nicht zu beseitigende Gefahr für hochrangige Rechtsgüter, wie Leben oder Gesundheit, droht und die Abwägung der Beeinträchtigung des Nachbarn mit dem Schaden des Bauherrn ein deutliches Überwiegen der Interessen des Nachbarn ergibt[574]. Die Ermessensfreiheit schrumpfe nur bei hoher Intensität der Störung oder Gefährdung so weit, dass sich ein Einschreiten als die einzige ermessensfehlerfreie Entschließung erweise. Verstöße gegen nachbarschützende Vorschriften allein führten nicht zu einer Ermessensreduzierung auf Null. Die Bauaufsichtsbehörde ist daher insbesondere nicht kraft Bundesrechts verpflichtet, zugunsten eines Nachbarn gegen die baurechtswidrige Nutzung eines Grundstücks einzuschreiten[575]. Eine gewisse Lockerung der Anforderungen für eine Ermessensreduzierung auf Null hat allerdings die Entscheidung des BVerwG vom 13. 7. 1994[576] gebracht, in welcher ausgeführt wird, dass für einen Nachbarn, der durch eine rechtswidrige und im gerichtlichen Verfahren aufgehobene Baugenehmigung in seinen Rechten verletzt wird, sich aus einer an Art. 14 Abs. 1 GG auszurichtenden Auslegung der bauaufsichtlichen Eingriffsbefugnisse gegen die Bauaufsichtsbehörde ein Rechtsanspruch ergeben kann, dass diese eine Beseitigungsanordnung erlässt und diese dann ggf. auch durchsetzt[577].

78 Die **Gegenmeinung** lässt dagegen grundsätzlich den – spürbaren – Verstoß gegen eine nachbarschützende Vorschrift ausreichen, womit der Nachbar bei materieller Baurechtswidrigkeit eines Vorhabens infolge Verstoßes gegen eine diesen Nachbarn schützende Norm regelmäßig einen Anspruch auf bauaufsichtsrechtliches Einschreiten erhält[578].

---

[572] BVerwGE 11, 95; siehe auch BVerwG, NVwZ-RR 1997, 271 = UPR 1996, 390 = BayVBl. 1997, 23; BVerwG, Buchholz 409.19 Nachbarschutz Nr. 80; für das allgemeine Recht der Gefahrenabwehr entsprechend: BVerwG, DVBl. 1969, 586.

[573] Siehe auch BayVGH v. 31. 3. 2004, Az.: 1 ZB 03.452; BayVGH v. 18. 12. 2002, Az.: 26 B 97.429; BayVGH v. 12. 2. 2002, Az.: 1 ZB 01.2759; BayVGH v. 21. 5. 2001, Az.: 1 ZB 00.3206; BayVGH v. 6. 2. 1995, Az.: 15 B 94.1645, bestätigt durch BVerwG, NVwZ-RR 1997, 271 = UPR 1996, 390 = BayVBl. 1997, 23; BayVGH, BRS 48 Nr. 147; BayVGH, BRS 40 Nr. 237; Di Fabio VerwArch 1996, 215, 218; Degenhart NJW 1996, 1433, 1436; Uechtritz NVwZ 1996, 642; Sarnighausen NJW 1993, 1623.

[574] BVerwGE 11, 95; BVerwG, NVwZ-RR 1997, 271 = BRS 58 Nr. 206; BayVGH v. 8. 3. 2007, Az.: 1 ZB 06.898; BayVGH v. 14. 10. 1999, Az.: 2 ZB 95.4182.

[575] BVerwG, NVwZ-RR 1997, 271 = BRS 58 Nr. 206.

[576] UPR 1994, 450 = BauR 1994, 740 = NVwZ 1995, 272.

[577] Siehe hierzu auch Ortloff, NVwZ 1995, 436, 443.

[578] So z.B. OVG Münster v. 15. 11. 2007, Az.: 10 A 3015/05; OVG Münster, BauR 1994, 746; OVG Münster, BauR 1993, 713; OVG Münster, BauR 1990, 341; OVG Bautzen, LKV 2009, 30; OVG Magdeburg v. 7. 11. 2003, Az.: 2 L 10/03; OVG Berlin, BRS 64 Nr. 117; OVG Bremen, NVwZ-RR 2002, 488; OVG Saarlouis,

C. Anspruch auf bauaufsichtsrechtliches Einschreiten

Unter Aufgabe der bisher an dieser Stelle vertretenen Auffassung wird nunmehr davon ausgegangen, dass ein Anspruch auf bauaufsichtliches Einschreiten für den Nachbarn bereits dann besteht, wenn eine Anlage gegen öffentlich-rechtliche, den Nachbarn schützende Vorschriften verstößt, und dieser Verstoß nicht in rechtmäßiger Weise durch eine Baugenehmigung, eine Ausnahme (§ 31 Abs. 1 BauGB), eine Befreiung (§ 31 Abs. 2 BauGB) oder eine Abweichung (Art. 63) legalisiert werden kann; die Bauaufsichtsbehörde ist also schon bei der (bloßen und nicht legalisierbaren) Verletzung einer den Nachbarn schützender Norm verpflichtet, zu dessen Gunsten einzuschreiten. 79

Das ergibt sich aus folgenden Überlegungen: 80

- Das Verlangen nach einer unmittelbaren auf andere Weise nicht zu beseitigende Gefahr für hochrangige Rechtsgüter, wie Leben oder Gesundheit, und die Abwägung der Beeinträchtigung des Nachbarn mit dem Schaden des Bauherrn, wobei die Interessen des Nachbarn deutlich überwiegen müssen, um einen Anspruch auf Einschreiten zu begründen, vermag schon deshalb nicht zu überzeugen, weil sie die Änderung der Rechtsprechung des BVerfG zur Abgrenzung von Inhalts- und Schrankenbestimmungen zur Enteignung (nunmehr sog. formalisierter Enteignungsbegriff[579]) unberücksichtigt lässt. Denn sachlich handelt es sich bei den unter Rn. 77 dargestellten Kriterien um nichts anderes, als die Konkretisierung der sog. Schwere- und Tragweitetheorie bzw. der Sonderopfertheorie, die heute jedoch jedenfalls für die Abgrenzung Inhalts- und Schrankenbestimmung/Enteignung überwunden sind.
- Wie im Einzelnen bereits dargestellt wurde, geht die h.M. insbesondere bei Maßnahmen nach Art. 75, 76 BayBO von einem sog. intendierten Ermessen aus. Wenn aber schon bei „einfachen" Rechtsverstößen das Ermessen der Bauaufsichtsbehörde in Richtung auf ein Einschreiten von Gesetzes wegen gelenkt ist, warum dann nicht auch, wenn ein qualifizierter, weil einen Dritten in seinen Rechten verletzender Rechtsverstoß gegeben ist? In letzteren Fällen das Ermessen wieder „frei zustellen" ist inkonsequent und lässt sich weder verfassungsrechtlich (etwa über Art. 14 Abs. 1 GG zugunsten des Bauherrn) noch einfachgesetzlich rechtfertigen. Vielmehr muss bei einem qualifizierten Rechtsverstoß das behördliche Ermessen erst recht im Sinne eines Einschreitens gelenkt sein.
- Bei Verstößen einer Anlage gegen drittschützende Vorschriften des Bauplanungsrechts ist zu berücksichtigen, dass die Beachtung und Durchsetzung des materiellen Bauplanungsrechts im Rahmen landesrechtlich geregelter Verfahren grundsätzlich nicht zur Disposition des Landesgesetzgebers steht[580]. Folglich sind die Bauaufsichtsbehörden grundsätzlich verpflichtet, dem Bundesrecht zur Geltung zu verhelfen. Mit dieser Verpflichtung korrespondiert aber die Verpflichtung, gegen eine gegen Bauplanungsrecht verstoßende Anlage mit den Mitteln des Bauaufsichtsrechts

---

BRS 56 Nr. 191 m.w.N.; OVG Lüneburg, BauR 1989, 188; Finkelnburg/Ortloff, Öffentliches Baurecht, Bd. II S. 215; wohl auch VGH Mannheim, BauR 2003, 1716.
[579] Siehe in Teil 1 Rn. 23.
[580] BVerwGE 72, 300 [324].

vorzugehen[581]. Das gilt namentlich dann, wenn drittschützende Normen des Bauplanungsrechts durch eine Anlage verletzt werden.
- Ferner ist zu berücksichtigen, dass der Bauaufsichtsbehörde hinsichtlich des Einschreitens ein sog. Entschließungsermessen und ein sog. Auswahlermessen zukommt. Eine Verpflichtung zum Einschreiten (Entschließungsermessen) bedeutet damit nicht zwangsläufig, dass die Verletzung der Nachbarrechte allein durch die Vollbeseitigung der in Mitten stehenden Anlage ausgeräumt werden kann; insoweit stehen der Behörde i.d.R. durchaus Handlungsalternativen offen. Das gilt umso mehr, als ein Anspruch auf bauaufsichtsrechtliches Einschreiten immer nur soweit gehen kann, wie die Rechtsverletzung wirkt[582].
- Die Beantwortung der Frage, wann von einer Ermessensreduzierung auf Null und damit von einem Anspruch auf bauaufsichtsrechtliches Einschreiten ausgegangen werden kann, kann wohl auch nicht ohne Rücksicht auf die Rechtslage zum Nachbarschutz im Genehmigungsfreistellungsverfahren nach Art. 58 BayBO erfolgen[583]. Es kann nicht sein, dass z.B. die Verletzung einer nachbarschützenden Norm (etwa des Abstandsflächenrechts) nach h.M. für einen Anspruch des Nachbarn auf bauaufsichtsrechtliches Einschreiten nicht ausreicht, im Bereich des Genehmigungsfreistellungsverfahrens dagegen sehr wohl. Hierdurch entstünde ein klarer **Wertungswiderspruch**[584], der mit Art. 3 Abs. 1 GG nur schwerlich in Einklang zu bringen sein dürfte.
- Soweit der Nachbar durch eine rechtswidrige und im gerichtlichen Verfahren aufgehobene Baugenehmigung in seinen, insbesondere durch das Bauplanungsrecht geschützten, Rechten verletzt wird, muss sich schließlich aus einer an Art. 14 Abs. 1, Art. 19 Abs. 4 GG auszurichtenden Auslegung der bauaufsichtsrechtlichen Eingriffsbefugnisse gegen die Bauaufsichtsbehörde ein Anspruch auf Einschreiten ergeben, soll der gerichtliche Rechtsschutz nicht ad absurdum geführt werden.

II. Sonderfall: Anspruch der Gemeinde als örtlicher Planungsträger auf bauaufsichtsrechtliches Einschreiten

81   Die zum Nachbarn entwickelten Grundsätze können sinngemäß auf die Gemeinden übertragen werden, deren Planungshoheit (Art. 28 Abs. 2 GG, Art. 11 Abs. 2 BV) durch eine baurechtswidrige Anlage (z.B. wegen Verstoßes gegen §§ 29, 30ff. BauGB) beeinträchtigt wird und die infolgedessen einen Abwehranspruch haben können[585]. Die Interessen der Gemeinde sind bei der Ermessensentscheidung der Bauaufsichtsbehörde über ein Einschreiten gegen den illegalen Zustand zu berücksichtigen. Im **Einzelfall** kann sich

---

[581] OVG Bremen, NVwZ-RR 2002, 488 [489].
[582] So schon BVerwGE 11, 95.
[583] Decker, JA 1998, 799 sowie Uechtritz, BauR 1998, 719 jeweils m.w.N.
[584] Borges, DÖV 1997, 900 [902, 903]; Preschel, DÖV 1998, 45 [53]; Decker, JA 1998, 799 [805].
[585] BVerwG, BauR 2008, 1294.

C. Anspruch auf bauaufsichtsrechtliches Einschreiten

daher für die Gemeinde auch ein Anspruch auf Einschreiten der Bauaufsichtsbehörde – etwa durch Beseitigungsverfügung – ergeben.

Beispiele:
- Ein Bauvorhaben, das nur in einem Baugenehmigungsverfahren unter Beteiligung der Gemeinde zugelassen werden darf, wird ohne die erforderliche Baugenehmigung ausgeführt. Das Vorhaben ist planungsrechtlich unzulässig und die Schaffung vollendeter Tatsachen droht[586].
- Ein Vorhaben stört eine hinreichend bestimmte Planung der Gemeinde nachhaltig, weil es wegen seiner Großräumigkeit wesentliche Teile des Gemeindegebiets einer durchsetzbaren gemeindlichen Planung entzieht oder gemeindliche Einrichtungen in ihrer Funktionsfähigkeit erheblich in Mitleidenschaft gezogen werden[587].
- Ein Anspruch auf bauaufsichtsrechtliches Einschreiten der Gemeinde **scheidet jedoch aus,** wenn bereits ein Baugenehmigungsverfahren zur Legalisierung der (baulichen) Anlage durchgeführt wurde oder aktuell wird und die Gemeinde hierzu ihr Einvernehmen gemäß § 36 Abs. 1 BauGB erteilt hat oder dieses gemäß § 36 Abs. 2 S. 2 BauGB als erteilt gilt, denn in diesen Fällen könnte die Gemeinde die Baugenehmigung selbst nicht mehr mit Erfolg anfechten[588].

---

[586] BVerwG, NVwZ 1992, 878 = BRS 52 Nr. 136; OVG Saarlouis, BRS 59 Nr. 221.

[587] BVerwG, NVwZ 1992, 878 = BRS 52 Nr. 136; BVerwG, NVwZ-RR 1996, 67 = UPR 1995, 448 = BRS 57 Nr. 1.

[588] BVerwG, NVwZ 1997, 900 = BauR 1997, 444 = BayVBl. 1997, 376; BayVGH, UPR 1999, 317.

Kapitel III. Bauplanungsrecht

Teil 1. Bauleitplanung

A. Einführung

I. Vorbemerkung

Die Bauleitplanung ist im BauGB als das zentrale Instrument des Städtebaurechts ausgeformt[1]. Das zeigt bereits der Aufbau des Ersten Kapitels des BauGB, das im Ersten Teil (§§ 1–13a BauGB) das Institut der Bauleitplanung selbst und im zweiten Teil (§§ 14–28 BauGB) die Sicherung der Bauleitplanung regelt. Die Bauleitpläne (§ 1 Abs. 2 BauGB) sind dabei die wichtigsten rechtlichen Instrumente für den Städtebau. Nach dem Konzept des BauGB soll sich die Bautätigkeit auf der Grundlage von Bauleitplänen, also geplant vollziehen. Aufgabe der Bauleitplanung ist es, die bauliche und sonstige Nutzung der Grundstücke in der Gemeinde nach Maßgabe des BauGB vorzubereiten und zu leiten (§ 1 Abs. 1 BauGB), sobald und soweit dies für die städtebauliche Entwicklung und Ordnung erforderlich ist (§ 1 Abs. 3 S. 1 BauGB). Die nähere Ausgestaltung der Bauleitplanung findet sich in § 1 BauGB sowie in den §§ 2 ff. BauGB. Bauleitplanung ist damit die **„städtebauliche Planung"**, wie sie das Bundesverfassungsgericht in seinem Rechtsgutachten vom 16. 6. 1954[2] bezeichnet hat[3]. 1

Das Gemeindegebiet ist aber nicht nur Gegenstand der Bauleitplanung und sonstiger gemeindlicher Planungen, sondern es wird auch von überörtlichen Planungen erfasst, wie z. B. durch die Raumordnung nach dem ROG oder die Landesplanung nach BayLPlG. Es wird ferner auch von sonstigen raumbedeutsamen Planungen und Maßnahmen anderer Hoheitsträger betroffen (vgl. etwa § 4, 5 ROG)[4]. Des Weiteren kann sich auch ein sog. horizontaler Abstimmungsbedarf der gemeindlichen Bauleitplanung mit der einer anderen Gemeinde ergeben (vgl. § 2 Abs. 2 BauGB). Schließlich besteht für die Gemeinde ggf. auch eine Unterrichtungspflicht gegenüber Gemeinden und Behörden in einem Nachbarstaat (vgl. § 4a Abs. 5 S. 1 BauGB). Hieraus wird ersichtlich, dass die Gemeinde im Rahmen der Bauleitplanung zahlreichen Beschränkungen unterworfen sein kann bzw. ist

Die in § 2 Abs. 1 S. 1 BauGB den Gemeinden zur eigenen Verantwortung übertragene Bauleitplanung ist Ausfluss der in Art. 28 Abs. 2 S. 1 GG, Art. 11 Abs. 2 BV gewährleisteten Planungshoheit der Gemeinde im Rahmen des gemeindlichen Selbstverwaltungsrechts[5] und vollzieht sich daher im eigenen Wirkungskreis der Gemeinde (Art. 83 BV, Art. 7, 57 GO). Das hat 2

---

[1] Battis/Krautzberger/Löhr, BauGB, zu § 1 Rn. 1.
[2] BVerfGE 3, 407; siehe hierzu ausführlich in Kapitel 1 Rn. 12 ff.
[3] Ernst/Zinkahn/Bielenberg/Krautzberger, BauGB zu § 1 Rn. 18.
[4] Battis/Krautzberger/Löhr, BauGB, zu § 1 Rn. 6.
[5] Siehe hierzu etwa BVerfGE 107, 1; VGH Kassel, NVwZ 2010, 1165 [1167].

zugleich zur Folge, dass sich die Bauleitplanung auf das Gemeindegebiet beschränken muss (vgl. Art. 27 GO) und sog. gemeindefreie Gebiete nicht gemäß §§ 1 ff. BauGB überplant werden können[6].

II. Bauleitpläne

3   Aufgabe der Bauleitplanung ist es gemäß § 1 Abs. 1 BauGB die bauliche und sonstige Nutzung der Grundstücke in der Gemeinde **vorzubereiten** und zu **leiten** (sog. **Entwicklungsprinzip**). Diese Entwicklung und Leitung soll sich dabei anhand von Plänen vollziehen (sog. **Planmäßigkeitsprinzip**), wofür § 1 Abs. 2 BauGB **zwei** Formen von Bauleitplänen zur Verfügung stellt:
- den **Flächennutzungsplan** als **vorbereitender Bauleitplan**;
- den **Bebauungsplan** als **verbindlichen Bauleitplan**;

4   Beide Handlungsformen sind aufeinander bezogen (was durch die Verknüpfungsregelung in § 8 Abs. 2 BauGB zum Ausdruck gebracht wird[7]) und ergeben ein System kommunaler Planung, das der Vorbereitung und Leitung der baulichen und sonstigen Nutzung der Grundstücke i.S.v. § 1 Abs. 1 BauGB dient[8]. Flächennutzungsplan und Bebauungsplan weisen dabei durchaus Gemeinsamkeiten, wie z.B. bezüglich des Verfahrens zu ihrer Aufstellung, aber auch Unterschiede auf.

5   Der Flächennutzungsplan ist grundsätzlich für das gesamte Gemeindegebiet aufzustellen (§ 5 Abs. 1 S. 1 BauGB), während der Bebauungsplan grundsätzlich nur einen Teil des Gemeindegebietes, ggf. sogar nur ein einzelnes Grundstück erfasst[9]. Der Flächennutzungsplan enthält die Grobstrukturen für die gesamte Gemeindeentwicklung; der Bebauungsplan beinhaltet dagegen feinkörnige Festsetzungen für die konkrete Grundstücksnutzung, ist mithin „parzellenscharf".

6   Der **Flächennutzungsplan** ist ein **kommunales Verwaltungsprogramm**, das gegenüber dem Bürger (grundsätzlich) keine unmittelbaren Rechtswirkungen erzeugt[10]; er hat keinen Rechtsnormcharakter. Damit scheidet insbesondere eine Normenkontrollklage gegen den Flächennutzungsplan nach § 47 VwGO i.d.R. aus[11]. In Bezug auf den Flächennutzungsplan ist aber eine Inzidentkontrolle möglich, z.B. im Verfahren um die Genehmigung eines Einzelbauvorhabens[12].

Etwas anderes gilt hinsichtlich der Statthaftigkeit eines Normenkontrollantrages nach der neueren Rechtsprechung des BVerwG[13] allerdings bezüglich Darstellungen

---

[6] BVerwG, NVwZ 1996, 265.
[7] Ernst/Zinkahn/Bielenberg/Krautzberger, BauGB, zu § 1 Rn. 23.
[8] Stüer, Der Bebauungsplan, Rn. 78.
[9] Vgl. etwa BVerwG, BRS 55 Nr. 3; BVerwG, NVwZ 1996, 888 m.w.N.
[10] Vgl. etwa Mitschang, LKV 2007, 102 [106].
[11] Vgl. z.B. BVerwG, BayVBl. 1991, 24; Schenke, NVwZ 2007, 134 [135].
[12] Zu weiteren Einzelheiten siehe die Ausführungen beim Rechtsschutz in Kapitel 4.
[13] BVerwG, ZfBR 2007, 570; kritisch zu dieser Rspr.: Herrmann, NVwZ 2009, 1185; anders noch Dazert, BauR 2007, 657; allgemein zum Rechtsschutz gegenüber Flächennutzungsplänen: Schenke, NVwZ 2007, 134.

A. Einführung

in Flächennutzungsplänen mit den Rechtswirkungen des § 35 Abs. 3 S. 3 BauGB. Solche Darstellungen unterliegen in analoger Anwendung des § 47 Abs. 1 Nr. 1 VwGO der Normenkontrolle, weil der Gesetzgeber mit den – durch das EAG-Bau eingefügten – Darstellungsmöglichkeiten nach § 35 Abs. 3 S. 3 BauGB dem Flächennutzungsplan einen gegenüber der bisherigen Rechtslage deutlich erhöhten Grad rechtlicher Verbindlichkeit beigemessen habe, in dem die im Flächennutzungsplan ausgewiesenen Konzentrationsflächen auf der Ebene der Vorhabenszulassung über § 35 Abs. 3 S. 3 BauGB rechtliche Außenwirkung entfalteten. Zudem enthalte § 15 Abs. 3 S. 1 BauGB nunmehr insoweit ein Sicherungsmittel, welches bisher nur bei Bebauungsplänen vorgesehen gewesen sei. Zur Schließung einer planwidrigen Regelungslücke sei daher § 47 Abs. 1 Nr. 1 VwGO auf Darstellungen nach § 35 Abs. 3 S. 3 VwGO in Flächennutzungsplänen entsprechend anzuwenden. Dem stünde auch § 47 Abs. 2a VwGO, der nur für Bebauungspläne gelte, nicht entgegen.

Unabhängig von seiner Eigenschaft als kommunales Verwaltungsprogramm hat der Flächennutzungsplan aber rechtliche Wirkungen von erheblicher Reichweite und ist behördenintern verbindlich. Für die Aufstellung der Bebauungspläne gibt der Flächennutzungsplan den rechtlichen Rahmen, der durch das Entwicklungsgebot in § 8 Abs. 2 S. 1 BauGB normiert wird, vor. Ferner haben die Darstellungen des Flächennutzungsplans Auswirkungen auf den Bodenmarkt, denn die Ausweisung einer landwirtschaftlichen oder Wiesenfläche als Wohnbaufläche führt zu einer Qualitätssteigerung als Bauerwartungsland[14] und damit zu einer Bodenwertsteigerung. Ferner normiert § 7 Abs. 1 S. 1 BauGB für öffentliche Planungsträger, die im Flächennutzungsplan-Aufstellungsverfahren beteiligt worden sind, eine Anpassungspflicht insoweit, als sie dem Flächennutzungsplan nicht widersprochen haben. Der Erlass einer Entwicklungssatzung nach § 34 Abs. 4 S. 1 Nr. 2 BauGB setzt eine entsprechende Darstellung (Baufläche) im Flächennutzungsplan voraus. Schließlich kommt dem Flächennutzungsplan gegenüber Einzelbauvorhaben im Außenbereich gemäß § 35 Abs. 3 S. 1 Nr. 1 BauGB besondere Bedeutung zu[15].

Der **Bebauungsplan** wird gemäß § 10 Abs. 1 BauGB als **Satzung** erlassen, und kann gemäß § 47 Abs. 1 Nr. 1 VwGO mit der Normenkontrollklage angegriffen werden; er unterliegt aber selbstverständlich auch der sog. Inzidentkontrolle[16]. Als materielles Gesetz ist er für jedermann verbindlich und bei der Verwirklichung von Einzelbauvorhaben – auch ohne eine Geltungsvermittlung über § 29 Abs. 1 BauGB – zu beachten[17].

Die wesentlichen Unterschiede zwischen Flächennutzungsplan und Bebauungsplan sind in der nachfolgenden Übersicht noch einmal zusammengefasst:

---

[14] Stüer, Der Bebauungsplan, Rn. 102.
[15] Zur heutigen Bedeutung des Flächennutzungsplans: Mitschang, LKV 2007, 102.
[16] Zu den Möglichkeiten des Rechtsschutzes gegenüber Bebauungsplänen siehe etwa Decker, BauR 2000, 1825; zur Möglichkeit der Popularklage nach Art. 98 S. 4 BV gegenüber Bebauungsplänen und zum damit verbundenen Prüfungsumfang: BayVerfGH, BayVBl. 2011, 14; BayVerfGH BayVBl. 2009, 142; BayVerfGH, NVwZ-RR 2009, 825.
[17] Battis/Krautzberger/Löhr, BauGB, zu § 29 Rn. 2.

	Flächennutzungsplan	Bebauungsplan
Rechtsnatur	Gemeinderatsbeschluss als kommunales Verwaltungsprogramm; keine unterlandesgesetzliche Norm;	Satzung, § 10 Abs. 1 BauGB
Rechtsschutz	Grundsätzlich kein § 47 VwGO (Ausnahme bei Darstellungen nach § 35 Abs. 3 S. 3 BauGB); aber Inzidentkontrolle möglich.	Normenkontrolle gemäß § 47 Abs. 1 Nr. 1 VwGO; Inzidentüberprüfung ebenfalls gegeben.
Inhalt	vorbereitender Bauleitplan, der für die nächsten 10–15 Jahre die Grundzüge der städtebaulichen Entwicklung darstellt[18].	verbindliche Regelung für die Bebauung in seinem räumlichen Geltungsbereich, § 9 Abs. 7 BauGB.
Geltungsbereich	grundsätzlich für gesamtes Gemeindegebiet (beachte aber § 5 Abs. 1 S. 2, § 5 Abs. 2b BauGB [sog. Teil-Flächennutzungsplan] sowie § 204 Abs. 1 BauGB [gemeinsamer Flächennutzungsplan für mehrere Gemeinden]).	nur bzgl. Gemeindeteil (§ 9 Abs. 7 BauGB).
Darstellungsmöglichkeiten	Enthält Darstellungen der Art der Bodennutzung in Grundzügen nach den voraussehbaren Bedürfnissen der Gemeinde (§ 5 Abs. 1 BauGB) mit beispielhafter Aufzählung in § 5 Abs. 2 bis 4a BauGB	Enthält konkrete Festsetzungen der zulässigen Bodennutzung mit abschließender Aufzählung in § 9 Abs. 1 BauGB; kein Festsetzungserfindungsrecht für Gemeinde. Möglichkeit der Schaffung eines Baurechts auf Zeit nach § 9 Abs. 2 BauGB (siehe auch Abs. 2a, der mit § 34 Abs. 3a BauGB korrespondiert).
„Anhang"	Begründung mit den Angaben nach § 2a BauGB, § 5 Abs. 5 BauGB.	Begründung mit den Angaben nach § 2a BauGB, § 9 Abs. 8 BauGB.

---

[18] Der mit dem EAG-Bau eingefügte § 5 Abs. 1 S. 3 BauGB, wonach der Flächennutzungsplan spätestens 15 Jahre nach Aufstellung überprüft werden soll, ist durch das Gesetz vom 21. 12. 2006 (BGBl. I S. 3316) wieder aufgehoben worden.

A. Einführung

	Flächennutzungsplan	Bebauungsplan
Genehmigung	immer genehmigungspflichtig; ist VA gegenüber Gemeinde, §§ 6, 216 BauGB.	gemäß § 10 Abs. 2 S. 1 BauGB nur in den Fällen des § 8 Abs. 2 S. 2, Abs. 3 S. 2 und Abs. 4 BauGB (beachte hierbei § 216 BauGB) genehmigungspflichtig, ansonsten genehmigungsfrei.
Wirksam werden	§ 6 Abs. 5 S. 2 BauGB mit Bekanntmachung.	§ 10 Abs. 3 BauGB mit Bekanntmachung.
Außerkrafttreten	• durch Aufhebung, § 1 Abs. 8 BauGB; aber wegen § 1 Abs. 3 S. 1 BauGB kaum praktisch; • ggf. partiell wegen Funktionslosigkeit	• durch Aufhebung, § 1 Abs. 8 BauGB; beachte: §§ 39, 42 BauGB; z.B. durch Erlass eines neuen Bebauungsplans oder weil unwirksam; • wegen Funktionslosigkeit • Zeitablauf bzw. Eintritt bestimmter Umstände i.S.v. § 9 Abs. 2 BauGB
Verbindlichkeit	Grundsätzlich (anders im Falle des § 35 Abs. 3 S. 3 BauGB) nicht verbindlich für den Bürger; wirkt nur über andere Normen, wie z.B. § 35 Abs. 3 Nr. 1 BauGB, auf konkretes Vorhaben ein.	stets verbindlich, da materielles Gesetz (Satzung).
Verhältnis Flächennutzungsplan zum Bebauungsplan	Entwicklungsgebot: Fehler:	§ 8 Abs. 2 BauGB (sowie Abs. 3 und Abs. 4) § 214 Abs. 2 BauGB

B. Das Verfahren zur Bauleitplanung

I. Vorbemerkung

1. Allgemeines zum Verfahren

10 Das Verfahren zur Bauleitplanung[19] ist in den §§ 2–4 b BauGB geregelt und wurde durch das EAG-Bau in zahlreichen Punkten geändert. Die Vorschriften gelten dabei sowohl für die (erstmalige) Aufstellung, Ergänzung, Änderung oder Aufhebung eines Flächennutzungsplans als auch für die (erstmalige) Aufstellung, Ergänzung, Änderung oder Aufhebung eines Bebauungsplans. Das folgt aus § 1 Abs. 8 BauGB, der von Bauleitplänen spricht.

Das Verfahren zur Aufstellung etc. von Bauleitplänen ist in den §§ 2 ff. BauGB jedoch relativ kompliziert geregelt und birgt eine Vielzahl von Fehlermöglichkeiten, die dann ggf. die Unwirksamkeit des Bauleitplans zur Folge haben können[20]. Das hat auch der Gesetzgeber frühzeitig erkannt und kontinuierlich die sog. **Planerhaltungsvorschriften** (§§ 214 f. BauGB) in ihrem Anwendungsbereich erweitert. So erklärt § 214 Abs. 1 BauGB bestimmte Form- und Verfahrensfehler einschließlich bestimmter Fehler bei der sog. Umweltprüfung, § 214 Abs. 2 BauGB bestimmte Verstöße gegen § 8 Abs. 2–4 BauGB, § 214 Abs. 2a BauGB Fehler bei der Aufstellung von Bebauungsplänen im sog. beschleunigten Verfahren nach § 13a BauGB und § 214 Abs. 3 BauGB Fehler bei der Abwägung für unbeachtlich bzw. nur beachtlich, wenn sie innerhalb der Frist des § 215 Abs. 1 BauGB gegenüber der Gemeinde ordnungsgemäß gerügt wurden. Die h.M.[21] geht dabei davon aus, dass unbeachtliche (einschließlich der nicht fristgerecht gerügten sonstigen beachtlichen) Fehler Mängel darstellen, die zwar die Wirksamkeit des Bauleitplans nicht in Frage stellen, gleichwohl an der Rechtswidrigkeit des Bauleitplans nichts ändern. Dieser ist – vergleichbar der Rechtslage beim Verwaltungsakt (Art. 46 BayVwVfG) – zwar rechtswidrig, aber – entgegen dem sonst geltenden Nichtigkeitsdogma bei Normen – wirksam. Wird mithin bei der Prüfung des Verfahrens zur Aufstellung etc. eines Bauleitplans ein Fehler festgestellt, so ist folglich weiter zu prüfen, ob dieser Fehler nicht ausnahmsweise gemäß §§ 214 f. BauGB die Wirksamkeit des Bauleitplans unberührt lässt.

11 In Klausuren sind Aufgaben, in welchen die Wirksamkeit von Bauleitplänen zu überprüfen ist, durchaus keine Besonderheit. Um die Bearbeitung und Lösung solcher Fallkonstellationen zu erleichtern werden im Folgenden im Zusammenhang mit den einzelnen Verfahrensschritten auch zugleich die

---

[19] Siehe hierzu etwa Koehl, DVP 2008, 133.

[20] Verstoßen Rechtsnormen gegen höherrangiges Recht, so sind sie unwirksam. Die Rechtsfolge der Unwirksamkeit besteht ex tunc, d.h. vom Augenblick des Inkrafttretens an und tritt ipso iure, also automatisch ein. Das entspricht deutscher Rechtstradition; statt aller: Gerhardt in Schoch/Schmidt-Aßmann/Pietzner, VwGO, Vorb. zu § 47 Rn. 6; Gierke, ZfBR 1985, 14 [17]; Decker, BauR 2000, 1825.

[21] Battis/Krautzberger/Löhr, BauGB, zu § 214 Rn. 2; Dolde, BauR 1990, 1 [11]; Schmaltz, DVBl. 1990, 77; Gaentzsch in FS für Weyreuther 1993, 249 [263]; siehe auch Gierke, ZfBR 1985, 62 [64, 65]; ähnlich auch Gerhardt in Schoch/Schmidt-Aßmann/Pietzner, VwGO, Vorb. zu § 47 Rn. 12.

B. Das Verfahren zur Bauleitplanung

Konsequenzen eventueller Fehler im Lichte der §§ 214f. BauGB aufgezeigt. Dazu ist es aber zunächst erforderlich, sich die Systematik der §§ 214f. BauGB klar zumachen.

2. Die Systematik der §§ 214f. BauGB

Im Zweiten Teil, Vierter Abschnitt des BauGB finden sich die Regelungen über die „**Planerhaltung**"[22]. Das Ziel der Planerhaltung manifestiert sich dabei insbesondere in dem in § 214 Abs. 4 BauGB geregelten „**ergänzenden Verfahren**", mit welchem Fehler von Flächennutzungsplänen und Satzungen auch rückwirkend geheilt werden können. Eine Planung soll nicht deshalb unwirksam sein, weil ihr ein Mangel anhaftet, der die Planung insgesamt nicht in Frage stellt und der das Grundgerüst der Abwägung nicht betrifft[23].

In Bezug auf die Rechtsgültigkeit eines Bauleitplans sind zunächst **zwei Kategorien** von Form- und Verfahrensvorschriften zu unterscheiden:
- Form-/Verfahrensvorschriften nach dem BauGB und nach anderen bundesrechtlichen Verfahrensregelungen, für die die §§ 214f. BauGB gelten. Dabei ist allerdings zu beachten, dass nicht alle Planerhaltungsregelungen für Flächennutzungspläne gelten; so findet § 214 Abs. 2a BauGB nur auf Bebauungspläne Anwendung und zudem nur auf solche, die im beschleunigten Verfahren nach § 13a BauGB aufgestellt worden sind (vgl. zum beschleunigten Verfahren die Erl. unter Rn. 243ff.), und
- Form-/Verfahrensvorschriften nach Landesrecht, insbesondere der Gemeindeordnung, für die die §§ 214f. BauGB – mit Ausnahme des § 214 Abs. 4 BauGB – nicht gelten, wie sich aus dem eindeutigen Wortlaut des § 214 Abs. 1 BauGB ergibt[24].

Hinsichtlich der **ersten Kategorie** von Form-/Verfahrensvorschriften ist weiter zu unterscheiden zwischen:
- Vorschriften, deren Verletzung stets unbeachtlich ist (sog. **unbeachtliche Fehler**):
  – das sind alle Regelungen, die in § 214 Abs. 1 S. 1 Nr. 1–Nr. 4 BauGB **nicht** genannt und
  – alle Regelungen die in § 214 Abs. 2 BauGB **ausdrücklich** erwähnt sind.
- Vorschriften, deren Verletzung zwar grundsätzlich beachtlich ist, aber gleichwohl nur unter besonderen Voraussetzungen zur Unwirksamkeit des Bebauungsplans führen:
  – Die Beachtlichkeit wird durch eine „**interne Unbeachtlichkeitsklausel**" modifiziert, wie in den Fällen des § 214 Abs. 1 S. 1 Nr. 2 **HS. 2**, Nr. 3 **TS. 3** BauGB (sog. **unbeachtliche Fehler**);
  – Ein nach § 214 Abs. 1 Nr. 1 bis Nr. 3, Abs. 2 beachtlicher Fehler wird **nicht** innerhalb von einem Jahr nach Bekanntmachung (§ 6 Abs. 5 S. 2,

---

[22] Zum Fehlerfolgenregime der §§ 214ff. BauGB siehe etwa Kupfer, Verw 38 (2005), 493; kritisch zum Fehlerfolgenregime: Grünewald, NVwZ 2009, 150.
[23] BVerwG, DVBl. 1999, 243; Dolde, NVwZ 1996, 209 [211].
[24] BVerwG, Buchholz 406.11 § 214 BauGB Nr. 3; siehe bereits BVerwG, Buchholz 406.11 § 155a BBauG Nr. 3.

§ 10 Abs. 3 BauGB) gemäß § 215 Abs. 1 Nr. 1 und Nr. 2 BauGB gegenüber der Gemeinde **gerügt**[25] (sog. **relativ beachtlicher Fehler**).
- Der Fehler ist zwar – ungeachtet einer fristgerechten Rüge – stets beachtlich; es besteht auch keine Heilungsmöglichkeit (z.B. § 214 Abs. 1 S. 1 Nr. 4 BauGB); durch ein **ergänzendes Verfahren** nach § 214 Abs. 4 BauGB kann der Fehler aber – auch mit Rückwirkung – behoben werden (sog. **absolut beachtlicher Fehler mit Heilungsmöglichkeit**).
- Fehler die stets beachtlich sind und auch durch ein ergänzendes Verfahren nicht ausgeräumt werden können (sog. **absolut beachtlicher Fehler**).

15 Hinzuweisen ist in diesem Zusammenhang noch auf § 216 BauGB. Nach dieser Norm findet eine Prüfung des Flächennutzungsplans oder der Satzung, im Verfahren zu deren Genehmigung, ohne die Einschränkungen durch die §§ 214, 215 BauGB statt, d.h. alle Fehler sind beachtlich und führen zur Versagung der Genehmigung. Da durch das BauROG 1998 das Anzeigeverfahren für Bebauungspläne aber entfallen und das Genehmigungsverfahren auf wenige Ausnahmen (vgl. § 10 Abs. 2 BauGB) beschränkt wurde, ist die „Komplett-Prüfung" eines Bebauungsplans im Verfahren nach § 216 BauGB heute die Ausnahme.

16 Keine Anwendung finden die §§ 214f. BauGB schließlich auch im **kommunalaufsichtsrechtlichen Verfahren** nach Art. 110ff. GO[26]. Der Gemeinde bleibt es allerdings unbenommen, durch ein ergänzendes Verfahren nach § 214 Abs. 4 BauGB einer kommunalaufsichtsrechtlichen Maßnahme den Boden zu entziehen.

3. Die Einschaltung eines Dritten nach § 4b BauGB

17 § 4b BauGB eröffnet der Gemeinde die Möglichkeit, insbesondere zur Beschleunigung der Beteiligungsverfahren, einen Projektmittler einzuschalten, der an ihrer Stelle die Koordination, Vorbereitung und Durchführung der einzelnen Verfahrensschritte nach §§ 3 bis 4a BauGB durchführt. Die Vorschrift will die positiven Erfahrungen aus dem anglo-amerikanischen Recht für das deutsche Recht nutzbar machen, um nicht nur eine Beschleunigung der Verfahren zu erreichen, sondern auch eine Senkung der Verfahrenskosten herbeizuführen[27].

---

[25] Nach § 215 Abs. 1 S. 1 HS. 2 BauGB ist die Verletzung von Verfahrensvorschriften unter Darlegung [= substantiierte und konkretisierte Rüge] des die Verletzung begründenden Sachverhalts geltend zu machen. Die Jahresfrist kann dabei gegenüber der Gemeinde auch durch Zustellung eines Schriftsatzes an die Gemeinde im Rahmen eines Normenkontrollverfahrens über den betroffenen Bebauungsplan gewahrt werden, wenn der Schriftsatz noch vor Fristablauf der Gemeinde zugeht und in diesem der den Mangel begründende Sachverhalt dargelegt wird; vgl. VGH BW, NVwZ-RR 2009, 146; Ernst/Zinkahn/Bielenberg/Krautzberger, BauGB, zu § 215 Rn. 33 m.w.N.
[26] Eingehend: Decker, BauR 2000, 1825.
[27] Battis/Krautzberger/Löhr, BauGB, zu § 4b Rn. 2.

4. Monitoring (§ 4c BauGB)

Mit dem EAG-Bau ist § 4c BauGB in das BauGB eingefügt worden. Darin ist unter der Überschrift „Überwachung" ein so genanntes Monitoring[28] von Bauleitplänen geregelt. Die Vorschrift stellt ein Unikat der deutschen Verwaltungsrechtsordnung dar, als damit erstmals eine Überwachung für eine Raumplanung eingeführt wird. Die Überwachungsverpflichtung für die Gemeinde bezieht sich dabei nicht auf einzelne Umweltmedien, sondern auf die Gesamtheit der Umweltbelange, und erfasst alle Bauleitpläne. Mit der Feststellung der Überwachungsergebnisse erschöpft sich allerdings die bauleitplanerische Pflicht der Gemeinde Folgerungen aus den festgestellten Umweltauswirkungen zu ziehen. Sie hat insbesondere keine Nachbesserungspflicht bezüglich der Bauleitpläne, wenn sie nachteilige Umweltauswirkungen feststellt. Vielmehr liegt es ausschließlich in ihrer Entscheidungskompetenz zu befinden, ob aus den Ergebnissen des Monitoring – insbesondere im Hinblick auf § 1 Abs. 3 S. 1 BauGB – Konsequenzen gezogen werden (etwa durch Änderung des betroffenen Bauleitplans) oder nicht[29].

18

II. Das Verfahren zur Bauleitplanung im Einzelnen (zugleich Prüfungsschema)

1. Verfahrensrechtliche Anforderungen nach dem BauGB

a) Aufstellungsbeschluss

Das eigentliche Verfahren beginnt mit dem sog. Aufstellungsbeschluss nach § 2 Abs. 1 S. 1 BauGB. Die zeitlich davor liegenden Überlegungen der Verwaltung, Anträge von Betroffenen oder Interessenten, Grundsatzdiskussionen in den zuständigen Gremien der Gemeinde liegen außerhalb des Verfahrens und sind folglich insoweit irrelevant.

19

Wie bereits ausgeführt, vollzieht sich die Bauleitplanung im eigenen Wirkungskreis der Gemeinde. Da das Verfahren zur Aufstellung, Ergänzung, Änderung oder Aufhebung eines Bauleitplans für ein bestimmtes Gebiet nicht unter den Negativkatalog des Art. 18a GO fällt, kann folglich ein solches Verfahren auch mittels **Bürgerentscheids** eingeleitet werden[30]. Allerdings können durch einen Bürgerentscheid nur das Verfahren als solches eingeleitet, die Zielvorstellungen bestimmt und in begrenzten Umfang die Rahmenbedingungen gesetzt werden, weil der Gemeinde ein Planungsspielraum von substanziellem Gewicht belassen werden muss, damit diese dem Abwägungsgebot nach § 1 Abs. 7 BauGB gerecht werden kann[31]. Damit ist es ins-

---

[28] Siehe hierzu etwa Stüer/Sailer, BauR 2004, 1392; Rautenberg, NVwZ 2005, 1009.
[29] Vgl. ausführlich etwa Rautenberg, NVwZ 2005, 1009; Uechtritz, BauR 2005, 1859 [1877].
[30] BayVGH, BayVBl. 2006, 405; BayVGH, BayVBl. 2006, 733; BayVGH, VGH n. F. 52, 12 [18]; BayVGH, NVwZ 1998, 423; BayVGH, BayVBl. 1998, 25; zur Sicherung eines zulässigen Bürgerbegehrens auf Einstellung eines Bauleitplanverfahrens im Wege des einstweiligen Rechtsschutzes siehe etwa BayVGH, BayVBl. 2007, 497.
[31] BayVGH, BayVBl. 2006, 405; siehe auch BayVGH, BayVBl. 2009, 245, wonach ein Bürgerbegehren mit dem Ziel der Änderung eines Flächennutzungsplans dann

besondere ausgeschlossen, dass das Bauleitplanverfahren abschließende Billigungs- oder Satzungsbeschlüsse im Wege des Bürgerentscheids gefasst werden[32].

20   Zu beachten ist allerdings, dass eine bundesrechtliche Verpflichtung, einen Aufstellungsbeschluss zu fassen, nicht besteht[33]. Folglich ist der Aufstellungsbeschluss auch keine Voraussetzung für die Wirksamkeit eines Bauleitplans[34]. Fehlt er, so ist dieser Fehler gemäß § 214 Abs. 1 S. 1 HS. 1 BauGB unbeachtlich[35]. Im Übrigen ist davon auszugehen, dass der spätere Auslegungsbeschluss nach § 3 Abs. 2 BauGB den fehlenden oder fehlerhaften Aufstellungsbeschluss konkludent einschließt bzw. konkludent heilt[36].

Völlig ohne rechtliche Bedeutung ist der Aufstellungsbeschluss jedoch nicht, denn er ist Voraussetzung für eine Veränderungssperre nach § 14 Abs. 1 BauGB, für einen Antrag auf Zurückstellung eines Baugesuchs nach § 15 Abs. 1 S. 1 BauGB bzw. für einen Antrag auf vorläufige Untersagung nach § 15 Abs. 1 S. 2 BauGB sowie im Rahmen von § 33 BauGB. Fehlt der Aufstellungsbeschluss für einen Bebauungsplan, so berührt dies die Wirksamkeit des späteren Bebauungsplans zwar nicht; die Sicherung der Planung durch eine Veränderungssperre oder einen Antrag i.S.v. § 15 Abs. 1 BauGB ist jedoch dann nicht möglich.

21   Von der Frage der Notwendigkeit eines Aufstellungsbeschlusses zu trennen ist die Frage, wer innerhalb der Gemeinde hierfür zuständig ist und in welchem Verfahren der Aufstellungsbeschluss gefasst werden muss. Dies ist eine Frage des Landesrechts (vgl. hierzu unten Rn. 99).

b) Ortsübliche Bekanntmachung des Aufstellungsbeschlusses

22   Nach § 2 Abs. 1 S. 2 BauGB ist der Aufstellungsbeschluss ortsüblich bekanntzumachen. Die Art der öffentlichen Bekanntmachung bestimmt sich dabei – mangels entsprechender Regelungen im BauGB[37] – nach Landesrecht. Es gilt somit Art. 26 Abs. 2 GO ggf. i.V.m. der Bekanntmachungsverordnung[38].

23   Da, wie bereits ausgeführt, der Aufstellungsbeschluss keine Wirksamkeitsvoraussetzung für einen Bauleitplan darstellt, sind etwaige Fehler bei der ortsüblichen Bekanntmachung des Aufstellungsbeschlusses gemäß § 214 Abs. 1 S. 1 HS. 1 BauGB unbeachtlich.

---

nicht mit § 1 Abs. 7 BauGB vereinbar und damit unzulässig ist, wenn es auf exakte Vorgaben zum Umfang von Wohnbauflächen in einzelnen Plangebieten gerichtet ist; ferner Kautz, BayVBl. 2005, 193.

[32] Knemeyer, Rn. 186 m.w.N.
[33] BVerwGE 79, 200.
[34] BVerwGE 79, 200.
[35] BVerwG, NVwZ 1988, 726; BayVGH, BRS 44, Nr. 22.
[36] Battis/Krautzberger/Löhr, BauGB, zu § 2 Rn. 4.
[37] Die Spezialregelungen in § 6 Abs. 5, § 10 Abs. 3 BauGB gelten allein für die Bekanntmachung des Flächennutzungsplans bzw. des Bebauungsplans.
[38] Zu Einzelheiten siehe auch Lissack, § 3 Rn. 17 ff.

c) Beteiligung der Öffentlichkeit

aa) Vorbemerkung

An den Aufstellungsbeschluss und dessen ortsüblicher Bekanntmachung schließt sich die Ausarbeitung des Planentwurfes an. Eine solche Ausarbeitung kann jedoch sinnvoll nur dann erfolgen, wenn die Gemeinde über die hierfür erforderlichen Informationen verfügt. Zudem hat eine Planung eine höhere Chance auf Akzeptanz, wenn die Öffentlichkeit frühzeitig an ihr beteiligt wird. Das BauGB sieht daher in § 3 BauGB eine **Öffentlichkeitsbeteiligung** vor, die zum Ziel hat, das gemeindliche Abwägungsmaterial zu verbreitern, also der planenden Stelle die Interessenbetroffenheit sichtbar zu machen[39] (sog. **Informationsfunktion**), die Öffentlichkeit an dem Planungsprozess zu beteiligen (sog. **demokratische Funktion**) und ihre Einwirkungsmöglichkeiten zu verbessern, da die Gerichte Bauleitpläne wegen §§ 214f. BauGB nur eingeschränkt überprüfen können (sog. **Rechtsschutzfunktion**) sowie die Akzeptanz gemeindlicher Planungen zu erhöhen (sog. **Integrationsfunktion**)[40].

Die – zweistufige – Beteiligung der Öffentlichkeit gliedert sich dabei in eine **frühzeitige (vorgezogene) Öffentlichkeitsbeteiligung** nach § 3 Abs. 1 BauGB sowie eine **förmliche Öffentlichkeitsbeteiligung** nach § 3 Abs. 2 BauGB. Wird der Bauleitplan im Verfahren geändert, so kann sich unter den Voraussetzungen des § 4a Abs. 3 BauGB eine Verpflichtung der Gemeinde ergeben, nochmals eine förmliche Öffentlichkeitsbeteiligung durchzuführen.

bb) Frühzeitige (vorgezogene) Öffentlichkeitsbeteiligung nach § 3 Abs. 1 BauGB

Nach § 3 Abs. 1 S. 1 BauGB ist die Öffentlichkeit möglichst frühzeitig über die allgemeinen Ziele und Zwecke der Planung, sich wesentlich unterscheidende Lösungen, die für die Neugestaltung oder Entwicklung eines Gebiets in Betracht kommen, und die voraussichtlichen Auswirkungen der Planung öffentlich zu unterrichten; ihr ist Gelegenheit zur Äußerung und zur Erörterung zu geben. Als „Öffentlichkeit" kann sich jedermann, d.h. jede natürliche oder juristische Person, an der Information und Anhörung beteiligen. Ein Nachweis eines irgendwie gearteten Interesses, eines abwägungserheblichen Belangs oder gar eigener Rechte ist nicht erforderlich[41].

Nach § 4a Abs. 2 kann die frühzeitige (vorgezogene) Öffentlichkeitsbeteiligung zusammen mit der frühzeitigen Behördenbeteiligung nach § 4 Abs. 1 erfolgen.

Voraussetzung für eine frühzeitige (vorgezogene) Öffentlichkeitsbeteiligung ist jedoch, dass die entsprechende Planung bereits über das Stadium eines noch völlig unverbindlichen Vorentwurfs hinausgegangen ist. Die Planung darf sich aber nicht schon soweit verfestigt haben, dass die vorgezogene Öffentlichkeitsbeteiligung zur Farce wird[42]. Das wäre etwa der Fall, wenn schon ein fertiger Planentwurf vorliegen würde.

---

[39] BVerwG, ZfBR 2001, 419.
[40] Stüer, Der Bebauungsplan, Rn. 473 m. w. N.
[41] Stüer, Der Bebauungsplan, Rn. 474.
[42] Battis/Krautzberger/Löhr, BauGB, zu § 3 Rn. 8.

27 Die frühzeitige (vorgezogene) Öffentlichkeitsbeteiligung beginnt mit der öffentlichen Unterrichtung der Gemeindebürger über die allgemeinen Ziele und Zwecke der Planung, sich wesentlich unterscheidende Lösungen, die für die Neugestaltung oder Entwicklung eines Gebietes in Betracht kommen und die voraussichtlichen Auswirkungen der Planung. Hieran schließt sich die Gelegenheit zur Äußerung und Erörterung an[43]. Die Bürger sollen also möglichst frühzeitig über die von der Gemeinde beabsichtigten Planungskonzepte und -ziele informiert werden und Gelegenheit erhalten, eigene Wünsche und Vorstellungen in das Verfahren einbringen zu können[44]. Im Gegensatz zur förmlichen Öffentlichkeitsbeteiligung soll dies aber auf eine gesetzlich nicht im Einzelnen festgelegte Weise erfolgen. Das BauGB stellt die Form der frühzeitigen (vorgezogenen) Öffentlichkeitsbeteiligung in das Ermessen der Gemeinde und gewährt ihr so bezüglich der Verfahrensgestaltung entsprechende Spielräume[45]. Vorgeschrieben wird insoweit lediglich, dass eine frühzeitige (vorgezogene) Öffentlichkeitsbeteiligung überhaupt erfolgt und dass dies öffentlich geschieht[46].

Unter den Voraussetzungen des § 3 Abs. 1 S. 2 BauGB kann von der frühzeitigen (vorgezogene) Öffentlichkeitsbeteiligung in zwei Fällen **abgesehen** werden. Ferner kann nach § 13 Abs. 2 Nr. 1 BauGB (Vereinfachtes Verfahren) auf eine frühzeitige (vorgezogene) Öffentlichkeitsbeteiligung verzichtet werden, wenn die in § 13 Abs. 1 BauGB (siehe hierzu unten Rn. 231 ff.) bzw. die in § 13a Abs. 1 BauGB (siehe hierzu unten Rn. 246 ff.) genannten Voraussetzungen vorliegen. Eine vorgezogene Öffentlichkeitsbeteiligung ist des Weiteren nicht erforderlich, wenn eine Innenbereichssatzung (§ 34 Abs. 6 BauGB) oder eine Außenbereichssatzung (§ 35 Abs. 6 S. 5 BauGB) aufgestellt werden sollen.

28 An die Unterrichtung und Erörterung schließt sich die förmliche Öffentlichkeitsbeteiligung an. Das gilt auch dann, wenn die frühzeitige (vorgezogene) Öffentlichkeitsbeteiligung zu einer Änderung des bisherigen Planentwurfes geführt hat; die frühzeitige (vorgezogene) Öffentlichkeitsbeteiligung nach § 3 Abs. 1 BauGB ist – anders als die förmliche Öffentlichkeitsbeteiligung (vgl. § 4a Abs. 3 BauGB) – **mithin nicht zu wiederholen** (§ 3 Abs. 1 S. 3 BauGB sowie Rn. 42).

29 Wird gegen § 3 Abs. 1 BauGB **verstoßen,** so ist dieser Fehler gemäß § 214 Abs. 1 S. 1 BauGB unbeachtlich, weil § 3 Abs. 1 BauGB dort nicht genannt ist.

cc) Förmliche Öffentlichkeitsbeteiligung nach § 3 Abs. 2 BauGB

30 (1) Ist die eigentliche Konzeptions- und Planungsphase abgeschlossen und der Bauleitplan vom Grundsatz her beschlussreif fertig gestellt, so kann die förmliche Öffentlichkeitsbeteiligung erfolgen[47]. Das kann gemäß § 4a Abs. 2 BauGB auch gleichzeitig mit der Einholung der Stellungnahmen nach § 4 Abs. 2 BauGB geschehen.

---

[43] Battis/Krautzberger/Löhr, BauGB, zu § 3 Rn. 7.
[44] Stüer, Der Bebauungsplan, Rn. 477.
[45] Stüer, Der Bebauungsplan, Rn. 475.
[46] Schrödter, BauGB, zu § 3 Rn. 13.
[47] Stüer, Der Bebauungsplan, Rn. 484.

B. Das Verfahren zur Bauleitplanung

Nach § 3 Abs. 2 S. 1 BauGB sind die **Entwürfe**[48] der Bauleitpläne mit der Begründung und den nach Einschätzung der Gemeinde wesentlichen, bereits vorliegenden umweltbezogenen Stellungnahmen für die Dauer eines Monats öffentlich auszulegen. Dabei findet die Auslegung aber – ohne dass dies im BauGB ausdrücklich vorgeschrieben wäre – regelmäßig erst dann statt, wenn die Mehrheit des Gemeinderates bzw. des hierfür zuständigen beschließenden Ausschusses (Art. 32 Abs. 2 Nr. 2 HS. 2 GO) den Bauleitplanentwurf durch einen entsprechenden Beschluss (sog. **Billigungsbeschluss**) gut heißt und ferner beschließt, dass der Bauleitplanentwurf nunmehr ausgelegt werden soll (**Auslegungsbeschluss**[49]). Im Zweifel umfasst der Billigungsbeschluss somit auch die Ermächtigung für den Bürgermeister, den Entwurf mit auszulegen[50]. Die Auslegung dient der Vorstellung der gemeindlichen Planungsüberlegungen, verbunden mit dem deutlichen Hinweis an direkt oder indirekt Planbetroffene, ihre divergierenden Ansichten innerhalb der vorgesehenen und bekanntgemachten Frist kundzutun.

31

(2) Die förmliche Öffentlichkeitsbeteiligung beginnt mit der **ortsüblichen Bekanntmachung der Auslegung**, wobei Ort und Dauer der Auslegung sowie Angaben dazu, welche Arten umweltbezogener Informationen verfügbar sind, mindestens eine Woche vorher ortsüblich bekannt zu machen und bestimmte Hinweispflichten zu erfüllen sind (siehe Rn. 34). Die Wochenfrist ist dabei nach § 187 Abs. 1, § 188 Abs. 2 BauGB zu berechnen; es handelt sich somit um eine **Ereignisfrist,** d. h. der erste Tag zählt nicht mit. Wird die Wochenfrist nicht eingehalten, so führt dies zur Unwirksamkeit des Bauleitplans[51].

32

Insoweit ist allerdings zu beachten, dass eine zu kurze Frist bei der öffentlichen Bekanntmachung durch eine entsprechend längere Auslegung kompensiert werden kann. Folglich ist eine zu kurze Bekanntmachungsfrist für die Wirksamkeit des Bauleitplans unerheblich, wenn die (bekannt gemachte) Dauer der Auslegung so bemessen ist, dass die Mindestfristen nach § 3 Abs. 2 S. 1 und S. 2 BauGB insgesamt eingehalten werden. Das BVerwG[52] begründet dies mit dem Hinweis darauf, dass in einem solchen Fall der gesetzliche Anspruch des Bürgers auf Einsicht in die Planunterlagen im Ergebnis nicht verkürzt werde.

Von der Auslegung sollen die nach § 4 Abs. 2 BauGB Beteiligten benachrichtigt werden (§ 3 Abs. 2 S. 3 BauGB).

33

Die **Bekanntmachung** selbst hat – infolge Fehlens entsprechender Regelungen im BauGB – nach Maßgabe des **Landesrechts** zu erfolgen, mithin nach Art. 26 Abs. 2 GO ggf. i. V. m. der Bekanntmachungsverordnung[53]. **Sie muss enthalten:**

34

- *Die Bezeichnung des Bauleitplanentwurfs.* Der Bekanntmachung – dieses Problem stellt sich vor allem bei Bebauungsplänen, die nur einen Teil des

---

[48] Siehe hierzu etwa BVerwG, NVwZ 2010, 777 = BauR 2010, 1554.
[49] Zu dessen Förmlichkeiten, die sich nach Landesrecht richten, siehe unten Rn. 100.
[50] VGH BW, VBl.BW 1982, 298 = NuR 1983, 121.
[51] Battis/Krautzberger/Löhr, BauGB, zu § 3 Rn. 15.
[52] BVerwG, NVwZ 2003, 1391.
[53] Siehe hierzu Lissack, § 3 Rn. 17 ff.

Gemeindegebietes erfassen – muss dabei sog. **Anstoßwirkung** zukommen[54], d. h. der räumliche Geltungsbereich des Bauleitplans muss so ausreichend und für die Öffentlichkeit nachvollziehbar umschrieben sein, dass diese angeregt wird zu prüfen, ob sie von dem Bauleitplan betroffen ist oder nicht. M. a. W. die Auslegungsbekanntmachung muss dem an der beabsichtigten Bauleitplanung interessierten Bürger sein Interesse an Information und Beteiligung durch Stellungnahmen bewusst gemacht und hierdurch eine gemeindliche Öffentlichkeit hergestellt haben[55]. Die Bekanntmachung muss also so erfolgen, dass von der Planung betroffene Grundstückseigentümer dem Bekanntmachungstext ohne weiteres entnehmen können, dass ihr Grundstück von dem Bauleitplan betroffen sein könnte[56]. Dafür genügt es, wenn zur Kennzeichnung des Plangebietes an geläufige geographische oder allgemein geläufige Bezeichnungen (z. B. für München: „Messegelände Riem" oder „Theresienhöhe – alte Messe") angeknüpft wird. Auch die Angabe von Straßen oder Plätzen kann hierfür genügen. Kommt der Bekanntmachung keine (ausreichende) Anstoßfunktion zu, ist die Bekanntmachung nicht ordnungsgemäß erfolgt und die Auslegungsfrist beginnt nicht zu laufen[57].

- In der Bekanntmachung ist die *Dauer der Auslegung* anzugeben (siehe dazu (3)) sowie der *Ort der Auslegung*. Letzteres wird regelmäßig das Rathaus der Gemeinde sein. Die Angabe des Dienstraumes des Rathauses oder eines anderen Verwaltungsgebäudes, in dem die Planunterlagen zur Einsicht bereit liegen, ist allerdings regelmäßig nicht erforderlich, weil die ortsübliche Bekanntmachung nicht dem Zweck dient, den am Planungsprozess Interessierten jedwede Anstrengung zu ersparen, den Planentwurf ausfindig zu machen[58].
- Weiter ist anzugeben, welche Arten umweltbezogener Informationen verfügbar sind. Dabei genügt allerdings ein allgemeiner Hinweis auf die Art der verfügbaren Umweltinformationen; diese müssen nicht im Einzelnen namentlich aufgeführt werden[59].
- Die Bekanntmachung muss schließlich den *Hinweis* enthalten, dass Stellungnahmen während der Auslegungsfrist vorgebracht werden können und dass nicht fristgerecht abgegebene Stellungnahmen bei der Beschlussfassung über den Bauleitplan unberücksichtigt bleiben können (§ 3 Abs. 2 S. 2 HS. 2 BauGB). Formulierungen, die eine Einschränkung hinsichtlich des Vorbringens von Stellungnahmen beinhalten, wie z. B. der Zusatz, dass

---

[54] BVerwGE 55, 369; BVerwGE 69, 344 = NJW 1985, 1570 = DVBl. 1985, 110; zu den erhöhten Anforderungen an die Anstoßwirkung beim vorhabenbezogenen Bebauungsplan: BVerwG, Buchholz 406.11 § 3 BauGB Nr. 11.

[55] BVerwGE 69, 344 = NJW 1985, 1570 = DVBl. 1985, 110.

[56] BayVGH, BayVBl. 2000, 531; VGH BW, NVwZ 1983, 560; siehe auch BVerwG, ZfBR 2011, 152 = BauR 2011, 490, zur Zumutbarkeit der Kenntnisnahme von der Bekanntmachung, insbesondere bei längeren Abwesenheitszeiten von möglicherweise Planbetroffenen.

[57] Birk, Rn. 114.

[58] BVerwG, ZfBR 2009, 466.

[59] Stüer, Der Bebauungsplan, Rn. 487.

schriftliche Stellungnahmen die volle Anschrift des Verfassers enthalten sollen oder eine falsche oder irreführende Bezeichnung des Plangebiets, machen die Bekanntmachung und Auslegung rechtswidrig[60].

- Handelt es sich um ein Verfahren zur Aufstellung eines **Bebauungsplans**, ist **zusätzlich ein Hinweis erforderlich**, dass ein Antrag nach § 47 VwGO unzulässig ist, soweit mit ihm Einwendungen geltend gemacht werden, die vom Antragsteller im Rahmen der Auslegung nicht oder verspätet geltend gemacht wurden, aber hätten geltend gemacht werden können. Ob im Einzelfall dieser Hinweis ordnungsgemäß erfolgt ist, beurteilt sich dabei nach den Grundsätzen, die die Rechtsprechung für Rechtsbehelfsbelehrungen entwickelt hat[61], d. h. der Hinweis darf insbesondere nicht irreführend oder geeignet sein, den Betroffenen vom rechtzeitigen Geltendmachen von Einwänden abzuhalten[62]. Die Belehrung sollte sich daher am Wortlaut des § 47 Abs. 2a VwGO orientieren und nicht an dem des § 3 Abs. 2 S. 2 BauGB[63]. Unterbleibt ein entsprechender Hinweis oder ist dieser fehlerhaft, hat dies auf die Rechtswirksamkeit des Bebauungsplans allerdings keine Auswirkungen; es tritt dann aber die Rechtsfolge des § 47 Abs. 2a VwGO nicht ein; der Normenkontrollantrag bleibt zulässig[64].

Unterlaufen bei der ortsüblichen Bekanntmachung der öffentlichen Auslegung Fehler oder unterbleibt der Hinweis nach § 3 Abs. 2 S. 3 BauGB, so sind diese – abgesehen von den oben bereits beschriebenen Folgen und soweit nicht die Voraussetzungen der internen Unbeachtlichkeitsklausel (§ 214 Abs. 1 Nr. 2 TS. 2 BauGB) vorliegen – gemäß § 214 Abs. 1 Nr. 2, § 215 Abs. 1 BauGB **relativ unbeachtlich**, d. h. werden diese Fehler nicht innerhalb von einem Jahr seit Bekanntmachung des Bauleitplans gerügt, führen sie nicht mehr zur Unwirksamkeit des Bauleitplans.

(3) An die Bekanntmachung der Auslegung schließt sich gemäß § 3 Abs. 2 S. 1 BauGB die – **öffentliche** – **Auslegung des Planentwurfs** mit der nach § 5 Abs. 5 BauGB bzw. nach § 9 Abs. 8 BauGB erforderlichen Begründung (vgl. § 2a BauGB) und den nach Einschätzung der Gemeinde wesentlichen, bereits vorliegenden umweltbezogenen Stellungnahmen zu jedermanns Einsicht für die Dauer eines Monats an. Zum Entwurf des Bauleitplans gehören dabei der eigentliche Plan, der Textteil, die Legende, die Begründung und der Umweltbericht (§ 2a BauGB). Der ausgelegte Plan muss mit einem Datum versehen sein, damit nachgewiesen werden kann, ob der später beschlossene Plan auch tatsächlich ausgelegt und welche Änderungen er eventuell danach aufgrund

---

[60] BVerwG, BRS 33, 53; BVerwG, BauR 1997, 596; OVG Münster, BauR 1978, 210; VGH BW, DVBl. 1994, 1153; VGH BW, NVwZ-RR 1995, 154; zulässig ist aber der Zusatz: „Es wird gebeten, die volle Anschrift anzugeben.", vgl. BVerwG BauR 1997, 596.

[61] BVerwG, DVBl. 2011, 108 = ZfBR 11, 151 = NVwZ 2011, 307 = BauR 2011, 488.

[62] Siehe hierzu etwa Wolff/Decker, VwGO/VwVfG, zu § 58 VwGO Rn. 11.

[63] BVerwG, DVBl. 2011, 108 = ZfBR 11, 151 = NVwZ 2011, 307 = BauR 2011, 488 = BayVBl. 2011, 380.

[64] Siehe Decker, JA 2010, 653.

von Bürgeranregungen oder aufgrund von Stellungnahmen der Träger öffentlicher Belange erfahren hat[65].

37 Offen gelegt werden müssen darüber hinaus auch alle Unterlagen, die erforderlich sind, um den Betroffenen die Mitwirkung durch Stellungnahmen zu ermöglichen und vor allem den Umfang ihrer Betroffenheit erkennbar machen[66]. Hierzu gehören insbesondere die bereits vorliegenden umweltbezogenen Stellungnahmen.

Unter Stellungnahmen sind dabei nicht nur behördliche Stellungnahmen zu verstehen, die im Rahmen der Beteiligung nach § 4 BauGB eingegangen sind, sondern hierunter können auch im Vorfeld eingegangene Zuschriften von Behörden, Verbänden oder von Privaten fallen[67].

38 Die Auslegung ist nur dann rechtsfehlerfrei durchgeführt, wenn die genannten Unterlagen frei zugänglich sind (während der üblichen Bürozeiten) und vollständig, sichtbar und griffbereit zur Verfügung stehen[68].

Gemäß § 4a Abs. 4 S. 1 BauGB können bei der Öffentlichkeitsbeteiligung ergänzend elektronische Informationstechnologien verwendet werden. Diese können aber weder die förmliche Öffentlichkeitsbeteiligung ersetzen, noch diese vereinfachen noch etwaige dabei unterlaufene Fehler heilen. Das ist bei der förmlichen Beteiligung der Behörden und der sonstigen Träger öffentlicher Belange anders (vgl. Rn. 52).

39 Die Monatsfrist des § 3 Abs. 2 S. 1 BauGB wird nach § 187 Abs. 2, § 188 Abs. 1 BGB berechnet; es handelt sich mithin um eine **Beginnfrist,** d.h. der erste Tag der Offenlegung zählt mit[69]. Die Monatsfrist ist mit der Bekanntmachung datumsmäßig mitzuteilen[70], also z.B. vom 17. 1. 2011 bis zum 16. 2. 2011.

40 Unterlaufen bei der Auslegung **Fehler,** so ist wie folgt zu unterscheiden:
- Fehler bei der Auslegungsdauer, beim Auslegungsort, bei den Auslegungsgegenständen (Plan und Begründung mit verfügbaren Umweltstellungnahmen) und bei der Zugänglichkeit sind relativ unbeachtlich (§§ 214 Abs. 1 Nr. 2, 215 Abs. 1 BauGB); fehlen einzelne nach § 3 Abs. 2 S. 1 BauGB erforderliche Angaben, welche umweltbezogenen Informationen verfügbar sind, ist dieser Fehler allerdings (von vorne herein) unbeachtlich (§ 214 Abs. 1 Nr. 2 HS. 2 BauGB).
- Fehler bei der Auslegung der Begründung (§ 3 Abs. 2 S. 1 2. Alt. BauGB) sind unbeachtlich, wenn die Begründung unvollständig war (§ 214 Abs. 1 Nr. 3 HS. 2 BauGB), ansonsten sind sie relativ unbeachtlich (§§ 214 Abs. 1 Nr. 3, 215 Abs. 1 BauGB). Fehlt der nach § 2a, § 2 Abs. 4 BauGB erforderliche Umweltbericht gänzlich oder ist er in wesentlichen Punkten unvollständig, dann ist dieser Fehler abweichend von HS. 2 relativ unbeachtlich, d.h. er muss innerhalb der Jahresfrist des § 215 Abs. 1 BauGB gerügt werden.

---

[65] Birk, Rn. 125.
[66] Stüer, Der Bebauungsplan, Rn. 486.
[67] Stüer, Der Bebauungsplan Rn. 486.
[68] VGH Kassel, BauR 1978, 122.
[69] GmSOGB, BVerwGE 40, 363 = BGHZ 59, 396 = NJW 1972, 2035.
[70] Schrödter, BauGB, zu § 3 Rn. 34.

B. Das Verfahren zur Bauleitplanung

Belange, die von der Öffentlichkeit nicht innerhalb der Monatsfrist des § 3 Abs. 2 S. 2 HS. 2 BauGB vorgetragen wurden, können bei der Beschlussfassung über den Bauleitplan unberücksichtigt bleiben. Das gilt für in der Öffentlichkeitsbeteiligung abgegebene Stellungnahmen aber nur, wenn darauf in der Bekanntmachung zur Öffentlichkeitsbeteiligung nach § 3 Abs. 2 S. 2 BauGB hingewiesen worden ist (vgl. § 4a Abs. 6 S. 1 und S. 2 BauGB). Etwas anderes gilt jedoch dann, wenn die verspätet vorgebrachten Belange der Gemeinde bekannt sind oder ihr hätten bekannt sein müssen oder wenn diese für die Rechtmäßigkeit der Abwägung von Bedeutung sind (§ 4a Abs. 6 S. 1 BauGB). Damit knüpft § 4a Abs. 6 S. 1 BauGB an die Rechtsprechung des BVerwG an, wonach die durch die Planung (negativ) betroffenen Belange, die von niemanden in das Verfahren eingeführt wurden, in die Abwägung nur eingestellt werden müssen, wenn sie mehr als geringfügig, schutzwürdig und für die Gemeinde erkennbar sind. **41**

Neben der Präklusion der Einwendungen im Bauleitplanverfahren hat die nicht oder verspätete Abgabe einer Stellungnahme aber auch unmittelbar prozessuale Folgen. Werden mit einem Normenkontrollantrag gegen einen Bebauungsplan nach § 47 Abs. 1 Nr. 1 VwGO nur Einwendungen geltend gemacht, die der Betroffene im Rahmen der Auslegung nicht oder verspätet vorgebracht hat, aber rechtzeitig hätte geltend machen können, und wurde er auf diese Rechtsfolge im Rahmen der Beteiligung ordnungsgemäß (vgl. § 3 Abs. 2 S. 2 HS. 2 BauGB; vgl. oben Rn. 34) hingewiesen, dann ist der Normentrollantrag unzulässig; es tritt insoweit eine formelle Präklusion ein[71]. Das gilt auch dann, wenn es sich um Einwendungen handelt, die sich der planenden Gemeinde nach Lage der Dinge aufdrängen mussten[71a]. Uneingeschränkt möglich bleibt allerdings eine Inzidentkontrolle in einem Verfahren z. B. auf Erteilung einer Baugenehmigung. Wendet sich der Antragsteller dagegen (nur oder auch) mit solchen Einwendungen gegen einen Bebauungsplan, die er im Rahmen der öffentlichen Auslegung rechtzeitig, aber erfolglos vorgebracht hat, wobei bereits die Geltendmachung einer einzigen „erfolglosen" Einwendung genügt, dann scheitert sein Normenkontrollantrag jedenfalls nicht an § 47 Abs. 2 a VwGO. Eine formelle Präklusion findet nicht statt[72].

(4) Häufig wandelt sich der Entwurf des Bauleitplans im Laufe des Aufstellungsverfahrens. Vielfach werden die Bauleitpläne aufgrund der erfolgten Stellungnahmen neu gefasst oder inhaltlich geändert oder es ergeben sich Änderungen in der Begründung[73], z. B. weil die Gemeinde die nach § 2a BauGB erforderlichen Angaben wegen der Besorgnis zusätzlicher oder anderer erheblicher nachteiliger Auswirkungen ändert. Dabei müssen nicht zwingend die Grundzüge der Planung betroffen sein, sondern es kann sich auch um weniger grundlegende Änderungen oder Ergänzungen handeln, sofern diese nicht lediglich klarstellende Bedeutung haben[74]. Gemäß § 4a Abs. 3 **42**

---

[71] OVG Mecklenburg-Vorpommern vom 27. 5. 2009, Az 3 K 24/08; Krautzberger/Stüer DVBl. 2007, 160 [169]; Battis/Krautzberger/Löhr, NVwZ 2007, 121 [128].
[71a] BVerwG, BayVBl. 2011, 379.
[72] OVG Münster, BauR 2008, 2032; Battis/Krautzberger/Löhr, NVwZ 2007, 121 [128]; Decker, JA 2010, 653; ungenau dagegen Krautzberger/Stüer, DVBl 2007, 160 [169].
[73] Stüer, Der Bebauungsplan, Rn. 500.
[74] BVerwG, NVwZ 2010, 777 = BauR 2010, 1554; BVerwG, NVwZ 1988, 822 [823].

S. 1 BauGB ist dann bezüglich des geänderten Bauleitplans grundsätzlich erneut die förmliche Öffentlichkeitsbeteiligung nach § 3 Abs. 2 BauGB durchzuführen (das gilt im Übrigen in gleicher Weise, wenn diese Öffentlichkeitsbeteiligung wiederum zu einer Änderung des Bauleitplans führt). Insoweit sieht jedoch § 4a Abs. 3 S. 2, S. 3 BauGB gewisse Erleichterungen vor.

43 Maßgeblich ist insofern zunächst, ob durch die Änderung oder Ergänzung des Bauleitplans die **Grundzüge der Planung** betroffen werden (vgl. § 4a Abs. 3 S. 4 BauGB).

Nach der Rechtsprechung, die im Einklang mit dem Schrifttum steht, werden die Grundzüge der Planung nicht betroffen, wenn die Änderung das der bisherigen Planung zugrunde liegende Leitbild nicht verändert, wenn also der planerische Grundgedanke erhalten bleibt[75]. Das bedeutet, dass das Gesamtkonzept eines Bauleitplans nicht verloren gehen darf. Abweichungen von minderem Gewicht, die die Planungskonzeption des Bauleitplans unangetastet lassen, berühren die Grundzüge der Planung nicht. Ob eine Abweichung in diesem Sinne von minderem Gewicht ist, beurteilt sich nach dem im bisherigen Bauleitplanentwurf zum Ausdruck kommenden planerischen Willen der Gemeinde[76] anhand eines Vergleichs zwischen den ursprünglichen und den geänderten Festsetzungen[77].

44 **Werden die Grundzüge der Planung betroffen,** so ist eine (weitere) förmliche Öffentlichkeitsbeteiligung durchzuführen; bei der erneuten Auslegung kann aber bestimmt werden, dass Stellungnahmen nur zu den geänderten oder ergänzten Teilen vorgebracht werden können (§ 4a Abs. 3 S. 2 BauGB). Des Weiteren kann die Dauer der Auslegung und die Frist zur Stellungnahme angemessen (das können im Einzelfall jeweils auch weniger als zwei Wochen sein[78]) verkürzt werden (§ 4a Abs. 3 S. 3 BauGB).

45 **Werden die Grundzüge der Planung nicht betroffen,** hat die Gemeinde folgende Möglichkeiten:
- sie kann (erneut) eine förmliche Öffentlichkeitsbeteiligung gemäß § 3 Abs. 2 BauGB (und eine (erneute) Behördenbeteiligung nach § 4 Abs. 2 BauGB) durchführen[79] und die Verfahrenserleichterungen des § 4a Abs. 3 S. 2 BauGB in Anspruch nehmen, oder
- sie kann die Einholung der Stellungnahmen auf die von der Änderung oder Ergänzung betroffene Öffentlichkeit (sowie die berührten Behörden und Träger öffentlicher Belange) beschränken (§ 4a Abs. 3 S. 4 BauGB).

46 Unterlaufen der Gemeinde im Rahmen der förmlichen Öffentlichkeitsbeteiligung bezüglich Änderungen oder Ergänzungen von Bauleitplänen **Fehler,** gilt im Grundsatz nichts anderes wie bei der erstmaligen förmlichen Öffent-

---

[75] BVerwG, NVwZ-RR 2000, 759 = BauR 2001, 207 = ZfBR 2001, 131; BGH, DVBl. 1980, 682 [683].

[76] BVerwGE 85, 66 [71 f.] = NVwZ 1990, 873.

[77] BVerwG, NVwZ-RR 2000, 759 = BauR 2001, 207 = ZfBR 2001, 131; zu weiteren Einzelheiten siehe beim vereinfachten Verfahren nach § 13 BauGB, Rn. 234.

[78] Battis/Krautzberger/Löhr, BauGB, zu § 4a Rn. 4.

[79] Das hat dann auch eine dem § 3 Abs. 2 S. 2 BauGB entsprechende Hinweispflicht zur Folge; äußert sich ein Betroffener nunmehr erstmalig zum Bauleitplanentwurf, dann dürfte dies für die Antragsbefugnis nach § 47 Abs. 2a VwGO genügen; offen gelassen in BayVGH v. 5. 4. 2011, Az.: 14 N 09.2434.

lichkeitsbeteiligung (vgl. oben Rn. 40). Ging die Gemeinde jedoch irrtümlich davon aus, dass die Grundzüge der Planung durch die Änderung/Ergänzung nicht berührt werden, und hat sie folglich nur das Verfahren nach § 4a Abs. 3 S. 4 BauGB durchgeführt, dann ist dieser Fehler gemäß § 214 Abs. 1 Nr. 2 HS. 2 BauGB **unbeachtlich.**

d) Beteiligung der Behörden und der sonstigen Träger öffentlicher Belange nach § 4 BauGB

aa) Einführung

Am Bauleitplanverfahren sind – neben der Öffentlichkeit – auch die Behörden und sonstigen Träger öffentlicher Belange[80] (im Folgenden „Behörden") zu beteiligen. Seit dem EAG-Bau erfolgt die Behördenbeteiligung wie die Öffentlichkeitsbeteiligung **zweistufig,** mithin durch eine frühzeitige Behördenbeteiligung (sog. scoping) und eine förmliche Behördenbeteiligung.

47

Die Behördenbeteiligung dient ebenso wie die Öffentlichkeitsbeteiligung insbesondere der vollständigen Ermittlung und zutreffenden Bewertung der von der Planung berührten Belange (vgl. § 4a Abs. 1 BauGB); sie steht mit dem Abwägungsgebot des § 1 Abs. 7 BauGB in engem Zusammenhang[81]. Ausgehend vom Wortlaut des § 4 Abs. 1 S. 1, Abs. 2 S. 1 BauGB sind danach all diejenigen Behörden zu beteiligen, deren Aufgabenbereich durch die Planung berührt werden kann. Damit verlangt die Norm zwar nicht die Beteiligung sämtlicher, denkbarer Behörden, doch ist ihr Anwendungsbereich weit zu ziehen[82]. Darunter fallen z.B. Straßenbauamt, Naturschutzbehörde, Wasserwirtschaftsamt, Forstamt, Gesundheitsamt, Denkmalschutz, Bergamt, Energieversorger, Industrie- und Handelskammern, Landwirtschaftskammern, Kirchen etc.[83]. Zu den zu beteiligenden Behörden gehören aber auch benachbarte Gemeinden, mit deren Planung gemäß § 2 Abs. 2 BauGB ggf. die projektierte Bauleitplanung abzustimmen ist (vgl. unten Rn. 160ff.).

48

bb) Ausgestaltung der Trägerbeteiligung

(1) Frühzeitige Behördenbeteiligung (sog. Scoping)

Nach § 4 Abs. 1 S. 1 BauGB sind die Träger öffentlicher Belange entsprechend § 3 Abs. 1 S. 1 HS. 1 BauGB möglichst frühzeitig – also vor Erstellung des Bauleitplanentwurfs – zu beteiligen. Dadurch soll die Gemeinde in die Lage versetzt werden, die für die Abwägung erheblichen Belange in die Zusammenstellung des Abwägungsmaterials einzubeziehen, um unnötige Ermittlungen zu vermeiden. Zugleich soll hierdurch die Wahrscheinlichkeit

49

---

[80] Vor dem EAG-Bau hieß es „Beteiligung der Träger öffentlicher Belange". Die Änderung diente der Angleichung an die völker- und europarechtliche Terminologie; eine materielle Änderung war hiermit nicht verbunden.
[81] Vgl. etwa BVerwGE 34, 301; BVerwGE 45, 309 (Flachglas); BVerwGE 52, 226; BVerwGE 59, 87.
[82] Battis/Krautzberger/Löhr, BauGB, zu § 4 Rn. 3.
[83] Vgl. im Einzelnen auch die unfangreiche Aufzählung bei Stüer, Der Bebauungsplan, Rn. 451.

verringert werden, dass aufgrund der im späteren Verfahren eingehenden behördlichen Stellungnahmen der Planentwurf ergänzt oder neu ausgelegt werden muss. Vorrangig dient die frühzeitige Behördenbeteiligung allerdings der Festlegung von Umfang und Detaillierungsgrad der Umweltprüfung (vgl. § 2 Abs. 4 Satz 2 BauGB) und gehört daher zu dessen Ausgangspunkten[84]. Das Scoping soll damit das Aufstellungsverfahren im Hinblick auf den Zeit- und Kostenaufwand verbessern.

Gemäß § 4a Abs. 2 BauGB kann die frühzeitige Behördenbeteiligung zusammen mit der frühzeitigen (vorgezogenen) Öffentlichkeitsbeteiligung erfolgen.

(2) Förmliche Behördenbeteiligung

50 § 4 Abs. 2 BauGB regelt die förmliche Behördenbeteiligung, die nach § 4a Abs. 2 BauGB auch gleichzeitig mit der förmlichen Öffentlichkeitsbeteiligung erfolgen kann. Gemäß § 4 Abs. 2 S. 1 BauGB holt die Gemeinde die Stellungnahmen der Behörden ein, deren Aufgabenbereich durch die Planung berührt werden kann, zum Planungsentwurf und zur Begründung (zu der auch der Umweltbericht nach § 2a BauGB gehört). Dabei begründet § 4 Abs. 2 S. 4 BauGB eine Art Unterrichtungspflicht für die Behörden. Verfügen diese über Informationen, die für die Ermittlung und Bewertung des Abwägungsmaterials zweckdienlich sind, haben sie diese Informationen der Gemeinde zur Verfügung zu stellen.

51 Die Träger öffentlicher Belange haben ihre Stellungnahmen innerhalb **eines Monats** nach Zugang der entsprechenden Aufforderung durch die Gemeinde abzugeben (§ 4 Abs. 2 S. 2 HS. 1 BauGB); die Gemeinde soll diese Frist bei Vorliegen eines wichtigen Grundes angemessen verlängern. Die Monatsfrist berechnet sich dabei nach § 187 Abs. 1, § 188 Abs. 2 BGB, ist also eine Ereignisfrist.

52 Stellung zu nehmen ist nur zu den von der jeweiligen Behörde vertretenen Belangen in Bezug auf den konkreten Bauleitplanentwurf; die Behörden sollen – das bedeutet nach herrschender Terminologie i.d.R. „müssen"[85] – sich dabei in den Stellungnahmen auf ihre Belange beschränken (§ 4 Abs. 2 S. 3 HS. 1 BauGB). Allerdings haben die Behörden auch Aufschluss über von ihnen beabsichtigte oder bereits eingeleitete Planungen und sonstige Maßnahmen sowie deren zeitliche Abwicklung zu geben, die für die städtebauliche Entwicklung und Ordnung des Gebiets bedeutsam sein können (vgl. § 4 Abs. 2 S. 3 HS. 2 BauGB).

Gemäß § 4a Abs. 4 S. 1 BauGB können auch bei der Behördenbeteiligung ergänzend elektronische Informationstechnologien genutzt werden. Soweit die Gemeinde den Entwurf des Bauleitplans und die Begründung in das Internet einstellt, können die Stellungnahmen der Behörden und sonstigen Träger öffentlicher Belange durch Mitteilung von Ort und Dauer der öffentlichen Auslegung nach § 3 Abs. 2 BauGB und der Internetadresse eingeholt werden; die Mitteilung kann im Wege der elektronischen Kommunikation erfolgen, soweit der Empfänger hierfür einen Zugang eröffnet hat (§ 4a Abs. 4 S. 2 BauGB). Die förmliche Behördenbeteiligung kann folg-

---

[84] Stüer, Der Bebauungsplan, Rn. 454.
[85] Vgl. Wolff/Decker, VwGO/VwVfG, zu § 114 VwGO Rn. 13f.

B. Das Verfahren zur Bauleitplanung

lich nach Maßgabe des § 4a Abs. 4 BauGB auch (allein oder zusätzlich) über das Internet erfolgen. War die Internetbeteiligung ordnungsgemäß, sind etwaige Fehler einer hierzu parallel laufenden förmlichen Behördenbeteiligung unbeachtlich.

cc) Beachtlichkeit der Stellungnahme, Präklusion

Die Behörden sind zwar nach § 4 Abs. 1, Abs. 2 BauGB am Bauleitplanverfahren zu beteiligen; sie besitzen mithin ein entsprechendes Beteiligungsrecht. Unmittelbare Entscheidungsbefugnisse i. S. e. Steuerung des Bauleitplanverfahrens durch Verweigerung einer Zustimmung etc. kommen ihnen jedoch grundsätzlich nicht zu. Ihre Stellungnahmen sind vielmehr vom Grundsatz her **in der Abwägung nach § 1 Abs. 7 BauGB zu berücksichtigen**. Freilich entbindet das Vorliegen oder Fehlen einer Stellungnahme einer Behörde die Gemeinde nicht davon, sich selbst Gewissheit über die abwägungserheblichen Belange zu verschaffen (vgl. auch § 4a Abs. 6 S. 1 BauGB)[86]. 53

In Bezug auf eine mögliche Präklusion gelten die unter Rn. 41 gemachten Ausführungen für die Behördenbeteiligung sinngemäß. Hierauf wird verwiesen. 54

dd) Änderung oder Ergänzung des Entwurfs

Wird der Entwurf des Bauleitplans nach der Behördenbeteiligung geändert oder ergänzt, so ist grundsätzlich die Behördenbeteiligung nach § 4 Abs. 2 BauGB zu wiederholen (§ 4a Abs. 3 S. 1 BauGB). Im Übrigen gelten die Ausführungen unter Rn. 42 ff. entsprechend für die Behördenbeteiligung. 55

ee) Fehlerfolge

Unterbleibt die Behördenbeteiligung im Ganzen, ist dieser Fehler gemäß § 214 Abs. 1 Nr. 2 HS. 1, § 215 Abs. 1 BauGB **relativ unbeachtlich**. Werden dagegen nur einzelne Behörden oder sonstige Träger öffentlicher Belange nicht beteiligt, z. B. weil die Gemeinde einen bestimmten Träger öffentlicher Belange übersehen hat, so ist dieser Mangel nach § 214 Abs. 1 Nr. 2 HS. 2 BauGB **unbeachtlich**, wenn die entsprechenden Belange unerheblich waren oder in der Entscheidung berücksichtigt worden sind. Unbeachtlich ist es auch, wenn die Gemeinde das Vorliegen der Voraussetzungen des § 4a Abs. 3 S. 4 BauGB verkannt hat (vgl. § 214 Abs. 1 Nr. 2 HS. 2 BauGB). 56

e) Grenzüberschreitende Beteiligung nach § 4a Abs. 5 BauGB

§ 4a Abs. 5 BauGB enthält eine bundesrechtliche Verpflichtung für die grenzüberschreitende Zusammenarbeit mit Gemeinden und Behörden in Nachbarstaaten mittels gegenseitiger und gleichwertiger Unterrichtung (Abs. 5 S. 1); § 4a Abs. 5 S. 2 BauGB sieht ein besonderes Verfahren der grenzüberschreitenden Beteiligung bei Bauleitplänen, die erhebliche Umweltauswirkungen auf einen anderen Staat haben können, vor. 57

---

[86] Stüer, Der Bebauungsplan, Rn. 464.

§ 4a Abs. 5 S. 1 BauGB schreibt für das **Bauleitplanverfahren,** bei Bauleitplänen, die erhebliche Auswirkungen auf Nachbarstaaten haben können, eine Unterrichtung von Gemeinden und Behörden des betroffenen Nachbarstaates vor. Durch die Regelung sollen umfangreiche bilaterale Verhandlungen auf der Gesetzgebungsebene mit den Mitgliedstaaten der Europäischen Union, aber auch mit den übrigen angrenzenden Nachbarstaaten vermieden werden. Abgestellt wird dabei auf die Grundsätze der **Gegenseitigkeit** und **Gleichwertigkeit.** D. h. zum einen, dass eine Unterrichtungspflicht nur gegenüber solchen Nachbarstaaten bzw. deren Gemeinden und Trägern öffentlicher Belange besteht, die ebenfalls eine Unterrichtungspflicht in (dem Bauleitplanverfahren vergleichbaren) Verfahren zugunsten der Bundesrepublik Deutschland statuiert haben. Zum anderen, dass dabei die Vergleichbarkeit sowohl hinsichtlich des Zeitpunktes der Information als auch hinsichtlich des Aussageumfanges und der Aussagegenauigkeit besteht (Grundsatz der Gleichwertigkeit). Durch diese einschränkenden Merkmale wird eine nur einseitige Verpflichtung nach deutschem Recht verhindert.

§ 4a Abs. 5 S. 2 BauGB enthält eine **Sonderregelung für Bauleitpläne,** die erhebliche **Umweltauswirkungen** auf einen anderen Staat haben können. Insoweit gelten die Regelungen über die Beteiligung nach dem UVPG, mithin die §§ 8, 9a UVPG. Für die Stellungnahmen der Öffentlichkeit und Behörden des anderen Staates, einschließlich der Rechtsfolgen nicht rechtzeitig abgegebener Stellungnahmen, sind allerdings abweichend von den Vorschriften des UVPG die Regelungen des BauGB, mithin §§ 3, 4, 4a BauGB, entsprechend anzuwenden.

58 Verstößt eine Gemeinde gegen § 4a Abs. 5 S. 2 BauGB, so ist dieser Fehler nach Maßgabe der § 214 Abs. 1 Nr. 2 BauGB i. V. m. § 215 Abs. 1 BauGB **relativ unbeachtlich.**

f) Bekanntmachung des Ergebnisses der Prüfung der Einwendungen

59 Die förmliche Öffentlichkeitsbeteiligung und die Behördenbeteiligung bringen es mit sich, dass Stellungnahmen bei der Gemeinde eingehen. Dabei dienen die Vorschriften über die Öffentlichkeits- und Behördenbeteiligung insbesondere der vollständigen Ermittlung und zutreffenden Bewertung der von der Planung berührten Belange (vgl. § 4a Abs. 1 BauGB). Das hat zur Folge, dass diese Stellungnahmen mit dem ihnen jeweils zukommenden Gewicht in der Abwägung nach § 1 Abs. 7 BauGB zu berücksichtigen sind[87].

60 Hinsichtlich der Anregungen aus der Öffentlichkeitsbeteiligung schreibt § 3 Abs. 2 S. 4 BauGB jedoch zusätzlich vor, dass die fristgemäß abgegebenen Stellungnahmen zu prüfen sind und das Ergebnis dieser Prüfung mitzuteilen ist. Die Einwender sollen so die beim Satzungsbeschluss maßgeblichen Abwägungsgrundlagen erfahren, um aufgrund dieser Informationen die Möglichkeit einer Normenkontrollklage prüfen zu können[88]. Dabei entspricht es der Öffentlichkeit und Transparenz der Öffentlichkeitsbeteiligung nach § 3 Abs. 2 BauGB, die Stellungnahmen öffentlich im Gemeinderat oder im zuständigen beschließenden Ausschuss zu behandeln. Die Mitteilung des Ergebnisses der Prüfung, auf die ein einklagbarer Rechtsanspruch besteht[89],

---

[87] Vgl. etwa BVerwGE 59, 87.
[88] VGH BW, NVwZ-RR 1997, 684.
[89] Stüer, Der Bebauungsplan, Rn. 519.

kann mündlich oder schriftlich erfolgen, umfasst aber nicht die Mitteilung von Einzelgründen, die für diese Entscheidung maßgeblich waren. Durch eine unterlassene Mitteilung wird aber die Rechtmäßigkeit des Bauleitplans nicht in Frage gestellt[90].

Soweit die Anregungen von der Gemeinde nicht berücksichtigt werden, sind sie mit einer Stellungnahme der Gemeinde zusammen mit dem beschlossenen Bauleitplan im Rahmen eines eventuell erforderlichen Genehmigungsverfahrens nach § 6, § 10 Abs. 2 BauGB vorzulegen (§ 3 Abs. 2 S. 6 BauGB). **61**

Für **Massenverfahren** (mehr als 50 Personen mit im Wesentlichen gleichen Anregungen) siehe § 3 Abs. 2 S. 5 BauGB.

Unterlaufen im Einwendungsprüfverfahren Fehler, so sind diese gemäß § 214 Abs. 1 Nr. 2, § 215 Abs. 1 Nr. 1 BauGB **relativ unbeachtlich**. **62**

g) Umweltprüfung

Aufgrund der Änderungen durch das EAG-Bau muss nunmehr grundsätzlich in jedem Bauleitplanverfahren eine **Umweltprüfung**[91] (nicht mehr „Umweltverträglichkeitsprüfung") durchgeführt werden (vgl. § 2 Abs. 4 S. 1 BauGB). Die Umweltprüfung ist dabei als Trägerverfahren für alle umweltrelevanten Prüfungen (gemäß § 2 Abs. 4 S. 1, § 1 Abs. 6 Nr. 7, § 1a BauGB) ausgestaltet und in die Verfahrensschritte der Beteiligung der Öffentlichkeit und der Behördenbeteiligung integriert. Das Medium, in dem die Umweltprüfung dokumentiert wird, ist der sog. **Umweltbericht** (siehe hierzu unten Rn. 216 ff.); er ist das zentrale Element der Umweltprüfung[92]. Dieser muss die Angaben nach § 2a Abs. 1 S. 2 BauGB i.V.m. der Anlage 1 zu § 2 Abs. 4 und § 2a BauGB enthalten, ist im Aufstellungsverfahren zu erarbeiten, muss zum Zeitpunkt der förmlichen Beteiligungen nach § 3 Abs. 2, § 4 Abs. 2 BauGB vorliegen und ist entsprechend dem Gang des Verfahrens fortzuschreiben (zu Einzelheiten siehe unten Rn. 216 ff.). **63**

§ 2 Abs. 4 S. 4 BauGB bestimmt, dass das Ergebnis der Umweltprüfung in der Abwägung nach § 1 Abs. 7 BauGB zu berücksichtigen ist. Umfang und Detaillierungsgrad der Umweltprüfung hängen dabei von der jeweiligen Planungssituation ab und werden von der Gemeinde, i.d.R. nach Durchführung des sog. Scopings (vgl. § 4 Abs. 1 BauGB), festgelegt (§ 2 Abs. 4 S. 2 BauGB). **64**

Mit der Umweltprüfung ist jedoch keine Gewichtungsvorgabe für die Abwägungsentscheidung verbunden. Es gelten insoweit die allgemeinen Grundsätze der Bewertung und Gewichtung der abwägungserheblichen Belange (vgl. dazu unten Rn. 142 ff.). **65**

---

[90] Battis/Krautzberger/Löhr, BauGB, zu § 3 Rn. 17.
[91] Zur Umweltprüfung in der Bauleitplanung siehe etwa Krautzberger, UPR 2004, 401; Schink, UPR 2004, 81; Engel, KommPraxis Bayern 2005, 44 und 96; Schubert, NuR 2005, 369; Schink, NuR 2005, 143; Mitschang, BauR 2005, 334; Schrödter, LKV 2006, 143; Schrödter, LKV 2008, 109; Schwarz, Die Umweltprüfung in gestuften Planungsverfahren, Dissertation, 2011.
[92] Schrödter, LKV 2006, 251 [252].

In diesem Zusammenhang ist noch auf § 17 Abs. 1, Abs. 2 UVPG hinzuweisen. Die Norm stellt klar, dass die Umweltprüfung für Flächennutzungs- und Bebauungspläne nicht nach dem UVPG, sondern nur nach den Verfahrensvorschriften des BauGB als Umweltprüfung (sog. Plan-UP) durchgeführt wird.

66 Von erheblicher Bedeutung ist das sog. **Abschichtungsverfahren** des § 2 Abs. 4 S. 5 BauGB. Danach soll bei der Durchführung einer Umweltprüfung auf die Ergebnisse einer bereits vorher oder gleichzeitig durchgeführten Umweltprüfung auf anderer Planungsebene zurückgegriffen werden, um überflüssige Doppelprüfungen zu vermeiden. So kann z.B. die Umweltprüfung auf der Ebene der Raumordnungsplanung abschichtende Wirkung für die Flächennutzungsplanung haben. § 17 Abs. 3 UVPG erlaubt die Abschichtung zwischen Bebauungsplan und nachfolgendem Zulassungsverfahren einschließlich des Baugenehmigungsverfahrens.

67 Ist die Umweltprüfung fehlerhaft erfolgt oder gar unterblieben, führt dies entweder zu einem gemäß § 2 Abs. 3, § 214 Abs. 1 Nr. 1 BauGB beachtlichen Verfahrensfehler oder zur Fehlerhaftigkeit der Abwägung nach § 1 Abs. 7, § 214 Abs. 3 S. 2 HS. 2 BauGB (zur Abgrenzung siehe Rn. 108, 109). Rechte Dritter werden hierdurch aber i.d.R. nicht verletzt[93].

h) Beschluss über den Bauleitplan

68 An die Behandlung der Anregungen zum Bauleitplan schließt sich der Beschluss des hierfür nach der Gemeindeordnung zuständigen Organs über den Flächennutzungsplan oder den Bebauungsplan an. Die verfahrensrechtlichen Anforderungen an diesen Beschluss ergeben sich dabei – mangels entsprechender Regelungen im BauGB – aus Art. 46 ff. GO.

69 Fehlt der Beschluss über den Bauleitplan, führt dies zur Unwirksamkeit des Bauleitplans; der Mangel ist gemäß § 214 Abs. 1 Nr. 4 BauGB **absolut beachtlich.**

i) Genehmigung des Bauleitplans

aa) Vorbemerkung

70 Der Flächennutzungsplan bedarf gemäß § 6 Abs. 1 BauGB immer, der Bebauungsplan nur in den Fällen des § 10 Abs. 2 BauGB der Genehmigung der höheren Verwaltungsbehörde. Höhere Verwaltungsbehörde ist in Bayern zwar die jeweilige **Regierung** (Art. 53 Abs. 1 S. 1 BayBO); nach § 2 Abs. 1, Abs. 3 ZustVBau ist für die Genehmigung von Flächennutzungsplänen und Bebauungsplänen bei **kreisangehörigen Gemeinden,** mit Ausnahme der großen Kreisstädte (vgl. § 2 Abs. 2 Nr. 1, Abs. 4 Nr. 1 ZustVBau), jedoch das jeweilige **Landratsamt** zuständig[94].

71 Im Verfahren um die Genehmigung kann die Genehmigungsbehörde den Bauleitplan in vollem Umfang überprüfen, also sowohl in Bezug auf das Verfahren als auch in materieller Hinsicht. Sie wird insofern insbesondere

---

[93] Scheidler, NVwZ 2005, 863.
[94] Beachte insofern auch die weiteren Ausnahmen bezüglich der Zuständigkeit in § 2 Abs. 2 Nr. 2, Abs. 4 Nr. 2 ZustVBau.

B. Das Verfahren zur Bauleitplanung

nicht durch die Planerhaltungsvorschriften der § 214, § 215 BauGB beschränkt, wie § 216 BauGB klarstellt. Die Geltendmachung von Rechtsverletzungen durch die Genehmigungsbehörde kann dabei auch auf bestimmte Teile, z. B. eine einzelne textliche Festsetzung, beschränkt werden[95].

Die Genehmigung eines Bauleitplans stellt sich als eine Maßnahme der Rechtsaufsicht dar, da Bauleitpläne im eigenen Wirkungskreis erlassen werden. Für die Gemeinde ist die Genehmigung bzw. deren Versagung ein **Verwaltungsakt**, gegen den sie – bei Versagung – mittels Verpflichtungsklage (§ 42 Abs. 1 S. 1 Alt. 2 VwGO) auf Erteilung einer Genehmigung bzw. – bei Genehmigung unter Nebenbestimmungen[96] – mittels Anfechtungsklage (§ 42 Abs. 1 S. 1 Alt. 1 VwGO) oder Verpflichtungsklage vorgehen kann. Eines Vorverfahrens nach §§ 68 ff. VwGO bedarf es dabei gemäß Art. 15 Abs. 1, Abs. 2 AGVwGO nicht[97].

Gegenüber dem Bürger ist die Erteilung oder Versagung der Genehmigung infolge Fehlens entsprechender Rechtswirkungen dagegen weder ein Verwaltungsakt noch beinhaltet diese Entscheidung eine Beschwer i. S. v. § 42 Abs. 2 VwGO. Dem entsprechend kann dieser hiergegen auch nicht vorgehen.

bb) Flächennutzungsplan

Sowohl die erstmalige Aufstellung eines Flächennutzungsplan, als auch dessen Änderung, Ergänzung oder Aufhebung (vgl. § 1 Abs. 8 BauGB) bedarf nach § 6 Abs. 1 BauGB der Genehmigung. Die Genehmigung darf gemäß § 6 Abs. 2 BauGB nur versagt werden, wenn der Flächennutzungsplan nicht ordnungsgemäß zustande gekommen ist (Verfahren) oder dem BauGB, den aufgrund des BauGB erlassenen (z. B. BauNVO) oder sonstigen Rechtsvorschriften widerspricht, mithin materiell-rechtlich unzulässig ist. Betreffen Versagungsgründe nur einen räumlichen oder sachlichen Teil des Flächennutzungsplan und können diese nicht ausgeräumt werden, kann die Genehmigungsbehörde den entsprechenden Teil des Flächennutzungsplans von der Genehmigung ausnehmen und nur eine Teilgenehmigung erteilen (§ 6 Abs. 3 BauGB). Soweit die Genehmigung demnach versagt wird, kann die Gemeinde Verpflichtungsklage auf Erteilung der (vollumfänglichen) Genehmigung erheben.

Über die Genehmigung ist binnen **drei Monaten** zu entscheiden (§ 6 Abs. 4 S. 1 BauGB). Die Frist beginnt mit dem Eingang prüffähiger Unterlagen und des Genehmigungsersuchens bei der Genehmigungsbehörde und kann aus wichtigen Gründen auf Antrag der Genehmigungsbehörde von der zuständigen übergeordneten Behörde verlängert werden, in der Regel jedoch nur bis zu drei Monaten (§ 6 Abs. 4 S. 2 BauGB). Ein wichtiger Grund für die Fristverlängerung ist dabei z. B. dann gegeben, wenn über den Genehmigungsantrag wegen des besonderen Umfanges und der besonderen Komplexität der durch den Flächennutzungsplan aufgeworfenen Fragen nicht innerhalb der Regelfrist von 3 Monaten entschieden werden kann[98]. Die Gemeinde ist von der Fristverlängerung in Kenntnis zu setzen (§ 6 Abs. 4 S. 3 BauGB).

---

[95] Vgl. nur VGH BW, VBl.BW 1999, 178 m. w. N.
[96] Zum Streitstand Wolff/Decker, VwGO/VwVfG, zu § 42 VwGO Rn. 36 ff.
[97] Das entsprach auch schon der Rechtslage vor dem 1. 7. 2007.
[98] BVerwG, NVwZ 2006, 932 = BauR 2006, 1087 = DVBl. 2006, 772.

75 Wird die Genehmigung nicht innerhalb der – ggf. verlängerten – Frist versagt, so gilt sie als erteilt (§ 6 Abs. 4 S. 4 BauGB). Allerdings kann die Genehmigungsbehörde die „fingierte" Genehmigung nach Art. 48 BayVwVfG zurückzunehmen, wenn diese rechtswidrig ist. Dabei ist jedoch zu beachten, dass die fingierte – das gilt in gleicher Weise für eine rechtswidrige – Genehmigung zwar ein Verwaltungsakt gegenüber der Gemeinde, zugleich aber Bestandteil des Planverfahrens ist. Die sich hieraus ergebenden Besonderheiten führen zu wesentlichen Einschränkungen der Art. 48 ff. BayVwVfG. So kommt insbesondere nach Bekanntmachung des Flächennutzungsplans eine Rücknahme (oder ein Widerruf) oder auch die Nichtigerklärung der Genehmigung nicht mehr in Betracht[99]. Der Genehmigungsbehörde bleiben dann nur Maßnahmen der Kommunalaufsicht.

76 Nach Ablauf der Frist des § 6 Abs. 4 S. 4 BauGB oder nach der vor Ablauf der 3-Monatsfrist erfolgten Genehmigung des Flächennutzungsplans durch die zuständige Verwaltungsbehörde kann die Gemeinde den Flächennutzungsplan bekannt machen und in Kraft setzen.

77 Wird die Genehmigung dagegen verweigert, kann eine Bekanntmachung nicht erfolgen. Wird der Flächennutzungsplan gleichwohl bekanntgemacht, ist er unwirksam. Dieser Fehler ist gemäß § 214 Abs. 1 Nr. 4 BauGB **absolut beachtlich.**

cc) Bebauungsplan

78 In § 10 Abs. 2 S. 1 BauGB normiert der Gesetzgeber die Voraussetzungen, unter denen Bebauungspläne genehmigt werden müssen. Anders als das BauGB in der Fassung bis zum 31. Dezember 1997 belässt es das BauGB in seiner Fassung seit 1. Januar 1998 beim Genehmigungsverfahren; das frühere Anzeigeverfahren (§ 11 Abs. 1 HS. 2 a. F.)[100] ist entfallen. Demnach unterliegen nur noch bestimmte Bebauungspläne der Genehmigungspflicht durch die hierfür zuständige Behörde. Es sind dies diejenigen Bebauungspläne,
- die nicht aus einem Flächennutzungsplan heraus entwickelt worden sind (§ 8 Abs. 2 S. 2 BauGB),
- die im Parallelverfahren nach § 8 Abs. 3 BauGB aufgestellt, geändert, ergänzt oder aufgehoben und vor der Aufstellung, Änderung oder Ergänzung des Flächennutzungsplans bekanntgemacht werden sollen (§ 8 Abs. 3 S. 2 BauGB) oder
- die vor Aufstellung eines Flächennutzungsplans aufgestellt, geändert, ergänzt oder aufgehoben werden sollen (§ 8 Abs. 4 BauGB).

79 Grund für die Genehmigungspflicht ist die Vermeidung eines rechtlichen und tatsächlichen Risikos hinsichtlich der Wirksamkeit beim primären und beim vorzeitigen Bebauungsplan, das der Gemeinde erspart werden soll.

Für die Genehmigung gelten nach § 10 Abs. 2 S. 2 BauGB die Vorschriften des § 6 Abs. 2 **und** Abs. 4 BauGB entsprechend (§ 6 Abs. 3 BauGB gilt somit nicht, womit

---

[99] Ernst/Zinkahn/Bielenberg/Krautzberger, BauGB, zu § 6 Rn. 51 und 81 m. w. N.
[100] Das generelle Erfordernis einer Genehmigung von Bebauungsplänen war bereits mit der Einführung des BauGB zum 1. Juli 1987 zugunsten des Anzeigeverfahrens beseitigt worden.

B. Das Verfahren zur Bauleitplanung

eine Teilgenehmigung beim Bebauungsplan nicht möglich ist). Auf die oben beim Flächennutzungsplan gemachten Ausführungen – auch bezüglich etwaiger Fehler – wird daher verwiesen.

dd) Sonderproblem: sog. Beitrittsbeschluss

Sofern die Genehmigung des Bauleitplans mit Nebenbestimmungen, z. B. zum Planinhalt, zur zeichnerischen Darstellung etc., verbunden ist, kann eine Bekanntmachung nur erfolgen (andernfalls Unwirksamkeit), wenn diesen Nebenbestimmungen Rechnung getragen worden ist. Führen die verfügten Nebenbestimmungen zu inhaltlichen Änderungen des Bauleitplans, ist ein erneuter Beschluss des Bauleitplans erforderlich[101], es sei denn, es handelt sich nur um redaktionelle Änderungen[102]. Wird die Genehmigung auf einen Teil des Bauleitplans beschränkt und führt dies zu einer inhaltlichen Änderung des beschlossenen Planes oder wird die Genehmigung unter Nebenbestimmungen erteilt, so ist es erforderlich, dass sich das zuständige Gemeindeorgan die erfolgte Einschränkung bzw. die erfolgte Änderung durch einen sog. **Beitrittsbeschluss** zu eigen macht, bevor der Bauleitplan durch Bekanntmachung in Kraft gesetzt werden darf[103].

80

ee) Zeitpunkt der Genehmigung

Es versteht sich von selbst, dass eine Genehmigung des Bauleitplans erst dann erfolgen kann, wenn der entsprechende Beschluss durch das hierfür zuständige Gemeindeorgan vorliegt. Der Beschluss über den Flächennutzungsplan bzw. der Satzungsbeschluss markieren damit zugleich den frühest möglichen Zeitpunkt der Genehmigungsfähigkeit.

81

Nach ganz h. M.[104] müssen kommunale Satzungen vor ihrer Ausfertigung (dazu unten Rn. 102 ff.) genehmigt werden; eine Genehmigung nach der Ausfertigung ist zu spät und führt zur Unwirksamkeit des materiellen Gesetzes. **Für Bauleitpläne gilt dieser Grundsatz aber nach der Rechtsprechung nicht**[105]. Werden diese erst nach der Ausfertigung genehmigt, so steht dies der Wirksamkeit des Bauleitplans nicht entgegen, vorausgesetzt, die Genehmigung erfolgte jedenfalls vor der Bekanntmachung. Die „logische Sekunde" vor der Bekanntmachung stellt somit den letzten Zeitpunkt für die Genehmigung dar.

82

---

[101] Vgl. z. B. BVerwGE 75, 271; BVerwG, DVBl. 1989, 1105; zum „vorgezogenen Beitrittsbeschluss" siehe BVerwG, NVwZ-RR 1995, 687.
[102] Siehe hierzu BVerwG, DVBl. 1989, 1105.
[103] BVerwG, NVwZ 1997, 896; BVerwG, ZfBR 1989, 264; BVerwGE 75, 262; siehe zum vorgezogenen Beitrittsbeschluss BVerwG, DöV 1996, 522 = UPR 1995, 397.
[104] Siehe z. B. BayVGH v. 11. 11. 1995, Az.: 23 B 93.821; BayVGH, BayVBl. 1993, 530 = NVwZ 1994, 1988; BayVGH v. 8. 12. 1992, Az.: 23 B 91.2410.
[105] BVerwG, BauR 1996, 670 = NVwZ-RR 1996, 630; BVerwG, NVwZ 1994, 1010 = JuS 1995, 273; BVerwGE 88, 204; BayVGH, BayVBl. 1993, 725; BayVGH, BayVBl. 1993, 146.

j) Bekanntmachung des Bauleitplans

aa) Flächennutzungsplan

83 Nach § 6 Abs. 5 S. 1 BauGB ist die Erteilung der Genehmigung für den Flächennutzungsplan ortsüblich bekanntzumachen. Die Bekanntmachung muss zwar nicht den Anforderungen des § 3 Abs. 2 BauGB entsprechen (vgl. oben zur „Anstoßfunktion"); sie muss aber einen sog. **„Hinweiszweck"** erfüllen (siehe dazu beim Bebauungsplan, wo dieses Problem seine eigentliche Bedeutung hat, genauer). Auch eine Veröffentlichung des Flächennutzungsplans ist nicht vorgesehen, weil das zu umständlich und zu aufwendig wäre[106]. Dafür sieht aber § 6 Abs. 5 S. 4 BauGB vor, dass jedermann den Flächennutzungsplan, die Begründung und die zusammenfassende Erklärung (siehe hierzu unten Rn. 89), die dem Flächennutzungsplan beizufügen ist, einsehen und über deren Inhalt Auskunft verlangen kann.

84 Die Frage der „Ortsüblichkeit" der Bekanntmachung bestimmt sich dagegen ausschließlich nach Landesrecht, mithin nach Art. 26 GO i. V. m. der Bekanntmachungsverordnung.

Eine Verpflichtung zur Bekanntmachung etwaiger Nebenbestimmungen zur Genehmigung besteht zwar nicht, so dass der fehlende Hinweis hierauf auch nicht zur Unwirksamkeit des Flächennutzungsplans führt[107]. Etwaige Nebenbestimmungen sollten aber mit bekanntgemacht werden, damit der Bürger Änderungen gegenüber dem entsprechenden Gemeinderatsbeschluss nachvollziehen kann[108].

85 Mit der Bekanntmachung der Genehmigung wird der Flächennutzungsplan wirksam (§ 6 Abs. 5 S. 2 BauGB).

bb) **Bebauungsplan**

86 Nach § 10 Abs. 3 S. 1 BauGB ist die Erteilung der Genehmigung oder, soweit eine Genehmigung nicht erforderlich ist (= Regelfall), der Beschluss des Bebauungsplans als Satzung durch die Gemeinde ortsüblich bekanntzumachen. Die Art der ortsüblichen Bekanntmachung richtet sich nach Landesrecht (vgl. Rn. 84). Inhaltlich genügt die Mitteilung der Tatsache der Genehmigung bzw. des Satzungsbeschlusses. Bei der Bekanntmachung der Genehmigung sind etwaige Nebenbestimmungen des Genehmigungsschreibens nicht mit bekanntzumachen. Stimmen Satzungsbeschluss, bekanntgemachte Planfassung und Genehmigung nicht überein, so ist der Bebauungsplan unwirksam[109].

87 Der Bebauungsplan selbst braucht in der Bekanntmachung in seinen Einzelheiten, insbesondere in seiner planerischen Darstellung, nicht enthalten zu sein. In der Rechtsprechung des BVerwG ist jedoch geklärt, dass an die Schlussbekanntmachung der Satzung zwar geringere Anforderungen zu stellen sind als an die Bekanntmachung im Auslegungsverfahren, von der eine „Anstoßwirkung" ausgehen muss. Es muss jedoch der mit der Bekanntma-

---

[106] Battis/Krautzberger/Löhr, BauGB, zu § 6 Rn. 23.
[107] BVerwG, ZfBR 1987, 105; BVerwG, NJW 1985, 1569 [1570].
[108] Battis/Krautzberger/Löhr, BauGB, zu § 6 Rn. 21.
[109] BayVGH, FSt 1992, 732 [Rn. 272].

chung verfolgte **Hinweiszweck** erreicht werden (vgl. § 214 Abs. 1 S. 1 Nr. 4 BauGB).

Die Bekanntmachung muss sich auf einen bestimmten Bebauungsplan beziehen. Dazu ist erforderlich, dass sie mittels einer schlagwortartigen Kennzeichnung einen Hinweis auf den räumlichen Geltungsbereich des Plans gibt und dass dieser Hinweis den Plan identifiziert[110]. Auch für diese schlagwortartige Kennzeichnung des Plangebiets reicht die bloße Angabe der Nummer des Bebauungsplans nicht aus[111], denn eine Zahl lässt keinerlei Rückschlüsse auf die räumliche Belegenheit eines Plans zu und kann dem Normadressaten demgemäß auch keinerlei Erkenntnisse darüber vermitteln, in welchem Teil der Gemeinde neues Baurecht gilt[112]. Diese Grundsätze gelten auch für eine kleine Gemeinde und auch für ihren ersten oder einzigen Bebauungsplan[113]. Dem entsprechend muss durch die Bekanntmachung unzweifelhaft sein, auf welchen Bebauungsplan sich die bekanntgemachte Genehmigung bzw. der Satzungsbeschluss bezieht. Den rechtsstaatlichen Erfordernissen nach einer vollständigen und eindeutigen Verkündung des als Ortssatzung zu erlassenden Bebauungsplanes ist genügt, wenn sich die genaue Beschreibung des Geltungsbereiches des Planes aus dem gesamten Vorgang der Bekanntmachung nach § 10 Abs. 3 BauGB, also unter Einbeziehung des ausgelegten Planes, ergibt. Für die Bekanntmachung der Genehmigung bzw. des Satzungsbeschlusses ist daher zu fordern, dass sie einen Hinweis auf den räumlichen Geltungsbereich des Planes gibt und dass dieser Hinweis den ausliegenden Plan identifiziert. Ist dies der Fall, so ist der Verkündungszweck erfüllt, wenn sich die Betroffenen durch Einsicht in ihn verlässlich Kenntnis von seinem Inhalt verschaffen können[114]. In der Bekanntmachung ist auch darauf hinzuweisen, wo der Bebauungsplan eingesehen werden kann (§ 10 Abs. 3 S. 3 BauGB). Zudem ist der Bebauungsplan mit Begründung und zusammenfassender Erklärung nach § 10 Abs. 4 BauGB zu jedermanns Einsicht bereit zu halten (§ 10 Abs. 3 S. 2 HS. 1 BauGB).

Nach § 10 Abs. 4 BauGB hat die Gemeinde spätestens nach Abschluss des Bebauungsplanverfahrens – zusätzlich zum Umweltbericht nach § 2a BauGB – eine „zusammenfassende Erklärung" (sog. Umwelterklärung) mit den wesentlichen Erwägungen zum Bebauungsplan zu erstellen. In dieser sollen in knapper und leicht verständlicher Form die Art und Weise beschrieben werden, wie die Belange des Umweltschutzes und die Ergebnisse der Öffentlichkeits- und Behördenbeteiligung berücksichtigt wurden, und aus welchen Gründen der Plan nach Abwägung (§ 1 Abs. 7 BauGB) mit den geprüften, in Betracht kommenden anderweitigen Planungsmöglichkeiten gewählt wurde.

Im Grunde genommen handelt es sich bei der zusammenfassenden Erklärung daher um eine für das Planverständnis der Öffentlichkeit hilfreiche Darstellung[115]. Die

---

[110] BVerwGE 88, 204 [207].
[111] BVerwG, DöV 1989, 452 = NVwZ 1989, 661.
[112] BVerwG, Buchholz 406.11 § 12 BBauG/BauGB Nr. 17 = ZfBR 1989, 79.
[113] BVerwG, NVwZ 2001, 203 m.w.N.
[114] BVerwGE 69, 344 = BayVBl. 1985, 23 = NJW 1985, 1570; BVerwG, NVwZ 1992, 371 = DöV 1991, 889; BVerwG, BauR 2010, 1733 = ZfBR 2010, 581; BGH, NJW 1981, 2060 m.w.N.
[115] Battis/Krautzberger/Löhr, BauGB, zu § 6 Rn. 22a.

zusammenfassende Erklärung kann zwar bereits während des Bebauungsplanverfahrens erstellt werden; sie muss es aber nicht. Vielmehr muss sie erst nach Abschluss des Planungsverfahrens vorliegen. Sie gehört daher nicht zum eigentlichen Bauleitplanverfahren, weswegen § 10 Abs. 4 BauGB auch nicht in § 214 Abs. 1 S. 1 Nr. 3 BauGB genannt wird.

89 Die Erstellung der zusammenfassenden Erklärung und ihre nach § 10 Abs. 3 S. 2 BauGB erforderliche Bereithaltung ist daher auch nicht Teil der Bekanntmachung des Bebauungsplanes i. S. v. § 10 Abs. 3 S. 1 i. V. m. § 214 Abs. 1 S. 1 Nr. 4 BauGB. **Fehler** im Zusammenhang mit der zusammenfassenden Erklärung haben **keine Auswirkungen** auf die Rechtswirksamkeit des Bebauungsplans, da die Erklärung einen zustande gekommenen Bebauungsplan voraussetzt[116].

cc) Bekanntmachung als maßgebliches Ereignis für die §§ 214 f. BauGB

90 Liegt ein Verfahrens- oder Formfehler nach § 214 Abs. 1 S. 1 Nr. 1 bis Nr. 3 BauGB, ein Fehler gemäß § 214 Abs. 2 BauGB oder ein Abwägungsfehler gemäß § 214 Abs. 3 S. 2 HS. 2 BauGB vor, so führen diese Mängel nur dann zur Unwirksamkeit des Flächennutzungsplans oder des Bebauungsplanes, wenn sie gegenüber der Gemeinde rechtzeitig gerügt werden[117]. Maßgeblich für den Lauf der **Jahresfrist**[118] (§ 215 Abs. 1 BauGB) ist dabei die Bekanntmachung des Bauleitplans. Die Bekanntmachung muss auch einen Hinweis gemäß § 215 Abs. 2 BauGB auf die Rügevoraussetzungen des § 215 Abs. 1 BauGB enthalten.

dd) Fehler bei der Bekanntmachung

91 Wird der mit der Bekanntmachung des Flächennutzungsplans oder des Bebauungsplans verfolgte Hinweiszweck nicht erreicht oder fehlt es etwa an der Angabe des Ortes der Einsichtnahme (§ 10 Abs. 3 S. 3 BauGB[119]), führt dies zur Unwirksamkeit des Bauleitplans; der Fehler ist nach § 214 Abs. 1 Nr. 4 BauGB **absolut beachtlich**. Der Mangel kann aber im ergänzenden Verfahren nach § 214 Abs. 4 BauGB durch Wiederholung der Bekanntmachung geheilt werden.

92 Fehlt der nach § 215 Abs. 2 BauGB erforderliche Hinweis, so führt dies nicht zur Unwirksamkeit des Bauleitplans, sondern nur dazu, dass die Rügen (zeitlich) uneingeschränkt geltend gemacht werden können[120].

---

[116] Vgl. Beschlussempfehlung und Bericht, BT-DS 15/2296 S. 63, 70; siehe auch Finkelnburg, NVwZ 2004, 897 [900 f.].

[117] Zu den Anforderungen siehe bereits Rn. 14.

[118] Seit 1. 1. 2007 und eingeführt durch das Gesetz zur Erleichterung von Planungsvorhaben für die Innenentwicklung der Städte vom 21. 12. 2006 (BGBl. I S. 3316).

[119] BVerwG, BauR 2010, 1733 = ZfBR 2010, 581.

[120] VGH BW, BRS 57 Nr. 291.

2. Verfahrensfehler nach Landesrecht

a) Vorbemerkung

Es wurde bereits darauf hingewiesen, dass Fehler nach Landesrecht von den §§ 214f. BauGB, mit Ausnahme der Regelung in § 214 Abs. 4 BauGB, nicht erfasst werden (vgl. Wortlaut in § 214 Abs. 1 BauGB: *„nach diesem Gesetzbuch"*). Solche Fehler sind daher stets beachtlich und führen zur Unwirksamkeit des Bauleitplans. Das gilt namentlich für Fehler bei der Beschlussfassung im hierfür zuständigen gemeindlichen Beschlussorgan. Probleme bei der Ladung, bei der Beschlussfähigkeit oder auch beim Ausschluss von Gemeinderäten sind hier in Klausuren besonders „beliebt". Das gilt in gleicher Weise für etwaige (funktionale) Zuständigkeitsfehler.

93

b) Verfahrensfehler bei Beschlüssen

aa) Funktionale Zuständigkeit

Wie der obigen Darstellung zum Verfahrensablauf zu entnehmen ist, müssen im Verfahren zur Aufstellung, Änderung, Ergänzung oder Aufhebung eines Bauleitplans an verschiedenen Stellen Beschlüsse vom hierzu zuständigen Organ gefasst werden. Daher ist zunächst zu klären, welches Organ innerhalb der Gemeinde jeweils zuständig ist. Das ist in keinem Fall der 1. Bürgermeister/Oberbürgermeister, denn bei diesen Beschlüssen handelt es sich um keine laufenden Angelegenheiten i.S.v. Art. 37 Abs. 1 Nr. 1 GO[121].

94

Erlass, Änderung, Ergänzung oder Aufhebung eines **Flächennutzungsplanes** bedürfen gemäß § 6 Abs. 1 BauGB der Genehmigung. Damit handelt es sich um eine Angelegenheit, die nach Art. 32 Abs. 2 S. 2 Nr. 1 GO nicht auf einen beschließenden Ausschuss übertragen werden kann. Für den Flächennutzungsplan ist damit Art. 32 Abs. 2 S. 2 Nr. 2 GO (insbesondere dessen HS. 2) nicht einschlägig. Letzteres folgt auch daraus, dass dem Flächennutzungsplan im Grundsatz keine Rechtsnormqualität zukommt, sondern nach der Systematik des BauGB nur verwaltungsinterne Bedeutung als Vorbereitung für den allein außenverbindlichen Bebauungsplan[122]. Eine Übertragung auf einen beschließenden Ausschuss ist folglich nicht möglich. Das gilt in gleicher Weise für sämtliche, dem Feststellungsbeschluss vorgelagerte Beschlüsse.

95

Anders ist die Rechtslage beim **Bebauungsplan**. Dieser wird gemäß § 10 Abs. 1 BauGB als Satzung beschlossen. Damit kann gemäß Art. 32 Abs. 2 Nr. 2 HS. 2 GO die Zuständigkeit für den Satzungsbeschluss vom Gemeinderat auf einen beschließenden Ausschuss (zumeist Bauausschuss) übertragen werden. Das gilt in gleicher Weise für sämtliche, dem Satzungsbeschluss vorgelagerte Beschlüsse.

96

---

[121] Von einem dringlichen Geschäft i.S.v. Art. 37 Abs. 3 GO kann in diesem Zusammenhang ohnehin nicht ausgegangen werden.
[122] Battis/Krautzberger/Löhr, BauGB, zu § 5 Rn. 45 m.w.N.

bb) Persönliche Beteiligung nach Art. 49 GO

97 Nach Art. 49 Abs. 1 GO[123] kann ein Gemeinderatsmitglied unter bestimmten Voraussetzungen nicht an Beratung und Abstimmung teilnehmen. Da der **Bebauungsplan** grundstücksbezogene Sonderregelungen enthält und somit für den Eigentümer eines im Bebauungsplanbereich oder in dessen unmittelbaren Einwirkungsbereich belegenen Grundstückes unmittelbar Rechte oder Pflichten begründet, wird regelmäßig von einer persönlichen Beteiligung i.S.v. Art. 49 Abs. 1 GO auszugehen sein[124]. Ist somit ein Gemeinderatsmitglied Eigentümer eines solchen Grundstücks oder steht er zu einem Eigentümer eines solchen Grundstücks in einer der in Art. 49 Abs. 1 GO genannten Beziehung, ist er folglich von Beratung und Abstimmung über den Bebauungsplan ausgeschlossen[125].

98 Bei der erstmaligen Aufstellung oder bei größeren Änderungen eines **Flächennutzungsplans** wird eine persönliche Beteiligung eines Gemeinderatsmitgliedes nach Art. 49 GO wohl grundsätzlich nicht anzunehmen sein[126]. Das gilt umso mehr, als eine Blockierung des Bauleitplanverfahrens durch das Kommunalrecht vermieden werden muss, so dass nicht schon völlig untergeordnete Interessen zu einem Ausschluss führen dürfen[127]. Handelt es sich jedoch um einen klar abgrenzbaren Teil des Flächennutzungsplans, der geändert werden soll, besteht allerdings auch insoweit die Möglichkeit eines unmittelbaren Sondervor- oder -nachteils; davon wäre etwa auszugehen, wenn das Ratsmitglied in dem Änderungsbereich Eigentümer von Grundstücken oder grundstücksgleichen Rechte ist, die durch die Planung unmittelbar betroffen werden können[128].

---

[123] Ausführlich hierzu etwa Knemeyer, Rn. 215 ff.

[124] Vgl. etwa. VGH BW, Rspr.Dienst 1996, Beilage 10, B 6-7; VGH BW, Rspr. Dienst 1997, Beilage 2, B 5-6; OVG Münster, NVwZ-RR 1996, 220; VGH BW, NVwZ-RR 1995, 154; VGH Kassel, NVwZ-RR 1993, 156; OVG Münster, DöV 1989, 27 = NVwZ-RR 1988, 113; OVG Koblenz, NVwZ-RR 1988, 114; VGH BW, NVwZ 1987, 1103; OVG Koblenz, DöV 1986, 981 = NVwZ 1986, 1048; siehe auch BVerwGE 79, 200 = NVwZ 1988, 916.

[125] Lissack, § 5 Rn. 63; Stüer, Der Bebauungsplan, Rn. 524 m.w.N.; Becker/Heckmann/Kempen/Manssen, Öffentliches Recht in Bayern, 2. Teil Rn. 251; siehe auch OVG Koblenz, DVBl. 2011, 696.

[126] Anders ist dies möglicher Weise dann, wenn in dem Flächennutzungsplan Konzentrationsflächen nach § 35 Abs. 3 Satz 3 BauGB festgesetzt werden sollen und ein Ratsmitglied von einer solchen Festsetzung (etwa als Eigentümer) unmittelbar betroffen ist, weil gegen solche Darstellungen wegen ihrer rechtlichen Verbindlichkeit nach der neuen Rechtsprechung des BVerwG analog § 47 Abs. 1 Nr. 1 VwGO ein Normenkontrollantrag erhoben werden kann (vgl. hierzu oben Rn. 6), womit die Situation durchaus der beim Bebauungsplan vergleichbar ist.

[127] BVerwGE 79, 200.

[128] Vgl. Stüer, Der Bebauungsplan, Rn. 524; Becker/Heckmann/Kempen/Manssen, Öffentliches Recht in Bayern, 2. Teil Rn. 251.

B. Das Verfahren zur Bauleitplanung

cc) Konsequenzen für die einzelnen Beschlüsse

(1) Aufstellungsbeschluss

Da nach dem BauGB der **Aufstellungsbeschluss** nach § 2 Abs. 1 S. 1 BauGB für die Wirksamkeit des Bauleitplans nicht erforderlich ist, sind Fehler diesbezüglich grundsätzlich unbeachtlich[129]. Auswirken können sich Fehler beim Aufstellungsbeschluss allerdings, wenn es um die Wirksamkeit einer Veränderungssperre nach § 14 Abs. 1 BauGB oder die Zulässigkeit eines Antrages nach § 15 Abs. 1 S. 1, S. 2 BauGB geht[130]. 99

(2) Auslegungsbeschluss und Einwendungsprüfungsbeschluss

Inwiefern Fehler beim **Auslegungsbeschluss** und beim **Einwendungsprüfungsbeschluss** beachtlich sind, ist fraglich. Da das BauGB aber auch diese Beschlüsse nicht zwingend vorschreibt, dürften etwaige Fehler insoweit ebenfalls grundsätzlich unbeachtlich sein[131]. Im Übrigen kann wohl davon ausgegangen werden, dass etwaige Fehler bei diesen Beschlüssen durch den das Verfahren abschließenden Bauleitplanbeschluss (siehe Rn. 101) geheilt werden, wenn dieser ordnungsgemäß erfolgte. 100

(3) Beschluss des Bauleitplans

Durch den **Bauleitplanbeschluss** wird das Bauleitplanverfahren abgeschlossen; beim Bebauungsplan handelt es sich um den eigentlichen Satzungsbeschluss (§ 10 Abs. 1 BauGB). Unterlaufen bei diesem Beschluss Fehler (sei es, dass das funktional unzuständige Organ entscheidet, sei es, dass die Beschlussfassung nicht ordnungsgemäß erfolgt ist), sind diese beachtlich[132] und führen zur Unwirksamkeit des Bauleitplans. 101

c) Fehler bei der Ausfertigung

Das BVerwG hat wiederholt ausgeführt, dass es rechtsstaatlich geboten ist, auch Bauleitpläne – und ihre Änderungen[133] – auszufertigen[134]. Die Anforderungen an die Ausfertigung von Bauleitplänen richten sich dabei nach dem jeweils einschlägigen Landesrecht[135]. Insofern lassen sich auch aus §§ 6 Abs. 5, 10 Abs. 3 BauGB nicht unmittelbar Anforderungen an die Ausfertigung ableiten[136]. Aus diesen Vorschriften ergibt sich lediglich, dass Bauleitpläne im Wege der Ersatzverkündung zu veröffentlichen sind. 102

---

[129] BVerwG, Buchholz 406.11 § 214 BauGB Nr. 3.
[130] Vgl. auch Lissack, § 5 Rn. 64, 65.
[131] BVerwG, Buchholz 406.11 § 214 BauGB Nr. 3.
[132] BVerwGE 79, 200.
[133] Siehe hierzu etwa OVG Lüneburg, NVwZ-RR 1998, 551 = ZfBR 1998, 267.
[134] Grundsätzlich BVerwG, NVwZ-RR 1996, 630 = UPR 1996, 311 = BauR 1996, 670 = ZfBR 1996, 340 = BRS 58 Nr. 41; BVerwG, Buchholz 406.11 § 215 BauGB Nr. 1; BVerwGE 79, 200, 203; BVerwGE 88, 204; BVerwG, BauR 1998, 744, 747; erstmals VGH BW, NVwZ 1985, 206.
[135] Vgl. hierzu die Ausführungen in Kapitel 2 Teil 7 Rn. 64 f.
[136] BVerwGE 88, 204 zu § 12 BauGB a. F.

103 Auszufertigen ist der „Bauleitplan", also dessen textliche und zeichnerische Darstellung. Dabei ist es selbstverständlich, dass ein Bauleitplan nur einmal („im Original") ausgefertigt werden muss. Die von ihm gezogenen weiteren Fassungen sind demgegenüber unverbindlich und bedürfen keiner Ausfertigung[137].

Bei Bauleitplänen, die regelmäßig aus mehreren Bestandteilen bestehen, wird aber nach einer vor allem in der Rechtsprechung vertretenen Meinung[138] den rechtsstaatlichen Anforderungen an die Ausfertigung auch Genüge getan, wenn der dem Bauleitplan zugrunde liegende Gemeinderats- oder Ausschussbeschluss ordnungsgemäß ausgefertigt ist und in diesem in einer Weise auf die übrigen Bestandteile des Bauleitplans Bezug genommen wird, die Zweifel an der Identität ausschließen. Auch die Unterzeichnung des den Beschluss des Bauleitplans enthaltenden Gemeinderatsprotokolls durch den Bürgermeister genügt für eine ordnungsgemäße Ausfertigung, sofern in dem Beschluss auf die Bestandteile des Bauleitplans in einer Weise Bezug genommen ist, die Zweifel an der Identität des Planinhalts mit dem vom zuständigen Organ Beschlossenen ausschließt (sog. **„gedankliche Schnur"**)[139].

104 Nach der Rechtsprechung des BVerwG[140] ist die Ausfertigung ein Verfahrensschritt, der der Bekanntmachung vorauszugehen hat. Die Verkündung bildet den Schlusspunkt des Rechtssetzungsvorganges, denn sie stellt den für die Hervorbringung der Norm notwendigen letzten Akt dar[141]. Wird folglich ein nicht ausgefertigter Bauleitplan bekanntgemacht, so folgt hieraus die Unwirksamkeit dieses Bauleitplans[142].

d) Verfahrensfehler bei der Bekanntmachung nach Art. 26 Abs. 2 GO i.V.m. BekV

105 Wie bereits ausgeführt, regelt § 6 Abs. 5 S. 1 BauGB die Bekanntmachung des Flächennutzungsplan bzw. § 10 Abs. 3 S. 1 BauGB die Bekanntmachung des Bebauungsplans. Diese hat „ortsüblich" zu erfolgen. Damit verweist das BauGB auf die landesrechtlichen Regelungen der Bekanntmachung, namentlich auf Art. 26 Abs. 2 GO und die sog. Bekanntmachungsverordnung[143].

Nach Art. 26 Abs. 2 S. 1 GO sind Satzungen auszufertigen und im Amtsblatt der Gemeinde amtlich bekanntzumachen. Hat die Gemeinde kein Amtsblatt, so sind die

---

[137] Schenk, VBl.BW 1999, 161 [164].
[138] VGH BW, ESVGH 47, 195 = NVwZ-RR 1998, 545 = VGHBW Rspr.Dienst 1997, Beilage 8, B 2; VGH BW v. 24. 9. 1993, Az.: 5 S 800/92; VGH BW, NVwZ-RR 1991, 20.
[139] VGH BW v. 20. 1. 1995, Az.: 8 S 1806/94; VGH BW v. 24. 9. 1996, Az.: 3 S 213/94; OVG Lüneburg, NVwZ-RR 1994, 248 = BRS 55 Nr. 59; OVG Lüneburg, NVwZ-RR 1996, 74; OVG Lüneburg, NdsRpfl. 1995, 400 = NVwZ-RR 1996, 73; BayVGH v. 9. 10. 2000, Az.: 23 ZC 00.2713; VG München v. 23. 3. 1999, Az.: M 1 K 97.8133 [rkr.]; VG München v. 10. 8. 1999, Az.: M 1 K 98.1347; siehe auch Decker, JA 2001, 247.
[140] BVerwG, NVwZ-RR 1999, 161; siehe auch BayVGH, BayVBl. 2003, 273.
[141] BVerwGE 75, 262; BVerwGE 75, 271.
[142] Siehe auch BVerwG, BauR 1999, 611 = DVBl. 1999, 800; BVerwG, NVwZ-RR 1999, 161.
[143] Vgl. Ziegler/Tremel Nr. 282.

B. Das Verfahren zur Bauleitplanung

Satzungen im Amtsblatt des Landkreises oder des Landratsamtes, sonst in anderen regelmäßig erscheinenden Druckwerken amtlich bekanntzumachen; die amtliche Bekanntmachung kann auch dadurch bewirkt werden, dass die Satzung in der Verwaltung der Gemeinde niedergelegt und die Niederlegung durch Anschlag an den Gemeindetafeln oder durch Mitteilung in einer Tageszeitung bekanntgegeben wird (Art. 26 Abs. 2 S. 2 GO). Wie der Einleitungsteil des Art. 26 Abs. 2 S. 2 GO („Hat die Gemeinde kein Amtsblatt …") eindeutig belegt, steht der Gemeinde kein Wahlrecht zwischen der Bekanntmachung in ihrem Amtsblatt und der Bekanntmachung durch Niederlegung und Aushang der Satzung zu. Ein solches Wahlrecht besteht nur, wenn die Gemeinde kein Amtsblatt hat. Sie kann dann zwischen der Bekanntmachung im Amtsblatt des Landkreises oder des Landratsamtes und der Bekanntmachung durch Niederlegung wählen. Verfügt die Gemeinde aber über ein Amtsblatt, so kann ein Bauleitplan nur im Amtsblatt der Gemeinde wirksam bekanntgemacht werden[144], denn Art. 26 Abs. 2 GO schreibt bindend die Bekanntmachungsformen vor.

Unterlaufen bei der Bekanntmachung Fehler, hat dies zur Folge, dass der Bauleitplan nicht in Kraft tritt. **106**

e) Heilungsmöglichkeit nach § 214 Abs. 4 BauGB

Treten bei einem Bauleitplan Verfahrensfehler nach Landesrecht auf, führen diese zur **Unwirksamkeit** des Bauleitplans. Im Wege des ergänzenden Verfahrens nach § 214 Abs. 4 BauGB können diese Mängel – auch mit Rückwirkung – jedoch geheilt werden[145]. **107**

III. Erreichen des Verfahrenszwecks (§ 2 Abs. 3 BauGB)

Nach dem durch das EAG-Bau eingefügten § 2 Abs. 3 BauGB sind die Belange, die für die Abwägung von Bedeutung sind (Abwägungsmaterial) zu ermitteln und zu bewerten. Dabei dienen § 3 und § 4 BauGB gemäß § 4a Abs. 1 BauGB insbesondere der vollständigen und zutreffenden Bewertung der von der Planung berührten Belange. Unterlaufen hierbei Fehler, dann sind sie gemäß § 214 Abs. 1 Nr. 1 BauGB beachtlich, wenn „die von der Planung berührten Belange, die der Gemeinde bekannt waren oder hätten bekannt sein müssen, in wesentlichen Punkten nicht zutreffend ermittelt oder bewertet worden sind und wenn der Mangel offensichtlich und auf das Ergebnis des Verfahrens von Einfluss gewesen ist". Derart beachtliche Fehler können nach § 214 Abs. 3 S. 2 HS. 1 BauGB nicht als Mängel der Abwägung geltend gemacht werden, sondern nur als Verfahrensfehler nach § 214 Abs. 1 S. 1 Nr. 1 BauGB. Damit ist die Ermittlung und Bewertung des Abwägungsmaterials über § 2 Abs. 3 BauGB nunmehr jedenfalls auch eine Frage des Verfahrens, während bislang die Ermittlung, Einstellung und Bewertung der abwägungsbeachtlichen Belange ausschließlich als Teil des materiellrechtlichen Abwägungsvorgangs betrachtet wurden. Ob und inwieweit neben dieser vorgegebenen Verfahrensprüfung noch eine materiellrechtliche Prüfung **108**

---

[144] Vgl. bei Knemeyer, Rn. 115.
[145] Zu Einzelheiten siehe unten Rn. 226 ff.

des Abwägungsvorgangs zu erfolgen hat, ist umstritten, zumal § 214 Abs. 3 S. 2 HS. 2 BauGB offenkundig noch von einer denkbaren Auffangprüfung des Abwägungsvorgangs ausgeht (sog. „Angstklausel"). Die insoweit vertretenen Auffassungen[146] reichen von der unveränderten Beibehaltung der bisherigen Abwägungsdogmatik und -fehlerlehre[147] bis zur (verfassungsrechtlich kritisch beleuchteten) Reduktion der Inhaltskontrolle auf das bloße Abwägungsergebnis[148]. Einigkeit besteht allerdings darüber, dass die Ermittlung und Bewertung des Abwägungsmaterials nach dem EAG-Bau gemäß § 2 Abs. 3 BauGB jedenfalls auch eine Frage des Verfahrens ist. Eine Überprüfung des § 2 Abs. 3 BauGB und ggf. des damit korrespondierenden § 214 Abs. 1 S. 1 Nr. 1 BauGB ist daher in jedem Fall unabdingbar. Umstritten ist dagegen, inwieweit angesichts von § 214 Abs. 3 S. 2 HS. 1 BauGB neben dieser verfahrensrechtlichen Prüfung noch Aspekte des „Abwägungsvorgangs" im Rahmen von § 1 Abs. 7 BauGB geprüft werden dürfen und welche Rolle dabei § 214 Abs. 3 S. 2 HS. 2 BauGB zukommt.

Das BVerwG hatte sich bereits mit dieser Problematik zu befassen[149]. Dabei ging es davon aus, dass ein Verstoß gegen das Gebot, bei der Aufstellung der Bauleitpläne die Belange, die für die Abwägung von Bedeutung sind, zu ermitteln und zu bewerten, unter § 2 Abs. 3, § 214 Abs. 1 Nr. 1 BauGB falle. Zudem betonte das BVerwG, dass § 2 Abs. 3 BauGB keine neuen Anforderungen an das Verfahren bei Aufstellung eines Bauleitplans normiere. Inhaltlich entspreche die Vorschrift der bisherigen sich aus dem Abwägungsgebot ergebenden Rechtslage, nach der die Berücksichtigung aller bedeutsamen Belange in der Abwägung zunächst deren ordnungsgemäße Ermittlung und zutreffende Bewertung voraussetze[150]. Dem folgen die Instanzgerichte, die dann aber bei der eigentlichen Abwägungskontrolle nach § 1 Abs. 7 BauGB ohne großes Problembewusstsein auf die Abwägungsfehlerlehre des BVerwG vor Einführung des § 2 Abs. 3 BauGB rekurrieren[151] (siehe Rn. 132), womit praktisch eine Doppelprüfung des Abwägungsvorgangs auf bestimmte Abwägungsfehler stattfindet.

109   Vor dem Hintergrund der Gesetzesbegründung[152], dem Wortlaut des § 2 Abs. 3 BauGB und der Rechtsprechung des BVerwG ist zunächst festzustellen, dass durch § 2 Abs. 3 BauGB eine Änderung der Abwägungsfehlerlehre als solches nicht erfolgt ist und auch nicht erfolgen sollte[153]; es liegt also insbesondere kein „Systemwechsel" vor[154]. Es bleibt somit bei der vom BVerwG[155] entwickelten und seither allgemein anerkannten 4-stufigen Ab-

---

[146] Vgl. die sehr instruktive Darstellung bei Pieper, Jura 2006, 817; siehe auch Labrenz, Verw 43 (2010), 63.
[147] Hoppe, NVwZ 2004, 905 [905]; ähnlich wohl auch Spieß, BayGT 2004, 478.
[148] Siehe etwa Quaas/Kukk, BauR 2004, 1541; Erbguth, DVBl. 2004, 802 [807 f.]; Stelkens, UPR 2005, 81.
[149] BVerwG, NVwZ 2007, 831; BVerwGE 131, 100.
[150] BVerwGE 131, 100 [105].
[151] Beispielhaft sie hier auf OVG Koblenz, ZfBR 2011, 260, verwiesen.
[152] BT-DS 15/2250 S. 31 f., 42, 63 f., 87 f., 95 f.
[153] So völlig zu recht Schröer, ÖffBauR 2005, 49.
[154] Happ, NVwZ 2007, 304 [307]; siehe auch Hoppe, NVwZ 2004, 903, der für eine Streichung des § 2 Abs. 3 BauGB plädiert.
[155] BVerwGE 34, 401; BVerwGE 45, 309 (Flachglas).

wägungsfehlerlehre[156]. Was sich geändert hat, ist die rechtliche Qualifizierung von Abwägungsfehlern im Rahmen des Abwägungsvorgangs von (bisher) materiellen Fehlern zu (jetzt) – zumindest teilweise – Verfahrensfehlern; bestimmte Fehler sind „umadressiert" worden. Daher betrifft § 2 Abs. 3 BauGB auch nicht das Abwägungsergebnis; ist dieses fehlerhaft, liegt nach wie vor ein materieller Mangel des Bauleitplans vor, der zu seiner Unwirksamkeit führt. Die Diskussion um § 2 Abs. 3 BauGB entschärft sich weiter, wenn berücksichtigt wird, dass Abwägungsvorgänge als solches keine primäre Bedeutung haben. Eine primäre rechtliche Bedeutung hat nur das Abwägungsergebnis[157]. Ein fehlerhaftes und damit zur Unwirksamkeit des Plans führendes Abwägungsergebnis kommt allerdings nur dann zustande, wenn in dem zu diesem Ergebnis führenden Abwägungsvorgang Fehler unterlaufen sind; ob es sich bei diesen Fehlern dann aber um Verfahrensfehler oder um materielle Fehler handelt, spielt keine Rolle. Dagegen bedeuten Fehler im Abwägungsvorgang nicht zwangsläufig auch Fehler im Abwägungsergebnis (vgl. nur § 214 Abs. 1 Nr. 1 und § 214 Abs. 3 S. 2 HS. 2 BauGB: *Mängel im Abwägungsvorgang sind nur erheblich, wenn sie … auf das Abwägungsergebnis von Einfluss gewesen sind."*). Vor diesem Hintergrund, unter Berücksichtigung des § 2 Abs. 4 S. 1 BauGB, der in Bezug auf die voraussichtlichen erheblichen Umweltauswirkungen der Planung ebenfalls eine Ermittlungs-, (Beschreibungs-) und Bewertungspflicht normiert, sowie des § 2 Abs. 4 S. 4 BauGB, wonach das Ergebnis der Umweltprüfung in der Abwägung zu berücksichtigen ist, erscheint allein die sog. weite Auslegung überzeugend, wonach Abwägungsdefizit und Abwägungsdisproportionalität 1. Stufe als Vorgänge der Ermittlung und Bewertung des Abwägungsmaterials im Rahmen des Abwägungsvorgangs unter § 2 Abs. 3 BauGB zu subsumieren sind, es im Übrigen aber bezüglich Abwägungsausfall[158] und Abwägungsfehleinschätzung 2. Stufe (zur Abwägungsfehlerlehre siehe unten Rn. 130 ff.) in Bezug auf den Abwägungsvorgang bei der Maßgeblichkeit des § 1 Abs. 7 BauGB verbleibt[159].

Für die Klausur wird empfohlen, die Probleme des § 2 Abs. 3 BauGB als eigenen Prüfungspunkt zwischen der Prüfung der ordnungsgemäßen Durchführung des Bauleitplanverfahrens und der materiellen Rechtmäßigkeit des Bauleitplans zu prüfen, etwa unter dem Prüfungspunkt „Erreichen des Verfahrenszwecks".

110

---

[156] Siehe dazu im Einzelnen unter Rn. 130 ff.

[157] Vgl. etwa Happ, NVwZ 2007, 304.

[158] Dieser fällt nicht unter § 2 Abs. 3 BauGB, weil beim Abwägungsausfall gar keine Abwägung und damit auch keine von § 2 Abs. 3 BauGB vorausgesetzte Ermittlung abwägungserheblicher Belange stattfindet; zu Einzelheiten siehe Brügelmann, BauGB, zu § 214 Rn. 20 m. w. N; a. A. Koehl, DVP 2009, 133.

[159] Ebenso: Pieper, Jura 2006, 817; Schrödter, BauGB, zu § 2 Rn. 63; Uechtritz, ZfBR 2005, 11 [15]; ähnlich Ernst/Zinkahn/Bielenberg/Krautzberger, BauGB, zu § 2 Rn. 146 ff.; ähnlich etwa Kraft, UPR 2004, 331 [333]; offen gelassen von BayVGH, FSt Bay 2006, 278.

C. Materiell-rechtliche Anforderungen an die Bauleitplanung

I. Einführung

111 Bei den materiell-rechtlichen Anforderungen an die Bauleitplanung ist zu unterscheiden zwischen solchen Vorschriften, die sowohl für den Flächennutzungsplan als auch für den Bebauungsplan gelten, wie z.B. die Anforderungen in § 1 Abs. 3 bis Abs. 7, § 1 a, § 2 Abs. 2 BauGB, und solchen, die entweder nur für den Flächennutzungsplan (z.B. §§ 5–7 BauGB), oder nur für den Bebauungsplan (z.B. §§ 8, 9 BauGB), gelten. Dieser Unterscheidung folgend sollen zunächst die gemeinsamen und anschließend die besonderen Anforderungen an Flächennutzungsplan und Bebauungsplan dargestellt werden.

II. Gemeinsame materiell-rechtliche Anforderungen an den Flächennutzungsplan und an den Bebauungsplan

1. Erforderlichkeit der Bauleitplanung (§ 1 Abs. 3 S. 1 BauGB)

112 § 1 Abs. 3 S. 1 BauGB legt mit dem Gebot Bauleitpläne aufzustellen, sobald (= Zeitpunkt) und soweit (= sachlicher und räumlicher[160] Umfang) es für die städtebauliche Entwicklung und Ordnung erforderlich ist, die Planungsbefugnis und die Planungspflicht der Gemeinde fest. § 1 Abs. 3 S. 1 BauGB ist systematisch und inhaltlich eng mit § 1 Abs. 1 BauGB und mit § 2 Abs. 1 S. 1 BauGB verbunden. Die Norm setzt voraus, dass der Gemeinde mit der Planungsbefugnis zugleich ein Planungsfreiraum eingeräumt wird[161]. Hieraus folgt zweierlei: zum einen ist die Aufstellung von Bauleitplänen unzulässig, wenn sie nicht i.S.v. § 1 Abs. 3 S. 1 BauGB erforderlich ist; zum anderen ist die Aufstellung eines Bauleitplans geboten, sofern sie unter den Voraussetzungen des § 1 Abs. 3 S. 1 BauGB erforderlich ist. § 1 Abs. 3 S. 1 BauGB stellt zwar nur auf die Aufstellung von Bauleitplänen ab; die Regelung gilt jedoch über § 1 Abs. 8 BauGB auch für die Änderung, die Ergänzung oder die Aufhebung von Bauleitplänen. Auch diese müssen mithin erforderlich sein.

113 Es wurde bereits darauf hingewiesen, dass die Bauleitplanung ein Instrument zur städtebaulichen Entwicklung und Ordnung ist. Folglich sind Bauleitpläne dann erforderlich i.S.v. § 1 Abs. 3 S. 1 BauGB, wenn sie nach der planerischen Konzeption der Gemeinde erforderlich sind[162], denn diese Konzeption i.S.e. bewussten Städtebaupolitik ist gerade Aufgabe der Gemeinde[163]. Die Bauleitplanung bedarf somit einer Rechtfertigung durch städtebauliche Gründe, wobei sich Anhaltspunkte aus den Planungsleitlinien des § 1 Abs. 5, Abs. 6 BauGB ergeben. Der Gemeinde steht insoweit ein breiter

---

[160] Siehe hierzu sehr instruktiv BVerwG, NVwZ 1996, 888.
[161] BVerwGE 119, 25 m.w.N.
[162] Z.B. BVerwG, NVwZ 1999, 1338 = BauR 1999, 1136 m.w.N.; BVerwGE 40, 258 [263].
[163] BVerwG, NVwZ-RR 1997, 83 = BRS 58 Nr. 1.

C. Materiell-rechtliche Anforderungen an die Bauleitplanung

planerischer Gestaltungsspielraum zur Verfügung[164], denn bei § 1 Abs. 3 S. 1 BauGB handelt es sich um eine „nur grobe und einigermaßen offensichtlichen Missgriffen" vorbeugende Schranke der gemeindlichen Planungshoheit[165]. Folglich kann auch eine bauleitplanerische Regelung i. S. v. § 1 Abs. 3 S. 1 BauGB erforderlich sein, die es der Gemeinde im Vorgriff auf künftige Entwicklungen ermöglichen soll, einer Bedarfslage – wobei eine Bedarfsanalyse nicht notwendig ist[166] – gerecht zu werden, die sich zwar noch nicht konkret abzeichnet, aber bei vorausschauender Betrachtung in einem absehbaren Zeitraum erwartet werden kann[167].

Regelmäßig wird die Frage der Erforderlichkeit nach § 1 Abs. 3 S. 1 BauGB keine größeren Probleme aufwerfen. Das gilt insbesondere für den **Flächennutzungsplan**, weil eine geordnete städtebauliche Entwicklung grundsätzlich nur dann gewährleistet ist, wenn ihre Grundzüge im hierfür vorgesehenen vorbereitenden Bauleitplan festgelegt werden (sog. **Planmäßigkeitsprinzip**) und der Erlass von Bebauungsplänen regelmäßig einen Flächennutzungsplan voraussetzt (Ausnahme § 8 Abs. 2 S. 2 BauGB). Von daher kann durchaus von einer (indirekten) Planungspflicht der Gemeinde bezüglich des Flächennutzungsplans ausgegangen werden. **114**

Schwieriger kann die Frage der Erforderlichkeit dagegen bei **Bebauungsplänen** sein. Bringt die Gemeinde ihre planerischen Absichten durch „positive"[168] Festsetzungen im Bebauungsplan zum Ausdruck, wird i. d. R. die Feststellung der Erforderlichkeit keine Probleme bereiten. Nicht erforderlich sind dagegen solche Bebauungspläne, die einer positiven Planungskonzeption entbehren und ersichtlich der Förderung von Zielen dienen, für deren Verwirklichung die Planungsinstrumente des BauGB nicht bestimmt sind[169]. Das wäre z. B. der Fall, wenn eine planerische Festsetzung in einem Bebauungsplan nicht dem Planungswillen der Gemeinde entspricht, sondern nur zu dem Zweck erlassen wird, ein bestimmtes Vorhaben zu verhindern[170]. Wann im letzteren Fall von einer solchen (unzulässigen) sog. **Negativplanung** bzw. Verhinderungsplanung auszugehen ist, ist durch die Rechtsprechung des BVerwG[171] weitgehend geklärt. Danach gilt Folgendes: **115**

- Ein generelles Verbot negativer Festsetzungen[172] gibt es nicht. Positive Planungsziele können nicht nur durch positive, sondern auch durch negative Beschreibungen, wie etwa zur Abgrenzung und zur genaueren Beschreibung des Gewollten, festgesetzt werden.

---

[164] Z. B. BVerwG, NVwZ-RR 1998, 217.
[165] BVerwGE 92, 8.
[166] Z. B. BVerwG, Buchholz 406.11 § 1 BauGB Nr. 86.
[167] BVerwG, ZfBR 2000, 275 = BRS 62 Nr. 2; siehe auch BVerwG, NVwZ 1999, 1338 = BayVBl. 2000, 23.
[168] Das sind im weitesten Sinne solche Festsetzungen, die eine bestimmte bauliche Nutzung begründen.
[169] BVerwG, BayVBl. 2011, 183 [184].
[170] BVerwG, NVwZ 1999, 1338 = BayVBl. 2000, 23; BVerwGE 81, 111.
[171] BVerwG, BayVBl. 1991, 280; BVerwG, BayVBl. 2011, 183.
[172] Das sind im Wesentlichen solche Festsetzungen, die eine bestimmte oder jede bauliche Nutzung ausschließen.

Beispiel: Ausschluss oder Einschränkung der Bebaubarkeit eines Grundstücks im Plangebiet, um die Bebauung aufzulockern.

- Negative Zielvorstellungen einer Gemeinde können nicht nur unwesentlich über positive Ziele hinausgehen, sondern sogar der Hauptzweck einer konkreten Planung sein. Die Gemeinde darf mit den ihr vom BauGB eingeräumten Mitteln grundsätzlich auch städtebauliche Ziele verfolgen, die mehr auf Bewahrung als auf Veränderung zielen.

Beispiel: Will eine Gemeinde die weitere „Verdichtung" verhindern, so kann sie den vorhandenen Bestand im Wege der Bauleitplanung festschreiben ohne mit § 1 Abs. 3 S. 1 BauGB in Konflikt zu geraten.

- Ein Bebauungsplan, auch wenn er nur negative Festsetzungen enthält, ist erforderlich i.S.v. § 1 Abs. 3 S. 1 BauGB, soweit er nach der planerischen Konzeption der Gemeinde erforderlich ist. Dabei ist entscheidend, ob die getroffene Festsetzung in ihrer eigentlichen gleichsam positiven Zielsetzung, heute und hier, gewollt und erforderlich ist. Sie darf also nicht nur das vorgeschobene Mittel sein, um einen Bauwunsch zu verhindern. Letzteres kann aber nicht schon dann angenommen werden, wenn eine negative Zielrichtung im Vordergrund steht. Auch eine zunächst nur auf die Verhinderung einer – aus der Sicht der Gemeinde – Fehlentwicklung gerichteten Planung kann einen Inhalt haben, der rechtlich nicht zu beanstanden ist.

116 Ist die Bauleitplanung **nicht erforderlich,** so handelt es sich nicht um eine Bauleitplanung i.S.d. BauGB mit der Folge, dass ein entsprechender Bauleitplan mangels Erforderlichkeit **unwirksam** wäre.

Beispiele:
- Erforderlich ist ein Bebauungsplan, der die Freihaltung von Flächen in einem Gewerbegebiet für das verarbeitende Gewerbe in der Hoffnung vorsieht, die Wirtschaftslage werde sich für solche Betriebe verbessern und diese werden sich in der Gemeinde ansiedeln[173].
- Nicht erforderlich ist ein Bebauungsplan, der aus zwingenden rechtlichen Gründen nicht vollzogen werden kann[174].
- Ein Bebauungsplan ist nicht erforderlich, wenn seiner Verwirklichung auf unabsehbare Zeit rechtliche oder tatsächliche Hindernisse, zu denen auch das Fehlen der benötigten Finanzmittel zu zählen ist, im Wege stehen[175].
- Ein Bebauungsplan ohne Festsetzungen zur Art der baulichen Nutzung, mit dem auf einem Außenbereichsgrundstück Baurecht für eine nicht privilegierte Nutzung geschaffen werden soll, ist nicht erforderlich, weil er als einfacher Bebauungsplan ungeeignet ist, das Planungsziel zu erreichen[176].
- Nicht erforderlich ist ein Bebauungsplan, der ein so großes Baugebiet ausweist, für welches die Gemeinde in absehbarer Zeit aus wirtschaftlichen Gründen außer Stande ist, die Erschließung herzustellen[177].

---

[173] BVerwG, ZfBR 2000, 275 = BRS 62 Nr. 2.
[174] BVerwG, Buchholz 406.11 § 6 BauGB Nr. 7 m.w.N.; BVerwG, NVwZ 1999, 1338 = BayVBl. 2000, 23 m.w.N.
[175] BVerwG, NVwZ 2004, 856 m.w.N.; BVerwG, NVwZ 2005, 584; siehe auch VGH BW, NVwZ-RR 2007, 229.
[176] BayVGH, BayVBl. 2005, 600.
[177] BVerwGE 92, 8.

- Auch eine reine Gefälligkeitsplanung, die ohne sonstige städtebauliche Rechtfertigung nur den privaten Interessen Einzelner dient, entspricht nicht dem Gebot städtebaulicher Erforderlichkeit[178].

In bestimmten Fällen kann sich die Planungsbefugnis auch zu einer **Planungspflicht** verdichten[179]. Wie bereits ausgeführt, wird dies regelmäßig für die erstmalige Aufstellung eines Flächennutzungsplans der Fall sein. Im Hinblick auf den Erlass eines Bebauungsplans kann dagegen grundsätzlich nicht von einer entsprechenden Planungspflicht ausgegangen werden, weil das sog. Planmäßigkeitsprinzip auf dieser Ebene durch die Tatbestände in § 34, § 35 BauGB durchbrochen wird. Auch diese gesetzlichen „Ersatzpläne" gewährleisten eine geordnete städtebauliche Entwicklung, die auf dieser Ebene durchaus den Planungsabsichten der Gemeinde entsprechen kann, womit eine Bebauungsplanung nicht erforderlich wäre[180].

In diesem Zusammenhang ist noch zu beachten, dass gemäß **§ 1 Abs. 3 S. 2 BauGB** auf die Aufstellung von Bauleitplänen und städtebaulichen Satzungen kein Anspruch besteht und ein solcher Anspruch auch nicht durch Vertrag begründet werden kann (sog. Handlungsformverbot i.S.v. Art. 54 S. 1 BayVwVfG[181]). Nach der Rechtsprechung des BVerwG kann sich daher eine Gemeinde weder zu einem bauplanungsrechtlichen Tun noch – spiegelbildlich – zu einem Unterlassen verpflichten[182]. Eine Gemeinde darf sich folglich durch ihr nach außen handelndes Organ der Gemeindeverwaltung (1. Bürgermeister/OB) z.B. nicht auf einen Bebauungsplan mit einem bestimmten Inhalt festlegen, weil sie dadurch der kommunalrechtlich zuständigen, aus demokratischen Wahlen hervorgegangenen Vertretungskörperschaft das Recht beschneiden würde, frei und unvoreingenommen darüber zu entscheiden, welche städtebauliche Entwicklung und Ordnung (i.S.v. § 1 Abs. 3 S. 1 BauGB) im Gemeindegebiet verwirklicht werden soll[183]. Durch § 1 Abs. 3 S. 2 BauGB soll die Gemeinde insoweit von äußeren Zwängen freigehalten werden[184]. § 1 Abs. 3 S. 2 BauGB verbietet es der Gemeinde dabei nicht nur gegenüber einem privaten Dritten, sondern auch gegenüber anderen Gebietskörperschaften (z.B. anderen Gemeinden), sich zur Aufstellung oder Nichtaufstellung eines Bauleitplans zu verpflichten. Demzufolge ist eine vertragliche Vereinbarung über die Aufstellung/Nichtaufstellung eines Flächennutzungsplanes, eines Bebauungsplanes oder einer (sonstigen) städtebaulichen Satzung unzulässig. Hieraus folgt zum einen, dass sich eine Planungspflicht der Gemeinde unter diesem Gesichtspunkt nicht ergeben kann; zum anderen, dass die Frage der Erforderlichkeit der Bauleitplanung nicht durch den Abschluss eines Vertrages über die Durchführung eines Bebauungsplanverfahrens in Frage gestellt wird[185].

---

[178] BVerwG, NVwZ 1999, 1338; BayVerfGH, NVwZ-RR 2009, 825 [826].
[179] Grundlegend BVerwGE 119, 25.
[180] Etwas anderes kann sich allerdings über § 2 Abs. 2 BauGB ergeben. So ist anerkannt, dass das interkommunale Abstimmungsgebot i.V.m. § 1 Abs. 3 S. 1 BauGB eine gemeindliche Erstplanungspflicht im unbebauten Innenbereich begründen kann, wenn durch die Genehmigungspraxis nach § 34 Abs. 1 BauGB städtebauliche Missstände oder Fehlentwicklungen eingetreten sind oder einzutreten drohen; vgl. BVerwGE 119, 25 = DVBl. 2004, 239; siehe auch Zierau, DVBl. 2009, 693 [696, 697].
[181] BVerwG, DVBl. 1980, 686; BayVGH v. 2. 8. 2001, Az.: 2 N 01.2105.
[182] Vgl. BVerwG Buchholz 406.11 § 1 BBauG Nr. 22.
[183] BVerwGE 124, 385.
[184] BVerwG BRS 67 Nr. 52.
[185] BVerwG v. 28. 12. 2000, Az.: 4 BN 37/00.

118 Das Planungsermessen der Gemeinde verdichtet sich zur Planungspflicht, wenn qualifizierte städtebauliche Gründe von besonderem Gewicht eine entsprechende Planung verlangen. Anhaltspunkte für das Vorliegen eines qualifizierten planerischen Handlungsbedarfs lassen sich etwa aus der für Sanierungsmaßnahmen geltenden Definition der städtebaulichen Missstände in § 136 Abs. 2, Abs. 3 BauGB gewinnen. Auch das interkommunale Abstimmungsgebot des § 2 Abs. 2 BauGB kann einen solchen qualifizierten städtebaulichen Handlungsbedarf begründen[186].

2. Anpassung an die Ziele der Raumordnung (§ 1 Abs. 4 BauGB)

119 Nach § 1 Abs. 4 BauGB sind die Bauleitpläne den Zielen der Raumordnung (vgl. § 3 Abs. 1 Nr. 2 ROG) anzupassen. Die Vorschrift beinhaltet eine neben der Erforderlichkeit der Planung (§ 1 Abs. 3 S. 1 BauGB) und dem Abwägungsgebot (§ 1 Abs. 7 BauGB) **eigenständige Schranke,** die die Gestaltungsfreiheit der Gemeinde im Bereich der Bauleitplanung rechtlichen Bindungen unterwirft[187]. Dabei ist die Anpassungsverpflichtung dem Abwägungsgebot rechtlich vorgelagert[188].

Der Regelungszweck des § 1 Abs. 4 BauGB besteht in der „**Gewährleistung materieller Konkordanz**" zwischen der übergeordneten Landesplanung und der gemeindlichen Bauleitplanung[189]. Die Pflicht zur Anpassung zielt dabei nicht auf „punktuelle Kooperation", sondern auf dauerhafte Übereinstimmung der beiden Planungsebenen. Die Pflicht der Gemeinde zur Anpassung rechtfertigt sich daraus, dass die Ziele der Raumordnung grundsätzlich keine unmittelbare bodenrechtliche Wirkung entfalten und daher regelmäßig der planerischen Umsetzung durch den nachgeordneten Planungsträger bedürfen, um ihren Ordnungs- und Entwicklungsauftrag auch gegenüber dem einzelnen Raumnutzer erfüllen zu können[190].

120 Das Anpassungsgebot des § 1 Abs. 4 BauGB gilt nicht nur für die Aufstellung eines Bauleitplans (also für einen Flächennutzungsplan[191] oder einen Bebauungsplan), sondern auch für dessen Änderung, Ergänzung oder Aufhebung (§ 1 Abs. 8 BauGB). Darüber hinaus sind Bauleitpläne auch an zeitlich nachfolgende Ziele der Raumordnung nachträglich anzupassen[192].

Raumordnerische Zielvorgaben können eine Anpassungspflicht der Gemeinde aber nur dann auslösen, wenn sie in Geltung versetzt, hinreichend bestimmt (jedenfalls aber bestimmbar)[193] und rechtmäßig sind[194]. Fehlt eine steuernde Zielvorgabe

---

[186] BVerwGE 119, 25 sowie oben Fn. 180.
[187] BVerwGE 90, 329 = NVwZ 1993, 167.
[188] BVerwG, NVwZ 2007, 953; BVerwGE 117, 351 [356].
[189] BVerwGE 119, 25 [39]; BVerwG, IBZ 2006, 702; BVerwG, NVwZ 2007, 953; OVG Koblenz, ZfBR 2009, 590 [592].
[190] BVerwG, ZfBR 2007, 683.
[191] BVerwGE 137, 38 [42].
[192] VGH BW, BRS 36 Nr. 1.
[193] BVerwG, BauR 2007, 1712; siehe auch Matthes, DVBl. 2009, 495; Kment, DVBl. 2006, 1336.
[194] BVerwG, ZfBR 2007, 683; zu weiteren Einzelheiten insbesondere zur Abgrenzung zu nicht bindenden Grundsätzen der Raumordnung i.S.v. § 3 Abs. 1 Nr. 3 ROG siehe in Kapitel 5 sowie BVerwG, BauR 2011, 781.

der Raumordnung, kann die in § 1 Abs. 4 BauGB normierte Anpassungspflicht der Gemeinde von vorneherein nicht zum Zuge kommen. In einem solchen Fall stellt sich die Frage der Zielkonformität des Bauleitplans nicht[195]. So lässt z. B. das Fehlen raumregelnder Festlegungen mit Bindungswirkung nach § 1 Abs. 4 BauGB die Wirksamkeit eines Flächennutzungsplans auch dann unberührt, wenn es sich um raumbedeutsame Planungen i. S. v. § 3 Abs. 1 Nr. 6 ROG handelt[196]. Allerdings müssen dann bei der bauleitplanerischen Abwägung die Grundsätze und sonstigen Erfordernisses der Raumordnung berücksichtigt werden[197].

„Anpassen" i. S. v. § 1 Abs. 4 BauGB bedeutet, dass die Ziele der Raumordnung in der Bauleitplanung je nach dem Grad ihrer Aussageschärfe konkretisierungsfähig sind, nicht aber im Wege der Abwägung nach § 1 Abs. 7 BauGB überwunden werden können[198]. An die Ziele der Raumordnung sind die örtlichen Planungsträger, anders als bei bloßen Grundsätzen der Raumordnung (vgl. § 3 Abs. 1 Nr. 3 ROG), die nur Direktiven enthalten und in der Abwägung überwunden werden können, strikt gebunden. Planungen, die einem geltenden Ziel der Raumordnung widersprechen, haben sie zu unterlassen[199]. Zu den Einzelheiten bezüglich der Ziele der Raumordnung siehe in Kapitel 5.

121

Die gemeindliche Planungshoheit nach Art. 28 Abs. 2 GG steht der Bindung an die Ziele der Raumordnung nicht prinzipiell entgegen, denn § 1 Abs. 4 BauGB führt nicht zu einer Aushöhlung der gemeindlichen Planungshoheit. Die Gemeinde ist landesplanerischen Zielvorgaben nicht einschränkungslos ausgesetzt. Ein planerischer Durchgriff auf Gemeindegebietsteile ist der Raumordnung zwar grundsätzlich nicht verwehrt, er ist aber an bestimmte Voraussetzungen geknüpft. Die Gemeinde wird durch die verfahrensrechtlichen Sicherungen davor bewahrt, zum bloßen Objekt einer überörtlichen Gesamtplanung degradiert zu werden. Sie ist, soweit für sie Anpassungspflichten begründet werden, in den überörtlichen Planungsprozess einzubeziehen[200]. § 10 Abs. 1, § 18 ROG sehen für die Aufstellung von Raumordnungsplänen (auch des Bundes) ein förmliches Verfahren vor, an dem u. a. die Gemeinden („*die in ihren Belangen berührten öffentlichen Stellen*"; das sind auch die Gemeinde) zu beteiligen sind. Hierdurch wird der Gemeinde die Möglichkeit eröffnet, u. a. auf die Regionalplanung Einfluss zu nehmen und ihre eigenen Planungsvorstellungen zur Geltung zu bringen. Ziele, die unter Missachtung ihrer Mitwirkungsrechte festgelegt wurden, braucht die Gemeinde nicht gegen sich gelten zu lassen[201]; diese binden sie nicht. Auch materiell-rechtlich setzt die **gemeindliche Planungshoheit** der Raumordnung Grenzen, deren Überschreiten zur Folge hat, dass § 1 Abs. 4 BauGB nicht zum Tragen kommt[202]. Von der Gemeinde im Aufstellungsverfahren vorgebrachte Ein-

---

[195] BVerwG, BRS 71 Nr. 5.
[196] BVerwGE 137, 38 = NVwZ 2010, 1430 = BauR 2010, 1701 = ZfBR 2010, 575.
[197] BVerwGE 137, 38 = NVwZ 2010, 1430 = BauR 2010, 1701 = ZfBR 2010, 575.
[198] BVerwGE 90, 329 [334 f.]; BVerwGE 119, 217 [223]; BVerwG, NVwZ 2009, 1226.
[199] BVerwGE 117, 351 [358]; BVerwGE 118, 181 [184].
[200] BVerwGE 90, 329 [335]; BVerwGE 118, 181 [185]; BVerwG, NVwZ 2005, 584.
[201] BVerwG, NVwZ 1995, 267.
[202] BVerwGE 90, 329.

wendungen sind im Rahmen der nach § 7 Abs. 2 ROG erforderlichen Abwägung zu berücksichtigen. Ob den hinter einer normativen Zielfestlegung stehenden landesplanerischen Belangen der Vorrang vor der gemeindlichen Autonomie zukommt, hängt folglich von den jeweiligen Umständen des konkreten Einzelfalles ab[203].

122   Wird bei der **Aufstellung** eines Bauleitplans dem Anpassungsgebot zuwider gehandelt, so führt dies zur Unwirksamkeit des Bauleitplans; im Falle der Genehmigungsbedürftigkeit des Bauleitplans ist die Genehmigung zu versagen[204].

Wird nach Beschlussfassung eines Bauleitplans ein Ziel der Raumordnung, das eine Anpassungspflicht begründet, rechtswirksam, dann darf der Bauleitplan nicht bekannt gemacht werden. Wird er es gleichwohl, ist er unwirksam[205]. Das folgt insbesondere daraus, dass insoweit § 214 Abs. 3 S. 1 BauGB nicht gilt. Die Gemeinde darf daher ihren Bauleitplan zwischen der Beschlussfassung und der Bekanntmachung nicht völlig aus den Augen verlieren[206].

123   Gleiches gilt über § 1 Abs. 8 BauGB, wenn bei einer Änderung, Ergänzung oder Aufhebung eines Bauleitplans gegen das Anpassungsgebot verstoßen wird. Diese Grundsätze gelten aber nur dann uneingeschränkt, wenn die Gemeinde, für die eine Anpassungspflicht nach § 1 Abs. 4 BauGB begründet wird, bei der Aufstellung der Ziele der Raumordnung – nach Maßgabe des Landesrechts – beteiligt wurde (vgl. oben).

124   Werden **nachträglich** Ziele der Raumordnung aufgestellt, denen ein Bauleitplan widerspricht, führt dies jedoch noch nicht zur Ungültigkeit des Bauleitplans; dieser wird hierdurch auch nicht funktionslos[207]. Er bleibt vielmehr rechtsgültig, ist aber von der Gemeinde an die Ziele der Raumordnung (nachträglich im Wege der Änderung) anzupassen. Die Gemeinde muss somit planerisch aktiv werden (i.S.e. Planungspflicht); dass gilt selbst dann, wenn allein geänderte oder neue Ziele der Raumordnung eine Anpassung des Bauleitplans erfordern[208].

125   Kommt die Gemeinde ihrer Anpassungsverpflichtung nicht nach, kann sie hierzu gemäß Art. 30 Abs. 1 BayLPlG oder im Wege des Kommunalaufsichtsrechts (Art. 108 ff. GO) gezwungen werden[209].

3. Kein Verstoß gegen sonstiges zwingendes Bundesrecht

126   Flächennutzungs- und Bebauungspläne müssen nicht nur mit den Regelungen des BauGB und mit den aufgrund des BauGB erlassenen Vorschriften im Einklang stehen (vgl. § 6 Abs. 2, § 10 Abs. 2 S. 2 i.V.m. § 6 Abs. 2 BauGB). Vielmehr dürfen sie auch nicht gegen „sonstige Rechtsvorschriften", die sich

---

[203] BVerwGE 90, 329.
[204] BVerwG, NVwZ 2006, 932 = BauR 2006, 1087 = DVBl. 2006, 772.
[205] BVerwG NVwZ 2007, 953.
[206] BVerwG, NVwZ 2007, 470.
[207] BayVGH, BayVBl. 1994, 273 = NVwZ 1994, 705.
[208] BVerwGE 119, 25; BVerwG, Mitt NWStGB 2007, 55.
[209] Zu den Konsequenzen für ein Normenkontrollverfahren, wenn während diesem eine Anpassungsverpflichtung entsteht siehe BVerwG, Mitt NWStGB 2007, 55: es kommt auf die Rechtslage zum Zeitpunkt der letzten mündlichen Verhandlung an.

C. Materiell-rechtliche Anforderungen an die Bauleitplanung   201

aus dem gesamten Bundes- und Landesrecht ergeben können, verstoßen[210].
Liegt gleichwohl ein solcher Verstoß vor, so führt dieser zur Unwirksamkeit
des Bauleitplans. Allerdings ist eine Heilung im ergänzenden Verfahren denkbar, wenn der Verstoß, etwa durch eine Befreiung, geheilt werden kann.

Zu diesen „sonstigen Rechtsvorschriften" gehören einmal naturschutzrechtliche Verordnungen nach § 20 Abs. 2 BNatSchG, insbesondere Landschaftsschutzverordnungen nach § 26 BNatSchG. In diesen Verordnungen ist zu regeln, inwieweit für die Bauleitplanung noch Regelungsspielräume verbleiben[211]. Eine „Befreiung" für Bauleitpläne ist dabei nicht möglich, da diese nach § 67 Abs. 1, Abs. 2 BNatSchG i.V.m. Art. 56 BayNatSchG nur im Einzelfall, nicht aber für eine abstrakt-generelle Satzung zulässig ist. Sind folglich die Festsetzungen eines Bebauungsplans mit den Regelungen einer Landschaftsschutzverordnung nicht vereinbar, so ist der Bebauungsplan unwirksam, wenn sich der Widerspruch zwischen der Landschaftsschutzverordnung und dem Bebauungsplan nicht durch eine naturschutzrechtliche Ausnahme oder Befreiung beseitigen lässt[212]. Dagegen bleibt ein Flächennutzungs- bzw. Bebauungsplan wirksam, wenn objektiv eine „Ausnahme- oder Befreiungslage" gegeben ist und einer Überwindung der Verbotsregelung auch sonst nichts entgegensteht[213]. Andernfalls muss die Fläche zunächst aus dem naturschutzrechtlichen Verordnungsgebiet herausgenommen werden[214]. 127

Das WHG und das BayWG enthalten zahlreiche Regelungen zur Berücksichtigung des Hochwasserschutzes im Rahmen der Bauleitplanung. So enthält z.B. § 78 Abs. 1 Satz 1 Nr. 1 WHG ein Verbot, in förmlich festgesetzten Überschwemmungsgebieten durch Bauleitpläne neue Baugebiete auszuweisen. Auch hierbei dürfte es sich um eine zwingende Rechtsvorschrift handeln, die nicht im Wege der Abwägung überwunden werden kann[215]. 128

Gleiches gilt wohl für faktische Überschwemmungsgebiete, die nach § 76 Abs. 3 WHG bereits vorläufig gesichert sind (vgl. § 77 S. 1 WHG). 129

4. Abwägungsgebot, § 1 Abs. 7 BauGB

a) Vorbemerkung

Nach § 1 Abs. 7 BauGB sind bei der Aufstellung – und über § 1 Abs. 8 BauGB auch bei der Änderung, Ergänzung und Aufhebung – von Bauleitplänen die öffentlichen und privaten Belange gegeneinander und untereinander gerecht abzuwägen. Dieses sog. **Abwägungsgebot**[216] steuert dabei die Bauleitplanung sowohl verfahrensrechtlich als auch inhaltlich und gibt der im Übrigen autonomen planerischen Entscheidung der Gemeinde zugleich die erforderliche verfassungsrechtliche Grundlage. Die Beachtung der Grundsätze des Abwägungsgebots ist Kennzeichen jeder rechtsstaatlichen Planung und als Ausfluss des Rechtsstaatsprinzips nicht nur für die Bauleitplanung, 130

---

[210] BVerwG, NVwZ 1989, 662.
[211] BVerwG, NVwZ 1989, 662.
[212] BVerwG, BauR 2004, 786.
[213] Siehe hierzu etwa Kube, NVwZ 2005, 515.
[214] BVerwG, BauR 2004, 786.
[215] Stüer, ZfBR 2007, 17 [19]; Pfeil, NVwZ 2006, 505 zu § 31b Abs. 4 WHG a.F.
[216] Siehe hierzu allgemein Hoppe, DVBl. 1994, 1033.

sondern auch für jede andere staatliche Planung verbindlich[217]. Das Abwägungsgebot bezieht sich dabei auf die (beabsichtigten) Festsetzungen im Bauleitplan. Diese ergeben sich aus den bundesrechtlichen Vorschriften des BauGB und der BauNVO.

131 Die rechtliche Verpflichtung, die § 1 Abs. 7 BauGB begründet, erschöpft sich darin, die Belange, die sich für und gegen das Planvorhaben ins Feld führen lassen, in einen gerechten Ausgleich zu bringen. Es bleibt der Gemeinde unbenommen, ein legitimes Planungsziel auch um den Preis der Zurückstellung kollidierender Belange zu verwirklichen[218]. Folglich wird das Abwägungsgebot nicht verletzt, wenn sich die Gemeinde in der Kollision verschiedener Belange für die Bevorzugung des einen und damit zwangsläufig für die Zurücksetzung des anderen entscheidet[219].

132 Um dem Abwägungsgebot zu genügen, müssen alle von der Planung berührten öffentlichen und privaten Belange untereinander und gegeneinander gerecht abgewogen werden (vgl. § 1 Abs. 7 BauGB). Nach der ständigen Rechtsprechung des BVerwG[220] erfordert eine gerechte Abwägung, dass
- eine Abwägung überhaupt stattgefunden haben muss (**Abwägungsausfall**);
- in die Abwägung an Belangen eingestellt werden muss, was nach Lage der Dinge in sie eingestellt werden muss (**Abwägungsdefizit**);
- die Bedeutung der betroffenen öffentlichen und privaten Belange nicht verkannt werden darf (**Abwägungsdisproportionalität 1. Stufe**);
- der Ausgleich zwischen diesen Belangen nicht in einer Weise vorgenommen werden darf, der zur objektiven Gewichtigkeit einzelner Belange außer Verhältnis steht (**Abwägungsdisproportionalität 2. Stufe**).

133 Wegen § 2 Abs. 3 BauGB gehören allerdings das Abwägungsdefizit und die Abwägungsdisproportionalität 1. Stufe im Rahmen des Abwägungsvorgangs nach hier vertretener Auffassung nicht mehr zum materiellen Abwägungsgebot, sondern haben nunmehr verfahrensrechtliche Bedeutung (vgl. § 214 Abs. 1 Nr. 1 BauGB; siehe oben Rn. 108 f.).

134 Das Gebot gerechter Abwägung beinhaltet **vier Komponenten**, die sich sowohl an den Abwägungsvorgang als auch an das Abwägungsergebnis richten (sog. Doppelthese des BVerwG), wobei bereits die Missachtung einer dieser Komponenten zur Fehlerhaftigkeit der Abwägungsentscheidung führt. Hieraus folgt, dass zunächst das Abwägungsmaterial zusammenzustellen ist, dass die einzelnen berührten Belange in die Abwägung eingestellt und gewichtet werden und dass schließlich zwischen den einzelnen Belangen die eigentliche Abwägungsentscheidung getroffen wird[221].

135 Das in § 1 Abs. 7 BauGB enthaltene Abwägungsgebot ist nicht nur das zentrale Instrument für die Planungsentscheidung der Gemeinde. Das Abwägungsgebot hat auch **drittschützenden Charakter** hinsichtlich solcher privaten Belange, die für die planerische Abwägung erheblich sind; **§ 1 Abs. 7**

---

[217] Vgl. etwa BVerwGE 34, 301; BVerwGE 48, 56; BVerwGE 71, 150.
[218] BVerwG, NVwZ-RR 2000, 146.
[219] BVerwGE 34, 301 [309]; BVerwG, NVwZ-RR 1999, 423.
[220] Seit BVerwGE 34, 301 [309].
[221] Vgl. BVerwGE 45, 309 [315] (Flachglas) m. Anm. David; BVerwGE 56, 119 = NJW 1979, 64.

C. Materiell-rechtliche Anforderungen an die Bauleitplanung

BauGB beinhaltet ein subjektiv-öffentliches Recht auf eine gerechte Abwägung[222], welches ein Recht i.S.v. § 47 Abs. 2 S. 1 VwGO darstellt[223], aber kein subjektives Abwehrrecht gegenüber einer – etwa dem Nachbarn erteilten – Baugenehmigung[224].

b) Die vier Stufen der Abwägung

aa) Abwägungsausfall

Eine Abwägung muss zunächst überhaupt stattgefunden haben. Ob das geschehen ist, lässt sich nur anhand der Bauleitplanunterlagen, vor allem mittels der Begründung, die die Angaben nach § 2a BauGB enthalten muss (§ 5 Abs. 5 § 9 Abs. 8 BauGB), feststellen. Ein Abwägungsausfall kann insbesondere dann gegeben sein, wenn sich die Gemeinde aufgrund entsprechender Vorbindungen gehindert sieht, überhaupt noch eine Abwägungsentscheidung zu treffen (vgl. unten Rn. 155 f.). Diese Voraussetzungen dürften jedenfalls in Klausuren kaum gegeben sein, zumal der Abwägungsausfall in der Praxis praktisch nicht vorkommt. Nach der hier vertretenen Ansicht handelt es sich beim Abwägungsausfall um einen materiellen Fehler i.S.v. § 214 Abs. 3 S. 2 HS. 2 BauGB und nicht um einen Verfahrensfehler gemäß § 2 Abs. 3 i.V.m. § 214 Abs. 1 Nr. 1 BauGB.

136

bb) Abwägungsdefizit

(1) Einführung

Allem Abwägen voraus geht die Zusammenstellung des Abwägungsmaterials, denn die gegenläufigen Belange können nur dann adäquat bewertet und gewichtet werden, wenn Klarheit über die tatsächliche Situation besteht[225]. Für die Abwägung muss deshalb an Belangen ermittelt werden, was nach Lage der Dinge, insbesondere den örtlichen Gegebenheiten, für die Abwägung erheblich ist. Hat die Gemeinde erkannt, dass ein von der Planung berührter Belang nicht abwägungserheblich ist, muss sie diesen Belang nicht weiter ermitteln[226]. Wird ein Belang in einem Rechtssatz (z.B. § 1 Abs. 5, Abs. 6 BauGB, 16. BImSchV) oder auch nur in einem Regelwerk ohne Rechtsnormqualität benannt (z.B. in VDI-Richtlinien, DIN-Normen), so ist dies ein Indiz, nicht aber Voraussetzung für die Abwägungserheblichkeit[227]. Im Übrigen ist in der Rechtsprechung[228] anerkannt, dass im Rahmen der Abwägung auch eine Auseinandersetzung mit Fragen geboten sein kann, die im Beteiligungsverfahren von keiner Seite angesprochen worden sind (vgl. auch § 4a Abs. 6 BauGB). Wird gegen diesen Grundsatz verstoßen, z.B. weil

137

---

[222] Grundlegend: BVerwGE 107, 215 = DVBl. 1999, 160; siehe auch BVerwG, NVwZ 2000, 807.
[223] BVerwG v. 6.12.2000, Az.: 4 BN 59/00.
[224] BVerwG, BauR 1997, 810.
[225] BVerwG, NVwZ 2007, 229 [231].
[226] BVerwGE 131, 100 [107] m.w.N.
[227] BVerwG, NVwZ-RR 2000, 146.
[228] BVerwG, Buchholz 406.11 § 11 BBauG/BauGB Nr. 5; BVerwG, Buchholz 406.11 § 1 BBauG Nr. 29; BVerwG, NVwZ-RR 2000, 146.

ein Ermittlungsdefizit besteht infolge fehlerhafter Nichtbeteiligung einzelner Behörden oder sonstiger Träger öffentlicher Belange, ist die Abwägung fehlerhaft. Im Falle eines Abwägungsdefizits liegt ein Verstoß gegen § 2 Abs. 3 BauGB vor (vgl. § 214 Abs. 1 Nr. 1 BauGB) und damit ein Verfahrensfehler[229]. Im Einzelnen ergibt sich damit Folgendes:

(2) Öffentliche Belange

138 Die für die Abwägung wichtigsten öffentlichen Belange in der Bauleitplanung finden sich in **§ 1 Abs. 5, Abs. 6 BauGB**. Die Regelung enthält in der Form von sog. Planungsleitlinien eine nicht abschließende Zusammenfassung der Ziele und Grundsätze der Bauleitplanung. Dabei ist in der Rechtsprechung geklärt, dass die in § 1 Abs. 5, Abs. 6 BauGB genannten Belange weder in ihrer Zusammenstellung einen Vorrang in sich noch gegenüber den privaten Belangen enthalten[230]. Ferner ist diesen Planungsleitsätzen gemeinsam, dass sie die Gemeinde nicht strikt binden – das wären sog. Beachtensregelungen oder Versagungsgründe, wie z. B. das in § 1 Abs. 3 S. 1 FStrG enthaltene Verbot höhengleicher Kreuzungen bei Autobahnen –, sondern nur eine **einfache Berücksichtigung im Wege der Abwägung** verlangen. Diese Belange zu berücksichtigen heißt, sie mit ihrer jeweils konkret nach Planungsanlass, Planungsziel und örtlichen Gegebenheiten zu gewichtenden Bedeutung in die Abwägung einzustellen[231]. Hieraus folgt, dass ein solcher Belang im Wege einer ordnungsgemäßen Abwägungsentscheidung überwunden werden kann.

139 (2.1) Nach **§ 1 Abs. 5 S. 1 BauGB** sollen die Bauleitpläne eine nachhaltige städtebauliche Entwicklung, die die sozialen, wirtschaftlichen und umweltschützenden Anforderungen auch in Verantwortung gegenüber künftigen Generationen miteinander in Einklang bringt, und eine dem Wohl der Allgemeinheit dienende sozialgerechte Bodennutzung gewährleisten. Nach S. 1 kommt damit Bauleitplänen eine sog. **Gewährleistungsfunktion** zu. Gegenstand der Gewährleistung ist die städtebauliche Entwicklung. Die Gewährleistungspflicht kann nur erfüllt werden, wenn geeignete Instrumente eingesetzt werden. Deshalb stellt § 1 Abs. 5 S. 1 BauGB auch Anforderungen an die Bauleitpläne selbst. Diese müssen für die Wahrnehmung der Gewährleistungsfunktion geeignet sein. Ein Bebauungsplan, der städtebauliche Unordnung schafft, entspricht daher nicht § 1 Abs. 5 S. 1 BauGB[232].

140 (2.2) Gemäß **§ 1 Abs. 5 S. 2 BauGB** sollen Bauleitpläne dazu beitragen, eine menschenwürdige Umwelt zu sichern, die natürlichen Lebensgrundlagen zu schützen und zu entwickeln sowie den Klimaschutz und die Klimaanpassung, insbesondere auch in der Stadtentwicklung, zu fördern, sowie die städtebauliche Gestalt und das Orts- und Landschaftsbild baukulturell zu erhalten und zu entwickeln. Nach S. 2 kommt Bauleitplänen damit auch eine **Beitragsfunktion** zu (sog. Querschnittsklausel). Das gilt aufgrund der Neufassung der Regelung durch das Gesetz vom 22. 7. 2011 (BGBl. I

---

[229] In diese Richtung offensichtlich auch BVerwGE 131, 100.
[230] BVerwGE 47, 144; BVerwGE 92, 231.
[231] BayVGH v. 8. 11. 2001, Az.: 2 N 01.2105.
[232] BVerwG, NVwZ 1996, 888 = DVBl. 1996, 264 = BauR 1996, 215 = BayVBl. 1996, 2488; vgl. auch Meyer, DVBl. 1968, 492 [495] sowie Waechter, DVBl. 2006, 465.

S. 1509) nunmehr ausdrücklich auch für den Klimaschutz und die Klimaanpassung, die hierdurch für die Aufgabenbestimmung der Bauleitplanung den gleichen Stellenwert erhalten wie Umweltschutz, städtebauliche Gestalt und Orts- und Landschaftsbild[232a]. Soweit die genannten Querschnittsmaterien nicht zum Kompetenzbereich „Bodenordnung" gehören und damit an sich nicht im Rahmen der Bauleitplanung berücksichtigt werden könnten, liegt die Funktion des S. 2 darin, das gestaltende Ermessen der Planungsbehörde für diese an sich gesetzesfremden Zwecke zu öffnen[233].

(2.3) Der durch das EAG-Bau neu eingefügte Abs. 6 beinhaltet im Wesentlichen die bisher in § 1 Abs. 5 S. 2 BauGB a. F. enthaltenen Berücksichtigungsgebote und konkretisiert damit zugleich die in § 1 Abs. 5 BauGB genannten Oberbegriffe. Wie die Formulierung „insbesondere" in Abs. 6 HS. 1 zeigt, ist die nachfolgende Aufzählung nur beispielhaft.

Im Folgenden soll kurz auf die examensrelevanten Belange des § 1 Abs. 6 BauGB eingegangen werden:

- *die Wohnbedürfnisse der Bevölkerung, die Schaffung und Erhaltung sozial stabiler Bewohnerstrukturen, die Eigentumsbildung weiter Kreise der Bevölkerung und die Anforderungen kostensparenden Bauens sowie die Bevölkerungsentwicklung* (Nr. 2): Unter dieses Berücksichtigungsgebot fällt insbesondere die durch eine Bauleitplanung ausgelöste Immissionsproblematik, wie z. B. das Interesse, von zusätzlichem Verkehrslärm verschont zu bleiben[234]. In diesem Zusammenhang ist auch zu beachten, dass hinsichtlich der Bewältigung der Lärmproblematik nicht an den Grenzen des Plangebiets Halt gemacht werden darf, sondern auch die Auswirkungen auf die Nutzung von außerhalb des Plangebiets liegenden Grundstücken zu beachten sind[235]. Die in diesem Berücksichtigungsgebot angesprochene „Wohnbevölkerung" wird dabei nicht nur von den Eigentümern von Wohngrundstücken repräsentiert, sondern umschließt alle Personen, die an einer Wohnung nutzungs- oder besitzberechtigt sind und dort ihren privaten Lebensmittelpunkt haben.

- *die Belange der Baukultur, des Denkmalschutzes und der Denkmalpflege, die erhaltenswerten Ortsteile, Straßen und Plätze von geschichtlicher, künstlerischer oder städtebaulicher Bedeutung und die Gestaltung des Orts- und Landschaftsbildes* (Nr. 5): Die Regelung bringt zunächst zum Ausdruck, dass sich die Bauleitplanung nicht einseitig in der Erneuerung und Fortentwicklung bestehender städtebaulicher Strukturen erschöpft, sondern dass z. B. in einem Bebauungsplan auch Festsetzungen zulässig sind, die dazu bestimmt sind, historisch gewachsene und als schutzwürdig erachtete Verhältnisse der Bodennutzung zu erhalten (zu konservieren)[236]. Ferner trägt § 1 Abs. 6 Nr. 5 BauGB dem Umstand Rechnung, dass der Schutz erhaltenswerter Ortsteile, Straßen etc. städtebauliche Relevanz unabhängig davon erlangen kann, ob diese Bereiche die Voraussetzungen für eine Unterschutzstellung nach dem DSchG erfüllen. Die Vorschrift stellt damit sicher, dass die Belange des Denkmalschutzes und der Denkmalpflege als in die Regelungskompetenz der Länder fallend in die Bauleitplanung einbezogen werden, ohne den Gemeinden allerdings eine denkmalschutzrechtliche Regelungskompetenz zu verleihen[237].

[232a] Vgl. Söfker, ZfBR 2011, 541 [542].
[233] Waechter, DVBl. 2006, 465 [467].
[234] BVerwG, NVwZ 2000, 807; siehe auch BVerwG, BauR 2001, 358.
[235] BVerwG, Buchholz 406.11 § 1 BauGB Nr. 42; BVerwG, Buchholz 406.11 § 1 BauGB Nr. 73; BVerwG, NVwZ-RR 2000, 146.
[236] BVerwG, NVwZ 2001, 1043 [1045].
[237] Grundlegend: BVerwG, NVwZ 2001, 1043.

- die Belange der Wirtschaft, auch ihrer mittelständischen Struktur im Interesse einer verbrauchernahen Versorgung der Bevölkerung, der Land- und Forstwirtschaft, der Erhaltung, Sicherung und Schaffung von Arbeitsplätzen, des Post- und Telekommunikationswesens, der Versorgung, insbesondere mit Energie und Wasser, der Sicherung von Rohstoffvorkommen (Nr. 8). Dieses Berücksichtigungsgebot bringt u. a. zum Ausdruck, dass die Gemeinden mit der Bauleitplanung auch wirtschafts- und arbeitsmarktpolitische Ziele verfolgen dürfen, wenn sie mit den ihnen nach dem BauGB zu Gebote stehenden städtebaulichen Instrumenten die Bodennutzung regeln und aktiv steuern[238]. Zu den gemäß § 1 Abs. 6 Nr. 8 BauGB zu berücksichtigenden Belangen der Landwirtschaft gehört auch das Interesse eines Landwirts an der Erhaltung seines landwirtschaftlichen Aussiedlerhofes einschließlich einer normalen Betriebserweiterung. Nicht berücksichtigungsfähig ist hingegen eine vom Betriebsinhaber selbst noch unklar bestimmte Absicht einer zukünftigen wesentlichen Erweiterung seines Betriebes, denn derartige – vage – Absichten muss die Gemeinde vernünftiger Weise nicht in ihre Planungen einstellen, soll diese nicht blockiert werden[239]. Schließlich ist es der Gemeinde auch möglich, im Wege der Bauleitplanung, z. B. über eine Festsetzung nach § 9 Abs. 1 Nr. 11 BauGB, gemeindliche Verkehrspolitik zu betreiben[240].

(3) Die besonderen öffentlichen Belange des § 1 Abs. 6 Nr. 7 BauGB i. V. m. § 1 a Abs. 3 BauGB

142   Bei der Aufstellung der Bauleitpläne sind gemäß § 1 Abs. 6 Nr. 7 BauGB die Belange des Umweltschutzes, einschließlich des Naturschutzes und der Landschaftspflege, insbesondere einzelne in den Buchst. a)–i) genannte Auswirkungen, Ziele oder auch Wechselwirkungen auf die Umwelt, zu berücksichtigen. § 1 Abs. 6 Nr. 7 BauGB fasst die für die Bauleitplanung bedeutsamen umweltrelevanten Belange zusammen. Die Vorschrift ist durch das EAG-Bau zur Integration der UP-Richtlinie – gegenüber ihrer Vorgängerregelung, dem § 1 Abs. 5 S. 2 Nr. 7 BauGB – fortentwickelt worden und stellt zusammen mit den ergänzenden Vorschriften zum Umweltschutz in § 1a BauGB den Gegenstand der Umweltprüfung nach § 2 Abs. 4 BauGB als Kernstück der Berücksichtigung von Umwelt- und Naturschutz im Baurecht dar[241]. § 1a BauGB enthält den § 1 Abs. 6 Nr. 7 BauGB ergänzende Regelungen in Form der Bodenschutzklausel (§ 1a Abs. 2 BauGB), der naturschutzrechtlichen Eingriffsregelung (§ 1a Abs. 3 BauGB), der Beachtung der Europäischen Fauna-Flora-Habitat-Richtlinie und der Europäischen Vogelschutzrichtlinie (§ 1a Abs. 4 BauGB) sowie der Erfordernisse des Klimaschutzes (§ 1a Abs. 5 BauGB). Dabei stellen § 1a Abs. 2 S. 3, Abs. 3 S. 1 und Abs. 5 S. 2 BauGB nochmals klar, dass die genannten Umweltbelange in der Abwägung nach § 1 Abs. 7 BauGB zu berücksichtigen sind.

143   (3.1) **§ 1a Abs. 2 S. 1 BauGB** enthält eine sog. **Bodenschutzklausel,** mit der der Zielsetzung des Bundesbodenschutzgesetzes Rechnung getragen werden soll. § 1a Abs. 2 S. 3 BauGB stellt dabei klar, dass auch der Schutz von Grund und Boden sowie die behutsame Ausweitung vorhandener oder die

---

[238] BVerwG, BRS 63 (2000) Nr. 14.
[239] BVerwG, NVwZ-RR 1999, 423.
[240] BVerwG, NVwZ-RR 1998, 218.
[241] Battis/Krautzberger/Löhr, BauGB, zu § 1 Rn. 64.

C. Materiell-rechtliche Anforderungen an die Bauleitplanung   207

Ausweisung neuer Baugebiete in der Abwägung nach § 1 Abs. 7 BauGB zu berücksichtigen ist. Die Gemeinden haben daher in der Abwägung die Belange des Bodenschutzes noch stärker als bisher zu berücksichtigen. Die Bodenschutzklausel des § 1a Abs. 2 S. 1 BauGB will einen möglichst geringen Flächenverbrauch sicherstellen und verpflichtet die Gemeinde insbesondere auf eine vorrangige Innenstadtentwicklung (siehe auch § 13a BauGB). Den Gemeinden wird hierdurch Zurückhaltung bei der Ausweisung neuer Baugebiete in bisher nicht durch bauliche Nutzungen versiegelten Gebieten auferlegt.

(3.2) § 1a Abs. 2 S. 2 BauGB enthält eine gesetzliche „**Umwidmungssperre**"[242]. Landwirtschaftlich, als Wald oder für Wohnzwecke genutzte Flächen sollen nur im notwendigen Umfang für andere Nutzungsarten vorgesehen und in Anspruch genommen werden. Diese „Umwidmungssperre" gilt aber nicht absolut, wie sich bereits aus dem Wort „sollen" ergibt. Vielmehr stellt § 1a Abs. 2 S. 3 BauGB insoweit klar, dass auch dieser Belang in der Abwägung nach § 1 Abs. 7 BauGB zu berücksichtigen ist. Folglich begründet § 1a Abs. 2 S. 2 BauGB für die Gemeinde nur eine besondere Abwägungs- und Begründungspflicht[243].   144

(3.3) § 1a Abs. 3 BauGB nennt weitere Belange mit natur- und umweltschützendem Bezug, die – nach der ausdrücklichen Regelung am Ende des S. 1 – im Rahmen der Abwägung nach § 1 Abs. 7 BauGB zu berücksichtigen **sind,** d. h. sie müssen berücksichtigt werden. Durch die Bezugnahme auf § 1 Abs. 7 BauGB wird dabei klargestellt, dass es sich zum einen nicht um zwingend zu beachtende Planungsleitsätze handelt, bei deren Nichtbeachtung der entsprechende Bauleitplan unwirksam wäre. Zum anderen ergibt sich hieraus aber auch, dass es sich nicht nur um bloße Optimierungsgebote handelt. Vielmehr sind die in § 1a Abs. 3 BauGB genannten Belange allen übrigen und insbesondere den in § 1 Abs. 5, Abs. 6 BauGB genannten Belangen **gleichwertig.** Das gilt sowohl für die Vermeidung von Beeinträchtigungen als auch für den Ausgleich unvermeidbarer Beeinträchtigungen. Ob sie sich im Einzelfall durchzusetzen vermögen, ist eine Frage der planerischen Abwägung aller von der konkreten Planung berührten öffentlichen und privaten Belange untereinander und gegeneinander.   145

- Besondere Bedeutung kommt in diesem Zusammenhang zunächst **§ 1a Abs. 3 S. 1 BauGB** zu. Mit dieser Regelung wird deutlich gemacht, dass im städtebaulichen Planungsrecht ein **naturschutzrechtlicher Eingriff** mit seinem Ausgleich ein selbstverständlicher Bestandteil einer jeden städtebaulichen Planung ist und nicht als etwas von außen an die städtebauliche Planung Herangetragenes erscheint. Durch die Bezugnahme auf die Eingriffsregelungen des BNatSchG[244] wird dabei klargestellt, dass insofern die §§ 13 ff. BNatSchG[245] und nicht nur § 18 BNatSchG im Rahmen des BauGB Anwendung finden. Zu beachten ist dabei, dass § 1a Abs. 3 BauGB nur die Vermeidung und den Ausgleich der zu erwartenden Eingriffe erfasst, nicht aber den Ersatz. Hierfür enthält § 200a BauGB eine entsprechende Regelung. Sind also z. B. aufgrund der Aufstellung eines Bauleitplans Eingriffe in Natur und Landschaft zu erwarten, so ist die Gemeinde verpflichtet zu ermitteln

---

[242] BVerwG, NVwZ-RR 1998, 217.
[243] BVerwG, NVwZ-RR 1998, 217.
[244] Zu Grundstrukturen des Naturschutzrechts siehe Glaser, JuS 2010, 209.
[245] Siehe hierzu etwa Mitschang, BauR 2011, 33; Scheidler, ZfBR 2011, 228.

und zu entscheiden, ob vermeidbare (= wenn zumutbare Alternativen, den mit dem Eingriff verfolgten Zweck am gleichen Ort ohne oder mit geringeren Beeinträchtigungen von Natur und Landschaft zu erreichen, gegeben sind; vgl. § 15 Abs. 1 S. 2 BNatSchG) Beeinträchtigungen von Natur und Landschaft zu unterlassen sind und ob und wie unvermeidbare Beeinträchtigungen auszugleichen oder durch Ersatzmaßnahmen zu kompensieren sind.

- Zur sog. **Umweltprüfung** siehe nunmehr § 2 Abs. 4 BauGB sowie die Ausführungen unter Rn. 63 ff.

146 (3.4) **§ 1a Abs. 3 S. 2–4 BauGB** enthält Regelungen über den Ausgleich der zu erwartenden Eingriffe in Natur und Landschaft. Die Vorschriften ermöglichen dabei nicht nur einen Ausgleich im Bauleitplangebiet.

Der Ausgleich kann zunächst dadurch erfolgen, dass geeignete Flächen im aufzustellenden, zu ändernden oder zu ergänzenden Flächennutzungsplan oder Bebauungsplan gemäß § 5 Abs. 2 Nr. 10, Abs. 2a BauGB bzw. § 9 Abs. 1 Nr. 20, Abs. 1a BauGB am Ort des Eingriffs (§ 1a Abs. 3 S. 2 BauGB) festgesetzt werden. Darüber hinaus ist es aber auch möglich, sofern dies mit einer geordneten städtebaulichen Entwicklung, den Zielen der Raumordnung sowie des Naturschutzes vereinbar ist, an anderer Stelle Ausgleichsmaßnahmen vorzusehen (§ 1a Abs. 3 S. 3 BauGB). Für den Bebauungsplanbereich besteht dabei die weitere Besonderheit, dass § 9 Abs. 1a BauGB die Möglichkeit eröffnet, nicht nur in dem selben, sondern auch in einem anderen Bebauungsplan (sog. **„Ausgleichsbebauungsplan"**) Ausgleichsmaßnahmen festzusetzen. Schließlich können nach § 1a Abs. 3 S. 4 BauGB anstelle von Darstellungen und Festsetzungen auch vertragliche Vereinbarungen (vgl. § 11 Abs. 1 S. 2 Nr. 2 BauGB) oder sonstige geeignete Maßnahmen zum Ausgleich auf von der Gemeinde bereitgestellten Flächen getroffen werden.

147 § 1a Abs. 3 S. 5 BauGB stellt letztlich klar, dass ein Ausgleich nicht erforderlich ist, soweit die Eingriffe bereits vor der planerischen Entscheidung erfolgt sind oder zulässig waren. Mit anderen Worten: die Bauleitplanung muss **kausal** sein für den Eingriff. Bedeutung kommt der Vorschrift insbesondere im Zusammenhang mit der Überplanung nicht mehr genutzter Industriebrachen und Konversionsflächen zu, weil hier ein Ausgleich dann nicht mehr erforderlich wird, wenn anstelle der alten, nicht mehr genutzten Bebauung ohne zusätzliche Beeinträchtigung von Natur und Landschaft eine neue Bebauung treten soll. Ob die Voraussetzungen des § 1a Abs. 3 S. 5 BauGB gegeben sind, unterliegt dabei uneingeschränkt der gerichtlichen Kontrolle[246].

148 (3.5) Schließlich sind nach **§ 1a Abs. 4 BauGB** die §§ 31–36 BNatSchG anzuwenden, soweit ein Gebiet nach § 1 Abs. 6 Nr. 7 Buchst. b BauGB in seinen für die Erhaltungsziele oder den Schutzzweck maßgeblichen Bestandteilen erheblich beeinträchtigt werden kann (Natura-2000-Gebiete). Die Regelung setzt u.a. die sog. **Fauna-Flora-Habitat-Richtlinie** und die **Europäische Vogelschutzrichtlinie** um. Dabei versteht es sich von selbst, dass dieser Belang vor allem dann von Bedeutung ist, wenn Bauleitpläne für Flächen aufgestellt werden sollen, die an die genannten Gebiete heranreichen, denn eine Überplanung solcher Gebiete wäre ohnehin aufgrund der bestehenden Regelungen unzulässig[247].

---

[246] BVerwG, NVwZ 2006, 223.
[247] Zur FFH-Verträglichkeitsprüfung in der Bauleitplanung siehe Mitschang/Wagner, DVBl. 2010, 1257.

C. Materiell-rechtliche Anforderungen an die Bauleitplanung

(3.6) Die durch das Gesetz vom 22. 7. 2011 (BGBl. I S. 1509) durch Einfügung des Abs. 5 in § 1a geschaffene **Klimaschutzklausel** soll zur Stärkung des Anliegens der klimagerechten Stadtentwicklung nach dem Vorbild des § 2 Abs. 2 Nr. 6 S. 7 ROG beitragen und trägt der gewachsenen Bedeutung der Bekämpfung des Klimawandels und der Anpassung an den Klimawandel für die Bauleitplanung Rechnung. Die Regelung stellt – wie auch § 1 Abs. 5 S. 2 – heraus, dass Klimaschutz auch eine städtebauliche Dimension besitzt. Dabei wird besonders betont, dass die klimagerechte Stadtentwicklung neben der Bekämpfung des Klimawandels auch die Anpassung an den Klimawandel in den Blick nehmen muss, weshalb die Norm in S. 1 anordnet, dass den hieraus erwachsenden Erfordernissen Rechnung getragen werden soll. Daraus ergibt sich, dass der Klimaschutz bei der Aufstellung von Bauleitplänen verstärkt zu berücksichtigen ist und eigene Darstellungen und Festsetzungen begründen kann. Maßnahmen, die dem Klimawandel entgegenwirken, sind insbesondere die planungsrechtliche Absicherung und Unterstützung des Einsatzes erneuerbarer Energien sowie übergreifende Maßnahmen wie z.B. die Umsetzung eines Konzepts der „Stadt der kurzen Wege", das das Verkehrsaufkommen und damit den dadurch verursachten CO_2-Ausstoß gering hält. Als Maßnahmen zur Anpassung an den Klimawandel kommen z.B. Kaltluftschneisen in Betracht, die als von der Bebauung freizuhaltende Flächen festgesetzt (vgl. § 9 Abs. 1 Nr. 10 BauGB) werden[247a]. S. 2 stellt dabei – wie auch § 1a Abs. 2 S. 3 und Abs. 3 S. 1 – klar, dass vorstehender Grundsatz in der Abwägung nach § 1 Abs. 7 BauGB zu berücksichtigen ist.

148a

(4) Private Belange

In der bauleitplanerischen Abwägung sind solche privaten Belange zu berücksichtigen, die in der konkreten Planungssituation einen städtebaulich relevanten Bezug haben[248] und schutzwürdig sind. Hierzu gehören alle subjektiv öffentlichen und privaten Rechte der vom Bauleitplan Betroffenen, insbesondere das durch Art. 14 Abs. 1 S. 1 GG geschützte Grundeigentum[249]. Ferner wären zu nennen gewerbliche Erweiterungsinteressen, Erwerbschancen oder Erwerbsinteressen, das Anliegerinteresse oder die Interessen von Mietern und Pächtern[250]. Auch das Interesse des Eigentümers eines Grundstücks **außerhalb des Plangebietes**, vor z.B. Lärmimmissionen der im Plangebiet zugelassenen Nutzungen oder des Zu- und Abgangsverkehrs auf einer im Plan festgelegten Erschließungsstraße, die unmittelbar an seinem Wohngrundstück vorbeiführt, verschont zu bleiben, kann ein für die Abwägung erheblicher privater Belang sein[251].

149

[247a] Vgl. BT-Drucks. 17/6076 S. 6, 8.
[248] BVerwG, ZfBR 2001, 419; BVerwGE 131, 100 [107].
[249] Vgl. etwa BVerwG, BauR 2001, 358; BVerwG, ZfBR 1996, 223.
[250] BVerwGE 110, 36; BVerwG, NVwZ 2000, 807.
[251] BVerwGE 107, 215 für Freizeitlärm einer Kleingartenanlage mit Vereinsheim; BVerwG, DVBl. 1999, 1293 für Verkehrslärm von einer Erschließungsstraße für die Erweiterung eines reinen Wohngebietes um bis zu 32 Wohneinheiten; siehe aber auch BVerwG, BauR 1999, 878.

(5) Auszuscheidende Belange

150 Alle von der konkreten Bauleitplanung berührten Belange sind grundsätzlich gegeneinander und untereinander abzuwägen (§ 1 Abs. 7 BauGB). Das heißt aber nicht, dass wirklich jeder, auch noch so geringfügig betroffene Belang zu ermitteln und zu berücksichtigen ist. Das wäre schon wegen des dahinter stehenden Zeit- und Ermittlungsaufwandes kaum vertretbar. Folglich können zunächst Belange, die geringwertig oder mit einem Makel behaftet sind sowie solche, auf deren Fortbestand kein schutzwürdiges Vertrauen besteht, bei der Abwägung außer Betracht bleiben. Sonstige Belange darf die Gemeinde dann unberücksichtigt lassen, wenn sie von ihnen keine Kenntnis hat und auch keine Kenntnis haben muss[252], z.B. weil der Belang bei durchschnittlichem Aufklärungsaufwand für eine sorgfältig planende Gemeinde nicht ohne weiteres erkennbar ist und auch von niemandem im Verfahren vorgetragen wurde. Was die planende Stelle nicht sieht und auch nach den gesamten Umständen nicht zu „sehen" brauchte, kann und muss sie bei der Abwägung nicht berücksichtigen[253]. D.h., alle Belange, die für die Gemeinde normalerweise nicht erkennbar sind oder deren Betroffenheit nicht ohne weiteres ersichtlich ist, müssen vom Träger des Belanges (z.B. einer Privatperson) selber in das Bauleitplanverfahren eingebracht werden. Unterbleibt eine solche Anregung und übersieht die Gemeinde einen derartigen „versteckten" Belang, so liegt kein Rechtsfehler vor[254].

An diese Rechtsprechung anknüpfend normiert § 4a Abs. 6 Satz 1 BauGB, dass Stellungnahmen, die im Verfahren der Öffentlichkeits- und Behördenbeteiligung nicht rechtzeitig abgegeben worden sind, bei der Beschlussfassung über den Bauleitplan unberücksichtigt bleiben können, sofern die Gemeinde deren Inhalt nicht kannte und nicht hätte kennen müssen und deren Inhalt für die Rechtmäßigkeit des Bauleitplans nicht von Bedeutung ist. In Bezug auf die Öffentlichkeitsbeteiligung gilt das aber nur, wenn hierauf gemäß § 3 Abs. 2 S. 2 BauGB hingewiesen worden ist (§ 4a Abs. 6 S. 2 BauGB). § 4a Abs. 6 BauGB regelt damit – ähnlich wie Art. 73 Abs. 3a BayVwVfG – die formelle Präklusion der nicht rechtzeitig im Verfahren der Öffentlichkeits- und Behördenbeteiligung abgegebenen Stellungnahmen. Eine sog. materielle Präklusion ist hiermit aber nicht verbunden.

cc) Abwägungsdisproportionalität der 1. Stufe

151 Die von der Gemeinde ermittelten abwägungsrelevanten Belange müssen, um abgewogen werden zu können, gewichtet werden. Auch hierbei können Fehler unterlaufen. Erforderlich ist, dass die abwägungserheblichen Belange mit dem Gewicht in die Abwägung eingestellt werden, das ihnen objektiv zukommt. Ob diese Anforderungen erfüllt sind, lässt sich wiederum nur anhand der Unterlagen zum Bauleitplan, insbesondere der Begründung mit den Angaben nach § 2a BauGB prüfen.

Beispiel: Lässt sich die Gemeinde nicht von der normativen Wertung des § 1 Abs. 6 Nr. 7 BauGB leiten, so verfehlt sie das Gebot, die Belange des Naturschutzes und der Landschaftspflege unter Einschluss der in § 1a Abs. 3 S. 2–S. 4 BauGB ge-

---
[252] BVerwGE 59, 87; BVerwG, DVBl. 1999, 100; BVerwG, NVwZ-RR 2000, 146.
[253] BVerwGE 131, 100 [107] m.w.N.
[254] BVerwGE 59, 87; BVerwG, ZfBR 2001, 419.

C. Materiell-rechtliche Anforderungen an die Bauleitplanung

nannten Kompensationsmaßnahmen mit dem Gewicht in die Abwägung einzustellen, das ihr objektiv zukommt. Die Abwägungsentscheidung ist damit fehlerhaft.

Nach der hier vertretenen Ansicht handelt es sich bei Abwägungsfehlern im Abwägungsvorgang auf dieser Stufe immer um Verfahrensfehler gemäß § 2 Abs. 3 i. V. m. § 214 Abs. 1 Nr. 1 BauGB. 152

dd) Abwägungsdisproportionalität der 2. Stufe

Die im Einzelnen ermittelten und objektiv richtig gewichteten Belange müssen schließlich entsprechend dem ihnen zukommenden Gewicht gegeneinander und untereinander abgewogen werden. Diese Anforderung richtet sich vor allem an den Inhalt des Bauleitplans. Er muss einen einigermaßen gerechten Interessenausgleich widerspiegeln. Allerdings wird der Gemeinde insoweit ein planerischer Gestaltungsspielraum zugestanden, denn eine Planung ohne einen Gestaltungsspielraum wäre ein Widerspruch in sich[255]. Der im Bauleitplan zum Ausdruck kommenden Interessenausgleich ist daher nur dann fehlerhaft, wenn er unverhältnismäßig ist, d. h. wenn der Ausgleich der Belange untereinander außer Verhältnis zu ihrem tatsächlichen Gewicht steht. 153

Beispiel: Eine Zurückstellung der Belange des Natur- und Landschaftsschutzes kommt nur zugunsten entsprechend gewichtiger anderer Belange in Betracht[256]. Das bedarf alsdann besonderer Rechtfertigung. Die Gemeinde muss folglich die Belange, die sie für vorzugswürdig hält, präzise benennen[257].

Nach der hier vertretenen Ansicht handelt es sich bei diesen Abwägungsfehlern im Abwägungsvorgang immer um materielle Fehler i. S. v. § 214 Abs. 3 S. 2 HS. 2 BauGB und nicht um Verfahrensfehler gemäß § 2 Abs. 3 i. V. m. § 214 Abs. 1 Nr. 1 BauGB. 154

ee) Besondere Teilaspekte der Abwägung bei Bebauungsplänen

(1) Abwägungsbereitschaft, Planung nach vollendeten Tatsachen, Vorwegbindung

Eine rechtsstaatlich abwägende Planung muss offen sein und nahe liegende, sich aufdrängende Alternativen auch dann berücksichtigen, wenn sie während des Bauleitplanverfahrens von niemandem vorgetragen werden. Darüber hinaus darf die Gemeinde auch nicht nach „vollendeten Tatsachen" planen. So ist in der Rechtsprechung anerkannt, dass ein Abwägungsdefizit entstehen kann, wenn die Gemeinde das maßgebliche Abwägungsmaterial durch eine sog. selbstbindende Vorwegentscheidung verkürzt. Zwar wäre eine vertragliche Bindung, einen bestimmten Bebauungsplan aufzustellen oder bestimmte Festsetzungen in einem Bebauungsplan zu treffen, nichtig (vgl. § 1 Abs. 3 S. 2 BauGB)[258], wobei es keinen Unterschied macht, ob sich die Gemeinde gegenüber einem privaten Dritten oder gegenüber einer anderen Gebietskörper- 155

---
[255] BVerwGE 34, 301 [304].
[256] BVerwG, BRS 63 (2000) Nr. 14.
[257] BVerwG, BRS 63 (2000) Nr. 14.
[258] BVerwG, BRS 36 Nr. 30; BayVGH v. 2. 8. 2001, Az.: 2 N 01.2105.

schaft verpflichtet²⁵⁹. Stellt die Gemeinde gleichwohl einen Bebauungsplan in der Annahme der faktischen oder vermeintlichen Bindung an einen solchen Vertrag auf, ohne dass sie die der Planung entgegenstehenden Belange als erheblich in Betracht zieht, so ist der Bebauungsplan abwägungsfehlerhaft.

156 Andererseits muss aber der eine Bauleitplanung tragende Abwägungsvorgang nicht auf einem sozusagen planerisch freien Feld stattfinden. Dem Planverfahren vorgeschaltete Besprechungen, Abstimmungen, Zusagen, Verträge (in den Grenzen des § 1 Abs. 3 S. 2 BauGB) und anderes mehr können geradezu unerlässlich sein, um überhaupt sachgerecht planen und eine angemessene effektive Realisierung dieser Planungen gewährleisten zu können²⁶⁰. Das folgt nicht zuletzt aus § 11 BauGB sowie aus der durch § 4b BauGB eingeräumten Möglichkeit der Einschaltung Dritter. Solche Vorentscheidungen dürfen aber nicht zu solchen Bindungen führen, die das Bebauungsplanverfahren zu einer funktionslosen Förmlichkeit werden lassen. Sie dürfen keine sachliche Verkürzung des anschließenden Abwägungsvorgangs bewirken²⁶¹.

Ein Abwägungsausfall/-defizit liegt nach diesen Grundsätzen daher nur dann vor, wenn vorgeschaltete tatsächliche oder rechtliche Bindungen der vorgenannten Art die Interessenabwägung des Gemeinderates (oder beschließenden Ausschusses) beim abschließenden Satzungsbeschluss erkennbar verkürzen, der Gemeinderat (oder der beschließenden Ausschuss) mithin nicht mehr abwägungsbereit ist. Das zuständige Gremium muss – positiv ausgedrückt – also trotz etwaiger Bindungen Herr des Bebauungsplanverfahrens bleiben und die Ziele und Zwecke der Planung i.S.d. § 1 BauGB eigenständig vorgeben²⁶².

(2) Grundsatz der Konfliktbewältigung

157 Jeder Bebauungsplan hat grundsätzlich die von ihm geschaffenen oder ihm sonst zurechenbaren Konflikte zu lösen²⁶³. Das Gebot der Konfliktbewältigung hat seine rechtliche Wurzel im Abwägungsgebot des § 1 Abs. 7 BauGB und besagt nicht mehr, als dass die von der Planung berührten Belange zu einem gerechten Ausgleich gebracht werden müssen. Die Planung darf nicht dazu führen, dass Konflikte, die durch sie hervorgerufen werden, zu Lasten Betroffener letztlich ungelöst bleiben. Dies schließt eine Verlagerung von Problemlösungen aus dem Bauleitplanverfahren auf nachfolgendes Verwaltungshandeln indes nicht zwingend aus. Von einer abschließenden Konfliktbewältigung im Bebauungsplan darf die Gemeinde Abstand nehmen, wenn die Durchführung der als notwendig erkannten Konfliktlösungsmaßnahmen außerhalb des Planungsverfahrens auf der Stufe der Verwirklichung der Planung sichergestellt ist, was die Gemeinde prognostisch zu beurteilen hat²⁶⁴. Je stärker sich die zur Konfliktbewältigung geeignete externe Planung verfes-

---

²⁵⁹ BVerwG, NVwZ 2006, 458.
²⁶⁰ BVerwGE 45, 309 [316, 317]; VGH BW, VBl.BW 1994, 198.
²⁶¹ Grundlegend: BVerwGE 45, 309 [317] (Flachglas).
²⁶² BVerwGE 45, 309 (Flachglas); siehe auch OVG Mecklenburg-Vorpommern, BauR 2008, 1562; zur Zulässigkeit abwägungsdirigierender Verträge siehe Spannovsky, ZfBR 2010, 429.
²⁶³ BVerwGE 45, 309 (Flachglas).
²⁶⁴ BVerwG, BauR 1997, 981; BVerwG, DVBl. 1987, 1273 = NVwZ 1988, 351.

C. Materiell-rechtliche Anforderungen an die Bauleitplanung

tigt hat, desto eher darf die Gemeinde sich eigener Festsetzungen enthalten[265]. Die Grenzen zulässiger Konfliktverlagerung sind aber überschritten, wenn bereits im Planungsstadium absehbar ist, dass sich der offengelassene Interessenkonflikt auch in einem nachfolgenden Verfahren nicht sachgerecht lösen lassen wird[266] oder wenn dem Betroffenen dadurch, dass ein durch die Planung hervorgerufenes Problem zu seinen Lasten ungelöst bleibt, ein nach Lage der Dinge unzumutbares Opfer abverlangt wird[267].

Beispiele:
- Ein Bebauungsplan, der Verkehrsprobleme aufwirft, die nur durch den Ausbau einer vorhandenen Landstraße gelöst werden können, verstößt gegen den Grundsatz der Konfliktbewältigung, wenn er diese Lösung einem künftigen Planfeststellungsverfahren überlässt, obwohl nicht absehbar ist, ob eine solche Planfeststellung ergehen kann und wird[268]. Dagegen liegt kein Verstoß gegen den Grundsatz der Konfliktbewältigung vor, wenn eine parallele Planung bereits so weit fortgeschritten ist, dass an ihrer Verwirklichung und damit an der Lösung der durch den Bebauungsplan aufgeworfenen Probleme sinnvoll nicht mehr zu zweifeln ist[269], wovon bei einer straßenrechtlichen Planfeststellung regelmäßig dann ausgegangen werden kann, sobald die Planunterlagen im Anhörungsverfahren ausgelegt worden sind[270].
- Ein Bebauungsplan beruht u.a. dann auf einem Abwägungsfehler, wenn er eine ausreichende wegemäßige Erschließung für die in seinem Geltungsbereich liegenden Baugrundstücke nicht festsetzt.
- Gegen den Grundsatz der Konfliktbewältigung wird verstoßen, wenn ein von der konkreten Planung schwer und unerträglich getroffenes Grundstück nicht in das Plangebiet miteinbezogen wird, sondern die schädigende Planung unmittelbar vor seiner Grenze endet[271].

(3) Der sog. Trennungsgrundsatz

Ein weiterer im Rahmen der Abwägung zu berücksichtigender Grundsatz ist das sog. **Trennungsprinzip**, welches zugleich ein Mittel der Konfliktlösung darstellt[272] und nach welchem miteinander unverträgliche Nutzungen möglichst nicht nebeneinander geplant werden sollen. So hat das BVerwG in seinem grundlegenden „**Flachglas-Urteil**"[273] ausgeführt, dass Wohngebiete und die nach ihrem Wesen umgebungsbelastenden Industriegebiete möglichst nicht nebeneinander liegen sollten. Hierin liege ein wesentliches Element geordneter städtebaulicher Entwicklung (i.S.v. § 1 Abs. 1 BauGB) und deshalb ein elementarer Grundsatz städtebaulicher Planung. Dieser Grundsatz werde durch § 50 BImSchG bestätigt. Er komme ferner darin zum Ausdruck, dass in Industriegebieten und selbst in Gewerbegebieten grundsätzlich überhaupt nicht gewohnt werden solle (vgl. §§ 8 Abs. 3, 9 Abs. 3 BauNVO) und das

158

---

[265] BVerwG, NVwZ-RR 1995, 130.
[266] BVerwG, Buchholz 406.11 § 9 BBauG Nr. 30; BVerwGE 69, 30; BVerwG, NVwZ-RR 1995, 130.
[267] Vgl. etwa BVerwGE 71, 150; BVerwGE 77, 295; BVerwG, NVwZ-RR 2000, 146.
[268] BVerwG, NVwZ-RR 1995, 130.
[269] BVerwG, Buchholz 407.4 § 17 FStrG Nr. 70.
[270] BVerwGE 71, 150.
[271] BVerwG, NVwZ 1996, 888 m.w.N.
[272] Vgl. Müller, BauR 1994, 191 [195].
[273] BVerwGE 45, 309.

Nebeneinander verschiedener Gebietsarten allgemein dem sie miteinander verflechtenden Gebot der Rücksichtnahme unterliege. Der Trennungsgrundsatz gibt der Gemeinde somit auf, ein Nebeneinander von miteinander unvereinbaren Nutzungen (z. B. Wohngebiet und Industriegebiet, Wohngebiet und Gewerbegebiet, Wohngebiet und emittierende landwirtschaftliche Nutzung, Wohngebiet und störungsintensive Sondergebiete[274]) schon planungsrechtlich zu vermeiden und nicht dem nachfolgenden Genehmigungsverfahren („Konflikttransfer") zu überlassen[275].

159 Allerdings verlangt das Trennungsprinzip keine Planung immer nach dem Grundsatz WR nur neben WA, daneben MI, dann GE u. s. w., denn im „Flachglas-Urteil" hat das BVerwG ausdrücklich darauf hingewiesen, dass es sich bei dem Trennungsgebot um nicht mehr als einen **ausnahmefähigen** Grundsatz handele und nur handeln könne. Solche Gebiete **sollen** nur möglichst nicht unmittelbar nebeneinander liegen. Dieser Grundsatz gilt aber in erster Linie für die Bauleitplanung bisher unbebauter oder nicht vorbelasteter Bereiche, nicht dagegen für die Beplanung einer bereits vorhandenen Gemengelage[276]. Der Trennungsgrundsatz ist daher durchaus einer Durchbrechung zugänglich. Er gilt allerdings uneingeschränkt – und hat dort seine besondere Bedeutung – für Planungen in nicht bebauten oder nicht vorbelasteten Bereichen[277].

Dem Trennungsgrundsatz kann etwa durch die Festsetzung von Freiflächen oder ihrerseits mit beiden Nutzungsarten verträglichen „Pufferzonen", also z. B. dadurch, dass zwischen ein Wohngebiet und ein Gewerbegebiet ein Mischgebiet gelegt wird[278], genügt werden[279]. Die erforderliche Trennung kann aber auch auf andere Weise geschehen, durch die gewährleistet wird, dass von einer etwaigen gewerblichen Nutzung keine Immissionen ausgehen, die den Bewohnern eines angrenzenden Wohngebietes billigerweise nicht zugemutet werden können, wie z. B. durch die Festsetzung von entsprechenden Lärmschutzwällen am Rande des Gewerbegebiets sowie die Beschränkung der gewerblichen Betätigung in dem daran anschließenden eingeschränkten Gewerbegebiet[280].

(4) Die interkommunale Abstimmung (§ 2 Abs. 2 BauGB)

160 Nach § 2 Abs. 2 S. 1 BauGB sind die Bauleitpläne benachbarter Gemeinden aufeinander abzustimmen[281]. Die Reichweite des interkommunalen Abstimmungsgebots hatte das BVerwG dabei zunächst in der sog. Krabbenkamp-Entscheidung[282] näher konkretisiert, es dann aber durch die Entscheidung

---

[274] Vgl. Ziekow, BayVBl. 2000, 325 [326] m. w. N.
[275] BVerwG, BauR 1992, 344.
[276] Grundlegend BVerwG, BauR 1992, 344; siehe auch schon BVerwG, Buchholz 406.11 § 1 BBauG Nr. 19; BVerwG, Buchholz 406.12 § 8 BauNVO Nr. 9.
[277] BVerwG, BauR 1992, 344; siehe auch VGH BW, NuR 2000, 153 [155]; OVG Lüneburg v. 25. 6. 2001, Az.: 1 K 1850/00.
[278] Vgl. VGH BW, NVwZ 1992, 802.
[279] Vgl. Ziekow, BayVBl. 2000, 325 [326].
[280] VGH BW, NVwZ 1992, 802.
[281] Ausführlich hierzu etwa Zierau, DVBl. 2009, 693.
[282] BVerwGE 40, 323 = DVBl. 1973, 34; siehe auch BVerwGE 84, 209 [215 f.]; BVerwG, NVwZ 1995, 266.

zum Factory-Outlet-Center Zweitbrücken[283] weiter ausgebaut. Danach steht § 2 Abs. 2 S. 1 BauGB in einem engen sachlichen Zusammenhang mit § 1 Abs. 7 BauGB. Das interkommunale Abstimmungsgebot stellt sich als eine besondere Ausprägung des Abwägungsgebots dar. Befinden sich benachbarte Gemeinden objektiv in einer Konkurrenzsituation, so darf keine von ihrer Planungshoheit rücksichtslos zum Nachteil der anderen Gebrauch machen. Der Gesetzgeber bringt dies in § 2 Abs. 2 S. 1 BauGB unmissverständlich zum Ausdruck. Diese Bestimmung verleiht dem Interesse der Nachbargemeinde, vor Nachteilen bewahrt zu werden, besonderes Gewicht. Das Gebot, die Bauleitpläne benachbarter Gemeinden aufeinander abzustimmen, lässt sich als gesetzliche Ausformung des in Art. 28 Abs. 2 GG gewährleisteten gemeindlichen Selbstverwaltungsrechts verstehen. § 2 Abs. 2 S. 1 BauGB liegt die Vorstellung zu Grunde, dass benachbarte Gemeinden sich mit ihrer Planungsbefugnis im Verhältnis der Gleichordnung gegenüberstehen. Die Vorschrift verlangt daher einen Interessenausgleich zwischen diesen Gemeinden und fordert dazu eine Koordination der gemeindlichen Belange. Umgekehrt lässt sich aus § 2 Abs. 2 S. 1 BauGB nicht etwa entnehmen, dass eine Planung, die durch Auswirkungen gewichtiger Art gekennzeichnet ist, bereits aus diesem Grund gegen das Abwägungsgebot verstieße. Auch hier gilt, dass selbst gewichtige Belange im Wege der Abwägung überwunden werden dürfen, wenn noch gewichtigere ihnen im Rang vorgehen. Die Bedeutung des § 2 Abs. 2 S. 1 BauGB im Rahmen des allgemeinen Abwägungsgebots liegt somit darin, dass eine Gemeinde, die ihre eigenen Vorstellungen selbst um den Preis von gewichtigen Auswirkungen für die Nachbargemeinde durchsetzen möchte, einem erhöhten Rechtfertigungszwang in Gestalt der Pflicht zur (formellen und materiellen) Abstimmung im Rahmen einer förmlichen Planung unterliegt. Ob ausgehend hiervon im Fall von konkurrierenden Planungen die eine Gemeinde die Belange der anderen Gemeinde im Wege der Abwägung zurückstellen darf oder ob ein solches Abwägungsergebnis der Nachbargemeinde gegenüber rücksichtslos wäre und ein Scheitern beider Planungen nur durch eine konsensuale Lösung, z.B. eine Vereinbarung über bestimmte Darstellungen in den jeweiligen Flächennutzungsplänen gemäß § 204 Abs. 1 S. 4 BauGB verhindert werden kann, hängt von den Umständen des Einzelfalls ab. Von Bedeutung kann u.a. sein, inwieweit die Planung an eine bereits verwirklichte frühere Planung anknüpft und wie weit die Planung der Nachbargemeinde fortgeschritten ist[284]. M.a.W.: Rechtsgrundlage der materiellen Abstimmungspflicht nach § 2 Abs. 2 S. 1 BauGB ist letztlich die Pflicht der Gemeinde zur ordnungsgemäßen Abwägung nach § 1 Abs. 7 BauGB, die das Gebot interkommunaler Rücksichtnahme in der Bauleitplanung einschließt[285] bzw. § 2 Abs. 2 S. 1 BauGB ist eine besondere gesetzliche Ausprägung des planungsrechtlichen Abwägungsgebots nach § 1 Abs. 7 BauGB[286].

---

[283] BVerwGE 117, 25; siehe auch OVG Koblenz, ZfBR 2011, 260.
[284] So ausdrücklich BVerwG, NVwZ 2010, 1026 [1030].
[285] BVerwG, ZfBR 2004, 171 [173]; OVG Lüneburg, ZfBR 2001, 134; Schrödter, BauGB, zu § 2 Rn. 42.
[286] BVerwGE 119, 25.

161 Einer (materiellen) gemeindenachbarlichen Abstimmung gemäß § 2 Abs. 2 S. 1 BauGB bedarf es bereits dann, wenn nachbarliche Belange in mehr als nur geringfügiger Weise nachteilig betroffen werden. Sie ist erst recht erforderlich, wenn aufgrund unmittelbarer Auswirkungen gewichtiger Art auf die städtebauliche Ordnung und Entwicklung der Nachbargemeinde ein qualifizierter Abstimmungsbedarf besteht[287].

Im Unterschied zur rechtlichen Betroffenheit einer Gemeinde durch eine Fachplanung ist es dabei nicht erforderlich, dass eine hinreichend bestimmte Planung der Nachbargemeinde nachhaltig gestört wird oder dass wesentliche Teile von deren Gebiet einer durchsetzbaren Planung entzogen werden[288]. Folglich dürfen gewichtige Auswirkungen auf Planungen einer Nachbargemeinde nicht allein deshalb im Rahmen der Abwägung zurückgestellt werden, weil die Nachbargemeinde die Abwägungsentscheidung über ihren Plan noch nicht getroffen hat. Die Konkretisierung dieser Planung und ihre Realisierungschancen können aber für das Gewicht der nachbargemeindlichen Belange von Bedeutung sein[289]. Auch kommt es nicht darauf an, ob die Gemeinden unmittelbar aneinandergrenzen, so dass auch eine nicht unmittelbar an die planende Gemeinde angrenzende Gemeinde einen Anspruch nach § 2 Abs. 2 S. 1 BauGB haben kann[290]. Denn das planungsrechtliche Gebot der interkommunalen Abstimmung ist – s.o. – auch eine gesetzliche Ausformung des in Art. 28 Abs. 2 GG gewährleisteten kommunalen Selbstverwaltungsrechts. Damit steht die grundgesetzlich verbürgte Planungshoheit unter dem „nachbarlichen Vorbehalt" des Gebots wechselseitiger kommunaler Rücksichtnahme[291].

162 Nach dem durch das EAG-Bau neu eingefügten **§ 2 Abs. 2 S. 2 BauGB** können sich Gemeinden im Rahmen der interkommunalen Abstimmung auch auf die ihnen durch Ziele der Raumordnung zugewiesenen Funktionen sowie auf Auswirkungen auf ihre zentralen Versorgungsbereiche berufen. S. 2 erweitert somit die Rechte von Nachbargemeinden: Während S. 1 auf städtebauliche Belange beschränkt ist, werden durch S. 2 raumordnerische Belange, mithin Funktionen, die der Gemeinde durch Ziele der Raumordnung zugewiesen worden sind sowie Auswirkungen auf ihre zentralen Versorgungsbereiche, wehrfähig gemacht[292].

163 § 2 Abs. 2 S. 2 BauGB enthält **zwei unterschiedliche Bestandteile:**
- zum einen die durch Ziele der Raumordnung zugewiesenen Funktionen; diese Regelung bewirkt, dass sich eine Gemeinde gegenüber der Planung einer anderen Gemeinde auf die Funktionen berufen kann, die ihr durch Ziele der Raumordnung i.S.d. § 3 Abs. 1 Nr. 2 ROG zugewiesen worden sind. Die „Anreicherung" der kommunalen Planungshoheit der Nachbargemeinde um raumordnerische Belange setzt somit voraus, dass eine Funktionszuweisung durch eine raumordnerische Aussage stattfindet, die materiell die Anforderung an ein Ziel der Raumordnung i.S.d. § 3 Abs. 1

---

[287] BVerwGE 40, 323 [331]; BVerwGE 84, 209 [217]; OVG Lüneburg, NVwZ-RR 2006, 246.
[288] BVerwG, NVwZ 1995, 694; BVerwGE 84, 209.
[289] BVerwG, NVwZ 2010, 1026.
[290] BVerwG, NVwZ 1995, 694.
[291] BVerwGE 119, 52.
[292] Battis/Krautzberger/Löhr, BauGB, zu § 2 Rn. 24.

C. Materiell-rechtliche Anforderungen an die Bauleitplanung

Nr. 2 ROG erfüllt[293]. Die raumordnerische Aussage muss daher bestimmt oder bestimmbar und abschließend abgewogen sein.

Beispiel: Die Gemeinde A ist im Regionalplan als zentraler Ort festgesetzt, die Nachbargemeinde B nicht; nach dem Regionalplan sollen großflächige Einzelhandelsbetriebe nur in zentralen Orten errichtet werden. Plant nun die Gemeinde B den Erlass eines Bauleitplans, in welchem u. a. großflächige Einzelhandelsbetriebe zugelassen werden sollen, dann kann die Gemeinde A hiergegen unter Berufung auf § 2 Abs. 2 S. 2 BauGB vorgehen.

- Zum anderen den städtebaulichen Belang der Auswirkungen auf **zentrale Versorgungsbereiche**[294]; dementsprechend muss eine planende Kommune über § 2 Abs. 2 S. 2 BauGB die Auswirkungen auf die zentralen Versorgungsbereiche von Nachbargemeinden beachten[295].

Missachtet die planende Gemeinde durch einen Verstoß gegen das Abwägungsgebot die Vorgaben des § 2 Abs. 2 BauGB zu Lasten der Nachbargemeinde, so ist dieser Fehler absolut beachtlich und führt zur Unwirksamkeit des Bauleitplans.

§ 2 Abs. 2 (S. 1 und S. 2) begründet für Nachbargemeinden ein subjektives Recht auf Abstimmung der Planungen i. S. v. § 47 Abs. 2 VwGO, mit der Folge, dass die Nachbargemeinde ggf. im Wege der Normenkontrollklage nach § 47 Abs. 1 Nr. 1 VwGO gegen einen Bebauungsplan einer anderen Gemeinde vorgehen kann. Tendenziell scheint das BVerwG zudem dazu zu neigen, zumindest § 2 Abs. 2 S. 1 BauGB auch im Rahmen von Einzelbauvorhaben nach §§ 34, 35 BauGB anzuwenden und Nachbargemeinden so Abwehransprüche gegen Vorhaben zu gewähren, die mit den eigenen Planungen nicht abgestimmt sind[296]. Die Instanzgerichte sind insofern deutlich zurückhaltender[297].

ff) Fehlerfolge

Gemäß § 214 Abs. 3 S. 1 BauGB ist für die Abwägung zunächst die Sach- und Rechtslage im Zeitpunkt der Beschlussfassung über den Bauleitplan maßgebend. Das bedeutet, dass nachträgliche Änderungen der Sach- und/oder Rechtslage die ursprüngliche Abwägungsentscheidung nicht mehr in Frage stellen können.

Darüber hinaus führt auch nicht jeder Abwägungsfehler bereits zur Unwirksamkeit des Bauleitplans. Aufgrund der Komplexität der Materie und der Schwierigkeiten, die das Abwägungsgebot für die Gemeinde mit sich

---

[293] Uechtritz, DVBl. 2006, 799 [803] m. w. N.
[294] Zentrale Versorgungsbereiche sind abgrenzbare Bereiche einer Gemeinde, denen aufgrund vorhandener Einzelhandelsnutzungen – häufig ergänzt durch diverse Dienstleistungen und gastronomische Angebote – eine Versorgungsfunktion über den unmittelbaren Nahbereich hinaus zukommt; vgl. BVerwGE 129, 307 = NVwZ 2008, 308; BVerwG, NVwZ 2009, 590; siehe auch Battis, DVBl. 2011, 196.
[295] Uechtritz, DVBl. 2006, 799 [802] m. w. N.
[296] Vgl. Zierau, DVBl. 2010, 693 [699] m. w. N.; siehe auch Uechtritz, DVBl. 2006, 299.
[297] Gegen eine Anwendung des § 2 Abs. 2 BauGB auf Einzelbaugenehmigungen: OVG Lüneburg, NVwZ-RR 2007, 7; VGH Kassel, NVwZ-RR 2006, 230.

bringt, hat der Gesetzgeber bereits frühzeitig erkannt, dass es auch für Abwägungsfehler einer „Planerhaltungsvorschrift" bedarf. Seit dem EAG-Bau finden sich insoweit zwei Regelungen: § 214 Abs. 1 Nr. 1 BauGB für Fehler bei der Ermittlung und Bewertung der für die Abwägung bedeutsamen Belange, und § 214 Abs. 3 S. 2 HS. 2 BauGB für Mängel im Abwägungsvorgang im Übrigen. Dabei können gemäß § 214 Abs. 3 S. 2 HS. 1 BauGB Mängel, die Gegenstand der Regelung des § 214 Abs. 1 Nr. 1 BauGB sind, nicht als Mängel der Abwägung i. S. v. § 214 Abs. 3 S. 2 BauGB geltend gemacht werden (zur strittigen Abgrenzung des Anwendungsbereichs des § 2 Abs. 3 BauGB einerseits und des § 1 Abs. 7 BauGB andererseits siehe oben Rn. 108 f.).

168 Auch nach der Neuregelung sind Fehler im **Abwägungsergebnis**[298], also in den planerischen Darstellungen/Festsetzungen des Bauleitplan, dagegen stets beachtlich. Das hat zur Folge, dass Mängel im Abwägungsvorgang, die zugleich Mängel des Abwägungsergebnisses sind, weder unter § 214 Abs. 1 Nr. 1 BauGB noch unter § 214 Abs. 3 S. 2 HS. 2 BauGB fallen[299].

169 Nach § 214 Abs. 1 Nr. 1 BauGB bzw. gemäß § 214 Abs. 3 S. 2 HS. 2 BauGB sind Mängel im Abwägungsvorgang nur dann erheblich, wenn sie **offensichtlich** und auf das **Ergebnis des Verfahrens** bzw. das **Abwägungsergebnis von Einfluss** gewesen sind. Zur Unwirksamkeit des Bauleitplans führt ein Abwägungsfehler danach nur, wenn die genannten Voraussetzungen kumulativ erfüllt sind. Da die Voraussetzungen insoweit in § 214 Abs. 1 Nr. 1 BauGB mit denen in § 214 Abs. 3 S. 2 HS. 2 BauGB identisch sind, ist der Streit um die Verortung einzelner oder aller Aspekte des Abwägungsvorgangs eher rechtstheoretisch denn praktisch bedeutsam[300]. Die nachfolgenden Ausführungen unter Rn. 170, 171 gelten daher entsprechend für die Fehlerfolge nach § 2 Abs. 3 i. V. m. § 214 Abs. 1 Nr. 1 BauGB. Zu **beachten** ist im Zusammenhang mit § 214 Abs. 1 Nr. 1 BauGB allerdings noch, dass dort von *„in wesentlichen Punkten"* die Rede ist (eine solche Einschränkung findet sich in § 214 Abs. 3 S. 2 HS. 2 BauGB nicht). Hierbei handelt es sich wohl um eine interne Unbeachtlichkeitsklausel, wie sie auch in § 214 Abs. 1 Nr. 2 HS. 2, Nr. 3 HS. 2 BauGB enthalten ist. Dabei betreffen von der Planung berührte, nicht zutreffend ermittelte oder bewertete Belange bereits dann *„wesentliche Punkte"* i. d. S., wenn diese Punkte in der konkreten Planungssituation abwägungsbeachtlich waren[301]. Es muss sich also nicht um gravierende Fehleinschätzungen in für die Planung wesentlichen Punkten handeln.

170 Ein **offensichtlicher Mangel** im Abwägungsvorgang kann nur dann angenommen werden, wenn konkrete Umstände positiv und klar auf einen solchen Mangel hindeuten. „Offensichtlich" ist alles, „was zur äußeren Seite des Abwägungsvorganges derart gehört, dass es auf objektiv fassbaren Sach-

---

[298] Ein Fehler im Abwägungsergebnis liegt dann vor, wenn ein Bauleitplan mit einem Inhalt vorliegt, welches im Ergebnis schlechthin nicht vertretbar ist, so dass es der Aufstellung eines neuen Bauleitplans mit einem anderen Inhalt bedarf; vgl. Koehl, DVP 2008, 133.
[299] Battis/Krautzberger/Löhr, BauGB, zu § 214 Rn. 20 a. E.
[300] Vgl. etwa Kraft, UPR 2004, 331 [335].
[301] BVerwGE 131, 100.

C. Materiell-rechtliche Anforderungen an die Bauleitplanung

umständen beruht"[302]. Es genügt dagegen nicht, wenn – negativ – lediglich nicht ausgeschlossen werden kann, dass der Abwägungsvorgang an einem solchen Mangel leidet[303]. Ein „offensichtlicher Mangel" liegt folglich nicht schon dann vor, wenn Planbegründung und Aufstellungsvorgänge keinen ausdrücklichen Hinweis darauf enthalten, dass der Plangeber sich mit bestimmten Umständen abwägend befasst hat.

Ist ein offensichtlicher Mangel gegeben, dann ist dieser auf das Abstimmungsergebnis von **Einfluss** gewesen, wenn nach den Umständen des Einzelfalles die konkrete Möglichkeit besteht, dass ohne den Mangel die Planung anders ausgefallen wäre[304]. Das ist immer dann der Fall, wenn sich anhand der Planunterlagen oder sonst erkennbarer oder nahe liegender Umstände die Möglichkeit abzeichnet, dass der Mangel im Abwägungsvorgang von Einfluss auf das Abwägungsergebnis gewesen sein kann[305], wenn also das zuständige Gremium bei Vermeidung des Fehlers voraussichtlich anders entschieden hätte. Auch das Gewicht des betroffenen Belangs kann dabei für die Ergebnisrelevanz von Bedeutung sein[306].

Beispiel: Der Planungsträger hat sich von einem unzutreffenden Belang leiten lassen und andere Belange, welche das Abwägungsergebnis rechtfertigen könnten, weder im Bauleitplanverfahren angesprochen noch sonst ersichtlich behandelt.

Aber auch bei Vorliegen eines offensichtlichen und auf das Verfahrensergebnis/Abwägungsergebnis von Einfluss gewesenen Abwägungsfehlers führt dies nur dann zur Unwirksamkeit des Bauleitplans, wenn dieser Fehler gemäß § 215 Abs. 1 Nr. 1 bzw. Nr. 3 BauGB innerhalb von **einem Jahr** seit Bekanntmachung des Bauleitplans gegenüber der Gemeinde gerügt wird.

III. Besondere materiell-rechtliche Anforderungen an den Flächennutzungsplan

Der Flächennutzungsplan als vorbereitender Bauleitplan stellt für das ganze Gemeindegebiet die sich aus der beabsichtigten städtebaulichen Entwicklung ergebende Art der Bodennutzung nach den voraussehbaren Bedürfnissen der Gemeinde in den Grundzügen[307] dar (vgl. § 5 Abs. 1 S. 1 BauGB), womit die städtebauliche Entwicklung in der Gemeinde in den nächsten 10 bis 15 Jahren vorgegeben ist. Da der Flächennutzungsplan die städtebauliche Entwicklung in den Grundzügen enthält, sollten seine Darstellungen nicht zu konkret sein, auch und gerade um die Bauleitplanung durch Bebauungspläne (vgl. § 8 BauGB) nicht von vorneherein zu stark zu beschränken[308].

Der Flächennutzungsplan ist zwar für das gesamte Gemeindegebiet aufzustellen (vgl. § 5 Abs. 1 S. 1 BauGB); gemäß § 5 Abs. 1 S. 2 BauGB können

---

[302] Battis/Krautzberger/Löhr, BauGB, zu § 214 Rn. 21.
[303] BVerwG, NVwZ 1992, 662.
[304] BVerwGE 131, 100 [107].
[305] BVerwG, NVwZ 1992, 663.
[306] BVerwGE 122, 207 [213].
[307] Siehe hierzu BVerwG, NVwZ 2005, 87.
[308] Grundlegend: BVerwG, NVwZ 2005, 87.

jedoch einzelne Flächen und sonstige Darstellungen unter bestimmten Voraussetzungen ausgenommen werden.

Über § 204 BauGB besteht die Möglichkeit, dass benachbarte Gemeinden einen gemeinsamen Flächennutzungsplan aufstellen, wenn ihre städtebauliche Entwicklung wesentlich durch gemeinsame Voraussetzungen und Bedürfnisse bestimmt wird oder ein gemeinsamer Flächennutzungsplan einen gerechten Ausgleich der verschiedenen Belange ermöglicht.

175 § 5 Abs. 2, Abs. 2a BauGB regeln die einzelnen Darstellungsmöglichkeiten im Flächennutzungsplan. Die Regelung ist, wie die Wendung „insbesondere" zeigt, **nicht abschließend**. Beispielhaft seien an dieser Stelle folgende Darstellungsformen erwähnt:

- Nach **Nr. 1** kann im Flächennutzungsplan die Art der zukünftigen baulichen Nutzung auf zwei verschiedene Arten festgesetzt werden: zum einen durch die Ausweisung von Bauflächen (= Wohnbauflächen, gemischte und gewerbliche Bauflächen sowie Sonderbauflächen; vgl. § 1 Abs. 1 BauNVO); zum anderen durch die Festsetzung von (konkreten) Baugebieten i.S.v. § 1 Abs. 2 BauNVO[309]. Dabei kann auch schon im Flächennutzungsplan das allgemeine Maß der baulichen Nutzung (vgl. § 16 Abs. 1 BauNVO) festgelegt werden.
- Kern der Darstellungen nach **Nr. 2a** sind die Anlagen und Einrichtungen des Gemeinbedarfs. Diese sind gekennzeichnet durch die Erfüllung einer öffentlichen Aufgabe, Zugänglichkeit für die Allgemeinheit, Fehlen oder nur untergeordnete Bedeutung privatwirtschaftlichen Gewinnstrebens[310]. Solche Einrichtungen sind z.B. Schulen, Kindergärten, Kirchen, Theater, Krankenhäuser, Schwimmbäder, freie Bildungseinrichtungen etc., also allgemein Versorgungseinrichtungen[311]. Des Weiteren können nach Nr. 2a Flächen für selbständige Spiel- und Sportanlagen aufgenommen werden. **Nr. 2b** lässt Darstellungen zur Ausstattung des Gemeindegebiets mit Anlagen, Einrichtungen und sonstigen Maßnahmen, die dem Klimawandel entgegenwirken (sog. Mitigationsmaßnahmen; gemeint sind damit insbesondere Anlagen und Einrichtungen zur dezentralen und zentralen Erzeugung, Verteilung, Nutzung oder Speicherung von Strom, Wärme oder Kälte aus erneuerbaren Energien oder Kraft-Wärme-Kopplung), **Nr. 2c** entsprechende Darstellungen zu Maßnahmen, die der Anpassung an den Klimawandel (sog. Adaptionsmaßnahmen, wie z.B. die Darstellung eines Systems von Kaltluftschneisen, also von Flächen, die von Bebauung freizuhalten sind; vgl. § 9 Abs. 1 Nr. 10 BauGB) dienen, zu[311a].
- Gemäß **Nr. 3** können auch die Flächen für den überörtlichen Verkehr (Bundesautobahnen, Bundesstraßen, Staatsstraßen, Kreisstraßen) und für die örtlichen Hauptverkehrszüge (wie Verbindungsstraßen, Zubringerstraßen, aber auch größere Plätze etwa für den ruhenden Verkehr) dargestellt werden. Dabei erfasst die Vorschrift nicht nur den Straßenverkehr, sondern auch alle anderen Verkehrsarten (z.B. Schienenverkehr, Luftverkehr), mit Ausnahme des Wasserverkehrs, für den in Nr. 7 eine eigene Darstellungsmöglichkeit vorgesehen ist[312].
- Über **Nr. 5** besteht für die Gemeinde die Möglichkeit, Grünflächen darzustellen. Dabei kann es sich um private oder um öffentliche Grünflächen handeln. Abzugrenzen ist die Darstellungsmöglichkeit nach Nr. 5 von der nach Nr. 9 (Flächen

---

[309] Zu weiteren Einzelheiten siehe beim Bebauungsplan.
[310] BVerwG, NVwZ 1994, 104.
[311] Battis/Krautzberger/Löhr, BauGB, zu § 5 Rn. 15.
[311a] Vgl. BT-Drucks. 17/6076 S. 8, 9; siehe auch Battis u.a., NVwZ 2011, 897 [899].
[312] Battis/Krautzberger/Löhr, BauGB, zu § 5 Rn. 18.

für Landwirtschaft und für Wald) und von der nach Nr. 2 (Flächen für Sport- und Spielanlagen). Der Unterschied liegt darin begründet, dass es sich bei den Grünflächen i. S. d. Nr. 5 um in bebaute Gebiete eingegliederte oder diesen zugeordnete Flächen handelt, also um solche, die unmittelbar städtebauliche Bedeutung haben. Im Rahmen der Darstellung nach Nr. 5 (Grünfläche) wären also Sport- oder Spielanlagen Teil der Grünfläche (vgl. Wortlaut der Nr. 5: „Grünflächen, wie … Sport-, Spielplätze …"), mithin unselbständig (im Gegensatz zur selbständigen Fläche nach Nr. 2)[313].

- Mit den Darstellungsmöglichkeiten nach **Nr. 6** kann die Gemeinde **Umweltschutzgesichtspunkten** bei der Flächennutzungsplanung über das Leitziel des § 1 Abs. 5 S. 1 BauGB hinaus Rechnung tragen; sie kann durch die Darstellung von Nutzungsbeschränkungen (z. B. keine emittierenden Anlagen auf bestimmten Flächen) damit eine Festsetzung nach § 9 Abs. 1 Nr. 24 BauGB vorbereiten.
- Im Flächennutzungsplan können des weiteren Flächen zum Ausgleich im Sinne des § 1 a Abs. 3 BauGB den Flächen, auf denen Eingriffe in Natur und Landschaft zu erwarten sind, ganz oder teilweise zugeordnet werden (**§ 5 Abs. 2 a BauGB**). Diese Zuordnung erfordert aber eine in der Begründung mit den Angaben nach § 2 a BauGB (§ 5 Abs. 5 BauGB) dargelegte Ausgleichskonzeption oder zumindest eine vom Gemeinderat beschlossene Ausgleichskonzeption[314].

Zur Art und Weise der Darstellung siehe die sog. Planzeichenverordnung. **176**

Der durch das EAG-Bau neu eingefügte § 5 Abs. 2 b BauGB ermöglicht in **177** seinen S. 1 sog. **sachliche Teilflächennutzungspläne** in Bezug auf Darstellungen des Flächennutzungsplans mit den Rechtswirkungen des § 35 Abs. 3 S. 3 BauGB[315]. Die Gemeinden können durch sog. qualifizierte standortbezogene Flächenausweisungen im Flächennutzungsplan nach § 35 Abs. 1 Nr. 2 bis 6 BauGB privilegierte Vorhaben verhindern. Oftmals fehlt es jedoch an solchen qualifizierten standortbezogenen Flächenausweisungen, so dass die (allgemeinen) Darstellungen des Flächennutzungsplans (z. B. Fläche für die Landwirtschaft) dem privilegierten Vorhaben nicht entgegenstehen. Um kurzfristige Änderungen des Flächennutzungsplans zu ermöglichen und damit gemeindlicherseits unerwünschte Vorhaben verhindern zu können, sieht daher § 5 Abs. 2 b S. 1 BauGB den sachlichen Teilflächennutzungsplan vor.

Der sachliche Teilflächennutzungsplan bedarf vor dem Hintergrund des § 1 Abs. 3 S. 1 BauGB besonderer Rechtfertigung[316] und darf nicht mit der Teiländerung eines bereits bestehenden Flächennutzungsplans verwechselt werden. Während bei der Teiländerung eines bestehenden Flächennutzungsplans nach wie vor das gesamte Gemeindegebiet überplant ist, nimmt der sachliche Teilflächennutzungsplan einzelne Bereiche aus dem „Gesamtflächennutzungsplan" heraus und führt sie einer eigenen Regelung zu. Er ist also rechtlich selbständig und rechtlich nicht von einem Gesamtflächennutzungsplan gemäß § 5 Abs. 1 S. 1 BauGB abhängig[317].

Abs. 2 b S. 2 trägt darüber hinaus einem Bedürfnis der Praxis Rechnung, indem nunmehr auch räumliche Teilflächennutzungspläne aufgestellt werden können, also

---

[313] Vgl. Battis/Krautzberger/Löhr, BauGB, zu § 5 Rn. 20.
[314] Wagner/Mitschang, DVBl. 1997, 1137 [1144 f.].
[315] Zur Überprüfung solcher Flächennutzungspläne in einem Normenkontrollverfahren siehe oben Rn. 6.
[316] Battis/Krautzberger/Löhr, BauGB, zu § 5 Rn. 35 e.
[317] Ernst/Zinkahn/Bielenberg/Krautzberger, BauGB, zu § 5 Rn. 62 d.

Flächennutzungspläne, die auf räumliche Teile des Gemeindegebiets beschränkt werden können, womit durch S. 2 eine Ausnahme von dem Grundsatz begründet wird, das Flächennutzungspläne für das gesamte Gemeindegebiet aufgestellt werden müssen (vgl. oben Rn. 7).

178 Nach § 5 Abs. 3 BauGB besteht die grundsätzliche (vgl. Wortlaut „sollen") Verpflichtung, Flächen, deren bauliche Nutzung nur unter Beachtung besonderer Umstände möglich ist, zu **kennzeichnen.** Kennzeichnungen unterscheiden sich von Darstellungen dadurch, dass sie nicht wie diese die Nutzbarkeit der Grundstücksoberfläche bestimmen, sondern nur **Hinweise** auf Einwirkungen geben, die aus dem Untergrund oder der Nachbarschaft des Grundstücks kommen können und bei der Bauleitplanung zu berücksichtigen sind. Kennzeichnungen dienen folglich dem Schutz künftiger baulicher oder sonstiger Nutzungen des Grundstücks[318]. Von besonderer Bedeutung ist dabei die Kennzeichnungsverpflichtung in Bezug auf Flächen, deren Böden erheblich mit umweltgefährdenden Stoffen (= Altlasten) belastet sind (§ 5 Abs. 3 Nr. 3 BauGB).

Über § 5 Abs. 4 BauGB besteht schließlich die grundsätzliche (vgl. Wortlaut „sollen") Verpflichtung, nach anderen Gesetzen festgesetzte Planungen und Nutzungsregelungen in den Flächennutzungsplan **nachrichtlich** zu übernehmen. Gleiches gilt gemäß § 5 Abs. 4a S. 1 BauGB für festgesetzte Überschwemmungsgebiete im Sinne des § 76 Abs. 2 WHG. Noch nicht festgesetzte Überschwemmungsgebiete im Sinne des § 76 Abs. 3 WHG sowie Risikogebiete Gebiete im Sinne des § 73 Abs. 1 S. 1 WHG sollen zudem im Flächennutzungsplan vermerkt werden (§ 5 Abs. 4a S. 2 BauGB).

179 Dem Flächennutzungsplan ist nach § 5 Abs. 5 BauGB eine **Begründung** mit den Angaben nach § 2a BauGB beizufügen. Damit sind in dieser die wesentlichen Elemente und Aussagen des Flächennutzungsplans, seine Ziele und ihre Grundlagen nachvollziehbar darzulegen; ferner ist die Einordnung der Flächennutzungsplanung in die allgemeinen Entwicklungsvorstellungen der Gemeinde oder einer informellen Entwicklungsplanung der Gemeinde, die nach § 1 Abs. 6 Nr. 11 BauGB[319] bei der Abwägung zu beachten ist, die Ziele der Raumordnung, die die Abwägung tragenden Überlegungen, wie etwa Alternativplanungen, sowie schließlich die Auswirkungen auf die Umwelt im Wege der Angaben nach § 2a BauGB (= Umweltbericht) zu begründen[320]. Gerade dadurch, dass in der Begründung die wesentlichen Abwägungselemente enthalten sein müssen, gewinnt sie für die ggf. gerichtliche Überprüfung des Flächennutzungsplans ihre besondere Bedeutung.

Die Begründung mit den Angaben nach § 2a BauGB ist mit dem Flächennutzungsplan auszulegen (§ 3 Abs. 2 BauGB) und ist – auch wegen der Dokumentation der Abwägung – Gegenstand der abschließenden Beschlussfassung im Gemeinderat. Sie kann nach § 6 Abs. 5 S. 4 BauGB von jedermann zusammen mit dem Flächennutzungsplan eingesehen werden; jedermann kann über ihren Inhalt Auskunft verlangen.

---

[318] Battis/Krautzberger/Löhr, BauGB, zu § 5 Rn. 36.
[319] Siehe hierzu etwa Uechtritz, ZfBR 2010, 646.
[320] Battis/Krautzberger/Löhr, BauGB, zu § 5 Rn. 9.

C. Materiell-rechtliche Anforderungen an die Bauleitplanung

Beispiel für einen Flächennutzungsplan[321] **(Ausschnitt)** 180

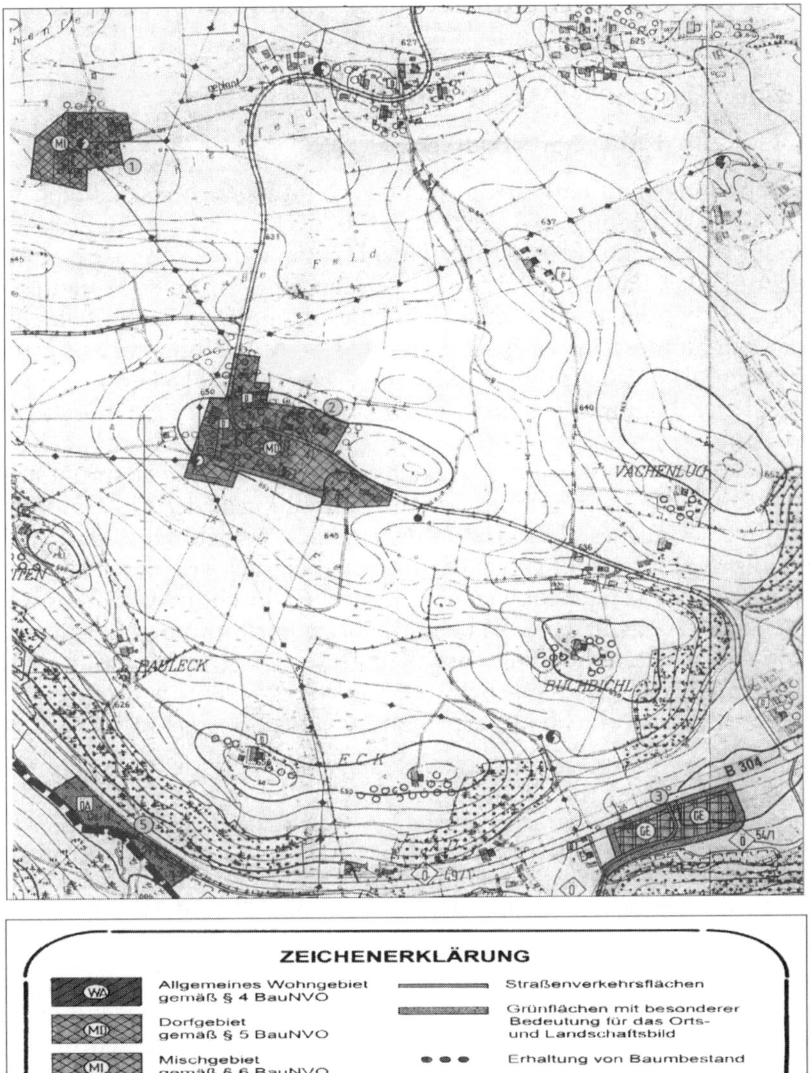

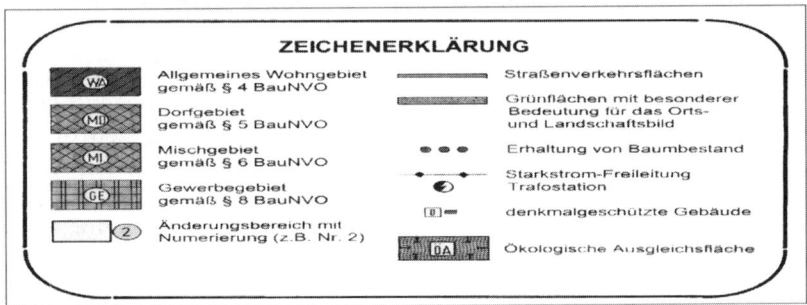

---

[321] Es handelt sich um einen Änderungs-Flächennutzungsplan.

IV. Besondere materiell-rechtliche Anforderungen an den Bebauungsplan

1. Entwicklungsgebot (§ 8 Abs. 2–Abs. 4 BauGB)

a) Grundsatz (§ 8 Abs. 2 S. 1 BauGB)

181 Der Bebauungsplan enthält die rechtsverbindlichen Festsetzungen für die städtebauliche Ordnung (§ 8 Abs. 1 S. 1 BauGB). Er ist gemäß § 8 Abs. 2 S. 1 BauGB aus dem Flächennutzungsplan zu entwickeln (sog. **Entwicklungsgebot**). Das BauGB geht somit idealtypisch von einer Stufenfolge der Planung aus, bei der zunächst der Flächennutzungsplan aufgestellt und daraus der Bebauungsplan entwickelt wird. Die Aufstellung von Bebauungsplänen setzt also grundsätzlich das Vorliegen eines Flächennutzungsplans voraus. In der Planungspraxis wird von dieser Stufenfolge jedoch oftmals abgewichen.

182 „Entwickeln" bedeutet dabei zunächst, dass durch die Festsetzungen im Bebauungsplan die zugrunde liegenden Darstellungen des Flächennutzungsplans konkreter ausgestaltet und damit zugleich verdeutlicht werden[322]. Die Festsetzungen des Bebauungsplanes können aber auch von den Darstellungen des Flächennutzungsplans abweichen, wenn hierdurch die Grundkonzeption des Flächennutzungsplans nicht beeinträchtigt wird und der Bebauungsplan als schlüssige Fortentwicklung bzw. Konkretisierung der Grundkonzeption des Flächennutzungsplans erscheint[323], weil dies durch die konkretere Ausgestaltung der verbindlichen Bauleitplanung gerechtfertigt ist[324].

Beispiel: Ein Verstoß gegen das Entwicklungsgebot liegt vor, wenn der Flächennutzungsplan eine Sonderbaufläche „Kur" ausweist, im Bebauungsplan aber ein allgemeines Wohngebiet (WA) unter Ausschluss von Beherbergungsbetrieben festgesetzt wird, weil im WA vorwiegend Wohngebäude und nur daneben Anlagen für kulturelle, soziale, gesundheitliche und sportliche Zwecke zulässig und die für ein Kurgebiet typischen Beherbergungsbetriebe in diesem Fall ausdrücklich ausgeschlossen sind[325].

183 Wird gegen das Entwicklungsgebot des § 8 Abs. 2 S. 1 BauGB verstoßen, so ist dieser Fehler nach § 214 Abs. 2 Nr. 2 BauGB **unbeachtlich,** wenn hierdurch die sich aus dem Flächennutzungsplan ergebende geordnete städtebauliche Entwicklung nicht beeinträchtigt wird; im Übrigen führt der Verstoß gegen das Entwicklungsgebot zur **Unwirksamkeit** des Bebauungsplans.

184 Stellt sich nach Bekanntmachung des Bebauungsplans heraus, dass der Flächennutzungsplan, aus dem der Bebauungsplan entwickelt wurde, wegen der Verletzung von Verfahrens- oder Formvorschriften einschließlich des § 6 BauGB (Genehmigung) unwirksam ist, so liegt zwar formal ebenfalls ein Verstoß gegen § 8 Abs. 2 S. 1 BauGB vor. Dieser Fehler ist jedoch nach § 214 Abs. 2 Nr. 3 BauGB **unbeachtlich.**

---

[322] BVerwGE 48, 70; BVerwGE 56, 283.
[323] BVerwGE 56, 283.
[324] OVG Münster v. 18. 3. 2011, Az.: 7 D 29/10.NE.
[325] VGH BW, UPR 1996, 115.

b) Selbständiger Bebauungsplan (§ 8 Abs. 2 S. 2 BauGB)

Eine erste Ausnahme vom Grundsatz „erst Flächennutzungsplan, dann Bebauungsplan" enthält § 8 Abs. 2 S. 2 BauGB. Danach ist ein Flächennutzungsplan nicht erforderlich, wenn der Bebauungsplan ausreicht, um die städtebauliche Entwicklung zu ordnen. Das wird grundsätzlich die Ausnahme sein und allenfalls bei kleineren Gemeinden angenommen werden können[326].

Werden die Anforderungen an den selbständigen Bebauungsplan verkannt, weil dieser eben nicht ausreicht, die städtebauliche Entwicklung zu ordnen, so ist dieser Fehler dennoch gemäß § 214 Abs. 2 Nr. 1 BauGB **unbeachtlich**.

c) Parallelverfahren (§ 8 Abs. 3 BauGB)

Eine weitere Ausnahme zum Entwicklungsgebot des § 8 Abs. 2 S. 1 BauGB beinhaltet § 8 Abs. 3 BauGB über das sog. **Parallelverfahren**. Im Parallelverfahren werden Flächennutzungsplan und Bebauungsplan gleichzeitig aufgestellt, geändert oder ergänzt, wenn nach dem Stand der Planungsarbeiten anzunehmen ist, dass der Bebauungsplan aus den zukünftigen Darstellungen des Flächennutzungsplans entwickelt sein wird. Dabei lässt es § 8 Abs. 3 S. 2 BauGB zu, dass der Bebauungsplan vor dem Flächennutzungsplan bekanntgemacht und damit in Geltung versetzt wird.

Kennzeichnend für das Parallelverfahren ist die grundsätzliche Gleichzeitigkeit der Planerarbeitung und die **inhaltliche Abstimmung** zwischen den beiden Planentwürfen[327].

Wird im Parallelverfahren gegen § 8 Abs. 3 BauGB verstoßen, ist dieser Fehler **unbeachtlich,** wenn hierdurch die geordnete städtebauliche Entwicklung nicht beeinträchtigt worden ist (§ 214 Abs. 2 Nr. 4 BauGB). Von einer Beeinträchtigung der geordneten städtebaulichen Entwicklung ist dabei dann auszugehen, wenn der über den Bebauungsplan hinausgehende Raum und die übergeordneten Darstellungen des Flächennutzungsplans tangiert werden[328].

d) Vorzeitiger Bebauungsplan (§ 8 Abs. 4 BauGB)

Ein Bebauungsplan kann schließlich nach § 8 Abs. 4 S. 1 BauGB aufgestellt, geändert, ergänzt oder aufgehoben werden, bevor der Flächennutzungsplan aufgestellt ist, wenn dringende Gründe es erfordern und wenn der Bebauungsplan der beabsichtigten städtebaulichen Entwicklung des Gemeindegebiets nicht entgegenstehen wird (**vorzeitiger Bebauungsplan**)[329]. Voraussetzung für den vorzeitigen Bebauungsplan ist damit zunächst, dass

---

[326] Battis/Krautzberger/Löhr, BauGB, zu § 8 Rn. 7.
[327] BVerwG, NVwZ 1985, 485; VGH BW, NuR 1994, 34; siehe auch Stüer, Der Bebauungsplan, Rn. 204.
[328] Battis/Krautzberger/Löhr, BauGB, zu § 214 Rn. 14 m.w.N.
[329] Siehe hierzu auch den Sonderfall des **§ 8 Abs. 4 S. 2 BauGB** bei Gebiets- oder Bestandsänderungen von Gemeinden oder anderen Veränderungen der Zuständigkeit für die Aufstellung von Flächennutzungsplänen.

ein rechtswirksamer Flächennutzungsplan **nicht** vorliegt, wobei unerheblich ist, ob ein solcher bisher überhaupt noch nicht aufgestellt wurde oder wegen Rechtsmängeln unwirksam ist oder wurde[330]. Die Frage, ob dringende Gründe einen solchen Bebauungsplan erfordern, richtet sich nach den konkreten Erfordernissen des Einzelfalles[331]. Ein besonderes öffentliches Interesse, z. B. an einer organischen baulichen Entwicklung im Gemeindegebiet, kann ein solcher dringender Grund sein[332]. Für die letzte Voraussetzung, ob der vorzeitige Bebauungsplan der beabsichtigten städtebaulichen Entwicklung des Gemeindegebietes nicht entgegensteht, ist auf eine etwa in Aufstellung befindliche Flächennutzungsplanung oder auf sonstige informelle Planungen der Gemeinde abzustellen[333].

191 Werden die in § 8 Abs. 4 BauGB genannten dringenden Gründe für die Aufstellung eines vorzeitigen Bebauungsplan nicht richtig beurteilt, so ist dieser Fehler gemäß § 214 Abs. 2 Nr. 1 BauGB **unbeachtlich**. Im Übrigen führen Fehlbeurteilungen im Rahmen der Voraussetzungen des § 8 Abs. 4 BauGB, wie z. B. wenn der vorzeitige Bebauungsplan der beabsichtigten städtebaulichen Entwicklung des Gemeindegebietes entgegensteht, zur Unwirksamkeit des vorzeitigen Bebauungsplans.

2. Die Festsetzungsmöglichkeiten nach § 9 BauGB

a) **Vorbemerkung**

192 Die Regelungen über den Inhalt – also die Festsetzungen – eines Bebauungsplans finden sich in erster Linie in § 9 BauGB und über § 1 Abs. 3 S. 2 BauNVO auch in der BauNVO. Daneben – siehe § 9 Abs. 4 BauGB – können auch auf der Basis landesrechtlicher Regelungen Festsetzungen in Bebauungsplänen erfolgen. Der Bebauungsplan bezieht sich dabei aber stets auf bestimmte Fassungen der Gesetze oder Rechtsverordnungen; diese bleiben für den konkreten Bebauungsplan auch dann anwendbar, wenn die Rechtsvorschrift geändert wurde oder außer Kraft getreten ist (sog. **statische Verweisung**)[334].

193 § 9 BauGB zählt die möglichen Festsetzungen in einem Bebauungsplan auf. § 9 Abs. 1 BauGB bestimmt dabei – auch in Verbindung mit der BauNVO – **abschließend,** welche Festsetzungen die Gemeinde in einem Bebauungsplan treffen kann[335], wobei mit einer solchen Festsetzung zugleich auch der Inhalt des Grundeigentums festgelegt wird[336]. Den Gemeinden steht mithin **kein sog. Festsetzungs(er)findungsrecht** zu. Sie haben vielmehr diejenigen in § 9 BauGB vorgesehenen Festsetzungen auszuwählen, die zur Erreichung des jeweiligen Ziels konkret notwendig sind[337].

---

[330] BVerwG, NVwZ 1992, 882 [883 f.].
[331] BVerwG, NVwZ 1985, 745.
[332] Battis/Krautzberger/Löhr, BauGB, zu § 8 Rn. 11.
[333] Siehe auch Bielenberg, ZfBR 1988, 55 [57].
[334] König/Roeser/Stock, BauNVO, zu § 1 Rn. 36; Ernst/Zinkahn/Bielenberg/Krautzberger, BauGB, zu § 9 Rn. 11.
[335] BVerwGE 80, 184.
[336] BVerwGE 92, 231 m. w. N.
[337] Schrödter, BauGB, zu § 9 Rn. 11.

C. Materiell-rechtliche Anforderungen an die Bauleitplanung

Als Festsetzungsmittel kommen Zeichnung, Text, Schrift und Farbe in Betracht. Dabei ist es den Gemeinden im Grundsatz freigestellt, welches Festsetzungsmittel sie verwenden; alle vier Festsetzungsmittel können auch kombiniert werden[338]. Trifft die Gemeinde zeichnerische Festsetzungen, so ist sie allerdings an die sog. **Planzeichenverordnung** gebunden, d. h. sie hat die dort vorgesehenen Planzeichen zu verwenden.

Festsetzungen eines Bebauungsplans müssen dabei zwar nicht nahtlos ineinander greifen. Sie müssen aber so aufeinander abgestimmt sein, dass das, was eine Festsetzung zulässt, nicht nach einer anderen zu einem wesentlichen Teil (oder ganz) unzulässig ist. Nicht ausreichend aufeinander abgestimmte Festsetzungen sind nicht i. S. v. § 1 Abs. 3 S. 1 BauGB erforderlich, weil sie ihren Zweck nicht erfüllen können[339]. 193a

b) Die Regelungen in § 9 Abs. 1 bis Abs. 3 BauGB

aa) § 9 Abs. 1 BauGB enthält in 27. Nummern zusammengefasst einen abschließenden Katalog von Festsetzungsmöglichkeiten. Zusätzliche Festsetzungsmöglichkeiten können sich daher nur über § 9 Abs. 2, Abs. 2a, Abs. 3 BauGB und § 9 Abs. 4 BauGB i. V. m. Art. 81 BayBO ergeben. Voraussetzung einer jeden Festsetzung nach § 9 Abs. 1 BauGB ist, dass diese aus städtebaulichen Gründen, also zum Zwecke der Bodenordnung und nicht z. B. aus Wettbewerbsgründen erfolgt (es gilt auch insofern § 1 Abs. 3 S. 1 BauGB); dies ist im Einleitungsteil des § 9 Abs. 1 BauGB ausdrücklich klargestellt. 194

Im Folgenden sollen die wichtigsten Festsetzungsmöglichkeiten des § 9 Abs. 1 BauGB zusammen mit den entsprechenden Regelungen in der BauNVO (siehe hierzu § 9a BauGB) kurz angesprochen werden. 195

(1) Zentral für die Bebauungsplanung sind **§ 9 Abs. 1 Nr. 1 und Nr. 2 BauGB**, wonach die Gemeinde (Nr. 1) Art und Maß der baulichen Nutzung sowie (Nr. 2) die Bauweise, die überbaubaren und die nicht überbaubaren Grundstücksflächen sowie die Stellung der baulichen Anlagen festsetzen kann. Damit sind – mit Ausnahme der örtlichen Verkehrsflächen; vgl. § 9 Abs. 1 Nr. 11 BauGB – alle Merkmale angesprochen, die ein Bebauungsplan aufweisen muss, um qualifiziert i. S. v. § 30 Abs. 1 BauGB zu sein. Darüber hinaus wird durch solche Festsetzungen auch der Anwendungsbereich der BauNVO eröffnet (vgl. etwa bezüglich der Art der baulichen Nutzung, § 1 Abs. 3 S. 2 BauNVO). 196

(1.1) Ein Bebauungsplan kann Festsetzungen hinsichtlich der *Art der baulichen Nutzung* enthalten. Tut er das, so sind §§ 1 bis 15 BauNVO anzuwenden (§ 1 Abs. 3 S. 2 BauNVO). Dabei unterscheidet die BauNVO zwischen Bauflächen (§ 1 Abs. 1 BauNVO), die nur in Flächennutzungsplänen dargestellt werden können, und Baugebieten (§ 1 Abs. 2 BauNVO), die nach § 1 Abs. 3 BauNVO (auch) in Bebauungsplänen festgesetzt werden können. 197

Bei der Festsetzung von Baugebieten ist aber der **Typenzwang** der BauNVO zu beachten. Die planende Gemeinde kann keine zusätzlichen Gebiets- 198

---

[338] Battis/Krautzberger/Löhr, BauGB, zu § 9 Rn. 3.
[339] BayVGH, BayVBl. 2010, 690.

typen erfinden, sie kann aber nach Maßgabe des § 1 Abs. 4 bis 10 BauNVO Differenzierungen innerhalb dieser Gebietstypen vornehmen.

199 Als **mögliche Baugebiete** nennt § 1 Abs. 2 BauNVO:
1. Kleinsiedlungsgebiete (WS) – § 2 BauNVO;
2. reine Wohngebiete (WR) – § 3 BauNVO;
3. allgemeine Wohngebiete (WA) – § 4 BauNVO,
4. besondere Wohngebiete (WB) – § 4a BauNVO;
5. Dorfgebiete (MD) – § 5 BauNVO;
6. Mischgebiete (MI) – § 6 BauNVO;
7. Kerngebiete (MK) – § 7 BauNVO;
8. Gewerbegebiete (GE) – § 8 BauNVO;
9. Industriegebiete (GI) – § 9 BauNVO;
10. Sondergebiete (SO) – §§ 10, 11 BauNVO.

Die Regelungen in § 2 bis § 9 BauNVO sind dabei alle nach dem gleichen System aufgebaut: In Abs. 1 wird zunächst die allgemeine Zweckbestimmung des Baugebiets umschrieben (der Charakter), Abs. 2 zählt im Einzelnen und abschließend auf, welche Nutzungen in diesem Gebiet allgemein zulässig sind, und Abs. 3 regelt schließlich jene Nutzungen, die gemäß § 31 Abs. 1 BauGB im jeweiligen Gebiet ausnahmsweise zulässig sind. Diese Differenzierung ist auch für etwaige Drittrechtsbehelfe von Bedeutung (Stichwort: Gebietserhaltungsanspruch, Gebietsprägungserhaltungsanspruch[340]; zu Einzelheiten siehe beim Rechtsschutz).

200 (1.2) Setzt der Bebauungsplan ein Baugebiet fest, so richtet sich die Art der zulässigen Anlagen und Nutzungen grundsätzlich nach der allgemein von der Baunutzungsverordnung für diesen Gebietstyp vorgesehenen Bandbreite (§ 1 Abs. 3 S. 1 BauNVO). Die Gemeinde hat jedoch die Möglichkeit, diese Typisierung durch die **Differenzierungsmöglichkeiten des § 1 Abs. 4 bis 10 BauNVO** zu modifizieren und feinzusteuern (vgl. § 1 Abs. 3 S. 2 BauNVO), um insbesondere die möglichen Nutzungen den speziellen örtlichen Verhältnissen anzupassen. Dieses Instrumentarium ist für die Gemeinden vor allem deshalb wichtig, um Fehlentwicklungen entgegenzusteuern, die bei der Übernahme der Typenbeschreibungen der BauNVO in den Baugebieten auftreten können. Solche differenzierenden Festsetzungen können sich jedoch – mit Ausnahme der in § 1 Abs. 10 BauNVO getroffenen Regelung – stets nur auf bestimmte **Arten** der in dem Baugebiet allgemein oder ausnahmsweise zulässigen Anlagen oder Nutzungen beziehen. Zudem ist zu beachten, dass durch entsprechende Differenzierungen die allgemeine Zwecksetzung des Baugebiets gewahrt bleiben muss; das gilt, obwohl ein entsprechender ausdrücklicher Vorbehalt nur in § 1 Abs. 5, § 1 Abs. 6 Nr. 2 und § 1 Abs. 7 Nr. 3 BauNVO enthalten ist, für sämtliche Differenzierungsmöglichkeiten nach § 1 Abs. 4 bis 10 BauNVO[341].

201 Die Differenzierungsmöglichkeiten im Überblick:

– **§ 1 Abs. 4 BauNVO** soll es dem Ortsgesetzgeber erlauben, innerhalb eines Baugebietes eine Gliederung und damit Verteilung der nach dem Baugebietstypus zulässigen Nutzungsweisen festzusetzen. Die Gliederung erfolgt i. d. R. so, dass in ein-

---

[340] Siehe hierzu etwa Decker, JA 2007, 55; Stühler, BauR 2007, 1350.
[341] BVerwG, Buchholz 406.12 § 1 BauNVO Nr. 22 = BRS 58 Nr. 23.

C. Materiell-rechtliche Anforderungen an die Bauleitplanung

zelnen Teile des Baugebiets eine bestimmte Nutzung ausgeschlossen wird, sie aber in anderen Teilen zulässig ist (vgl. hierzu das Beispiel zum Bebauungsplan). Die Gliederung eines Baugebiets kann sich dabei auch am Emissionsverhalten einzelner Betriebe orientieren[342].

– Nach § 1 Abs. 5 BauNVO kann im Bebauungsplan festgesetzt werden, dass bestimmte Arten von Nutzungen, die nach den §§ 2, 4–9 und 13 BauNVO allgemein zulässig sind, nicht zulässig sind oder nur ausnahmsweise (§ 31 Abs. 1 BauGB) zugelassen werden können[343].

– § 1 Abs. 6 BauNVO eröffnet die Möglichkeit, Ausnahme (vgl. jeweils Abs. 3 der §§ 2–9 BauNVO) auszuschließen oder diese als allgemein zulässig zu erklären.

– Durch § 1 Abs. 7 BauNVO wird eine sog. vertikale Gliederung zugelassen, d.h. eine Ausdifferenzierung der im einzelnen in dem entsprechenden Baugebiet zulässigen Nutzungen erfolgt für bestimmte Geschosse, Ebenen oder sonstige Teile in Bezug auf die dort vorgesehenen baulichen Anlagen.

– Gemäß § 1 Abs. 8 BauNVO können die Gliederungs- und Ausschlussmöglichkeiten des § 1 Abs. 4 bis Abs. 7 BauNVO auch auf Teile des Baugebiets beschränkt werden.

– § 1 Abs. 9 BauNVO gestattet über § 1 Abs. 5 BauNVO hinaus, einzelne Unterarten von Nutzungen oder Anlagen mit bauplanerischen Festsetzungen nach § 1 Abs. 5 bis Abs. 8 BauNVO zu erfassen.

– Gemäß § 1 Abs. 10 BauNVO kann schließlich die Erweiterung, Änderung, Nutzungsänderung und Erneuerung von sog. Fremdkörpern[344] aus Gründen einer bestandsorientierten Planung als allgemein oder ausnahmsweise zulässig, zugelassen werden[345].

(1.3) Bei den **Sondergebieten** in § 10 Abs. 1, § 11 Abs. 1 BauNVO gibt die BauNVO – im Unterschied zu den Regelungen in §§ 2–9 BauNVO – nur die allgemeine Zweckbestimmung vor mit der Folge, dass die Gemeinde im Bebauungsplan selbst die Zweckbestimmung des Sondergebiets konkretisieren und die zulässige Nutzungsart festlegen muss[346]. Setzt sie ein sonstiges Sondergebiet i. S. v. § 11 Abs. 1, Abs. 2 BauNVO fest, muss die Zweckbestimmung so konkret erfolgen, dass sich das Sondergebiet von den anderen Baugebieten nach § 2 bis § 10 BauNVO wesentlich unterscheidet[347]. Das ist Ausdruck des Typenzwanges der BauNVO[348].

Beispiel: Sondergebiet „Kur" oder „Einkaufszentrum" etc.

(1.4) Besondere Bedeutung kommt den Festsetzungen über die Art der baulichen Nutzung aber auch deshalb zu, weil diese per se, also **kraft Geset-**

202

203

---

[342] Vgl. zur Zulässigkeit sog. „flächenbezogener Schallleistungspegel": BVerwG, BauR 1997, 602; zur Zulässigkeit sog. „immissionswirksamer flächenbezogener Schallleistungspegel": BVerwG, BauR 1998, 744; zur Unzulässigkeit sog. „Zaunwerte": BVerwGE 110, 193; zur Festsetzung sog. Emissionsgrenzwerte: OVG Berlin-Brandenburg, BauR 2010, 1535; BayVGH v. 3. 8. 2010, Az.: 15 N 09.1106.
[343] Siehe z. B. BVerwG, DVBl. 2009, 910.
[344] Zum Begriff siehe bei § 34 BauGB.
[345] Siehe hierzu etwa BVerwG, NVwZ 2008, 214.
[346] BVerwG, NVwZ 1985, 338.
[347] BVerwG, NVwZ 1991, 778.
[348] König/Roeser/Stock, BauNVO, zu § 11 Rn. 4.

zes drittschützend sind[349]. Es kommt somit nicht darauf an, ob die Gemeinde einer solchen Festsetzung Drittschutz zuerkennen wollte oder nicht. Im Gegenteil: eine insoweit nach dem Willen der Gemeinde nicht nachbarschützende Festsetzung würde gegen das Abwägungsgebot des § 1 Abs. 7 BauGB verstoßen und den Bebauungsplan unwirksam machen[350].

204 (2) Ein Bebauungsplan kann ferner Festsetzungen hinsichtlich *des Maßes der baulichen Nutzung* enthalten. Damit werden **Größe**, **Umfang** und **Dichte** der Bebauung bestimmt.

205 (2.1) Das Maß der baulichen Nutzung ist in den §§ 16 bis 21a BauNVO geregelt und kann durch Festlegung folgender Faktoren erfolgen:

– die **Grundflächenzahl** (GRZ; § 16 Abs. 2 Nr. 1 Alt. 1 i.V.m. § 19 Abs. 1 BauNVO); diese ist im Übrigen gemäß § 16 Abs. 3 Nr. 1 Alt. 1 BauNVO stets festzusetzen, wenn Festsetzungen hinsichtlich des Maßes der baulichen Nutzung im Bebauungsplan getroffen werden, es sei denn (alternativ), die Größe der Grundfläche der baulichen Anlagen wird festgesetzt (§ 16 Abs. 3 Nr. 1 Alt. 2 BauNVO).
Beispiel: Bei einer Grundstücksgröße von 1000 m² und einer GRZ von bis zu 0,25 darf die Grundfläche einer baulichen Anlage (1000 m² × 0,25) bis zu 250 m² betragen.

– die **Größe der Grundflächen der baulichen Anlagen** (§ 16 Abs. 2 Nr. 1 Alt. 2 BauNVO); hierbei handelt es sich alternativ zur Festsetzung der Grundflächenzahl um eine Mindestfestsetzung nach § 16 Abs. 3 Nr. 1 Alt. 2 BauNVO.

– die **Geschossflächenzahl** (GFZ; § 16 Abs. 2 Nr. 2 Alt. 1 i.V.m. § 20 Abs. 2 BauNVO); hierbei handelt es sich um keine Mindestfestsetzung nach § 16 Abs. 3 BauNVO.
Beispiel: Bei einer Grundstücksgröße von 1000 m² und einer GFZ von bis zu 0,4 darf die Geschossfläche bei einer baulichen Anlage (1000 m² × 0,4) maximal 400 m² betragen. Setzt der Bebauungsplan gleichzeitig zwei Vollgeschosse fest, bedeutet das, dass jedes Vollgeschoss maximal 200 m² Geschossfläche aufweisen darf.

– die **Größe der Geschossfläche** (§ 16 Abs. 2 Nr. 2 Alt. 2 i.V.m. § 20 Abs. 3 BauNVO), die **Baumassenzahl** (§ 16 Abs. 2 Nr. 2 Alt. 3 i.V.m. § 21 Abs. 1 BauNVO) und die **Baumasse** (§ 16 Abs. 2 Nr. 2 Alt. 4 i.V.m. § 21 Abs. 2 BauNVO); hierbei handelt es sich um keine Mindestfestsetzung nach § 16 Abs. 3 BauNVO.

– die **Zahl der Vollgeschosse** (§ 16 Abs. 2 Nr. 3 BauNVO i.V.m. § 20 Abs. 1 BauNVO); hierbei handelt es sich unter bestimmten Voraussetzungen und alternativ zur Festsetzung der Höhe der baulichen Anlage, um eine Mindestfestsetzung (§ 16 Abs. 3 Nr. 2 Alt. 1 BauNVO).

– die **Höhe baulicher Anlagen** (§ 16 Abs. 2 Nr. 4 BauNVO; zur Mindestfestsetzung siehe § 16 Abs. 3 Nr. 2 Alt. 2 BauNVO).

206 (2.2) Schließlich ist zu beachten, dass § 17 Abs. 1 BauNVO bestimmte Obergrenzen für die Bestimmung des Maßes der baulichen Nutzung vorschreibt, die nur nach Maßgabe des § 17 Abs. 2, Abs. 3 BauNVO überschritten werden dürfen.

207 (2.3) Die Festsetzungen bezüglich des Maßes der baulichen Nutzung haben grundsätzlich **keine nachbarschützende Wirkung**, weil sie den Gebietscharakter regelmäßig unberührt lassen und nur Auswirkungen auf das Bau-

---

[349] Grundlegend BVerwG, DVBl. 1994, 284 = NJW 1994, 1546 = BauR 1994, 223 = DöV 1994, 263; zu Einzelheiten siehe beim Rechtsschutz in Kapitel 4.

[350] BVerwG, DVBl. 1994, 284 = NJW 1994, 1546 = BauR 1994, 223 = DöV 1994, 263.

grundstück selbst und die unmittelbar angrenzenden Nachbargrundstücke besitzen[351]. In der Regel dienen derartige Festsetzungen allein städtebaulichen und damit öffentlichen Belangen[352]. Die Festsetzung des Maßes der baulichen Nutzung ist nur dann drittschützend, wenn der Schutzzweck aus der Festsetzung zu entnehmen ist[353].

(3) Die Gemeinde kann ferner die **Bauweise** und die **überbaubare Grundstücksfläche** festsetzen. Die Einzelheiten hierzu regeln §§ 22, 23 BauNVO. Hinsichtlich des **Drittschutzes** gilt das zum Maß der baulichen Nutzung Ausgeführte entsprechend.

bb) Weitere Festsetzungsmöglichkeiten nach § 9 Abs. 1, Abs. 1 a, Abs. 2, Abs. 3 S. 1 BauGB

- Nach § 9 Abs. 1 Nr. 2a BauGB können aus städtebaulichen Gründen vom Bauordnungsrecht abweichende Maße der Tiefe der Abstandsflächen festgesetzt werden[354].
- § 9 Abs. 1 Nr. 4 BauGB erlaubt zum einen die Festsetzung von Flächen für Nebenanlagen (vgl. § 14, § 23 Abs. 5 S. 1 BauNVO), wenn diese aufgrund anderer, z. B. landesrechtlicher Vorschriften errichtet werden müssen (z. B. Kinderspielplätze nach Art. 7 Abs. 2 BayBO); zum anderen ermöglicht die Norm die Festsetzung von Flächen für Stellplätze und Garagen (vgl. Art. 47 BayBO).
- Gemäß § 9 Abs. 1 Nr. 6 BauGB kann festgesetzt werden, wie viele Wohnungen in Wohngebäuden höchstens eingerichtet werden dürfen. Die Festsetzung muss sich dabei – ausweislich des Wortlauts des § 9 Abs. 1 Nr. 6 BauGB – auf Wohngebäude beziehen[355]. Die Festsetzung der höchstzulässigen Zahl der Wohnungen „je Parzelle" (Baugrundstück) ist nicht durch § 9 Abs. 1 Nr. 6 BauGB gedeckt und damit unwirksam.
- Nach § 9 Abs. 1 Nr. 11 BauGB können Verkehrsflächen Inhalt der Festsetzungen in einem Bebauungsplan sein. Das bedeutet nicht, dass das Mittel des Bebauungsplans für die Planung jedweder Art von Straße unbeschränkt zur Verfügung steht. Eine gemeindliche Straßenplanung kann an rechtlichen oder tatsächlichen Hindernissen scheitern. Ohne Probleme einsetzbar ist das bauplanungsrechtliche Instrumentarium aber bei Straßen, bei denen die Gemeinde nicht nur Planungsträger, sondern auch Träger der Straßenbaulast (vgl. hierzu Art. 54 BayStrWG) ist[356].
- Gemäß § 9 Abs. 1 Nr. 24 BauGB können im Bebauungsplan unter anderem die zum Schutz vor schädlichen Umwelteinwirkungen im Sinne des Bundesimmissionsschutzgesetzes (vgl. § 3 Abs. 1 BImSchG) oder zur Vermeidung oder Minderung solcher Einwirkungen zu treffenden baulichen und sonstigen technischen Vorkehrungen festgesetzt werden. Unter die hiernach festsetzungsfähigen Vorkehrungen fallen auch Maßnahmen des passiven Schallschutzes, wie Doppelfenster bzw. Schallschutzfenster oder die immissionshemmende Ausführung von Außenwänden eines Gebäudes[357]. Da Vorkehrungen zum Schutz vor schädlichen Um-

---

[351] BVerwG, NVwZ 1996, 888 = BauR 1996, 82; BVerwG, VBl.BW 1996, 12 = UPR 1995, 396 = JA 1996, 841.
[352] BVerwG, NVwZ 1985, 748.
[353] BVerwG, BauR 1773, 238; BVerwG, VBl.BW 1996, 12 = UPR 95, 396 = JA 1996, 841; BVerwG, NVwZ 1996, 888 = BauR 1996, 82; VGH BW, DVBl. 1996, 687; OVG Münster, BauR 1992, 60.
[354] Siehe hierzu etwa Boeddinghaus, BauR 2007, 641.
[355] BayVGH, BauR 2001, 210 [212].
[356] BVerwGE 108, 248.
[357] BVerwGE 80, 184.

welteinwirkungen im Sinne von § 9 Abs. 1 Nr. 24 BauGB nur bauliche oder technische Maßnahmen sein können, nicht aber Emissions- oder Immissionsgrenzwerte, können über diese Regelung „Schallleistungspegel", welcher Art auch immer, nicht festgesetzt werden[358] (wohl aber über § 1 Abs. 4 Satz 1 Nr. 2 BauNVO; siehe Rn. 201).

210 Soweit nach § 9 Abs. 1 BauGB eine Festsetzung getroffen wird, kann nach § 9 Abs. 3 S. 1 BauGB auch die Höhenlage festgesetzt werden[359].

211 § 9 Abs. 1a BauGB ermächtigt die Gemeinde, wie bereits § 5 Abs. 1a BauGB für den Flächennutzungsplan, Flächen oder Maßnahmen zum Ausgleich im Sinne des § 1a BauGB festzusetzen.

212 Der durch das EAG-Bau neu eingefügte Abs. 2 eröffnet der Gemeinde die Möglichkeit, im Bebauungsplan festzusetzen, dass bestimmte bauliche und sonstige Nutzungen und Anlagen nur für einen bestimmten Zeitraum zulässig oder nur bis zum Eintritt bestimmter Umstände zulässig oder unzulässig sind, wobei jeweils Folgenutzungen festgesetzt werden sollen. § 9 Abs. 2 BauGB schafft damit ein sog. **Baurecht auf Zeit.** Dabei wird § 9 Abs. 2 Satz 1 Nr. 2 BauGB seit 30. 7. 2011 durch § 249 Abs. 2 BauGB im Bezug auf Windenergieanlagen ergänzt.

Die Regelung enthält mithin eine Ausnahme zu dem Grundsatz, dass Festsetzungen eines Bebauungsplans grundsätzlich für unbestimmte Zeit gelten und nicht nur zwischenzeitlich oder vorübergehend[360]. Die Neuregelung erlaubt also die Festsetzung befristeter sowie aufschiebend oder auflösend bedingter Zulässigkeitsregelungen[361]. Dabei können entsprechende Befristungen oder Bedingungen für die Grundstücksnutzung gemäß § 11 Abs. 1 S. 1 Nr. 2 BauGB auch Gegenstand städtebaulicher Verträge sein.

213 Über § 9 Abs. 2a BauGB kann schließlich für im Zusammenhang bebaute Ortsteile i. S. v. § 34 BauGB zur Erhaltung oder Entwicklung zentraler Versorgungsbereiche, festgesetzt werden, dass nur bestimmte Arten der nach § 34 Abs. 1, Abs. 2 BauGB zulässigen baulichen Nutzungen zulässig oder nicht zulässig sind oder nur ausnahmsweise zugelassen werden können[362]. Die Norm korrespondiert mit § 34 Abs. 3a BauGB.

c) Auf Landesrecht beruhende Regelungen (§ 9 Abs. 4 BauGB)

214 Die Länder können gemäß § 9 Abs. 4 BauGB bestimmen, dass auf Landesrecht beruhende Regelungen in den Bebauungsplan als Festsetzungen

---

[358] BVerwG, NVwZ-RR 1994, 138 m. w. N.; BVerwGE 110, 193.

[359] Zu Festsetzungen für übereinander liegende Geschosse und Ebenen siehe § 9 Abs. 3 S. 2 BauGB.

[360] Vgl. BVerwG, NVwZ 2005, 584; siehe zu § 9 Abs. 2 BauGB: Heemeyer, DVBl. 2006, 25; Schröer, ÖffBauR 2005, 584; Kuschnerus, ZfBR 2005, 125; zu den hierdurch für das Baugenehmigungsverfahren entstehenden Problemen: Jäde, ZfBR 2005, 135 [136–138].

[361] Zu den Folgeproblemen im Rahmen des Baugenehmigungsverfahrens siehe etwa Jäde, ZfBR 2005, 135 [136–138].

[362] Zum Begriff des zentralen Versorgungsbereichs und zu den Voraussetzungen für die Aufstellung eines Bebauungsplans nach § 9 Abs. 2a siehe BVerwG, ZfBR 2011, 569.

aufgenommen werden können; sie können auch bestimmen, inwieweit auf diese Festsetzungen die Vorschriften des BauGB Anwendung finden. Die Aufnahme in den Bebauungsplan lässt jedoch den **landesrechtlichen Charakter** dieser Regelungen als Normen des Bauordnungsrechts, die lediglich in das Verfahren der Bauleitplanung integriert sind, unberührt[363]. Materiellrechtliche Rechtsgrundlage für Festsetzungen nach § 9 Abs. 4 BauGB ist damit allein das Landesrecht. Sofern durch landesrechtliche Rechtsvorschriften nichts anderes bestimmt wird, richtet sich deshalb der zulässige Inhalt dieser Festsetzungen nicht nach den Vorschriften des BauGB, sondern denen der BayBO, mithin nach Art. 81 BayBO[364]. Das gilt auch für das Abwägungsgebot, dessen Maßgeblichkeit für örtliche Bauvorschriften sich ebenfalls ausschließlich nach den Vorgaben des Landesrechts bestimmt[365].

Sind örtliche Bauvorschriften einmal Teil eines Bebauungsplanes geworden, so können sie auch nur durch eine **Änderung** des Bebauungsplanes im für die Änderung von Bebauungsplänen vorgeschriebenen Verfahren geändert oder aufgehoben werden[366]. Das gilt jedenfalls dann, wenn – wie dies Art. 81 Abs. 2 S. 2 BayBO durch den Verweis u.a. auf die Vorschriften des 1. Abschnitts des 1. Teils des 1. Kapitels des BauGB und damit auch auf § 1 Abs. 8 BauGB tut – der Landesgesetzgeber die umfassende Anwendung der Verfahrensvorschriften über die Änderung von Bebauungsplänen normiert hat. Damit findet auch das vereinfachte Verfahren nach § 13 BauGB insoweit Anwendung[367].

d) Kennzeichnung und nachrichtliche Übernahme (§ 9 Abs. 5, Abs. 6 BauGB)

§ 9 Abs. 5, Abs. 6 BauGB stellen das Korrektiv zu § 5 Abs. 3, Abs. 4 BauGB dar. Auf die dortigen Ausführungen, die hier sinngemäß gelten, wird daher verwiesen (vgl. Rn. 178). Über die gesamten Regelungen hinaus sieht Abs. 6 nunmehr auch vor, dass gemeindliche Regelungen zum Anschluss- und Benutzungszwang, etwa nach § 16 des Erneuerbare-Energien-Wärmegesetzes, nachrichtlich in den Bebauungsplan übernommen werden. § 9 Abs. 6a korrespondiert mit § 5 Abs. 4a BauGB; auf die Ausführungen unter Rn. 178 kann daher verwiesen werden.

215

e) Begründung mit den Angaben nach § 2a BauGB (§ 9 Abs. 8 BauGB)

Nach § 9 Abs. 8 BauGB ist dem Bebauungsplan eine Begründung mit den Angaben nach § 2a BauGB beizufügen. Die Begründungspflicht soll dabei als zwingende Verfahrensvorschrift sicherstellen, dass städtebauliche Rechtfertigung und Erforderlichkeit jedenfalls in ihren zentralen Punkten dargestellt werden, um eine effektive Rechtskontrolle des Bebauungsplans zu er-

216

---

[363] Vgl. etwa BVerwG, Buchholz 406.11 § 29 BauGB Nr. 52; BVerwG, DVBl. 1995, 754; OVG Münster, ZfBR 2000, 56; OVG Münster v. 9.2.2000, Az.: 7 A 2386/98.
[364] BVerwG, DVBl. 1995, 754.
[365] BVerwG, BauR 1997, 999 = NVwZ-RR 1998, 486; BVerwG, DVBl. 1995, 754.
[366] OVG Münster v. 11.4.1988, Az.: 7a ND 6/88; OVG Münster, BauR 1991, 48.
[367] Vgl. Decker in Simon/Busse, BayBO, zu Art. 81 Rn. 267.

möglichen³⁶⁸. Daneben soll die Begründung die Festsetzungen des Plans verdeutlichen und Hilfe für ihre Auslegung sein³⁶⁹. In der Begründung sind somit Ziele, Zwecke und wesentliche Auswirkungen des Bebauungsplans darzulegen. Die Begründung ist zwar nicht Bestandteil des Bebauungsplans, sie soll aber auch die wesentlichen Elemente der Abwägung erkennen lassen und über die Zusammenstellung des Abwägungsmaterials sowie die Gewichtung und Bewertung der Belange Auskunft geben³⁷⁰.

217 Die Begründung muss zudem mit den Angaben nach § 2a BauGB versehen sein. Gemäß § 2a S. 1 BauGB ist die Gemeinde verpflichtet, bereits im Aufstellungsverfahren dem Entwurf eines Bauleitplans eine Begründung beizufügen. Die Begründung wird daher dem Bauleitplan von Anfang an zugeteilt und teilt das verfahrensrechtliche und inhaltliche Schicksal des Bauleitplans, z.B. bezüglich Veränderungen oder Konkretisierungen des Inhalts des Bauleitplans³⁷¹. Hieraus folgt, was durch § 2a Satz 2 Nr. 1 BauGB klargestellt wird, dass die Begründung dem jeweiligen Stand des Verfahrens entsprechen und bezüglich etwaiger Änderungen des Bauleitplanentwurfs fortgeschrieben werden muss.

218 Gemäß § 2a Satz 2 besteht die **Begründung** des Bauleitplans aus **zwei Teilen**: ein Teil enthält die Darstellung der Ziele, Zwecke und wesentlichen Auswirkungen des Bauleitplans (Nr. 1), der andere Teil beinhaltet den Umweltbericht (Nr. 2 i.V.m. Satz 3).

219 Nach § 2a Satz 2 Nr. 1 BauGB sind im Bauleitplan – entsprechend dem Stand des Verfahrens – die Ziele, Zwecke und wesentlichen Auswirkungen des Bauleitplans darzulegen. Dabei versteht es sich von selbst, dass die Ziele, Zwecke und wesentlichen Auswirkungen zu Beginn des Bauleitplanverfahrens sich anders darstellen können als nach erfolgter Öffentlichkeits- bzw. Behördenbeteiligung bzw. nach der abschließenden Abwägungsentscheidung³⁷².

Dieser Teil der Begründung soll die – nach dem jeweiligen Stand des Verfahrens – geplanten Festsetzungen des Bauleitplans verdeutlichen, die wesentlichen Elemente für die zu treffende Abwägungsentscheidung erkennen lassen sowie Aufschluss über das zusammengestellte Abwägungsmaterial und die Gewichtung und Bewertung der einzelnen Belange geben³⁷³. Hieraus folgt, dass spätestens mit dem Abschluss eines Verfahrensschrittes, wie z.B. der Öffentlichkeitsbeteiligung, dieser Teil der Begründung fortgeschrieben werden muss, wenn sich neue Aspekte für die Planung ergeben oder diese geändert wird.

220 § 2a S. 2 Nr. 2 BauGB verpflichtet die Gemeinde, in einem **Umweltbericht** die aufgrund der Umweltprüfung nach § 2 Abs. 4 BauGB ermittelten und bewerteten Belange des Umweltschutzes darzulegen. Auch der Umweltbericht ist gemäß § 2a Satz 1, Satz 2 HS. 1 BauGB bereits im Aufstellungsverfahren in die Begründung des Bauleitplanentwurfs aufzunehmen und ent-

---

³⁶⁸ BVerwG, DVBl. 1971, 759.
³⁶⁹ BVerwGE 79, 200.
³⁷⁰ Battis/Krautzberger/Löhr, BauGB, zu § 9 Rn. 125 ff.
³⁷¹ Krautzberger, UPR 2004, 241 [242].
³⁷² Battis/Krautzberger/Löhr, BauGB, zu § 2a Rn. 2.
³⁷³ BVerwGE 68, 369; BVerwGE 77, 300.

C. Materiell-rechtliche Anforderungen an die Bauleitplanung

sprechend dem Stand des Verfahrens fortzuschreiben; er bildet einen gesonderten Teil der Begründung des Bauleitplans (§ 2a Satz 3 BauGB). Der Umweltbericht enthält aber keine rechtsverbindlichen Festsetzungen, die für den Bürger unmittelbare Rechte erzeugen könnten.

Der Inhalt des Umweltberichts ergibt sich aus § 2a Satz 2 Nr. 2 BauGB i. V. m. der Anlage 1 zu § 2 Abs. 4, §§ 2a und 4c BauGB. Er ist ausschließlich auf Umweltbelange ausgerichtet, soll die Grundlage für die Berücksichtigung umweltrelevanter Belange in der Abwägung nach § 1 Abs. 7 BauGB legen und die Umweltprüfung dokumentieren[374].

Fehlt die Begründung, ist der Bebauungsplan nicht rechtswirksam (vgl. § 214 Abs. 1 S. 1 Nr. 3 HS. 1 BauGB)[375]. Dasselbe gilt für einen nur formelhaften Begründungstext. In beiden Fällen kann dieser Fehler nicht durch einen Rückgriff auf die Materialien oder die Ratsprotokolle geheilt werden[376]. Ist die Begründung lediglich unvollständig, ist dies gemäß § 214 Abs. 1 S. 1 Nr. 3 HS. 2 BauGB unbeachtlich, es sei denn, die Unvollständigkeit betrifft den Umweltbericht; in diesem Fall ist der Fehler nur dann unbeachtlich, wenn die Begründung im Umweltbericht lediglich in unwesentlichen Punkten unvollständig ist. Ist der Umweltbericht in wesentlichen Punkten seiner Begründung unvollständig, ist der Fehler relativ unbeachtlich, d. h. der Fehler muss innerhalb von einem Jahr nach Bekanntmachung gegenüber der Gemeinde gerügt werden (vgl. § 215 Abs. 1 Nr. 1 BauGB).

221

Die Begründung mit den Angaben nach § 2a BauGB ist zusammen mit dem Bebauungsplanentwurf im Rahmen der förmlichen Öffentlichkeitsbeteiligung öffentlich auszulegen (§ 3 Abs. 2 S. 1 BauGB) und – nach Inkrafttreten des Bebauungsplans – zusammen mit dem Bebauungsplan zu jedermanns Einsicht bereit zu halten (§ 10 Abs. 3 S. 2 HS. 1 BauGB); über den Inhalt ist auf Verlangen Auskunft zu geben (§ 10 Abs. 3 S. 2 HS. 2 BauGB).

---

[374] Kuschnerus, BauR 2001, 1211 [1216].
[375] BVerwGE 84, 322.
[376] BVerwG v. 31. 1. 1995, Az.: 4 NB 9.94; BVerwG, NVwZ 1990, 364 = BauR 1989, 687.

222 f) Beispiel für einen Bebauungsplan

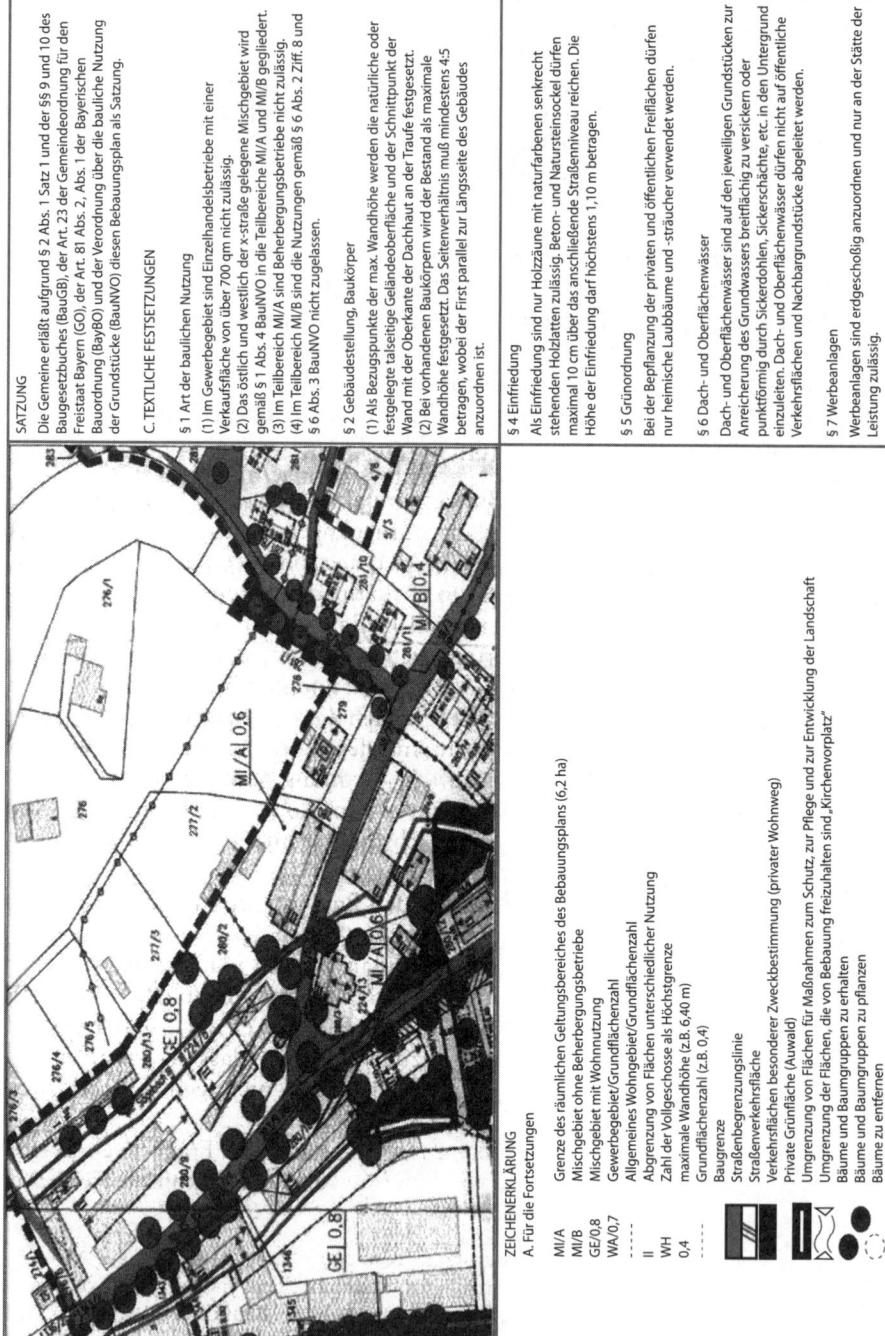

D. Rechtsfolge von Fehlern in der Bauleitplanung

I. Vorbemerkung

Wie den vorstehenden Ausführungen zu entnehmen ist, besteht bei der Aufstellung, Änderung etc. von Bauleitplänen für die Gemeinde eine relativ große Gefahr, einen Fehler zu begehen. Die Auswirkungen solcher Fehler sind dabei unterschiedlich:
Während Form- und Verfahrensfehler über § 214 Abs. 1 BauGB zum größeren Teil unbeachtlich oder nur relativ beachtlich sind, führen materielle Fehler, mit Ausnahme von Verstößen gegen § 8 Abs. 2–4 BauGB (vgl. § 214 Abs. 2 BauGB) sowie Fehlern im Abwägungsvorgang (siehe § 214 Abs. 1 Nr. 1, Abs. 3 S. 2 HS. 2 BauGB), immer zur Unwirksamkeit des Bauleitplans. Damit stellt sich zugleich die Frage, ob diese Unwirksamkeit nur einen Teil oder den gesamten Bauleitplan erfasst und ob etwaige Fehler nachträglich geheilt werden können.

223

II. (Teil-)Unwirksamkeit

Nach der Rechtsprechung des BVerwG kann von der Teilunwirksamkeit eines Bauleitplans nur dann ausgegangen werden, wenn der Rechtsfehler nur eine einzelne Darstellung/Festsetzung oder einen in anderer Weise abgrenzbaren Teil des Plans betrifft. Ob die dadurch entstehende teilweise Ungültigkeit den Bauleitplan insgesamt zu Fall bringt oder ob er in seinen nicht betroffenen Teilen gültig bleibt, beurteilt sich nach den allgemeinen Grundsätzen über die teilweise Nichtigkeit von Gesetzen und anderen Rechtsvorschriften (vgl. auch § 139 BGB). Bei Bauleitplänen ist hiernach darauf abzustellen, ob der gültige Teil des Plans für sich betrachtet noch eine den Anforderungen des § 1 BauGB gerecht werdende, sinnvolle städtebauliche Ordnung bewirken kann und ob die Gemeinde nach ihrem im Planungsverfahren zum Ausdruck gekommenen Willen im Zweifel auch einen Plan dieses eingeschränkten Inhalts beschlossen hätte[377].

224

Hieraus ergibt sich folgende Differenzierung:
- Beachtliche Verfahrensfehler berühren den Bauleitplan im Ganzen und führen daher stets zu dessen Gesamtunwirksamkeit.
- Materielle Fehler beim Flächennutzungsplan werden i.d.R. nur zur Teilunwirksamkeit führen, weil der Flächennutzungsplan die städtebauliche Ordnung für das gesamte Gemeindegebiet enthält, die i.d.R. durch einzelne materielle Fehler nicht in Frage gestellt wird, und anzunehmen ist, dass die Gemeinde den Flächennutzungsplan im Zweifel auch ohne den unwirksamen Teil beschlossen hätte.

225

Anders dürfte es beim sachlichen Teilflächennutzungsplan nach § 5 Abs. 2b HS. 1 BauGB sein. Hier werden materielle Fehler i.d.R. zur Gesamtunwirksamkeit füh-

---

[377] BVerwGE 82, 225 [230] m.w.N.; BVerwG, NVwZ 2002, 2005; BayVGH v. 24. 7. 2007, Az.: 1 N 07.1624.

ren, weil der einzige Zweck dieses Planes darin besteht, die Rechtswirkungen des § 35 Abs. 3 S. 3 BauGB herbeizuführen. Ist aber diese Festsetzung materiell rechtlich unzulässig, bleibt kein sinnvoller „Rest" mehr übrig.

- Bei materiellen Fehlern eines Bebauungsplans kann die Frage nach der Teil-/Gesamtunwirksamkeit nicht abstrakt beantwortet werden. Es kommt vielmehr auf den konkreten Einzelfall an.

    Beispiel: Ist die Festsetzung der Höchstzahl von Wohnungen nicht von § 9 Abs. 1 Nr. 6 BauGB gedeckt, so wird dies i. d. R. nur zur Teilunwirksamkeit führen; wird dagegen die Festsetzung eines Baugebietes nicht von § 9 Abs. 1 Nr. 1 BauGB i. V. m. der BauNVO gedeckt und ist deshalb unwirksam, wird dies i. d. R. die Gesamtunwirksamkeit des Bebauungsplanes zur Folge haben, weil diese Festsetzung die Kernaussage eines Konzepts enthält, auf welcher der Bebauungsplan beruht[378].

III. Das ergänzende Verfahren nach § 214 Abs. 4 BauGB

226   Nach § 214 Abs. 4 BauGB können Fehler des Flächennutzungsplans oder einer Satzung durch ein ergänzendes Verfahren geheilt werden. Die Norm erfasst alle nach § 214 BauGB oder nach Landesrecht beachtlichen formellen und materiellen Fehler, soweit nicht ihre Behebbarkeit im ergänzenden Verfahren wegen der Schwere der Mängel ausgeschlossen ist[379] und geht damit weiter als der durch das EAG-Bau aufgehobene § 215a BauGB a. F. Im Falle des Vorliegens eines beachtlichen Fehlers, auch eines Verfahrens- oder Formfehlers nach Landesrecht, kann der Flächennutzungsplan oder die Satzung nach Durchführung eines ergänzenden Verfahrens, in dem der Fehler behoben wird, auch mit **Rückwirkung**[380] erneut in Kraft gesetzt werden (die Heilung mit Wirkung ex nunc ist aber selbstverständlich auch möglich). Bis zur Behebung des Mangels ist der Bauleitplan oder ist die Satzung jedoch unwirksam[381].

227   Voraussetzung für ein ergänzendes Verfahren ist zunächst, dass ein **Flächennutzungsplan** oder eine **Satzung**, also z. B. Bebauungsplan, an einem Fehler leidet. Unbeachtlich ist dabei, ob es sich um einen formellen oder materiellen Fehler handelt; beide Arten von Fehlern sind einem ergänzenden Verfahren grundsätzlich zugänglich[382]. Für die Anwendbarkeit des § 214 Abs. 4 BauGB genügt es dabei, dass die konkrete Möglichkeit der Fehlerbehebung in einem ergänzenden Verfahren besteht. Der zu behebende Mangel darf folglich nicht von solcher Art und Schwere sein, dass er die Planung als ganzes von vornherein in Frage stellt oder die Grundzüge der Planung

---

[378] Z. B. BVerwG, NVwZ 1990, 159; BVerwG. NVwZ 1994, 1009.
[379] Battis/Krautzberger/Löhr, BauGB, zu § 214 Rn. 24.
[380] Das bedeutet, dass der Bauleitplan zu dem Zeitpunkt in Kraft tritt, zu dem er ursprünglich hätte in Kraft treten sollen; vgl. BVerwG, BRS 63 Nr. 42.
[381] **Beachte:** durch das EAG-Bau ist auch § 47 VwGO geändert worden; in Abs. 5 S. 2 wurde das Wort „nichtig" durch das „Wort „unwirksam" ersetzt, § 47 Abs. 5 S. 4 VwGO wurde aufgehoben.
[382] Vgl. etwa BVerwGE 110, 193 für einen Abwägungsfehler; BVerwG v. 6. 12. 2000, BayVBl. 2001, 314 = NVwZ 2001, 431 = BauR 2001, 747.

D. Rechtsfolge von Fehlern in der Bauleitplanung

(i. S. v. § 13 BauGB) berührt[383]. § 214 Abs. 4 BauGB bietet daher keine Handhabe, eine Planung im ergänzenden Verfahren in ihren Grundzügen zu modifizieren. Vielmehr muss die Identität des Flächennutzungsplans oder der Satzung gewahrt bleiben[384].

Mit dieser Einschränkung werden auch Abwägungsfehler von § 214 Abs. 4 BauGB erfasst[385]. Dem entsprechend liegt ein in einem ergänzenden Verfahren behebbarer Mangel dann nicht vor, wenn der festgestellte Fehler so schwer wiegt, dass er den Kern der Abwägungsentscheidung[386] betrifft, was aber stets eine Frage des konkreten Einzelfalles ist. Auch Fehler, die praktisch die Wiederholung des gesamten Verfahrens zur Folge haben würden, können nicht im Wege des ergänzenden Verfahrens geheilt werden. Nicht heilbar ist auch ein Verstoß gegen § 1 Abs. 3 S. 1 BauGB, der nicht nur die Planung insgesamt erfasst, sondern jede einzelne Festsetzung[387].

Umfang und Reichweite des ergänzenden Verfahrens richten sich nach der Reichweite des Mangels, der behoben werden soll[388]. Nur was zu seiner Behebung erforderlich ist, muss im ergänzenden Verfahren behandelt werden. Alles andere bleibt aus dem vorangegangenen Verfahren erhalten. Verfährt die Gemeinde daher nach § 214 Abs. 4 BauGB, so führt sie kein rechtlich eigenständiges Verfahren durch. Vielmehr setzt sie das von ihr ursprünglich eingeleitete, nur scheinbar abgeschlossene Bauleitplanverfahren an der Stelle fort, an der ihr der Fehler unterlaufen ist[389]. **228**

Beispiel: Soll ein wegen eines Verfahrensfehlers nach dem Satzungsbeschluss, z. B. wegen fehlerhafter Ausfertigung, nicht wirksam zustande gekommener Bebauungsplan gemäß § 214 Abs. 4 BauGB im Wege eines ergänzenden Verfahrens in Kraft gesetzt werden, so kann dies grundsätzlich ohne erneuten Satzungsbeschluss und ohne erneute Abwägung erfolgen[390].

In der Rechtsprechung des BVerwG ist für die rückwirkende Behebung von Verfahrens- und Formfehlern zudem geklärt, dass eine nachträgliche Änderung der tatsächlichen oder rechtlichen Verhältnisse einer Fehlerbehebung grundsätzlich nicht entgegen steht, weil gemäß § 214 Abs. 3 S. 1 BauGB die Sach- und Rechtslage im Zeitpunkt des (ursprünglichen) Beschlusses über den Bauleitplan maßgebend ist. Nur wenn sich – im Ausnahmefall – die Verhältnisses so grundlegend geändert haben, dass der Bauleitplan insgesamt einen funktionslosen Inhalt hat (das dürfte beim Flächennutzungsplan kaum **228a**

---

[383] Diese zu § 215 a BauGB a. F. entwickelte Rechtsprechung gilt auch im Rahmen des § 214 Abs. 4 BauGB: BVerwG, NVwZ 2006, 329; BayVGH v. 24. 7. 2007, Az.: 1 N 07.1624; OVG Münster v. 28. 6. 2007, Az.: 7 D 59/06.NE.
[384] BayVGH v. 24. 7. 2007, Az.: 1 N 07.1624.
[385] BVerwG, NVwZ 2000, 197.
[386] BVerwG, DVBl. 1999, 243; BVerwG, NVwZ 1999, 420; BVerwG, BauR 2000, 1018.
[387] BayVGH v. 24. 7. 2007, Az.: 1 N 07.1624.
[388] BVerwG, ZfBR 2010, 789.
[389] BVerwG, NVwZ 2010, 777 = BauR 2010, 1554.
[390] BVerwG, DVBl. 1997, 828; BVerwG, BauR 1997, 595; BVerwG, NVwZ 2001, 203.

jemals der Fall sein) oder das ursprünglich unbedenkliche Abwägungsergebnis unhaltbar geworden ist, kommt eine Fehlerbehebung nicht in Betracht[391].

229 Ist der Mangel schon nach § 214, § 215 BauGB unbeachtlich, dann bedarf es allerdings keines ergänzenden Verfahrens, da dieser Fehler nicht zur Aufhebbarkeit führen kann. Es besteht dann kein Anlass für ein ergänzendes Verfahren. Es bleibt der Gemeinde in diesem Fall aber unbenommen, gleichwohl ein solches durchzuführen[392].

229a Ob die Gemeinde bei einem Fehler, der zur Unwirksamkeit des Flächennutzungsplans oder der Satzung führt, ein ergänzendes Verfahren durchführt, oder ob sie den Fehler zum Anlass nimmt, ein neues Verfahren durchzuführen, oder ob sie schließlich die Unwirksamkeit des Flächennutzungsplans oder der Satzung hinnimmt und untätig bleibt, womit sich die bauplanungsrechtliche Zulässigkeit von Vorhaben dann ggf. nach § 34, § 35 BauGB beurteilt, steht in ihrem Ermessen (**Wahlrecht**)[393]. Führt sie ein ergänzendes Verfahren durch, richtet sich die funktionelle Zuständigkeit für die einzelnen Verfahrensschritte, wie im Aufstellungs-, Änderungs-, Ergänzungs- und Aufhebungsverfahren, nach Landesrecht[394].

E. Das vereinfachte Verfahren nach § 13 BauGB

I. Vorbemerkung

230 Das vereinfachte Verfahren nach § 13 BauGB ermöglicht es der Gemeinde unter erleichterten verfahrensrechtlichen Voraussetzungen, Bauleitpläne zu ändern oder zu ergänzen bzw. sogar (neu) aufzustellen. Da nach § 1 Abs. 8 BauGB die Vorschriften über die Aufstellung von Bauleitplänen auch für ihre Änderung, Ergänzung und Aufhebung gelten, folgt hieraus, dass auch für die verfahrensrechtliche Abwicklung einer Änderung/Ergänzung eines Bauleitplans die allgemeinen Regeln, mithin §§ 3, 4 BauGB gelten. Unter den Voraussetzungen des § 13 BauGB kann jedoch von einzelnen der in §§ 3, 4 BauGB vorgeschriebenen Verfahrensschritte abgesehen werden bzw. können diese in modifizierter Form durchgeführt werden. Im Übrigen bleibt es jedoch bei der Maßgeblichkeit der §§ 3, 4 BauGB.

Das Verfahren nach § 13 BauGB kann aber auch dazu benutzt werden, einen erkannten inhaltlichen Rechtsfehler eines Bauleitplans „heilend" zu beseitigen. Das setzt aber u.a. voraus, dass der ursprüngliche Bauleitplan jedenfalls nur teilweise unwirksam war[395]. Ausgenommen sind damit insbesondere Nachbesserungen, die geeignet sind, das planerische Gesamtkonzept in Frage zu stellen[396]. Dem entsprechend kann etwa der Mangel fehlender Bestimmtheit einzelner bauleitplanerischer Festsetzungen i.d.R. im vereinfachten Verfahren dadurch behoben werden, dass die

---

[391] BVerwG, ZfBR 2010, 798 [790] m.w.N.
[392] BVerwG, NVwZ 2010, 777 = BauR 2010, 1554.
[393] BVerwG, NVwZ 1997, 893.
[394] Grundlegend: BVerwG, NVwZ 2001, 203.
[395] BVerwG, NVwZ 1990, 361.
[396] Z.B. BVerwG, BRS 66 Nr. 5 m.w.N.

E. Das vereinfachte Verfahren nach § 13 BauGB

betreffende Festsetzung durch eine andere, den Mangel der Bestimmtheit behebende Festsetzung ersetzt wird[397].

II. Voraussetzungen für das vereinfachte Verfahren

1. Vorbemerkung

Nach der Konzeption des BauGB muss grundsätzlich in jedem Bauleitplanverfahren eine Umweltprüfung durchgeführt werden (vgl. § 2 Abs. 4 BauGB). Eine Ausnahme von dem Regelverfahren der Umweltprüfung besteht lediglich im Hinblick auf solche Planungssituationen, die nicht in erster Linie auf die Schaffung von Baurechten zielen, sondern vorrangig bestandssichernde oder ordnende Funktion haben.

Das vereinfachte Verfahren wurde vor diesem Hintergrund durch das EAG-Bau fortentwickelt[398], um dem Rechnung tragen zu können. Die Regelung enthält im Wege einer abstrakt-generellen Festlegung Voraussetzungen, unter denen von der förmlichen Umweltprüfung abgesehen wird. Auch ist in diesem Fall eine Vorprüfung des Einzelfalls nicht erforderlich[399]. Im Übrigen müssen die im vereinfachten Verfahren aufgestellten Bauleitpläne mit einer geordneten städtebaulichen Entwicklung und insbesondere mit § 1 BauGB vereinbar sein. Dies schließt die Ermittlung und Berücksichtigung eventueller Auswirkungen der Bauleitpläne auf berührte Umweltbelange ein[400].

2. Zulässigkeit des vereinfachten Verfahrens

§ 13 Abs. 1 HS. 1 unterscheidet insgesamt **drei Varianten**, in welchen das vereinfachte Genehmigungsverfahren zur Anwendung kommen kann[401]:

a) **bei einer Änderung oder Ergänzung eines Bauleitplans (§ 1 Abs. 2, Abs. 8 BauGB), wenn hierdurch die Grundzüge der Planung nicht berührt werden** (Abs. 1 HS. 1 Alt. 1); Diese Alternative setzt zunächst voraus, dass ein entsprechender Bauleitplan bereits besteht, der geändert oder ergänzt werden soll. Soweit beabsichtigt ist, einen bereits bestehenden Bauleitplan aufzuheben, ist das vereinfachte Verfahren nach § 13 BauGB ausweislich des eindeutigen Wortlauts dagegen nicht anwendbar. Das gilt für diese Variante in gleicher Weise für die erstmalige Aufstellung eines Bauleitplans (siehe

---

[397] OVG Münster, BauR 2007, 69.
[398] Siehe hierzu etwa Krautzberger, UPR 2007, 170; ferner Krautzberger, UPR 2011, 62.
[399] Vgl. auch Battis/Krautzberger/Löhr, NJW 2004, 2553 [2555].
[400] Mustereinführungserlass zum EAG Bau S. 36, 37.
[401] Neben den in § 13 Abs. 1 BauGB ausdrücklich geregelten Fällen, gibt es im BauGB jedoch noch weitere Fallkonstellationen, in welchen das vereinfachte Verfahren (kraft entsprechender Verweisung) zur Anwendung kommt. Es sind dies die Aufhebung vorhabenbezogener Bebauungspläne (§ 12 Abs. 6 Satz 3 BauGB), die Entwicklungssatzung (§ 34 Abs. 4 Satz 1 Nr. 2 BauGB; vgl. § 34 Abs. 6 Satz 1 BauGB), die Ergänzungssatzung (§ 34 Abs. 4 Satz 1 Nr. 3 BauGB; vgl. § 34 Abs. 6 Satz 1 BauGB) und die Außenbereichssatzung (§ 35 Abs. 6 BauGB; vgl. § 35 Abs. 6 Satz 5 BauGB).

aber Abs. 1 HS. 1 Alt. 2). Für Abs. 1 HS. 1 Alt. 1 ist Voraussetzung, dass durch die Änderung oder Ergänzung des Bauleitplans die „Grundzüge der Planung (des Bauleitplans) nicht berührt werden".

234 Unter den **„Grundzügen der Planung"** ist die den Darstellungen bzw. Festsetzungen des Bauleitplans zugrunde liegende bzw. die in diesen zum Ausdruck kommende planerische Gesamtkonzeption der Gemeinde zu verstehen[402]. Diese „Grundzüge der Planung" werden nach h.M. nicht berührt, wenn die Änderung das der bisherigen Planung zugrunde liegende Leitbild nicht verändert, wenn also der planerische Grundgedanke erhalten bleibt[403]. Das bedeutet, dass das Gesamtkonzept eines Beleitplans nicht verloren gehen darf. M.a.W.: Die Planänderung im vereinfachten Verfahren nach § 13 Abs. 1 HS. 1 Alt. 1 BauGB ist unzulässig, wenn zugleich die dem Bauleitplan zugrunde liegende planerische Konzeption entscheidend verändert werden soll[404]. Abweichungen von minderem Gewicht, die die Planungskonzeption des Bauleitplans unangetastet lassen, berühren die Grundzüge der Planung dagegen nicht. Ob eine Abweichung in diesem Sinne von minderem Gewicht ist, beurteilt sich nach dem im Bauleitplan zum Ausdruck kommenden planerischen Willen der Gemeinde[405] und ist stets eine Frage des konkreten Einzelfalles. Kann angenommen werden, die Abweichung liege noch im Bereich dessen, was die planende Gemeinde gewollt hat oder gewollt hätte, wenn sie die weitere Entwicklung einschließlich des Grundes für die Abweichung gekannt hätte, dann werden die Grundzüge der Planung nicht berührt[406]. Die Frage, ob die Grundzüge der Planung berührt werden, ist dabei durch den Vergleich zwischen den ursprünglichen und den geänderten Festsetzungen zu beantworten, denn in § 13 Abs. 1 HS. 1 Alt. 1 BauGB wird die vereinfachte Änderung oder Ergänzung von Bauleitplänen geregelt[407]. In der Regel werden bei einer Änderung der Nutzungsart die Grundzüge der Planung berührt[408].

Die Grundzüge der Planung werden z.B. nicht berührt, wenn durch die Änderung eines Bebauungsplans in einem festgesetzten Gewerbegebiet Einzelhandelsnutzungen ausgeschlossen werden[409] oder wenn es sich um kleine Randkorrekturen handelt, die das ursprüngliche Planungskonzept nicht berühren[410]. Auch die Änderung der Festsetzungen eines Bebauungsplans von einem reinen zu einem allgemeinen Wohngebiet berührt nicht stets die Grundzüge der Planung[411].

---

[402] Ernst/Zinkahn/Bielenberg/Krautzberger, BauGB, zu § 13 Rn. 16.
[403] BVerwG, NVwZ-RR 2000, 759; BGH, DVBl 1980, 682 [683]; siehe auch OVG Münster v. 7. 5. 2007, Az.: 7 D 24/06.NE.
[404] OVG Thüringen, NVwZ-RR 1997, 596 für die Aufhebung der 2-Wohnungsklausel in einem Bebauungsplan.
[405] BVerwGE 85, 66 [71 f.]; BVerwG, NVwZ-RR 2000, 759 m.w.N.; OVG Münster v. 7. 5. 2007, Az.: 7 D 24/06.NE.
[406] BVerwG, BayVBl. 2009, 540 [542]; BVerwG, BayVBl. 2010, 152 [153].
[407] BVerwG, NVwZ-RR 2000, 759.
[408] So Brügelmann/Gierke, BauGB [1998], § 13 Rn. 48, m.w.N.; in diese Richtung auch BVerwG, NVwZ-RR 2000, 759.
[409] OVG Münster v. 7. 5. 2007, Az.: 7 D 24/06.NE.
[410] OVG Lüneburg, BRS 64 Nr. 42, insoweit bestätigt durch BVerwGE 117, 239.
[411] BVerwG, BayVBl. 2010, 152.

b) bei der Aufstellung eines Bebauungsplans in einem Gebiet nach § 34 235 BauGB, wenn der sich aus der vorhandenen Eigenart der näheren Umgebung ergebende Zulässigkeitsmaßstab nicht wesentlich verändert wird (Abs. 1 HS. 1 Alt. 2); danach kann die Gemeinde das vereinfachte Verfahren anwenden zur Aufstellung eines Bebauungsplans in einem Gebiet nach § 34 BauGB, wenn hierdurch der sich aus der vorhandenen Eigenart der näheren Umgebung ergebende Zulässigkeitsmaßstab nicht wesentlich verändert wird. Die Regelung lässt somit – im Unterschied zur Alt. 1 – die (erstmalige) Aufstellung eines Bebauungsplans – nicht eines Flächennutzungsplans, weil in der Alt. 2 nicht vom Bauleitplan die Rede ist – zu. Voraussetzung ist, dass der Bebauungsplan „in einem Gebiet nach § 34 BauGB" aufgestellt werden soll, also in einem im Zusammenhang bebauten Ortsteil (zu den Begriffen siehe bei § 34 BauGB[412]). § 13 Abs. 1 HS. 1 Alt. 2 BauGB ermöglicht daher nur die Überplanung eines bestehenden (bisher unbeplanten) Innenbereichs ohne die Möglichkeit, den räumlichen Geltungsbereich des Bebauungsplans auf (einzelne) Außenbereichsflächen zu erweitern[413]. Des Weiteren darf der aus der vorhandenen Eigenart der näheren Umgebung sich ergebende Zulässigkeitsmaßstab nicht wesentlich verändert werden. Eine „wesentliche Veränderung" in diesem Sinne dürfte in Anlehnung an die Alt. 1 dann vorliegen, wenn durch den Bebauungsplan die „Grundzüge des sich aus der Eigenart der näheren Umgebung ergebenden Zulässigkeitsmaßstabes" berührt würden. Damit geht es bei Alt. 2 im Wesentlichen um bestandssichernde Maßnahmen durch die nach § 34 BauGB an sich mögliche Gebietsverschlechterungen oder -änderungen verhindert werden sollen sowie um einschränkende bzw. ordnende Maßnahmen.

Fraglich ist in diesem Zusammenhang noch, ob unter die Regelung auch der sog. „Außenbereich im Innenbereich" subsumiert werden kann (zum Begriff siehe bei § 34 BauGB). Da die Alt. 2 ein „Gebiet nach § 34 BauGB" voraussetzt, der „Außenbereich im Innenbereich" aber gerade nicht dem Bebauungszusammenhang i.S.v. § 34 BauGB angehört, sondern seine Bebaubarkeit nach § 35 BauGB zu beurteilen ist, fällt der „Außenbereich im Innenbereich" an sich nicht unter § 13 Abs. 1 HS. 1 Alt. 2 BauGB. Gleichwohl geht der BayVerfGH[414] davon aus, dass auch der „Außenbereich im Innenbereich" unter § 13a Abs. 1 HS. 1 Alt. 2 BauGB zu subsumieren ist.

c) bei der Aufstellung eines Bebauungsplans, der lediglich Festsetzungen 236 nach § 9 Abs. 2a BauGB enthält (Abs. 1 HS. 1 Alt. 3). Die Vorschrift setzt voraus, dass ein Bebauungsplan aufgestellt werden soll, der nur Festsetzungen nach § 9 Abs. 2a BauGB enthält. Soll der Bebauungsplan auch andere Festsetzungen nach § 9 enthalten, kann das vereinfachte Verfahren in dieser Alternative nicht angewendet werden.

3. Kein Ausschlussgrund

Gemäß § 13 Abs. 1 HS. 2 Nr. 1 BauGB ist das vereinfachte Verfahren 237 ausgeschlossen, wenn durch den Bauleitplan die Zulässigkeit von Vorhaben

---

[412] Siehe auch Decker, JA 2000, 60.
[413] OVG Koblenz, BauR 2007, 332.
[414] BayVerfGH, NVwZ-RR 2009, 825 [826].

vorbereitet oder begründet wird, die einer Pflicht zur Durchführung einer Umweltverträglichkeitsprüfung unterliegen. Durch die Änderung/Ergänzung eines Bauleitplans bzw. die Aufstellung eines Bebauungsplans im (bisher) unbeplanten Innenbereich bzw. eines Bebauungsplans, der nur Festsetzungen nach § 9 Abs. 2a BauGB enthält, kann somit nicht die Zulässigkeit von UVP-pflichtigen Vorhaben vorbereitet oder begründet werden. Dabei spielt es keine Rolle, ob die UVP-Pflichtigkeit auf dem UVPG oder auf einer entsprechenden Regelung des Landesrechts beruht.

238 Gemäß § 13 Abs. 1 HS. 2 Nr. 2 BauGB ist das vereinfachte Verfahren ferner dann unzulässig, wenn der Plan mit den Erhaltungszielen und dem Schutzzweck der Gebiete mit gemeinschaftlicher Bedeutung und den Europäischen Vogelschutzgebieten i. S. d. BNatSchG nicht vereinbar ist. Der Ausschlussgrund liegt nur dann nicht vor, wenn eine Beeinträchtigung (positiv) ausgeschlossen werden kann.

III. Rechtsfolge des § 13 BauGB

239 Liegen die Voraussetzungen des § 13 Abs. 1 BauGB vor, so ergeben sich im Verfahren zum Satzungserlass für die Gemeinde im Vergleich zu §§ 3, 4 BauGB gewisse Erleichterungen, die in Abs. 2 Nrn. 1 bis 3 geregelt sind. Die insoweit für die Gemeinde eröffneten Möglichkeiten stehen dabei **alternativ** zur Verfügung, können somit kombiniert werden. Ferner entfallen bestimmte, in § 13 Abs. 3 BauGB genannte und im regulären Bauleitplanverfahren zu erfüllende Verpflichtungen.

Im Einzelnen handelt es sich um folgende Abweichungen:
- Absehen von der frühzeitigen Unterrichtung und Erörterung (Abs. 2 Nr. 1)
- Bestimmte Modifikationen bei der förmlichen Öffentlichkeitsbeteiligung (Abs. 2 Nr. 2); beachte insoweit aber die Hinweispflichten nach § 13 Abs. 2 S. 2, Abs. 3 S. 2 BauGB.
- Bestimmte Modifikationen bei der Beteiligung der betroffenen Behörden und der sonstigen Träger öffentlicher Belange (Abs. 2 Nr. 3)
- Absehen von der Umweltprüfung etc. (Abs. 3 Satz 1)

IV. Fehlerfolge im Rahmen von § 13 BauGB

240 Nach § 214 Abs. 1 Nr. 2 HS. 1 BauGB ist eine Verletzung der Vorschriften über die Öffentlichkeits- und Behördenbeteiligung nach § 13 Abs. 2 Nr. 2 und Nr. 3 BauGB für die Rechtswirksamkeit des Flächennutzungsplans und des Bebauungsplanes beachtlich, vorausgesetzt, der Mangel wird innerhalb der Jahresfrist des § 215 Abs. 1 Nr. 1 BauGB gerügt; dabei ist es allerdings gemäß § 214 Abs. 1 Nr. 2 HS. 2 BauGB unbeachtlich, wenn einzelne Personen, Behörden oder sonstige Träger öffentlicher Belange nicht beteiligt worden sind, die entsprechenden Belange jedoch unbeachtlich waren oder in der Abwägungsentscheidung nach § 1 Abs. 7 BauGB berücksichtigt worden sind.

241 Des Weiteren ist es nach § 214 Abs. 1 Nr. 2 HS. 2 BauGB unbeachtlich, wenn bei der Anwendung des § 13 BauGB die Voraussetzungen für die Durchführung der Beteiligung nach dieser Vorschrift verkannt worden sind.

E. Das vereinfachte Verfahren nach § 13 BauGB

Für die Frage, ob die Gemeinde die Voraussetzungen des § 13 Abs. 1 i. S. v. § 214 Abs. 1 Nr. 2 HS. 2 BauGB „**verkannt**" hat, kommt es dabei wohl nicht darauf an, dass sich die Gemeinde ausdrücklich und im einzelnen mit den Anforderungen des § 13 Abs. 1 BauGB auseinandergesetzt hat[415]. Übergeht die Gemeinde allerdings schlicht die Voraussetzungen des § 13 Abs. 1 BauGB, liegt kein „Verkennen" i. S. v. § 214 Abs. 1 Nr. 2 BauGB vor[416]. Das gilt in gleicher Weise, wenn die Gemeinde bewusst gegen § 13 BauGB verstößt[417].

Nimmt die Gemeinde daher fehlerhaft an, dass die Grundzüge der Planung nicht betroffen sind oder verändert sie den aus der vorhandenen Eigenart der näheren Umgebung sich ergebenden Zulässigkeitsmaßstab wesentlich, und führt sie nur ein eingeschränktes Beteiligungsverfahren hinsichtlich der betroffenen Öffentlichkeit (§ 13 Abs. 2 Nr. 1 und Nr. 2 BauGB) oder der betroffenen Behörden und sonstigen Träger öffentlicher Belange (§ 13 Abs. 2 Nr. 1 und Nr. 3 BauGB) durch, so hat dies auf die Rechtswirksamkeit des Bauleitplans keinen Einfluss[418].

Zu beachten ist in diesem Zusammenhang, dass nach der „internen Unbeachtlichkeitsklausel" des § 214 Abs. 1 Nr. 2 BauGB nur die Wahl des falschen Beteiligungsverfahrens, nicht aber das völlige Unterlassen der notwendigen Beteiligung der betroffen Öffentlichkeit oder der betroffenen Behörden und sonstigen Träger öffentlicher Belange für die Wirksamkeit des Bauleitplans unbeachtlich ist[419]. Unterlässt daher z. B. die Gemeinde nach einer Änderung des Bauleitplans die erforderliche erneute Öffentlichkeitsbeteiligung, dann ist dieser Fehler beachtlich und fällt nicht unter die „interne Unbeachtlichkeitsklausel" des § 214 Abs. 1 Nr. 2 BauGB[420]. Nach der „internen Unbeachtlichkeitsklausel" des § 214 Abs. 1 Nr. 2 BauGB ist des Weiteren unbeachtlich, wenn der Hinweis nach § 13 Abs. 2 Satz 2 i. V. m. § 3 Abs. 2 Satz 2 HS. 2 BauGB gefehlt hat. In diesem Fall tritt nur die Präklusionswirkung des § 47 Abs. 2a VwGO nicht ein. Letztlich ist es unbeachtlich, wenn im Rahmen der durch § 13 Abs. 3 Satz 2 BauGB normierten Hinweispflicht die Angabe darüber, dass von einer Umweltprüfung abgesehen wird, unterlassen wurde.

---

[415] BVerwG, NVwZ-RR 2000, 759; BVerwGE 117, 239.
[416] OVG Magdeburg, JMBl. LSA 1998, 391.
[417] OVG Lüneburg, UPR 1994, 114 m. w. N.
[418] Stüer, Der Bebauungsplan, Rn. 583.
[419] BVerwGE 117, 239 unter Ablehnung der Auffassung des OVG Lüneburg, BRS 64 Nr. 42; BayVGH, BayVBl. 2005, 697.
[420] BVerwGE 117, 239; BayVGH, BayVBl. 2005, 697; VGH Mannheim, BauR 1990, 448.

F. Das beschleunigte Verfahren nach § 13a BauGB

I. Vorbemerkung

243 Das beschleunigte Verfahren nach § 13a BauGB[421] ist ebenfalls als Ausnahme von der gemäß § 2 Abs. 4 BauGB grundsätzlich vorgegebenen UVP-Pflicht von Bebauungsplänen konzipiert; Bebauungspläne der Innenentwicklung bedürfen keiner förmlichen Umweltprüfung. § 13a BauGB modifiziert für den Sonderfall des Bebauungsplans der Innenentwicklung die allgemeinen verfahrensrechtlichen und materiell-rechtlichen Vorschriften, die für den „Normalfall" des qualifizierten oder auch einfachen Bebauungsplans gelten, in Anlehnung an die Regelung in § 13 BauGB.

II. Anwendungsbereich des Bebauungsplanes der Innenentwicklung

244 Nach § 13a Abs. 1 Satz 1 BauGB ist das beschleunigte Verfahren anwendbar auf die Aufstellung eines Bebauungsplans, für die Wiedernutzbarmachung von Flächen, die Nachverdichtung oder andere Maßnahmen der Innenentwicklung (Bebauungsplan der Innenentwicklung).

Unter „**Innenentwicklung**" wird die städtebauliche Strategie verstanden, den zukünftigen Flächenbedarf durch die Nutzung innerörtlicher, bereits erschlossener Flächen zu decken und auf die Ausweisung von Flächen auf der „Grünen Wiese" weitgehend zu verzichten. Den Gegensatz zur Innenentwicklung stellt die sog. **Außenentwicklung** dar, die durch fortgesetzte Ausdehnung der Siedlungsflächen in das Umland gekennzeichnet ist. Bebauungspläne der Innenentwicklung sind daher abzugrenzen von Bebauungsplänen der Außenentwicklung, die gezielt Flächen außerhalb der Ortslagen einer Bebauung zuführen.

245 Durch S. 1 wird dabei klargestellt, dass solche Bebauungspläne nicht unter § 13a BauGB fallen, die etwa im bisherigen Außenbereich Bauland neu ausweisen und nur auf Grund eines mittelbaren Ursachenzusammenhangs auch die Innenentwicklung positiv beeinflussen. Das wäre etwa der Fall bei einer Betriebsverlagerung „nach außen", die zwar der Innenentwicklung „dienen" kann, aber im Kern doch eine Außenentwicklung darstellt[422]. Bebauungspläne der Innenentwicklung erfassen dem entsprechend vor allem solche Planungen, die der Erhaltung, Erneuerung, Fortentwicklung, Anpassung und dem Umbau vorhandener Ortsteile dienen (vgl. § 1 Abs. 6 Nr. 4 BauGB).

---

[421] Die Norm wurde durch das Gesetz zur Erleichterung von Planungsvorhaben für die Innenentwicklung der Städte vom 21. 12. 2006 (BGBl. I S. 3316) eingefügt; siehe zu § 13a BauGB etwa Bunzel, LKV 2007, 444; Scheidler, BauR 2007, 650; Schmidt-Eichstaedt, BauR 2007, 1148; Müller-Grune, BauR 2007, 985; Krautzberger, UPR 2007, 1790; Schwarz, LKV 2008, 12; Jachmann/Mitschang, BauR 2009, 913; Schrödter, ZfBR 2010, 332, 422.

[422] Krautzberger/Stüer, DVBl. 2007, 160 [162].

F. Das beschleunigte Verfahren nach § 13a BauGB

III. Zulässigkeit eines Bebauungsplanes der Innenentwicklung

Ein Bebauungsplan der Innenentwicklung darf nur aufgestellt werden, wenn die Voraussetzungen des § 13a Abs. 1 S. 2 und S. 3 BauGB vorliegen und kein Ausschlussgrund nach § 13a Abs. 1 S. 4 und S. 5 BauGB gegeben ist. Abs. 1 regelt dabei **abschließend** die Anwendungsvoraussetzungen für den Bebauungsplan der Innenentwicklung.

1. Grundflächenbegrenzung (§ 13a Abs. 1 S. 2 und S. 3 BauGB)

Bebauungspläne der Innenentwicklung sind nur für bestimmte, flächenmäßig begrenzte Bereiche zulässig. § 13a Abs. 1 S. 2 BauGB unterscheidet dabei **zwei Fallgruppen**:

- Bebauungspläne, die eine Größe der Grundfläche[423] (gemäß S. 2 HS. 1 i.V.m. § 19 Abs. 2 BauNVO) von weniger als 20 000 m² festsetzen (Nr. 1), wobei die Grundflächen mehrerer Bebauungspläne, die in einem engen sachlichen, räumlichen und zeitlichen Zusammenhang aufgestellt werden, mitzurechnen sind.
- Bebauungspläne, die eine Größe der Grundfläche (gemäß S. 2 HS. 1 i.V.m. § 19 Abs. 2 BauNVO) von 20 000 m² bis weniger als 70 000 m² festsetzen (Nr. 2), wobei Nr. 1 HS. 2 („die Grundflächen mehrerer Bebauungspläne, die in einem engen sachlichen, räumlichen und zeitlichen Zusammenhang aufgestellt werden, sind mitzurechnen") entsprechend gilt[424]. Im Fall der Nr. 2 ist das beschleunigte Verfahren aber nur anwendbar, wenn eine Vorprüfung des Einzelfalls zu dem Ergebnis führt, dass voraussichtlich keine erheblichen Umweltauswirkungen zu erwarten sind[425]. Die Gemeinde hat bei der Vorprüfung des Einzelfalls aber lediglich überschlägig abzuschätzen, ob der Bebauungsplan erhebliche Umweltauswirkungen haben kann. Dies kann gerade bei Bebauungsplänen, die der Innenentwicklung dienen, unaufwändig und rasch mit Blick auf die Anlage 2 zum BauGB geschehen.

2. Ausschlussgründe

Nach § 13a Abs. 1 S. 4 BauGB ist das beschleunigte Verfahren ausgeschlossen, wenn durch den Bebauungsplan die Zulässigkeit von Vorhaben begründet wird, die einer Pflicht zur Durchführung einer Umweltverträglichkeitsprüfung unterliegen. Durch den Erlass eines Bebauungsplans der Innenentwicklung kann somit nicht die Zulässigkeit von UVP-pflichtigen Vorhaben begründet werden. Dabei spielt es keine Rolle, ob die UVP-Pflichtigkeit auf dem UVPG oder auf einer entsprechenden Regelung des Landesrechts beruht.

---

[423] Soll in einem Bebauungsplan der Innenentwicklung keine zulässige Grundfläche und keine Grundfläche festgesetzt werden, dann ist Abs. 1 S. 3 einschlägig.
[424] Battis/Krautzberger/Löhr, NVwZ 2007, 121 [124].
[425] Siehe hierzu etwa Battis/Ingold, LKV 2007, 433.

249 Gemäß § 13a Abs. 1 S. 5 BauGB ist ein Bebauungsplan der Innenentwicklung auch dann unzulässig, wenn er mit den Erhaltungszielen und dem Schutzzweck der Gebiete mit gemeinschaftlicher Bedeutung und den Europäischen Vogelschutzgebieten i. S. d. BNatSchG nicht vereinbar ist. Dabei reicht es bereits aus, dass Anhaltspunkte für eine Beeinträchtigung der genannten Schutzgüter bestehen; ein Nachweis der Beeinträchtigung ist nicht erforderlich. Vielmehr ist der Satzungserlass nur dann möglich, wenn eine Beeinträchtigung (positiv) ausgeschlossen werden kann.

IV. Verfahren

250 § 13a BauGB eröffnet der Gemeinde die Möglichkeit unter vereinfachten Voraussetzungen einen Bebauungsplan der Innenentwicklung zu erlassen. Eine Verpflichtung der Gemeinde, einen Bebauungsplan der Innenentwicklung im beschleunigten Verfahren aufzustellen, besteht allerdings nicht. Die Gemeinde hat vielmehr – wie auch im Rahmen von § 13 BauGB – ein Wahlrecht, ob sie das „reguläre" Bebauungsplanverfahren durchführen möchte oder das beschleunigte Verfahren nach § 13a BauGB. Entscheidet sich die Gemeinde für das beschleunigte Verfahren, so ergeben sich über § 13a Abs. 3 BauGB besondere Hinweispflichten.

V. Rechtfolgen (Abs. 2)

251 Die Rechtsfolgen des beschleunigten Verfahrens erklären sich aus dem gesetzgeberischen Ansatz einer Privilegierung der „Innenentwicklung" gegenüber einer „Außenentwicklung".

252 Da gemäß **Abs. 2 Nr. 1** der § 13 Abs. 3 S. 1 BauGB entsprechend anwendbar ist, findet keine Umweltprüfung statt; auch die hieran anknüpfenden Regelungen (von der Auslegung der umweltrelevaten Informationen über die zusammenfassende Erklärung bis hin zum Monitoring) sind nicht einschlägig.

253 **Abs. 2 Nr. 2** ermöglicht es, im beschleunigten Verfahren einen Bebauungsplan, der von den Darstellungen des Flächennutzungsplans abweicht, auch ohne Änderung und Ergänzung des Flächennutzungsplans aufzustellen. Damit wird im Bereich des § 13a BauGB nicht nach dem Regime des § 8 Abs. 2 BauGB verfahren. Die geordnete städtebauliche Entwicklung des Gemeindegebiets darf dabei aber nicht beeinträchtigt werden (TS 2). Der Flächennutzungsplan, dessen entgegenstehende Darstellungen mit Inkrafttreten des Bebauungsplans insoweit obsolet werden, ist dann im Wege der Berichtigung anzupassen (TS 3); hierbei handelt es sich um einen redaktionellen Vorgang, auf den die Vorschriften über die Aufstellung von Bauleitplänen keine Anwendung finden[426].

254 Gemäß **Abs. 2 Nr. 3** soll einem Investitionsbedarf zur Erhaltung, Sicherung und Schaffung von Arbeitsplätzen, zur Versorgung der Bevölkerung

---

[426] Vgl. etwa Krautzberger/Stüer, DVBl. 2007, 160.

mit Wohnraum oder zur Verwirklichung von Infrastrukturvorhaben in der Abwägung (§ 1 Abs. 7 BauGB) mit anderen Belangen in angemessener Weise Rechnung getragen werden. Damit soll der durch den zumeist hohen Anpassungsbedarf der Städte und Gemeinden ausgelöste Investitionsbedarf für die Bebauungspläne der Innenentwicklung als Planungsgrundsatz hervorgehoben werden. Es handelt sich aber nicht um eine Anwendungsvoraussetzung des beschleunigten Verfahrens, sondern um eine Selbstverständlichkeit, denn für jeden Bebauungsplan, nicht nur den der Innenentwicklung, folgt aus § 1 Abs. 5 bis Abs. 7 BauGB, dass die Belange, die jeweils planend verwirklicht werden sollen, in die Abwägung einzustellen sind. Durch die Regelung werden daher auch keine weiteren Verfahrenserleichterungen ausgelöst[427].

Abs. 2 Nr. 4 enthält schließlich eine **Sonderregelung** in Bezug auf Bebauungspläne der Innenentwicklung mit einer (zulässigen) Grundfläche von **weniger als 20 000 Quadratmetern**.

VI. Änderung und Ergänzung eines Bebauungsplans (Abs. 4)

Nach Abs. 4 gelten die Abs. 1 bis 3 entsprechend für die Änderung und Ergänzung eines Bebauungsplans.

VII. Fehlerfolge im Rahmen von § 13 a BauGB

In Bezug auf § 13 a BauGB enthält § 214 Abs. 2 a BauGB eine spezielle, die Regelungen in § 214 Abs. 1 und Abs. 2 BauGB ergänzende Planerhaltungsvorschrift.

Wurden die Voraussetzungen des § 13 a Abs. 1 S. 1 BauGB unzutreffend beurteilt, etwa weil die Gemeinde in unzulässiger Weise Flächen des Außenbereichs mit in ihre Planung einbezogen hat, so ist die darauf zurückgehende Verletzung von Verfahrens- und Formvorschriften und von Vorschriften über das Verhältnis des Bebauungsplans zum Flächennutzungsplan für die Rechtswirksamkeit des Bebauungsplans unbeachtlich (vgl. § 214 Abs. 2 a Nr. 1 BauGB). Sind die Hinweise nach § 13 a Abs. 3 BauGB ganz oder zum Teil unterblieben, hat dies auf die Rechtswirksamkeit des Bebauungsplans der Innenentwicklung ebenfalls keinen Einfluss (vgl. § 214 Abs. 2 a Nr. 2 BauGB). Unterlaufen bei der Vorprüfung nach § 13 a Abs. 1 S. 2 Nr. 2 BauGB Fehler, so sind diese nur nach Maßgabe des § 214 Abs. 2 a Nr. 3 BauGB beachtlich.

Schließlich führen Fehlbeurteilungen in Bezug auf den Ausschlussgrund des § 13 a Abs. 1 S. 4 BauGB nur unter den Voraussetzungen des § 214 Abs. 2 a Nr. 4 BauGB zu einem beachtlichen Mangel des Bebauungsplans.

---

[427] Battis/Krautzberger/Löhr, NVwZ 2007, 121 [125].

G. Der vorhabensbezogene Bebauungsplan (§ 12 BauGB)

260 Hierzu wird auf die Ausführungen bei § 30 Abs. 2 BauGB verwiesen.

H. Außerkrafttreten von Flächennutzungsplan und Bebauungsplan

261 Flächennutzungsplan und Bebauungsplan können zunächst dadurch außer Kraft treten, dass sie – förmlich – von der Gemeinde aufgehoben werden (vgl. § 1 Abs. 8 BauGB). Da in Bezug auf den Flächennutzungsplan für die Gemeinde aber i.d.R. eine Planungspflicht besteht, wird sie den Flächennutzungsplan nur dann (ganz) aufheben können, wenn sie gleichzeitig einen neuen Flächennutzungsplan erlässt.

262 Der Bebauungsplan als materielles Gesetz (Satzung) kann zunächst durch eine entsprechende Aufhebungssatzung (vgl. § 1 Abs. 8 BauGB) aufgehoben werden. Mit der Aufhebung des Bebauungsplans wird die Gemeinde im Allgemeinen zugleich darüber zu entscheiden haben, welche Ordnung an die Stelle der mit dem bisherigen Bebauungsplan beabsichtigten Ordnung treten soll[428].

263 Die tatsächlichen Verhältnisse im Bereich eines Bauleitplans können sich indessen auch so entwickelt haben, dass der Bauleitplan seine **Funktion verliert** und auch ohne entsprechenden Gemeinderatsbeschluss außer Kraft tritt. Das wird für den Flächennutzungsplan allerdings nur für Teilbereiche angenommen werden können.

Beispiel: Weist der Flächennutzungsplan für Flächen, die bereits seit längerem bebaut sind, immer noch landwirtschaftliche Nutzfläche aus, so kann von einer Teilfunktionslosigkeit des Flächennutzungsplans ausgegangen werden, weil die Darstellung „Landwirtschaft" in der Wirklichkeit keine Entsprechung mehr findet und die Wiederaufnahme der dargestellten Nutzung auch für die Zukunft ausgeschlossen ist[429].

264 Differenzierter ist die Rechtslage dagegen beim Bebauungsplan; erweisen sich dessen Festsetzungen aufgrund der tatsächlichen Entwicklung als überholt, so kann dies nicht nur die Unbeachtlichkeit der einzelnen Festsetzung, sondern ggf. auch die Unbeachtlichkeit des gesamten Bebauungsplans bedeuten. Nach der Rechtsprechung des BVerwG[430] kann diese sog. **Funktionslosigkeit** eines Bebauungsplans oder einzelner seiner Festsetzungen aber nur dann angenommen werden, wenn und soweit

---

[428] BVerwG, NVwZ-RR 1991, 524 = BRS 52 Nr. 30; BVerwGE 75, 142.
[429] Vgl. etwa BVerwG v. 6. 9. 1993, Az.: 4 B 32/93.
[430] Vgl. BVerwGE 54, 5; BVerwG, Buchholz 406.11 § 10 BBauG Nr. 18 = NVwZ-RR 1990, 121; BVerwG, NVwZ 1994, 281; BVerwG, NVwZ-RR 1997, 513 = BRS 49 Nr. 86; BVerwG, NVwZ-RR 1998, 711; BVerwG, DöV 2001, 957; BVerwG v. 30. 6. 2004, Az.: 4 C 3.03.; BVerwG, ZfBR 2010, 787 [788]; siehe auch Troidl, BauR 2010, 1511.

- die Verhältnisse, auf die sich der Bebauungsplan/die Festsetzung bezieht, in der tatsächlichen Entwicklung einen Zustand erreicht haben, der eine Verwirklichung der Festsetzungen auf unabsehbare Zeit ausschließt **und**
- die Erkennbarkeit dieser Tatsache so offensichtlich ist, dass einem etwa dennoch in die Fortgeltung der Festsetzungen gesetzten Vertrauen die Schutzwürdigkeit fehlt.

Es muss sich somit um nachträgliche tatsächliche Veränderungen handeln, die der Planverwirklichung objektiv entgegenstehen[431]. Wenn einzelne Teile des Bebauungsplans ihre Funktion, also ihre städtebauliche Steuerungsfunktion, verlieren, beeinträchtigt dies regelmäßig nicht den Bebauungsplan im Ganzen.

Beispiel: Die Festsetzung eines Dorfgebietes wird funktionslos, wenn in dem festgesetzten Bereich Wirtschaftsstellen land- oder forstwirtschaftlicher Betriebe nicht (mehr) vorhanden sind und mit ihrer Errichtung unter Zugrundelegung des oben genannten Erkennbarkeitsmaßstabes auch nicht mehr gerechnet werden kann, denn ohne Gebäude land- oder forstwirtschaftlicher Betriebsstellen ist ein Baugebiet kein Dorfgebiet (vgl. § 5 Abs. 1, Abs. 2 Nr. 1 BauNVO)[432]. Festsetzungen eines Bebauungsplans können auch wegen wirtschaftlicher Unzumutbarkeit der zugelassenen Nutzung funktionslos werden und außer Kraft treten[433].

Aus dem soeben Ausgeführten folgt weiter, dass es eine **anfängliche Funktionslosigkeit** von Bauleitplänen **nicht gibt**. Die Frage der Funktionslosigkeit eines Bauleitplans stellt sich folglich nur dann, wenn der Plan im Zeitpunkt seines Erlasses wirksam war[434]. Allerdings kann ein Bauleitplan oder können einzelne seiner Festsetzungen an einem Abwägungsfehler leiden (mit der Folge der Unwirksamkeit des Bauleitplans oder der einzelnen Festsetzung), wenn von Anfang an feststeht, dass mit einer Verwirklichung nicht gerechnet werden kann, etwa weil die festgesetzte Nutzung auf Dauer an einer unzureichenden Wirtschaftlichkeit scheitern muss[435].

Hat die Gemeinde von der Festsetzungsmöglichkeit des § 9 Abs. 2 BauGB Gebrauch gemacht (Baurecht auf Zeit), dann treten die entsprechenden Festsetzungen mit Zeitablauf bzw. mit Eintritt bestimmter Umstände außer Kraft; im letzteren Fall können sie auch erst mit Eintritt bestimmter Umstände in Kraft treten.

---

[431] BVerwG, NVwZ 1994, 281.
[432] BVerwG, DöV 2001, 957.
[433] BayVGH, BayVBl. 2005, 776.
[434] BVerwG, NVwZ 1994, 274.
[435] BVerwGE 56, 283 [289 ff.] = NJW 1979, 1516.

Teil 2. Städtebaulicher Vertrag, § 11 BauGB

A. Bedeutung

1   Mit dem Bau- und Raumordnungsgesetz vom 18. 8. 1997 (BauROG 1998) wurde in § 11 BauGB eine dauerhafte und ausführliche Regelung zu städtebaulichen Verträgen getroffen. Dadurch wird die Bedeutung der zunehmenden konsensualen Zusammenarbeit („public-private-partnership") zwischen Gemeinden und privaten Bauherren bzw. Investoren – entsprechend den Bedürfnissen der Praxis – im Rahmen der städtebaulichen Entwicklung unterstrichen.[1]

2   § 11 Abs. 1 BauGB ermächtigt die Gemeinden generell zum Abschluss städtebaulicher Verträge. Wie die systematische Stellung der Regelung im Baugesetzbuch zeigt, gehört der Abschluss städtebaulicher Verträge zu der von Art. 28 Abs. 2 GG geschützten Planungshoheit der Gemeinden.

Die Vorschrift der § 11 BauGB muss zusammen mit der Bestimmung des § 1 Abs. 3 S. 2 BauGB gelesen werden. Demzufolge ist eine vertragliche Vereinbarung über die Aufstellung eines Flächennutzungsplanes, eines Bebauungsplanes oder einer (sonstigen) städtebaulichen Satzungen unzulässig. Daher kann ein städtebaulicher Vertrag immer nur eine planergänzende, nie eine planersetzende Funktion haben.[2]

B. Arten städtebaulicher Verträge

3   § 11 Abs. 1 S. 2 BauGB nennt beispielhaft und damit nicht abschließend mögliche Gegenstände städtebaulicher Verträge.

I. § 11 Abs. 1 S. 2 Nr. 1 BauGB

4   § 11 Abs. 1 S. 2 Nr. 1 BauGB ermöglicht den Abschluss eines städtebaulichen Vertrages zur Vorbereitung oder Durchführung städtebaulicher Maßnahmen.

Wichtigster Anwendungsfall im Zusammenhang mit der Neuordnung von Grundstücken innerhalb dieser Fallgruppe, dürfte die „freiwillige Umlegung" von Grundstücken sein, um den streng formalisierten Umlegungsverfahren nach §§ 45 ff. BauGB zu entgehen.[3]

Soweit es um die Ausarbeitung städtebaulicher Planungen als zulässigem Vertragsgegenstand geht, ist zu beachten, dass dies nur die technische Planausarbeitung umfassen kann. Das Planaufstellungsverfahren sowie der Sat-

---

[1] Vgl. Brohm, JZ 2000, 321; Erbguth, VerwArch. 1998, 189.
[2] Vgl. Battis, ZfBR 1999, 240; Kahl, DÖV 2000, 793.
[3] Birk, die städtebaulichen Verträge nach dem BauGB' 98, Rn. 308 ff.; siehe auch VGH BW, NVwZ 2001, 694.

II. § 11 Abs. 1 S. 2 Nr. 2 BauGB

§ 11 Abs. 1 S. 2 Nr. 2 BauGB lässt städtebauliche Verträge zur Förderung 5 und Sicherung der mit der Bauleitplanung verfolgten Ziele zu. Dabei handelt es sich um Verträge, die regelmäßig im Vorfeld einer gemeindlichen Planung abgeschlossen werden, mit dieser aber im Zusammenhang stehen, so dass sich daraus das Problem der sog. planerischen Vorwegbindung ergeben kann. Entsprechend den Bedürfnissen der Praxis, sind solche Vorwegbindungen aber und auch nach der Rechtssprechung jedoch nicht gänzlich ausgeschlossen. Voraussetzung für ihre Zulässigkeit ist, dass insoweit eine sachliche Rechtfertigung vorliegt, die planungsrechtliche Zuständigkeit innerhalb der Gemeinde gewahrt bleibt und die Entscheidung auch inhaltlich (beurteilt am Maßstab höherrangigen Rechts, insbesondere an § 1 Abs. 7 BauGB) nicht zu beanstanden ist.⁴ Auch gemeinschaftsrechtliche Vorgaben können dabei relevant sein. Derzeit wird die Vereinbarkeit der Einheimischenmodelle vom Gerichtshof der Europäischen Union mit der Kapitalverkehrsfreiheit nach Art. 63 AEUV sowie der Niederlassungsfreiheit gemäß Art. 49 AEUV überprüft. Werden diese Vorgaben nicht eingehalten, ist eine vertragliche Vorwegbindung unzulässig und ein dennoch erlassener Bebauungsplan wegen Verstoßes gegen das Abwägungsgebot aus § 1 Abs. 7 BauGB unwirksam.

Als insoweit besonders praxisrelevanter Unterfall haben sich dabei die 6 Verträge zur Deckung des Wohnbedarfes der ortsansässigen Bevölkerung, die sog. Einheimischenmodelle, herausgestellt.⁵

Ein Bedürfnis nach derartigen Vertragsmodellen hat sich aus dem enormen Baudruck außerhalb, aber im Einzugsbereich von Großstädten durch Ortsfremde ergeben, die durch die hohe Nachfrage nach Baugrundstücken entsprechend hohe Grundstückspreise verursacht haben. Mit Hilfe von Einheimischenmodellen soll daher vor allem ortsansässigen, aber weniger kapitalkräftigen jungen Familien die Möglichkeit gegeben werden, Baugrundstücke zu erschwinglichen Preisen zu erwerben und dadurch ein Abwandern zu verhindern.⁶ Mit Hilfe von planerischen Festsetzungen in einem Bebauungsplan lässt sich dieser Zweck nicht realisieren.

Eine, der in diesem Zusammenhang bekanntesten Vertragsformen, ist das so genannte „Weilheimer Modell", dessen grundsätzliche Zulässigkeit höchstrichterlich geklärt worden ist.⁷

Die Kriterien und Richtlinien für eine bevorzugte Berücksichtigung als Einheimischer werden dabei regelmäßig durch Gemeinderatsbeschluss fest-

---

⁴ Vgl. BVerwGE 45, 309; BVerwG, BayVBl. 2003, 53; BayVGH, BayVBl. 2001, 175; VGH BW, UPR 1996, 115.
⁵ Vgl. Jahn, BayVBl. 1991, 33; Grziwotz, JuS 1999, 36; s.a. BGH, NJW 2010, 3505.
⁶ VGH BW, NVwZ 2001, 694.
⁷ BVerwG, BayVBl. 1993, 405; BayVGH, BayVBl. 1991, 47; VG München, BayVBl. 1997, 533; siehe auch OVG Lüneburg, NVwZ-RR 2000, 201.

gelegt. In erster Linie relevant sind soziale Gesichtspunkte wie Einkommen, Zahl der Kinder oder Wohndauer in der Gemeinde. Die Folge derartiger Richtlinien ist die Selbstbindung der Gemeinde bei der Vergabe dieser Grundstücke, mit der Verpflichtung zur gleichheitssatzmäßigen Behandlung aller Bewerber.

7   Über den Wohnbedarf der einheimischen Bevölkerung hinaus, werden Einheimischenmodelle für kleinere, ortsansässige Gewerbebetriebe – bei denen eine vergleichbare Interessenlage gegeben ist – ebenfalls für zulässig erachtet.[8]

III. § 11 Abs. 1 S. 2 Nr. 3 BauGB

8   § 11 Abs. 1 S. 2 Nr. 3 BauGB regelt der Zulässigkeit sog. Folgekosten- und Folgelastenverträge. Diese sind bereits früher ohne ausdrückliche Regelung bei Vorliegen bestimmter Voraussetzung für zulässig erachtet worden.[9]

Nach § 11 Abs. 1 S. 2 Nr. 3 BauGB wird ermöglicht, dass der private Vertragspartner Kosten oder Aufwendungen vertraglich übernimmt, die der Gemeinde für Maßnahmen entstehen, weil sie planerisch tätig ist. Dabei handelt es sich um Kosten und Aufwendungen, die nicht unter den beitragsfähigen Erschließungsaufwand fallen und daher auch nicht von der Gemeinde zu tragen bzw. umzulegen wären.

Beispiel: Darunter fallen Kosten und Aufwendungen für Infrastruktureinrichtungen, wie Schulen, Kindergärten oder Sportanlagen.[10]

9   Folgekosten- oder Folgelastenverträge kommen regelmäßig nur bei größeren Bauprojekten in Betracht, nicht dagegen bei kleineren Vorhaben, die keine konkreten Aufwendungen verursachen.[11] Erforderlich für den Abschluss eines Folgekosten- Folgenlastenvertrages ist immer ein sachlicher und räumlicher Zusammenhang zwischen Kostenentstehung und geplantem Vorhaben. Der sachliche Zusammenhang ist gegeben, wen nach allgemeinen Erkenntnissen aufgrund einer zuverlässigen Prognose feststeht, dass durch das konkrete Vorhaben ein bestimmter Umfang an Folgelasten hervorgerufen wird. Keine Berücksichtigung darf insoweit aber die gemeindliche Gesamtplanung als solche finden.[12]

Beispiel: Soll in einer Großstadt ein Wohnbauprojekt mit 600 Wohnungen ausgeführt werden, ist in diesem Zusammenhang konkret zu beurteilen, welche Folgelasten dadurch hervorgerufen werden, etwa welcher Bedarf an zusätzlichen Kindergartenplätzen oder welcher Bedarf an Freizeiteinrichtungen besteht. Dieser konkret ermittelte Bedarf kann zum Gegenstand eines Folgekostenvertrages gemacht werden. Einer vertraglichen Regelung in diesem Zusammenhang nicht zugänglich ist dagegen, ein weiterer Bedarf an zusätzlichen Infrastrukturmaßnahmen in einem anderen Stadtteil.

---

[8] BayVGH, BayVBl. 1999, 399; siehe auch Kahl/Röder, JuS 2001, 24.
[9] BVerwG, DVBl. 1973, 800; siehe auch BVerwG, DÖV 1993, 163; NVwZ 2011, 125.
[10] Vgl. Oerder, BauR 1998, 22.
[11] BVerwG, DÖV 1993, 163.
[12] Vgl. VGH BW, BauR 2005, 1595; Oehmen/Busch, BauR 1999, 1402.

Der zeitliche Zusammenhang liegt vor, wenn die Folgemaßnahmen aus 10
der Durchführung eines bestimmten Vorhabens herrühren, dagegen nicht zu
irgendeinem Zeitpunkt entstehen.

IV. § 11 Abs. 1 S. 2 Nr. 4 BauGB

§ 11 Abs. 1 S. 2 Nr. 4 BauGB ermöglicht eine städtebauliche Vereinbarung 11
über die Nutzung von Netzen und Anlagen der Kraft – Wärme – Kopplung
sowie von Solaranlagen für die Wärme-, Kälte- und Elektrizitätsversorgung
als Ziele im Rahmen von städtebaulichen Planungen und Maßnahmen. Mit
dem Gesetz zur Förderung des Klimaschutzes bei der Entwicklung in den
Städten und Gemeinden vom 22. 7. 2011 (BGBl. I S. 1509) ist Nr. 4 insoweit
erweitert worden, dass die Regelung über Solaranlagen sowie Anlagen und
Leistungen für Kraft-Wärme-Koppelung hinaus für sämtliche Anlagen und
Einrichtungen betreffend die Erzeugung und Nutzung erneuerbarer Energien, sowie Anlagen und Einrichtungen der Fern- und Nahwärmeversorgung
sowie der Kraft-Wärme-Koppelung gilt.

V. § 11 Abs. 1 S. 2 Nr. 5 BauGB

Neu eingeführt mit der BauGB-Klimanovelle 2011 wurde in § 11 Abs. 1 S. 2 11a
BauGB eine Nummer 5 mit der klargestellt wird, dass in städtebaulichen
Verträgen auch Vereinbarungen über die energetische Qualität von Gebäuden getroffen werden können. Entsprechend den anderen, zuvor genannten,
Gegenständen städtebaulicher Verträge ist auch bei derartigen Vereinbarungen ein städtebaulicher Zusammenhang erforderlich. Der städtebauliche Bezug folgt dabei aus dem Planungsbelang in § 1 Abs. 6 Nr. 7f BauGB.

C. Rechtsnatur städtebaulicher Verträge

Die Rechtsnatur städtebaulicher Verträge wird gesetzlich nicht ausdrück- 12
lich bestimmt. Der Begriff „städtebaulicher Vertrag" ist allerdings nicht per
se deckungsgleich mit dem Begriff „öffentlich-rechtlicher Vertrag". Städtebauliche Verträge können sowohl öffentlich-rechtlicher, wie auch privatrechtlicher Natur sein.[13] Maßgeblich für die Abgrenzung ist dabei in erster
Linie der Vertragsgegenstand, daneben der Vertragszweck sowie die Rechtsfolgen die sich daraus ergeben können.[14]

Vor der Sache her dürfte es sich bei den meisten städtebaulichen Verträ- 13
gen – insbesondere weil § 11 BauGB diese in einen öffentlich-rechtlichen
Kontext stellt – regelmäßig um öffentlich-rechtliche Verträge handeln.[15] In
diesen Fällen handelt es sich um subordinationsrechtliche Verträge i. S. v.
Art. 54 S. 2 BayVwVfG.

---

[13] BayVGH, BayVBl. 2000, 399; Brohm, JZ 2000, 321.
[14] Vgl. GSOBG, NJW 1986, 2359.
[15] Vgl. Bick, DVBl. 2001, 154; s. a. BVerwG, NVwZ 2000, 1285.

14 Im Einzelfall kann die Abgrenzung des Vertrages als öffentlich-rechtlich oder privatrechtlich allerdings recht schwierig sein. Insoweit hat sich bereits eine umfangreiche Kasuistik entwickelt.

15 Die vereinbarte „freiwillige Umlegung" etwa ist vom Bundesverwaltungsgericht als öffentlich-rechtlich beurteilt und dabei darauf abgestellt worden, dass die Gemeinde damit eine umfassende Neuordnung ihres Gebietes regelt.[16]

In gleicher Weise sind der Folgekosten-, sowie der Erschließungsvertrag nach § 124 BauGB als öffentlich-rechtliche Verträge eingeordnet worden.[17] Auch der Durchführungsvertrag nach § 12 BauGB zählt zu den öffentlich-rechtlichen Verträgen.

16 Anders ist dagegen vom Bundesverwaltungsgericht das sog. „Weilheimer Modell" als Form einer Einheimischen-Vereinbarung beurteilt worden. Es wurde als zivilrechtlicher Vertrag qualifiziert unter Bezugnahme darauf, dass Vertragsgegenstand schlicht die Verschaffung von Eigentum ist.[18] Die städtebauliche Intention des Vertrages, die ursprünglich für den Bayerischen Verwaltungsgerichtshof noch entscheidend für die Zuordnung zum öffentlichen Recht war, wurde vom Bundesverwaltungsgericht als bloße Motivation angesehen.[19]

Hinweis: Angesicht der vielfältigen Gestaltungsmöglichkeiten bei Verträgen über Einheimischenmodelle, dürfte mit dieser höchstrichterlichen Entscheidung aber keine generelle Festlegung auf das Zivilrecht erfolgen sein. Durch eine klare Hervorhebung des städtebaulichen Zweckes im Vertrag, kann der Vertragsgegenstand insoweit maßgeblich beeinflusst und damit eine Zuordnung zum öffentlichen Recht erreicht werden.[20]

17 Im Übrigen ist die Zuordnung zum öffentlichen Recht oder zum Privatrecht materiell-rechtlich ohnehin ohne größere Bedeutung, da privatrechtliche Verträge nach den Grundsätzen des Verwaltungsprivatrechtes im Wesentlichen an den gleichen materiellen Vorgaben gemessen werden, wie öffentlich-rechtliche Verträge.[21]

D. Wirksamkeitsvoraussetzungen, § 11 Abs. 2, Abs. 3 BauGB

18 Zunächst verlangt § 11 Abs. 3 BauGB in formeller Hinsicht die Schriftform. Mündlich abgeschlossene Verträge sind formwidrig und nach Art. 59 Abs. 1 BayVwVfG, § 125 BGB nichtig. Wird durch die vertragliche Verein-

---

[16] BVerwG, BayVBl. 1985, 371; siehe auch VGH BW, DÖV 2001, 343.
[17] BVerwG, DVBl. 2000, 1853; DVBl. 1973, 800; VGH BW, NVwZ 1991, 583; KG, NVwZ-RR 2000, 765.
[18] BVerwG, BayVBl. 1993, 405; siehe jetzt auch BayVGH, NVwZ 1999, 1008.
[19] BayVGH, BayVBl. 1991, 47.
[20] Vgl. BayVGH, BayVBl. 1999, 399; Battis, ZfBR 1999, 240; Grziwotz, NJW 1997, 237.
[21] BayVGH, NVwZ 1999, 1008; Bick, DVBl. 2001, 154.

barung auch das Eigentum an einem Grundstück übertragen, ist zusätzlich
§ 311 b BGB zu beachten.

Gemäß § 11 Abs. 2 S. 1 BauGB – als gegenüber Art. 56 Abs. 1 S. 2 VwVfG 19
spezielle Regelung – wird die Angemessenheit der vereinbarten Leistung gefordert. Die Vorschrift ist nichts anderes als eine einfach-gesetzliche Positivierung des in Art. 20 Abs. 3 GG enthaltenen Verhältnismäßigkeitsgrundsatzes.[22]

Die Angemessenheit der Leistungen ist gegeben, wenn der Private aus wirtschaftlicher Sicht nicht unzumutbar belastet wird.

Beispiel: Unzumutbarkeit in diesem Sinne wäre gegeben, wenn im Rahmen eines Folgelasten- oder Folgekostenvertrages an eine konkrete Maßnahme Anforderungen gestellt würden, die über den bisherigen ortsüblichen Standort in der Gemeinde hinausgehen.

Letztlich lässt sich für die Frage der Angemessenheit auf die Bodenwert- 20
steigerung abstellen, die sich nach Durchführung der Maßnahme für den Investor ergibt.[23]

§ 11 Abs. 2 S. 2 BauGB enthält das sogenannte Koppelungsverbot, nach 21
dem Leistung und Gegenleistung in sachlichem Zusammenhang zu stehen haben. Es verbietet insbesondere Vereinbarungen mit Privaten, wonach diese Leistungen zu erbringen haben, um etwas zu erlangen, auf die sie ohnehin einen Anspruch haben.[24]

Beispiel: Soweit ein Vorhaben bereits auf Grundlage von den §§ 30, 33, 34 oder 35 BauGB planungsrechtlich zulässig ist, kann die Gemeinde die Erteilung ihres Einvernehmens nach § 36 BauGB nicht davon abhängig machen, dass der Bauherr die Nachfolgelasten vertraglich übernimmt.[25]

Beispiel: Auch wenn im Rahmen eines Baulandsicherungsvertrages die Leistung der Gemeinde in der rechtswidrigen Erteilung ihres Einvernehmens besteht, ist dieser Vertrag wegen Verstoßes gegen das Koppelungsgebot unwirksam.[26]

Weitere materiell-rechtliche Grenze der Zulässigkeit städtebaulicher Ver- 22
träge sind gesetzliche Verbote nach Art. 59 Abs. 1 BayVwVfG i. V. m. § 134 BGB. Darüber hinaus darf auch kein Verstoß gegen die guten Sitten nach § 138 BGB vorliegen.

Berücksichtigung finden in diesem Zusammenhang insbesondere auch die grundrechtlichen Wertungen.[27]

E. Leistungsstörungen und Fehlerfolgen

Liegt ein Verstoß gegen das Schriftformerfordernis aus § 11 Abs. 3 BauGB 23
vor, ist der städtebauliche Vertrag nach Art. 59 Abs. 1 BayVwVfG, § 125 BGB nichtig.

---

[22] Vgl. Battis ZfBR 1999, 240.
[23] BVerwG, DVBl. 2000, 1853.
[24] BVerwG, NVwZ 2009, 1109; DÖV 2000, 1050; BayVGH, BayVbl. 2009, 722; BayVBl. 2004, 692; BGH, BauR 1999, 235; Kahl, DÖV 2000, 703.
[25] BVerwG, BauR 1981, 1474.
[26] VG München, BauR 1998, 764.
[27] BVerwG, DÖV 1993, 622; BayVGH, BayVBl. 1999, 399.

Gleiches gilt bei (materiellen) Verstößen gegen § 11 Abs. 2 BauGB und bei Verstößen gegen gesetzliche Verbote und die guten Sitten.[28]

24 Die Nichtigkeit erfasst regelmäßig den gesamten Vertrag. Unter den Voraussetzungen des Art. 59 Abs. 3 BayVwVfG kommt ausnahmsweise eine Teilnichtigkeit des Vertrages in Betracht.[29]

25 Liegt ein Verstoß gegen die guten Sitten vor mit der Folge, dass der Vertrag nichtig ist, gilt gleiches auch für Verwaltungsakte, die eine Gemeinde in diesem Zusammenhang erlässt. Dies kann vor allem unter Bezugnahme auf die Regelung des Art. 44 Abs. 2 Nr. 6 BayVwVfG und damit begründet werden, dass der Begriff der guten Sitten in allen Rechtsbereichen einheitlich bestimmbar ist.[30]

26 Erbringt der private Vertragspartner seine vereinbarte Leistung nicht oder wird sie von ihm schlecht erbracht, finden über Art. 62 BayVwVfG die Vorschriften des Bürgerliches Gesetzbuches über Leistungsstörungen entsprechend Anwendung.[31]

27 Die geschädigte Gemeinde ist darauf verwiesen, ihre vertraglichen Ansprüche gerichtlich geltend zu machen. Sie ist nicht berechtigt die Erfüllung der vereinbarten vertraglichen Leistungen durch den Privaten mittels eines Verwaltungsaktes durchzusetzen.[32]

Sämtliche vertragliche Ansprüche aus einem öffentlich-rechtlichen (städtebaulichen) Vertrag sind auf dem Verwaltungsrechtsweg geltend zu machen.[33]

F. Andere städtebauliche Verträge

28 Aus § 11 Abs. 4 BauGB ergibt sich, dass die Regelung des § 11 BauGB über städtebauliche Verträge nicht abschließend ist.

Neben dem Baugesetzbuch als Grundlage, können städtebauliche Verträge auch nach Bauordnungsrecht abgeschlossen werden. Insoweit ist insbesondere der Vertrag über die Ablösung notwendiger Stellplätze (etwa nach Art. 47 Abs. 3 Nr. 3 BayBO) erwähnenswert.[34]

Von zunehmender Bedeutung ist über das Baurecht hinaus, beispielsweise auch der Sanierungsvertrag nach § 13 Abs. 4 BBodSchG.[35]

Teil 3. Sicherung der Bauleitplanung

1 Die Mittel zur Sicherung der gemeindlichen Bauleitplanung sind in den §§ 14–28 BauGB geregelt. Insgesamt stehen (noch) vier Sicherungsmittel zur Verfügung. Im Einzelnen sind dies die Veränderungssperre gemäß §§ 14, 16

---

[28] Vgl. Reith, NVwZ 1999, 149.
[29] Vgl. Kopp/Ramsauer, VwVfG, § 59 Rn. 30.
[30] Überzeugend VG München, BauR 1998, 764; a. A. Reith, NVwZ 1999, 149.
[31] Vgl. Kopp/Ramsauer, VwVfG, § 62, Rn. 9.
[32] BVerwG, BRS 37 Nr. 1.
[33] Vgl. Eyermann, VwGO § 40, Rn. 75; Kopp/Schenke, VwGO § 40 Rn. 23.
[34] BVerwG, NJW 1980, 1294.
[35] Dazu Dumbert, VA 2001, 60.

BauGB, die Zurückstellung von Baugesuchen nach § 15 BauGB, die sog. Fremdenverkehrssatzung gemäß § 22 BauGB sowie die gemeindlichen Vorkaufsrechte nach §§ 24–28 BauGB. Die Teilungsgenehmigung nach §§ 19, 20 BauGB ist mit dem EAG Bau (2004) ersatzlos entfallen.

A. Veränderungssperre, §§ 14, 16–18 BauGB

Die Veränderungssperre soll während der Dauer eines Bebauungsplanverfahrens vor tatsächlichen Veränderungen im künftigen Planbereich schützen und dadurch verhindern, dass die gemeindliche Planung gegebenenfalls ins Leere läuft.

Gemäß § 16 Abs. 1 BauGB wird die Veränderungssperre von der Gemeinde als Satzung beschlossen. Damit ist eine unmittelbare Überprüfung der Veränderungssperre im Wege der Normenkontrolle nach § 47 VwGO eröffnet.[1]

Nachbarn bzw. Dritte können sich auf eine Veränderungssperre nicht berufen, da diese ausschließlich der gemeindlichen Planungshoheit dient.[2]

Für vorhabenbezogene Bebauungspläne i.S.v. § 30 Abs. 2 BauGB kommen die Regelungen über die Veränderungssperre nach § 12 Abs. 3 S. 2 Hs. 2 BauGB nicht zur Anwendung.

I. Voraussetzungen

1. Formelle Voraussetzungen

Anders als bei der Aufstellung eines Bebauungsplans (vgl. oben Teil 1) sieht das Baugesetzbuch für den Erlass einer Veränderungssperre keine besonderen verfahrensrechtlichen Erfordernisse, insbesondere keine Bürgerbeteiligung, vor. Gefordert wird gemäß § 16 Abs. 1 BauGB lediglich ein entsprechender Satzungsbeschluss sowie nach § 16 Abs. 2 BauGB dessen ortsübliche Bekanntmachung.

Innerhalb der Gemeinde ist für den Beschluss über die Veränderungssperre nach Art. 29 GO der Gemeinderat zuständig, da es in der Sache um den Erlass einer Satzung im Rahmen der Bauleitplanung geht. Die Übertragung auf einen beschließenden Ausschuss ist gemäß Art. 31 Abs. 2 S. 1 GO möglich, da im Zusammenhang mit städtebaulichen Satzungen das Übertragungsverbot aus Art. 32 Abs. 2 S. 2 Nr. 2 GO gerade nicht entgegensteht (vgl. Art. 32 Abs. 2 S. 2 Nr. 2 Hs. 2 GO).

Die ortsübliche Bekanntmachung der Veränderungssperre richtet sich nach Art. 26 Abs. 2 GO.

Der Beschluss über die Aufstellung eines Bebauungsplans sowie der Beschluss über die Veränderungssperre können – in dieser Reihenfolge – in derselben Gemeinderatssitzung gefasst werden.[3]

---

[1] Vgl. etwa BayVGH, NVwZ-RR 2001, 288; OVG Lüneburg, NVwZ 1999, 1001.
[2] BVerwG, NVwZ 1989, 453.
[3] BVerwG, NVwZ 1989, 661; VGH BW, VBl.BW 1998, 310; OVG Lüneburg, NVwZ-RR 2002, 417.

7   Spätestens gleichzeitig mit der Bekanntmachung der Veränderungssperre, muss auch der Beschluss über die Aufstellung eines Bebauungsplans ortsüblich bekannt gemacht sein. Dafür reicht nach neuerer Rechtsprechung die Bekanntmachung an ein und demselben Tag aus.[4]

2. Materielle Voraussetzungen

8   In materiell-rechtlicher Hinsicht muss zunächst ein Beschluss über die Aufstellung (oder Änderung; vgl. § 1 Abs. 8 BauGB) eines Bebauungsplans vorliegen. Dieser Beschluss ist ortsüblich bekannt zumachen. In beiden Fällen handelt es sich um materielle Rechtmäßigkeitsvoraussetzungen nach Bundesrecht.[5] Dem Aufstellungs- oder Änderungsbeschluss muss selbst noch keine endgültige Planungskonzeption zugrunde liegen.[6] Spätestens im Zeitpunkt des Erlasses der Veränderungssperre muss allerdings ein Mindestmaß dessen erkennbar sein, was Inhalt der künftigen Planung sein soll. Eine in diesem Sinne konkrete Planung wird regelmäßig gegeben sein, wenn der Planbereich und damit der Sicherungsbereich bestimmt ist und zumindest die Art der baulichen Nutzung für das Plangebiet feststeht.[7]

Ein Austausch der „Planungsabsichten" im Bebauungsplanverfahren ist im Übrigen unzulässig und macht die bereits erlassene Veränderungssperre unwirksam. In einem derartigen Fall, ist der Erlass einer neuen Veränderungssperre erforderlich.[8]

9   Als dritte materielle Rechtmäßigkeitsvoraussetzung einer Veränderungssperre muss ein Sicherungsbedürfnis („zur Sicherung der Planung") gegeben sein. Dies bedeutet, dass die Veränderungssperre vom räumlichen Umgriff und vom sachlichen Inhalt erforderlich sein muss.

Als Instrument zur Sicherung der gemeindlichen Planungshoheit unterliegt die Veränderungssperre nicht dem allgemeinen Abwägungsgebot des § 1 Abs. 7 BauGB, sondern nur der Prüfung, ob sie zur Erreichung des mit ihr verfolgten Sicherungszwecks notwendig ist.[9]

Als Sicherungsmittel ungeeignet und damit unwirksam ist eine Veränderungssperre (nur) dann, wenn sich das aus dem Aufstellungs- oder Änderungsbeschluss ergebende Planungsziel mit Hilfe planerischer Festsetzungen nicht erreichen lässt, der beabsichtigte Bebauungsplan nicht von einer positiven Planungskonzeption getragen wird sowie der Förderung von Zielen dient, für deren Verwirklichung die Planungsinstrumente des Baugesetz-

---

[4] BayVGH, BayVBl. 2000, 598; VGH BW, VBl.BW 1998, 310; OVG Weimar, NVwZ-RR 2002, 415.
[5] Vgl. BVerwG, NVwZ 2008, 437; DVBl. 1988, 958; NVwZ 1993, 471; BayVGH, BayVBl. 2000, 722; BGH, UPR 2004, 263.
[6] BVerwG, NVwZ 2010, 42; BayVGH, BayVBl. 1997, 525.
[7] BVerwG, BauR 2011, 481; NVwZ 2004, 858; NVwZ 1990, 558; OVG Koblenz, BauR 2000, 1308; OVG Berlin, NVwZ-RR 1996, 313; zur Bestimmtheit des Geltungsbereichs einer Veränderungssperre vgl. BayVGH, BayVBl. 2001, 114; BayVGH, BauR 2011, 807 zu einer immissionsschutzrechtlichen Vorsorgeplanung im Zusammenhang mit Mobilfunksendeanlagen.
[8] OVG Lüneburg, NVwZ 2000, 1061.
[9] BVerwG, NVwZ 1993, 473.

buchs nicht bestimmt sind oder wenn der Bebauungsplan mit rechtlichen Mängeln behaftet ist, die schlechterdings nicht behebbar sind.[10]

Darunter fällt vor allem die sog. reine Negativ- oder Verhinderungsplanung. Es handelt sich dabei um eine Planung, die, mit dem alleinigen Ziel, vorgeschoben wird ein ganz konkretes Vorhaben zu vereiteln und die folglich nicht von einem positiven Planungswillen der Gemeinde getragen ist. Derartige Planungen sind nicht i. S. v. § 1 Abs. 3 BauGB erforderlich mit der Folge, dass ein Bedürfnis nach Sicherung dafür nicht vorliegt.[11]

Beispiel: Im Hinblick auf einen beabsichtigten, nach § 35 Abs. 1 Nr. 3 BauGB privilegierten, Kiesabbau im Außenbereich der Gemeinde H, beschließt diese für den fraglichen Bereich, der etwa 4 km vom Ort entfernt liegt, einen Bebauungsplan aufzustellen und zu dessen Sicherung eine Veränderungssperre zu erlassen. Geplant ist ein Sondergebiet „Sport". Zwar sind in der Gemeinde H ausreichend Sportstätten vorhanden, aber – so die Begründung der Gemeinde – könne es in 20 Jahren möglicherweise ganz anders aussehen, so dass bereits jetzt schon planerisch alles getan werden müsse, um dann gegebenenfalls auf die notwendigen, vorrätig gehaltenen Flächen zurückgreifen zu können.

Im vorliegenden Fall handelt es sich um eine unzulässige Vorratsplanung, als Unterfall einer reinen Verhinderungsplanung, mit dem erkennbaren Ziel damit einzig den geplanten Kiesabbau zu verhindern. Dem Bebauungsplan wird es an der Erforderlichkeit nach § 1 Abs. 3 BauGB fehlen. Im Begründungsansatz der Gemeinde, irgendwann einmal diese Flächen möglicherweise zu nutzen, kommt eine Vorratsplanung zum Ausdruck, die mit § 1 Abs. 3 BauGB nicht in Einklang steht, da mit einer Realisierung der Planung in absehbarer Zeit nicht zu rechnen ist.[12]

Damit fehlt der beschlossenen Veränderungssperre das Sicherungsbedürfnis. Der Bebauungsplan wird mit einem rechtlichen Mangel behaftet sein, der nicht behebbar, so dass die Veränderungssperre unwirksam ist.

II. Inhalt und Folgen der Veränderungssperre

Der mögliche und zulässige Inhalt einer Veränderungssperre ergibt sich abschließend aus § 14 Abs. 1 Nr. 2 und Nr. 2 BauGB.[13]

Nach § 14 Abs. 1 Nr. 1 BauGB kann eine Veränderungssperre ausdrücklich auch die Beseitigung von baulichen Anlagen ausschließen, ansonsten alle Maßnahmen, die auch von § 29 Abs. 1 BauGB erfasst sind.

Der Begriff der „Veränderung" in § 14 Abs. 1 Nr. 2 BauGB betrifft nur tatsächliche Handlungen. Handlungen rechtlicher Art, wie die Bestellung eines dinglichen Rechts oder eine Grundstücksteilung, sind dagegen nicht ausgeschlossen.[14]

10

---

[10] BVerwG, NVwZ 1994, 685; BayVGH, BauR 2000, 1836; OVG Koblenz, BauR 2000, 1308.
[11] BVerwG, UPR 1999, 352; BayVBl. 1991, 280; BayVGH, NVwZ 1999, 1001; BayVBl. 2000, 722; VGH BW, VBl.BW 1998, 310.
[12] BayVGH, BayVBl. 2006, 661; BayVBl. 1999, 531.
[13] Als Beispiel für eine Veränderungssperre vgl. Decker, Öffentlich-rechtliche Akte, S. 128 f.
[14] BVerwG, NJW 1973, 1711; Schrödter, BauGB, § 14, Rn. 16.

11 Die durch eine Veränderungssperre ausgeschlossenen Vorhaben sind planungsrechtlich unzulässig. Die Sperrwirkung aus § 14 Abs. 1 BauGB besteht im Übrigen auch im Rahmen eines immissionsschutzrechtlichen Genehmigungsverfahrens.[15]

III. Bestandsschutz

12 Von großer Bedeutung ist die Vorschrift des § 14 Abs. 3 BauGB. Sie enthält eine Bestandsschutzregelung, da bestimmt ist, welche Vorhaben durch den Erlass einer Veränderungssperre nicht betroffen sind.[16]

Baurechtlich genehmigt i. S. v. § 14 Abs. 3 BauGB sind zunächst alle Vorhaben, für die eine Baugenehmigung erteilt worden ist. Gleiches gilt auch für eine Teilbaugenehmigung, beispielsweise nach Art. 70 BayBO sowie für einen Bauvorbescheid, soweit er einen ausschließlich bauplanungsrechtlichen Inhalt hat (= sog. Bebauungsgenehmigung) und nach dem Bauordnungsrecht des jeweiligen Landes, als vorweggenommener Teil der Baugenehmigung ausgestaltet ist, wie etwa der Bauvorbescheid gemäß Art. 71 BayBO.[17]

13 Genehmigt i. S. v. § 14 Abs. 3 BauGB ist ein Vorhaben dann, wenn die Baugenehmigung oder der Vorbescheid durch Bekanntgabe wirksam geworden sind. Auf ihre Bestandskraft kommt es dagegen nicht an. Von daher ist die Einlegung des Rechtsbehelfs eines Dritten oder grundsätzlich einer Gemeinde gegen die Baugenehmigung oder den Vorbescheid ohne Einfluss auf die Bestandsschutzwirkung aus § 14 Abs. 3 BauGB.[18]

Anderes gilt für den Fall, dass der Bauherr die Baugenehmigung oder den Vorbescheid selbst anficht, weil er mit dem Inhalt nicht insgesamt einverstanden ist. Dann ist es nicht gerechtfertigt, dem Bauherrn den Bestandsschutz aus § 14 Abs. 3 BauGB zugute kommen zu lassen.[19]

14 § 14 Abs. 3 BauGB schließt als bundesrechtliche Sonderregelung den Widerruf einer bestandskräftigen Baugenehmigung oder eines bestandskräftigen Vorbescheids wegen einer nachträglich in Kraft getretenen Veränderungssperre aus.[20]

15 Eine Veränderungssperre hat wegen § 14 Abs. 3 BauGB im Übrigen auch auf solche Vorhaben keine Auswirkungen, die zwar keiner bauaufsichtlichen Genehmigung bedürfen, aber aufgrund eines anderen baurechtlichen Verfahrens zulässig sind. Ein solches Verfahren ist insbesondere das Genehmi-

---

[15] VGH BW, NVwZ-RR 1990, 396, OVG Greifswald, NVwZ-RR 2009, 553.
[16] Vgl. VGH BW, VBl.BW 1999, 217.
[17] BVerwG, BauR 1984, 384; s. a. BayVGH, BayVBl. 2000, 314, wonach ein Vorbescheid nur dann unter die Regelung des § 14 Abs. 3 BauGB fallen soll, wenn die bauplanungsrechtliche Zulässigkeit eines Vorhabens abschließend, einschließlich der gesicherten Erschließung, festgestellt ist; dagegen zu Recht Jäde, BayVBl. 2000, 314; Schwarzer/König, BayBO, Art. 75, Rn. 6.
[18] BayVGH, BayVBl. 1987, 210; VGH BW, VBl.BW 2001, 242; VBl.BW 1999, 266; OVG Lüneburg, NVwZ 1990, 685.
[19] OVG Lüneburg, NVwZ 1990, 685.
[20] VGH BW, VBl.BW 2001, 323; Ernst/Zinkahn/Bielenberg/Krautzberger, BauGB, § 14, Rn. 61; a. A. Schrödter, BauGB, § 14, Rn. 24.

gungsfreistellungsverfahren nach Art. 58 BayBO,[21] da auch dieses die Gemeinde in die Lage versetzt, von ihren planerischen Sicherungsmöglichkeiten wirksam Gebrauch zu machen und auf das jeweilige Vorhaben zu reagieren. Zulässig ist ein genehmigungsfreigestelltes Vorhaben, sobald die Monatsfrist des Art. 58 Abs. 2 Nr. 4 BayBO abgelaufen ist, ohne dass die Gemeinde die Durchführung eines Genehmigungsverfahrens verlangt hat. Danach geht eine Veränderungssperre wegen der Bestandsschutzregelung aus § 14 Abs. 3 BauGB ins Leere.

Auf Vorhaben, die vor Inkrafttreten einer Veränderungssperre hätten genehmigt werden müssen, aber nicht genehmigt worden sind, findet § 14 Abs. 3 BauGB keine Anwendung. Insoweit wird aber regelmäßig eine Ausnahme gemäß § 14 Abs. 2 BauGB mit entsprechender Reduzierung des Ermessens auf Null in Betracht kommen.[22] 16

IV. Geltungsdauer einer Veränderungssperre

Eine Veränderungssperre gilt nach § 17 Abs. 1 S. 1 BauGB grundsätzlich für die Dauer von zwei Jahren. Auf Grundlage von § 17 Abs. 1 S. 3 BauGB kann die Gemeinde die Geltungsdauer um ein weiteres Jahr verlängern (1. Verlängerung). Gemäß § 17 Abs. 2 BauGB ist die Verlängerung um ein weiteres Jahr zulässig (2. Verlängerung), wenn besondere Umstände dies rechtfertigen. Solche besonderen Umstände werden in den seltensten Fällen gegeben sein, insbesondere dürfen sie nicht aus dem Verantwortungsbereich der Gemeinde stammen.[23] 17

Beispiel: Keine besonderen Umstände i. d. S. sind daher Organisationsprobleme in der Gemeindeverwaltung oder Arbeitsüberlastung der Gemeindebediensteten.

Anstelle einer Verlängerung kann die Gemeinde unter den Voraussetzungen des § 17 Abs. 3 BauGB auch eine erneute Veränderungssperre beschließen. Die Gemeinde insoweit das Wahlrecht. 18

Um aber eine Umgehung der strengen Voraussetzungen des § 17 Abs. 2 BauGB auszuschließen, müssen nach Ablauf von drei Jahren auch bei einer erneuten Veränderungssperre immer besondere Umstände gegeben sein,[24] die die Veränderungssperre rechtfertigen. 18

Auf die Geltungsdauer einer Veränderungssperre wird nach § 17 Abs. 1 S. 2 BauGB die Dauer einer (förmlichen) Zurückstellung des Baugesuchs gemäß § 15 BauGB angerechnet. Die Anrechnung erfolgt individuell, nur demjenigen gegenüber, dessen Bauantrag zurückgestellt wurde. Folge davon ist, dass die Veränderungssperre gegenüber den im einzelnen Betroffenen unterschiedlich lange gelten kann. Auf die allgemeine Rechtmäßigkeit der Veränderungssperre hat diese individuelle Anrechnung allerdings keine Auswirkungen. Nur 19

---

[21] BayVGH, BayVBl. 2000, 312.
[22] BVerwG, BRS 49 Nr. 115; BayVGH, BRS 47 Nr. 89, VGH BW, BauR 2000, 1159.
[23] Vgl. BVerwG, NVwZ 1991, 62; VGH BW, VBl.BW 2006, 144.
[24] BVerwG, DVBl. 1993, 115.

demjenigen gegenüber, dessen Baugesuch zurückgestellt wurde, entfaltet die Veränderungssperre gegebenenfalls keine Rechtswirkungen mehr.[25]

20 Der förmlichen Zurückstellung des Baugesuchs auf Grundlage des § 15 BauGB steht die sog. faktische Zurückstellung gleich.[26] Von einer solchen wird gesprochen, wenn die Bearbeitung des Bauantrags verzögert oder der Bauantrag rechtswidriger weise abgelehnt wird. Bei der faktischen Zurückstellung beginnt der für die individuelle Anrechnung maßgebliche Zeitraum ab dem Zeitpunkt, ab dem bei einer sachgerechten Behandlung des Bauantrags mit der Erteilung der Baugenehmigung gerechnet werden konnte. Insoweit lässt sich aus der Frist des § 75 VwGO ein allgemeiner Rechtsgedanke ableiten, der auch in diesem Zusammenhang herangezogen werden kann.

Beispiel: Wird der vollständige Bauantrag am 22. 11. 2006 bei der Gemeinde eingereicht und das Baugenehmigungsverfahren damit in Gang gesetzt, darf unter Heranziehung des Rechtsgedankens aus § 75 S. 2 VwGO bis zum 22. 2. 2007 mit der Erteilung der Baugenehmigung gerechnet werden. Wird der Bauantrag über diesen Zeitpunkt hinaus nicht behandelt, beginnt ab 23. 2. 2007 der Zeitraum, der als faktische Zurückstellung auf die Dauer einer Veränderungssperre individuell anzurechnen wäre.

V. Entschädigung

21 § 18 BauGB geht davon aus, dass eine Veränderungssperre bis zu einer Dauer von vier Jahren als Inhalts- und Schrankenbestimmung des Eigentums i. S. v. Art. 14 Abs. 1 S. 2 GG entschädigungslos hinzunehmen ist. Nach Ablauf von vier Jahren wird auf Grundlage des § 18 BauGB ein Entschädigungsanspruch gegenüber der Gemeinde eingeräumt. Voraussetzung dafür ist aber, dass der Betroffene das Grundstück in planungsrechtlich zulässiger Weise hätte bebauen können.[27]

Beispiel: Soweit ein Außenbereichsgrundstück, auf dem für den Eigentümer nur ein sonstiges Vorhaben nach § 35 Abs. 2 BauGB in Betracht gekommen wäre, in eine mehr als vier Jahre dauernde rechtmäßige Veränderungssperre einbezogen war, die einen Straßenbau in einem isolierten Bebauungsplan sichern sollte, wird kein Entschädigungsanspruch gewährt, weil und wenn eine Bebauung gemäß § 35 Abs. 2 BauGB planungsrechtlich unzulässig war.

22 Bei einer von Anfang an unwirksamen Veränderungssperre kommt – außerhalb der Regelung des § 18 BauGB – ein Schadensersatzanspruch wegen Amtspflichtverletzung gemäß Art. 34 GG, § 839 BGB sowie ein Entschädigungsanspruch wegen enteignungsgleichem Eingriff in Betracht, letzterer hergeleitet aus dem allgemeinen Aufopferungsanspruch in seiner richterrechtlichen Ausprägung.[28] Zu beachten ist aber in beiden Fällen der Grundsatz vom Vorrang des verwaltungsgerichtlichen Primärrechtsschutzes vor dem entschädigungsrechtlichen Sekundäranspruch.[29] Im Zusammenhang

---

[25] BVerwG, ZfBR 1992, 185; DVBl. 1971, 468.
[26] BVerwG, ZfBR 2007, 697; NVwZ 1992, 1090; VGH BW, VBl.BW 2002, 49.
[27] BGHZ 78, 152.
[28] Vgl. BGH, NVwZ 1992, 119.
[29] Dazu BVerfG, BayVBl. 2000, 17; E 58, 300.

mit dem Amtshaftungsanspruch ist dieses Vorrangpostulat in § 839 Abs. 3 BGB geregelt, beim enteignungsgleichen Eingriff wird es vom Bundesgerichtshof aus einer entsprechenden Anwendung des § 254 BGB abgeleitet. Seine Bedeutung liegt darin, dass der Geschädigte seinen Schadensersatz- oder Entschädigungsanspruch verliert, wenn er nicht verwaltungsgerichtlichen Rechtsschutz in Anspruch nimmt mit Hilfe dessen der rechtswidrige Eingriff hätte abgewendet werden können.

B. Zurückstellung von Baugesuchen

I. Verhältnis zur Veränderungssperre

Zwischen der Veränderungssperre und der Zurückstellung von Baugesuchen besteht, wie nicht zuletzt die systematische Stellung im Gesetz zeigt, ein unmittelbarer sachlicher Zusammenhang. Dennoch handelt es sich um zwei eigenständige gemeindliche Sicherungsmittel. 23

Im Gegensatz zur Veränderungssperre, die nach § 16 Abs. 1 BauGB als Satzung beschlossen wird, setzt die Baugenehmigungsbehörde im Rahmen des § 15 BauGB auf Antrag der Gemeinde und bei Vorliegen der entsprechenden Voraussetzungen, ein bestimmtes Baugenehmigungsverfahren aus, wenn das beantragte Vorhaben die künftige Planung konkret gefährdet.

Die Veränderungssperre stellt wegen ihres Rechtsnormcharakters einen materiell-rechtlichen Versagungsgrund dar. § 15 BauGB enthält demgegenüber lediglich eine formelle Regelung, aufgrund derer die Aussetzung eines Baugenehmigungsverfahrens für einen bestimmten Zeitraum ermöglicht wird.

Für die Zurückstellung eines Baugesuchs müssen die gleichen Voraussetzungen vorliegen, wie für den Erlass einer Veränderungssperre. Notwendig ist also der Beschluss über die Aufstellung oder Änderung eines Bebauungsplans, dessen ortsübliche Bekanntmachung und ein Sicherungsbedürfnis („dass zu befürchten ist ..."). 24

Von einer Zurückstellung ausgenommen sind Vorhaben, zugunsten derer die Bestandsschutzregelung des Art. 14 Abs. 3 BauGB gilt.[30] 25

Bei der umstrittenen Frage, ob auch die Zurückstellung von Baugesuchen, die planungsrechtlich unzulässige Vorhaben zum Inhalt haben, möglich ist, sollte darauf abgestellt werden, ob die planungsrechtliche Unzulässigkeit offensichtlich, mithin ohne weiteres erkennbar ist. Kann dies bejaht werden, ist der Bauantrag abzulehnen, andernfalls ist eine Zurückstellung des Baugesuchs zulässig.[31] 26

II. Verfahren

Eingeleitet wird das Zurückstellungsverfahren durch einen Antrag der jeweiligen Gemeinde. Das Antragsrecht aus § 15 BauGB ist Ausfluss der ge- 27

---
[30] Vgl. Berliner Kommentar zum BauGB, § 15, Rn. 9.
[31] BayVGH, FSt BY 2000, Rn. 289.

meindlichen Planungshoheit. Eine besondere Form sieht § 15 BauGB für den Antrag nicht vor, aus Zweckmäßigkeitsgründen, vor allem um gegebenenfalls Beweis führen zu können, sollte der Antrag schriftlich gestellt werden.

Wer innerhalb der Gemeinde für die Antragstellung zuständig ist, richtet sich nach dem Kommunalrecht der Länder.[32] Vom Grundsatz her dürfte insoweit nichts anderes gelten, als für die Entscheidung über das gemeindliche Einvernehmen nach § 36 BauGB, da es letztlich um die gemeindliche Planungshoheit geht. Regelmäßig wird es daher eines entsprechenden Gemeinderatsbeschlusses bedürfen.

Die Baugenehmigungsbehörde prüft selbständig, ohne an die Rechtsauffassung der antragstellenden Gemeinde gebunden zu sein, ob die tatbestandlichen Voraussetzungen des § 15 BauGB vorliegen. Sind diese gegeben, steht der Baugenehmigungsbehörde für ihre Entscheidung kein Ermessen zu. Die Entscheidung über den gemeindlichem Zurückstellungsantrag – insoweit wird der Bezug zur Planungshoheit deutlich – ist eine gebundene Entscheidung („hat") und stellt einen Verwaltungsakt dar.[33]

Die Dauer der Zurückstellung ist im Bescheid – datumsmäßig oder nach Monaten – konkret anzugeben. Die in § 15 Abs. 1 genannte Zeitdauer von 12 Monaten ist eine Höchstfrist, die aber nicht „automatisch" gilt, wenn die Fristsetzung im Bescheid nicht eindeutig ist. Lässt sich dem Zurückstellungsbescheid die Dauer der Zurückstellung nicht klar entnehmen, ist der Bescheid mangels Bestimmtheit rechtswidrig.[34]

Die Zurückstellung beginnt mit Bekanntgabe des Zurückstellungsbescheids. Zeiten, die durch eine zögerliche Bearbeitung des Bauantrags „faktisch" zu Lasten des Bauherrn gehen, sind auf die bescheidsmäßig festgesetzte Zeitdauer der Zurückstellung anzurechnen.[35] Die Bekanntgabe erfolgt gemäß § 17 Abs. 1 S. 2 BauGB durch Zustellung nach Art. 3, 4 oder 5 BayVwZVG. Mit Ablauf der im Bescheid festgelegten Frist, endet die Zurückstellung. Tritt während der Zurückstellung eine Veränderungssperre oder der zu sichernde Bebauungsplan in kraft, entfallen die Wirkungen der Zurückstellung und sie wird gegenstandslos. Die Baugenehmigungsbehörde hat dann von Amts wegen über den Bauantrag zu entscheiden und den Zurückstellungsbescheid in entsprechender Anwendung des § 17 Abs. 4 BauGB aufzuheben.

III. Rechtsschutz

28 Wird der Antrag auf Zurückstellung von der Genehmigungsbehörde abgelehnt, kann die betroffene Gemeinde Verpflichtungswiderspruch, soweit (noch) vorgesehen (§ 68 Abs. 2 VwGO) einlegen und danach Verpflichtungsklage (§ 42 Abs. 1 VwGO) beim Verwaltungsgericht erheben. Die Ver-

---

[32] OVG Lüneburg, BRS 30 Nr. 81.
[33] BVerwG, BauR 1986, 64; OVG Berlin, NVwZ 1995, 399.
[34] VGH BW, NVwZ 2001, 574; OVG Münster, BauR 1982, 50; Berliner Kommentar zum BauGB, § 15, Rn. 11.
[35] VGH BW, VBl.BW 1985, 185.

pflichtungsklage hat Erfolg, wenn die Voraussetzungen für eine Zurückstellung vorliegen. Die Gemeinde hat dann einen Rechtsanspruch auf Erlass des Zurückstellungsbescheids, der sich aus § 15 BauGB, als einfach-gesetzliche Ausprägung der von Art. 28 Abs. 2 GG geschützten Planungshoheit, ergibt.[36]

Gegen den Antrag der Gemeinde bei der Baugenehmigungsbehörde auf Zurückstellung eines bestimmten Vorhabens, sind keine Rechtsbehelfe gegeben, da er ein Verwaltungsinternum ist. 29

Der Rechtsschutz des Bauherrn bei Zurückstellung seines Vorhabens ist umstritten: 30

Zum einen lässt sich (wohl am besten) vertreten, dass nach ggf. vorheriger Durchführung eines Vorverfahrens die Verpflichtungsklage auf Erteilung der Baugenehmigung oder Bauvorbescheids zu erheben ist. Die Verpflichtungsklage gewährt insoweit den weiter reichenden Rechtsschutz, so dass für eine Anfechtungsklage gegen den Zurückstellungsbescheid das Rechtsschutzbedürfnis fehlt. Die Verpflichtungsklage führt nämlich im Erfolgsfalle nicht nur zur Aufhebung des Zurückstellungsbescheids, sondern gleich zu einer Entscheidung über den gestellten Bauantrag.[37] 31

Andererseits ist gleich gut vertretbar, dass allein eine Anfechtungsklage gegen den Zurückstellungsbescheid möglich sein soll. In diesem Fall muss allerdings darauf abgestellt werden, dass der Zurückstellungsbescheid eine eigene und selbständige Belastung enthält, die darin besteht, dass die Genehmigungsbehörde während des Zurückstellungszeitraums von der Pflicht zur Bescheidung des gestellten Antrags befreit ist.[38] 32

IV. Vorläufige Untersagung des Bauvorhabens

Soweit für das beabsichtigte Vorhaben ein Baugenehmigungsverfahren entfällt, kann ein Baugesuch nicht zurückgestellt werden. In diesem Fall wird von der Baugenehmigungsbehörde auf Grundlage des § 15 Abs. 1 S. 2 BauGB die vorläufige Untersagung des Vorhabens, innerhalb einer durch Landesrecht festgesetzten Frist ausgesprochen. Diese Entscheidung steht gemäß § 15 Abs. 1 S. 3 BauGB einer Zurückstellung gleich. 33

In den Anwendungsbereich des § 15 Abs. 1 S. 2 BauGB fällt das Genehmigungsfreistellungsverfahren nach Art. 58 BayBO. Aus Art. 58 Abs. 2 Nr. 4, Abs. 3 S. 3 BayBO ergibt sich, dass eine vorläufige Untersagung i.S.v. § 15 Abs. 1 S. 2, 3 BauGB nur innerhalb der Frist von einem Monat seit Eingang der Planunterlagen bei der Gemeinde möglich ist.

---

[36] VGH BW, BRS 44 Nr. 94.
[37] VGH BW, BauR 2010, 1564; NVwZ-RR 2003, 333; OVG Weimar, NVwZ-RR 2002, 415.
[38] OVG Münster, BauR 2007, 684; OVG Koblenz, NVwZ-RR 2002, 708.

C. Sicherung von Gebieten mit Fremdenverkehrsfunktion, § 22 BauGB

I. Inhalt und Voraussetzungen

34 Der hinter der Regelung des § 22 BauGB stehende gesetzgeberische Zweck besteht darin, Fremdenverkehrsgemeinden ein wirksames Instrument zur Verfügung zu stellen, um auf die (schleichende) Umstrukturierung von Gebieten, die durch den Fremdenverkehr geprägt sind, reagieren zu können.

35 In erster Linie soll verhindert werden, dass Flächen und Räume der Nutzung durch den Fremdenverkehr entzogen und statt dessen Zweitwohnungen gebildet werden, und so sog. „Rollladensiedlungen" entstehen. Die Feststellung einer Beeinträchtigung der Zweckbestimmung des Gebiets für den Fremdenverkehr, lässt sich – mangels wirksamer Möglichkeit der Überwachung – auch nicht durch eine Absichtserklärung oder Fremdenverkehrsdienstbarkeit mit dem Inhalt, die Wohnung nicht als Zweitwohnung zu nutzen, ausschließen.[39]

36 Voraussetzung des Genehmigungsvorbehalts, insbesondere für die Begründung von Wohnungseigentum, ist nach § 22 Abs. 1 S. 1 BauGB der Erlass eines Bebauungsplans oder einer separaten Fremdenverkehrssatzung, in denen der Genehmigungsvorbehalt ausdrücklich festzulegen ist. Insoweit haben die Gemeinden ein Wahlrecht. Die Fremdenverkehrssatzung muss gemäß § 22 Abs. 2 S. 1 BauGB i.V.m. Art. 26 Abs. 2 GO ortsüblich bekannt gemacht werden, der Bebauungsplan nach § 10 Abs. 3 S. 1 BauGB, Art. 26 Abs. 2 GO.

Für die Fremdenverkehrssatzung oder den Bebauungsplan mit Genehmigungsvorbehalt ist ein Sicherungsbedürfnis erforderlich. Dieses liegt dann vor, wenn andernfalls die vorhandene oder vorgesehene Zweckbestimmung des Gebiets für den Fremdenverkehr und dadurch die städtebaulichen Entwicklungsvorstellungen der Gemeinde, die sich aus der planerischen Gesamtkonzeption ergeben, beeinträchtigt würden.

37 § 22 Abs. 1 S. 4 BauGB nennt beispielhaft Bereiche, bei denen regelmäßig von einer Zweckbestimmung für den Fremdenverkehr ausgegangen werden kann.[40]

38 Die Fremdenverkehrssatzung oder der jeweilige Bebauungsplan darf den Genehmigungsvorbehalt nur für solche Flächen vorsehen, die tatsächlich für den Fremdenverkehr beansprucht werden. Nicht zulässig ist die Einbeziehung des gesamten Gemeindegebiets unter Berücksichtigung, auch von Flächen, die für andere, etwa für gewerbliche, Zwecke, genutzt werden.[41]

Folge daraus wäre die Nichtigkeit der Fremdenverkehrssatzung oder des Bebauungsplans. Die Grundsätze zur Teilnichtigkeit von Bebauungsplä-

---

[39] BVerwG, BauR 1996, 72; OVG Lüneburg, BRS 52 Nr. 92; a.A. BayVGH, BayVBl. 1994, 17 für eine Fremdenverkehrsdienstbarkeit in Form einer beschränkt persönlichen Dienstbarkeit.
[40] Vgl. BVerwG, DVBl. 1997, 1126; DVBl. 1994, 1149.
[41] BVerwG, DVBl. 1994, 1149; BayVGH, BayVBl. 1994, 17.

nen⁴² finden insoweit keine Anwendung. Anders als bei Bebauungsplänen, bei denen es regelmäßig um die Zulässigkeit einzelner Festsetzungen geht, geht es bei der Fremdenverkehrssatzung oder dem Bebauungsplan mit dem Genehmigungsvorbehalt um Fragen der Bestimmtheit. Während die Verwaltungsgerichte darüber entscheiden können, ob ein Bebauungsplan bei Unwirksamkeit einzelner Festsetzungen im „restlichen" Umfang bestehen bleiben kann, können sie dagegen nicht anstelle der Gemeinde planen und selbst die Flächen bestimmen, die in der Gemeinde durch den Fremdenverkehr geprägt werden.⁴³

Der wirksam bestimmte Genehmigungsvorbehalt hat zur Folge, dass die Begründung und Teilung von Wohnungseigentum nach § 1 WEG sowie die in §§ 30, 31 WEG genannten Rechte der Genehmigungspflicht gemäß § 22 BauGB unterliegen.

In verfahrensmäßiger Hinsicht gelten für die Aufstellung eines Bebauungsplan mit entsprechendem Genehmigungsvorbehalt, die allgemeinen Bestimmungen über die Aufstellung von Bauleitplänen, insbesondere die §§ 3, 4 BauGB.

Für eine separate Fremdenverkehrssatzung sind nach dem Baugesetzbuch keine speziellen Verfahrensregelungen zu beachten. Gefordert wird gemäß § 22 Abs. 2 S. 1 BauGB lediglich die ortsübliche Bekanntmachung sowie gemäß § 22 X S. 2 BauGB eine Begründung.

Keiner Genehmigung bedürfen die in § 22 Abs. 3 Nr. 1 und Nr. 2 BauGB genannten Fälle.⁴⁴

Der Antrag auf Begründung oder Teilung von Wohnungseigentum darf nach § 22 Abs. 4 S. 1 BauGB nur versagt werden, wenn im Einzelfall die Zweckbestimmung des Gebietes für den Fremdenverkehr infolge der Genehmigung beeinträchtigt wird. Im Regelfall wird eine städtebauliche relevante Beeinträchtigung dann vorliegen, wenn Übernachtungsmöglichkeiten verloren gehen und von dem Vorhaben eine derart negative Vorbildwirkung ausgeht, dass mit einer entsprechend negativen Entwicklungstendenz gerechnet werden muss.

Beispiel: Solch eine negative Entwicklungstendenz ist gegeben, wenn aus Sicht der Genehmigungsbehörde durch eine Reihe von Einzelvorhaben sukzessiv innerhalb eines Zeitraums von 10 Jahren, der dem Genehmigungsantrag vorausging, 20% der Ferienwohnungen zu Zweitwohnungen umgewandelt worden sind, so dass bei einer weiteren Zunahme an Zweitwohnungen der Zweckbestimmung des Gebiets für den Fremdenverkehr konkret die Gefahr des „Umkippens" droht.⁴⁵

Liegen keine Versagungsgründe nach § 22 Abs. 4 S. 1 BauGB vor, besteht ein Genehmigungsanspruch.

Auf Grundlage des § 22 Abs. 4 S. 2 BauGB besteht zudem ein sog. Vormerkungsschutz. Eine Vormerkung zur Sicherung von Ansprüchen Dritter setzt sich zwingend gegenüber dem späteren Inkrafttreten des Genehmi-

---

⁴² Vgl. etwa BayVGH, BayVBl. 1991, 341.
⁴³ BayVGH, BayVBl. 1994, 17.
⁴⁴ Vgl. BVerwG, DÖV 1998, 115; DÖV 1994, 601.
⁴⁵ BVerwG, BauR 1996, 72; VGH BW, DVBl. 1993, 673.

gungsvorbehalts durch mit der Folge, dass die Genehmigung für die Begründung oder die Teilung des Wohnungseigentums zu erteilen ist.

§ 22 Abs. 4 S. 3 BauGB lässt abweichend von Satz 1 eine Härtefallentscheidung zu, die in das Ermessen der Genehmigungsbehörde gestellt ist. Damit können und sollen wirtschaftliche Nachteile, die für den Eigentümer eine besondere Betroffenheit bedeuten, verhindert werden. Die durch eine Genehmigungsversagung verursachten wirtschaftlichen Nachteile, die sich finanziell spürbar auszuwirken haben, müssen den Eigentümer treffen. Es muss insoweit eine besondere und atypische Situation gegeben sein. Nicht ausreichend dafür ist der Wunsch einer optimalen Verwertung des Objekts, in dem Wohnungseigentum gebildet werden soll.[46]

II. Verfahren

44 Zuständig für die Entscheidung über den Antrag auf Begründung oder Teilung von Wohnungseigentum ist nach § 22 Abs. 5 S. 1 BauGB die (nach Landesrecht zu bestimmende) Baugenehmigungsbehörde. Diese darf eine Genehmigung nur im Einvernehmen mit der Gemeinde erteilen. Insoweit gelten die Grundsätze des § 36 BauGB (vgl. Teil 4 Rn. 50).

45 Für das Genehmigungsverfahren gilt § 22 Abs. 5 S. 2–4 BauGB Danach kann insbesondere – vorausgesetzt es wird nicht fristgerecht entschieden und die vollständigen Antragsunterlagen wurden vorgelegt – eine Genehmigungsfiktion eintreten. Unabhängig davon gilt gemäß § 22 Abs. 5 S. 6 BauGB das notwendige Einvernehmen als erteilt, wenn es nicht innerhalb von zwei Monaten nach Eingang des (schriftlichen) Ersuchens durch die Genehmigungsbehörde – eine Antragstellung wie bei Bauanträgen entsprechend Art. 64 Abs. 1 BayBO über die Gemeinde ist hier (landesrechtlich) nicht vorgesehen – von der Gemeinde versagt wird.[47] Damit kann eine Fiktion in zweifacher Weise eintreten, zum einen im Hinblick auf die Genehmigung selbst, zum anderen bezüglich der Erteilung des gemeindlichen Einvernehmens.

Beispiel: Am 27. 4. 2006 geht der vollständige Antrag des E auf Begründung von Wohnungseigentum – es sollen fünf Eigentumswohnungen in einem Gebäude gebildet werden, die bisher als Ferienappartements genutzt wurden – beim Landratsamt B, als der zuständigen Genehmigungsbehörde ein. Das Gebäude befindet sich im Geltungsbereich einer von der kreisangehörigen Gemeinde Bad T erlassenen „Fremdenverkehrssatzung". Am 26. 5. 2006 erhält E einen Zwischenbescheid, in dem die Frist für die Entscheidung über den Antrag bis zum 31. 7. 2006 verlängert wird. Am 29. 5. 2006 ging bei der Gemeinde Bad T das schriftliche Ersuchen des Landratsamts ein, über das Einvernehmen zu entscheiden. Als E am 21. 8. 2006 immer noch keine Entscheidung über seinen Antrag hatte, möchte er von Rechtsanwalt Dr. Klug wissen, wie die rechtliche Lage ist.
Rechtsanwalt Dr. Klug wird darauf hinweisen, dass der Antrag auf Begründung von Wohnungseigentum als erteilt gilt. Die Genehmigungsfiktion konnte – da voll-

---

[46] BVerwG, BauR 1995, 72.
[47] OVG Lüneburg, ZfBR 2001, 352.

ständige Antragsunterlagen vorgelegt wurden – eintreten. Der Zwischenbescheid des Landratsamts ging dem E zwar rechtzeitig innerhalb der Monatsfrist (nach Art. 31 BayVwVfG, §§ 187 Abs. 1, 188 Abs. 2 1. Alt. BGB wäre die mit dem 27. 5. 2006 abgelaufen) zu. Allerdings hat die Behörde nicht innerhalb der Verlängerungsfrist rechtzeitig entschieden. Nach dem Zwischenbescheid hätte eine Entscheidung über den Antrag des E diesem spätestens bis 31. 7. 2006 zugehen müssen, was nicht erfolgt ist. In gleicher Weise gilt auch das gemeindliche Einvernehmen nach § 36 BauGB als erteilt. Das schriftliche Ersuchen des Landratsamts ist der Gemeinde am 29. 5. 2006 zugegangen. Damit lief die Frist zur Entscheidung über das Einvernehmen gemäß Art. 31 BayVwVfG, §§ 187 Abs. 1, 188 Abs. 2 1. Alt. BGB am 30. 5. 2001 an und mit dem 29. 7. 2006 – hier fruchtlos – ab.
Damit hat E einen Anspruch auf Erteilung eines Fiktionszeugnisses.

III. Folgen für das Grundbuchamt

§ 22 Abs. 6 BauGB verpflichtet das Grundbuchamt das Genehmigungserfordernis im Grundbuchverfahren zu beachten. Demnach darf eine Eintragung in das Grundbuch nur nach entsprechender Vorlage der Genehmigung, des Fiktionszeugnisses nach § 22 Abs. 5 S. 5 BauGB oder eine Freistellungserklärung erfolgen.

46

IV. Rechtsschutz

Eine isolierte Fremdenverkehrssatzung oder ein mit einem entsprechenden Genehmigungsvorbehalt versehener Bebauungsplan können als städtebauliche Satzungen i. S. v. § 47 Abs. Nr. 1 VwGO unmittelbar mit einer Normenkontrolle überprüfen lassen.

47

Wird eine Genehmigung oder ein Fiktionszeugnis versagt, kann der Antragsteller (nach grundsätzlicher Durchführung eines Widerspruchsverfahrens nach § 68 Abs. 2 VwGO) gemäß § 42 Abs. 1 Alt. 2 VwGO eine Verpflichtungsklage erheben.[48]

48

D. Gemeindliche Vorkaufsrechte, §§ 24–28 BauGB

I. Arten

Das Baugesetzbuch unterscheidet drei Arten von Vorkaufsrechten.[49]

49

In § 24 BauGB ist das allgemeine Vorkaufsrecht geregelt, das kraft Gesetzes in den in § 24 Abs. 1 Nr. 1–Nr. 6 BauGB genannten Fällen besteht.

Beispiel: Den Gemeinden steht von Gesetzes wegen nach § 24 Abs. 1 Nr. 6 BauGB ein allgemeines Vorkaufsrecht beim Kauf von Grundstücken zu, die in den Planbereichen der §§ 30, 33 oder 34 BauGB liegen und mit Wohngebäuden bebaut werden

---

[48] BayVGH, BayVBl. 1994, 17.
[49] Zur Funktion der Vorkaufsrechte im Einzelnen vgl. Stock, ZfBR 1987, 19; s. a. OVG Sachsen-Anhalt, UPR 2011, 157.

können, soweit die Grundstücke (bisher) unbebaut sind.⁵⁰ Dementsprechend kommt das allgemeine Vorkaufsrecht des § 24 Abs. 1 Nr. 6 BauGB nur in Gebieten in Betracht, die einem reinen Wohngebiet nach § 3 BauNVO, einem allgemeinen Wohngebiet nach § 4 BauNVO oder einem Kleinsiedlungsgebiet gemäß § 2 BauNVO entsprechen oder derart ausgewiesen sind oder ausgewiesen werden sollen. Gleiches gilt für ausgewiesene besondere Wohngebiete i. S. v. § 4a BauNVO. Sämtliche dieser Gebiete dienen in erster Linie dem Wohnen. Dagegen kann das allgemeine Vorkaufsrecht nach § 24 Abs. 1 Nr. 6 BauNVO etwa nicht in einem Dorfgebiet nach § 5 BauNVO oder einem Mischgebiet gemäß § 6 BauNVO ausgeübt werden, weil diese Gebiete nicht vornehmlich für Wohnen vorgesehen sind.

50 Das besondere Vorkaufsrecht nach § 25 BauGB muss, damit es ausgeübt werden kann, durch eine besondere Satzung (aber nur für die in § 25 Abs. 1 BauGB genannten Fälle) begründet werden. Es besteht aber nur im Hinblick auf Kaufverträge, die nach Inkrafttreten der Vorkaufsrechtssatzung abgeschlossen werden.⁵¹

51 Gemäß § 27a BauGB ist darüber hinaus auch die Ausübung des Vorkaufsrechts durch die Gemeinde zugunsten Dritter möglich.

II. Gründe des Wohls der Allgemeinheit

52 Voraussetzung für die Ausübung aller Arten von Vorkaufsrechten, ist die Rechtfertigung durch das Wohl der Allgemeinheit. Für das allgemeine Vorkaufsrecht ergibt sich dies ausdrücklich aus § 24 Abs. 3 BauGB. Für das besondere Vorkaufsrecht wird über § 25 Abs. 2 S. 1 BauGB auf § 24 Abs. 3 BauGB verwiesen. Zwar fehlt bezüglich des Vorkaufsrechts zugunsten Dritter eine entsprechende Regelung bzw. eine entsprechende Verweisung, allerdings kann aus Sinn und Zweck der Vorkaufsrechtsbestimmungen insoweit nichts anderes gelten. Im Falle des § 27a BauGB ergibt sich der Allgemeinwohlbelang regelmäßig aus der Tätigkeit des Begünstigten.⁵²

53 Gründe des Wohles der Allgemeinheit i.d.S. rechtfertigen die Ausübung des jeweiligen Vorkaufsrechts dann, wenn in Bezug auf eine bestimmte gemeindliche Aufgabe überwiegende Vorteile für die Allgemeinheit angestrebt werden, etwa durch eine gemeindliche Einrichtung.⁵³ Die Voraussetzungen für eine Enteignung müssen nicht gegeben sein, allerdings müssen die angestrebten Vorteile einen städtebaulichen Bezug haben. Davon kann immer dann ausgegangen werden, wenn städtebauliche Belange, Planungsleitlinien, i. S. v. § 1 Abs. 6 BauGB mehr als nur geringfügig betroffen sind.⁵⁴

III. Ausübung des Vorkaufsrechts

54 Die Ausübung des Vorkaufsrechts entfällt von vorneherein in den Fällen des § 26 BauGB. Liegt kein Ausschlussgrund vor, wird das Vorkaufsrecht

---

⁵⁰ Vgl. BVerwG, NVwZ-RR 1997, 462.
⁵¹ BVerwG, BauR 1994, 495.
⁵² Vgl. Büchner/Schlotterbeck, Baurecht, Rn. 439.
⁵³ BVerwG, NJW 1990, 2703.
⁵⁴ Vgl. auch BVerwG, NVwZ 2000, 1044.

durch die Gemeinde nach § 28 Abs. 2 S. 1 BauGB mittels Verwaltungsakt gegenüber dem Verkäufer ausgeübt. Es handelt sich um einen sog. privatrechtsgestaltenden Verwaltungsakt. Gemäß § 28 Abs. 2 S. 2 BauGB i.V.m. § 505 Abs. 2 BGB wird die Gemeinde in Fällen der Vorkaufsrechte nach § 24 BauGB und § 25 BauGB Vertragspartner des Verkäufers und zwar zu den mit dem Käufer vereinbarten Bedingungen.[55]

Das Vorkaufsrecht kann nach § 28 Abs. 2 S. 2 BauGB nur innerhalb von zwei Monaten nach Mitteilung über den Abschluss des Kaufvertrags durch die Gemeinte mit Verwaltungsakt ausgeübt werden. Diese Frist beginnt sobald der Vertrag vollständig und mit allen erforderlichen Genehmigungen der Gemeinde vorgelegt wurde. Der „Vorkaufsrechtsverwaltungsakt" muss dem Verkäufer zur Wahrung der Frist innerhalb der zwei Monate bekannt gegeben werden. Die Ausübung des Vorkaufsrechts steht im pflichtgemäßen Ermessen der Gemeinde.[56]

Bei der Ausübung des Vorkaufsrechts zugunsten eines Dritten nach § 27a BauGB kommt der Kaufvertrag nach § 27a Abs. 2 S. 1 BauGB unmittelbar zwischen Verkäufer und Drittem zustande. Ein Zwischenerwerb durch die Gemeinde findet nicht statt. Die Gemeinde haftet aber gemäß § 27a Abs. 2 S. 2 BauGB dem Verkäufer neben dem Dritten als Gesamtschuldner.

Die Ausübung der Vorkaufsrechte kommt grundsätzlich nur in Betracht, soweit es um den Verkauf von Grundstücken geht. Erfasst werden beispielsweise nicht Schenkungen, Tauschgeschäfte oder eine Sicherungsübertragung.[57]

§ 27 BauGB räumt dem Verkäufer des Grundstücks unter bestimmten Voraussetzungen die Möglichkeit ein, den Vorkaufsfall abzuwenden mit der Folge, dass die zwischen Verkäufer und Käufer vereinbarte Auflassung vollzogen werden kann.

Besteht kein Vorkaufsrecht oder übt die Gemeinde es nicht aus, kann darüber nach § 28 Abs. 1 S. 3 BauGB ein Negativattest ausgestellt werden.[58]

§ 28 Abs. 3 S. 1 BauGB enthält das sog. preislimitierte Vorkaufsrecht. Danach kann die Gemeinde den zu entrichtenden Kaufpreis nach dem zum Zeitpunkt des Kaufes gegebenen Grundstücksverkehrswert festlegen, soweit der Kaufpreis diesen deutlich übersteigt. Entscheidet sich die Gemeinde zu einer Entschädigung auf Grundlage des Verkehrswerts, steht dem Verkäufer nach § 28 Abs. 3 S. 2 BauGB ein fristgebundenes Rücktrittsrecht vom Kaufvertrag zu.

Eine weitere Abweichung im Zusammenhang mit dem Kaufpreis lässt § 28 Abs. 4 BauGB für das allgemeine Vorkaufsrecht gemäß § 24 Abs. 1 Nr. 1 BauGB zu. Nach dieser Regelung wird der Kaufpreis von der Gemeinde nach den Bestimmungen über die Enteignungsentschädigung nach §§ 93 ff. BauGB festgelegt.

---

[55] BGH, NJW 1982, 2068.
[56] BVerwG, NVwZ 1994, 282.
[57] Vgl. Büchner/Schlotterbeck, Baurecht, Rn. 425; siehe auch BGH, NJW 1992, 236 zu einem Missbrauchsfall.
[58] BayVGH, BayVBl. 1995, 692.

IV. Rechtsweg bei Streitigkeiten im Zusammenhang mit dem Vorkaufsrecht

60 Bei Streitigkeiten über die Höhe der Entschädigung in den Fällen von §§ 28 Abs. 4 und Abs. 6 BauGB sowie über den Verkehrswert gemäß § 28 Abs. 3 BauGB ist entsprechend § 217 Abs. 1 BauGB das Landgericht – Kammer für Baulandsachen – zuständig.

Bei Streitigkeiten über die Ausübung des Vorkaufsrechts („ob") ist der Verwaltungsrechtsweg nach § 40 Abs. 1 VwGO eröffnet.[59]

Teil 4. Bauplanungsrechtliche Zulässigkeit von Vorhaben (§§ 29–38 BauGB)

A. Vorhabensbegriff, § 29 Abs. 1 BauGB

1 Ausgangspunkt der bauplanungsrechtlichen Zulässigkeitsprüfung von Einzelbauvorhaben ist die Vorschrift des § 29 Abs. 1 BauGB. Nur soweit deren Vorgaben erfüllt sind, kommen die Regelungen in den §§ 30–37 BauGB überhaupt zur Anwendung. Für den Fall eines Bebauungsplans gilt es aber zu beachten, dass dieser gemäß § 10 Abs. 1 BauGB als Satzung und damit als Norm im materiellen Sinne keiner „Geltungsvermittlung" bedarf. Ein Bebauungsplan „gilt aus sich heraus". § 29 Abs. 1 BauGB bringt in diesem Zusammenhang nur zum Ausdruck, dass die Lage eines Grundstücks im Geltungsbereich eines Bebauungsplans zur Anwendung des § 30 BauGB – im Gegensatz insbesondere zu § 34 BauGB und zu § 35 BauGB – führt. Das bedeutet, dass trotz Nichtanwendbarkeit des § 30 BauGB, weil keine bauliche Anlage i. S. d. § 29 Abs. 1 BauGB gegeben ist, Vorhaben, die im Geltungsbereich eines Bebauungsplans ausgeführt werden sollen, sich dennoch an dessen planerischen Festsetzungen messen lassen müssen. Werden in einem Bebauungsplan bestimmte Nutzungen festgesetzt, sind damit andere Nutzungen immer dann ausgeschlossen, wenn sie die Verwirklichung des Planes verhindern oder wesentlich erschweren würden oder, wenn sie dem Gebietscharakter widersprechen, indem sie die den Planfestsetzungen entsprechende Situation mehr als nur geringfügig verschlechtern.[1]

2 Gleichermaßen praxis- wie klausurrelevant ist die Frage nach den Merkmalen eines Vorhabens i. S. v. § 29 Abs. 1 BauGB. Vorhaben in diesem Sinne ist die Errichtung, Änderung oder Nutzungsänderung einer baulichen Anlage.

3 Der Begriff der baulichen Anlage in § 29 Abs. 1 BauGB ist wegen der auf das Bodenrecht beschränkten Gesetzgebungskompetenz des Bundes bauplanungsrechtlich und unabhängig vom Bauordnungsrecht zu bestimmen. Auf die bauordnungsrechtliche Genehmigungspflichtigkeit eines Bauvorhabens kommt es für die Anwendbarkeit des § 29 Abs. 1 BauGB nicht an. Erfasst werden solche Anlagen, die in einer auf Dauer gedachten Weise künstlich mit

---

[59] Vgl. Brohm, Öffentliches Baurecht, S. 429.
[1] BVerwG, UPR 1997, 326.

A. Vorhabensbegriff, § 29 Abs. 1 BauGB

dem Erdboden verbunden sind und – als spezifisch bauplanungsrechtliches Moment – städtebaulich relevant sind.² Städtebauliche (oder planungsrechtliche oder bodenrechtliche) Relevanz liegt vor, wenn das Vorhaben ein Bedürfnis nach einer seine Zulässigkeit regelnden verbindlichen Bauleitplanung hervorruft. Dies bedeutet allerdings nicht, dass sich unmittelbar infolge des konkreten Vorhabens die Notwendigkeit der Aufstellung eines Bebauungsplans ergeben muss. Abzustellen ist vielmehr darauf, ob – vor allem mit Blick auf eine mögliche Häufung vergleichbarer Vorhaben – städtebauliche Belange i. S. v. § 1 Abs. 6 BauGB berührt werden können³ und das Vorhaben tatsächlich Gegenstand bauplanerischer Festsetzungen sein kann.⁴

Im Regelfall wird eine bauliche Anlage des Bauplanungsrechts auch eine bauliche Anlage im Sinne des Bauordnungsrechts (vgl. Art. 2 Abs. 1 S. 1 BayBO) darstellen. Eine unterschiedliche Beurteilung kommt insbesondere bei solchen baulichen Anlagen in Betracht, die nach Bauordnungsrecht nur als bauliche Anlagen gelten, also bei sog. fiktiven baulichen Anlagen (vgl. Art. 2 Abs. 1 S. 3 BayBO), soweit sie nicht im Zusammenhang mit Gebäuden oder sonstigen Erdbefestigungen stehen oder bei Werbeanlagen.

Beispiel: Ein Schaukasten mit den Ausmaßen von 1 m auf 0,75 m, der an der Außenwand einer Pension angebracht ist und in dem Fotos der Gästezimmer zum Zwecke der Werbung gezeigt werden, ist eine bauliche Anlage nach Art. 2 Abs. 1 S. 2 BayBO. Der Schaukasten in dieser Größe ist aber keine bauliche Anlage i. S. v § 29 Abs. 1 BauGB, weil die städtebauliche Relevanz infolge der planungsrechtlichen Unbeachtlichkeit fehlt.

Die städtebauliche Relevanz ist bei Anlagen der Wirtschaftswerbung aber dann gegeben, wenn sie großflächig und „auffallend" wirken und damit das Orts- und Landschaftsbild gemäß § 1 Abs. 5 S. 2 Nr. 4 BauGB berühren. Als Anlagen der Fremdwerbung stellen sie regelmäßig gewerbliche Anlagen mit der Möglichkeit entsprechender Festsetzungen in einem Bebauungsplan dar.⁵

Die Anlage muss in städtebaulich relevanter Weise errichtet oder geändert oder es muss eine entsprechende Nutzungsänderung durchgeführt werden. Der vollständige Abbruch einer baulichen Anlage fällt dagegen nicht in den Anwendungsbereich des § 29 Abs. 1 BauGB. Errichtung ist die erstmalige Herstellung eines Vorhabens oder sein Wiederaufbau nach Zerstörung. Eine Änderung besteht in der baulichen Umgestaltung eines Vorhabens, wirkt mithin auf die Bausubstanz ein. Der teilweise Abbruch einer Anlage stellt eine Änderung in diesem Sinne dar, im Gegensatz zu einer Instandsetzungsmaßnahme.⁶ Eine (planungsrechtlich relevante) Nutzungsänderung liegt vor, wenn die der einzelnen Art von Nutzung eigene Variationsbreite verlassen wird und der neuen Nutzung städtebaulich eine andere Qualität zukommt.⁷

---

² Vgl. BVerwG, NVwZ 2001, 1046; OVG Koblenz, DÖV 2000, 1058.
³ BVerwG, UPR 1997, 327; NVwZ 1993, 983.
⁴ BVerwG, NVwZ 1994, 1010: verneint für den nachträglichen Einbau von Dachgauben.
⁵ BVerwG, NVwZ 1993, 983.
⁶ BVerwG, NVwZ-RR 2000, 753.
⁷ BVerwG, NVwZ-RR 1998, 357; NVwZ 1991, 264; BayVGH, BayVBl. 1990, 726; OVG Münster, GewArch. 1997, 385.

Beispiel: Keine Nutzungsänderung i. S. v. § 29 Abs. 1 BauGB liegt vor, wenn ein bisher als privates Arbeitszimmer genutzter Raum künftig als Kinderzimmer genutzt wird. Eine planungsrechtlich relevante Nutzungsänderung ist dagegen die Umstellung eines bisher auf die Winterzeit beschränkten Betriebs einer Almgaststätte für Skiläufer und Wanderer in einem Ski- und Wandergebiet auf einen ganzjährigen Gaststättenbetrieb, der zusätzlich Ausflugsverkehr anzieht.[8]

6 Im Falle der Änderung einer baulichen Anlage i. S. v. § 29 Abs. 1 BauGB ist nach ständiger Rechtsprechung regelmäßig das Gesamtvorhaben in seiner geänderten Gestalt Gegenstand der bauplanungsrechtlichen Prüfung, soweit eine isolierte Beurteilung der Änderung nicht möglich ist. Damit ist aber nicht zwangsläufig die Folge verbunden, dass sämtliche Voraussetzungen der planungsrechtlichen Zulässigkeit des (zu ändernden) Vorhabens erneut geprüft werden müssen. Für die Frage, welches Prüfprogramm zur Anwendung kommt, ist zunächst auf den Genehmigungsgegenstand abzustellen. Sind insoweit nur einzelne planungsrechtliche Anforderungen relevant, ist die bauplanungsrechtliche Prüfung allein darauf beschränkt. Ob bei dieser – dann gegebenenfalls auf einzelne städtebauliche Anforderungen beschränkten – Prüfung schließlich die Gesamtanlage oder lediglich die Änderung zugrunde zulegen ist, richtet sich gerade danach, ob die Änderung einer isolierten Beurteilung überhaupt zugänglich ist.[9]

7 Von § 29 Abs. 1 BauGB erfasst werden auch Aufschüttungen und Abgrabungen größeren Umfangs. Dies spielt vor allem im Zusammenhang mit Kiesabbauvorhaben eine bedeutende Rolle. Wann ein insoweit „größerer Umfang" erreicht ist, bestimmt sich nach Bauplanungsrecht. Im Gegensatz zum Bauplanungsrecht enthalten die Bauordnungen und Abgrabungsgesetze der Länder Regelungen, nach denen Aufschüttungen (vgl. Art. 57 Abs. 1 Nr. 9 BayBO) und Abgrabungen (vgl. Art. 6 Abs. 2 Nr. 1 BayAbgrG) bis zu einer bestimmten Größenordnung genehmigungsfrei sind. Diese Maßangaben lassen sich auch als ungefährer Anhaltspunkt zur Auslegung des unbestimmten Rechtsbegriffs „größerer Umfang" in § 29 Abs. 1 BauGB heranziehen.[10] Der in § 29 Abs. 1 BauGB genannte Begriff der Lagerstätte ist weit auszulegen. Umfasst sind Grundstücksflächen, auf denen dauerhaft Gegenstände im weitesten Sinne gelagert werden. Unerheblich ist der Zweck, den der Betreiber der Lagerstätte verfolgt, sowie der Umstand, ob und innerhalb welcher Zeiträume die gelagerten Gegenstände jeweils ausgewechselt werden.[11]

B. Fachplanungsvorbehalt, § 38 BauGB

8 Keine (unmittelbare) Anwendung finden die bauplanungsrechtlichen Vorschriften in §§ 29–37 BauGB, soweit der Fachplanungsvorbehalt des § 38

---

[8] BVerwG, NVwZ 2000, 678.
[9] BVerwG, DÖV 2000, 641; NVwZ 1998, 58; NVwZ 1994, 58; Gaentzsch, NVwZ 2000, 993.
[10] BVerwGE 39, 154; OVG Lüneburg, BRS 44 Nr. 139.
[11] BVerwG, BauR 1999, 1133 zu einem Ausstellungsplatz für Landmaschinen.

B. Fachplanungsvorbehalt, § 38 BauGB

BauGB einschlägig ist. § 38 BauGB enthält eine Art von Standortprivileg für bestimmte überörtlich bedeutsame Vorhaben und bestimmte Abfallbeseitigungsanlagen, die aus dem kommunalen Interessen- und Verantwortungsbereich herausgenommen worden sind, um damit der besonderen Bedeutung dieser Vorhaben (für das öffentliche Wohl) gerecht zu werden.

§ 38 BauGB gilt zunächst bei Planfeststellungsverfahren und bei Plangenehmigungsverfahren für Vorhaben von (jeweils) überörtlicher Bedeutung. Planfeststellungsverfahren oder – unter bestimmten Voraussetzungen – Plangenehmigungsverfahren werden durchgeführt etwa zum Zwecke des Baus von Bundesfernstraßen nach § 17 FStrG, für den Bau von Schienenwegen gemäß §§ 18, 20 AEG, für die Herstellung eines Gewässers nach § 31 WHG, für den Bau eines Flughafens nach § 8 LuftVG oder für die Errichtung oder den Betrieb von Deponien gemäß §§ 31, 34 KrW-/AbfG.[12] Allgemeine Regelungen zum Planfeststellungs- und Plangenehmigungsverfahren, die ergänzend zur Anwendung kommen, enthalten die §§ 72–78 VwVfG bzw. die inhaltsgleichen landesrechtlichen Bestimmungen. Charakteristikum des Planfeststellungs- und Plangenehmigungsverfahrens ist die rechtsstaatlich gebotene Abwägung der betroffenen öffentlichen und privaten Belange.

Das Planfeststellungs- oder Plangenehmigungsverfahren muss ein Vorhaben von überörtlicher Bedeutung zum Gegenstand haben. Zur alten Rechtslage vor dem 1. 1. 1998, im Rahmen derer von „überörtlicher Planung" die Rede war, ging das Bundesverwaltungsgericht davon aus, dass Überörtlichkeit regelmäßig dann gegeben ist, wenn das Vorhaben das Gebiet mindestens zweier Gemeinden tatsächlich berührte. Für diesen Fall wurde angenommen, dass das jeweilige Fachplanungsvorhaben die städtebauliche Steuerungsfunktion der betroffenen Gemeinde angesichts der raumbedeutsamen Bezüge regelmäßig überfordern wird.[13] Der geänderte Wortlaut spricht nunmehr dafür, dass nicht mehr auf die voraussichtliche planerische Kraft der im Einzelfall betroffenen Gemeinde abzustellen ist, sondern überörtliche Bezüge des Vorhabens generell ausreichen, damit die Fachplanung vorrangig zur Anwendung kommt.[14]

Soweit es um eine linienförmige Planfeststellung oder Plangenehmigung des Wege- und Verkehrsrechts geht, die das Gebiet mindestens zweier Gemeinden tatsächlich betrifft, spricht nichts dagegen daraus die Überörtlichkeit des Vorhabens abzuleiten.[15] Problematisch ist es dagegen den überörtlichen Bezug bei sog. punktuellen Planfeststellungs- oder Plangenehmigungsverfahren, die nur auf dem Gebiet einer Gemeinde durchgeführt werden (bspw. die Errichtung eines Flughafens oder die Herstellung eines Gewässers), zu bestimmen. Zwei Ansätze sind insoweit vertretbar. Zum einen erscheint eine abstrakt-typisierende Betrachtungsweise möglich, nach der die Überörtlichkeit des Vorhabens generell indiziert ist, wenn durch das ein-

---

[12] Vgl. im Einzelnen BVerwG, NVwZ 2000, 560; NVwZ 2000, 567; UPR 2000, 116; BayVGH, NuR 1999, 585.
[13] BVerwG, NJW 1989, 242.
[14] BVerwG, UPR 2001, 33; BauR 2001, 928.
[15] Battis/Krautzberger/Löhr, BauGB, § 38 Rn. 30; Dippel, NVwZ 1999, 921.

schlägige Fachplanungsgesetz – was dem Regelfall entsprechen dürfte! – eine nichtgemeindliche, überörtliche Planungszuständigkeit begründet wird.[16] Zum anderen kommt eine konkrete Sichtweise in Betracht, nach der auf die konkreten Auswirkungen des Vorhabens über den Bereich der planbetroffen Gemeinde hinaus abgestellt und geprüft wird, ob ein über die Gemeindegrenze hinaus gehender Koordinierungsbedarf hervorgerufen wird.[17] Kommt der Fachplanungsvorbehalt des § 38 BauGB zum Zuge, hat dies zur Folge, dass die planungsrechtlichen Vorschriften in §§ 29–37 BauGB kein dem Fachplanungsvorhaben unmittelbar zwingend entgegenstehendes Recht sein können, sondern nur als Abwägungsmaterial im Rahmen der jeweils durchzuführenden Abwägung (mittelbar) zu berücksichtigen sind.[18]

12   § 38 BauGB findet auch bei sog. immissionsschutzrechtlichen Abfallbeseitigungsanlagen, die öffentlich zugänglich sind, Anwendung. Es handelt sich dabei um Anlagen zur Beseitigung von Abfällen, die wegen der Rechtsgrundverweisung in § 31 Abs. 1 KrW-/AbfG allein nach den §§ 4, 6 BImSchG genehmigt werden.[19] Die Abfallbeseitigung ist – zusammen mit der Abfallverwertung – nach § 3 Abs. 7 KrW-/AbfG ein Unterfall der Abfallentsorgung. Abfallbeseitigungsanlagen sind herkömmlicher Weise etwa Müllverbrennungsanlagen. Öffentlich zugänglich ist die Anlage dann, wenn Abfälle für öffentlich-rechtliche Entsorgungsträger beseitigt werden, unabhängig davon, ob die Anlage selbst von öffentlicher oder privater Hand betrieben wird. Ausschließlich betriebseigene Anlagen, die der Eigenentsorgung eines Unternehmens dienen, fallen nicht unter § 38 BauGB.[20]

13   Problematisch im Zusammenhang mit der Zulassung dieser immissionsschutzrechtlichen Abfallbeseitigungsanlagen ist die Berücksichtigung städtebaulicher Belange, wie es § 38 S. 1 2. Alt. BauGB erfordert. Während im Rahmen von Planfeststellungs- und Plangenehmigungsverfahren die städtebaulichen Belange bei der Abwägung ohne weiteres berücksichtigt werden können, stellt sich die rechtliche Situation bei den immissionsschutzrechtlichen Abfallbeseitigungsanlagen völlig anders dar. Die Genehmigung nach § 6 Abs. 1 BImSchG ist eine gebundene Entscheidung, auf deren Erlass – soweit die Tatbestandsvoraussetzungen vorliegen – ein Rechtsanspruch besteht. Gebundenen Entscheidungen sind aus gesetzessystematischen Gründen auf der Rechtsfolgeseite planerische Elemente fremd, insbesondere erfolgt keine Abwägung.[21] Von daher stellt sich die Frage auf welche Art und Weise das Städtebaurecht der §§ 29–37 BauGB bei der Zulassung immissionsschutzrechtlicher Abfallbeseitigungsanlagen verfahrensmäßig Berücksichtigung finden kann. Diese Frage ist auch dann zu beantworten, wenn in

---

[16] Gaentzsch, NVwZ 1998, 889; dazu neigend wohl auch BVerwG, UPR 2001, 33; BauR 2001, 928.
[17] Vgl. Grigoleit/Otto, DÖV 2000, 182; wohl auch BayVGH, BayVBl. 1999, 147; BayVBl. 2007, 82.
[18] BVerwG, NVwZ 1992, 1435; NVwZ 1988, 380.
[19] VGH Kassel, GewArch. 1997, 81, OVG Koblenz, NVwZ 1995, 290; Schmidt/Müller, Einführung in das Umweltrecht, S. 153 ff., 5. Aufl., 1999.
[20] OVG Koblenz, NVwZ 1995, 290; Höltscher, NVwZ 1998, 1134.
[21] Vgl. Lasotta, DVBl. 1998, 255.

§ 38 S. 1 2. Alt. BauGB eine konstitutive Regelung gesehen wird.[22] Rechtstechnisch hätte sich insoweit eine Ergänzung des § 6 Abs. 1 BImSchG, um einen entsprechenden Versagungsgrund bei Beeinträchtigung städtebaulicher Belange angeboten. Nach derzeitiger Rechtslage erscheint eine Berücksichtigung städtebaulicher Belange bei der Zulassung immissionsschutzrechtlicher Abfallbeseitigungsanlagen auf zweierlei Weise denkbar. Zum einen über die Anwendung der Regelung des § 10 Abs. 4 Nr. 5 KrW-/AbfG, als andere öffentlich-rechtliche Vorschrift i. S. v. § 6 Abs. 1 Nr. 2 BImSchG, zum anderen über eine verfassungskonforme Auslegung des § 38 BauGB vor dem Hintergrund der gemeindlichen Selbstverwaltungsgarantie in Art. 28 Abs. 2 GG mit der Folge, dass im an sich nicht offenen Prüfprogramm des § 6 Abs. 1 BImSchG dieser Versagungsgrund im Wege einer tatbestandlichen Abwägung geprüft wird.

Klausurhinweis: Die städtebaulichen Belange werden – unabhängig davon, wie sie in die Zulassungsprüfung einbezogen werden – vornehmlich durch die §§ 29–37 BauGB konkretisiert. Im Rahmen der Klausurbearbeitung sollte daher, wenn es um die Zulassung immissionsschutzrechtlicher Abfallbeseitigungsanlagen geht mit vorgenannter Begründung, jedenfalls an dieser Stelle die Prüfung der bauplanungsrechtlichen Vorschriften gemäß §§ 29–37 BauGB erfolgen, obwohl deren unmittelbare Anwendbarkeit nach § 38 S. 1 BauGB gerade ausgeschlossen ist.

C. Die planungsrechtlichen Bereiche

Das Baugesetzbuch sieht drei planungsrechtliche Bereiche vor. Es handelt **14** sich um den Geltungsbereich eines Bebauungsplans nach § 30 BauGB, den im Zusammenhang bebauten Ortsteil gemäß § 34 BauGB sowie den Außenbereich nach § 35 BauGB.[23]

Keinen eigenständigen planungsrechtlichen Bereich enthält dagegen die Regelung des § 33 BauGB über die Zulässigkeit von Vorhaben während der Planaufstellung. Anwendung findet die Vorschrift unabhängig davon, ob ein bereits bestehender Bebauungsplan geändert werden soll, oder der unbeplante Innenbereich oder der Außenbereich überplant werden sollen. § 33 BauGB ist ein ausschließlich positiver Zulassungstatbestand, keine Versagungsnorm. Scheidet seine Anwendung aus, ist ein Vorhaben planungsrechtlich allein nach dem Bereich zu beurteilen, in dem es sich noch befindet.[24]

Beispiel: Bauherr B möchte in einem Bereich der Gemeinde G, der unbeplant ist, aber faktisch einem Mischgebiet i. S. v. § 6 BauNVO entspricht, eine Tankstelle errichten. Die Gemeinde G hat für diesen Bereich zwischenzeitlich die Aufstellung eines Bebauungsplans beschlossen, nach dem ein Sondergebiet „Fremdenverkehr" vorgesehen ist. Dort sind künftig nur noch Beherbergungsbetriebe sowie Schank- und

---

[22] Vgl. Sandner, DÖV 1998, 255; Lasotta, DVBl. 1998, 255; Konrad, JA 1998, 424; a. A. offenbar Dippel, NVwZ 1999, 921; Battis/Krautzberger/Löhr, NVwZ 1997, 1145.
[23] Vgl. dazu allgemein Konrad, JA 2000, 408.
[24] BVerwG, DÖV 1965, 457; Bartholomäi, BauR 2001, 725.

Speisewirtschaften zulässig. Alle sonstigen Arten gewerblicher Nutzung werden ausgeschlossen.

Der Bauantrag des B kann hier nicht mit der Begründung abgelehnt werden, dass sein geplantes Vorhaben – die Tankstelle – den Festsetzungen des Aufstellung befindlichen Bebauungsplans widerspricht. Vielmehr ist die Zulässigkeit des Vorhabens nach Art der baulichen Nutzung am Maßstab – vorliegend – des § 34 Abs. 2 BauGB i. V. m. § 6 BauNVO zu beurteilen. Danach wäre eine Tankstelle planungsrechtlich zulässig.

Die Gemeinde ist allerdings nicht schutzlos gestellt. Insbesondere könnte sie zur Sicherung ihrer Planungsabsichten eine Veränderungssperre nach §§ 14, 16 BauGB erlassen oder die Zurückstellung des Baugesuchs gemäß § 15 BauGB beantragen.

15   Liegen die Voraussetzungen des § 33 Abs. 1 BauGB vor, insbesondere die formelle Planreife nach Nr. 1 sowie die materielle Planreife nach Nr. 2,[25] besteht insoweit ein Rechtsanspruch.

Fehlt es lediglich an der formellen Planreife, steht es im pflichtgemäßen Ermessen („kann") der Behörde, dennoch die planungsrechtliche Zulässigkeit des Vorhabens auf Grundlage des § 33 Abs. 2 BauGB zu bejahen.

16   Für in Aufstellung befindliche Bebauungspläne gelten, soweit im Vorgriff darauf eine Baugenehmigung erteilt wird, für den Drittschutz die gleichen Grundsätze, wie bei bereits in Kraft getretenen Bebauungsplänen. Die Rechtswirksamkeit des Bebauungsplans wird dafür unterstellt.[26]

I. Geltungsbereich eines Bebauungsplans, § 30 BauGB

17   § 30 BauGB unterscheidet zwischen drei verschiedenen Arten von Bebauungsplänen.

1. Qualifizierter Bebauungsplan gemäß § 30 Abs. 1 BauGB

a) Charakterisierung

18   Ein qualifizierter Bebauungsplan enthält zumindest Festsetzungen über die Art der baulichen Nutzung (§ 9 Abs. 1 Nr. 1 BauGB, §§ 2–15 BauNVO), das Maß der baulichen Nutzung (§ 9 Abs. 1 Nr. 1 BauGB, §§ 16–21 a BauNVO), die überbaubare Grundstücksfläche (§ 9 Abs. 1 Nr. 2 BauGB, § 23 BauNVO) sowie die örtlichen Verkehrsflächen (§ 9 Abs. 1 Nr. 11 BauGB).

Zulässig ist ein Vorhaben im Geltungsbereich eines Bebauungsplans regelmäßig dann, wenn es dessen Festsetzungen nicht widerspricht und die Erschließung gesichert ist. Anderes kann sich für die Nutzungsart im Einzelfall aus § 15 BauNVO ergeben.

19   Von einer gesicherten Erschließung i. S. v. § 30 Abs. 1 BauGB – gleiches gilt im Übrigen in den Fällen des § 30 Abs. 2, Abs. 3, § 33, § 34 BauGB sowie § 35 Abs. 2 BauGB – kann ausgegangen werden, wenn damit zu rechnen ist, dass die Erschließungsanlagen, vor allem die öffentlichen Straßen,

---

[25] Vgl. dazu OVG Münster, NVwZ-RR 2001, 568.
[26] OVG Lüneburg, NVwZ 1994, 238; OVG Münster, NVwZ 1992, 278.

die Abwasserbeseitigung und die Wasserversorgung im Zeitpunkt der Fertigstellung des Bauvorhabens vorhanden sind.[27]

Das Erschließungserfordernis ist nicht nachbarschützend. Insbesondere hat das Gebot einer ausreichenden wegemäßigen Erschließung keine nachbarschützende Funktion.[28]

Die Erschließung ist nach § 123 Abs. 1 BauGB Aufgabe der Gemeinde, auf die gemäß § 123 Abs. 3 BauGB grundsätzlich kein Anspruch besteht. Allerdings kann sich die der Gemeinde obliegende Erschließungslast im Einzelfall zu einer Erschließungspflicht verdichten und daraus ein Anspruch auf Erschließung entstehen. In erster Linie kommt eine solche Ausnahme im Geltungsbereich eines Bebauungsplans in Betracht, wenn die Gemeinde – soweit zuständig – im „Voraus" bereits Baugenehmigungen erteilt hat, wenn sie bereits Vorausleistungen auf den umzulegenden Erschließungsaufwand erhoben hat oder ein zumutbares und verbindliches Erschließungsangebot eines Bauherrn ablehnt.[29]

b) Nachbarschutz

Für den Nachbar- bzw. Drittschutz im Geltungsbereich eines Bebauungsplans gilt es zu unterscheiden.

20

Die typisierenden Gebietsfestsetzungen in den §§ 2–10 BauNVO und die sie ergänzenden Regelungen der §§ 12–14 BauNVO sind generell – kraft Bundesrechtes ! – nachbar- bzw. drittschützend. Dies ergibt sich daraus, dass die Festsetzungen über die Art der baulichen Nutzung die durch den Bebauungsplan betroffenen Grundstückseigentümer zu einer „bodenrechtlichen Schicksalsgemeinschaft" verbinden, da alle Betroffenen die gleichen Rechte haben und den gleichen Beschränkungen unterworfen sind. Daraus ergibt sich für Nachbarn im Plangebiet gegenüber einem gebietswidrigen Vorhaben ein sog. *„Gebietserhaltungsanspruch"*. Dies hat zur Folge, dass sich der betroffene Nachbar gegen die „schleichende Umwandlung" des Baugebiets ohne weiteres wehren kann. Insbesondere kommt es nicht (wie beim Gebot der Rücksichtnahme) auf eine tatsächliche, unzumutbare Beeinträchtigung an.[30]

Modifizierenden Festsetzungen nach § 1 Abs. 4–10 BauNVO sowie den Festsetzungen über Sondergebiete nach § 11 BauNVO, mit Ausnahme des § 11 Abs. 3 BauNVO,[31] kommt der generell nachbarschützende Charakter von Festsetzungen über die Gebietsart nicht zu. Vielmehr ist im Einzelfall zu prüfen, ob die jeweiligen Festsetzungen auch der Wahrung der privaten Belange der Grundstückseigentümer im Plangebiet dienen sollen und daher drittschützend sind.[32]

---

[27] BVerwG, NVwZ 1997, 389; NVwZ 1986, 685.
[28] BayVGH, BayVBl. 1999, 662; VGH BW, BRS 46 Nr. 180; Dürr, DÖV 2001, 625.
[29] BVerwG, DÖV 1993, 918.
[30] BVerwG, ZfBR 2005, 806; NVwZ 2000, 679; DVBl. 1994, 284; BayVGH, BauR 2007, 505: BayVBl. 2003, 599; BayVBl. 2002, 764; VGH BW, VBl.BW 2000, 193; OVG Koblenz, BauR 2006, 75; Konrad, JA 2006, 59; s. a. Decker, JA 2007, 55.
[31] Zu der Ausnahme vgl. OVG Greifswald, NVwZ 2000, 559.
[32] BVerwG, NVwZ-RR 1999, 224; OVG Koblenz, BauR 2000, 527; VGH BW, UPR 1998, 358.

Die unmittelbar drittschützende Wirkung der Festsetzung über die Art der bau lichen Nutzung gilt grundsätzlich nur innerhalb des jeweils überplanten Bereichs. Grundstückseigentümer außerhalb des Plangebiets können Abwehransprüche ausnahmsweise daraus aber dann ableiten, wenn nach dem planerischen Willen der Gemeinde, diese Festsetzungen gerade auch zu deren Schutz getroffen wurden.[33] Ein an sich allgemein zulässiges Vorhaben kann u. U. gegen den sog. Gebietsprägungsanspruch aus § 15 Abs. 1 S. 1 BauNVO verstossen. § 15 Abs. 1 S. 1 BauNVO vermittelt einen Anspruch auf Aufrechterhaltung der typischen Prägung eines Baugebiets, wenn sich ein Vorhaben, etwa wegen seines Umfangs signifikant von dem Vorhandenen, was bspw. ein bestimmtes Mischgebiet ausmacht, abhebt.[34]

21 Kommt ein Gebietserhaltungsanspruch (der immer zuerst anzuprüfen ist) und ggf. ein Gebietsprägungsanspruch nicht zum Zuge, kann ein Nachbar im Planbereich seinen Abwehranspruch gegen ein (dann gebietskonformes) Vorhaben unter bestimmten Voraussetzungen auf § 15 Abs. 1 S. 2 BauNVO stützen. § 15 Abs. 1 S. 2 BauNVO ist eine einfach-gesetzliche Ausprägung des allgemeinen *Gebots der Rücksichtnahme*.[35] Das allgemeine Gebot der Rücksichtnahme – das aus einfach-gesetzlichen Vorschriften, wie der Regelung des § 15 Abs. 1 BauGB abzuleiten ist – ist drittschützend, wenn in qualifizierter und individualisierter Weise auf schützeswerte Interessen Dritter Rücksicht zu nehmen ist. Seine Verletzung liegt vor, wenn Nachbarn tatsächlich unzumutbar beeinträchtigt werden.[36] Soweit es, wie im Regelfall, um die Zumutbarkeit von Immissionen geht, ist dies mittels einer Abwägung der betroffenen Interessen zu ermitteln und kann vor allem mit Hilfe technischer Regelwerke bestimmt werden.[37]

§ 15 Abs. 1 S. 2 BauNVO gilt nur für die Art der baulichen Nutzung und ergänzt nicht die Festsetzungen über das Maß der baulichen Nutzung (§§ 16–21a BauNVO), über die Bauweise (§ 22 BauNVO) sowie die überbaubare Grundstücksfläche (§ 23 BauNVO).[38] Das in § 15 Abs. 1 S. 2 BauNVO enthaltene Rücksichtnahmegebot ermöglicht einen baugebietsübergreifenden Nachbarschutz. Die Regelung ist ihrem Wortlaut entsprechend und entgegen § 15 Abs. 1 S. 1 BauNVO nicht auf das Baugebiet beschränkt, sondern bezieht auch und gerade die Umgebung mit ein.

22 Festsetzungen über das Maß der baulichen Nutzung nach § 9 Abs. 1 Nr. 1 BauGB, §§ 16–21a BauNVO kommt keine generell nachbarschützende Wirkung zu, da sie vornehmlich der städtebaulichen Ordnung dienen.[39] Eine Ausnahme gilt für den Fall, dass nach dem Willen der planenden Gemeinde

---

[33] VGH BW, VBl.BW 2000, 193; BayVGH, NVwZ-RR 1999, 262.
[34] BVerwG, NVwZ 2002, 1384; BayVGH, KommPraxBY 2010, 28; BauR 2008, 1556.
[35] BVerwG, NVwZ 2000, 1050; NVwZ 1996, 379; BayVGH, BayVBl. 2003, 599; BayVBl. 2003, 370.
[36] BVerwG, NVwZ 1985, 37; NVwZ 1984, 25, Konrad, JA 1997, 505.
[37] Vgl. ausführlich zum Gebot der Rücksichtnahme und seinem Inhalt Kap. 4 Rn. 22 ff.
[38] BVerwG, NuR 1997, 139; NVwZ 1995, 899.
[39] BVerwG, NVwZ 1996, 170; Muckel, JuS 2000, 132.

C. Die planungsrechtlichen Bereiche

die Festsetzung über das Maß der baulichen Nutzung (auch) dem Nachbarn im Plangebiet zugute kommen soll. Der planerische Wille muss sich aber hinreichend deutlich aus den Bebauungsplanunterlagen, etwa der Begründung oder dem jeweiligen Sitzungsprotokoll des Gemeinderats, ermitteln lassen.[40]

Beispiel: Die Gebäudehöhe (§ 16 Abs. 2 Nr. 4 BauNVO) wird im Bebauungsplan so festgesetzt, dass nach dem Willen der Gemeinde die Aussichtslage für alle Planbetroffenen erhalten bleibt.

Soweit es um Festsetzungen über die Bauweise gemäß § 9 Abs. 1 Nr. 2 BauGB, § 22 BauNVO geht, ist die Festsetzung eines Doppelhauses in offener Bauweise nach § 22 Abs. 2 S. 1 BauNVO unmittelbar nachbarschützend, da durch den wechselseitigen Verzicht auf seitliche Grenzabstände an der gemeinsamen Grundstücksgrenze eine bodenrechtlichen Schicksalsgemeinschaft begründet wird. Gleiches gilt für die Festsetzung der geschlossenen Bauweise.[41]

Bei der Festsetzung von Baugrenzen und Baulinien nach § 9 Abs. 1 Nr. 2 BauGB, § 23 BauNVO wird für seitliche Baugrenzen teilweise generell nachbarschützende Wirkung angenommen, da sie einen Abstand zwischen Gebäuden auf benachbarten Grundstücken gewährleisten.[42] Baugrenzen und Baulinien sind jedenfalls dann nachbarschützend, wenn sie nach dem Willen der planenden Gemeinde auch den Grundstückseigentümern im Plangebiet dienen sollen.[43]

23

24

c) Ausnahmen und Befreiungen, § 31 BauGB

Widerspricht ein Vorhaben den Festsetzungen eines Bebauungsplans ist es grundsätzlich planungsrechtlich unzulässig. Unter den Voraussetzungen des § 31 Abs. 1 BauGB ist allerdings eine Ausnahme möglich. Nach § 31 Abs. 2 BauGB kann zudem eine Befreiung in Betracht kommen. In beiden Fällen handelt es sich um Ermessensentscheidungen der Baugenehmigungsbehörde, die jeweils des gemeindlichen Einvernehmens der Gemeinde nach § 36 Abs. 1 S. 1 BauGB bedürfen.

Die Möglichkeit der Erteilung einer Ausnahme muss sich aus dem Bebauungsplan selbst ergeben und dort vorgesehen, mithin vom planerischen Willen der Gemeinde umfasst sein.[44]

Große Bedeutung kommt insoweit der Regelung des § 1 Abs. 3 S. 2 BauNVO zu. Werden die Festsetzungsmöglichkeiten über die Gebietsart aus der Baunutzungsverordnung uneingeschränkt übernommen, ist damit im Bebauungsplan auch immer die Möglichkeit einer Ausnahme enthalten.

25

26

---

[40] BVerwG, NVwZ 1996, 170; VGH Mannheim, NVwZ-RR 2000, 348; BauR 1995, 512.
[41] BVerwG, NVwZ 2000, 1055; Dürr, DÖV 2001, 625.
[42] VGH Mannheim, NVwZ-RR 1999, 492; BauR 1995, 514.
[43] OVG Lüneburg, NVwZ-RR 2004, 23.
[44] BVerwG, NVwZ 1999, 981.

Beispiel: Setzt die Gemeinde ein allgemeines Wohngebiet nach § 4 BauNVO fest, ist damit über § 9 Abs. 1 Nr. 1 BauGB, § 4 Abs. 3 BauNVO, § 31 Abs. 1 BauGB die Möglichkeit der Erteilung einer Ausnahme aus dem Bebauungsplan heraus selbst gegeben.

27 Die Regelung des § 31 Abs. 1 BauGB ist zunächst insoweit nachbarschützend, als von entsprechend nachbarschützenden Festsetzungen des Bebauungsplans eine Ausnahme erteilt wird. Nachbarn haben dann einen Anspruch darauf, dass die Ausnahme rechtsfehlerfrei erteilt wird.[45] Darüber hinaus kann im Rahmen des § 31 Abs. 1 BauGB auch das Gebot der Rücksichtnahme zugunsten von Nachbarn Anwendung finden, da § 15 Abs. 1 BauNVO für die nach einem Bebauungsplan ausnahmsweise zulässigen Vorhaben ebenfalls gilt.[46]

28 Bei einer Befreiung nach § 31 Abs. 2 BauGB handelt es sich um eine Einzelfallentscheidung mit Hilfe derer die Baugenehmigungsbehörde von der Verbindlichkeit einer bestimmten Festsetzung des Bebauungsplans suspendieren kann.[47] Eine Befreiung kommt nur in Betracht, wenn eine Ausnahme gemäß § 31 Abs. 1 BauGB ausscheidet.

Befreiungen dürfen nur in den in § 31 Abs. 2 Nr. 1–3 BauGB genannten Fällen erteilt werden. Allen Fallvarianten gemeinsam ist, dass durch die Erteilung einer Befreiung die Grundzüge der Planung nicht berührt werden dürfen. Davon kann regelmäßig ausgegangen werden, soweit durch eine Entscheidung oder durch Entscheidungen nach § 31 Abs. 2 BauGB die Grundkonzeption des Bebauungsplans in Frage gestellt und dadurch faktisch eine Änderung des Bebauungsplans bewirkt wird.

Beispiel: Wenn in einem durch Bebauungsplan festgesetzten Gewerbegebiet i. S. v. § 8 BauNVO allgemein Wohnnutzung ohne Bindung an bestimmte Gewerbebetriebe zugelassen werden soll, würde dadurch die Zweckbestimmung des Gewerbegebietes unterlaufen und die Grundkonzeption des Bebauungsplans in negativer Weise betroffen sein. Eine entsprechende Befreiung wäre schon wegen eines Verstoßes gegen die Grundzüge der Planung rechtswidrig

29 § 31 Abs. 2 Nr. 1 BauGB setzt voraus, dass Gründe des Wohls der Allgemeinheit die Befreiung erfordern. Dies lässt sich grundsätzlich dann annehmen, wenn es zur Erfüllung oder Wahrnehmung öffentlicher Aufgaben vernünftigerweise geboten ist, ein Bauvorhaben abweichend von den Festsetzungen eines Bebauungsplans zu errichten; eine unabdingbare Notwendigkeit muss allerdings dafür nicht gegeben sein.[48] Insbesondere die in § 1 Abs. 6 BauGB genannten Planungsleitlinien können als Allgemeinwohlbelange in diesem Zusammenhang berücksichtigt werden.

Nach § 31 Abs. 2 Nr. 2 BauGB ist eine Befreiung zulässig, wenn die Abweichung städtebaulich vertretbar ist. Damit ist der Baugenehmigungsbehörde eine weit gefasste Befreiungsmöglichkeit an die Hand gegeben. Städ-

---

[45] VGH BW, VBl.BW 1996, 24.
[46] BVerwG, NVwZ 1984, 102; Muckel, JuS 2000, 132.
[47] Vgl. BayVGH, BayVBl. 1999, 590; OVG Münster, BauR 1999, 141; Schmidt-Eichstaedt, NVwZ 1998, 571.
[48] BVerwG, NJW 1979, 939; siehe auch VGHBW, BauR 1992, 489.

C. Die planungsrechtlichen Bereiche

tebaulich vertretbar ist nämlich alles, was Inhalt eines Bebauungsplans sein kann.[49] Gerade in Verbindung mit der Fallalternative des § 31 Abs. 2 Nr. 2 BauGB kommt der zuvor dargestellten tatbestandlichen Einschränkung, dass die Grundzüge der Planung nicht berührt werden dürfen, eine besondere Bedeutung als Korrektiv zu.

§ 31 Abs. 2 Nr. 3 BauGB lässt eine Befreiung zu, wenn die Durchführung des Bebauungsplans zu einer offenbar nicht beabsichtigten Härte führen würde. Dabei muss es sich um eine bodenbezogene Härte handeln, die sich aus der Situation des Grundstücks, etwa seinem Zuschnitt, ergibt.[50]

In allen Fällen ist es überdies erforderlich, dass nachbarliche Interessen entsprechend gewürdigt werden.

Für die Intensität des sich daraus ergebenden Nachbarschutzes ist zu unterscheiden:

Wird von nachbarschützenden Festsetzungen eines Bebauungsplans befreit, hat der betroffene Nachbar einen Anspruch darauf, dass die Befreiung nur unter Beachtung der tatbestandsmäßigen Voraussetzungen erteilt wird. Sind diese nicht gegeben, ergibt sich schon deswegen ein nachbarlicher Abwehranspruch.[51]

Soweit es dagegen um eine Befreiung von nicht nachbarschützenden Festsetzungen eines Bebauungsplans geht, kommt Nachbarschutz nur nach Maßgabe des Gebots der Rücksichtnahme, das aus dem Tatbestandsmerkmal „unter Würdigung nachbarlicher Interessen" abgeleitet wird, in Betracht.[52]

Beispiel: Wird von der Art der baulichen Nutzung, als generell nachbarschützender Festsetzung des Bebauungsplans, befreit, liegt aber keine der Fallvarianten in § 31 Abs. 2 Nr. 1–Nr. 3 BauGB vor, wird eine Anfechtungsklage des betroffenen Nachbarn allein deswegen erfolgreich sein.

Wird vom Maß der baulichen Nutzung, als grundsätzlich und vorliegend auch nicht ausnahmsweise nachbarschützender Festsetzung, befreit, hat eine Nachbarklage nur Erfolg, wenn insoweit die „nachbarlichen Interessen" nicht sachgerecht gewürdigt wurden und dadurch ein Verstoß gegen das Gebot der Rücksichtnahme gegeben ist.

Mit dem Gesetz zur Förderung des Klimaschutzes bei der Entwicklung in den Städten und Gemeinden vom 22. 7. 2011 (BGBl. I S. 1509) ist mit der Regelung des § 248 BauGB eine Vorschrift neu in das Baugesetzbuch aufgenommen worden, nach deren Sätzen 1 und 2 von Gesetzes wegen Abweichungen von bestimmten Festsetzungen eines Bebauungsplans im Falle von Maßnahmen der Energieeinsparung an bestehenden Gebäuden und im Zusammenhang mit Anlagen zur Nutzung solarer Strahlungsenergie, zulässig sind.

Die gesetzlich zulässige Abweichungsmöglichkeit – einer behördlichen Entscheidung bedarf es anders als in den Fällen von Ausnahmen und Befreiungen nach § 31 Abs. 1, Abs. 2 BauGB nicht – bezieht sich konkret auf Fest-

---

[49] Vgl. BVerwG, NVwZ 1990, 556.
[50] BVerwG, NJW 1979, 939.
[51] BVerwG, NVwZ 1999, 981; NVwZ-RR 1999, 8.
[52] BVerwG, NVwZ-RR 1999, 8; OVG Lüneburg, BauR 2000, 1844.

setzungen über das Maß der baulichen Nutzung (vgl. §§ 16–21a BauNVO), die Bauweise (vgl. § 22 BauNVO) sowie die überbaubare Grundstücksfläche (vgl. § 23 BauNVO). „Privilegiert" sind die Maßnahmen zur Energieeinsparung oder zur Nutzung von Solarenergie ausweislich des Gesetzeswortlauts nur an bestehenden Gebäuden. Im Falle der Neuerrichtung eines Gebäudes sind die jeweiligen bauplanerischen Festsetzungen dagegen regelmäßig einzuhalten, d.h. der Bauherr muss sein Gebäude so konzipieren, dass es unter Einschluss der Maßnahmen für erneuerbare Energien mit den Festsetzungen des Bebauungsplans übereinstimmt. Die Abweichung darf im übrigen nur geringfügig sein. Für die Frage der Geringfügigkeit erscheint es sachgerecht auf die zu § 23 Abs. 2 S. 2 und Abs. 3 S. 2 BauNVO entwickelten Grundsätze Bezug zu nehmen, wo das Vor- bzw. Zurücktreten von Gebäudeteilen in geringfügigem Ausmaß zugelassen ist.

Schließlich steht die Zulässigkeit einer Abweichung unter dem Vorbehalt der Vereinbarkeit mit nachbarlichen Interessen – in Anlehnung an die Regelung des § 31 Abs. 2 BauGB – sowie der Vereinbarkeit mit baukulturellen Belangen.[52a]

2. Vorhabenbezogener Bebauungsplan, § 30 Abs. 2 BauGB

31   Nach §§ 30 Abs. 2, 12 BauGB können die Gemeinden unter bestimmten Voraussetzungen einen vorhabenbezogenen Bebauungsplan aufstellen und so ein ganz bestimmtes Vorhaben planungsrechtlich legitimieren. Diese Projektbezogenheit der Bauleitplanung führt regelmäßig dazu, dass das Aufstellungsverfahren im Gegensatz zum „herkömmlichen" Bebauungsplanverfahren schneller durchgeführt werden kann, weil das zu berücksichtigende Abwägungsmaterial reduziert ist.[53]

32   Folgende Voraussetzungen sind zu beachten:

Zunächst bedarf es der Vorlage eines mit der Gemeinde abgestimmten sog. Vorhabens- und Erschließungsplans durch den Vorhabensträger oder Investor. Die Planungsinitiative geht infolge dessen nicht von der Gemeinde selbst aus. In dem der Gemeinde vorzulegenden Vorhabens- und Erschließungsplan wird das Projekt im einzelnen dargestellt. Wie sich aus § 12 Abs. 3 S. 2 BauGB ergibt, gilt insoweit weder die Regelung des § 9 BauGB über die abschließenden Festsetzungsmöglichkeiten in einem Bebauungsplan noch die Baunutzungsverordnung. Der Gestaltungsspielraum des Investors soll nämlich nach der gesetzgeberischen Intention nicht von vorneherein eingeschränkt werden.

Da der Vorhabens- und Erschließungsplan gemäß § 12 Abs. 3 S. 1 BauGB aber Inhalt des vorhabenbezogenen Bebauungsplans wird, wird vom Investor im Regelfall aber auf die Baunutzungsverordnung zurückgegriffen, und die Art und das Maß der baulichen Nutzung, die überbaubare Grundstücksfläche und die örtlichen Verkehrsflächen dargestellt.

[52a] Vgl. Battis/Krautzberger/Mitschang/Reidt/Stüer, NVwZ 2011, 897; Söfker, ZfBR 2011, 541.

[53] Vgl. Erbguth, VerwArch. 1998, 189.

C. Die planungsrechtlichen Bereiche

Der Vorhabensträger muss darüber hinaus zur Durchführung des Vorhabens- und Erschließungsplans bereit und in der Lage sein, insbesondere die entsprechende finanzielle Leistungskraft besitzen, die von der Gemeinde zu überprüfen ist.[54]

Schließlich muss sich der Investor in einem Durchführungsvertrag auf Grundlage des vorgelegten Vorhabens- und Erschließungsplans verpflichten, das Vorhaben und die Erschließungsmaßnahmen durchzuführen. Der Durchführungsvertrag ist ein öffentlich-rechtlicher Vertrag i. S. v. § 54 S. 2 VwVfG bzw. den entsprechenden inhaltsgleichen landesrechtlichen Regelungen und wird überwiegend den städtebaulichen Verträgen in § 11 BauGB zugeordnet.[55]

Durchführungsvertrag und vorhabenbezogener Bebauungsplan stehen in wechselseitiger Beziehung. Der Durchführungsvertrag muss nach § 12 Abs. 1 S. 1 BauGB vor dem Beschluss über den vorhabenbezogenen Bebauungsplan wirksam abgeschlossen sein. Liegt im Zeitpunkt des Satzungsbeschlusses nach § 10 Abs. 1 BauGB der Durchführungsvertrag noch nicht oder nur mangelhaft vor, ist der vorhabenbezogene Bebauungsplan unwirksam.[56]

Gemäß § 12 Abs. 3a BauGB kann sich unter den dortigen Voraussetzungen das konkrete Vorhaben jetzt auch nur aus dem Durchführungsvertrag ergeben.

Für den vorhabenbezogenen Bebauungsplan gelten grundsätzlich die Verfahrenserfordernisse aus den §§ 2–10 BauGB, sowie die inhaltlichen Vorgaben an einen Bebauungsplan, insbesondere die ordnungsgemäße Abwägung nach § 1 Abs. 7 BauGB. 33

Der Vorhabensträger kann aus § 12 Abs. 2 BauGB keinen Anspruch auf Erlass des vorhabenbezogenen Bebauungsplans ableiten. Zwar gewährt die Regelung dem Vorhabensträger einen Anspruch auf ermessensfehlerfreie Entscheidung über die beantragte Einleitung des Bebauungsplanverfahrens. Dieser Anspruch erschöpft sich aber darin, als die Gemeinde überhaupt entscheidet, ob das Satzungsverfahren eingeleitet wird. Der Anspruch bezieht sich dagegen nicht auf einen bestimmten Inhalt der Entscheidung.[57] 34

Soweit ein vorhabenbezogener Bebauungsplan scheitert, etwa im Wege der Normenkontrolle für nichtig erklärt wird, oder der Vorhabensträger den Durchführungsvertrag nicht erfüllt, kommen für die geschädigte Gemeinde oder den geschädigten Investor Ersatzansprüche in Betracht.[58]

Für die planungsrechtliche Zulässigkeit eines Vorhabens, das im Geltungsbereich eines vorhabenbezogenen Bebauungsplans ausgeführt werden soll, kommt es allein auf dessen Festsetzungen an. Weitergehende Anforderungen, etwa nach § 34 BauGB, werden nicht gestellt.[59] 35

---

[54] Dazu OVG Bautzen, NVwZ 1995, 181 noch zur Vorläuferregelung des § 7 BauGB-MaßnG.
[55] Vgl. etwa Birk, NVwZ 1995, 625 m. w. N.
[56] BayVGH, BayVBl. 2006, 665; BayVBl. 2002, 113; VGH BW, DVBl. 1997, 841.
[57] VGHBW, UPR 2000, 395; siehe auch Dolderer, UPR 2001, 41.
[58] Dazu im Einzelnen Fischer, DVBl. 2001, 258.
[59] Vgl. Turiaux, NVwZ 1999, 391; Winkler, NVwZ 1997, 1193.

3. Einfacher Bebauungsplan, § 30 Abs. 3 BauGB

36 Soweit es um die Zulässigkeit eines Vorhabens im Geltungsbereich eines einfachen Bebauungsplans nach § 30 Abs. 3 BauGB geht, ist zunächst Voraussetzung, dass es dessen Festsetzungen entspricht. Trifft dies zu, sind darüber hinaus diejenigen Vorgaben zu erfüllen, die für den planungsrechtlichen Bereich gelten, in dem das Vorhaben errichtet werden soll.

Beispiel: Setzt ein Bebauungsplan lediglich eine vordere Baugrenze i.S.v. § 23 BauNVO fest, ist erforderlich, dass das Vorhaben dieser Festsetzung entspricht. Befindet sich das Baugrundstück ansonsten im unbeplanten Innenbereich des § 34 BauGB, kommt es für die planungsrechtliche Zulässigkeit im Weiteren darauf an, dass die Tatbestandsvoraussetzungen dieser Vorschrift erfüllt werden.

II. Innenbereich des § 34 BauGB

1. Unbeplanter Innenbereich i.S.v. § 34 Abs. 1 BauGB

37 § 34 Abs. 1 BauGB legt den planungsrechtlichen Maßstab für Vorhaben fest, die im sog. Innenbereich, der weder faktisch einem Baugebiet der Baunutzungsverordnung entspricht noch qualifiziert überplant ist, ausgeführt werden soll.

38 Bei einem – wie § 34 Abs. 1 BauGB verlangt – „im Zusammenhang bebauten Ortsteil" handelt es sich um einen Bebauungskomplex auf dem Gebiet einer Gemeinde, der Eindruck der Zusammengehörigkeit und Geschlossenheit vermittelt, nach der Zahl der vorhandenen Gebäude ein gewisses Gewicht besitzt sowie Ausdruck einer organischen Siedlungsstruktur ist.[60] Der im Zusammenhang bebaute Ortsteil wird also durch die Komponenten „Bebauungszusammenhang" und „Ortsteil" beschrieben.

a) Bebauungszusammenhang und Ortsteil

39 Der Bebauungszusammenhang ist nicht anhand eines geographisch-mathematischen Maßstabs zu bestimmen, sondern auf Grundlage einer wertenden Betrachtung.

Maßgeblich ist dafür zunächst die tatsächlich vorhandene Bebauung. Dazu zählen auch rechtswidrig errichtete Gebäude (sog. „Schwarzbauten"), solange die zuständige Bauaufsichtsbehörde ihren Beseitigungswillen noch nicht konkretisiert hat, etwa durch eine Beseitigungsanordnung.[61] Daneben spielen für die Frage, ob ein Grundstück, das bebaut werden soll, noch dem Bebauungszusammenhang zuzurechnen ist, vor allem in der Natur optisch erkennbare topografische Besonderheiten, wie Erhebungen, Geländeeinschnitte, Böschungen, Gräben oder Flüsse, aber auch Straßen eine große Rolle.[62]

---

[60] BVerwG, ZfBR 2006, 54; NVwZ 2001, 70; BayVGH, BayVBl. 2009, 77; VGH BW, VBl.BW 1999, 139; Decker, JA 2000, 60.
[61] BVerwG, NVwZ 1999, 527.
[62] BVerwG, NVwZ-RR 1998, 157; ZfBR 1997, 266; NVwZ 1991, 879.

C. Die planungsrechtlichen Bereiche

Sind solche örtlich-topografischen Gegebenheiten nicht wahrnehmbar, endet der Bebauungszusammenhang (und beginnt damit der planungsrechtliche Außenbereich) unmittelbar hinter dem letzten Gebäude des maßgeblichen Bebauungskomplexes, ohne dass es insoweit auf Grundstücksgrenzen ankommt.[63]

Beispiel: Keiner wertenden Betrachtung zugänglich, weil optisch als topografische Besonderheit nicht wahrnehmbar, ist die von Bäumen ausgehende Windwurfgefahr, wenn ein Gebäude am Waldrand errichtet werden soll.[64]

Der Bebauungszusammenhang wird durch eine unbebaute Fläche unterbrochen, wenn diese so groß ist, dass sie von der umgebenden Bebauung nicht mehr geprägt wird und nach der Verkehrsauffassung daher nicht zur Bebauung ansteht. Bei derartigen Freiflächen wird von einem sog. „Außenbereich im Innenbereich" gesprochen.

Beispiel: Eine 7 ha große, unbebaute Fläche in einer Großstadt, die mit Bebauung und Verkehrsflächen umgeben ist, wurde als Außenbereich behandelt.[65] Ein unbebauter Geländestreifen mit einer Länge von 210 m, der an den beiden Schmalseiten und auf der gegenüberliegenden Straßenseite von Bebauung umgeben ist, wurde nicht als Baulücke qualifiziert.[66]

Zur Bebauung i. S. v. § 34 Abs. 1 BauGB zählen nur solche baulichen Anlagen, die gleichfalls optisch wahrnehmbar sind und selbst ein gewisses Gewicht besitzen, so dass sie den Charakter eines Gebiets als Ortsteil überhaupt mitprägen können, weil sie maßstabsbildend sind. Dafür ist nach ständiger Rechtsprechung des Bundesverwaltungsgerichts unabdingbar, dass es sich um bauliche Anlagen handelt, die dem ständigen Aufenthalt von Menschen dienen.[67] Deshalb kann ein Sportplatz, selbst wenn ein Kassenhäuschen, eine Einfriedung sowie Flutlichtmasten vorhanden sind, keinen Bebauungszusammenhang begründen. Gleiches gilt für einen befestigten Reitplatz, für Tennisplätze, für befestigte Stellplätze, für ausschließlich der Landwirtschaft dienende Anlagen, wie Scheunen oder für Wochenendhäuser.[68]

Im Hinblick auf das erforderliche städtebauliche Gewicht eines Bebauungszusammenhangs lässt sich keine konkrete und generell verbindliche Mindestzahl an Gebäuden nennen. Maßgeblich kommt es dafür immer auf die Größe der betroffenen Gemeinde an.

Als grobe Orientierungshilfe dürften im Regelfall aber zehn (Wohn)Gebäude notwendig sein, um das entsprechende städtebauliche Gewicht für einen Bebauungszusammenhang zu erreichen. Die unterste Grenze dürfte bei

---

[63] BVerwG, BRS 57 Nr. 93; BRS 48 Nr. 50; siehe auch VGHBW, VBl. BW 1997, 68.
[64] BVerwG, NVwZ-RR 1998, 157.
[65] BVerwGE 41, 227.
[66] VGH BW, NVwZ-RR 2000, 481; NVwZ 2001, 70; NVwZ 2011, 393.
[67] BVerwG, BauR 2000, 1310; NVwZ 1993, 985; NJW 1984, 1576; VGHBW, VBl.BW 1999, 139.
[68] BVerwG, NVwZ 2001, 70; BauR 2000, 1916; NVwZ 1993, 986; OVG Bremen, BRS 42 Nr. 62.

fünf Gebäuden liegen.⁶⁹ Dies lässt sich nicht zuletzt auch unter Bezugnahme auf die Regelung des § 35 Abs. 6 BauGB begründen, nach der Gemeinden die Möglichkeit haben eine sog. Außenbereichssatzung zu erlassen. Voraussetzung ist u. a., dass Wohnbebauung von einigem Gewicht vorhanden ist. Würde daher die Ansammlung von weniger als fünf Gebäuden bereits einen Bebauungszusammenhang darstellen, bliebe für die Anwendbarkeit der Regelung des § 35 Abs. 6 BauGB (nahezu) kaum Raum.

42 Eine organische Siedlungsstruktur erfordert keine einheitliche Bebauung im Sinne eines bestimmten städtebaulichen Ordnungsbildes. Lediglich eine vollkommen regel- oder funktionslose Bebauung bietet daher keinen Ansatz für eine angemessene bauliche Fortentwicklung.

43 Ob die für einen Ortsteil erforderliche Bebauung gegeben ist – ansonsten handelt es sich um eine Splittersiedlung i. S. v. § 35 Abs. 3 S. 1 Nr. 7 BauGB –, kann und darf immer nur unter Berücksichtigung der jeweils konkret betroffenen Gemeinde beurteilt werden. Über die Gemeindegrenze hinaus – diese bildet insoweit eine Zäsur –, kann sich ein Ortsteil nicht erstrecken. Dies ergibt sich daraus, dass die Planungshoheit der Gemeinde (auch) nur auf das eigene Gemeindegebiet beschränkt ist.⁷⁰

b) „Innenbereichssatzungen", § 34 Abs. 4 BauGB

44 Ein im Zusammenhang bebauter Ortsteil kann auch mit Hilfe des Satzungsinstrumentariums aus § 34 Abs. 4 BauGB geschaffen werden. Drei Arten von „Innenbereichssatzungen" werden unterschieden.

45 Auf Grundlage des § 34 Abs. 4 S. 1 Nr. 1 BauGB ist der Erlass einer sog. „Klarstellungssatzung" möglich. Aus Gründen der Klarstellung und um etwaige Zweifel von vorneherein auszuräumen, werden Grundstücke, die bereits zum Innenbereich gehören, in den Geltungsbereich dieser Satzung aufgenommen. Planerische Gestaltungsfreiheit steht der Gemeinde insoweit daher nicht zu; vielmehr sind die Vorgaben des § 34 Abs. 1 BauGB strikt zu beachten.⁷¹ Die Klarstellungssatzung hat nach überwiegender Auffassung allein deklaratorische Wirkung, wofür auch der Wortlaut des § 34 Abs. 4 S. 3 BauGB spricht,⁷² nach dem nur Satzungen nach § 34 Abs. 4 S. 1 Nr. 2 und Nr. 3 BauGB mit einer geordneten städtebaulichen Entwicklung vereinbar sein müssen.

46 Nach § 34 Abs. 4 S. 1 Nr. 2 BauGB können Gemeinden eine sog. Entwicklungssatzung erlassen. Dadurch lässt sich eine dem Außenbereich zugehörende Splittersiedlung zum Innenbereich aufwerten. Voraussetzung ist eine entsprechende Bauflächendarstellung im Flächennutzungsplan.

47 § 34 Abs. 4 S. 1 Nr. 3 BauGB ermöglicht zudem den Erlass einer sog. Einbeziehungs- oder Ergänzungssatzung. Danach können einzelne Außenbe-

---

⁶⁹ Vgl. BVerwG, NVwZ 1994, 555, das die Ansammlung von vier Wohngebäuden regelmäßig als Splittersiedlung betrachtet; s. a. BayVGH, NVwZ-RR 2004, 13.
⁷⁰ BVerwG, DÖV 2001, 132; NVwZ-RR 1999, 527; s. a. BVerwG, NVwZ-RR 1998, 156.
⁷¹ OVG Bautzen, NVwZ-RR 2001, 426.
⁷² Vgl. Jäde, BayVBl. 1994, 118; Brohm, Öffentliches Baurecht, S. 360; a. A. BayVGH, BayVBl. 1993, 624.

C. Die planungsrechtlichen Bereiche

reichsgrundstücke oder Teile davon dem Innenbereich zugeschlagen werden. Erforderlich ist dass diese Flächen durch die bauliche Nutzung des angrenzenden Innenbereichs geprägt sind, vor allem durch die dortige Art und das dortige Maß der baulichen Nutzung. Diese Voraussetzung sowie die sich aus § 34 Abs. 4 S. 3 BauGB ergebende Notwendigkeit einer geordneten städtebaulichen Entwicklung gewährleisten (auch weiterhin), dass nur eine kleinräumige, auf wenige Grundstücke oder Grundstücksteile beschränkte Einbeziehung von Außenbereichsflächen in Betracht kommt.[73]

Wie im Zusammenhang mit Bebauungsplänen lässt die seit 30. 7. 2011 geltende Neuregelung des § 248 S. 1, 2 BauGB auch bei den Innenbereichssatzungen nach § 34 Abs. 4 S. 1 Nr. 2 und Nr. 3 BauGB geringfügige Abweichungen von bestimmten Festsetzungen im Rahmen der Nutzung erneuerbarer Energien zu (vgl. Rn. 30 a). **47 a**

Das Verfahren zur Aufstellung von Innenbereichssatzungen ist in § 34 Abs. 4 BauGB geregelt. Satzungen nach § 34 Abs. 4 S. 1 Nr. 2 BauGB und § 34 Abs. 4 S. 1 Nr. 3 BauGB dürfen auch einzelne Festsetzungen gemäß § 9 Abs. 1 Nr. 1, Nr. 2 und Nr. 4 BauGB enthalten.[74] **48**

---

[73] Schink, DVBl. 1999, 367.
[74] Vgl. OVG Bautzen, NVwZ 2001, 1070.

Beispiele für Außenbereichs- und Innenbereichssituationen:

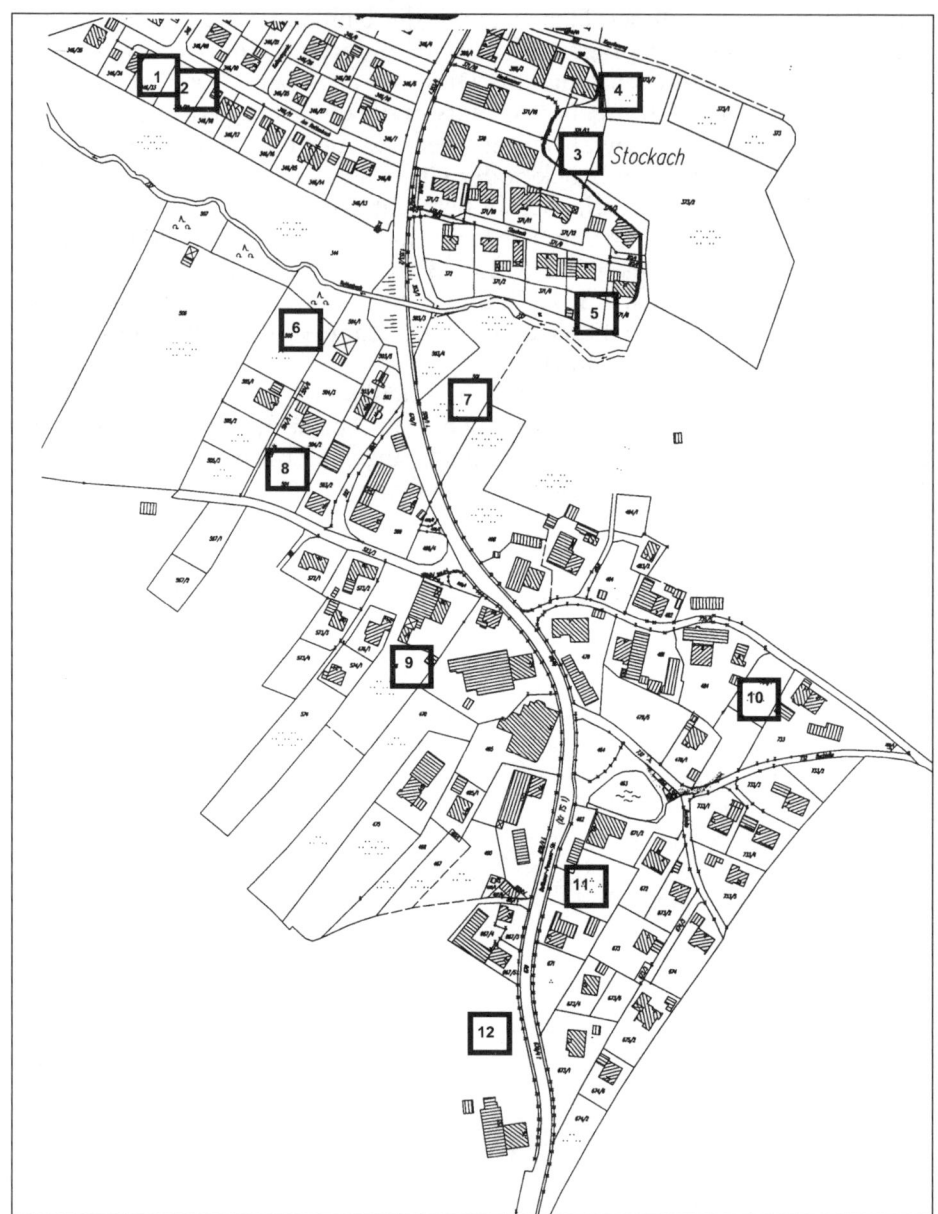

Zu den Grundstücken 1 und 2:
Es handelt sich um typische Baulücken. Beide Grundstücke nehmen am Bebauungszusammenhang teil und stehen nach der Verkehrsauffassung zur Bebauung an. Sie befinden sich im unbeplanten Innenbereich des § 34 Abs. 1 BauGB.

Zum Grundstück 3:
Grundstück 3 – insoweit wird die Abgrenzung zwischen Außen- und Innenbereich schon schwieriger – dürfte nach dem Lageplan dem Außenbe-

C. Die planungsrechtlichen Bereiche

reich des § 35 BauGB zuzurechnen sein, da dieser regelmäßig hinter dem letzten Gebäude des Bebauungszusammenhangs beginnt, Grundstücksgrenzen nicht maßgeblich sind und eine rein schematische Abgrenzung nicht erfolgen darf. Das Grundstück würde sich aber für eine Einbeziehungssatzung auf Grundlage des § 34 Abs. 4 S. 1 Nr. 3 BauGB anbieten.

Zum Grundstück 4:
Grundstück 4 liegt zweifelsfrei im Außenbereich, jenseits der „Ortsgrenze".

Zum Grundstück 5:
Der südliche Teil von Grundstück 5 ist dem Außenbereich zuzuordnen Maßgeblich ist dafür die faktische Baugrenze südlich der bestehenden Gebäude, die gleichzeitig die Grenze zum Außenbereich bildet. Eine Bebauung in diesem Bereich würde eine sog. zweite Bauzeile im Außenbereich eröffnen.

Zum Grundstück 6:
Grundstück 6 gehört zum Außenbereich; eine Bebauung damit grundsätzlich unzulässig.

Zum Grundstück 7:
Grundstück 7 liegt im Außenbereich, obwohl von drei Seiten mit Bebauung bzw. einer Straße umgeben ist. Der Abstand zwischen der Bebauung im Norden und der Bebauung im Süden mit etwa 140 m ist so groß, dass es nicht mehr am Eindruck der Geschlossenheit und Zusammengehörigkeit teilnimmt.

Zum Grundstück 8:
Grundstück 8 liegt (wohl) außerhalb des Bebauungszusammenhangs und ist daher dem Außenbereich zuzurechnen

Zum Grundstück 9:
Der nord-westliche Teil des Grundstücks 9 (im Bereich der Flurnummer) kann, angesichts der prägenden Umgebungsbebauung noch als Innenbereich qualifiziert werden, der restliche Teil des Grundstücks gehört zum Außenbereich.

Zum Grundstück 10:
Grundstück 10 ist ein Innenbereichsgrundstück. Seine Bebauung schließt eine Baulücke. Die Grenze zum Außenbereich in nord-östlicher Richtung ist die vorbei führende Straße.

Zum Grundstück 11:
Grundstück 11 ist ebenfalls eine Baulücke und nach § 34 BauGB zu beurteilen.

Zum Grundstück 12:
Grundstück 12 bzw. der mit der Nummer gekennzeichnete Grundstücksteil liegt im Außenbereich. Der sich im Süden befindende landwirtschaftliche Betrieb schafft keine „Klammer" für einen Bebauungszusammenhang.

c) „Einfügen"

Liegt nach den obigen Ausführungen ein im Zusammenhang bebauter Ortsteil vor, kommt es für die planungsrechtliche Zulässigkeit im Weiteren

49

darauf an, ob es sich in die Eigenart der näheren Umgebung einfügt. Was als nähere Umgebung in diesem Sinne zu betrachten ist, hängt entscheidend von dem möglichen Einwirkungsbereich des Vorhabens ab.[75]

Beispiel: Die nähere Umgebung ist bei einem emittierenden Gewerbebetrieb weiter zu fassen, als bei einem Einfamilienwohnhaus, bei dem sich die nähere Umgebung grundsätzlich auf die unmittelbar angrenzenden Grundstücke beschränkt.

50   Die Eigenart der sonach festgelegten näheren Umgebung bestimmt sich nach der dortigen Art und dem dortigen Maß der baulichen Nutzung, der dortigen Bauweise und der überbaubaren Grundstücksfläche.[76] Nur diese vier Kriterien sind für die Frage des Einfügens maßgeblich.

51   Entspricht die Nutzungsart der näheren Umgebung einer der Gebietskategorien der Baunutzungsverordnung, beurteilt sich die Zulässigkeit des beantragten Vorhabens im Hinblick auf die Art der baulichen Nutzung allein nach § 34 Abs. 2 BauGB und der entsprechend einschlägigen Regelung in der Baunutzungsverordnung. In diesen Fällen wird von einem „faktischen Baugebiet" gesprochen.[77]

§ 34 Abs. 2 BauGB ist für seinen Regelungsbereich gegenüber § 34 Abs. 1 BauGB speziell. Alle sonstigen Einfügenskriterien, welche die Eigenart der näheren Umgebung ausmachen, wie etwa das Maß der baulichen Nutzung, sind nach § 34 Abs. 1 BauGB zu beurteilen.

Beispiel: Entspricht die Umgebungsbebauung einem allgemeinen Wohngebiet i.S.v. § 4 BauNVO, wäre ein beantragtes Wohnbauvorhaben der Nutzungsart nach auf Grundlage des § 34 Abs. 2 BauGB i.V.m. § 4 Abs. 2 Nr. 1 BauNVO zulässig. Ob sich das Vorhaben nach dem Maß der baulichen Nutzung noch einfügt, richtet demgegenüber nach § 34 Abs. 1 BauGB. Sind die Wohngebäude in der Umgebung zwischen 8 m und 12 m hoch, würde sich ein Vorhaben mit 15 m Höhe nach dem Nutzungsmaß nicht einfügen, weil es den insoweit vorgegebenen „Rahmen" nicht einhält.

52   Soweit es um das Einfügen bezüglich des Maßes der baulichen Nutzung geht, ist der maßgebliche Rahmen der Umgebungsbebauung in erster Linie nach der tatsächlichen Größe der zu berücksichtigenden Gebäude zu beurteilen, also etwa nach deren Höhe, der Anzahl an Geschossen oder der tatsächlich überbauten Fläche. Den Maßbestimmungsfaktoren in § 16 BauNVO kommt dagegen nur indizielle Bedeutung zu mit der Folge, dass sie nicht, wie im Falle eines Bebauungsplans, rechtssatzmäßig herangezogen werden können.[78]

Beispiel: Für den Ausbau eines Dachgeschosses in einem bestehenden Gebäude zu Wohnzwecken (ohne größere von außen erkennbare bauliche Veränderungen) bedeutet dies, dass sich das Vorhaben regelmäßig schon deswegen nach dem Nutzungsmaß in die Umgebungsbebauung einfügt, weil das Gebäude dabei in seinen Ausmaßen unverändert bleibt.[79]

---

[75] BVerwG, NVwZ-RR 1999, 60.
[76] Vgl. etwa BVerwG, BauR 1999, 367.
[77] Vgl. BayVGH, BayVBl. 2008, 694; BayVBl. 2007, 181; BayVBl. 2006, 276.
[78] BVerwG, NVwZ 1994, 1006.
[79] BVerwG, BauR 1996, 823; s.a. VGHBW, VBl.BW 2001, 60.

C. Die planungsrechtlichen Bereiche

Für das Einfügen im Hinblick auf die überbaubare Grundstücksfläche sind insbesondere sog. faktische Baugrenzen oder Baulinien zu beachten.[80] **53**

Für den Rahmen der Umgebungsbebauung nicht maßgeblich sind sog. „Fremdkörper", die wegen ihrer Singularität regelmäßig keine maßstabsbildende Funktion haben.[81] **54**

Beispiel: In einem faktisch entstandenen Gewerbegebiet befindet sich ein einzelnes, selbständiges Wohngebäude, das den Nutzungsrahmen dann nicht mitprägt. In einem Wohngebiet mit zweigeschossigen Wohngebäuden befindet sich einzelnes fünfgeschossiges Gebäude, das dann außer Betracht bleibt.

Wird der vorgegebene bauliche Rahmen eingehalten, fügt sich ein Vorhaben grundsätzlich in die Eigenart der näheren Umgebung ein. **55**

Trotz Überschreitens des Rahmens kann sich ein Vorhaben aber ausnahmsweise dennoch einfügen, soweit es keine bodenrechtlich, relevanten Spannungen begründet oder bereits vorhandene Spannungen erhöht, also noch in einer harmonischen Beziehung zur vorhandenen Bebauung steht.[82]

Beispiel: Eine Diskothek mittlerer Größe kann sich, auch wenn sonst kein entsprechendes Vorhaben vorhanden ist, in eine durch gewerbliche Nutzung geprägte Umgebung einfügen.

Demgegenüber wurde bisher davon ausgegangen, dass trotz der Einhaltung des vorgegeben Rahmens ein Vorhaben sich dann nicht in die Umgebung einfügt, wenn und weil es rücksichtslos ist.[83] **56**

Neuerdings vertritt das Bundesverwaltungsgericht aber die Auffassung, dass das Rücksichtnahmegebot, das im Rahmen des § 34 Abs. 1 BauGB aus dem Merkmal des „Einfügens" abgeleitet wird, nur dann verletzt sein kann, wenn sich ein Vorhaben objektiv-rechtlich nach seiner Art oder seinem Maß der baulichen Nutzung oder nach seiner Bauweise oder seiner überbauten Grundstücksfläche nicht in die Eigenart der näheren Umgebung einfügt.[84]

Vom Erfordernis des Einfügens in die Eigenart der näheren Umgebung nach § 34 Abs. 1 S. 1 BauGB kann gemäß § 34 Abs. 3a S. 1 BauGB im Falle von Gewerbe- und Handwerksbetrieben oder Wohnzwecken dienenden Vorhaben im Einzelfall abgewichen werden. Strukturell ist die Regelung der Befreiung i.S.v. § 31 Abs. 2 BauGB nachgebildet und entsprechend zu handhaben. Eine Abweichung scheidet allerdings bei einem Einzelhandelsbetrieb, der Auswirkungen i.S.v. § 34 Abs. 3 BauGB hat, aus. **57**

Nach § 248 S. 3 BauGB der durch das Gesetz zur Förderung des Klimaschutzes bei der Entwicklung in den Städten und Gemeinden vom 22. 7. 2011 (BGBl. I S. 1509) in das Baugesetzbuch aufgenommen wurde und seit 30. 7. 2011 gilt, sind vom Erfordernis des Einfügens betreffend das Maß der baulichen Nutzung, der Bauweise sowie der überbaubaren Grundstücksfläche geringfügige Abweichungen vom Gesetz zulässig (vgl. Rn. 30a). **57a**

---

[80] BVerwG, NVwZ-RR 1999, 364.
[81] BVerwGE 84, 322; E 55, 369.
[82] BVerwG, NVwZ 1999, 523; NVwZ 1995, 698; VGH BW, VBl.BW 2001, 60.
[83] BVerwG, DVBl. 1992, 1101.
[84] BVerwG, NVwZ 1999, 879.

d) Sonstige Anforderungen des § 34 Abs. 1 BauGB

58 § 34 Abs. 1 S. 2 Hs. 1 BauGB verlangt für die Zulässigkeit eines Vorhabens zudem, dass die Anforderungen an gesunde Wohn- und Arbeitsverhältnisse gewahrt bleiben müssen. Im Regelfall kommt dieser Voraussetzung neben dem Tatbestandsmerkmal des „Einfügens" allerdings keine Bedeutung zu.[85]

59 § 34 Abs. 1 S. 2 Hs. 2 BauGB setzt darüber hinaus voraus, dass das Ortsbild nicht beeinträchtigt wird. Zu beachten ist, dass die Regelung auf einen größeren maßstabsbildenden Bereich abstellt, als dies für das Einfügenserfordernis im Hinblick auf die nähere Umgebung gilt. Hinzu kommt, dass das Ortsbild nur in dem Umfang vor Beeinträchtigungen geschützt ist, wie dies im Geltungsbereich eines Bebauungsplans durch Festsetzungen nach § 9 Abs. 1 BauGB möglich wäre. Ein Vorhaben, welches sich i.S.v. § 34 Abs. 1 S. 1 BauGB in die Eigenart der näheren Umgebung einfügt, kann gleichwohl planungsrechtlich unzulässig sein, wenn es das Ortsbild beeinträchtigt. Die Beeinträchtigung muss allerdings städtebauliche Qualität in dem Sinne besitzen, dass das Erscheinungsbild eines größeren Bereichs der Gemeinde negativ betroffen ist. Hierin liegt auch der Unterschied zu der Gestaltungsregelung des Art. 11 BayBO, bei der grundsätzlich die Gestaltung des Bauwerks im Vordergrund steht.[86]

e) Nachbarschutz

60 Was den Nachbar- bzw. Drittschutz im unbeplanten Innenbereich des § 34 BauGB angeht, ist zu unterscheiden:

§ 34 Abs. 1 BauGB ist nur nachbarschützend, als das im Tatbestandsmerkmal des „Einfügens" enthaltene Gebot der Rücksichtnahme verletzt wird.[87]

Der Nachbarschutz in einem faktischen Baugebiet nach § 34 Abs. 2 BauGB folgt dem Nachbarschutz in förmlich festgesetzten Baugebieten. Daher ergibt sich aus § 34 Abs. 2 BauGB und der entsprechend einschlägigen Gebietsart der Baunutzungsverordnung zunächst ebenfalls ein sog. Gebietserhaltungsanspruch, der nicht von einer tatsächlich unzumutbaren Beeinträchtigung abhängt.[88] Darüber hinaus kann – soweit der Gebietserhaltungsanspruch nicht greift – aus § 34 Abs. 2 BauGB i.V.m. § 15 Abs. 1 S. 1 BauNVO ein Gebietsprägungsanspruch oder nach § 34 Abs. 2 BauGB i.V.m. § 15 Abs. 1 S. 2 BauNVO ein nachbarlicher Abwehranspruch auch aus dem Gebot der Rücksichtnahme in Betracht kommen.[89]

III. Außenbereich nach § 35 BauGB

61 Unter Außenbereich ist die Gesamtheit der Flächen zu verstehen, die nicht in den Anwendungsbereich der §§ 30 Abs. 1, Abs. 2 und 34 BauGB fallen.

---

[85] BVerwG, DVBl. 1991, 810.
[86] BVerwG, NVwZ 2000, 1169; NVwZ-RR 1999, 59.
[87] BVerwG, UPR 1999, 191; NVwZ-RR 1997, 516; DVBl. 1993, 652; BayVGH, BayVBl. 2009, 208; BayVBl. 2006, 276; NiedersOVG, BauR 2007, 1214.
[88] BVerwG, NVwZ-RR 1999, 32; NVwZ-RR 1997, 463; Dürr, DÖV 2001, 625.
[89] Etwa BVerwG, BayVBl. 2000, 632.

C. Die planungsrechtlichen Bereiche

1. Privilegierte Vorhaben gemäß § 35 Abs. 1 BauGB

§ 35 Abs. 1 BauGB nennt abschließend die im Außenbereich bevorrechtigt 62 zulässigen, die sog. privilegierten, Vorhaben. Diese Vorhaben sind dem Außenbereich von Gesetzes wegen „planartig" zugewiesen. Für die Frage, ob ein Vorhaben im Außenbereich bevorrechtigt zulässig ist, sind die Privilegierungstatbestände eng auszulegen unter Berücksichtigung des gesetzgeberischen Zwecks, den Außenbereich von wesensfremder Bebauung frei- und für die naturgegebene Bodennutzung sowie für die Erholung durch die Allgemeinheit vorzuhalten und gegen eine Zersiedelung zu schützen.[90]

Für Ausbildung und Praxis gleicher maßen bedeutsam, sind die Privilegierungstatbestände in § 35 Abs. Nr. 1, Nr. 3 und Nr. 4 BauGB.

a) Land- und forstwirtschaftlicher Betrieb

Nach § 35 Abs. 1 Nr. 1 BauGB ist ein Vorhaben zulässig, wenn es einem 63 land- oder forstwirtschaftlichen Betrieb dient und einen untergeordneten Teil der Betriebsfläche einnimmt.

§ 201 BauGB definiert den für das Bauplanungsrecht relevanten Begriff der Landwirtschaft. Danach ist Landwirtschaft insbesondere der Ackerbau, die Wiesen- und Weidewirtschaft einschließlich der Pensionstierhaltung auf überwiegend eigener Futtergrundlage, die gartenbauliche Erzeugung, der Erwerbsobstbau, der Weinbau, die berufsmäßige Imkerei und die berufsmäßige Binnenfischerei. Die Aufzählung der möglichen landwirtschaftlichen Betätigungen ist offen und lässt damit (in gewissen Grenzen) auch die Berücksichtigung eines Strukturwandels in der Landwirtschaft zu.[91]

Herkömmlicherweise – und dies liegt letztlich der Definition des Landwirtschaftsbegriffs in § 201 BauGB zugrunde – handelt es sich bei Landwirtschaft aber, um eine unmittelbare Bodenertragsnutzung im Sinne einer planmäßigen und eigenverantwortlichen Bewirtschaftung des Grund und Bodens.[92]

Das grundsätzliche Erfordernis einer unmittelbaren Bodenertragsnutzung schließt es allerdings nicht aus, dass dieser sich anschließende Produktions- oder Veredelungsstufen gleichfalls noch zur Landwirtschaft unter Berücksichtigung eines gewissen Strukturwandels gezählt werden können. Voraussetzung ist aber, dass die der unmittelbaren Bodenertragsnutzung nachfolgende Verarbeitungsstufe noch in einem landwirtschaftlich geprägten Zusammenhang mit dieser steht.[93]

Beispiel: Unter einen in diesem Sinne erweiterten Landwirtschaftsbegriff kann die Verarbeitung der eigenen Milch zu Butter und Käse durch einen Milchviehwirtschaft betreibenden Landwirt fallen mit der Folge, dass auch dafür notwendige Arbeitsräume nach § 35 Abs. 1 Nr. 1 BauGB privilegiert sind.

Über die Verarbeitung der selbst angebauten oder produzierten Waren 64 hinaus gehen viele landwirtschaftlichen Betriebe dazu über, sich ein sog.

---

[90] BVerwG, NVwZ-RR 1995, 64.
[91] Vgl. auch BVerwG, NVwZ-RR 1997, 590.
[92] BVerwG, BayVBl. 1998, 440; NVwZ 1986, 200.
[93] BVerwG, NVwZ 1986, 201.

„zweites Standbein" neben der Bewirtschaftung des eigenen Grund und Bodens zu schaffen, indem landwirtschaftsfremde Betriebszweige angegliedert werden. In der Regel handelt es sich um gewerbliche Betätigungen, die isoliert betrachtet nicht nach § 35 Abs. 1 Nr. 1 BauGB privilegiert sind. Klassische Fälle solcher neuer Betriebsformen sind „Ferien auf dem Bauernhof" oder die „Direktvermarktung ab Hof".[94]

In gewissen Grenzen können auch landwirtschaftsfremde Betriebszweige von der Privilegierung eines landwirtschaftlichen Betriebs „mitgezogen" werden und damit letztlich auf Grundlage des § 35 Abs. 1 Nr. 1 BauGB zulässig sein. Erforderlich dafür ist aber, dass es sich bei der landwirtschaftsfremden Tätigkeit um eine bodenrechtliche Nebensache handelt, der Betrieb insgesamt landwirtschaftlich geprägt wird und das äußere Erscheinungsbild eines landwirtschaftlichen Betriebs gewahrt bleibt. Voraussetzung ist vor allem also ein betrieblicher Zusammenhang zwischen Landwirtschaft und landwirtschaftsfremder Tätigkeit, die untergeordnet sein muss.[95]

Beispiel: Die gewerbliche Nutzung „Ferien auf dem Bauernhof" als Beherbergung kann in bestimmtem Umfang von der Privilegierung eines landwirtschaftlichen Betriebs mitgezogen werden. Im Regelfall, um das Erfordernis einer bodenrechtlichen Nebensache zu erfüllen, wird die Vermietung von acht Gästebetten zulässig sein. Das entspricht demjenigen Umfang der Beherbergung, der nach § 2 Abs. 4 GastG gaststättenrechtlich nicht relevant ist. Sollen mehr als acht Gästebetten vermietet werden, ist neben einer Baugenehmigung auch eine Gaststättenerlaubnis erforderlich. In diesem Fall wird es dann entscheidend auf das Verhältnis der Einnahmen aus der Landwirtschaft und der Beherbergung ankommen, um feststellen zu können, ob die landwirtschaftsfremde Tätigkeit noch bodenrechtliche Nebensache ist. Sind die Einnahmen gleich hoch oder annähernd gleich, liegt keine Unterordnung der Beherbergung mehr vor. Sachgerecht dürfte ein Verhältnis von 75% der Einnahmen aus Landwirtschaft und 25% der Einnahmen aus der Beherbergung sein, um eine Unterordnung annehmen zu können.[96]

65   Soweit es um Tierhaltung, einschließlich der Pensionstierhaltung, sowie um Tierzucht geht, handelt es sich dabei nur dann um Landwirtschaft, wenn sie auf überwiegend eigener Futtergrundlage erfolgt. Davon kann ausgegangen werden, wenn mehr als die Hälfte des notwendigen Futters selbst erzeugt wird.[97]

Der Begriff der Forstwirtschaft ist im Gegensatz zum Landwirtschaftsbegriff im Gesetz nicht definiert.

Unter Forstwirtschaft wird die planmäßige und eigenverantwortliche Bewirtschaftung des Waldes durch Anbau, Pflege und Abschlag mit dem Ziel der Holzgewinnung verstanden.[98]

---

[94] Vgl. Konrad, BayVBl. 1998, 322.
[95] BVerwG, UPR 1999, 71; BayVGH, NuR 1998, 372; OVG Münster, NVwZ-RR 2000, 347; Büchner/Schlotterbeck, Baurecht, Rn. 741; instruktiv: VG Karlsruhe, GewArch 2000, 298.
[96] Vgl. Konrad, BayVBl. 1998, 322; s. a. BVerwG, NVwZ 1986, 200.
[97] BVerwG, NVwZ-RR 1997, 590; BauR 1989, 182; VG München, BayVBl. 1999, 220.
[98] BVerwG, NVwZ-RR 1996, 9; NVwZ-RR 1992, 400.

C. Die planungsrechtlichen Bereiche

Beispiel: Keine Forstwirtschaft in diesem Sinne ist gegeben, wenn lediglich forstwirtschaftliche Arbeiten für Dritte ausgeführt werden, da es insoweit an einer eigenständigen Betriebsplanung fehlt.

Ein Vorhaben ist nach § 35 Abs. 1 Nr. 1 BauGB nur dann zulässig, wenn es zu einem land- oder forstwirtschaftlichen Betrieb gehört. 66
Betrieb i. S. v. § 35 Abs. 1 Nr. 1 BauGB ist ein nachhaltiges, ernsthaftes auf Dauer (für Generationen) angelegtes, lebensfähiges Unternehmen mit einer spezifischen betrieblichen Organisation.[99]
An der Nachhaltigkeit der Bewirtschaftung fehlt es regelmäßig dann, wenn die landwirtschaftliche Nutzung ausschließlich oder überwiegend auf gepachteten Grundstücksflächen betrieben wird, da in diesem Falle keine rechtlich gesicherte Betriebsfläche zur Verfügung steht.[100]
Für die Ernsthaftigkeit der Bewirtschaftung ist ein Mindestmaß an landwirtschaftlicher Betätigung vorauszusetzen. Maßgeblich dafür ist vor allem die persönliche Eignung des Betriebsinhabers.[101] Eine spezifische betriebliche Organisation ist gegeben, wenn der Betrieb – insbesondere im Hinblick auf den Betriebsumfang und die Betriebsmittel – so eingerichtet ist, dass er ein dauerhaftes, wirtschaftlich lebensfähiges Unternehmen darstellt, das den Betriebsinhaber in seiner Existenz nachhaltig absichert. Wesentliches Indiz ist insoweit die Gewinnerzielungsabsicht.[102] Eine landwirtschaftliche Betätigung, die objektiv betrachtet auf Dauer keinen oder nur einen sehr geringen Gewinn erwarten lässt, ist in aller Regel nur Liebhaberei oder Freizeitbeschäftigung, aber keine Landwirtschaft i. S. v. § 35 Abs. 1 Nr. 1 BauGB.
Die betrieblichen Merkmale sind sowohl von Vollerwerbs- und Haupterwerbsbetrieben, wie auch von landwirtschaftlichen Nebenerwerbsbetrieben, bei denen die Landwirtschaft nur einen gewissen Beitrag zum Lebensunterhalt leistet, in der Hauptsache aber einem anderen, als dem landwirtschaftlichen Beruf nachgegangen wird, zu erfüllen.[103]

Das beantragte Vorhaben muss dem landwirtschaftlichen Betrieb dienen. 67
Zweck des Tatbestandsmerkmals „Dienen" ist es zu verhindern, dass Vorhaben entstehen, die zwar objektiv für Landwirtschaft geeignet wären, die aber nicht entsprechend genutzt werden (sollen), sondern nur dazu, im Außenbereich zu wohnen und dafür ein Gebäude zu errichten.[104]
Das Bundesverwaltungsgericht stellt insoweit in ständiger Rechtsprechung darauf ab, „ob ein vernünftiger Landwirt unter Berücksichtigung des Gebots größtmöglicher Schonung des Außenbereichs das Vorhaben mit etwa gleichem Verwendungszweck und etwa gleicher Größe, Gestaltung und Ausgestaltung für einen entsprechenden Betrieb errichten würde und das Vor-

---

[99] BVerwG, BRS 56, Nr. 71; BayVGH, NuR 2001, 410; BayVBl. 1997, 150.
[100] BVerwG, NuR 1995, 355; BayVGH, BayVBl. 1999, 309; zu einer Ausnahme VG München, BayVBl. 1999, 220.
[101] VGH München, NuR 2001, 410.
[102] VGH München, NVwZ-RR 2000, 571.
[103] Dazu BVerwG, UPR 1992, 26; s. a. BayVGH, NVwZ-RR 2000, 571.
[104] BVerwG, NVwZ-RR 1992, 400; BayVGH, BayVBl. 1996, 754.

haben durch die Zuordnung zu dem konkreten Betrieb auch äußerlich erkennbar geprägt wird."[105]

Erforderlich ist damit eine räumliche und rechtliche Zuordnung, sowie eine entsprechende Unterordnung des Vorhabens gegenüber dem landwirtschaftlichen Betrieb.[106]

Beispiel: Einem landwirtschaftlichen Vollerwerbsbetrieb dient regelmäßig ein sog. Altenteiler- oder Austragshaus, das dem notwendigen und ständigen Generationswechsel auf der Hofstelle zur Verfügung steht, soweit dort nicht bereits genügend Wohnfläche vorhanden ist, um den Wohnbedarf der Betriebsleiterfamilie und der Altenteiler zu decken.[107]

68 Der Begriff des „Dienens" ist im Übrigen in allen Privilegierungstatbeständen des § 35 Abs. 1 BauGB gleich auszulegen.

69 Das Vorhaben darf zudem nur einen untergeordneten Teil der Betriebsfläche einnehmen, muss also gegenüber der Betriebsfläche flächenmäßig untergeordnet sein. Das ist anhand der Umstände des Einzelfalles zu beurteilen. Bei landwirtschaftlichen Nutz- und Nebengebäuden wird dem Tatbestandsmerkmal wegen der eingeschränkten Flächeninanspruchnahme keine Bedeutung zukommen.

70 **b) § 35 Abs. 1 Nr. 2 BauGB** privilegiert Vorhaben, die einem Betrieb der gartenbaulichen Erzeugung dienen.[108]

c) Öffentliche Versorgungseinrichtungen und ortsgebundene gewerbliche Betriebe

71 Gemäß § 35 Abs. 1 Nr. 3 BauGB sind im Außenbereich öffentliche Versorgungseinrichtungen sowie ortsgebundene gewerbliche Betriebe bevorrechtigt zulässig.

72 Anlagen, die der öffentlichen Versorgung mit Elektrizität, Gas, Wärme und Wasser dienen, sind beispielsweise Strommasten, Umspannwerke oder Pumphäuser. Obwohl im Zusammenhang mit diesen Anlagen nicht ausdrücklich genannt, sondern nur im Hinblick auf gewerbliche Betriebe, gilt die Voraussetzung der Ortsgebundenheit nach ständiger Rechtsprechung auch insoweit.[109] Erforderlich ist dafür ein spezifischer Standortbezug, der bei einer entsprechendentechnischen Notwendigkeit regelmäßig gegeben ist.

Zu den Anlagen für Telekommunikationsdienstleistungen gehören insbesondere die Mobilfunksendeanlagen.[110]

73 Ortsgebunden ist ein gewerblicher Betrieb, der auf die geographische und geologische Eigenart eines bestimmten Standortes angewiesen ist, was

---

[105] BVerwG, NVwZ-RR 2007, 664; NVwZ-RR 1992, 400; NVwZ 1985, 183; BauR 1973, 101; VGH BW, NuR 1996, 613.
[106] Vgl. VGH BW, NuR 2003, 171; VGH Kassel, NuR 2003, 32.
[107] BVerwG, NVwZ-RR 1991, 100; BayVGH, BayVBl. 1994, 370; BayVBl. 1993, 370.
[108] Dazu BVerwG, NVwZ-RR 1997, 9.
[109] BVerwG, NVwZ 1995, 64; BRS 32 Nr. 92.
[110] BayVGH, BayVBl. 2006, 605; VGH BW, BauR 1999, 1447; BauR 1998, 313.

C. Die planungsrechtlichen Bereiche

grundsätzlich bei Bodenschätzen abbauenden Betrieben der Fall ist,[111] wie beim Kiesabbau, beim Gipsabbau oder bei einem Steinbruch.[112]

d) Auffangtatbestand des § 35 Abs. 1 Nr. 4 BauGB

Nach § 35 Abs. 1 Nr. 4 BauGB sind Vorhaben privilegiert, die wegen ihrer besonderer Anforderungen an die Umgebung, wegen ihrer nachteiligen Wirkungen auf die Umgebung oder wegen ihrer besonderer Zweckbestimmung nur im Außenbereich ausgeführt werden sollen.

§ 35 Abs. 1 Nr. 4 BauGB stellt einen Auffangtatbestand dar und kommt nur zur Anwendung, wenn keine der sonstigen Begünstigungen in § 35 Abs. 1 BauGB einschlägig ist.

Der weite Tatbestand des § 35 Abs. 1 Nr. 4 BauGB ist durch die Tatbestandsmerkmale „nur" und „soll" in zweifacher Hinsicht eingeschränkt. Im Übrigen kommt die Regelung ohnehin lediglich bei Vorhaben mit singulärem Charakter in Betracht.

Von vorneherein unzulässig – es fehlt dann schon am „nur" – sind Vorhaben, die ohne weiteres auch im (beplanten oder unbeplanten) Innenbereich der jeweils betroffenen Gemeinde errichtet werden können.[113]

Andererseits ist ein Vorhaben, das mangels geeigneter Innenbereichsgrundstücke in der betroffenen Gemeinde nicht durchgeführt werden kann, damit nicht zwangsläufig im Außenbereich dieser Gemeinde zulässig. Träfe dies zu hätte es ein Bauherr letztlich selbst in der Hand, durch die Auswahl einer entsprechenden Standortgemeinde, sich dort im Außenbereich ansiedeln zu können, was mit der sich aus § 35 BauGB ergebenden bodenbezogenen Betrachtungsweise nicht zu vereinbaren wäre.

Von daher kommt dem Tatbestandsmerkmal „sollen" insoweit eine ganz besondere Bedeutung zu. Entscheidend ist danach, ob auf Grundlage einer einzelfallbezogenen Wertung, das Vorhaben unter Berücksichtigung der städtebaulichen Funktion des Außenbereichs in einer Weise billigenswert erscheint, dass es bevorzugt im Außenbereich zugelassen werden kann.[114]

Dementsprechend fallen aus dem Anwendungsbereich des § 35 Abs. 1 Nr. 4 BauGB vor allem solche Vorhaben heraus, deren Bevorzugung unter Gleichheitsgesichtspunkten nicht vertretbar ist, weil sie unter Ausschluss der Allgemeinheit allein der Freizeitnutzung oder Erholung einzelner oder einer Gruppe dienen.[115]

Besondere Anforderungen an die Umgebung stellt ein Vorhaben dann, wenn es seine Funktion nur im Zusammenhang mit bestimmten Eigenschaften der Umgebung erfüllen kann, die im Innenbereich nicht zu finden sind, wenn das Vorhaben also auf Luft, Wasser oder eine bestimmte landschaftliche Situation angewiesen ist.

74

75

---

[111] BVerwG, BayVBl. 1997, 637; NVwZ 1995, 64; NVwZ 1991, 161; BayVGH, BayVBl. 1992, 529.
[112] Vgl. BayVGH, BayVBl. 2004, 279; NuR 2003, 173.
[113] BVerwG, BRS 40, Nr. 74; VGH BW, UPR 1995, 115.
[114] BVerwG, NVwZ 2000, 678; NVwZ 1984, 169.
[115] BVerwG, BRS 56, Nr. 78; BayVBl. 1992, 92; BayVGH, BayVBl. 1991, 1008.

Beispiele: Wetterstation, Sternwarte, Bienenhaus.

76 Ein Vorhaben hat auf die Umgebung nachteilige Auswirkungen, wenn es wegen seiner Emissionen oder seiner spezifischen Gefahren nicht in den Innenbereich passt.

Beispiele: Sprengstoff- oder Munitionsfabrik; (gewerblicher) Schweinemastbetrieb, Bienenhaus; Geflügelmastbetrieb.

77 Wegen seiner besonderen Zweckbestimmung sind Vorhaben dem Außenbereich dann zugewiesen, soweit sie eine dem Zweck des Außenbereichs entsprechende und damit eine der Allgemeinheit dienende Nutzung zum Gegenstand haben. Nicht erfasst sind daher alle Vorhaben, die ausschließlich individuelle Erholungs- und Freizeitwünsche befriedigen oder der Gewinnerzielung durch Private dienen sollen.

Beispiele: Eine besondere Zweckbestimmung erfüllen Ski- und Berghütten, die Schutz gegen Witterung bieten. Auch eine Almgaststätte, als „Versorgungsstützpunkt" für Skiläufer und Wanderer in einem Ski- und Wandergebiet fällt grundsätzlich darunter.
Dagegen fehlt es an einer besonderen Zweckbestimmung, wenn ein gastronomischer Ganzjahresbetrieb generell für Touristen betrieben wird.[116]
Eine besondere Zweckbestimmung erfüllt auch ein Bienenhaus oder in der Regel eine Jagdhütte.[117] Dagegen scheiden Sportanlagen, die nur einem bestimmten Personenkreis zur Verfügung stehen sollen, wie Tennisplätze oder ein Golfplatz aus.[118] Gleiches gilt für Wochenend-, Ferien- oder Wohnhäuser.[119]

78 e) § 35 Abs. 1 Nr. 5 BauGB privilegiert Windenergieanlagen und Wasserenergieanlagen.[120]

79 f) Anlagen für Zwecke der energetischen Nutzung von Biomasse, insbesondere im Rahmen von Tierhaltungsbetrieben, sind nach § 35 Abs. 1 Nr. 6 BauGB privilegiert. Mit dem Gesetz zur Förderung des Klimaschutzes in den Städten und Gemeinden vom 22. 7. 2011 (BGBl. I S. 1509) ist die bisherige zulässige elektrische Leistung von 0,5 MW auf eine Feuerungswärmeleistung von 2 MW umgestellt worden.

80 g) Mit dem zuvor genannten Gesetz ist die Regelung des § 35 Abs. 1 Nr. 7 BauGB über die Privilegierung von Kernenergieanlagen geändert. Seit 30. 7. 2011 ist die Neuerrichtung von Anlagen zur Spaltung von Kernbrennstoffen zur gewerblichen Erzeugung von Elektrizität nicht mehr privilegiert.[121]

80a h) Mit dem Gesetz zur Förderung des Klimaschutzes in den Städten und Gemeinden vom 22. 7. 2011 (BGBl. I S. 1509) ist der neue Privilegierungs-

---

[116] BVerwG, NVwZ 2000, 678.
[117] BVerwG, BauR 1996, 828; UPR 1996, 169; OVG Greifswald, NVwZ-RR 2001, 370.
[118] BVerwG, NVwZ, 1992, 476; NVwZ 1991, 878; OVG Lüneburg, NVwZ-RR 1994, 12.
[119] BVerwG, ZfBR 1992, 45; NVwZ 1984, 510; BayVGH, BayVBl. 1991, 1008; OVG Schleswig, NuR 1999, 569; OVG Bremen, NVwZ 1995, 96; VGH Kassel, NVwZ-RR 2001, 428 zu einer Tankstelle.
[120] Vgl. BVerwG, BayVBl. 2011, 188; BayVGH, BayVBl. 2003, 664.
[121] Etwa Söfker, ZfBR 2011, 541.

tatbestand des § 35 Abs. 1 Nr. 8 BauGB in das Baugesetzbuch aufgenommen worden. Erfasst werden Vorhaben, die der Nutzung solarer Strahlungsenergie in, an und auf Dach- und Außenwandflächen zulässigerweise genutzter Gebäude dienen, soweit die Anlage dem Gebäude baulich untergeordnet ist. Das Gebäude muss zulässigerweise genutzt werden, d.h. die Nutzung muss dem gegenwärtigen Bauplanungsrecht entsprechen. Dies ist beispielsweise dann nicht der Fall, wenn eine ehemals privilegierte Nutzung aufgegeben und die Nachfolgenutzung nicht mit § 35 BauGB vereinbar ist.

2. Sonstige Vorhaben nach § 35 Abs. 2 BauGB

Vorhaben, die nicht nach Absatz 1 privilegiert sind, sind sonstige i.S.v. § 35 Abs. 2 BauGB, die im Außenbereich grundsätzlich unzulässig sind. Trotz des Wortlauts („können") besteht aber ein Genehmigungsanspruch, soweit (ausnahmsweise) öffentliche Belange nach § 35 Abs. 3 BauGB nicht beeinträchtigt sind und auch alle sonst erforderlichen Voraussetzungen erfüllt werden.[122]

3. Öffentliche Belange gemäß § 35 Abs. 3 BauGB

§ 35 Abs. 3 BauGB zählt beispielhaft und damit nicht abschließend eine Reihe öffentlicher Belange auf, die einem privilegierten Vorhaben nicht entgegenstehen und ein sonstiges Vorhaben nicht beeinträchtigen dürfen.

Der Unterschied zwischen „entgegenstehen" und „beeinträchtigen" besteht in der jeweiligen Gewichtung des betroffenen öffentlichen Belangs.

Während bei privilegierten Vorhaben sich im Regelfall die Privilegierung durchsetzt, weil – was besonders in Rechnung zu stellen ist – die jeweiligen Vorhaben dem Außenbereich gerade von Gesetzes wegen planartig zugewiesen sind, ist umgekehrt bei sonstigen Vorhaben zu beachten, dass sie im Außenbereich gerade nicht ausgeführt werden sollen, so dass grundsätzlich die betroffenen öffentlichen Belange überwiegen.[123] Dies wird insbesondere deutlich und im Nachfolgenden aufgezeigt im Zusammenhang mit dem öffentlichen Belang in § 35 Abs. 3 S. 1 Nr. 1 BauGB und den Darstellungen des Flächennutzungsplans.

Soweit bei der Frage des Entgegenstehens öffentlicher Belange davon gesprochen wird, dass dies durch Abwägung zwischen der Bedeutung des privilegierten Vorhabens und den beeinträchtigten öffentlichen Belangen zu ermitteln ist, handelt es sich insoweit nicht um eine „planerische Abwägung", da der Baugenehmigungsbehörde keine, im Gegensatz zur planenden Gemeinde im Rahmen des § 1 Abs. 7 BauGB, planerische Gestaltungsfreiheit eingeräumt ist. Mit dieser Umschreibung wird lediglich zum Ausdruck gebracht, dass die gesetzgeberische Wertung in § 35 BauGB auf den Einzelfall zu übertragen und nachvollziehbar gemacht werden muss.[124] Dass keine planerische Abwägung erfolgt und erfolgen kann, ergibt sich im Übrigen auch daraus dass eine Baugenehmigung als gebundene Verwaltungsent-

---

[122] BVerwGE 25, 161; BGH, BRS 38, Nr. 104.
[123] Vgl. auch BayVGH, BRS 56, Nr. 79.
[124] Vgl. BVerwG, BayVBl. 2003, 664.

scheidung erlassen wird und, dass eine Kompensation begünstigend und nachteilig betroffener Belange unzulässig ist. Wird nur ein öffentlicher Belang mit dem entsprechenden Gewicht negativ betroffen, ist das Außenbereichsvorhaben unzulässig.[125]

Im Folgenden werden die öffentlichen Belange entsprechend ihrer Bedeutung, vor allem für die Klausur, dargestellt.

a) Darstellungen des Flächennutzungsplans

83   Nach § 35 Abs. 3 S. 1 Nr. 1 BauGB darf ein Vorhaben nicht den Darstellungen des Flächennutzungsplans widersprechen.

Bei privilegierten Vorhaben – und insoweit kann der Unterschied zwischen „entgegenstehen" und „beeinträchtigen" auch exemplarisch festgemacht werden –, die dem Außenbereich in „planartiger" Weise zugewiesen sind, setzt ein derartiger Widerspruch voraus, dass der Flächennutzungsplan im betroffenen Bereich eine konkrete und standortbezogene Aussage trifft. Der Umstand, dass § 35 Abs. 1 BauGB als gesetzlicher Ersatzplan zu betrachten ist, hat nicht zur Folge, dass der öffentliche Belang des § 35 Abs. 3 S. 1 Nr. 1 BauGB überhaupt nicht zur Anwendung kommt und ein privilegiertes Vorhaben daher an jedem beliebigen Standort im Außenbereich errichtet werden kann. Ist der für das Vorhaben vorgesehene Standort bereits in qualifizierter Weise anderweitig verplant – etwa mit einer Wohnbaufläche oder einem bestimmten Sondergebiet – führt dies zu einem Verstoß gegen § 35 Abs. 3 S. 1 Nr. 1 BauGB.[126]

Keine in diesem Sinne konkrete und standortbezogene Darstellung ist regelmäßig die (allgemeine) Darstellung als Fläche für Land- und Forstwirtschaft, einer Nutzung, die ohnehin generell im Außenbereich vorgesehen ist.[127]

Bei sonstigen Vorhaben nach § 35 Abs. 2 BauGB genügt für einen Verstoß gegen § 35 Abs. 3 S. 1 Nr. 1 BauGB regelmäßig der „einfache" Widerspruch zu den Darstellungen des Flächennutzungsplans, auch soweit lediglich eine Fläche für Forst- und Landwirtschaft ausgewiesen ist. Eine qualifizierte Standortzuweisung ist in diesem Zusammenhang nicht erforderlich, da die Gemeinde mit einer solchen Darstellung planerisch gerade zum Ausdruck bringt, dass eine andere als eine land- oder forstwirtschaftliche Nutzung nicht zulässig sein soll.[128] Als Ausnahme gilt nur der Fall, dass die (allgemeine) Darstellung im Flächennutzungsplan durch die tatsächliche, bauliche Entwicklung überholt ist.[129]

b) Schädliche Umwelteinwirkungen

84   § 35 Abs. 3 S. 1 Nr. 3 BauGB verlangt, dass ein Vorhaben keine schädlichen Umwelteinwirkungen hervorruft oder ihnen ausgesetzt sein darf.

---

[125] BVerwGE 42, 8; Brohm, Öffentliches Baurecht, S. 377.
[126] BVerwG, NVwZ 1998, 960; NVwZ 1984, 367.
[127] BVerwG, NVwZ 1991, 161; VG München, VwRR BY 1997, 24; zu einer Ausnahme vgl. unten Rn. 96.
[128] BVerwG, NVwZ-RR 2007, 664; BayVGH, BayVBl. 1996, 87; VG Gießen, NuR 2000, 537.
[129] BVerwG, BauR 1997, 616; BayVGH, BayVBl. 1996, 87.

C. Die planungsrechtlichen Bereiche

Für die Bestimmung des Begriffs „schädlicher Umwelteinwirkungen" kann auf die Regelung des § 3 Abs. 1 BImSchG zurückgegriffen werden. Damit sind alle Immissionen erfasst, die nach Art, Ausmaß oder Dauer geeignet sind, Gefahren, erhebliche Nachteile oder erhebliche Belästigungen für die Allgemeinheit oder die Nachbarschaft hervor zurufen. In erster Linie kommt es darauf an, die Erheblichkeitsschwelle zu bestimmen. Erheblich sind solche Nachteile und Beeinträchtigungen, die nicht zumutbar sind.[130] Die Frage der Zumutbarkeit oder Erheblichkeit von Immissionen beantwortet sich mittels einer wertenden Betrachtung nach der jeweils konkreten Schutzwürdigkeit und Schutzbedürftigkeit des betroffenen Grundstücks. Dabei kann sich vor allem eine planerische Vorbelastung schutzmindernd auswirken.[131]

Schutzwürdigkeit und Schutzbedürftigkeit lassen sich vornehmlich mit Hilfe technischer Regelwerke bestimmen.[132]

Insoweit können verbindliche Verordnungen, die auf Grundlage der §§ 43, 23 BImSchG erlassen werden, in Betracht kommen.

Beispiel: Eine Verordnung i. d. S. ist die 18. BImSchV, die sog. Sportanlagenlärmschutzverordnung.

In Betracht kommen zudem Verwaltungsvorschriften i. S. v. §§ 48, 51 BImSchG, zu denen die TA Lärm und TA Luft gehören. Diese sind normkonkretisierende Verwaltungsvorschriften bei Zulassung von nach § 4 BImSchG genehmigungspflichtiger Anlagen und damit (wie für Verwaltungsvorschriften typisch) für Behörden und darüber hinaus grundsätzlich auch für die Verwaltungsgerichte bindend.[133] Dies ergibt sich daraus, dass sie in einem „quasi-legislatorischen" Verfahren nach §§ 48, 51 BImSchG unter Beteiligung sachverständiger Kreise erlassen werden und damit grundsätzlich auch für Verwaltungsgerichte zu beachtende fachliche Wertungen enthalten. Für emittierende bauliche Anlage, die regelmäßig nicht genehmigungsbedürftige Anlagen nach § 22 BImSchG darstellen, dienen die Richtwerte bzw. Grenzwerte der TA Lärm und TA Luft jedenfalls als Anhalt oder Entscheidungshilfe zur Bestimmung der Zumutbarkeit von Immissionen.[134]

Schließlich können insoweit auch Regelwerke privater Institutionen relevant sein.

Beispiel: DIN-Vorschriften, VDI- oder VDE- Richtlinien.

Dabei ist zu beachten, dass diese privaten Regelwerke zwar als Entscheidungs- oder Orientierungshilfen berücksichtigt werden können, dass ihnen allerdings keine normative, verbindliche Wirkung zukommt.[135]

---

[130] Vgl. VGH BW, NVwZ 1998, 766.
[131] BayVGH, BayVBl. 1995, 344; VGH BW, NVwZ 1997, 1014; OVG Lüneburg, NuR 2000, 569.
[132] Vgl. auch BayVGH, NVwZ-RR 1999, 232.
[133] BVerwG, NVwZ 2000, 440; BayVGH, NVwZ-RR 2000, 661; Kutscheidt, NVwZ 1999, 577.
[134] BVerwG, ZfBR 2007, 806; NVwZ-RR 1999, 431; NVwZ 1999, 523.
[135] BVerwG, NVwZ 1999, 523; OVG Lüneburg, NuR 2000, 348; BayVGH, BayVBl. 1997, 664.

Beispiel: Die Fa. Handy + Technik GmbH möchte im Außenbereich der kreisangehörigen Gemeinde E in unmittelbarer Nähe zur Bundesautobahn A 95 einen Mobilfunksendemasten mit einer Höhe von 47 m für das Mobilfunksystem E Plus errichten. Damit – so die Firma – wäre eine flächendeckende Erreichbarkeit über Mobilfunk entlang der A 95 gewährleistet. Die Firma legt zusammen mit den Antragsunterlagen eine Standortbescheinigung der Bundesnetzagentur vor, nach der die erforderlichen Sicherheitsabstände eingehalten sind. Der Gemeinderat der Gemeinde E befürchtet aber, dass von dem Vorhaben schädliche Umwelteinwirkungen in Form elektromagnetischer Strahlungen ausgehen, und insbesondere die Bewohner des etwa 900 m entfernten Weilers S gefährdet sind. Der Gemeinderat beabsichtigt daher die Zustimmung zu dem Vorhaben zu verweigern.

Wäre eine Verweigerung des gemeindlichen Einvernehmens rechtmäßig?

Die Errichtung des Mobilfunksendemastes ist gemäß Art. 55 S. 1, Art. 2 Abs. 1 BayBO genehmigungspflichtig. Die Genehmigungspflicht entfällt nicht nach Art. 57 Abs. 1 Nr. 5 a BayBO.

Die Genehmigungsfähigkeit richtet sich nach Art. 68 Abs. 1 S. 1 BayBO. Das vereinfachte Genehmigungsverfahren gemäß Art. 59 BayBO, das nur ein eingeschränktes Prüfprogramm beinhalten würde, scheidet vorliegend aus, weil das 47 m hohe Vorhaben einen Sonderbau i. S. v. Art. 2 Abs. 4 Nr. 2 BayBO darstellt.

Genehmigungsfähig ist der Mobilfunksendemast dann, wenn er öffentlich-rechtlichen Vorschriften nicht widerspricht, die im Baugenehmigungsverfahren zu prüfen sind.

Vorliegend kommt es entscheidend auf die Übereinstimmung mit Bauplanungsrecht nach den §§ 29–38 BauGB an.

Der Mobilfunksendemast ist eine städtebaulich relevante, bauliche Anlage i. S. v. § 29 Abs. 1 BauGB (vgl. oben Rn. 3). Das Vorhaben soll im planungsrechtlichen Außenbereich errichtet werden, so dass sich seine Zulässigkeit nach § 35 BauGB richtet. Es handelt sich um ein gemäß § 35 Abs. 1 Nr. 3 BauGB privilegiertes Vorhaben, das der öffentlichen Versorgung mit Telekommunikationsdienstleistungen dient und aus technischen Gründen – der flächendeckenden Erreichbarkeit über Mobilfunk entlang der A 95 – auch einen spezifischen Standortbezug aufweist.

Dem Vorhaben dürfen allerdings keine öffentlichen Belange nach § 35 Abs. 3 BauGB entgegenstehen. In Betracht kommt ein Verstoß gegen § 35 Abs. 3 S. 1 Nr. 3 BauGB, wenn die Anlage schädliche Umwelteinwirkungen hervorrufen würde. Vorliegend kommen Immissionen i. S. v. § 3 Abs. 1 BImSchG in Gestalt elektromagnetischer Strahlungen (sog. „Elektrosmog") in Betracht. Ob die mit der elektromagnetischen Strahlung verbundenen Wirkungen erheblich und damit unzumutbar sind, beurteilt sich anhand der 26. BImSchV, der Verordnung über elektromagnetische Felder (sog. „ElektrosmogVO"). Diese Norm enthält spezifische Grenzwertfestsetzungen zum Schutz vor nicht ionisierender Strahlung, in die unter Vorsorgegesichtspunkten ein Sicherheitszuschlag einberechnet ist. Mobilfunksendemasten sind Anlagen, die in den Anwendungsbereich der „ElektrosmogVO" fallen. Allerdings ist die Verordnung unmittelbar nur auf thermische Wirkungen der elektromagnetischen Strahlung, also die strahlenbedingte Erwärmung, zugeschnitten.[136]

Die Kernproblematik in diesem Zusammenhang liegt aber bei den sog. athermischen Wirkungen, die zu Gesundheitsbeeinträchtigungen führen (sollen), wie etwa zu Herz-Rhythmus-Störungen, zu Störungen des Stoffwechsels bis hin Verursachung zu Krebs. Wissenschaftlich abschließend erforscht, sind diese athermischen Wirkungen noch nicht, es fehlt insoweit an eindeutigen wissenschaftlichen Aussagen. Im übrigen gebietet auch die Schutzpflicht des Art. 2 Abs. 2 GG nicht, dass Fachgerichte

---

[136] Vgl. etwa Kutscheidt, NVwZ 1998, 375; Kremser, DVBl. 1997, 375.

C. Die planungsrechtlichen Bereiche

nicht verifizierte und sich widersprechende Befunde bestätigen und mit Mitteln des Prozessrechts ungesicherten wissenschaftlichen Erkenntnissen zum Durchbruch verhelfen.[137]

Von daher ist davon auszugehen, dass nach derzeitigem Erkenntnisstand gesundheitliche Schäden durch athermische Wirkungen der elektromagnetischen Strahlung nicht zu befürchten sind, soweit die Grenzwerte der 26. BImSchV eingehalten sind. Diese Grenzwerte beruhen insbesondere auf Empfehlungen der Strahlenschutzkommission, in denen auch die athermischen Wirkungen, soweit überhaupt möglich, berücksichtigt sind, so dass sie auch im Hinblick auf die athermischen Wirkungen herangezogen werden können. Die Einhaltung der Grenzwerte wird – wie auch hier – durch eine sog. Standortbescheinigung nachgewiesen, aus der sich ergeben muss, dass die notwendigen Sicherheitsabstände eingehalten sind.[138]

Dies zugrundegelegt werden durch den Mobilfunksendemast angesichts der Einhaltung des erforderlichen Sicherheitsabstands keine schädlichen Umwelteinwirkungen nach § 35 Abs. 3 S. 1 Nr. 3 BauGB hervorgerufen. Da auch sonstige öffentliche Belange erkennbar nicht negativ betroffen sind, ist das Vorhaben planungsrechtlich zulässig mit der Folge, dass das gemeindliche Einvernehmen nach § 36 BauGB nicht in rechtmäßiger Weise versagt werden kann.

Beispiel: Peter Hahn betreibt im Außenbereich der kreisangehörigen Gemeinde B einen geruchsintensiven Geflügelmastbetrieb mit 39 000 Mastplätzen. Das notwendige Futter bezieht er ausschließlich über Händler. Landwirt Benno Bauer hat seinen Betrieb aufgegeben und erhält für seine Hofstelle, die etwa 120 m vom Mastbetrieb des Hahn entfernt ist, die Genehmigung zum Umbau und zur Errichtung von vier Wohnungen. Hahn wendet sich gegen die Baugenehmigung, weil er Einschränkungen für seinen Betrieb befürchtet, sobald die Wohnnutzung aufgenommen ist. Der Flächennutzungsplan der Gemeinde B stellt im fraglichen Bereich eine Fläche für Land- und Forstwirtschaft dar.
Kann sich Hahn mit Erfolg gegen die Baugenehmigung des Bauer wenden?
Vorliegend handelt es um die Problematik der sog. heranrückenden Wohnbebauung.[139]

Hahn könnte als Nachbar nur dann mit Erfolg gegen die Baugenehmigung des Bauer vorgehen, wenn er sich auf die Verletzung einer nachbarschützenden Norm berufen kann. Er betreibt einen im Außenbereich nach § 35 Abs. 1 Nr. 4 BauGB wegen seiner schädlichen Auswirkungen privilegierten Geflügelmastbetrieb.[140] Ein im Außenbereich privilegierter Betrieb kann gegen ein dort unzulässiges Nachbarvorhaben dann einen Abwehranspruch geltend machen, wenn das in § 35 Abs. 3 BauGB enthaltene Rücksichtnahmegebot verletzt ist.

Spezielle Ausprägung davon ist der öffentliche Belang des § 35 Abs. 3 S. 1 Nr. 3 BauGB, soweit es – wie auch hier – um (Geruchs)Immissionen geht. Das Wohnbauvorhaben des Bauer ist ein im Außenbereich unzulässiges sonstiges Vorhaben i. S. v. § 35 Abs. 2 BauGB, weil es (zumindest) den öffentlichen Belang in § 35 Abs. 3 S. 1 Nr. 1 BauGB beeinträchtigt. Dies allein führt aber nicht zum Erfolg eines Nachbarrechtsbehelfs, da der öffentliche Belang des § 35 Abs. 3 S. 1 Nr. 1 BauGB nicht drittschützend ist. Darüber hinaus könnte aber auch ein Verstoß gegen § 35 Abs. 3 S. 1

---

[137] BVerfG, UPR 1997, 186.
[138] Zur Problematik des „Elektrosmogs" etwa BVerfG, BayVBl. 2002, 368; NVwZ 2007, 805; BVerwG, NVwZ, 613; BGH, NJW 2004, 1317; BayVGH, VwRR BY 2001, 171; OVG Lüneburg, NuR 2001, 341; VGH Kassel, NVwZ 2000, 694; Jung, ZfBR 2001, 24; Rathjen, ZfBR 2001, 304.
[139] Dazu Diehr/Geßner, NVwZ 2001, 985.
[140] BVerwG, NVwZ 1984, 169; OVG Lüneburg, NuR 2001, 101.

Nr. 3 BauGB vorliegen, wenn das Wohnbauvorhaben schädlichen Umwelteinwirkungen durch den Geflügelmastbetrieb ausgesetzt ist, weil die Geruchsbeeinträchtigungen unzumutbar sind. Zur Beurteilung der Zumutbarkeit dieser Geruchsbeeinträchtigungen aus der Geflügelmast kann auf die VDI-Richtlinie 3472 zurückgegriffen werden. Diese stellt eine Entscheidungs- oder Orientierungshilfe dar für eine sachverständige Bewertung dar. Wären danach bei der gegebenen Größenordnung des Mastbetriebs 330 m Mindestabstand zum nächsten Wohngebäude einzuhalten, und selbst den Abstand wegen der geringeren Schutzwürdigkeit der Wohnnutzung im Außenbereich auf die Hälfte, also 165 m Abstand, reduziert, läge hier immer noch ein Verstoß gegen § 35 Abs. 3 S. 1 Nr. 3 BauGB vor. Der tatsächlich gegebene Abstand von 120 m ist vor allem unter Berücksichtigung der gesetzgeberischen Wertung in § 35 BauGB nicht ausreichend. Von daher wird das Wohnbauvorhaben des Bauer schädlichen Umwelteinwirkungen ausgesetzt sein, so dass sich Hahn auf eine Verletzung des in § 35 Abs. 3 S. 1 Nr. 3 BauGB enthaltenen Rücksichtnahmegebots berufen und daher mit Erfolg gegen die Baugenehmigung des Bauer vorgehen kann.[141]

c) Splittersiedlung

88 Nach § 35 Abs. 3 S. 1 Nr. 7 BauGB darf das Vorhaben nicht die Entstehung, Verfestigung oder Erweiterung einer Splittersiedlung befürchten lassen.

Davon kann ausgegangen werden, wenn durch die Zulassung eines Vorhabens eine negative, zu missbilligende bauliche Entwicklung wahrscheinlich ist. Dies wird regelmäßig der Fall sein, soweit mit der Genehmigung eines Außenbereichsvorhabens ein Berufungs- oder Bezugsfall für weitere zu missbilligende Bauwünsche geschaffen würde.[142] § 35 Abs. 3 S. 1 Nr. 7 BauGB bezweckt nämlich den Schutz des Außenbereichs vor einer unerwünschten Zersiedelung. Die Entstehung einer Splittersiedlung ist dabei bereits grundsätzlich mit der erstmaligen Zulassung eines Vorhabens im Außenbereich zu befürchten. Keine Rolle spielt es, ob die zu bebauende Außenbereichsfläche im Flächennutzungsplan als Wohnbaufläche dargestellt ist. Der Flächennutzungsplan trifft als nur vorbereitender Bauleitplan lediglich eine Aussage über die allgemeinem planerischen Vorstellungen der Gemeinde, regelt aber nicht, in welcher Weise im einzelnen gebaut werden soll, so dass seine für die Zulässigkeit des Vorhabens sprechenden Darstellungen ungeeignet sind entgegenstehende materiell-öffentliche Belange auszuräumen.[143]

Beispiel: Gerade Wohnbauvorhaben, als sonstigen Vorhaben i.S.v. § 35 Abs. 2 BauGB, kommt regelmäßig diese negative Vorbildwirkung zu mit der Folge, dass mit Bezugsfällen und daher mit einer Zersiedelung des Außenbereichs gerechnet werden muss.[144]

89 Die Entstehung sowie die Erweiterung einer Splittersiedlung – Letztere ist gegeben, wenn eine Ausdehnung des bisher bebauten Bereichs erfolgt – kommt nicht nur bei der Neuerrichtung von Vorhaben in Betracht, sondern auch bei Nutzungsänderungen.[145]

---

[141] Vgl. BVerwG, DÖV 2001, 251; OVG Lüneburg, NuR 2000, 348; NuR 2000, 346; VG Sigmaringen, NuR 1999, 474.
[142] BVerwG, BauR 2000, 1173.
[143] BVerwG, NVwZ 1990, 962.
[144] BVerwG, NVwZ 1985, 744; NVwZ 1984, 540; VGH BW, NVwZ-RR 2000, 482.
[145] BayVGH, VwRR BY 1997, 408; OVG M-V, DÖV 1997, 553.

C. Die planungsrechtlichen Bereiche

Soweit es um die Verfestigung einer Splittersiedlung geht, also darum, dass einzelne Lücken innerhalb einer Splittersiedlung aufgefüllt werden, ohne dass eine räumliche Ausdehnung oder eine Nutzungsintensivierung im Bestand erfolgt, muss die zu missbilligende Fehlentwicklung im einzelnen dargelegt werden. Insoweit spricht nicht – wie bei der Entstehung oder Erweiterung einer Splittersiedlung – allgemein eine starke Vermutung ohne weiteres für die negative Vorbildwirkung. Allerdings setzt eine planungsrechtlich positive Bewertung insoweit voraus, dass sich das neue Vorhaben der vorhandenen Bebauung unterordnet.[146]

Beispiel: In einer Splittersiedlung, die aus insgesamt fünf ein- bzw. zweigeschossigen Wohngebäuden besteht und in der ein weiteres Grundstück ohne räumliche Ausdehnung des Siedlungsansatzes bebaut werden könnte, wäre mangels baulicher Unterordnung kein dreigeschossiger Beherbergungsbetrieb zulässig.

d) Von Bedeutung ist insbesondere im Zusammenhang mit sonstigen Vorhaben auch der öffentliche Belang des **§ 35 Abs. 3 S. 1 Nr. 5 BauGB** in der Fallgestaltung einer Beeinträchtigung der natürlichen Eigenart der Landschaft. Die natürliche Eigenart der Landschaft wird im Außenbereich in erster Linie durch die naturgemäße Land- und Forstwirtschaft sowie durch seine Erholungsfunktion für die Allgemeinheit bestimmt. Alle Vorhaben, die diesen Vorgaben widersprechen, sind dem Außenbereich wesensfremd und dort unzulässig. Daher scheitern regelmäßig Wohnhäuser oder Wochenendhäuser im Außenbereich bereits am öffentlichen Belang des § 35 Abs. 3 S. 1 Nr. 5 BauGB.[147]

Erfasst werden von § 35 Abs. 3 S. 1 Nr. 5 BauGB darüber hinaus Belange des Denkmalschutzes, die Bau- Boden- und Naturdenkmäler einschließen[148] sowie Belange des Natur- und Landschaftsschutzes. Letztere dienen insbesondere dem Schutz der Leistungsfähigkeit des Naturhaushalts sowie der Pflanzen- und Tierwelt und der Bewahrung der Vielfalt, Eigenart und Sicherheit des Landschaftsbildes.[149]

Darüber hinaus schützt § 35 Abs. 3 S. 1 Nr. 5 BauGB auch vor einer Verunstaltung des Orts- und Landschaftsbildes. Eine solche liegt regelmäßig vor, wenn der für ästhetische Eindrücke offene Betrachter den Gegensatz zwischen dem Vorhaben und dem Orts- und Landschaftsbild als grob unangemessen empfindet. Die Regelung dient in erster Linie dem optischen Landschaftsschutz und stellt keine gestalterischen Anforderungen an das Bauvorhaben selbst, wie etwa die bauordnungsrechtlichen Verunstaltungsverbote, beispielsweise nach Art. 11 BayBO.[150]

e) Der öffentliche Belang in **§ 35 Abs. 3 S. 1 Nr. 2 BauGB** nennt verschieden Pläne, gegen die das Außenbereichsvorhaben nicht verstoßen darf. Nicht erforderlich ist, dass diese Pläne Normcharakter haben.

90

91

---

[146] BVerwG, BauR 1999, 373; BayVGH, BayVBl. 1995, 278; NVwZ 1992, 1009; siehe auch BVerwG, ZfBR 2000, 425.
[147] BVerwG, BRS 49 Nr. 104; BRS 29 Nr. 168; BayVGH, BayVBl. 1995, 307.
[148] Vgl. BayVGH, BRS 39 Nr. 81.
[149] BayVGH, BRS 54 Nr. 67.
[150] BVerwG, DöV 1998, 74; BayVGH, BayVBl. 1996, 278; OVG Münster, BauR 2001, 222.

92 f) **Unwirtschaftliche Aufwendungen gemäß § 35 Abs. 3 S. 1 Nr. 4 BauGB** werden durch ein Vorhaben im Außenbereich ausgelöst, wenn insbesondere Erschließungsanlagen durch die Gemeinde notwendig werden und die Aufwendungen dafür in einem Missverhältnis zu dem erzielbaren Nutzen stehen oder den Gemeindehaushalt in unzumutbarer Weise belastet.[151] § 35 Abs. 3 S. 1 Nr. 4 BauGB geht allerdings dann ins Leere, wenn der Bauherr eines privilegierten Vorhabens – nicht eines sonstigen Vorhabens gemäß § 35 Abs. 2 BauGB – sich zum Bau der Erschließungsanlagen oder zur Übernahme der Kosten verpflichtet.[152]

93 g) Nach **§ 35 Abs. 3 S. 1 Nr. 6 BauGB** darf vor allem die Wasserwirtschaft nicht gefährdet werden. Die Regelung stellt im Verhältnis zu § 35 Abs. 3 S. 1 Nr. 2 BauGB – soweit es um Pläne des Wasserrechts geht – eine Art von Auffangtatbestand dar.[153] Auch Aspekte des Hochwasserschutzes können öffentliche Belange sein, die einem privilegierten Vorhaben entgegenstehen oder die ein sonstiges Vorhaben beeinträchtigen kann.

94 h) Nach **§ 35 Abs. 3 S. 1 Nr. 8 BauGB** stellt auch der Schutz vor der Störung von Funkstellen und Radaranlagen einen öffentlichen Belang i.S.v. § 35 Abs. 3 BauGB dar.

95 i) Gemäß **§ 35 Abs. 3 S. 2 Hs. 1 BauGB** dürfen raumbedeutsame privilegierte oder sonstige Vorhaben nicht den Zielen der Raumordnung widersprechen. Was raumbedeutsame Maßnahmen sind, kann § 3 Nr. 6 ROG entnommen werden. Die Anwendbarkeit der Raumordnungsklausel in § 35 Abs. 3 S. 2 Hs. 1 BauGB setzt voraus, dass die Ziele der Raumordnung sachlich und räumlich hinreichend konkret sind[154] mit der Folge, dass ihnen dann eine „negative" Wirkung zukommt.

Nach § 35 Abs. 3 S. 2 Hs. 2 BauGB wirken die Ziele der Raumordnung dagegen „positiv", allerdings nur zugunsten privilegierter Vorhaben. Soweit öffentliche Belange im Rahmen von Programmen oder Plänen nach §§ 8, 9 ROG (nachvollziehbar) abgewogen wurden, können sie einem raumbedeutsamen privilegierten Außenbereichsvorhaben nicht mehr entgegengehalten werden. Dadurch soll eine Doppelprüfung öffentlicher Belange vermieden werden.[155]

96 j) **§ 35 Abs. 3 S. 3 BauGB** enthält einen Planungsvorbehalt, der den Gemeinden die Möglichkeit gibt mit Hilfe des Flächennutzungsplans die Ansiedlung privilegierter Vorhaben i.S.v. § 35 Abs. 1 Nr. 2–6 BauGB (nicht: § 35 Abs. 1 Nr. 1 BauGB!) zu steuern und dadurch bestimmte Standorte für bestimmte Außenbereichsnutzungen festzulegen. Wird eine derartige Konzentrationsfläche im Flächennutzungsplan positiv ausgewiesen, ist das jeweils betroffene privilegierte Vorhaben an anderer Stelle unzulässig, auch wenn am vorgesehenen Standort nur eine Fläche für Land- oder Forstwirtschaft dargestellt ist.[156] Die Regelung des § 35 Abs. 3 S. 3 BauGB entspricht

---

[151] BVerwG, DÖV 1972, 827.
[152] BVerwG, DÖV 1993, 918; NVwZ 1991, 1076; NVwZ 1986, 917.
[153] VGH BW, VBl.BW 2000, 285.
[154] BVerwG, BayVBl. 1984, 473; VGH BW, ZfBR 2000, 63.
[155] Vgl. Schmidt, DVBl. 1998, 669.
[156] BVerwG, NVwZ 1998, 960; Hoppe/Sporer, NVwZ 1999, 945.

C. Die planungsrechtlichen Bereiche

einer Art planerischer „Kontingentierung".[157] Notwendig für die Ausschlusswirkung ist ein wirksamer Flächennutzung mit einem schlüssigns Konzept der planenden Gemeinde, das den gesamten Außenbereich der jeweilgen Gemeinde mit einbezieht.[158]

Beispiel: Die Gemeinde K stellt in ihrem Flächennutzungsplan eine Konzentrationsfläche für Kiesabbau in ihrem nördlichen Gemeindebereich dar. Im südlichen Bereich der Gemeinde, der durch Fremdenverkehr geprägt ist, soll kein Kies abgebaut werden dürfen, weil nach den planerischen Vorstellungen der Gemeinde, die mit dem Kiesabbau einhergehende „Verkraterung" der Landschaft sich auf den Fremdenverkehr negativ auswirkt und diese Nutzung gefährdet. Kiesabbauunternehmer Sand möchte auf einer 3 ha großen Außenbereichsfläche im südlichen Gemeindebereich Kies im Trockenabbauverfahren gewinnen. Der Flächennutzungsplan stellt dort eine Fläche für Land- und Forstlandwirtschaft dar. Kann Sand sein Vorhaben ausführen?
Der geplante Kiesabbau des Sand ist ein nach § 35 Abs. 1 Nr. 3 BauGB im Außenbereich privilegiertes Vorhaben. Er stellt einen ortsgebundenen, gewerblichen Betrieb dar, der auf die geologische Eigenart des Standorts angewiesen ist. Vorliegend stehen dem Kiesabbau aber öffentliche Belange i. S. v. § 35 Abs. 3 BauGB entgegen. Durch die (planungsrechtlich zulässige) positive Darstellung einer Kiesabbaukonzentrationszone im Flächennutzungsplan gemäß § 35 Abs. 3 S. 3 BauGB, kommt der Darstellung der Fläche für Land- und Forstwirtschaft andererseits und ausnahmsweise auch gegenüber dem privilegierten Vorhaben den Kiesabbau an dieser Stelle ausschließende Wirkung zu. Damit steht § 35 Abs. 3 S. 3 i. V. m. § 35 Abs. 3 S. 1 Nr. 1 BauGB dem Kiesabbau entgegen, so dass am vorgesehenen Standort planungsrechtlich unzulässig ist.[159]

Mit dem Gesetz zur Förderung des Klimaschutzes bei der Entwicklung in den Städten und Gemeinden vom 22. 7. 2011 (BGBl. I S. 1509) ist die Regelung des § 249 BauGB neu in das Baugesetzbuch aufgenommen worden. Durch § 249 BauGB wird das Repowering von Windenergieanlagen erleichtert. Darunter wird die Ersetzung älterer, oft vereinzelt stehender Windkraftanlagen durch moderne, leistungsfähigere Windenergieanlagen, vorzugsweise in Windparks, verstanden. **96a**

§ 249 Abs. 1 regelt nun, dass, soweit in einem Flächennutzungsplan zusätzliche Flächen für Nutzung von Windenergie dargestellt werden, daraus nicht folgt, dass die vorhandenen Darstellungen des Flächennutzungsplans zur Erzielung der Rechtswirkungen des § 35 Abs. 3 S. 3 BauGB nicht ausreichend sind.

Die Ausweisung zusätzlicher Flächen soll die bisherige Flächennutzungsplanung mit ihrer steuernden Funktion i. S. v. § 35 Abs. 3 S. 3 BauGB nicht in Frage stellen können.

k) Über die in § 35 Abs. 3 BauGB ausdrücklich genannten öffentlichen Belange hinaus, kommen eine Reihe weiterer, **ungeschriebener öffentlicher Belange** in Betracht, die bei der Zulassung von Außenbereichsvorhaben zu beachten sind. **97**

---

[157] Vgl. BVerwG, BayVBl. 2003, 664.
[158] Vgl. BVerwG, BayVBl. 2011, 183; NVwZ 2008, 559; NVwZ 2004, 858; BGH; UPR 2011, 191.
[159] BVerwG, NVwZ 1988, 54; OVG Lüneburg, NVwZ-RR 1997, 14.

98   aa) Grundsätzlich kann auch das Bedürfnis nach einer förmlichen Bauleitplanung einem (aber nur sonstigen) Außenbereichsvorhaben entgegengehalten werden. Dies gilt sowohl im Hinblick auf die Notwendigkeit einer Binnenkoordination, die sich regelmäßig stellt, wenn ein Vorhaben wegen seines Umfangs eine spezifisch planerische und für das Ergebnis gleichermaßen „amtliche" Abwägung erfordert und damit eine Koordination der betroffenen Interessen nach „innen. Gleichermaßen kann das Bedürfnis nach einer förmlichen Bauleitplanung auch im Zusammenhang mit der sog. Außenkoordination gegeben sein, also bei der planerischen Konfliktbewältigung zwischen Vorhaben und Umgebung.[160]

99   bb) Auch noch nicht abgeschlossene, aber hinreichend konkretisierte und verfestigte Fachplanungen können öffentliche Belange i.S.v. § 35 Abs. 3 BauGB darstellen.[161]

100   cc) Gleiches gilt für einen Bebauungsplan oder Flächennutzungsplan, der sich in Aufstellung befindet. Allerdings ist der jeweilige nur dann hinreichend verfestigt, wenn er im Sinne von § 33 BauGB planreif ist.[162]

101   dd) Das allgemeine Gebot der Rücksichtnahme gilt ebenfalls als ungeschriebener öffentlicher Belang des § 35 Abs. 3 BauGB. Soweit es aber um Immissionen i.S.v. § 3 Abs. 1 BImSchG geht, tritt das allgemeine Gebot der Rücksichtnahme als öffentlicher Belang gegenüber der speziellen Ausgestaltung in § 35 Abs. 3 S. 1 Nr. 3 BauGB zurück.[163] Von daher ist der Anwendungsbereich des allgemeinen Rücksichtnahmegebots als öffentlicher Belang stark eingeschränkt. In Betracht kann es beispielsweise bei optischen Beeinträchtigungen durch ein Vorhaben kommen, etwa der optisch bedrängenden Wirkung einer Windenergieanlage.[164]

102   ee) Darüber hinaus ist auch interkommunale Abstimmungsgebot, wie es § 2 Abs. 2 BauGB für die Bauleitplanung regelt, ein öffentlicher Belang gemäß § 35 Abs. 3 BauGB. Ein sonstiges Vorhaben nach § 35 Abs. 2 BauGB ist unzulässig, wenn die Nachbargemeinde durch das Vorhaben unzumutbar in ihrer städtebaulichen Entwicklung und Ordnung beeinträchtigt ist.[165]

4. Teilprivilegierte Vorhaben gemäß § 35 Abs. 4 BauGB

103   Bei den sog. teilprivilegierten Vorhaben des § 35 Abs. 4 BauGB handelt es sich um sonstige Vorhaben i.S.v. § 35 Abs. 2 BauGB, bei denen bestimmte öffentliche Belange nicht zur Anwendung kommen.[166] „Ausgeblendet" sind die Darstellungen des Flächennutzungsplans, die natürliche Eigenart der Landschaft sowie die Entstehung, Erweiterung und Verfestigung einer Split-

---

[160] Vgl. BVerwG, NVwZ 2003, 86; VG Berlin, NVwZ-RR 2003, 554.
[161] BayVGH, BayVBl. 1995, 18 zu einer Wasserschutzgebietsausweisung; dagegen OVG Münster, BauR 2001, 223.
[162] BVerwG, BayVBl. 2011, 113; BayVGH, NuR 1996, 354; VG München, VwRR BY 1997, 24.
[163] BayVGH, NVwZ-RR 1995, 430.
[164] BVerwG, ZfBR 2007, 275; OVG Koblenz, UPR 2004, 198; OVG Münster, NVwZ 1993, 1007.
[165] OVG Koblenz, NVwZ-RR 2001, 638.
[166] Vgl. BVerwG, UPR 2004, 350.

C. Die planungsrechtlichen Bereiche

tersiedlung, mithin die öffentlichen Belange, die ein nichtprivilegiertes Vorhaben ansonsten regelmäßig beeinträchtigt. Alle übrigen öffentlichen Belange finden dagegen uneingeschränkt Anwendung.[167] Gleiches gilt für das Erschließungserfordernis.[168]

Wie die Privilegierungstatbestände in § 35 Abs. 1 BauGB sind auch die Begünstigungen aus § 35 Abs. 4 BauGB als Ausnahmevorschriften eng auszulegen.[169]

Die Begünstigungstatbestände in § 35 Abs. 4 Nr. 1–6 BauGB sind in einfach-gesetzlicher Form Ausdruck der von der Rechtsprechung aus Art. 14 GG entwickelten Grundsätze zum Bestandsschutz.[170] Über die in § 35 Abs. 4 BauGB geregelten Tatbestände hinaus, ist ein unmittelbar auf Art. 14 GG gestützter Bestandsschutz nicht (mehr) möglich. § 35 Abs. 4 BauGB enthält für Außenbereichsvorhaben insoweit eine abschließende einfach-gesetzliche Regelung.[171]

Die Begünstigungen des § 35 Abs. 4 BauGB verlangen – mit Ausnahme der Nr. 4 – ein zulässigerweise errichtetes Gebäude. Insoweit setzt der Bestandsschutz an. Errichtet ist das Gebäude, wenn es vollständig oder zumindest so fertig gestellt war, dass es bestimmungsgemäß genutzt werden konnte.[172] Zulässigerweise ist ein Gebäude errichtet, wenn es formell legal, also von einer Baugenehmigung gedeckt ist. Ob der bisher überwiegend vertretene materielle Bestandsschutzbegriff, nach dem ein Vorhaben auch dann zulässigerweise errichtet war, wenn zwar keine Baugenehmigung vorlag, das Vorhaben aber über einen namhaften Zeitraum hinweg mit dem materiellen Recht übereinstimmte, weiterhin aufrechterhalten werden kann, erscheint fraglich. Wie bereits im Zusammenhang mit dem passiven Bestandsschutz als Vollstreckungsabwehrschutz behandelt,[173] erstreckt sich nach neuerer Rechtsprechung des Bundesverfassungsgerichts der Bestandsschutz für bauliche Anlagen gegenüber Änderungen der Baurechtsordnung aus verfassungsrechtlicher Sicht des Art. 14 GG nur auf den genehmigten Bestand und die genehmigte Funktion.[174]

(Hinweis: Bei der Lösung von Klausuren dürften beide Auffassungen vertretbar sein, wobei die Tendenz innerhalb der Rechtsprechung des Bundesverwaltungsgericht eher zum materiellen Bestandsschutzbegriff geht)

a) Nutzungsänderung landwirtschaftlicher Gebäude

§ 35 Abs. 4 S. 1 Nr. 1 BauGB dient dem Strukturwandel in der Landwirtschaft und lässt unter bestimmten Voraussetzungen (ausschließlich) erleichterte Nutzungsänderungen (keine Änderungen) zu. Die Vorschrift soll er-

104

---

[167] BVerwG, NVwZ-RR 1994, 372; BayVGH, NuR 1996, 411.
[168] BVerwG, NVwZ 1991, 1076.
[169] BVerwG, UPR 1999, 109; BayVGH, DVBl. 2008, 336.
[170] Zum Bestandsschutz vgl. oben Kapitel 1 Rn. 18 ff.
[171] BVerwG, NJW-RR 1999, 165; NVwZ 1998, 842; DÖV 1998, 78.
[172] BVerwG, ZfBR 2001, 60.
[173] Vgl. oben Kapitel 2 Teil 8 Rn. 55.
[174] S. a. BVerwG, NVwZ-RR 1998, 358; a.A. BVerwG, NVwZ 1998, 969; BayVGH, BayVBl. 2000, 210.

möglichen, dass bisher landwirtschaftlich genutzte Betriebsgebäude i. S. v. § 35 Abs. 1 Nr. 1 BauGB, die für diesen Zweck nicht mehr benötigt, einer anderen – auch nicht privilegierten – Nutzung zugeführt werden.[175] Dadurch wird der Verlust des in die Gebäude investierten Kapitals und zugleich der Verfall der Bausubstanz verhindert. Allerdings bedeutet dies nicht, dass jede rechtmäßig entstandene Bausubstanz wegen des mit ihr verbundenen Kapitaleinsatzes Anspruch auf Erhaltung hat. Notwendig ist zunächst, dass die in § 35 Abs. 4 S. 1 Nr. 1 a)–g) BauGB genannten Voraussetzungen erfüllt werden. Darüber hinaus muss das Gebäude auch tatsächlich für land- oder forstwirtschaftliche Zwecke genutzt worden sein.[176]

b) Ersatzbau

105   § 35 Abs. 4 S. 1 Nr. 2 a)–d) BauGB begünstigt die Errichtung eines Ersatzbaus für ein vorhandenes Wohngebäude. Notwendig ist vor allem, dass das bestehende Gebäude seit längerer Zeit – nach der Rechtsprechung des Bundesverwaltungsgerichts nicht weniger als zwei Jahre – vom Eigentümer selbst genutzt worden ist und weiterhin für den Eigenbedarf genutzt werden soll. Damit soll das Geschäft mit Spekulationsobjekten im Außenbereich verhindert werden. Nur derjenige soll in den Genuss der Begünstigung kommen, der selbst über einen längeren Zeitraum hinweg in den beengten und sanierungsbedürftigen Verhältnissen gelebt hat.

Das zu ersetzende und das neue Wohngebäude müssen gleichartig sein, sich also nach Volumen, Nutzung und Funktion im wesentlichen entsprechen.[177] Zudem muss das neue Gebäude an gleicher Stelle errichtet werden. Nach § 35 Abs. 4 S. 2 BauGB ist allerdings eine geringfügige Erweiterung des Gebäudes, wie auch eine geringfügige Abweichung vom bisherigen Standort möglich.[178] § 35 Abs. 4 S. 1 Nr. 2 BauGB gilt nur für Wohngebäude, die der dauernden Wohnnutzung dienen, nicht für Ferien- oder Wochenendhäuser.[179] Eine Kombination mit anderen Begünstigungstatbeständen des § 35 Abs. 4 BauGB ist nicht statthaft. Der Gesetzgeber hat in § 35 Abs. 4 BauGB ein differenziertes System an Einzelregelungen geschaffen, das nicht durch eine entsprechende Kombination beliebig erweiterbar ist.[180]

c) Wiedererrichtung eines Gebäudes

106   § 35 Abs. 4 S. 1 Nr. 3 BauGB kommt zulässiger weise errichteten Außenbereichsvorhaben zugute, die durch Brand, Naturereignisse oder andere außergewöhnliche Ereignisse zerstört worden sind.

Das neue Gebäude muss „alsbald" nach der Zerstörung wieder errichtet werden. In dieser Vorgabe kommt zum Ausdruck, dass der Bestandsschutz ab

---

[175] Vgl. BVerwG, ZfBR 2001, 60; NVwZ 1995, 269; DVBl. 1986, 679.
[176] BVerwG, UPR 1994, 153; OVG Lüneburg, NVwZ 1999, 493; s. a. OVG Hamburg, NVwZ-RR 2001, 86.
[177] OVG Münster, NuR 1996, 477.
[178] Vgl. BVerwG, DÖV 1980, 765; UPR 1991, 269.
[179] BVerwG, BauR 1982, 359.
[180] BVerwG, NVwZ 1998, 843.

C. Die planungsrechtlichen Bereiche

einer gewissen Zeitgrenze nicht mehr wirkt. Von der alsbaldigen Wiedererrichtung kann ausgegangen werden, wenn die Bauabsicht innerhalb eines Zeitraums von zwei Jahren konkretisiert wird. Im ersten Jahr nach der Zerstörung des Gebäudes geht die Verkehrsauffassung stets von seiner Wiedererrichtung aus. Im zweiten Jahr nach der Zerstörung spricht die Annahme, dass nach der Verkehrsauffassung ein Wiederaufbau noch erwartet wird, insoweit für eine Regelvermutung, die im Einzelfall entkräftet werden kann, wenn Anhaltspunkt für das Gegenteil vorliegen. Nach Ablauf von zwei Jahren kehrt sich diese Vermutung um, da dann regelmäßig davon auszugehen ist, dass die Grundstückssituation für eine Wiedererrichtung nicht mehr offen ist. Der Bauherr muss dann besondere Umstände dafür dartun, weshalb durch die Zerstörung des Gebäudes und der zwischenzeitlich verstrichenen Zeit noch kein, als endgültig erscheinender Zustand herbeigeführt wurde. Für die Frage der alsbaldigen Errichtung kommt es auf den Zeitpunkt an, in der Bauantrag oder der Antrag auf Vorbescheid gestellt worden sind.[181]

d) Besonders erhaltenswerte Gebäude

§ 35 Abs. 4 S. 1 Nr. 4 BauGB gilt zugunsten der Änderung oder Nutzungsänderung besonders erhaltenwerter Gebäude. Dabei handelt es sich um Baudenkmäler und andere kulturell bedeutsame Gebäude. Zwar lässt die Begünstigung grundsätzlich auch eine wesentliche Änderung oder Nutzungsänderung zu, andererseits dürfen diese aber nicht so weit gehen, dass sie einer Neuerrichtung oder Erweiterung i. S. v. § 35 Abs. 4 S. 1 Nr. 5 BauGB gleichkommen.[182]

107

Ein die Kulturlandschaft prägendes Gebäude muss im Übrigen durch seine Baugestaltung und Baukultur eine Epoche kennzeichnen, sowie einen erkennbaren Wechselbezug zwischen Landschaft und Bauwerk zeigen.[183]

e) Erweiterung von Wohngebäuden

§ 35 Abs. 4 S. 1 Nr. 5 BauGB begünstigt die Erweiterung von zulässigerweise errichteten Wohngebäuden, unter anderem unter der Voraussetzung, dass die Erweiterung im Verhältnis zum vorhandenen Bestand und unter Berücksichtigung der Wohnbedürfnisse angemessen ist. Die Regelung erfasst ausschließlich dem dauernden Wohnen dienende Gebäude, nicht Wochenend- und Ferienhäuser.[184]

108

Zulässig sind dabei höchstens zwei Wohnungen im bereits vorhandenen Gebäude, dagegen weder eine dritte Wohneinheit noch ein selbständiges weiteres Gebäude.[185] Zudem müssen die Wohnungen ausschließlich dem Familienbedarf dienen. Zur Ermittlung des konkreten Wohnbedarfs konnte auf das (zum 31. 12. 2001 außer Kraft getretene) II. Wohnungsbaugesetz zurückgriffen werden. Die in § 39 Abs. 1 II. WoBauG genannten Zahlen werden grundsätzlich die Obergrenze für eine zulässige Erweiterung darstellen.

---

[181] BVerwGE 75, 34; BayVGH BayVBl. 1996, 151.
[182] BVerwG, DVBl. 1994, 292.
[183] OVG Münster, NuR 2000, 108; BayVGH, BayVBl. 1996, 87.
[184] BVerwG, NVwZ 1995, 700; OVG Lüneburg, NVwZ-RR 1994, 71.
[185] BVerwG, NVwZ-RR 1999, 295; DVBl. 1999, 235.

Danach kann ein Gebäude mit zwei Wohnungen maximal eine Wohnfläche von 240 qm haben.[186]

In der Regel wird bei einem „normalen" Wohnflächenbestand von 120 qm unter Berücksichtigung der Wohnbedürfnisse und des angemessenen Verhältnisses zwischen Bestand und Erweiterung, eine Erweiterung um mehr als ein Drittel der vorhandenen Wohnfläche jedoch nicht in Betracht kommen.

f) Erweiterung von Gewerbebetrieben

109 Nach § 35 Abs. 4 S. 1 Nr. 6 BauGB ist die Erweiterung eines zulässigerweise errichteten Gewerbebetriebs möglich, wenn die Erweiterung im Verhältnis zum vorhandenen Gebäude und Betrieb angemessen ist.

Der Gewerbebetrieb muss sich im Außenbereich befinden. Nicht begünstigt ist die Erweiterung eines im Innenbereich gelegenen Betriebs in den Außenbereich.[187]

Soweit die Erweiterung im Verhältnis zum vorhandenen Gebäude angemessen sein muss, hat dies zur Folge, dass die Erweiterung deutlich hinter dem Gebäudebestand zurückzubleiben hat. Als ungefähre Orientierungshilfe – im Wesentlichen durch die Rechtsprechung bestätigt – kann zugrundegelegt werden, dass die Erweiterung nicht mehr als ein Drittel des vorhandenen Bestands an überbauter Grundfläche oder des Maßes der baulichen Nutzung ausmachen darf.[188] Zu berücksichtigen sind dabei nur die Betriebsgebäude, nicht dagegen das sich auf dem Betriebsgrundstück befindende Wohnhaus des Betriebsinhabers.[189]

Soweit die Erweiterung im Verhältnis zum Betrieb angemessen zu sein hat, erfordert dies vornehmlich einen funktionalen Zusammenhang zwischen dem Betriebsbestand und dem Erweiterungsvorhaben. Insoweit kommt es wie bei § 35 Abs. 1 Nr. 1 BauGB auf das „Dienen" an. Bloße Förderlichkeit für den Betrieb reicht dafür nicht aus.[190]

Innerhalb eines Gesamtvorhabens sind wiederholte Erweiterungen, die den Rahmen der Angemessenheit überschreiten, unzulässig.[191]

5. Außenbereichssatzung gemäß § 35 Abs. 6 BauGB

110 Nach § 35 Abs. 6 BauGB können Gemeinden unter bestimmten Voraussetzungen sog. Außenbereichssatzungen erlassen. Im Gegensatz zu den „Innenbereichssatzungen" des § 34 Abs. 4 BauGB ändert sich dadurch an der Belegenheit der erfassten Grundstücke im Außenbereich nichts. Es wird kein Baurecht geschaffen, lediglich bestimmte öffentliche Belange werden „ausgeblendet".[192]

---

[186] BVerwG, BauR 1988, 698; BayVGH, BRS 49 Nr. 100.
[187] BVerwG, BauR 1993, 435.
[188] BayVGH, BayVBl. 1986, 653; OVG Lüneburg, BRS 38 Nr. 103; Schiwy u.a., BauGB, § 35, Ziff. V, 3., f).
[189] BVerwG, NVwZ-RR 1994, 371.
[190] BVerwG, NVwZ 1992, 477; BayVGH, BayVBl. 1986, 653.
[191] BVerwG, NVwZ-RR 1993, 171.
[192] Vgl. OVG Münster, NVwZ 2001, 1071; Gaßner/Würfel, BayVBl. 1996, 321.

C. Die planungsrechtlichen Bereiche

Einem Vorhaben im Geltungsbereich einer Außenbereichssatzung können nicht die Darstellungen des Flächennutzungsplans über Flächen für Landwirtschaft oder Wald sowie das Entstehen oder Verfestigen einer Splittersiedlung entgegengehalten werden. Nicht ausgeschlossen ist dagegen die Erweiterung einer Splittersiedlung. Damit kann eine Außenbereichssatzung lediglich dazu dienen, etwaige „Baulücken" in bestehenden Splittersiedlungen zu schließen.[193]

Vorausgesetzt wird vor allem, dass ein bebauter Bereich mit Wohnbebauung von einigem Gewicht gegeben ist. Daher reicht nicht jeder Bebauungsansatz als Grundlage für eine Außenbereichssatzung. Welche Anzahl von Gebäuden dafür notwendig ist, hängt in erster Linie von den Gegebenheiten in der jeweiligen Gemeinde ab. Da ein Ortsteil i.S.v. § 34 BauGB – als grobe Orientierung – bereits bei zehn Gebäuden mit einer Hauptnutzung vorliegen kann, andererseits ein gewisses bauliches Gewicht erforderlich ist, dürften regelmäßig mindestens fünf Gebäude für einen gemäß § 35 Abs. 6 BauGB geeigneten Splitter zu fordern sein.[194] Darüber hinaus muss die Wohnnutzung die landwirtschaftliche Nutzung (zahlenmäßig) überwiegen.

Im Übrigen kann die Satzung auch kleine Handwerks- und Gewerbebetriebe erfassen, die aber untergeordnet sein müssen.

6. Erschließung

Für privilegierte Vorhaben nach § 35 Abs. 1 BauGB muss die Erschließung ausreichen gesichert sein. Demgegenüber ist für sonstige Vorhaben gemäß § 35 Abs. 2 BauGB die gesicherte Erschließung notwendig, wie für Vorhaben im beplanten und unbeplanten Innenbereich. 111

Für privilegierte Vorhaben ist folglich keine „planförmige" Erschließung erforderlich. Die Vorgaben an die Erschließung sind zwar deutlich geringer, gewisse Mindestvoraussetzungen müssen aber erfüllt sein. Dazu gehört insbesondere eine geeignete Zuwegung, die mit Rettungsfahrzeugen befahrbar ist. Insoweit ausreichend für die wegemäßige Erschließung kann bei landwirtschaftlichen Vorhaben auch ein unbefestigter 3 m breiter Weg sein.[195]

7. Nachbarschutz

Im Hinblick auf den Nachbar- bzw. Drittschutz im Außenbereich ist zu Unterscheiden: 112

a) Inhaber privilegierter Betriebe nach § 35 Abs. 1 BauGB haben einen Anspruch darauf, dass infolge der Zulassung eines anderen privilegierten oder sonstigen Vorhabens die Ausnutzbarkeit der eigenen Rechtsposition nicht verhindert oder wesentlich erschwert wird.[196] Eine Begünstigung i.S.v. § 35 Abs. 1 BauGB ist besonders schutzwürdig. Wird sie allerdings nicht betroffen, besteht insoweit kein nachbarlicher Abwehranspruch. Dem entsprechend gibt es zugunsten privilegierter Betriebe weder einen allgemeinen Ab- 113

---

[193] BayVGH, NVwZ-RR 2000, 482; OVG Lüneburg, NVwZ-RR 2001, 368.
[194] Vgl. BayVGH, NVwZ-RR 2004, 13; s.a. BVerwG, DÖV 2006, 1295.
[195] BVerwG, BauR 1985, 661; BayVGH, BayVBl. 2011, 245.
[196] BVerwG, BauR 2001, 83; ZfBR 1996, 104.

wehranspruch gegenüber im Außenbereich unzulässigen Nachbarvorhaben, noch einen Anspruch auf Bewahrung der Außenbereichsqualität des Betriebsgrundstücks.[197]

Der Abwehranspruch wird – soweit es wie im Regelfall um Immissionen geht – aus dem öffentlichen Belang des § 35 Abs. 3 S. 1 Nr. 3 BauGB abgeleitet, weil „heranrückenden" Vorhaben schädlichen Umwelteinwirkungen ausgesetzt sein können. § 35 Abs. 3 S. 1 Nr. 3 BauGB stellt eine einfachgesetzliche Ausprägung des Rücksichtnahmegebots für den Fall von Immissionskonflikten dar (vgl. oben Rn. 82).[198]

Es gilt dabei nicht nur zwischen Vorhaben im Außenbereich, sondern hat gebietsübergreifende Wirkung mit der Folge, dass es auch im Verhältnis von Vorhaben zur Anwendung kommt, bei denen sich das eine im Innenbereich, das andere dagegen im Außenbereich befindet.[199]

Wie bereits ausgeführt (vgl. oben Rn. 98), ist das allgemeine Gebot der Rücksichtnahme ungeschriebener öffentlicher Belang i.S.v. § 35 Abs. 3 BauGB. Da dessen Anwendungsbereich wegen der bei Immissionsstreitigkeiten geltenden spezielleren Ausprägung des § 35 Abs. 3 S. 1 Nr. 3 BauGB aber insoweit sehr eingeschränkt ist, kommt auch ein nachbarlicher Abwehranspruch aus dem allgemeinen Gebot der Rücksichtnahme in diesem Zusammenhang nur im Einzelfall und ausnahmsweise in Betracht. Über § 35 Abs. 3 S. 1 Nr. 5 BauGB und die dort genannten Belange des Denkmalschutzes kann im Einzelfall ausnahmsweise Drittschutz vermittelt werden, soweit das geplante Außenbereichsvorhaben ein Einzeldenkmal auf einem angrenzenden Grundstück unzumutbar beeinträchtigt.[200]

114 b) Für Inhaber sonstiger Vorhaben nach § 35 Abs. 2 BauGB wurde anfänglich jeglicher Nachbarschutz verneint.[201] Im Zuge der Entwicklung des Rücksichtnahmegebots im Baurecht, wurde schließlich auch bei sonstigen Vorhaben gegenüber privilegierten Vorhaben im Einzelfall ein entsprechendes Abwehrrecht zuerkannt. Allerdings setzt es eine besondere Schutzposition voraus, auf die in gesteigertem Maße Rücksicht zu nehmen ist. Dieses nachbarliche Abwehrrecht gegenüber privilegierten Vorhaben besteht aber nur im Ausnahmefall und ist regelmäßig äußerst schwach ausgestaltet, angesichts der von Gesetzes wegen vorgesehen planartigen Zuweisung privilegierter Betriebe in den Außenbereich. Die Schutzwürdigkeit und Schutzbedürftigkeit sonstiger Vorhaben im Außenbereich ist von vorneherein wegen ihrer Belegenheit reduziert.[202]

---

[197] BVerwG, NVwZ 2000, 552; BauR 1999, 1439.
[198] BVerwG, NVwZ 2000, 522; BayVGH, BayVBl. 1999, 215.
[199] BVerwG, NVwZ 1986, 469; BayVGH, BayVBl. 1997, 569.
[200] BVerwG, NVwZ 2009, 1231.
[201] Vgl. etwa BVerwG, DVBl. 1968, 651.
[202] BVerwG, NVwZ 1983, 609.

D. Einvernehmen, § 36 BauGB[203]

1. Bedeutung und Rechtsnatur des Einvernehmens

Die Regelung des § 36 BauGB über das gemeindliche Einvernehmen ist Ausfluss der kommunalen Planungshoheit und damit Bestandteil des Selbstverwaltungsrechts der Gemeinden aus Art. 28 Abs. 2 GG.[204]

In der Sache geht es bei der Einvernehmensentscheidung durch die Gemeinde um eine Mitwirkungshandlung im Rahmen des (mehrstufigen) Baugenehmigungsverfahrens, das mit der Entscheidung der Baugenehmigungsbehörde über den gestellten Bauantrag endet. Nach ganz überwiegender Meinung kommt der Einvernehmensentscheidung daher keine Außenwirkung zu, sondern ist Verwaltungsinternum.[205]

Die Qualifizierung der Einvernehmensentscheidung als Verwaltungsinternum hat Bedeutung insbesondere für den Rechtsschutz des Bauherrn. Wird der Bauantrag wegen der Versagung des gemeindlichen Einvernehmens abgelehnt, kann der Bauherr daher das Einvernehmen nicht mit Hilfe einer Verpflichtungsklage gegenüber der Gemeinde einklagen. Auch eine allgemeine Leistungsklage kommt nicht in Betracht, da für die Einvernehmensentscheidung als behördlicher Mitwirkungshandlung, die Regelung des § 44a VwGO Anwendung findet. Nach außen ist für den Bauherrn allein die Ablehnung des Bauantrags entscheidend. Von daher muss der Bauherr in diesen Fällen – nach erfolglos durchgeführtem Vorverfahren – gemäß § 42 Abs. 1 VwGO eine Verpflichtungsklage auf Erteilung der Baugenehmigung gegen den Rechtsträger der Baugenehmigungsbehörde erheben. Das rechtswidrig verweigerte Einvernehmen wird im Verwaltungsprozess durch die gerichtliche Entscheidung ersetzt.[206]

2. Anwendungsbereich

Das gemeindliche Einvernehmen nach § 36 BauGB ist in allen Fällen der Zulassung eines Vorhabens gemäß §§ 31, 33, 34 und 35 BauGB notwendig. Nicht erforderlich ist es dagegen bei plankonformen Vorhaben im Geltungsbereich eines Bebauungsplans i. S. v. § 30 Abs. 1 und Abs. 2 BauGB, da die Gemeinde insoweit ihre planerische Vorstellungen durch entsprechende Festsetzungen bereits konkretisiert hat. Erforderlich ist das Einvernehmen darüber hinaus bei Ausnahmen von einer Veränderungssperre gemäß § 14 Abs. 2 BauGB sowie nach § 22 Abs. 5 BauGB bei der Begründung oder Teilung von Wohnungseigentum in Fremdenverkehrsgebieten.

115

116

---

[203] Vgl. dazu allgemein Konrad, JA 2001, 588.
[204] BVerwG, NVwZ 2011, 61; BayVBl. 2001, 22; BauR 1999, 1281; BayVGH, BayVBl. 2009, 27; BayVBl. 2003, 210.
[205] BVerwG, NVwZ 1986, 556; BayVGH, BRS 49 Nr. 161; Becker/Heckmann/Kempen/Manssen, Öffentliches Recht in Bayern, S. 340.
[206] Vgl. etwa BVerwG, NJW 1968, 905; Schlotterbeck, VBl.BW 2001, 15; Decker, Öffentlich-rechtliche Akte, S. 18.

Das Einvernehmenserfordernis besteht in diesen Fällen unabhängig davon, ob es um die Erteilung einer Baugenehmigung, eines Bauvorbescheids oder einer Teilbaugenehmigung geht.[207]

Gemäß § 36 Abs. 1 S. 2 BauGB ist das Einvernehmen auch dann notwendig, wenn in einem anderen, als einem bauaufsichtlichen Verfahren über die planungsrechtliche Zulässigkeit eines Vorhabens am Maßstab der §§ 31, 33–35 BauGB entschieden wird. Relevant insoweit ist vor allem das immissionsschutzrechtliche Genehmigungsverfahren, da die immissionsschutzrechtliche Genehmigung gemäß §§ 13, 6 BImSchG (formelle) Konzentrationswirkung auch für das Bauplanungsrecht hat.[208]

Generell keines Einvernehmens bedürfen Vorhaben, die dem Fachplanungsvorbehalt des § 38 BauGB unterfallen (vgl. oben Rn. 8).

117 Die Versagung des Einvernehmens durch die Gemeinde ist gemäß § 36 Abs. 2 S. 1 BauGB nur aus planungsrechtlichen, sich im Einzelnen aus den §§ 31, 33–35 BauGB ergebenden, Gründen zulässig. Bauordnungsrechtliche oder sonstige Belange dürfen nicht berücksichtigt werden.

Beispiel: Die Verweigerung des gemeindlichen Einvernehmens kann nicht darauf gestützt werden, dass es am Nachweis ausreichender Stellplätze i. S. v. Art. 52 Abs. 2 BayBO Art. 51 Abs. 2 BayBO'2008 fehlt.

118 In gleicher Weise wie die Baugenehmigungsbehörde hat die Gemeinde im Rahmen ihrer Einvernehmensentscheidung zu prüfen, ob das beantragte Vorhaben entsprechend der §§ 31, 33–35 BauGB planungsrechtlich zulässig und die (bei § 35 Abs. 1 BauGB ausreichende) Erschließung gesichert ist. Ermessen ist der Gemeinde nur dann eingeräumt, wenn dies auch der Baugenehmigungsbehörde zusteht, also lediglich in den Fällen von § 31 BauGB und § 33 Abs. 2 BauGB. Sind planungsrechtlichen Voraussetzungen erfüllt, muss das Einvernehmen ansonsten erteilt werden.[209]

3. Zuständigkeit

119 Welches Organ innerhalb einer Gemeinde für die Einvernehmensentscheidung zuständig ist, ergibt sich aus der Regelung des § 36 BauGB nicht. Dies ist dem jeweiligen Landeskommunalrecht zu entnehmen.

Legt man den gesetzgeberischen Zweck des § 36 BauGB zugrunde – den Schutz der gemeindlichen Planungshoheit – lässt sich daraus wohl der Schluss ziehen, dass gemeindeintern dasjenige Organ für die Einvernehmensentscheidung zuständig ist, dem die Bauleitplanung und deren Sicherung obliegt. Das wird regelmäßig der Gemeinderat oder einer seiner beschließenden Ausschüsse sein. Ob die Einvernehmenserteilung dagegen als Geschäft der laufenden Verwaltung, etwa gemäß Art. 37 Abs. 1 Nr. 1 GO,

---

[207] VGH BW, BauR 1999, 381.
[208] BVerwG, BayVBl. 1991, 50; s. a. Jäde, UPR 2001, 10; Kahl, BayVBl. 2001, 545 jeweils zum Verhältnis zu § 6 AtG; BVerwG, BayVBl. 1997, 376 zu einem naturschutzrechtlichen Verfahren nach Landesrecht; OVG Koblenz, UPR 2006, 463 zu einer privatnützigen wasserrechtlichen Planfeststellung.
[209] Vgl. BayVGH, NVwZ 1996, 919.

D. Einvernehmen, § 36 BauGB

als Aufgabe dem ersten Bürgermeister originär zugewiesen sein kann – auch unter der Berücksichtigung der Größe der Gemeinde – ist umstritten.[210]

Bei Identität von Gemeinde und Baugenehmigungsbehörde entfällt nach überwiegender Auffassung die Notwendigkeit einer förmlichen Entscheidung über das Einvernehmen mit der Begründung, dass die Regelung des § 36 BauGB das Zusammenwirken verschiedener Behörden voraussetzt.[211] Die mit der unteren Baugenehmigungsbehörde identische Gemeinde darf den Bauantrags nicht mit der Versagung des Einvernehmens ablehnen.[212] Die materiell-rechtliche Position der Gemeinde bleibt in diesen Fällen aber unberührt.

Beispiel: Identität von Gemeinde und Baugenehmigungsbehörde ist bei kreisfreien Städten gemäß Art. 9 Abs. 1 GO, Art. 53 Abs. 1 S. 1 BayBO sowie bei Großen Kreisstädten gemäß Art. 9 Abs. 2 GO, § 1 Nr. 1 GrKrV, Art. 53 Abs. 1 S. 1 BayBO gegeben.

4. Wirkung und Ersetzung des Einvernehmens

Verweigert die Gemeinde ihr Einvernehmen – unabhängig davon, ob rechtmäßig oder rechtswidrig – ist die Baugenehmigungsbehörde daran (zunächst) grundsätzlich gebunden. Sie ist nicht berechtigt sich darüber hinwegzusetzen; insoweit besteht regelmäßig eine negative Bindungswirkung. Wird das Einvernehmen erteilt, ist die Baugenehmigungsbehörde demgegenüber daran aber nicht gebunden. Eine positive Bindungswirkung besteht nicht.[213]

Für den Fall der rechtswidrigen Verweigerung des Einvernehmens durch die Gemeinde kann diese von der Baugenehmigungsbehörde auf Grundlage des § 36 Abs. 2 S. 3 BauGB ersetzt werden. Ergänzend – vor allem für die Frage des durchzuführenden Verfahrens sowie für die Frage der zuständigen Behörde – kann, soweit im Landesrecht vorhanden, auf bauordnungsrechtliche Ersetzungsbestimmungen, etwa Art. 67 BayBO, § 90 BdgBO, § 68 a BauO Rh.Pf., zurückgegriffen werden.[214] Fehlen derartige landesrechtliche Bestimmungen, bleibt es bei der Möglichkeit ergänzend auf die Vorschriften über das kommunalaufsichtliche Einschreiten in den jeweiligen Gemeindeordnungen der betreffenden Länder zu rekrutieren.[215]

Beispiel: Dieter Dorn ist Eigentümer eines Wohngebäudes in dem sich vier Wohnungen mit einer Wohnfläche von je 100 qm befinden. Das Gebäude liegt im unbeplanten Innenbereich der Kreisangehörigen Gemeinde H, die nicht selbst Baugenehmigungsbehörde ist. Die Umgebung entspricht einem allgemeinen Wohngebiet. In einer der Wohnungen, die er selbst bewohnt, möchte er zwei Räume, nach dem er seit kurzem die Zulassung als Steuerberater besitzt, für seine steuerberatende Tätigkeit nutzen. Die entsprechenden, vollständigen Pläne reicht er bei der Gemeinde H

---

[210] Vgl. Ernst/Zinkahn/Bielenberg/Krautzberger, BauGB, § 36, Rn. 31; Schiwy u. a., BauGB, § 36, Ziff. 3.
[211] BVerwG, DÖV 1974, 817; Battis/Krautzberger/Löhr, BauGB, § 36, Rn. 13.
[212] Vgl. BVerwG, NVwZ 2005, 83 BayVGH, BayVBl. 2011, 210; BayVBl. 2009, 27.
[213] BVerwG, NVwZ 1986, 556; OVG Brandenburg, BauR 1997, 90.
[214] OVG Koblenz, NVwZ-RR 2000, 85; OVG Brandenburg, BauR 1997, 90.
[215] Dazu BVerwG, NVwZ-RR 1992, 529; Lasotta, BayVBl. 1998, 609.

ein. Der Gemeinderat verweigert mit Beschluss sein Einvernehmen zu dem Vorhaben mit der Begründung, dass ein allgemeines Wohngebiet in erster Linie dem Wohnen diene und eine Steuerberaterkanzlei dort nicht hinpasse.

Was kann das (zuständige) Landratsamt als untere Bauaufsichtsbehörde tun?

Das zuständige Landratsamt hat als untere Bauaufsichtsbehörde gemäß Art. 53 Abs. 1 S. 1, 2 BayBO die Möglichkeit, das verweigerte Einvernehmen zu ersetzen und die Baugenehmigung zu erteilen, wenn die Einvernehmensverweigerung rechtswidrig war und die Voraussetzungen für die Erteilung der Baugenehmigung vorliegen.

Das Vorhaben ist nach Art. 55 Abs. 1 BayBO genehmigungspflichtig. Auch soweit nur eine Nutzungsänderung in Betracht käme, wäre das Vorhaben nicht nach Art. 57 Abs. 4 Nr. 1 BayBO verfahrensfrei, da im Hinblick auf die freiberufliche Tätigkeit andere öffentlich-rechtliche Anforderungen gelten, beispielsweise andere Stellplatzerfordernisse, als für die Wohnnutzung.

Grundlage für die Einvernehmensersetzung ist § 36 Abs. 2 S. 3 BauGB i. V. m. Art. 67 BayBO.

Das beantragte Vorhaben bedarf zunächst, da es im unbeplanten Innenbereich durchgeführt werden soll, des gemeindlichen Einvernehmens gemäß § 36 Abs. 1 S. 1 BauGB. Es ist planungsrechtlich zulässig. Die planungsrechtliche Zulässigkeit der Nutzungsart ergibt sich aus § 34 Abs. 2 BauGB i. V. m. §§ 4, 13 BauNVO. Im Hinblick auf die Gebietsart findet § 34 Abs. 2 BauGB Anwendung, da das fragliche Gebiet faktisch einem allgemeinen Wohngebiet nach § 4 BauNVO entspricht. Unmittelbar aus § 4 Abs. 2 BauNVO ergibt sich die Zulässigkeit der Nutzungsart zwar nicht. Ergänzend – bei allen Gebietsarten der Baunutzungsverordnung – gilt aber § 13 BauNVO. Danach sind in einem allgemeinen Wohngebiet auch Räume für Freiberufler, wie Steuerberater, Rechtsanwälte oder Ärzte, zulässig.[216] Anhaltspunkte dafür, dass die Nutzung im Übrigen nach § 34 Abs. 2 BauGB i. V. m.§ 15 Abs. 1 S. 2 BauNVO ausnahmsweise wegen eines Verstoßes gegen das Gebot der Rücksichtnahme unzulässig sein könnte, sind nicht ersichtlich. Gleiches gilt bezüglich des „Einfügens" nach dem Maß der baulichen Nutzung, der überbaubaren Grundstücksfläche sowie der Bauweise, das sich nach § 34 Abs. 1 BauGB beurteilt.

Die Verweigerung des gemeindlichen Einvernehmens war daher rechtswidrig. Gemäß § 36 Abs. 2 S. 3 BauGB i. V. m. Art. 67 BayBO besitzt die Genehmigungsbehörde die Möglichkeit das rechtswidrig versagte Einvernehmen zu ersetzen. Dabei soll trotz der Formulierung „kann" der Bauaufsichtsbehörde aber kein Ersetzungsermessen eingeräumt, sondern lediglich eine Befugnis verliehen sein, von der entsprechend Gebrauch zu machen ist.[217]

Verfahrensrechtlich ist insbesondere zu beachten, dass die Gemeinde zuvor, unter Einräumung einer angemessenen Frist, nach Art. 67 Abs. 4 BayBO anzuhören ist.

5. Rechtsschutz der Gemeinde

123 Für die betroffene Gemeinde stellt die Einvernehmenssetzung einen belastenden Verwaltungsakt dar, den sie unter Berufung auf ihre von Art. 28 Abs. 2 GG geschützte Planungshoheit anfechten kann. Auf einen Rechtsbehelf der Gemeinde hin werden die jeweiligen planungsrechtlichen Voraussetzungen des einschlägigen planungsrechtlichen Bereichs in vollem Umfang von den Verwaltungsgerichten geprüft.

Da die Ersetzung des Einvernehmens nach Art. Abs. 67 S. 1 BayBO durch Erteilung der Baugenehmigung erfolgt, liegen insoweit zwei selbständige

---

[216] Vgl. BVerwG, BauR 2001, 1556.
[217] OVG Koblenz, NVwZ-RR 2000, 85; HessVGH, ZfBR 2011, 290.

D. Einvernehmen, § 36 BauGB

Regelungen in einem Bescheid vor, der im Zweifel als insgesamt angefochten zu betrachten ist,[218] so dass es im Regelfall auf die Frage, ob die Einvernehmensersetzung ein verfahrensrechtlicher Verwaltungsakt i. S. v. § 44a VwGO ist, nicht ankommt.

Widerspruch und Anfechtungsklage einer Gemeinde gegen die Baugenehmigung eines anderen haben wegen der Bestimmung des § 212a Abs. 1 BauGB – auch eine Gemeinde ist im Sinne dieser Vorschrift Dritte – keine aufschiebende Wirkung.[219] Zu beachten ist, dass infolge Art. 67 Abs. 3 S. 2 BayBO die aufschiebende Wirkung auch im Hinblick auf die Anfechtung der Einvernehmensersetzung ausgeschlossen wird, was für die Verwaltungsaktsqualität der Einvernehmensersetzung spricht.

Die Regelung des § 36 BauGB ist im Übrigen nicht nachbar- bzw. drittschützend, sondern dient ausschließlich der Planungshoheit der Gemeinde.[220]

6. Einvernehmensfiktion

Trifft die Gemeinde nicht innerhalb von zwei Monaten nach Ersuchen der Baugenehmigungsbehörde bzw. nach Einreichen des Bauantrags bei der Gemeinde – darauf kommt es nach Art. 64 Abs. 1 BayBO in Bayern etwa an – keine Entscheidung über das Einvernehmen, gilt es gemäß § 36 Abs. 2 S. 2 Hs. 2 BauGB als erteilt. Diese Einvernehmensfiktion kann grundsätzlich nur eintreten, wenn der Bauherr vollständige Bauantragsunterlagen vorgelegt hat.[221] Allerdings besitzt die Gemeinde eine Mitwirkungspflicht bzw. eine Obliegenheit auf die Vervollständigung der Antragsunterlagen hin zu wirken.[222] Unterlässt die Gemeinde dies, gilt das Einvernehmen trotz Unvollständigkeit der Unterlagen nach Ablauf von zwei Monaten nach Einreichung des Bauantrags bei der Gemeinde als erteilt.[223] Wird die Unvollständigkeit der Antragsunterlagen rechtzeitig angemahnt, beginnt die Frist des § 36 Abs. 2 S. 2 BauGB erst mit Vorlage der vollständigen Antragsunterlagen.[224]

Für die rechtzeitige Versagung des Einvernehmens reicht es aus, soweit der erste Bürgermeister innerhalb der Frist handelt, auch wenn der Gemeinderat zuständig ist.[225] Im Übrigen könnte ein derartiger Zuständigkeitsmangel auch mit Wirkung ex tunc durch einen zustimmenden Gemeinderatsbeschluss geheilt.[226] Soweit im Falle der Identität von Gemeinde und Genehmigungsbehörde eine förmliche Einvernehmensentscheidung entbehrlich ist, kann auch keine Einvernehmensfiktion eintreten.[227]

---

[218] BayVGH, DÖV 2001, 257; s. a. Lasotta, BayVBl. 1998, 609.
[219] VGH BW, NVwZ 1999, 442; OVG Lüneburg, BauR 1999, 884.
[220] BVerwGE 28, 268; NVwZ 2010, 1561; NVwZ 2011, 61.
[221] VGH BW, BauR 1999, 381.
[222] Vgl. BVerwG, NVwZ 2005, 213; BayVGH, BayVBl. 2005, 213; OVG Münster, ZfBR 2011, 288.
[223] Vgl. BayVGH v. 26. 1. 2006, juris.
[224] Vgl. BayVGH, BayVBl. 2005, 787.
[225] VGH Mannheim, NVwZ 1999, 442.
[226] BayVGH, FSt 1991, 467.
[227] Vgl. BayVGH, BayVBl. 2003, 210.

Beispiel: Soweit die vollständigen Bauantragsunterlagen am 23. 8. 2006 bei der Gemeinde eingereicht werden, muss die Versagung des gemeindlichen Einvernehmens spätestens mit Ablauf des 23. 10. 2006 gegenüber dem Landratsamt als Baugenehmigungsbehörde bekannt gegeben worden sein. Die Zwei-Monats-Frist berechnet sich mangels spezialgesetzlicher Regelungen nach Art. 31 BayVwVfG i. V. m. §§ 187 Abs. 1, 188 Abs. 2 1. Alt. BGB. Es handelt sich um eine sog. Ereignisfrist. Ereignis ist insoweit das Einreichen der Bauantragsunterlagen. Danach beginnt die Frist am 24. 8. 2006 und endet mit Ablauf des 23. 10. 2006. Da die Versagung des gemeindlichen Einvernehmens eine empfangsbedürftige Willenserklärung darstellt, wird diese entsprechend § 130 Abs. 3, Abs. 1 S. 1 BGB erst wirksam, wenn sie der Baugenehmigungsbehörde zugeht. Um vorliegend die Zwei-Monats-Frist zu wahren, muss die Einvernehmensverweigerung dem Landratsamt spätestens am 23. 10. 2006 zugehen.[228]

126 Eine Rücknahme oder ein Widerruf des gemeindlichen Einvernehmens kommt außerhalb der Zwei-Monats-Frist des § 36 Abs. 2 S. 2 BauGB nicht in Betracht. Gleiches gilt für eine Verlängerung der Frist sowie für eine Wiedereinsetzung in den vorigen Stand nach Art. 32 BayVwVfG. Nach Ablauf von zwei Monaten seit Einreichen der (vollständigen) Antragsunterlagen bei der Gemeinde, kann das formelle Hindernis des fehlenden Einvernehmens einem Vorhaben nicht mehr entgegenstehen. Die Gemeinde kann nach Ablauf der Frist auch nicht mehr gegen das Vorhaben klagen.[229]

E. Bauliche Maßnahmen des Bundes und der Länder nach § 37 BauGB

127 Die Regelung des § 37 BauGB enthält für bestimmte öffentliche Bauvorhaben des Bundes oder eines Landes Sonderbestimmungen, die es ermöglichen von den städtebaulichen Vorschriften, insbesondere der §§ 30, 34 und 35 BauGB abzuweichen.[230]

128 § 37 Abs. 1 BauGB bevorzugt generell bauliche Anlagen des Bundes oder eines Landes mit einer besonderen öffentlichen Zweckbestimmung. Die Vorschrift hat sowohl einen formellen, wie auch einen materiellen Inhalt.

In formeller Hinsicht werden die Zuständigkeit und das Verfahren geregelt, zusätzlich enthält § 37 Abs. 1 BauGB einen eigenen materiellen Befreiungstatbestand. Tatbestandlich ist wesentliche Voraussetzung die Erforderlichkeit für das Abweichen von den einschlägigen planungsrechtlichen Vorschriften. Es handelt sich um einen unbestimmten Rechtsbegriff, der durch Abwägung der widerstreitenden Belange auf der Tatbestandebene auszufüllen und voll gerichtlich nachprüfbar ist.[231] Erforderlich ist das Abweichen von den planungsrechtlichen Vorschriften dann, wenn es zur Erfüllung oder Wahrnehmung der jeweiligen besonderen öffentlichen Zweckbestimmung

---

[228] BayVGH, UPR 2001, 38.
[229] BVerwG, NVwZ 1997, 900; BayVGH, UPR 2001, 38; Nieders. OVG, ZfBR 1999, 285.
[230] Vgl. BVerwG, BRS 38 Nr. 171; Ritgen, DÖV 1997, 1034.
[231] BVerwG, NVwZ 1992, 477.

vernünftigerweise geboten ist. Nicht notwendig ist, dass das Vorhaben mit der Abweichung „steht oder fällt", also die Abweichung das einzig denkbare Mittel zur Realisierung des Vorhabens ist. Insoweit kann auf die Grundsätze der vergleichbaren Regelung in § 31 Abs. 2 Nr. 1 BauGB zurückgegriffen werden.[232]

Eine besondere öffentliche Zweckbestimmung verlangt, dass das Vorhaben wegen seiner Aufgabenstellung bzw. seiner Aufgabenerfüllung auf einen bestimmten Standort angewiesen ist und sich nach seiner Art, seiner baulichen Ausführung und/oder seiner Auswirkungen von sonstigen Vorhaben der Verwaltung unterscheidet,[233] wie dies etwa bei Asylbewerberunterkünften der Fall ist.

Verweigert die Gemeinde für ein Vorhaben des Bundes oder des Landes mit besonderer öffentlicher Zweckbestimmung ihr nach § 36 BauGB oder § 14 Abs. 2 BauGB notwendiges Einvernehmen, kann auch dieses gemäß § 37 BauGB ersetzt werden.

129 Zuständig für die Entscheidungen nach § 37 BauGB ist die höhere Verwaltungsbehörde, die nach Landesrecht zu bestimmen ist. In der Regel handelt es sich dabei um die Behörden der Mittelstufe im „klassischen" dreistufigen Behördenaufbau, also um die Regierungspräsidien.

Verfahrenrechtlich ergänzt wird die materielle Abweichungsentscheidung durch landesrechtliche Vorschriften in den jeweiligen Bauordnungen über ein sog. Zustimmungsverfahren, wie etwa nach Art. 86 BayBO, im Rahmen dessen auch die Entscheidung nach § 37 Abs. 1 BauGB getroffen wird und für dessen Durchführung grundsätzlich auch die höhere Verwaltungsbehörde zuständig ist. Das Zustimmungsverfahren ersetzt das an sich erforderliche Baugenehmigungsverfahren.[234]

130 Vorhaben der Landesverteidigung, des Bundesgrenzschutzes oder des zivilen Bevölkerungsschutzes i. S. v. § 37 Abs. 2 BauGB sind bauliche Anlagen zur Abwehr von Angriffen von außen, als auch solche zum Aufbau der Landesverteidigung selbst, wie Kasernen oder Militärflugplätze.

Fällt bei Anlagen der Landesverteidigung der militärische Zweck weg, erlischt damit auch die besondere Zweckbestimmung des § 37 Abs. 2 BauGB und das Vorhaben wird materiell baurechtswidrig.[235]

131 § 37 Abs. 3 BauGB enthält zugunsten betroffener Gemeinden einen öffentlich-rechtlichen Aufwendungsersatzanspruch. Entschädigt werden Aufwendungen der Gemeinde, die ihr dadurch entstehen, dass sie ihre eigenen Planungen an Vorhaben orientieren muss, die an sich planungsrechtlich unzulässig sind. Da Sonderregelungen nicht bestehen ist dieser öffentlich-rechtliche Ersatzanspruch von der Gemeinde mittels einer allgemeinen Leistungsklage vor dem Verwaltungsgericht geltend zu machen.

---

[232] BVerwGE 91, 229; OVG Münster, NVwZ-RR 1990, 531; OVG Lüneburg, BRS 46 Nr. 157.
[233] OVG Lüneburg, BRS 40 Nr. 157; Schrödter, BauGB, § 37, Rn. 5.
[234] Vgl. oben Kapitel 2 Teil 5 Rn. 51.
[235] BVerwG, BauR 2001, 610; OVG Lüneburg, BauR 2001, 1030.

132 Schema für die Prüfung der planungsrechtlichen Zulässigkeit eines Bauvorhabens:

1. Vorhaben i. S. v. § 29 Abs. 1 BauGB?
   – wenn nein, finden die §§ 30 ff. BauGB keine Anwendung Achtung: Festsetzungen eines Bebauungsplans sind immer zu beachten)
   – wenn ja
2. Kein Ausschluss der §§ 30–37 BauGB durch den Fachplanungsvorbehalt des § 38 BauGB.
   – wenn nein
3. Bestimmung des planungsrechtlichen Bereichs
   a) Geltungsbereich eines Bebauungsplans?
      aa) Qualifizierter Bebauungsplan nach § 30 Abs. 1 BauGB?
         – Vorhaben muss mit Festsetzungen übereinstimmen + gesicherte Erschließung
         – soweit keine Übereinstimmung mit den Festsetzungen prüfen, ob
         – Ausnahme nach § 31 Abs. 1 BauGB, wenn nicht, ob
         – Befreiung nach § 31 Abs. 2 BauGB in Betracht kommt
         – wenn nicht ist Vorhaben planungsrechtlich unzulässig
         – ggf. ist aber Zulässigkeit auf Grundlage des § 33 BauGB gegeben
      bb) Vorhabenbezogener Bebauungsplan nach § 30 Abs. 2 BauGB?
         – entspricht Vorhaben den Festsetzungen + gesicherte Erschließung?
      cc) Einfacher Bebauungsplan nach § 30 Abs. 3 BauGB?
         – entspricht Vorhaben den Festsetzungen des einfachen Bebauungsplans und ist die Erschließung gesichert?
         – entspricht Vorhaben im Übrigen den Voraussetzungen des ansonsten einschlägigen Bereichs (§ 34 oder § 35 BauGB)?
   b) Unbeplanter Innenbereich des § 34 BauGB?
      – liegt nach § 34 Abs. 1 BauGB ein Bebauungszusammenhang (ggf. durch Satzung nach § 34 Abs. 4 BauGB) vor?
      – fügt sich das Vorhaben nach § 34 Abs. 1 BauGB in den vorgegeben Rahmen ein?
      – bei sog. faktischen Baugebieten i. S. v. § 34 Abs. 2 BauGB richtet sich die Zulässigkeit des Vorhabens nach der Art der baulichen Nutzung allein nach den Gebietsarten sowie den sie ergänzenden Regelungen in §§ 2–15 BauNVO; ansonsten ist das Vorhaben nach § 34 Abs. 1 zu beurteilen
      – gesicherte Erschließung
      – ggf. sonstige Anforderungen des § 34 Abs. 1 BauGB (etwa Ortsbild) gegeben?
      – u. U. Veränderungssperre als materiell-rechtlichen Versagungsgrund beachten
      – wenn Vorhaben nicht nach § 34 BauGB zulässig, kann aber u. U. § 33 BauGB einschlägig sein.
   c) Außenbereich nach § 35 BauGB?

- privilegiertes Vorhaben nach 35 Abs. 1 BauGB oder sonstiges Vorhaben nach § 35 Abs. 2 BauGB?
- privilegierten Vorhaben dürfen keine öffentliche Belange i.S.v. § 35 Abs. 3 BauGB entgegenstehen, ein sonstiges Vorhaben darf öffentliche Belange nicht beeinträchtigen.
- ausreichende bzw. gesicherte Erschließung.
- u.U. Veränderungssperre als materiell-rechtlichen Versagungsgrund beachten
- bei sonstigen Vorhaben nach § 35 Abs. 2 BauGB, die öffentliche Belange i.S.v. § 35 Abs. beeinträchtigen, prüfen ob über eine Teilprivilegierung in § 35 Abs. 4 BauGB die betroffenen öffentliche Belange „ausgeblendet" sind; Gleiches kann infolge einer Außenbereichssatzung gemäß § 35 Abs. 6 der Fall sein.
- ist das Vorhaben nach § 35 BauGB unzulässig, prüfen ob zugunsten des Vorhabens u.U. § 33 BauGB eingreift

4. Einvernehmen gemäß § 36 BauGB?
  - prüfen, ob Gemeinde in den Fällen von Vorhaben deren planungsrechtliche Zulässigkeit sich nach §§ 31, 33–35 BauGB richtet, das Einvernehmen i.S.v. § 36 BauGB erteilt hat (ggf. Ersetzung des Einvernehmens in Betracht ziehen).

Kapitel IV. Rechtsschutz im Baurecht

Problemstellungen im Zusammenhang mit dem Rechtsschutz im öffentlichen Baurecht sind gleichermaßen prüfungs- wie praxisrelevant. Die wichtigsten Fallsituationen, bei denen durchweg der Verwaltungsrechtsweg i. S. v. § 40 Abs. 1 VwGO eröffnet ist, da es um die Anwendung von öffentlichem Baurecht geht, werden nachfolgend behandelt.

A. Gerichtlicher Rechtsschutz in der Hauptsache

I. Rechtsschutz des Bauherrn bei Versagung einer bauaufsichtlichen Genehmigung

Wird der Antrag des Bauherrn auf Erteilung einer Baugenehmigung, eines Bauvorbescheids, einer Teilbaugenehmigung oder – im Zusammenhang mit einer Abgrabung, insbesondere dem Kiesabbau – einer sog. Abgrabungsgenehmigung abgelehnt, kann der Bauherrn (nach – soweit (noch) erforderlich (vgl. etwa Art. 15 AGVwGO Bay.) – grundsätzlich vorheriger Durchführung eines Widerspruchsverfahrens gemäß § 68 Abs. 2 VwGO) eine Verpflichtungsklage nach § 42 Abs. 1 VwGO erheben. Die genannten bauaufsichtlichen Genehmigungen sind Verwaltungsakte i. S. v. Art. 35 BayVwVfG, um deren Erlass gestritten wird.[1] Die Verpflichtungsklage dient dazu den materiell-rechtlichen Anspruch des Bauherrn durchzusetzen.

Bei Ablehnung eines entsprechenden Antrags durch die Behörde handelt es sich um eine Verpflichtungsklage in Form der sog. Versagungsgegenklage.[2] Wird über den gestellten Genehmigungsantrag behördlich nicht entschieden, kommt eine Verpflichtungsklage in Form der Untätigkeitsklage nach § 75 VwGO in Betracht.

Für die Klagebefugnis gemäß § 42 Abs. 2 VwGO ist im Zusammenhang mit der Verpflichtungsklage zu beachten, dass entsprechend dem Klagebegehren ein möglicher Anspruch des Klägers auf die beantragte bauaufsichtliche Genehmigung gegeben sein muss. Dem Versagungsbescheid kommt (trotz des zweideutigen Wortlauts in § 113 Abs. 5 VwGO) keine eigenständige Bedeutung zu. Entscheidend für die Klagebefugnis ist insoweit einzig ein möglicher Rechtsanspruch auf den begehrten Verwaltungsakt.[3]

Klausurhinweis: Einen grundlegenden, aber immer wieder vorkommenden Fehler in der Klausurlösung stellt es dar, die Klagebefugnis für die Verpflichtungsklage daraus abzuleiten, dass der Bauherr Adressat des behördlichen Ablehnungsbescheids ist.

---

[1] Vgl. Schwarzer/König, BayBO, Art. 72, Rn. 3 zur Baugenehmigung.
[2] VGH BW, BauR 2000, 1159; NVwZ-RR 2004, 387.
[3] BVerwG, BayVBl. 1999, 443; Eyermann, VwGO, § 42, Rn. 92; Wolff/Decker, VwGO/VwVfG, § 42 Rn. 126; Lemke, JA 1999, 887.

Damit wird der Inhalt des Klagebegehrens verkannt, weil allein die Aufhebung des Ablehnungsbescheids nicht zum Klageziel, der Genehmigung, führt.

4   Ob ein derartiger Rechtsanspruch, der grundsätzlich nur bei Verwaltungsakten, die als gebundene Entscheidung ergehen, möglich ist, ist in erster Linie nach dem einfachen Recht zu beurteilen.

5   Der Anspruch auf Erteilung einer Baugenehmigung ergibt sich aus Art. 68 Abs. 1 S. 1 BayBO. Für einen Vorbescheid ist auf Art. 71 BayBO, Art. 68 Abs. 1 S. 1 BayBO zurückzugreifen, für eine Teilbaugenehmigung auf Art. 70 BayBO, Art. 68 Abs. 1 S. 1 BayBO sowie für eine Abgrabungsgenehmigung auf Art. 9 Abs. 1 S. 1 BayAbgrG. In allen Fällen handelt es sich um gebundene behördliche Entscheidungen.

6   Soweit eine Verpflichtungs-Untätigkeitsklage erhoben wird ist insbesondere Voraussetzung, dass über den Genehmigungsantrag nicht innerhalb von drei Monaten seit Antragstellung durch die Behörde entschieden wurde. Spätestens im Zeitpunkt der letzten mündlichen Verhandlung müssen diese drei Monate – die Sachurteilsvoraussetzung sind – fruchtlos abgelaufen sein.[4]

7   Im Rahmen der Begründetheit der Verpflichtungsklage kommt es entscheidend darauf an, ob die Voraussetzungen der Anspruchsnorm tatsächlich vorliegen.

Nach dem Wortlaut des § 113 Abs. 5 S. 1 VwGO ist die Verpflichtungsklage zwar begründet, wenn die Ablehnung oder Unterlassung des Verwaltungsakts rechtswidrig und der Kläger dadurch in seinen Rechten verletzt ist. Da aber die Durchsetzung eines materiellen Rechtsanspruchs begehrt wird und es sich bei bauaufsichtlichen Genehmigungen um gebundene behördliche Entscheidungen handelt, kommt es auf die Rechtmäßigkeit oder Rechtswidrigkeit des Versagungsbescheids gerade nicht an.[5]

Die Verpflichtungsklage ist daher begründet, wenn der geltend gemachte Anspruch besteht. In der „Vorenthaltung der Anspruchserfüllung" liegt dann die eigene Rechtsverletzung. Andernfalls wird die Verpflichtungsklage abgewiesen.[6]

Dementsprechend ist bei Verpflichtungsklagen auf Erteilung einer bauaufsichtlichen Genehmigung in der Begründetheit zu prüfen, ob das Bauvorhaben genehmigungspflichtig und genehmigungsfähig ist.

Beispiel: Der Kiesabbauunternehmer Leo Lehm möchte im Außenbereich der kreisangehörigen bayerischen Gemeinde Audorf auf einer Fläche von 2 ha Kies im Trockenverfahren abbauen. Den Abbauantrag sowie die sonst notwendigen Unterlagen reicht er über die Gemeinde ein. Vor Weiterleitung des Antrags an das zuständige Landratsamt beschloss der Gemeinderat in seiner Sitzung am 20. 9. 2006 für das betroffene Gebiet die Aufstellung eines Bebauungsplans. Geplant ist die Ausweisung einer Fläche für Landwirtschaft. Aus dem Beratungsprotokoll ergibt sich dazu, dass der Kiesabbau unbedingt verhindert werden, auf den betreffenden Flächen im Übrigen aber keine konkrete Planung erfolgen solle. Unmittelbar im Anschluss an

---

[4] BVerwG, NVwZ 1995, 80; NVwZ 1987, 969.
[5] Vgl. Fendt, JA 2000, 883.
[6] BVerwG, DVBl. 1997, 609; Happ/Allesch/Geiger/Metschke/Hüttenbrink, Die Station in der öffentlichen Verwaltung, S. 136 f.

A. Gerichtlicher Rechtsschutz in der Hauptsache

den Aufstellungsbeschluss beschloss der Gemeinderat in derselben Sitzung eine Veränderungssperre zur Sicherung der Planung. Die Veränderungssperre wurde am 26. 9. 2006, der Aufstellungsbeschluss am 27. 9. 2006 ortsüblich bekannt gemacht.

Nach Ablehnung seines Abbauantrags durch das Landratsamt und Zurückweisung seines Widerspruchs (von dessen Erforderlichkeit auszugehen ist) durch die Widerspruchsbehörde erhebt Leo Lehm (rechtzeitig) Klage zum zuständigen Verwaltungsgericht mit dem Ziel seine Abbaugenehmigung zu erhalten.

Wird seine Klage Erfolg haben?

Die Klage des Lehm hat Aussicht auf Erfolg, wenn sie zulässig und begründet ist.

Die Klage ist zulässig.

Der Verwaltungsrechtsweg nach § 40 Abs. 1 VwGO ist eröffnet, da streitentscheidende Normen in erster Linie solche des öffentlichen Baurechts sind. Statthafte Klageart ist die Verpflichtungsklage gemäß § 42 Abs. 1 VwGO in Gestalt der Versagungsgegenklage, da Lehm die Erteilung eines abgelehnten Verwaltungsakts – einer Abgrabungsgenehmigung – begehrt. Die Klagebefugnis nach § 42 Abs. 2 VwGO ist gegeben. Lehm hat möglicherweise auf Grundlage des Art. 9 Abs. 1 BayAbgrG einen Anspruch auf Erteilung der beantragten („gebundenen") Abgrabungsgenehmigung. Art. 9 Abs. 1 BayAbgrG räumt einen Rechtsanspruch bei Vorliegen der tatbestandlichen Voraussetzungen ein. Das Vorverfahren wurde nach § 68 Abs. 2, Abs. 1 VwGO ordnungsgemäß durchgeführt.

Die Verpflichtungsklage ist begründet, wenn sie sich gegen den richtigen Beklagten richtet, die Ablehnung des Verwaltungsakts rechtswidrig und der Kläger dadurch in eigenen Rechten verletzt ist, § 113 Abs. 5 S. 1 VwGO. Dies ist dann der Fall, wenn der Kläger einen Rechtsanspruch auf Erteilung der beantragten Abgrabungsgenehmigung hat.

Richtiger Beklagter ist gemäß § 78 Abs. 1 Nr. 1 VwGO der Freistaat Bayern. Das Landratsamt entscheidet über den Abgrabungsantrag nach Art. 4 Abs. 1 i. V. m. Art. 3 BayAbgrG als Kreisverwaltungsbehörde und damit in seiner Funktion als Staatsbehörde. Rechtsträger insoweit ist der Freistaat Bayern.

Das Abgrabungsvorhaben müsste genehmigungspflichtig und genehmigungsfähig sein.

Genehmigungspflichtigkeit nach Art. 6 Abs. 1 BayAbgrG liegt vor. Eine Ausnahme von der Genehmigungspflicht i. S. v. Art. 6 Abs. 2 Nr. 1 BayAbgrG kommt angesichts der Größe des Vorhabens nicht in Betracht.

Fraglich ist, ob der Kiesabbau gemäß Art. 9 Abs. 1 S. 1 BayAbgrG ist. Insbesondere müsste er nach Art. 9 Abs. 1 BayAbgrG i. V. m. §§ 29 ff. BauGB bauplanungsrechtlich zulässig sein. Der Anwendungsbereich der §§ 30 ff. BauGB ist eröffnet, da das Vorhaben mit einer Größe von 2 ha gemäß § 29 Abs. 1 BauGB eine Abgrabung größeren Umfangs ist und der Fachplanungsvorbehalt des § 38 BauGB vorliegend nicht greift. Der Kiesabbau soll im planungsrechtlichen Außenbereich des § 35 BauGB erfolgen. Er ist als ortsgebundener gewerblicher Betrieb – der Kiesabbauunternehmer ist auf die geologische Eigenart der jeweiligen Flächen angewiesen – nach § 35 Abs. 1 Nr. 3 BauGB im Außenbereich privilegiert zulässig.

Öffentliche Belange i. S. v. § 35 Abs. 3 BauGB stehen dem Vorhaben (nach Sachverhalt erkennbar) nicht entgegen.

Allerdings könnte die zwischenzeitlich von der Gemeinde Audorf erlassene Veränderungssperre die planungsrechtliche Zulässigkeit des Kiesabbaus ausschließen. Diese würde wegen ihres Rechtsnormcharakters – die Veränderungssperre wird nach § 16 Abs. 1 BauGB von der Gemeinde als Satzung erlassen – zu einem materiellrechtlichen Versagungsgrund für die beantragte Abgrabungsgenehmigung führen. Voraussetzung wäre die Rechtmäßigkeit der Veränderungssperre. Das Verwaltungsgericht prüft im Rahmen der erhobenen Verpflichtungsklage die Rechtmäßigkeit der Veränderungssperre inzidenter, da es auf diese entscheidungserheblich ankommt.

Die Veränderungssperre ist bereits fehlerhaft. Nach § 16 Abs. 2 BauGB ist die Veränderungssperre entsprechend Art. 26 Abs. 2 GO ortsüblich bekannt zu machen. Der Beschluss über die Aufstellung des zu sichernden Bebauungsplans sowie der Beschluss über die Veränderungssperre können, in dieser Reihenfolge, zwar – uns so auch hier erfolgt – in derselben Gemeinderatssitzung gefasst werden. Im Zeitpunkt der Bekanntmachung der Veränderungssperre muss der Aufstellungsbeschluss allerdings (auch) schon bekannt gemacht sein. Selbst eine Bekanntmachung beider Beschlüsse am selben Tag als ausreichend betrachtet, wäre diese Vorgabe hier nicht erfüllt, so dass die Veränderungssperre nicht wirksam in Kraft treten konnte.

Die Veränderungssperre ist zudem inhaltlich fehlerhaft, weil das erforderliche Sicherungsbedürfnis fehlt. Das Sicherungsbedürfnis kann ausnahmsweise fehlen, wenn der aufzustellende Bebauungsplan einer positiven Planungskonzeption entbehrt, die Planung stattdessen – wie vorliegend – offensichtlich rechtswidrig ist. Der Bebauungsplan ist nicht i.S.v. § 1 Abs. 3 BauGB erforderlich, da eine sog. (reine) Negativ- oder Verhinderungsplanung vorliegt. Von einer solchen wird gesprochen, wenn eine positive planerische Zielsetzung nur vorgeschoben wird, um in Wahrheit eine auf bloße Verhinderung ausgerichtete Planung zu verdecken und alleiniger Zweck die Vereitelung eines ganz bestimmten Vorhabens ist. Diese Voraussetzungen sind vorliegend erfüllt. Entsprechend des Sitzungsprotokolls besteht der alleinige Zweck der Ausweisung darin, den geplanten Kiesabbau zu verhindern, zumal konkret nichts geplant werden soll.

Die festgestellten Fehler sind nicht nach §§ 214, 215 BauGB unbeachtlich.

Die Veränderungssperre ist daher unwirksam und kann dem Kiesabbauvorhaben nicht entgegengehalten werden.

Das Vorhaben ist planungsrechtlich zulässig. Der Kläger hat (vorausgesetzt andere im Abgrabungsverfahren zu prüfende Vorschriften sind nicht verletzt) einen Rechtsanspruch auf Erteilung der Abgrabungsgenehmigung.

Die Verpflichtungsklage ist damit begründet.

8 Eine Verpflichtungsklage ist auch dann zu erheben, wenn der Bauantrag allein wegen des verweigerten Einvernehmens der Gemeinde i.S.v. § 36 BauGB abgelehnt wird.[7]

9 Was den Zeitpunkt der maßgeblichen Sach- und Rechtslage für die Entscheidung des Verwaltungsgerichts angeht, gilt nach inzwischen ständiger Rechtsprechung des Bundesverwaltungsgerichts, dass sich dieser nicht dem Prozessrecht des § 113 VwGO entnehmen lässt, sondern das jeweils zugrundeliegende materielle Recht dafür maßgeblich ist.[8]

Nur soweit sich daraus keine Hinweise auf den Beurteilungszeitpunkt ergeben, gilt die „Faustregel", dass es bei der Verpflichtungsklage auf den Zeitpunkt der letzten mündlichen Verhandlung ankommt, in dem der Rechtsanspruch auf die beantragte bauaufsichtliche Genehmigung dann gegeben sein muss. Änderungen des materiellen Rechts sind sowohl zugunsten, wie auch zulasten des Bauherrn zu berücksichtigen.[9] Ändert sich die Rechtslage zum Nachteil des Bauherrn mit der Folge, dass ein Rechtsanspruch nicht mehr besteht und dadurch Erledigung eintritt, kann er, insbesondere mit Blick auf die Kostentragung im Verwaltungsprozess, auf eine Fortsetzungsfeststellungsklage entsprechend § 113 Abs. 1 S. 4 VwGO um-

---

[7] Vgl. Kap. III, Teil 4, Rn. 111.
[8] Vgl. etwa BVerwG, NVwZ 1996, 66.
[9] VGH BW, VBl.BW 1997, 264; Eyermann, VwGO, § 113, Rn. 53.

stellen[10] und die Feststellung beantragen, dass das Vorhaben nach der zuvor geltenden Rechtslage zulässig war.[11]

II. Rechtsschutz des Bauherrn gegen Nebenbestimmungen

Soweit eine bauaufsichtliche Genehmigung mit, den Bauherrn belastenden, Nebenbestimmungen verbunden ist, stellt sich die Frage nach dem insoweit in Betracht kommenden Rechtsschutz. Dies stellt eines der umstrittensten Probleme des Verwaltungsrechts dar. 10

Die Zulässigkeit von Nebenbestimmungen zu einer Baugenehmigung ist in Kap. 2 Teil 3 Rn. 20 behandelt.

Der Rechtsschutz gegenüber belastenden Nebenbestimmungen richtet sich nach wohl überwiegender Auffassung nach der Teilbarkeit der Nebenbestimmung vom Grundverwaltungsakt. Die Teilbarkeit hängt ihrerseits von der Art der Nebenbestimmung ab. Danach sind Bedingung, Befristung und Widerrufsvorbehalt i.S.v. Art. 36 Abs. 2 Nr. 1–3 BayVwVfG integrierte Bestandteile des Grundverwaltungsakts („erlassen werden mit") und untrennbar mit diesem verbunden. Auflage und Auflagenvorbehalt nach Art. 36 Abs. 2 Nr. 4 und Nr. 5 BayVwVfG sind demgegenüber selbständige Bestandteile des Verwaltungsakts („verbunden werden mit") mit der Folge, dass eine isolierte Anfechtung möglich ist.[12] Die Klagebefugnis ergibt sich insoweit aus der selbständigen Betroffenheit als Adressat der belastenden Auflage. Ob die Anfechtungsklage schließlich zur isolierten Aufhebung von Auflage oder Auflagenvorbehalt führt, soll nach BVerwG als Frage der Begründetheit davon abhängen, ob der Verwaltungsakt auch ohne Auflage oder Auflagenvorbehalt objektiv sinnvoll und rechtmäßig bleiben kann.[13]

Nicht selbständig anfechtbar sind dagegen Bedingung, Befristung und Widerrufsvorbehalt. Begehrt der Bauherr eine Genehmigung ohne die beigefügte Bedingung, muss er eine Verpflichtungsklage auf Erlass einer „bedingungslosen" bauaufsichtlichen Genehmigung erheben.[14] Für die Klagebefugnis muss die Möglichkeit eines Anspruchs auf die bauaufsichtliche Genehmigung ohne Bedingung, Befristung oder Widerrufsvorbehalt dargetan werden.

Gleiches gilt für sog. modifizierende Auflagen, die keine echten Auflagen i.S.v. Art. 36 Abs. 2 Nr. 4 BayVwVfG sind bzw. für Genehmigungsinhaltsbestimmungen. In diesen Fällen wird der Inhalt des Verwaltungsakts gegen- 11

---

[10] Zur analogen Anwendung des § 113 Abs. 1 S. 4 VwGO bei der Verpflichtungsklage vgl. BVerwG, BauR 1999, 1153; NVwZ 1993, 979; Konrad, JA 1998, 331.
[11] BVerwG, DVBl. 1984, 634.
[12] Vgl. VGH BW, NVwZ-RR 1997, 679 der diese Auffassung als „traditionelle" Auffassung bezeichnet; Eyermann, VwGO, § 42, Rn. 46–50; Axer, Jura 2001, 748.
[13] BVerwG, BayVBl. 2001, 632; BayVBl. 1996, 183; Störner, NVwZ 1996, 81.
[14] Vgl. Schwarzer/König, BayBO, Art. 72, Rn. 34; zur Meinungsvielfalt beim Rechtsschutz gegen Nebenbestimmungen vgl. etwa Maurer, Allgemeines Verwaltungsrecht, 13. Aufl., S. 331 ff.

über dem Genehmigungsantrag qualitativ verändert, aber keine zusätzliche Leistungspflicht begründet.[15]

III. Rechtsschutz des Bauherrn gegenüber einer bauaufsichtlichen Maßnahme

12 Klassische Maßnahmen der Bauaufsicht sind die Baueinstellung nach Art. 75 BayBO, die Nutzungsuntersagung gemäß Art. 76 S. 2 BayBO sowie die Beseitigungsanordnung nach Art. 76 S. 1 BayBO.[16]
Sämtliche dieser Eingriffsmaßnahmen sind gegenüber dem betroffenen Bauherrn belastende Verwaltungsakte, gegen die er nach § 42 Abs. 1 VwGO Anfechtungsklage, nach grundsätzlich vorher durchzuführenden Vorverfahren, erheben kann.
Die Klagebefugnis i. S. v. § 42 Abs. 2 VwGO ergibt sich in diesen Fällen für den Bauherrn aus seiner Stellung als „Adressat" der belastenden Maßnahme.[17] Im zweipoligen Rechtsverhältnis zwischen Bürger und Staat besteht aus dieser Situation heraus immer die Möglichkeit, dass der Bürger zumindest in seiner allgemeinen Handlungsfreiheit aus Art. 2 Abs. 1 GG verletzt wird. Adressat in diesem Sinne ist der Inhaltsadressat der Regelung, der mit der Anfechtungsklage einen materiellen Anspruch auf Kassation des belastenden Verwaltungsakts verfolgt.[18]

13 Im Hinblick auf den Zeitpunkt der für das Verwaltungsgericht maßgeblichen Sach- und Rechtslage, gilt bei Anfechtungsklagen (vorbehaltlich einer entsprechenden Regelung im materiellen Recht) die „Merkformel", dass es grundsätzlich auf den Zeitpunkt der letzten Behördenentscheidung – im Regelfall die Widerspruchsentscheidung – ankommt.[19] Eine Ausnahme gilt bei sog. Dauerverwaltungsakten, die sich nicht in einer einmaligen Regelungsanwendung erschöpfen, sondern fortwirkend Geltung beanspruchen und daher ständig durch aktuelles Recht gedeckt sein müssen. Maßgeblicher Zeitpunkt ist daher insoweit der Zeitpunkt der letzten mündlichen Verhandlung.[20] Baueinstellung (Art. 75 BayBO) und Nutzungsuntersagung (Art. 76 S. 2 BayBO) sind Dauerverwaltungsakte mit der Folge, dass es für ihre Rechtmäßigkeit auf den Zeitpunkt der letzten mündlichen Verhandlung ankommt.[21]
Bei der Beseitigungsanordnung (Art. 76 S. 1 BayBO) erschöpft sich der Regelungsgehalt dagegen in der Beseitigung des rechtswidrigen Vorhabens, so dass auf den Zeitpunkt der letzten Behördenentscheidung abzustellen ist. Soweit sich die Rechtslage nachträglich allerdings zugunsten des Bauherrn

---

[15] Vgl. Kap. II, Teil 2, Rn. 20.
[16] Dazu allgemein Konrad, JA 1998, 691; oben Kap. II, Teil 8.
[17] BVerwG, NVwZ 1993, 884; NJW 1988, 2752.
[18] Eyermann, VwGO, § 42, Rn. 88.
[19] BVerwG, NVwZ 1996, 66; Lemke, JA 1999, 240; Eyermann, VwGO, § 113, Rn. 45.
[20] BVerwG, NJW 1988, 2056; Eyermann, VwGO, § 113, Rn. 48.
[21] Decker in Simon/Busse, BayBO, Art. 75, Rn. 137; Schwarzer/König, BayBO, Art. 82, Rn. 16.

IV. Nachbarrechtsschutz

1. Begriff des Nachbarn im öffentlichen Baurecht

Die baurechtliche Nachbareigenschaft, die Voraussetzung für die Erhebung einer baurechtlichen Nachbarklage ist, setzt eine räumliche bzw. gegenständliche sowie eine rechtliche bzw. personale Beziehung zum Baugrundstück voraus.[23]

Das öffentliche Baurecht regelt die Bodennutzung unter Schaffung eines gerechten Ausgleichs zwischen den Grundstücken, insbesondere bei konfligierenden Nutzungen und ist daher grundstücks-, nicht personenbezogen. Dieser Ansatz kommt auch in einzelnen baurechtlichen Vorschriften, bspw. in Art. 54 Abs. 2 S. 3 BayBO, zum Ausdruck. Da die Grundstücke vom (zivilrechtlichen) Eigentümer, der Inhaber der umfassenden Sachherrschaft ist, „repräsentiert" werden, kommt wegen der bodenbezogenen Ausgleichsfunktion im Rahmen der Nutzungsgemeinschaft, die Nachbareigenschaft im öffentlichen Baurecht grundsätzlich nur den Eigentümern der betroffenen Grundstücke zu. Nachbarn in rechtlicher oder personaler Hinsicht sind nur die Eigentümer und die sog. eigentumsähnlich Berechtigten an einem Grundstück – das ist der Erbbauberechtigte, der Nießbraucher sowie der durch Auflassungsvormerkung gesicherte und besitzende Grundstückskäufer –. Keine Nachbarn i.S.d. des öffentlichen Baurechts sind dagegen obligatorisch Berechtigte, wie Mieter oder Pächter eines Grundstücks.[24] Mieter und Pächter müssen ihre „nachbarlichen" Interessen (besser: ihre Drittinteressen) gemäß Art. 66 Abs. 3 S. 3 BayBO über den Eigentümer durchsetzen und sich ggf. zivilrechtlich mit diesem auseinander setzen. Unabhängig von einer Regelung wie dem Art. 66 Abs. 3 S. 3 BayBO hat auch die Rechtsprechung des Bundesverfassungsgerichts, nach der das Besitzrecht des Mieters in den Schutzbereich des Art. 14 GG fällt, daran nichts geändert.[25] Streitgegenstand waren insoweit konkurrierende Eigentumspositionen von Eigentümer und Mieter vor dem Hintergrund der Frage einer Drittwirkung von Grundrechten im privatrechtlichen Rechtsverkehr. Es ging dabei nicht um eine für das öffentliche Baurecht relevante Verfestigung der vom Eigentümer lediglich abgeleiteten Beziehung des Mieters zum Grundstück.[26]

Unabhängig von der baurechtlich-grundstücksbezogenen Nachbareigenschaft mit dem Ansatz in Art. 14 GG, können sich Mieter und Pächter als obligatorisch Berechtigte eines Grundstücks unter bestimmten Voraussetzungen aber auf eine Verletzung ihrer körperlichen Unversehrtheit i.S.v.

---

[22] BVerwG, BauR 1986, 195; VGH BW, BauR 1988, 566; Konrad, JA 2006, 967.
[23] Vgl. oben Kap. II, Teil 3, Rn. 7 ff.
[24] Vgl. BVerwG, NVwZ 1998, 965; VGH BW, VBl. BW 2006, 246.
[25] Vgl. BVerfG, NJW 1993, 2035.
[26] Vgl. OVG Lüneburg, NVwZ 1996, 918; VG Gießen, NVwZ-RR 1995, 367; Schmidt-Preuß, NJW 1995, 27; a.A. Dürr, DöV 2001, 625.

Art. 2 Abs. 2 GG berufen. Insoweit geht es gerade nicht um einen aus Art. 14 GG abgeleiteten grundstücksbezogenen Nachbarschutz, sondern um einen personenbezogenen Drittschutz. Dieser kommt im Baurecht aber nur sehr eingeschränkt zur Anwendung. Notwendig ist dafür eine schwere und unerträgliche Betroffenheit des Nachbarn.[27] Im Übrigen sind Mieter und Pächter als Dritte gegenüber Immissionen, unabhängig von ihrer fehlenden baurechtlichen Nachbareigenschaft, nicht „rechtsschutzlos" gestellt. Da emittierende Bauvorhaben regelmäßig nicht genehmigungspflichtige Anlagen nach § 22 BImSchG sind kommt insoweit (jedenfalls repressiver) Drittschutz auf Grundlage des § 22 Abs. 1 Nr. 1 und Nr. 2 BImSchG in Betracht, die drittschützend sind. Bei nach Immissionsschutz genehmigungsfreien Anlagen, die gleichzeitig bauliche Anlagen nach Art. 2 I BayBO sind, stehen die immissionsschutzrechtlichen Eingriffsbefugnisse aus §§ 24, 25 BImSchG neben den bauordnungsrechtlichen Eingriffsbefugnissen.[28]

15 In räumlicher oder gegenständlicher Hinsicht sind Nachbarn immer die Eigentümer oder die eigentumsähnlich Berechtigten der unmittelbar an das Baugrundstück angrenzenden Grundstücke. Abhängig von der Art des Vorhabens, kann dieser Kreis allerdings auch weiter zu ziehen sein.

Beispiel: Ein emittierender Gewerbebetrieb, etwa eine KFZ-Reparaturwerkstätte, hat in räumlicher Hinsicht einen anderen, weiteren Einwirkungsbereich, als ein gewöhnliches Wohnbauvorhaben, bei dem es insoweit regelmäßig nur auf die unmittelbar angrenzenden Grundstücke ankommt.

2. Prozessuale Durchsetzung eines Genehmigungsabwehranspruchs

a) Verwaltungsprozessualer Rechtsbehelf

16 Wendet sich ein Nachbar gegen eine, einem Bauherrn erteilte, bauaufsichtliche Genehmigung, steht ihm nach Verwaltungsprozessrecht dafür, nach grundsätzlich vorheriger Durchführung eines Vorverfahrens gemäß § 68 Abs. 1 VwGO, die Anfechtungsklage nach § 42 Abs. 1 Alt. 1 VwGO zur Verfügung. Die Anfechtungsklage wird in diesen Fällen auch als „Drittanfechtungs- oder Nachbaranfechtungsklage" bezeichnet. Diese prozessuale Situation ergibt sich daraus, weil die Baugenehmigung und die übrigen bauaufsichtlichen Genehmigungen Verwaltungsakte mit Doppelwirkung (teilweise wird auch von Drittwirkung gesprochen) sind, die den Bauherrn begünstigen und den Nachbarn u. U. beeinträchtigen.[29]

Die Anfechtungsklage verhindert den Eintritt der Bestandskraft einer bauaufsichtlichen Genehmigung und damit eine „rechtliche Verfestigung" zum Nachteil des Nachbarn.[30]

---

[27] Vgl. auch OVG Lüneburg, NVwZ 2001, 456.
[28] BVerwG, NJW 1993, 342; BayVGH, NVwZ-RR 2000, 273.
[29] Hahn/Schulte, Öffentlich-rechtliches Baunachbarrecht, 1998, S. 134; Dürr, DöV 2001, 625.
[30] Vgl. auch BVerwG, BauR 1998, 533.

b) Klagebefugnis

Das Problem bei der Zulässigkeit einer nachbarlichen Anfechtungsklage gegen eine bauaufsichtliche Genehmigung (darüber hinaus generell bei Verwaltungsakten mit Doppel- bzw. Drittwirkung, die von Dritten angefochten werden) liegt schwerpunktmäßig bei der Feststellung der Klagebefugnis i. S. v. § 42 Abs. 2 VwGO. Da Nachbarn weder Inhaltsadressaten dieser Genehmigungen sind, noch ein allgemeiner Abwehranspruch gegenüber rechtswidrigen bauaufsichtlichen Genehmigungen besteht, müssen sie geltend machen können dadurch in eigenen subjektiv-öffentlichen Rechten verletzt zu sein.

Für die Klagebefugnis – gleiches gilt für die Widerspruchsbefugnis entsprechend § 42 Abs. 2 VwGO – reicht es aus, dass die Möglichkeit einer eigenen Rechtsverletzung dargetan wird, der Kläger also möglicherweise in einer nachbarschützenden Norm verletzt wird. Da die Anforderungen an diese Darlegungslast nach ständiger Rechtsprechung des Bundesverwaltungsgerichts nicht überspannt werden dürfen, entfällt die Möglichkeit einer eigenen Rechtsverletzung des Nachbarn nur dann, wenn ihm das nachbarschützende Recht, auf das er sich beruft, von vorneherein und offensichtlich sowie nach keiner rechtlichen Betrachtungsweise zustehen kann.[31]

Eine Vorschrift ist nach der sog. Schutznormtheorie nachbar- oder drittschützend, wenn sie nicht ausschließlich dem öffentlichen Interesse, sondern zumindest auch (nachbarlichen) Individualinteressen dient.[32] Dies ist regelmäßig durch Auslegung zu ermitteln und bei Normen der Fall, bei denen sich aus individualisierenden Tatbestandsmerkmalen ein Personenkreis ergibt, der sich von der Allgemeinheit unterscheidet.[33]

Ausgehend von diesem Ansatz werden im folgend nochmals die wichtigsten nachbarschützenden Vorschriften des Baurechts zusammenfassend dargestellt.

aa) Klausurrelevante nachbarschützende Regelungen des Bauplanungsrechts[34]

(1) Sog. „Gebietserhaltungsanspruch"

Typisierende Festsetzungen über die Art der baulichen Nutzung in einem Bebauungsplan sowie die ergänzenden Regelungen in §§ 12, 13, 14 BauNVO entfalten kraft Bundesrecht nachbarschützende Wirkung für alle Grundstückseigentümer im Geltungsbereich des Bebauungsplans. Sie sind dort zu einer „nachbarrechtlichen bzw. bau- und bodenrechtlichen Schicksalsgemeinschaft" zusammengeschlossen, da sie alle die gleichen Rechte haben und den gleichen Pflichten unterworfen sind.

Bei Zulassung eines „gebietsfremden" Vorhabens ergibt sich daraus ein nachbarlicher Abwehranspruch in Gestalt des sog. „Gebietserhaltungsan-

---

[31] BVerwG, NJW 1998, 173; NVwZ 1995, 1200; NVwZ 1993, 884; Eyermann, VwGO § 42, Rn. 93.
[32] Etwa BVerwG, DVBl. 1994, 284.
[33] BVerwGE 94, 151; E 81, 329; Lemke, JA 1999, 887.
[34] Vgl. dazu Konrad, JA 1997, 505.

spruchs", der keine tatsächliche und unzumutbare Beeinträchtigung voraussetzt.[35]

Der Gebietserhaltungsanspruch steht einem Nachbarn auch in den sog. faktischen Baugebieten des § 34 Abs. 2 BauGB zur Verfügung. In anderen planungsrechtlichen Bereichen kann dagegen nicht auf den Gebietserhaltungsanspruch zurückgegriffen werden.

21 Über die typisierten Gebietsfestsetzungen hinaus ist ansonsten im Hinblick auf andere Festsetzungen eines Bebauungsplans im Einzelfall zu prüfen, ob sie nach dem planerischen Willen der Gemeinde auch den Grundstückseigentümern im Plangebiet, ggf. auch solchen außerhalb des Plangebiets, zugute kommen sollen.

(2) Gebot der Rücksichtnahme[36]

22 Das Gebot der Rücksichtnahme hat mit der Leitentscheidung des Bundesverwaltungsgericht vom 25. 2. 1977 in die baurechtliche Nachbarklage Einzug gehalten.[37] Trotz seiner immensen Bedeutung gilt das Gebot der Rücksichtnahme (nach wie vor) nicht als eigenständiges und allgemeines (gar aus den Grundrechten abgeleitetes) rechtliches Gebot oder Rechtsprinzip, das neben Ansprüchen des Nachbarn aus einfach-gesetzlichen nachbarschützenden Normen steht. Unbestritten ist das Gebot der Rücksichtnahme aber zwischenzeitlich ein anerkanntes Rechtsinstitut im öffentlichen Bau(nachbar)recht.[38] Inhalt und Reichweite des Rücksichtnahmegebots werden durch die einfachen Gesetze bestimmt.[39] Von daher ist das Gebot der Rücksichtnahme aus einfach-gesetzlichen Bestimmungen des Baurechts abzuleiten, deren Bestandteil es ist,[40] und nachbarschützend, wenn in qualifizierter und individualisierter Art und Weise auf schützenswerte Interessen eines von der Allgemeinheit zu unterscheidenden Kreises Dritter Rücksicht zu nehmen ist. Seine Verletzung liegt vor, wenn der Nachbar tatsächlich unzumutbar beeinträchtigt wird.

23 Auf dieser Grundlage ist von der Rechtsprechung ein „Katalog" von bauplanungsrechtlichen Vorschriften aufgestellt worden, die – weil individualisierende Tatbestandsmerkmale enthaltend – im Zusammenspiel mit dem Gebot der Rücksichtnahme nachbarschützende Wirkung entfalten.[41]

Beispiele:
– Soweit regelmäßig etwa ausgeführt wird, dass § 34 Abs. 1 BauGB selbst nicht nachbarschützend ist, sondern nur das Gebot der Rücksichtnahme, das aus dem Tatbestandsmerkmal des „Einfügens" abgeleitet wird, ist dies exemplarisch für ein derartiges „Zusammenspiel".[42] Das Tatbestandsmerkmal „Einfügen" gibt u. a.

---

[35] Vgl. Kap. 2, Teil 4, Rn. 20.
[36] Vgl. oben Kap. 2, Teil 2, Rn. 21, 30, 59, 109 ff.
[37] BVerwG, NJW 1978, 62.
[38] Vgl. Hösch, VerwArch 1999, 402; Jäde, JuS 1999, 961.
[39] BVerwG, NVwZ 1987, 409; siehe auch BVerwG, NVwZ 1999, 879; DVBl. 1991, 819.
[40] BVerwG, UPR 1999, 191.
[41] Vgl. Muckel, JuS 2000, 132.
[42] BVerwG, NVwZ 1999, 523; BayVGH, BayVBl. 2006, 276; NiedersOVG, BauR 2007, 1214.

A. Gerichtlicher Rechtsschutz in der Hauptsache

einen bestimmten räumlichen Bereich vor, der es zulässt einen bestimmten Kreis von Betroffenen von der Allgemeinheit zu unterscheiden.
- Im Rahmen von Befreiungen nach § 31 Abs. 2 BauGB wird das Rücksichtnahmegebot relevant, soweit von nicht-nachbarschützenden Festsetzungen eines Bebauungsplans suspendiert wird. Abgeleitet wird das Gebot der Rücksichtnahme aus dem Tatbestandsmerkmal „unter Würdigung nachbarlicher Interessen", mit dem ein Personenkreis beschrieben wird, der sich von der Allgemeinheit unterscheidet.[43]
- Im Außenbereich des § 35 BauGB wird der öffentliche Belang des § 35 Abs. 3 S. 1 Nr. 3 BauGB als einfach-gesetzliche Ausprägung des Gebotes der Rücksichtnahme bei Immissionskonflikten, wenn es um schädliche Umwelteinwirkungen i. S. v. § 3 Abs. 1 BImSchG geht, betrachtet.[44]
- Eine besondere gesetzliche Ausprägung des Rücksichtnahmegebots ist auch § 15 Abs. 1 S. 2 BauNVO, der im Geltungsbereich eines Bebauungsplans, der die Art der baulichen Nutzung festsetzt, oder in einem faktischen Baugebiet gemäß § 34 Abs. 2 BauGB Anwendung findet.[45]

Welche Anforderungen an das Gebot der Rücksichtnahme konkret zu stellen sind, hängt von den Umständen des Einzelfalles ab. Die entscheidende Frage nach der Zumutbarkeit der jeweiligen Beeinträchtigungen – in der Regel geht es um Lärm- oder Geruchsimmissionen – beantwortet sich zunächst nach der konkreten Situation, in der sich das Nachbargrundstück befindet. Im Rahmen einer Abwägung sind dabei die durch die Gebietsart bestimmte Schutzwürdigkeit sowie die Intensität der Beeinträchtigung zu berücksichtigen. Auf diese Art und Weise ist festzustellen, was einerseits dem Rücksichtnahmeverpflichteten, andererseits dem Rücksichtnahmeberechtigten nach Lage der Dinge billigerweise zuzumuten ist. In der Sache geht es also um einen angemessenen Ausgleich der Interessen von Bauherr und Nachbar.[46]

Dabei darf insbesondere eine bereits bestehende Vorbelastung der Grundstückssituation durch vorhandene emittierende Betriebe in die Abwägung mit einfließen. Darüber hinaus kann auch der Grundsatz der zeitlichen Priorität („wer zuerst da war") insoweit eine Rolle spielen.[47] Andererseits kann derjenige, der sein Grundstück selbst nicht in baurechtlich legaler Weise nutzt (sog. „Schwarzbauer") keine Rücksichtnahme verlangen.[48] Abwägungsrelevant können überdies auch Erweiterungsabsichten eines emittierenden Betriebes sein, soweit sie bereits im genehmigten baulichen Bestand angelegt sind und nicht nur vage und unrealistisch sind.[49]

---

[43] Vgl. BVerwG, NVwZ-RR 1999, 981.
[44] BVerwG, ZfBR 2007, 275; BauR 1999, 1439; BayVGH, BayVBl. 1999, 215; OVG Münster, NVwZ-RR 2006, 774.
[45] BVerwG, NVwZ 2007, 587; NVwZ 1996, 379; BayVGH, BayVBl. 2006, 279; VGH BW, NVwZ-RR 2000, 348; vgl. auch Decker, JA 2007, 55 zum Gebietsprägungserhaltungsanspruch.
[46] BVerwG, BauR 1993, 1184; siehe auch BVerwG, BauR 1999, 145 zu einem Wertstoffcontainer in einem allgemeinen Wohngebiet; Dürr, DöV 2001, 625; Jäde, JuS 1999, 961.
[47] BVerwG, BayVBl. 2000, 632.
[48] BVerwG, BRS 56 Nr. 164; VGH BW, VBl.BW 1995, 481; BauR 1992, 491.
[49] BVerwG, NVwZ-RR 2001, 82; NVwZ 1993, 1184.

Regelmäßig wird die Zumutbarkeit von Beeinträchtigungen in der Klausurlösung aber mit Hilfe technischer Regelwerke bestimmt werden können.[50]

25 Die Unzumutbarkeit von Beeinträchtigungen i.S.d. Gebotes der Rücksichtnahme ist im Übrigen deckungsgleich mit der Erheblichkeit von Immissionen i.S.v. § 3 Abs. 1 BImSchG. Was immissionsschutzrechtlich unerheblich ist, ist bauplanungsrechtlich zumutbar und hinzunehmen.[51]

Baurecht und Immissionsschutzrecht stehen in wechselseitiger Beziehung. Zum einen konkretisiert das Immissionsschutzrecht allgemein die gebotene Rücksichtnahme auf die Nachbarschaft und damit auch für das Baurecht. Andererseits bestimmt das Baurecht, was im jeweiligen Baugebiet planungsrechtlich zulässig ist und legt damit die Schutzwürdigkeit des Gebietes fest.[52]

26 Wegen der Reichweite des Gebotes der Rücksichtnahme kommt in dessen Anwendungsbereich ein unmittelbarer nachbarlicher Abwehranspruch auf Grundlage des Eigentumsgrundrechts aus Art. 14 GG nicht (mehr) in Betracht. Ein solcher wurde (bisher) angenommen, wenn die vorgegebene Grundstückssituation infolge der bauaufsichtlichen Genehmigung nachhaltig verändert und der Nachbar dadurch „schwer und unerträglich" betroffen wurde. Die Einschränkung der schweren und unerträglichen Betroffenheit war geboten, da es in diesen Fällen nicht um einen unmittelbaren staatlichen Eingriff ging, sondern eine „mittelbare" staatliche Beeinträchtigung abgewehrt werden soll, die in der Ausnutzung der behördlichen Genehmigung durch den (privaten) Bauherrn besteht.[53] Da die Schwelle, ab der das Rücksichtnahmegebot verletzt ist, lediglich die Unzumutbarkeit der Beeinträchtigung voraussetzt und diese viel früher erreicht wird als die Schwelle der schweren und unerträglichen Betroffenheit, bleibt insoweit für selbständige nachbarliche Abwehransprüche aus Art. 14 GG neben dem Gebot der Rücksichtnahme kein Raum.[54]

Klausurhinweis: Kann in einem baurechtlichen Nachbarstreit – wie im Regelfall – die Klagebefugnis aus dem Gebot der Rücksichtnahme in Verbindung mit einer einfach-gesetzlichen Norm abgeleitet werden, ist darüber hinaus nicht mit Art. 14 GG als möglicher nachbarschützender Norm zu arbeiten.

Stellt sich heraus, dass die Beeinträchtigung unzumutbar ist, liegt ein Verstoß gegen das Rücksichtnahmegebot vor und die Nachbarklage hat deswegen Erfolg. Ist die Beeinträchtigung dagegen zumutbar, kann erst recht keine schwere und unerträgliche Betroffenheit vorliegen.

27 Art. 14 GG kann – außerhalb des Bereichs des Rücksichtnahmegebots – aber dann als unmittelbare nachbarliche Anspruchsnorm herangezogen werden, wenn infolge der bauaufsichtlichen Genehmigung das „Säuleneigentum" des Nachbarn betroffen ist.

---

[50] Vgl. Kap. 2 Teil 4, Rn. 82 ff.
[51] BVerwG, NVwZ 1999, 523; DöV 1988, 559; VGH BW, NVwZ 1999, 439.
[52] BVerwG, DVBl. 2000, 192; BayVGH, NVwZ-RR 2000, 273.
[53] BVerwG, BayVBl. 1977, 39.
[54] BVerwG, NVwZ 1998, 842; ZfBR 1996, 104; BayVGH, BayVBl. 1997, 665; siehe auch Muckel, JuS 2000, 132.

A. Gerichtlicher Rechtsschutz in der Hauptsache 341

Beispiel: Das Vorhaben des Bauherrn kann nur realisiert werden, wenn der Nachbar ein Notwegerecht oder ein Notleitungsrecht auf seinem Grundstück zu dulden hätte.[55]

bb) Klausurrelevante nachbarschützende Normen des Bauordnungsrechts

(1) Abstandsflächen, Art. 6 BayBO

Die klassischen nachbarschützenden Vorschriften des Bauordnungsrechts 28
sind die Vorschriften über die Abstandsflächen in Art. 6.[56]
Der bauordnungsrechtliche Nachbarschutz durch die Abstandsfläche und der bauplanungsrechtliche Nachbarschutz über das Gebot der Rücksichtnahme stehen selbständig nebeneinander. Nachdem ursprünglich davon ausgegangen wurde, dass ein Vorhaben, welches die Abstandsfläche einhält, nicht rücksichtslos sein kann, geht die Rechtsprechung mittlerweile davon aus, dass das (aus planungsrechtlichen Normen abzuleitende) bauplanungsrechtliche Gebot der Rücksichtnahme auch beeinträchtigt werden kann, wenn die landesrechtlichen Abstandsflächen eingehalten sind.[57] Darüber hinaus ist eine gewisse Tendenz erkennbar, nach der die herkömmlicherweise über das Abstandsflächenrecht geschützten Belange der ausreichenden Belichtung, Belüftung und Besonnung selbständig vom Gebot der Rücksichtnahme erfasst sein können, weil und wenn insoweit (auch) städtebauliche Belange betroffen sind.[58]

(2) Stellplatzregelungen, Art. 47 BayBO

Regelmäßig stellt sich in Klausuren auch die Frage der nachbarschützen- 29
den Wirkung der Regelung über Stellplätze in Art. 47 BayBO.[59] Soweit es um die Anzahl der notwendigen Stellplätze nach Art. 47 Abs. 1 S. 2, Abs. 2 BayBO geht, kann sich ein Nachbar darauf nicht berufen. Geschützt ist dadurch ausschließlich das öffentliche Interesse an der Sicherheit und Leichtigkeit des Verkehrs.[60]

(3) Abweichungen, Art. 63 BayBO

Im Zusammenhang mit der Erteilung von Abweichungen gemäß Art. 63 30
BayBO von materiellen bauordnungsrechtlichen Vorschriften hat zwischenzeitlich auch das „bauordnungsrechtliche Gebot der Rücksichtnahme"[61] Eingang in die baurechtliche Nachbarklage gefunden. U. a. verlangt Art. 63 Abs. 1 BayBO die „Würdigung der nachbarlichen Interessen". Insoweit ist die Interessenlage vergleichbar mit der in der Regelung des § 31 Abs. 2 BauGB bei Erteilung einer (bauplanungsrechtlichen) Befreiung von nicht-nach-

---

[55] BVerwGE 50, 282; BayVGH, BauR 2000, 855; BayVBl. 1999, 662.
[56] Vgl. Kap. 2, Teil 7, Rn. 16 ff.
[57] BVerwG, BayVBl. 2000, 532; NVwZ 1999, 879.
[58] BVerwG, UPR 1999, 381.
[59] Vgl. im Einzelnen Kap. 2, Teil 7, Rn. 64 ff.
[60] Vgl. OVG Münster, BauR 1999, 237; OVG Lüneburg, BauR 1998, 983.
[61] Vgl. Kap. 2, Teil 3, Rn. 37 ff.

barschützenden Festsetzungen eines Bebauungsplans. Wird von nicht-nachbarschützenden materiellen bauordnungsrechtlichen Regelungen eine Abweichung erteilt, kommt Nachbarschutz nach Maßgabe des Gebots der Rücksichtnahme in Betracht.[62]

Wird dagegen von nachbarschützenden Regelungen des Bauordnungsrechts abgewichen, bspw. von der Abstandsfläche nach Art. 6 BayBO, hat der Nachbar einen Anspruch darauf, dass dies nur unter Beachtung der rechtlichen Voraussetzungen in Art. 63 BayBO erfolgt.[63]

31 cc) Über bauplanungs- und bauordnungsrechtliche nachbarschützende Vorschriften hinaus, kann sich ein nachbarlicher Abwehranspruch auch aus sonstigen Normen ergeben, die im bauaufsichtlichen Genehmigungsverfahren zu prüfen sind. Im Falle eines umfassenden Genehmigungsverfahrens[64] nach Art. 68 Abs. 1 S. 1 BayBO kommt insoweit vor allem die Regelung des § 22 BImSchG in Betracht. Regelmäßig wird es sich bei emittierenden Bauvorhaben um Anlagen i. S. v. § 22 BImSchG handeln. § 22 Abs. 1 Nr. 1 und Nr. 2 BImSchG sind nachbarschützend.[65]

3. Reichweite des nachbarlichen Abwehranspruchs

32 Der nachbarliche Abwehranspruch gegen eine bauaufsichtliche Genehmigung geht nur soweit, wie ihre Feststellungswirkung reicht. Das hat Bedeutung vor allem für Baugenehmigungen, die im vereinfachten Genehmigungsverfahren nach Art. 59 S. 1 BayBO[66] erlassen werden. In diesem Fall bezieht sich die Feststellungswirkung der Baugenehmigung nur auf das (Pflicht)Prüfprogramm in Art. 59 S. 1 Nr. 1–3 BayBO. Entsprechend weit reicht auch nur der Nachbarschutz. Werden nachbarschützende Vorschriften außerhalb des Pflicht-Prüfprogramms verletzt, die von der Genehmigungsbehörde auch nicht fakultativ geprüft wurden, kann eine baurechtliche Nachbarklage darauf nicht gestützt werden. Möglich ist dann nur ein Antrag des Nachbarn auf bauaufsichtliches Einschreiten.[67] Da das Pflicht-Prüfprogramm des Art. 59 S. 1 BayBO im Wesentlichen (nur noch) auf die Prüfung des Bauplanungsrechts beschränkt ist, kann für die Praxis und die Falllösung davon ausgegangen werden, dass insoweit die Fälle des repressiven Nachbarschutzes wegen der Verletzung nachbarschützender Normen des Bauordnungsrechts zunehmen werden.

Beispiel: Wird eine Baugenehmigung auf Grundlage des Art. 59 S. 1 BayBO ausschließlich unter Berücksichtigung des Pflicht-Prüfprogramms für ein Einfamilienwohnhaus in Hanglage erteilt, ist dabei die Standsicherheit nicht Teil dieser Prüfung.[68] Befürchtet der unterliegende Nachbar, dass die Standsicherheit nicht gewährleistet ist, kann er die Baugenehmigung unter Berufung darauf – obwohl die

---

[62] BayVGH, BayVBl. 2001, 276; BayVBl. 2000, 532; siehe auch BayVGH, BayVBl. 1999, 215; Jäde, VA 2000, 177.
[63] Schwarzer/König, BayBO, Art. 70, Rn. 10; BayVGH, BauR 2007, 1858.
[64] Vgl. Kap. 2, Teil 6, Rn. 17.
[65] BVerwG, NVwZ 1997, 276.
[66] Vgl. Kap. 2, Teil 6, Rn. 9 ff.
[67] BVerwG, NVwZ 1998, 58; BayVGH, BayVBl. 2003, 505; BayVBl. 2000, 377.
[68] Vgl. BayVGH, BayVBl. 2000, 377.

A. Gerichtlicher Rechtsschutz in der Hauptsache

Regelung über die Standsicherheit in Art. 10 BayBO nachbarschützende Wirkung hat – nicht anfechten. Es bleibt nur ein Antrag auf bauaufsichtliches Einschreiten. Das Gleiche gilt insbesondere für die Fälle, in denen die nach Art. 6 BayBO notwendige Abstandsfläche nicht eingehalten wird.

4. Prüfungsumfang in der Begründetheit der Nachbarklage

Für die Begründetheit einer baurechtlichen Nachbarklage – eine prozessuale Selbstverständlichkeit – kommt es darauf an, dass eine nachbarschützende Norm tatsächlich verletzt wird.

Allein die objektive Rechtswidrigkeit der Baugenehmigung führt nicht zu ihrem Erfolg.[69] Die Nachbarklage ist in einem solchen Fall unbegründet.

Hinweis: Auch der Anfechtungswiderspruch eines Nachbarn kann – obwohl der Widerspruchsbehörde nach § 68 Abs. 1 S. 1 VwGO grundsätzlich die volle Sachherrschaft zukommt – nur Erfolg haben, wenn nachbarschützende Vorschriften verletzt werden. Nur in einem solchen Fall darf die Widerspruchsbehörde dem nachbarlichen Widerspruch stattgeben.[70]

Wird im Rahmen einer Baunachbarklage die Baugenehmigung wegen der Verletzung einer nachbarschützenden Norm gemäß § 113 Abs. 1 S. 1 VwGO rechtskräftig aufgehoben, hindert die materielle Rechtskraft die Behörde daran, dieselbe Baugenehmigung bei unveränderter Sach- und Rechtslage erneut zu erteilen.[71]

5. Zeitpunkt der maßgeblichen Sach- und Rechtslage für die Entscheidung durch das Verwaltungsgericht

Bei Anfechtungsklagen gilt (vorbehaltlich des zugrundeliegenden materielle Rechts) die Faustformel, dass es grundsätzlich auf den Zeitpunkt der letzten Behördenentscheidung als maßgebliche Sach- und Rechtslage ankommt (vgl. oben Rn. 13).

Für die baurechtliche Nachbarklage gelten Ausnahmen von der Faustregel.

Ändert sich die Sach- und Rechtslage nachträglich zulasten des Bauherrn ist maßgeblicher Zeitpunkt der Zeitpunkt der Genehmigungserteilung.[72] Bei nachträglichen Änderungen zugunsten des Bauherrn ist dagegen der Zeitpunkt der gerichtlichen Entscheidung maßgeblich.[73]

6. Beiladung

Im Rahmen der baurechtlichen Nachbarklage – der Nachbar klagt gegen den Rechtsträger der Baugenehmigungsbehörde auf Kassation der Baugenehmigung – ist der Bauherr gemäß § 65 Abs. 2 VwGO notwendig beizula-

---

[69] Vgl. etwa VG Karlsruhe, VBl. BW 2000, 233.
[70] BVerwG, BRS 50 Nr. 183; E 47, 19.
[71] BVerwG, ZfBR 2000, 490.
[72] BVerwG, BauR 1998, 895; OVG Weimar, NuR 2000, 478; BayVGH, BayVBl. 1992, 211.
[73] BVerwG, NVwZ-RR 1996, 628; OVG Münster, NVwZ-RR 1996, 637.

den. Die Entscheidung kann in diesem Fall für Nachbar und Bauherr nur einheitlich ergehen.

7. Geltendmachung eines nachbarlichen Anspruchs auf bauaufsichtliches Einschreiten (repressiver Nachbarschutz)

a) bei (klassischen) „Schwarzbauten"

37 Errichtet ein Bauherr sein Vorhaben ohne oder abweichend von einer Baugenehmigung scheiden Anfechtungsrechtsbehelfe des Nachbarn aus.

38 Zur Sicherung der nachbarlichen Rechtsposition kommt nur das Geltendmachen eines Anspruchs auf bauaufsichtliches Einschreiten durch die Baugenehmigungsbehörde in Betracht.

Da die bauaufsichtlichen Eingriffsbefugnisse Verwaltungsakte i. S. v. Art. 35 BayVwVfG sind, sind sie verwaltungsprozessual mit der Verpflichtungsklage gemäß § 42 Abs. 1 Alt. 2 VwGO durchzusetzen, soweit die Bauaufsichtsbehörde ein Einschreiten ablehnt.

Problematisch ist, dass die bauaufsichtlichen Eingriffsbefugnisse in das Ermessen der Behörde gestellt sind.[74] Unter der Voraussetzung, dass Rechtspositionen des Nachbarn überhaupt berührt werden, besteht daher zunächst grundsätzlich nur ein Anspruch des Nachbarn darauf, dass die Bauaufsichtsbehörde ihr Ermessen ordnungsgemäß ausübt.[75] Nur dann, wenn das Ermessen ausnahmsweise auf Null reduziert ist, hat der Nachbar einen Rechtsanspruch auf Erlass der begehrten bauaufsichtlichen Maßnahme.

Unter welchen Voraussetzungen das Ermessen in diesen Fällen reduziert sein kann, ist umstritten. Aus den in Kapitel 2, Teil 8, Rn. 77–80 genannten Gründen sollte abhängig von der Eingriffsintensität, also bei der Baueinstellung und der Nutzungsuntersagung, die Verletzung einer nachbarschützenden Norm dafür ausreichen.

39 Für das Vorliegen der Klagebefugnis nach § 42 Abs. 2 VwGO reicht es aus, wenn nicht von vorneherein und unter jeglichem rechtlichen Gesichtspunkt ausgeschlossen werden kann, dass das Ermessen auf Null reduziert ist und daher ein Rechtsanspruch auf bauaufsichtliches Einschreiten besteht.

Hinweis: Selbstverständlich können im Rahmen der Klausurlösung auch die anderen Auffassungen vertreten und für eine Ermessensreduzierung auf Null auch bei der Baueinstellung und der Nutzungsuntersagung zusätzlich insbesondere eine nachhaltige Beeinträchtigung oder eine Beeinträchtigung von hoher Intensität gefordert werden.[76]

40 Ist das Einschreitensermessen nicht auf Null reduziert, kann das Verwaltungsgericht die Behörde nicht entsprechend § 113 Abs. 5 S. 1 VwGO verpflichten. Möglich ist dann nur ein sog. Bescheidungsurteil nach § 113 Abs. 5 S. 2 VwGO, in dem der Behörde aufgegeben wird unter Beachtung der Rechtsauffassung des Gerichts erneut über den Antrag auf bauaufsicht-

---

[74] Vgl. Kap. 2, Teil 8.
[75] Vgl. Decker in Simon/Busse, BayBO, Art. 76, Rn. 482 zur Nutzungsuntersagung; Konrad, JA 1998, 691.
[76] Vgl. etwa BayVGH, BayVBl. 1997, 23; VGH Kassel, NuR 2000, 516.

liches Einschreiten zu entscheiden. In diesem Fall wird der Verpflichtungsantrag (im übrigen) abgewiesen.

Klausurhinweis: Bevor im Rahmen der Begründetheit einer Verpflichtungsklage auf bauaufsichtliches Einschreiten geprüft, ob das Ermessen auf Null reduziert ist, weil (zumindest) gegen eine nachbarschützende Vorschrift verstoßen wird, ist zunächst zu prüfen (was häufig vergessen wird), ob die Tatbestandsvoraussetzungen der jeweiligen Eingriffsnorm überhaupt vorliegen. Fehlt es schon daran, kommt ein bauaufsichtliches Einschreiten ohnehin nicht in Betracht und die Verpflichtungsklage ist deswegen (jedenfalls) unbegründet.

Maßgeblicher Beurteilungszeitpunkt für die Sach- und Rechtslage ist entsprechend der Faustregel bei Verpflichtungsklagen grundsätzlich der Zeitpunkt der letzten mündlichen Verhandlung. 41

b) bei genehmigungsfreigestellten Vorhaben

Die gleichen Grundsätze wie im Zusammenhang mit einem nachbarlichen Anspruch auf bauaufsichtliches Einschreiten gegen „Schwarzbauten", gelten auch, wenn gegen ein genehmigungsfreigestelltes Vorhaben vorgegangen werden soll.[77] Der gerichtliche Rechtsschutz ist in der Hauptsache mit einer Verpflichtungsklage nach § 42 Abs. 1 Alt. 2 VwGO zu verfolgen.[78] 42

8. Verhältnis zum zivilrechtlichen Nachbarschutz

Neben dem verwaltungsgerichtlichen Rechtsschutz steht dem Nachbarn im baurechtlichen Nachbarstreit auch zivilrechtlicher Rechtsschutz auf Grundlage von §§ 1004, 906 BGB zur Verfügung. 43

Öffentliches und privates Nachbarrecht stehen ganz überwiegender Auffassung gleichrangig nebeneinander.[79]

Allerdings befinden sich das öffentliche und das private Nachbarrecht, vor allem soweit es um die Zumutbarkeit von Immissionen geht, auf dem Weg der „Harmonisierung". Sowohl der Bundesgerichtshof wie auch das Bundesverwaltungsgericht haben sich für einen einheitlichen Beurteilungsmaßstab entschieden mit der Folge, dass der Erheblichkeit in § 3 Abs. 1 BImSchG bzw. der Unzumutbarkeit und der Wesentlichkeit i. S. v. § 906 Abs. 1 BGB die gleichen Standards zugrunde gelegt werden.[80] Darüber hinaus ist insoweit auch der Gesetzgeber tätig geworden und mit dem Sachenrechtsänderungsgesetz im Jahr 1994 (BGBl. I S. 2489) die Regelung des § 906 Abs. 1 S. 2, 3 BGB neu gefasst. § 906 Abs. 1 S. 2, 3 BGB nimmt für die Wesentlichkeit von Immissionen Bezug auf technische – im öffentlichen Recht geltende – Regelwerke, sowohl auf Gesetze, wie etwa auf die Verordnungen nach dem Bundesimmissionsschutzgesetz, wie auch auf Verwaltungsvorschriften, wie die TA Luft und die TA Lärm.

---

[77] Vgl. Kap. 2, Teil 5, Rn. 52–54.
[78] Vgl. Schwarzer/König, BayBO, Art. 64, Rn. 35.
[79] Zur Theorie der Zweigleisigkeit vgl. BGH, NJW 1995, 714; BVerwG, NJW 1989, 1291; OLG Stuttgart, ZUR 2000, 29; siehe auch BayVGH, BayVBl. 1999, 215; Hagen, ZfBR 1995, 61.
[80] Vgl. Hagen, NJW 1993, 2570.

Damit ist bei zumutbaren bzw. unerheblichen bzw. unwesentlichen Immissionen sowohl ein öffentlich-rechtlicher Abwehranspruch des Nachbarn, wie regelmäßig auch ein zivilrechtlicher Abwehranspruch unmittelbar gegen den Bauherrn ausgeschlossen.

V. Rechtsschutz der Gemeinden

1. Genehmigungsabwehranspruch von Gemeinden gegenüber bauaufsichtlichen Genehmigungen

44 Wendet sich eine Gemeinde gegen die bauaufsichtliche Genehmigung eines Bauherrn, kann sie – nach grundsätzlich vorheriger Durchführung eines Vorverfahrens – vor dem Verwaltungsgericht dagegen Anfechtungsklage nach § 42 Abs. 1 Alt. 1 VwGO erheben. Die Gemeinde ist im Verhältnis zum Bauherrn und zur Bauaufsichtsbehörde Dritte. Die baurechtliche Nachbareigenschaft, die im Eigentumsgrundrecht des Art. 14 GG ansetzt, kommt ihr dagegen nicht zu, da Gemeinden nicht Träger des Grundrechts aus Art. 14 GG sein können.[81]

45 Für den Erfolg ihrer Drittanfechtungsklage muss sich die betroffene Gemeinde auf eine eigene wehrfähige Rechtsposition berufen können. Dies wird im Regelfall die Planungshoheit als Teil der verfassungsmäßig gewährleisteten Selbstverwaltungsgarantie aus Art. 28 Abs. 2 GG sein, die durch einfach-gesetzliche Vorschriften konkretisiert werden kann.[82] Insoweit bedeutsam ist vor allem eine Verletzung des Einvernehmenserfordernisses i. S. v. § 36 BauGB.[83]

Darüber hinaus kann für eine gemeindliche Klagebefugnis auch die Regelung des § 2 Abs. 2 BauGB herangezogen werden. Zwar ist die Vorschrift des § 2 Abs. 2 S. 1 BauGB, die das interkommunale Abstimmungsgebot beinhaltet,[84] ihrer systematischen Stellung nach auf das Bauleitplanverfahren zugeschnitten. Eine Gemeinde kann sich aber auch auf § 2 Abs. 2 S. 1 BauGB berufen, wenn sie eine Baugenehmigung für das Vorhaben eines privaten Bauherrn in einer Nachbargemeinde anficht und diese Baugenehmigung auf einem nicht abgestimmten Bebauungsplan beruht.[85]

---

[81] BVerwG, ZfBR 2000, 66; NVwZ 1997, 169.
[82] BVerwG, UPR 1999, 146; siehe auch Schoch, Jura 2001, 121.
[83] Vgl. BayVGH, NuR 2000, 639; siehe auch BVerwG, NVwZ 2000, 1048 zur materiellen Beschwer einer – Rechtsmittel einlegenden – Gemeinde wegen der Verletzung der Planungshoheit; auch Hässy, BauR 2001, 1533.
[84] Dazu Kap. 3, Teil 1, Rn. 110–112.
[85] BayVGH, BauR 2000, 365; OVG Greifswald, DÖV 2001, 134; OVG Koblenz, NVwZ 1999, 435 zu einem sog. factory-outlet-center; VGH BW, VBl.BW, 2007, 310.

A. Gerichtlicher Rechtsschutz in der Hauptsache

2. Geltendmachung eines Anspruchs einer Gemeinde zum Schutz ihrer Planungshoheit

Soweit ein genehmigungspflichtiges Bauvorhaben durch einen Bauherrn ohne entsprechendes Verfahren und ohne entsprechende Genehmigung verwirklicht wird, hat die jeweilige Gemeinde grundsätzlich ein subjektives Recht eine fehlerfreie Entscheidung durch die Bauaufsichtsbehörde, weil andernfalls eine Missachtung der der Gemeinde vom Gesetzgeber eingeräumten Rechtsstellung sanktionslos bliebe.[86]

46

3. Gemeindlicher Rechtsschutz gegenüber Bebauungsplänen anderer Gemeinden

Gegen Bebauungspläne anderer Gemeinden – insoweit aktuell ist die Ausweisung sog. factory-outlet-center – kann die betroffene Gemeinde mittels einer Normenkontrolle gemäß § 47 VwGO vorgehen. Eine abwehrfähige Rechtsposition ergibt sich dabei aus § 2 Abs. 2 BauGB.[87]

47

§ 2 Abs. 2 S. 1 BauGB enthält die Pflicht der gegenseitigen materiellen Abstimmung für Bauleitpläne benachbarter Gemeinden. Diese besteht immer dann, wenn von der gemeindlichen Planung unmittelbare Auswirkungen gewichtiger Art auf das Gebiet der benachbarten Gemeinde ausgehen können. Auf ein unmittelbares Angrenzen der Gemeinden kommt es dabei genau so wenig an, wie darauf, ob bei der Nachbargemeinde bereits eigene und bestimmte planerische Vorstellungen vorhanden sind.[88]

Das interkommunale Abstimmungsgebot aus § 2 Abs. 2 S. 1 BauGB ist verletzt, wenn unmittelbare Auswirkungen gewichtiger Art hinsichtlich der städtebaulichen Entwicklung und Ordnung vorliegen und diese für die betroffene Gemeinde unzumutbar sind.[89]

Im Zusammenhang mit den sog. factory-outlet-centern geht es dabei vor allem um die Frage, ab welcher Schwelle unzumutbare Kaufkraftabflüsse oder Kaufkraftumschichtungen zu lasten der betroffenen Gemeinde gegeben und entsprechend als städtebaulich betroffene Belange zu berücksichtigen sind.[90]

Eine wehrfähige und zur Normenkontrolle berechtigende Rechtsposition, kann sich für Nachbargemeinden auch aus § 2 Abs. 2 S. 2 BauGB ergeben, soweit ihnen über die Raumordnungsplanung eine bestimmte Funktion zugewiesen ist und diese durch die planende Gemeinde beeinträchtigt wird.

---

[86] Vgl. BayVGH, BayVBl. 1998, 81 zum Anspruch einer Gemeinde auf einschreiten bei Verstoß gegen eine örtliche Bauvorschrift; siehe auch BayVGH, NuR 2000, 639.
[87] Vgl. Konrad, JA 2001, 975.
[88] BVerwG, DöV 1995, 820; BayVGH, BauR 1999, 1140.
[89] BVerwG, BayVBl. 2011, 151; NVwZ 1994, 284; VG Hannover, BauR 2001, 67.
[90] Dazu Otting, DVBl. 1999, 595, die Grenze ist bei etwa 10% des gesamten innerstadtrelevanten Einzelhandels zu ziehen; s.a. BVerwG, BauR 2010, 740; OVG Koblenz, ZfBR 2011, 260; VG München v. 29. 8. 2006, juris.

VI. Normenkontrolle, § 47 VwGO

1. Charakterisierung

48 Die Normenkontrolle ist statthafter Rechtsbehelf, wenn unmittelbar die Rechtmäßigkeit einer städtebaulichen Satzung überprüft werden soll.
Hauptanwendungsfall der Normenkontrolle gemäß § 47 Abs. 1 Nr. 1 VwGO ist die Überprüfung von Bebauungsplänen.

49 Die Normenkontrolle nimmt im System des verwaltungsgerichtlichen Rechtsschutzes, wegen ihres Doppelcharakters, eine Sonderstellung ein. Sie ist sowohl subjektives Rechtsschutzverfahren – weil im Rahmen der Zulässigkeit nach § 47 Abs. 2 S. 1 VwGO eine mögliche Rechtsverletzung verlangt wird –, wie auch objektives Rechtsbeanstandungsverfahren, da im Rahmen der Begründetheit nur die Vereinbarkeit mit höherrangigem Recht geprüft wird, ohne dass es auf eine individuelle Rechtsverletzung ankommt.
Diese Besonderheiten dürfen in der Klausurbearbeitung nicht verkannt werden.[91]

2. Zulässigkeit der Normenkontrolle

50 Die Zulässigkeit eines Normenkontrollantrags setzt zunächst die Zuständigkeit des BayVGH (vgl. § 184 VwGO, Art. 1 Abs. 1 AGVwGO) voraus, der nur im Rahmen seiner Gerichtsbarkeit entscheidet. Deshalb kommt eine Normenkontrolle nur in Betracht, wenn es um eine Norm geht, aus deren Vollzug sich öffentlich-rechtliche Streitigkeiten i.S.v. § 40 Abs. 1 VwGO ergeben können.[92]
Die Statthaftigkeit eines Normenkontrollantrag ist abschließend in § 47 Abs. 1 Nr. 1 und Nr. 2 VwGO geregelt. Nach der Rechtsprechung des Bundesverwaltungsgerichts haben die mit Ausschlusswirkung versehenen Konzentrationen des § 35 Abs. 3 S. 3 BauGB den Charakter einer Rechtsvorschrift entsprechend § 47 Abs. 1 Nr. 1 VwGO und sind normenkontrollfähig.[93]

51 Die Antragsbefugnis gemäß § 47 Abs. 2 S. 1 VwGO verlangt, dass die Möglichkeit dargetan wird durch die Norm oder ihre Anwendung in eigenen Rechten verletzt zu sein oder verletzt zu werden.[94] Die Anforderungen an die Geltendmachung einer Rechtsverletzung i.S.v. § 47 Abs. 2 S. 1 VwGO sind dabei nicht höher als die Anforderungen in § 42 Abs. 2 VwGO.[95]

52 Regelmäßig antragsbefugt ist der Eigentümer eines Grundstücks im Geltungsbereich eines Bebauungsplans, wenn er sich gegen eine konkrete sein Grundstück betreffende Festsetzung wendet. Die Festsetzungen eines Bebau-

---

[91] BayVGH, BayVBl. 1998, 80; Kintz, JuS 2000, 1099; Konrad, JA 1999, 331.
[92] BVerwG, NVwZ 1996, 63; siehe auch BayVGH, BayVBl. 2001, 83 zur „Aufspaltung" des Rechtswegs.
[93] BVerwG, NVwZ 2007, 1081.
[94] Vgl. BVerwG, NVwZ 2000, 1296.
[95] BVerwG, NJW 1999, 592.

ungsplans sind Inhalts- und Schrankenbestimmungen des Eigentums, so dass er sich auf sein Eigentumsgrundrecht aus Art. 14 GG stützen kann.[96]

Darüber hinaus kommt dem sog. Recht auf gerechte Abwägung der eigenen schützenswerten Belange eine immense Bedeutung für die Antragsbefugnis gegen Bebauungspläne zu. Das Recht auf gerechte Abwägung der eigenen schützenswerten Belange ergibt sich aus § 1 Abs. 7 BauGB. § 1 Abs. 7 BauGB hat nach inzwischen gefestigter Rechtsprechung drittschützenden Charakter.[97] Auf § 1 Abs. 7 BauGB können sich vor allem auch obligatorisch Berechtigte eines Grundstücks, wie Mieter und Pächter sowie Personen berufen, die sich außerhalb des Geltungsbereichs des Bebauungsplans befinden.[98] 53

Antragsbefugt sind auch Behörden, ohne dass es für sie (was im Übrigen nicht möglich sein kann) auf eine eigene Rechtsverletzung ankommt. Notwendig ist allerdings, dass sie von dem Bebauungsplan anwendungsbetroffen sind, weil sie ihn ggf. vollziehen müssen, oder regelungsbetroffen sind, weil ihr Zuständigkeitsbereich durch den Bebauungsplan berührt wird.[99] 54

Die Möglichkeit einer Normenkontrolle gegen einen Bebauungsplan durch Behörden ist das notwendige Korrelat dazu, dass sie nach ganz überwiegender Auffassung keine Normverwerfungskompetenz besitzen.[100]

Der Normenkontrollantrag ist fristgebunden und kann nach § 47 Abs. 2 S. 1 VwGO nur innerhalb eines Jahres seit Bekanntmachung eines Bebauungsplans erhoben werden. Nicht ausgeschlossen ist nach wohl überwiegender Auffassung eine Inzidentkontrolle der Norm im Rahmen einer Anfechtungs- oder Verpflichtungsklage auch nach Ablauf der Frist des § 47 Abs. 2 S. 1 VwGO.[101] 55

Für die Zulässigkeit der Normenkontrolle ist darüber hinaus zu beachten, dass vor dem BayVGH nach § 67 Abs. 4 VwGO Vertretungszwang besteht. Wird der Antrag nicht von einem Rechtsanwalt gestellt, fehlt die Postulationsfähigkeit. 56

3. Begründetheit der Normenkontrolle

Wie bereits ausgeführt, kommt es für die Begründetheit der Normenkontrolle nur darauf an, ob die zu überprüfende Norm gegen höherrangiges Recht verstößt. 57

---

[96] BVerwG, NVwZ 2000, 1413; BayVBl. 1998, 57.
[97] BVerwG, NVwZ 2004, 1120; NVwZ 2000, 1413; DVBl. 1999, 100; BayVGH, BayVBl. 2007, 17; VGH BW, NuR 2000, 698; NVwZ 2000, 1187; OVG Münster, NVwZ 2000, 1307; siehe auch BVerwG, ZfBR 1999, 344 zu einer Satzung über einen Vorhabens- und Erschließungsplan.
[98] BVerwG, DÖV 2000, 466; VGH BW, NVwZ 2000, 1187.
[99] Vgl. VGH BW, NuR 1999, 110.
[100] BVerwG, UPR 1990, 25; BayVGH, BayVBl. 1982, 654; VG Regensburg, FSt 2000 Nr. 246; Grill, JuS 2000, 1080; Engel, NVwZ 2000, 1258; a.A. OVG Lüneburg, NVwZ 2000, 1061.
[101] BVerwG, ZfBR 2007, 149; BayVGH, BayVBl. 2002, 766.

58 Im Zusammenhang mit der Überprüfung eines Bebauungsplans bedeutet dies, dass dessen formelle und materielle Rechtmäßigkeit anhand der Vorgaben des Baugesetzbuchs zu prüfen ist.

59 Der richtige Antragsgegner bestimmt sich nach § 47 Abs. 2 S. 2 VwGO. Der Antrag ist gegen den Rechtsträger desjenigen Organs zu richten, das die angegriffene Rechtsnorm erlassen hat.

60 Wegen des Landesverfassungsvorbehalts in § 47 Abs. 3 VwGO, ist in Bayern die Prüfung der Grundrechte der Bayerischen Verfassung nach Art. 98 S. 4 BV dem Bayerischen Verfassungsgerichtshof vorbehalten.

Beispiel: In seiner Sitzung am 23. 5. 2006 fasst der Gemeinderat der kreisangehörigen Gemeinde Budorf den Beschluss über die Aufstellung des Bebauungsplans „Silberwald". Beabsichtigt ist die Ausweisung eines allgemeinen Wohngebiets. Der Flächennutzungsplan stellt im fraglichen Bereich eine Wohnbaufläche dar. Nachdem die Träger öffentlicher Belange beteiligt worden sind, wurde am 13. 6. 2006 ortsüblich, unter Beifügung aller notwendigen Hinweise, bekannt gemacht, dass der Bebauungsplanentwurf in der Zeit von Montag, 26. 6. 2006 bis Montag, 24. 7. 2006 öffentlich zur Einsichtnahme im Rathaus (Saal 2) ausliegt.

In der Sitzung am 30. 7. 2006 befasste sich der Gemeinderat mit den während der Auslegung eingegangenen Anregungen. Dem Vorbringen des Karl Kalb, der in etwa 100 m Entfernung eine Schweinemast betreibt und der befürchtet künftig Schwierigkeiten zu bekommen, wenn die Wohnbebauung vorhanden ist, begegnet der Gemeinderat mit der knappen Feststellung, dass jeder dort hinziehe um den Gestank weiß und sich damit abfinden müsse. Weiteren Aufklärungsbedarf sieht der Gemeinderat nicht. Die entsprechenden Überlegungen ergeben sich aus der Sitzungsniederschrift.

Nach einstimmigem Beschluss wurde der Bebauungsplan am 7. 8. 2006 ortsüblich bekannt gemacht. Der an diesem Tag dienstlich abwesende 1. Bürgermeister unterschrieb den Bebauungsplan unmittelbar nach seiner Rückkehr am 8. 8. 2006.

Karl Kalb will den Bebauungsplan nicht akzeptieren und dagegen Normenkontrolle erheben. Mit Erfolg?

Die Normenkontrolle ist zulässig. Der Antrag ist nach § 47 Abs. 1 Nr. 1 VwGO statthaft. Karl Kalb ist insbesondere auch antragsbefugt. Eine eigene Rechtsverletzung erscheint nicht ausgeschlossen, da möglicherweise seine berechtigten (wirtschaftlichen) Belange im Rahmen der Abwägung nach § 1 Abs. 7 BauGB nicht ausreichend gewürdigt worden sind. Das sich aus § 1 Abs. 7 BauGB ergebende Recht auf gerechte Abwägung der eigenen schützenswerten Belange ist drittschützend. Der Antrag ist nach § 47 Abs. 2 S. 1 VwGO innerhalb eines Jahres nach Bekanntmachung des Bebauungsplans von einem Rechtsanwalt gemäß § 67 Abs. 1 VwGO beim BayVGH zu stellen.

Der Normenkontrollantrag ist begründet, wenn der Bebauungsplan „Silberwald" gegen höherrangiges Recht verstößt, also formell und/oder materiell fehlerhaft ist.

Der Bebauungsplan könnte schon verfahrensfehlerhaft sein. In Betracht kommt ein Verstoß gegen die Regelung des § 3 Abs. 2 S. 1 BauGB über die öffentliche Auslegung des Bebauungsplanentwurfs. Die Auslegung muss für die Dauer eines Monats erfolgen. Die Auslegungsfrist des § 3 Abs. 2 S. 1 BauGB ist eine sog. Ablauffrist, die sich entsprechend Art. 31 BayVwVfG, §§ 187 Abs. 2, 188 Abs. 2 Alt. 2 BGB berechnet und bei der erste Tag der Auslegung mit zu berücksichtigen ist. Danach beginnt die Auslegung hier am 26. 6. 2006 und endet mit Ablauf des 25. 7. 2006. Da Fristende vorliegend aber der 24. 7. 2006 war, war die Auslegung zu kurz bemessen mit der Folge, dass ein Verstoß gegen § 3 Abs. 2 S. 1 BauGB vorliegt. Fraglich ist, ob dieser Verfahrensfehler die Unwirksamkeit des Bebauungsplans zur Folge hat. Insoweit sind die Planerhaltungsregelungen der §§ 214, 215 BauGB zu berücksichtigen. Hier liegt ein nach § 214 Abs. 1 Nr. 2 BauGB beachtlicher Verfahrensfehler vor. Da er innerhalb eines Jahres noch rügbar ist, wird er auch nicht gemäß § 215 Abs. 1 Nr. 1 BauGB unbeachtlich. Ausreichend für die Einhaltung der Jahresfrist ist im Übrigen die rechtzeitige schriftsätzliche Rüge im Normenkontrollverfahren.[102]

Ein Verstoß gegen die Verfahrensgrundnorm des § 2 Abs. 3 BauGB ist nicht gegeben, da der Gemeinderat Abwägungsmaterial gesammelt und bewertet hat, so dass das Verfahrensziel des § 2 Abs. 3 BauGB erreicht wurde.[103]

Der Bebauungsplan ist darüber hinaus auch deshalb verfahrensfehlerhaft, weil eine ordnungsgemäße, da nicht rechtzeitige Ausfertigung fehlt. Der Bebauungsplan wird nach § 10 Abs. 1 BauGB als Satzung beschlossen. Das Rechtssetzungsverfahren wird nach § 10 Abs. 3 BauGB mit der Bekanntmachung abgeschlossen. Da mit der Ausfertigung i.S.v. Art. 26 Abs. 2 GO die Originalurkunde geschaffen wird, die die Authentizität des Norminhalts und die Legalität des Rechtssetzungsverfahrens bezeugt, muss die Ausfertigung zeitlich immer vor der Bekanntmachung liegen. Dies ist hier nicht beachtet, so dass der Bebauungsplan „Silberwald" nicht wirksam in Kraft treten konnte. Die fehlerhafte Ausfertigung ist ein Mangel nach Landesrecht, der gemäß § 214 Abs. 4 BauGB grundsätzlich auch rückwirkend durch ein ergänzendes Verfahren behoben werden könnte.

Der Bebauungsplan ist allerdings auch materiell-fehlerhaft, weil gegen das Abwägungsgebot aus § 1 Abs. 7 BauGB verstoßen wurde. Vorliegend dürfte sowohl ein Abwägungsdefizit wie auch eine Abwägungsfehleinschätzung gegeben sein. Das Abwägungsdefizit ergibt sich daraus, dass die vom Schweinemastbetrieb des Kalb ausgehenden Geruchsbeeinträchtigungen weder ermittelt noch in die Abwägung eingestellt worden sind. Die Abwägungsfehleinschätzung besteht darin, dass der Gemeinderat ohne weiteres davon ausging, dass die Beeinträchtigungen von den künftigen Bewohnern des Wohngebietes hingenommen werden müssten. Dabei wurde verkannt, dass diese sich, sobald sie dort wohnen, unter Berufung auf immissionsschutzrechtliche Gesichtspunkte gegen den Betrieb wenden können. Darüber hinaus liegen auch ein Verstoß gegen den Trennungsgrundsatz sowie ein Verstoß gegen das Gebot der planerischen Konfliktbewältigung, als allgemeine, aus dem Abwägungsgebot ableitete Grundsätze.

Abwägungsmängel sind nach § 215 Abs. 1 Nr. 2 BauGB nur dann beachtlich, wenn sie innerhalb eines Jahres seit Bekanntmachung des Bebauungsplans der Gemeinde gegenüber schriftlich geltend gemacht werden, wofür auch die schriftsätzliche Rüge im Normenkontrollverfahren ausreicht. Dies ist hier problemlos möglich. Für Mängel im Abwägungsvorgang – wie vorliegend – ist gemäß § 214 Abs. 3 Hs. 2 zudem aber erforderlich, dass sie offensichtlich und auf das Abwägungsergebnis von Einfluss gewesen sind. Offensichtlichkeit liegt hier vor, da sich die Fehler aus der Sitzungsniederschrift ergeben. Die notwendige Kausalität ist ebenfalls gegeben, da die konkrete Möglichkeit besteht, dass ohne die Mängel anders geplant worden wäre.

Daher ist der Bebauungsplan sowohl formell wie materiell fehlerhaft, so dass der Normenkontrollantrag begründet ist.

4. Normenkontrollentscheidung

Nach § 47 Abs. 5 S. 1 VwGO entscheidet der BayVGH grundsätzlich nach mündlicher Verhandlung durch Urteil. Ist ausnahmsweise eine mündli-

---

[102] VGH BW, VBl.BW 1997, 137.
[103] Vgl. zu der missglückten Regelung des § 2 Abs. 3 BauG: Happ, NVwZ 2007, 304.

che Verhandlung entbehrlich, wird durch Beschluss entschieden. Die Wirkungen beider Entscheidungen ist gleich.[104]

62 Wird ein Bebauungsplan für unwirksam erklärt, ist die Entscheidung im Falle der Rechtskraft allgemeinverbindlich, hat also Wirkung „inter omnes". Die Unwirksamkeit der Norm ist damit gegenüber jedermann festgestellt. Die Unwirksamkeit gilt grundsätzlich mit Wirkung ex tunc, so dass von Anfang an eine wirksame Rechtsgrundlage für den Erlass von Verwaltungsakten gefehlt hat. Insoweit sind allerdings die Regelungen in §§ 47 Abs. 5 S. 3, 183 VwGO zu beachten mit der Folge, dass auf der nichtigen Satzung beruhende, bestandskräftige Verwaltungsakte wirksam sind und wirksam bleiben.

63 Wird der Normenkontrollantrag abgelehnt, kommt der Entscheidung gemäß § 121 VwGO nur im Verhältnis der Beteiligten bindende („inter partes") Wirkung zu. Bei unveränderter Sach- und Rechtslage kann der Antragsteller daher kein erneutes inhaltsgleiches Normenkontrollverfahren einleiten. Im Übrigen bindet die ablehnende Entscheidung die Beteiligten grundsätzlich auch in allen, sonst von ihnen betriebenen Verfahren.[105]

5. Normenkontrolle gegen örtliche Bauvorschriften

64 Wird eine örtliche Bauvorschrift als selbständige Satzung erlassen, so ist eine Normenkontrollklage nur statthaft, wenn der Landesgesetzgeber gemäß § 47 Abs. 1 Nr. 2 VwGO diese Möglichkeit eröffnet hat. Das ist zwar in Bayern grundsätzlich mit Art. 5 S. 1 AGVwGO geschehen. Eingeschränkt wird die Möglichkeit der Überprüfung unterlandesgesetzlicher Normen im Wege der Normenkontrolle aber durch Art. 5 S. 2 AGVwGO in Bezug auf örtliche Bauvorschriften gemäß Art. 81 Abs. 1 und 2 (nicht hinsichtlich Abs. 3, weil örtliche Bauvorschriften, die in Bebauungsplänen enthalten sind, bereits im Rahmen der Normenkontrolle gegen den Bebauungsplan gemäß § 47 Abs. 1 Nr. 1 VwGO überprüft werden können[106]). In diesen Fällen ist die Normenkontrollklage nur zulässig, wenn der Antrag von einer Behörde gestellt wird (Satz 2 Nr. 1; vgl. Art. 1 Abs. 2 BayVwVfG) **und** (als kumulativ erforderliche Voraussetzung) die Rechtssache **grundsätzliche Bedeutung** (Satz 2 Nr. 2) hat. Der Begriff der „grundsätzlichen Bedeutung" ist dabei wie in § 132 Abs. 2 Nr. 1 VwGO für die Zulassung der Revision zu verstehen und entsprechend auszulegen. Damit besteht für Privatpersonen keine Möglichkeit, gegen örtliche Bauvorschriften in der Form der selbständigen Satzung Normenkontrollklage zu erheben[107].

---

[104] BVerwG, DVBl. 1992, 118.
[105] BVerwG, NVwZ-RR 1991, 54.
[106] BayVGH, ZfBR 1998, 315 = BayVBl. 1999, 340; BayVGH, VwRR 1999, 172 = BayVBl. 1999, 536.
[107] Zur Verfassungsmäßigkeit des Art. 5 Satz 2 AGVwGO: verneinend Geiger, BayVBl. 1995, 363; bejahend Allesch, BayVBl. 1996, 331.

B. Vorläufiger Rechtsschutz

I. Vorläufiger Rechtsschutz bei Genehmigungsabwehransprüchen von Nachbarn

Soweit es in der Hauptsache – wie bei der Anfechtung einer Baugenehmigung durch einen Nachbarn – um die Aufhebung eines (ihn) belastenden Verwaltungsakts geht, richtet sich der vorläufige Rechtsschutz, wie sich aus der Kollisionsnorm des § 123 Abs. 5 VwGO ergibt, ausschließlich nach den Regelungen der §§ 80, 80a VwGO. Für Verwaltungsakte mit Doppelwirkung enthält § 80a VwGO eine Sonderregelung. 65

Zwar haben Widerspruch und Anfechtungsklage gemäß § 80 Abs. 1 S. 2 VwGO grundsätzlich aufschiebende Wirkung mit der Folge, dass die Baugenehmigung nicht ausgenutzt werden darf.[108] Im Zusammenhang mit bauaufsichtlichen Genehmigungen ist aber § 212a Abs. 1 BauGB zu beachten. Danach entfällt die aufschiebende Wirkung von Widerspruch und Anfechtungsklage eines Dritten gegen die bauaufsichtliche Zulassung eines Vorhabens von Gesetzes wegen. § 212a Abs. 1 BauGB ist ein Fall des § 80 Abs. 2 Nr. 3 VwGO.

Nicht als bauaufsichtliche Zulassung i.S.d. § 212a Abs. 1 BauGB wird der Bauvorbescheid nach Art. 71 BayBO betrachtet, da er (noch) nicht zur Bauausführung berechtigt und daher der mit der Regelung des § 212a Abs. 1 BauGB verfolgte Beschleunigungseffekt nicht erreicht wird.[109] Als bauaufsichtliche Genehmigung nach § 212a Abs. 1 BauGB dürfte aber nach Sinn und Zweck und nach der Entstehungsgeschichte die Abgrabungsgenehmigung nach Art. 9 Abs. 1 BayAbgrG anzusehen sein. 66

Im Übrigen ist auch eine Gemeinde Dritte im Sinn der Regelung des § 212a Abs. 1 BauGB.[110]

Der Antrag des Nachbarn ist in diesen Fällen daher darauf gerichtet, dass das Verwaltungsgericht gemäß §§ 80a Abs. 3, Abs. 1 Nr. 2 i.V.m. 80 Abs. 5 VwGO die aufschiebende Wirkung (des Widerspruchs oder der Anfechtungsklage) anordnet.[111] 67

Für die Zulässigkeit des Antrags ist zu beachten, dass die Antragsbefugnis entsprechend § 42 Abs. 2 VwGO die Geltendmachung der Verletzung einer nachbarschützenden Norm voraussetzt. 68

Das allgemeine Rechtsschutzbedürfnis erfordert, dass zunächst ein entsprechender Antrag bei der Behörde (vgl. § 80 Abs. 4 VwGO) gestellt wird, wobei es sich nicht um einen förmlichen Antrag handeln muss. Ausreichend ist eine „Befassungsmöglichkeit" durch die Behörde. Dies ergibt sich daraus, dass ansonsten die in § 80a Abs. 3 S. 2 VwGO enthaltene Verweisung auf § 80 Abs. 6 VwGO ins Leere liefe, weil Abgabenbescheide mit Doppel-

---

[108] BVerwGE 89, 357; BayVGH, BayVBl. 1991, 19.
[109] BayVGH, BayVBl. 1999, 467; siehe auch VGH BW, VBl.BW 1997, 105.
[110] VGH BW, NVwZ 1999, 442.
[111] Vgl. etwa OVG Berlin, ZfBR 1999, 355.

wirkung (nahezu) unmöglich sind und deshalb für die Verweisung kein Anwendungsbereich verbliebe.[112]

Nach neuerer Rechtsprechung verlangt das Rechtsschutzbedürfnis darüber hinaus, dass zumindest die Einlegung eines Widerspruch, soweit noch vorgesehen, dessen aufschiebende Wirkung angeordnet werden kann.[113]

69 Für die Begründetheit des Antrags ist darauf zu achten – und das sollte in der Klausurlösung auch klar herausgestellt werden –, dass das Verwaltungsgericht im Rahmen einer Entscheidung nach § 80 Abs. 5 (§ 80a Abs. 3) VwGO, im Gegensatz zu den ansonsten zu treffenden Rechtsentscheidungen, eine eigene, originäre Ermessensentscheidung trifft und die jeweiligen Interessen gegeneinander abwägt.[114] Eine materiell-rechtliche Überprüfung der behördlichen Sofortvollzugsanordnung auf Grundlage des § 80 Abs. 2 Nr. 4 VwGO erfolgt deswegen gerade nicht.[115]

Erste Stufe der Interessenabwägung ist dabei die Beurteilung der Erfolgsaussichten in der Hauptsache, soweit sie im Rahmen der summarischen Prüfung offensichtlich sind.[116]

Regelmäßig ist an dieser Stelle in der Klausur die Zulässigkeit und Begründetheit des Anfechtungswiderspruchs oder der Anfechtungsklage zu prüfen.

Beispiel: Die Nachbarn Roth und Grün sind seit Jahren zerstritten. Roth möchte sein Wohnhaus erweitern und beantragt daher eine Verlängerung um 1,5 m auf insgesamt 11 m sowie eine Aufstockung um 1 m auf dann 7 m. In der Umgebung, für die kein Bebauungsplan besteht, befinden sich Wohngebäude, die zwischen 10 m und 12 m lang und zwischen 6 m und 8 m hoch sind. Der Gebietscharakter entspricht einem allgemeinen Wohngebiet. Grün weigert sich die Baupläne zu unterschreiben. Am 2. 10. 2006 erhält Roth die beantragte Baugenehmigung. Eine Ausfertigung der Baugenehmigung wird dem Grün am 12. 10. 2006 zugestellt. Obwohl er am 17. 10. 2006 ordnungsgemäß (den hier notwendigen) Widerspruch einlegt und darauf hinweist, dass ihm ein solche Gebäude nicht zuzumuten sei, beginnt Roth mit den Bauarbeiten. Nachdem sich das zuständige Landratsamt weigert dagegen etwas zu unternehmen, wendet sich am 29. 10. 2006 an das Verwaltungsgericht und bittet um sofortige Hilfe.

Mit Erfolg?

In Auslegung des Rechtsschutzbegehrens geht es dem Grün um vorläufigen Rechtsschutz.

Statthaft ist hier nach § 123 Abs. 5 VwGO, da es um die Anfechtung eines Verwaltungsakts durch einen Nachbarn geht, ein Antrag nach §§ 80, 80a VwGO. Wegen der Regelung des § 212a Abs. 1 BauGB entfaltet der von Grün eingelegte Widerspruch keine aufschiebende Wirkung.

---

[112] BayVGH, BayVBl. 1993, 565; OVG Lüneburg, BauR 1994, 358; a. A. unter Bezugnahme auf den Wortlaut der Regelung vgl. VGH BW, NVwZ 1995, 292; OVG Hamburg, BauR 1995, 379.

[113] BayVGH, BayVBl. 1997, 22; OVG Münster, NVwZ-RR 1996, 184; Eyermann, VwGO, § 80, Rn. 65; a. A. Kopp/Schenke, VwGO, § 80, Rn. 139.

[114] BayVGH, BayVBl. 2003, 48; NVwZ 1989, 685; VG München, BayVBl. 2001, 754; OVG Lüneburg, NVwZ 2004, 1136; Loos, JA 2001, 698; Proppe, JA 1996, 332.

[115] Vgl. BayVGH, BayVBl. 2004, 343.

[116] BVerwG, DVBl. 1994, 341; BayVGH, NVwZ 1995, 237.

B. Vorläufiger Rechtsschutz

Der Antrag ist daher gemäß § 80a Abs. 3 (Abs. 1 Nr. 2) i.V.m. § 80 Abs. 5 VwGO auf die Anordnung der aufschiebenden Wirkung des Widerspruchs gerichtet. Eine Antragsbefugnis kann wohl noch angenommen werden, da eine Verletzung des in § 34 Abs. 1 BauGB im Tatbestandsmerkmal „einfügen" enthaltenen Rücksichtnahmegebots im Hinblick auf die Größe des Vorhabens nicht gänzlich ausgeschlossen erscheint. Ein entsprechender Antrag wurde bei der Behörde bereits gestellt, so dass der Antrag (wohl noch) zulässig ist.

Der Antrag auf Anordnung der aufschiebenden Wirkung des Widerspruch gemäß §§ 80a Abs. 3 (Abs. 1 Nr. 2), 80 Abs. 5 VwGO ist begründet, wenn das Suspendierungsinteresse des Nachbarn Grün das Vollzugsinteresse des Bauherrn Roth überwiegt. Das Verwaltungsgericht trifft im Rahmen der Entscheidung nach § 80 Abs. 5 VwGO eine eigene, originäre Ermessensentscheidung und wägt die betroffenen Interessen gegeneinander ab.

Erste Stufe der Abwägung ist die Beurteilung der Erfolgsaussichten in der Hauptsache, also des von Grün eingelegten Widerspruchs.

Hier ist eine Verletzung des Gebotes der Rücksichtnahme, das bei § 34 Abs. 1 BauGB aus dem Tatbestandsmerkmal „Einfügen" abgeleitet wird, weil sich das Vorhaben nach seiner Größe in den vorgegebenen Rahmen einfügt, nicht gegeben. Gleiches gilt für die Nutzungsart entsprechend § 34 Abs. 2 BauGB, § 4 BauNVO.

Daher fällt die Abwägung zuungunsten des Antragstellers aus.

Der Antrag ist unbegründet.

II. Vorläufiger Rechtsschutz des Bauherrn

Vorläufiger Rechtsschutz des Bauherrn kommt dann in Betracht, wenn die Behörde nach §§ 80a Abs. 1 Nr. 2, 80 Abs. 4 VwGO einem Antrag des Nachbarn auf aufschiebende Wirkung seines Anfechtungsrechtsbehelfs entspricht.

Der Bauherr kann dann gemäß §§ 80a Abs. 3, Abs. 1 Nr. 1, 80 Abs. 5 VwGO beim Verwaltungsgericht einen Antrag auf Anordnung der sofortigen Vollziehung stellen.

Die Antragsbefugnis analog § 42 Abs. 2 VwGO ergibt sich regelmäßig aus der in der zu vollziehenden Baugenehmigung liegenden Begünstigung.

Auch der Bauherr muss im Hinblick auf das Rechtsschutzbedürfnis zunächst einen Antrag bei der Behörde stellen. Eine Heilung dieses Mangels ist nach der Rechtsprechung des BayVGH durch rügelose Einlassung des Antragsgegners möglich.[117]

Hinsichtlich der Begründetheit des Antrags gelten die unter Ziff. I gemachten Ausführungen.

III. Vorläufiger Rechtsschutz im Zusammenhang mit bauaufsichtlichem Einschreiten

1. durch den Bauherrn

Ergeht gegenüber, dem ohne Genehmigung bauenden, Bauherrn eine sofort vollziehbare Baueinstellungsverfügung durch die Behörde auf Grund-

---

[117] BayVGH, BayVBl. 1991, 723.

lage des Art. 75 BayBO sowie des § 80 Abs. 2 Nr. 4 VwGO und legt er dagegen Widerspruch ein oder erhebt er Anfechtungsklage, kann er beim Verwaltungsgericht einen Antrag auf Wiederherstellung der aufschiebenden Wirkung seines Widerspruchs nach § 80 Abs. 5 VwGO stellen.

Für die Zulässigkeit eines solchen Antrags gelten keine Besonderheiten. Ein vorheriger Antrag bei der Behörde ist in diesen Fällen (eines zweipoligen Rechtsverhältnisses) wie der Umkehrschluss aus § 80 Abs. 6 VwGO zeigt nicht erforderlich.

Im Rahmen der Begründetheit ist die eigene originäre Ermessensentscheidung durch das Gericht herauszustellen.

Ein möglicher Obersatz könnt lauten:

„Der Antrag auf Wiederherstellung der aufschiebenden Wirkung des Widerspruchs (oder der Anfechtungsklage) ist begründet, wenn die behördliche Sofortvollzugsanordnung nicht oder nicht hinreichend begründet ist oder eine umfassende Interessenabwägung durch das Gericht ergibt, dass das Suspendierungsinteresse das öffentliche Vollzugsinteresse überwiegt."

73 Da bei fehlender oder fehlerhafter Begründung der behördlichen Sofortvollzugsanordnung nach § 80 Abs. 2 Nr. 4 i. V. m. § 80 Abs. 3 VwGO nach überwiegender Auffassung die behördliche Entscheidung ohne weitere Sachprüfung aufgehoben wird, sollte auf das Begründungserfordernis bereits im Obersatz eingegangen werden.[118] Eine im Sinne von § 80 Abs. 3 VwGO ordnungsgemäße Begründung setzt Einzelfallbezogenheit voraus. Unzureichend ist eine nur den Gesetzeswortlaut wiederholende oder eine formelhafte Begründung.[119] Eine Nachholung bzw. Nachschieben der Begründung vor dem Verwaltungsgericht scheidet wegen der in § 80 Abs. 3 VwGO enthaltenen Ausnahmesituation aus.[120]

2. durch den Nachbarn, der bauaufsichtliches Einschreiten begehrt

74 Da das Rechtsschutzbegehren auf bauaufsichtliches Einschreiten vom Nachbarn in der Hauptsache mit einer Verpflichtungsklage durchgesetzt werden muss, kommt für den vorläufigen Rechtsschutz nach der Kollisionsregelung des § 123 Abs. 5 VwGO nur eine einstweilige Anordnung nach § 123 Abs. 1 VwGO in Betracht.[121]

75 Im Rahmen der Zulässigkeit kommt es vor allem auf ein Behaupten des Anordnungsanspruchs, der der Antragsbefugnis entspricht, sowie auf ein Behaupten des Anordnungsgrundes, der Eilbedürftigkeit, an.

76 Ein Antrag nach § 123 Abs. 1 VwGO ist begründet, wenn Anordnungsanspruch und Anordnungsgrund glaubhaft gemacht sind und die Hauptsache nicht vorweggenommen wird.

Der Anordnungsanspruch ist dabei regelmäßig glaubhaft gemacht, wenn bei Prüfung der Sach- und Rechtslage von einem voraussichtlichen Erfolg

---

[118] Vgl. BayVGH, BayVBl. 1996, 633; OVG Schleswig, NVwZ-RR 1996, 146; Kopp/Schenke, VwGO, § 80, Rn. 87.

[119] BayVGH, BayVBl. 2005, 565; BayVBl. 1999, 465; Kaltenborn, DVBl. 1999, 828.

[120] Vgl. BayVGH, BayVBl. 2002, 646; BayVBl. 1999, 465.

[121] Vgl. Mückl, JA 2000, 329.

des Antragstellers in der Hauptsache ausgegangen werden kann. An dieser Stelle sind in der Klausur dann die Zulässigkeit und Begründetheit des Verpflichtungswiderspruchs oder der Verpflichtungsklage auf bauaufsichtliches Einschreiten zu prüfen.

Bei der Frage der Glaubhaftmachung des Anordnungsgrundes ist zu klären, ob dem Antragsteller ein Zuwarten bis zu einer Entscheidung in der Hauptsache zugemutet werden kann. Insoweit werden die gegenläufigen Interessen abgewogen.

Im Verfahren nach § 123 Abs. 1 VwGO darf grundsätzlich nicht bereits gewährt werden, was nur im Hauptsacheverfahren erreichbar ist.[122] Eine Ausnahme kommt vor dem Hintergrund des Art. 19 Abs. 4 GG in Betracht, wenn dem Antragsteller ansonsten Nachteile entstünden, die bei einem hinreichend wahrscheinlichen Obsiegen in der Hauptsache nicht mehr ausgeglichen werden könnten oder unzumutbar wären.[123]

Die Entscheidung im Verfahren nach § 123 Abs. 1 VwGO gilt als Rechtsentscheidung. Liegen die Voraussetzungen vor, muss die einstweilige Anordnung erlassen werden. Nur im Hinblick auf das „Wie" der Entscheidung ist dem Verwaltungsgericht Ermessen eingeräumt.[124]

77

Große Bedeutung kommt dem vorläufigen Rechtsschutz nach § 123 VwGO auch im Zusammenhang mit dem Nachbarrechtsschutz bei genehmigungsfreigestellten nach Art. 59 BayBO zu.[125]

78

IV. „Faktischer" Vollzug

Missachtet der Bauherr eine behördlich nach §§ 80a Abs. 1 Nr. 2, 80 Abs. 4 VwGO angeordnete aufschiebende Wirkung eines Nachbarrechtsbehelfs liegt der Fall des sog. faktischen Vollzugs vor.[126]

79

Eine Anordnung oder eine Wiederherstellung der aufschiebenden Wirkung ist nicht möglich, weil der Rechtsbehelf aufgrund der behördlichen Entscheidung gerade Suspensiveffekt hat.

Vorläufiger Rechtsschutz wird insoweit (als Minus zur Wiederherstellung und zur Anordnung) in analoger Anwendung des § 80 Abs. 5 (i. V. m. § 80a Abs. 3) VwGO gewährt mit der Feststellung, dass der eingelegte Rechtsbehelf aufschiebende Wirkung hat.[127] Für weitergehende Sicherungsmaßnahmen kann das Verwaltungsgericht auf § 80a Abs. 3 i. V. m. § 80a Abs. 1 Nr. 2 VwGO zurückgreifen.

80

Das Rechtsschutzbedürfnis setzt insoweit (soweit noch vorgesehen) zumindest die Einlegung des Widerspruchs voraus.[128]

---

[122] BVerwG, DVBl. 1995, 355.
[123] VGH BW, NVwZ 1994, 599; OVG Münster, NJW 1996, 3355.
[124] Vgl. Eyermann, VwGO, § 123, Rn. 61 ff.
[125] Vgl. Kap. 2, Teil 5, Rn. 52–54.
[126] Dazu Kirste, DöV 2001, 397.
[127] BayVGH, BayVBl. 1999, 467; NVwZ-RR 1990, 639; OVG Frankfurt/Oder, NVwZ 2000, 577; Loos, JA 2001, 698.
[128] BayVGH, BayVBl. 1997, 22.

81 Bei der Begründetheit ist zu beachten, dass im Rahmen des Antrags auf Feststellung der aufschiebenden Wirkung des Rechtsbehelfs keine Interessenabwägung erfolgt. Begründet ist der Antrag, wenn der Anfechtungswiderspruch oder die Anfechtungsklage aufschiebende Wirkung hat.[129]

C. Verfassungsrechtliche Rechtsbehelfe

82 Unter Aufgabe seiner früheren Rechtsprechung geht das BVerfG[130] nunmehr davon aus, dass gegen Bebauungspläne **Verfassungsbeschwerde** nach Art. 93 Abs. 1 Nr. 4a GG i.V.m. §§ 13 Nr. 8a, 90ff. BVerfGG erhoben werden kann. In diesen Entscheidungen hat das BVerfG ausgesprochen, dass wenn gegen eine Rechtsnorm der Rechtsweg der Normenkontrolle nach § 47 VwGO eröffnet und vor der Erhebung der Verfassungsbeschwerde zu erschöpfen (§ 90 Abs. 2 BVerfGG) sei, so müsse nach Sinn und Zweck des § 93 Abs. 2 BVerfGG auch dieses Normenkontrollverfahren innerhalb der Jahresfrist eingeleitet werden, wenn die Möglichkeit der Verfassungsbeschwerde offengehalten werden soll. Die Jahresfrist gilt inzwischen nach § 47 Abs. 2 S. 1 VwGO auch bei der Normenkontrolle.

83 Soweit eine örtliche Bauvorschrift in einen Bebauungsplan integriert ist, kann sie ebenfalls im Wege der Verfassungsbeschwerde angegriffen werden. Da aber auch eine (selbständige) örtliche Bauvorschrift eine Satzung, mithin ein materielles Gesetz darstellt, wird dies auch für diese zu gelten haben. Zu beachten ist allerdings, dass vor Anrufung des BVerfG der Rechtsweg zu erschöpfen ist (§ 90 Abs. 2 BVerfGG), also ein etwaiges Normenkontrollverfahren durchgeführt werden muss.

84 Nach bayerischem Landesrecht kann u.a. gegen materielle Gesetze **Popularklage** gemäß Art. 98 S. 4 BV erhoben werden[131]. Das gilt sowohl für Bebauungspläne, als auch für selbständige örtliche Bauvorschriften als auch für örtliche Bauvorschriften, die in einen Bebauungsplan integriert sind.

---

[129] Vgl. Ehlers, JK 00, VwGO § 80 I/4.
[130] Siehe hierzu insbesondere BVerfG, BayVBl. 1993, 446 und BVerfG, NVwZ 1992, 972.
[131] Siehe hierzu etwa BayVerfGH, BayVBl. 2006, 598; BayVBl. 2005, 558; BayVBl. 2001, 525.

Kapitel V. Landesplanungsrecht

A. Gesetzliche Grundlagen

Das Landesplanungsrecht steht in mehrfacher Beziehung zum öffentlichen Baurecht.

Geregelt ist das Recht der Landesplanung, das Teil der Raumordnung ist, im Bayerischen Landesplanungsgesetz.

Das Recht der Raumordnung fällt nach Art. 74 Abs. 1 Nr. 31 GG in die konkurrierende Gesetzgebungskompetenz des Bundes, soweit es um die Raumordnung in den Ländern geht. Auf dessen Grundlage wurde vom Bund das Raumordnungsgesetz erlassen.[1] Allerdings dürfen die Länder nach Art. 72 Abs. 3 Nr. 4 GG davon abweichende Regelungen treffen.

Maßgeblich in Bayern ist das Bayerische Landesplanungsgesetz. Für die länderübergreifenden Zusammenhänge der Raumordnung und Rechtswirkungen der Raumordnungspläne besteht dagegen eine Bundeskompetenz Kraft Natur der Sache.[2] Diese hat der Bundesgesetzgeber in Abschnitt 1 mit den allgemeinen Vorschriften und in Abschnitt 3 nach überwiegender Auffassung voll ausgeschöpft.[3]

Mit dem BauROG 1998 wurde das Raumordnungsgesetz in wesentlichen Teilen geändert.[4]

Seither wird im Raumordnungsgesetz etwa nur noch von „Zielen der Raumordnung" und nicht mehr von „Zielen der Raumordnung und Landesplanung" gesprochen.

Eine verbindliche bundesweite, sich über die Ländergrenzen hinwegsetzende Raumordnungsplanung liegt nicht vor, die Möglichkeit dazu wäre über § 17 ROG eröffnet. In § 2 ROG sind dazu allgemeine Grundsätze festgelegt worden.[5]

§ 2 Abs. 2 ROG enthält die Grundsätze, die bundesweit gelten sollen und nach § 7 Abs. 2 ROG entsprechend zu konkretisieren sind. Darüber hinaus sind die Grundsätze des § 2 Abs. 2 ROG gemäß § 4 Abs. 1 ROG von öffentlichen Stellen bei raumbedeutsamen Planungen und Maßnahmen entsprechend § 3 Nr. 3 ROG sowie in der Abwägung oder im Rahmen einer möglichen Ermessensausübung zu beachten.[6]

Raumordnung lässt sich allgemein beschreiben, als die zusammenfassende überörtliche und übergeordnete Planung zur Entwicklung und Ordnung des Raumes.

---

[1] Vgl. Dolderer NVwZ 1998, 346.
[2] Vgl. BVerfGE 3, 407.
[3] Vgl. Goppel, BayVBl. 1999, 331.
[4] Vgl. Schroeder, UPR 2000, 52.
[5] Vgl. Brohm, Öffentliches Baurecht, S. 579.
[6] Vgl. OVG Greifswald, NVwZ 2001, 1063; Goppel, BayVBl. 1999, 331.

5   Nach derzeitiger Rechtslage liegt die flächenmäßige Raumplanung schwerpunktmäßig bei den Ländern, da gemäß §§ 8ff. ROG die jeweils zuständigen Landesbehörden übergeordnete Raumordnungspläne aufstellen und fortschreiben.

B. Aufgabe der Raumordnung

6   Gegenstand der Raumordnung sind – i.S.v. § 3 Abs. 1 Nr. 6 ROG – nur raumbedeutsame Planungen und Maßnahmen. Raumbedeutsame Maßnahmen i.d.S. können insbesondere Abgrabungen und Aufschüttungen sein.

7   Raumbedeutsamkeit setzt entweder die Inanspruchnahme von Raum, also von Grund und Boden („raumbeanspruchende Maßnahme") oder die Beeinflussung der räumlichen Entwicklung und Funktion eines Gebietes („raumbeeinflussende Maßnahme") voraus.

8   Die Aufgabe der Raumordnung wird in § 1 Abs. 1 ROG festgelegt. Nach § 1 Abs. 1 S. 2 Nr. 1 ROG erfüllt die Raumordnung zum einen eine Abstimmungs- und eine Ausgleichsfunktion, zum anderen gemäß § 1 Abs. 1 S. 2 Nr. 2 ROG insbesondere eine Entwicklungs- und Sicherungsfunktion.

9   Die Leitvorstellung der Raumordnung ergibt sich aus § 1 Abs. 2 ROG. Sie umfasst die nachhaltige Raumordnung unter Berücksichtigung unterschiedlicher Belange und Aspekte. Insoweit wird von der sog. „Dreidimensionalität" ökonomischer, ökologischer und sozialer Gesichtspunkten gesprochen.[7] Eine wesentliche Aussage der Raumordnung ist darüber hinaus in § 1 Abs. 3 ROG enthalten. Dort wird das sog., jetzt auch ausdrücklich so bezeichnete, „Gegenstromprinzip" positiviert. Inhalt des Gegenstromprinzips ist die Abstimmung der Raumplanung von oben nach unten. Zu diesem Zwecke werden Beteiligungsrechte nach § 10 ROG, eingeräumt und Berücksichtigungspflichtenin § 8 Abs. 2 ROG festgelegt.

C. Landesplanung im Einzelnen

I. Aufgabe und Zuständigkeit

10   Die Landesplanung ist nach Art. 1 Abs. 3 BayLplG eine staatliche Aufgabe. Die Landesplanungsbehörden ergeben sich aus Art. 4 BayLPlG.

11   Danach ist oberste Landesplanungsbehörde das Staatsministerium für Wirtschaft, Infrastruktur, Verkehr und Technologie. Höhere Landesplanungsbehörden sind danach die Regierungen, untere Landesplanungsbehörden die Kreisverwaltungsbehörden.

12   Die Aufgabe des Staatsministeriums besteht in ersten Linie in der Ausarbeitung und Fortschreibung des Landesentwicklungsprogramms nach Art. 17 Abs. 1 BayLplG. Vornehmliche Aufgabe der Regierungen als höheren Landesplanungsbehörden ist die Verbindlicherklärung von Regionalplänen ge-

---

[7] Vgl. Erbguth, DVBl. 1999, 1082; Runkel, UPR 1997, 1.

mäß Art. 19 Abs. 2 BayLplG, die Aufsicht über regionalen Planungsverbände nach Art. 8 BayLplG, sowie die Durchführung von Raumordnungsverfahren auf Grundlage des Art. 22 BayLplG.

II. Regionaler Planungsverband

Neben den staatlichen Landesplanungsbehörden stehen die regionalen Planungsverbände, die in Art. 5–9 BayLplG geregelt sind. 13

Die regionalen Planungsverbände sind Träger der Regionalplanung und zuständig für die Aufstellung und Fortschreibung von Regionalplänen in der jeweiligen Region. Diese Aufgabe erfüllen sie nach Art. 5 Abs. 1 S. 3 BayLplG als übertragene Aufgabe. Die Aufteilung des Freistaates Bayern in Regionen erfolgt gemäß Art. 16 Abs. 2 Nr. 1 BayLplG im Landesentwicklungsprogramm. Insgesamt ist der Freistaat Bayern in 18 Regionen unterteilt. Ein regionaler Planungsverband besteht nach Art. 5 Abs. 2 BayLplG aus sämtlichen Gemeinden und Landkreises einer Region. 14

Beispiel: Der regionale Planungsverband für die Region 17 „Oberland" besteht aus den Landkreisen Bad Tölz-Wolfratshausen, Weilheim-Schongau, Garmisch Partenkirchen sowie Miesbach und aus sämtlichen Gemeinden dieser Landkreise.

Die regionalen Planungsverbände sind Körperschaften des öffentlichen Rechts. 15

Nach Art. 5 Abs. 4 S. 1 BayLplG gelten für sie die Regelungen über Zweckverbände, mithin Art. 2 Abs. 3, 18 ff. KommZG. Die interne Organisation wird in Art. 7 BayLplG geregelt. Erforderlich ist eine Verbandssatzung. Notwendige Organe sind nach Art. 7 Abs. 1 BayLplG die Verbandssammlung der Planungsausschuss und der Verbandvorsitzende.

III. Instrumente der Landesplanung

1. Landesentwicklungsprogramm

Das auf Landesebene räumlich umfasenste Planungsinstrument ist das Landesentwicklungsprogramm das in Art. 16 und 17 BayLplG geregelt wird. Es erfasst die gesamte Fläche des Freistaates Bayern. Der Mindestinhalt ergibt sich aus Art. 16 Abs. 2 BayLplG. 16

Nach Art. 17 Abs. 2 BayLplG wird das Landesentwicklungsprogramm von der Bayer. Staatsregierung (mit Zustimmung des Bayer. Landtages) als Rechtsverordnung beschlossen.[8] 17

Von Bedeutung kann vor allem das sog. „Zentale-Orte-System" sein, mit der Festlegung von Oberzentren nach Art. 16 Abs. 2 Nr. 2 BayLplG sein, soweit an anderen Stellen, beispielsweise in einem Mittel- oder Kleinzentrum, ein sog. Factory-Outlet-Center („FOC") durch Bebauungsplan ausgewiesen werden soll.[9] 18

---

[8] Vgl. BayVGH, BayVBl. 2001, 83.
[9] Dazu Erbguth, NVwZ 2000, 969; Runkel, UPR 1998, 241; s.a. VGH BW, VBl.BW 2007, 310.

Insoweit geht es dann vornehmlich um die Frage der Zentrenverträglichkeit einer derartigen Bauleitplanung durch eine Gemeinde. Oberzentren bzw. zentrale Orte erfüllen nach dem Landesplanungsrecht regelmäßig eine Versorgungsfunktion über den eigenen Bereich hinaus. Fraglich ist, ob eine derartige landesplanerische Funktionszuweisung im Landesentwicklungsprogramm ein verbindliches, weil konkretes Ziel der Raumordnung ist mit der Folge, dass es von der gemeindlichen Bauleitplanung zwingend zu beachten wäre. Dies hängt entscheidend von der Formulierung des Ziels, aber auch von sonstigen Bestimmungen des Landesplanungsrechts ab.[10]

Auf etwaige (objektiv-rechtliche)Verletzungen landesplanerischer Ziele können sich Nachbargemeinden nicht berufen; sie verleihen insoweit keine subjektiven Rechte.[11] Allerdings kann sich eine Nachbargemeinde nach § 2 Abs. 2 S. 2 BauGB (jetzt ausnahmsweise) auch auf die ihr durch die Ziele der Raumordnung zugewiesene Funktion berufen und diese klageweise geltend machen; Gleiches gilt für Auswirkungen auf ihre zentralen Versorgungsbereiche gemäß § 34 Abs. 3 BauGB. Für den Erfolg einer Klage muss die Gemeinde aber darlegen (können), dass und wie diese Funktion verletzt wird. Ein bloßes Berufen auf die zugewiesene Funktion reicht nicht aus.

2. Regionalplan

19   Regionalpläne, geregelt in Art. 18 und 19 BayLplG, konkretisieren die Ziele des Landesentwicklungsprogramms sowie die Ziele der fachlichen Programme und Pläne i. S. v. Art. 11 BayLplG auf der Ebene der Regionen.

20   Der Regionalplan befindet sich auf der „mittleren" Planungsebene zwischen der Planung für das gesamte Staatsgebiet durch das Landesentwicklungsprogramm und der Bauleitplanung der Gemeinden allein für deren Hoheitsgebiet. Der Mindestinhalt von Regionalplänen ergibt sich aus Art. 18 Abs. 2 BayLplG. Aus Art. 18 Abs. 1 BayLplG ergibt sich eine Beachtenspflicht („Gegenstromprinzip") hinsichtlich des Landesentwicklungsprogramms.

21   Die Wirksamkeit des Regionalplanes bzw. seiner Fortschreibung setzt nach Art. 19 Abs. 2 BayLplG die Verbindlicherklärung durch die zuständige Regierung als höhere Landesplanungsbehörde voraus. In diesem Zusammenhang gilt die Regelung des Art. 95 Abs. 2 LKrO mit der Folge, dass in das vom regionalen Planungsverband ausgeübte Planungsermessen nur eingeschränkt eingegriffen werden darf.[12]

Die Verbindlicherklärung ist ein aufsichtlicher Mitwirkungsakt der höheren Landesplanungsbehörde und dem regionalen Planungsverband gegenüber ein Verwaltungsakt i. S. v. Art. 35 BayVwVfG.

Vor allem Außenwirkung ist gegeben, da eine außerhalb der staatlichen Behördenhierarchie stehende selbständige Körperschaft des öffentlichen Rechts betroffen wird. Lehnt die Regierung als höhere Landesplanungsbehörde die Verbindlicherklärung ab, kann diese vom Regionalen Planungs-

---

[10] Vgl. Schmidt, ZfBR 2001, 85; Otting, DVBl. 1999, 595.
[11] BVerwG, BRS 55 Nr. 174.
[12] Vgl. BVerwGE 48, 56.

verband mit der Verpflichtungsklage gemäß § 42 Abs. 1 VwGO vor dem Verwaltungsgericht erstritten werden.

Die Klagebefugnis gemäß § 42 Abs. 2 VwGO lässt sich für den regionalen Planungsverband – obwohl es um eine übertragene Aufgabe geht – aus Art. 19 Abs. 2 S. 2 BayLplG, Art. 95 Abs. 2 LKrO ableiten. Aus diesen Normen ergibt sich, dass dem regionalen Planungsverband ein eigenes, von den Fachaufsichtbehörden nur eingeschränkt überprüfbares (Planungs-)Ermessen zusteht. Damit hat der im übertragenen Wirkungskreis tätige regionale Planungsverband als eigenständige Körperschaft des öffentlichen Recht jedenfalls dann eine geschützte Rechtsstellung, wenn der aufsichtliche Eingriff auf diese Ermessensbetätigung abzielt.[13]

Übt der regionale Planungsverbände die ihm zwar nicht ausdrücklich aber jedenfalls Kraft Natur der Sache zustehende planerische Gestaltungsfreiheit ordnungsgemäß aus[14], kann die Genehmigungsbehörde, soweit kein gesetzlicher Ausnahmefall vorliegt, kein eigenes Planungsermessen ausüben. In einem derartigen Fall steht dem regionalen Planungsverband (im Umkehrschluss) vielmehr ein Anspruch auf die Verbindlicherklärung zu, damit eine sachgerechte gesetzliche Aufgabenerfüllung gewährleistet ist.[15]

3. Verhältnis zur Bauleitplanung

Stellt die Gemeinde einen Bauleitplan auf, muss sie nach § 1 Abs. 4 BauGB die Ziele der Raumordnung beachten[16]. § 1 Abs. 4 BauGB konkretisiert die Zielbeachtenspflicht des § 4 Abs. 1 S. 1 ROG.

Ziele der Raumordnung sind in § 3 Abs. 1 Nr. 2 ROG legal definiert als verbindliche Vorgaben in Form von räumlich und sachlich bestimmten und bestimmbaren, von Trägern der Landes- oder Regionalplanung abschließend abgewogenen, textlichen oder zeichnerischen Festlegungen in Raumordnungsplänen zur Entwicklung, Ordnung und Sicherung des Raumes.[17] Die Ziele sind nach § 7 Abs. 4 ROG in den jeweiligen Plänen entsprechend zu kennzeichnen. In Bayern werden die Ziele der Raumordnung im Landesentwicklungsprogramm nach Art. 16 BayLplG, in fachlichen Programmen und Plänen nach Art. 11 BayLplG sowie in Regionalplänen nach Art. 18 BayLplG festgelegt.

Die Raumordnungsklausel des § 1 Abs. 4 BauGB verlangt, dass die Bauleitpläne den (verbindlichen) Zielen der Raumordnung anzupassen sind. Stellt die Gemeinde einen Bebauungsplan auf, der diese Ziele nicht beachtet, ist er aus materiell-rechtlichen Gründen unwirksam.[18]

---

[13] Vgl. BayVGH, BayVBl. 1995, 368.
[14] Vgl. insoweit BVerwGE 48,57.
[15] Vgl. BayVGH, FSt. 1992, Nr. 232.
[16] Vgl. Kapitel 3 Teil 1 Rn. 105 ff.
[17] BVerwG, ZfBR 2007, 807; Schroedter, UPR 2000, 52; Schulde, NVwZ 1999, 942.
[18] BVerwG, NVwZ 2007, 953; VGH BW, UPR 1999, 228; siehe auch BayVGH, FSt 2001, 57 zu einem Flächennutzungsplan.

Beispiel: Enthält der Regionalplan der Region 17 „Oberland" eine verbindliche Zielvorgabe, nach der im Uferbereich der sich in der Region befindenden Seen, zonenmäßig konkret festgelegt, Wohnbebauung unzulässig ist, wäre ein Bebauungsplan, der in diesem Bereich ein Wohngebiet festsetzt wegen Verstoßes gegen § 1 Abs. 4 BauGB nichtig.

24 Anders stellt sich die Situation dagegen dar, wenn bereits ein Bebauungsplan in materieller Übereinstimmung mit dem bestehenden Regionalplan erlassen wurde, der Regionalplan nachträglich aber geändert wird und der Bebauungsplan nunmehr gegen verbindliche Ziele des Regionalplanes verstößt. In einem solchen Fall verliert der Bebauungsplan nicht „automatisch" seine Gültigkeit.[19] Zwar ist der Regionalplan, in dem verbindliche Ziele enthalten sind nach Art. 19 Abs. 1 S. 2 BayLplG eine unterlandesgesetzliche Vorschrift in Form einer Rechtsverordnung. Im Verhältnis zum Bebauungsplan ist er jedoch kein höherrangiges Recht mit der Folge, dass er im Kollisionsfalle den Bebauungsplan außer Kraft setzt. Die Regionalplanung ist als Unterfall der Landesplanung darauf ausgelegt, die Struktur des Raumes grobmaschig zu entwickeln, sodass sie der Planungshoheit der Gemeinde noch eine ausreichende planerische Gestaltungsfreiheit belässt. Sie bindet, anders als ein Bebauungsplan, unmittelbar nur Gebietskörperschaften und öffentliche Planungsträger, erzeugt aber grundsätzlich keine unmittelbaren Berechtigungen oder Verpflichtungen für private Dritte. Dieser unterschiedliche Konkretisierungs- und Verbindlichkeitsgrad der Planung auf den jeweils verschiedenen Ebenen darf in diesem Verhältnis nicht außer Betracht bleiben. Die Anpassungspflicht ist gegebenenfalls über Art. 30 BayLplG durchzusetzen.

25 Die Frage der Verbindlichkeit eines Zieles der Raumordnung wird insbesondere in Zusammenhang mit sog. Vorrang- und Vorbehaltsgebieten, die in § 8 Abs. 7 Nr. 1 und Nr. 2 ROG und Art. 11 Abs. 2 S. 1 Nr. 1 und Nr. 2 BayLplG legal definiert sind, aufgeworfen.

26 Die Ausweisung einer Vorrangfläche nach § 8 Abs. 7 Nr. 1 ROG, Art. 11 Abs. 2 S. 1 Nr. 1 BayLplG stellt eine landesplanerische Letztentscheidung dar, die den definitiven Rahmen für die Planungsentscheidung nachgeordneter Planungsträger bestimmt, weil sie andere raumbedeutsame Nutzungen dort ausschließen und daher ein verbindliches Ziel der Raumordnung festlegt.[20] Vorranggebiete privilegieren damit bestimmte raumbedeutsame Nutzungen im festgelegten Gebiet gegenüber anderen konkurrierenden Nutzungen oder Funktionen.

Beispiel: Weist der Regionalplan der Region 17 „Oberland" bestimmte Flächen im Gebiet der Gemeinde K als Vorrangfläche für den Abbau von Bodenschätzen (Sand und Kies) aus, kann die Gemeinde in diesem Bereich keinen Bebauungsplan aufstellen, der beispielsweise ein Wohngebiet festsetzt. Ein entsprechender Bebauungsplan wäre wegen Verstoßes gegen die Raumordnungsklausel des § 1 Abs. 4 BauGB unwirksam.

---

[19] Vgl. BayVGH, BayVBl. 1994, 273.
[20] BVerwGE 90, 329; BayVGH, BayVBl. 1996, 81; Schroeder, UPR 2000, 62; Busse, BayVBl. 1998, 293.

C. Landesplanung im Einzelnen

Vorbehaltsflächen nach § 8 Abs. 7 Nr. 2 ROG; Art. 11 Abs. 2 S. 1 Nr. 2 BayLplG besitzen nach ganz überwiegender Auffassung keine Zielqualität. Dies lässt sich schon mit dem Wortlaut der Regelung begründen. Der Vorbehalt unterscheidet sich vom Vorrang dadurch, dass er in einem nachfolgenden Abwägungsprozess grundsätzlich überwunden werden kann.[21] Vorbehaltsflächen sind mithin Grundsätze i.S.v. § 3 Abs. 1 Nr. 3 ROG.

Eignungsgebiete nach § 8 Abs. 7 Nr. 3 ROG, die im Zusammenhang mit § 35 Abs. 3 BauGB von Bedeutung sind, haben Zielqualität.[22]

Ziele der Raumordnung führen nach § 4 Abs. 1 ROG zu einer strikten Beachtungspflicht für öffentliche Stellen bei deren raumbedeutsamen Planungen und Maßnahmen. Nach § 4 Abs. 1 Nr. 2 ROG sind Ziele darüber hinaus auch von Personen des Privatrechts zu beachten, wenn sie Vorhabensträger von raumbedeutsamen Planfeststellungs- oder Plangenehmigungsverfahren sind. Ob eine raumordnerische Vorgabe die Qualität eines Ziels hat, hängt letztlich aber nicht von ihrer Bezeichnung ab, sondern richtet sich nach dem materiellen Gehalt der Planaussage selbst.[23] Dieser Ansatz ist insbesondere im Zusammenhang mit sog. „Soll-Vorgaben" in Raumordnungsplänen relevant. Zwischen den Senaten des Bay. Verwaltungsgerichtshofes ist umstritten, ob derartige Vorgaben einem verbindlichen Ziel entsprechen. Während einerseits von hinreichend konkreten und für die Bauleitplanung verbindlichen Vorgaben ausgegangen wurde, weil „sollen" regelmäßig „müssen" bedeutet,[24] wurde andererseits die Zielqualität nur angenommen, wenn der Plangeber neben den Regelvoraussetzungen auch die Ausnahmevoraussetzungen mit hinreichender tatbestandlicher Bestimmtheit oder Bestimmbarkeit festgelegt hat[25]. Zwischenzeitlich hat der bayerische Gesetzgeber durch die Regelung in Art. 3 Abs. 2 BayLPlG bestimmt, dass textliche Ziele grundsätzlich als Soll-Vorschriften definiert sind.

Im Gegensatz zu Zielen stehen die Grundsätze in § 3 Abs. 1 Nr. 3 ROG, die als Maßstäbe für die Abwägung auf der überörtlichen Planungsebene konzipiert sind und im Rahmen der Abwägung überwunden werden können.

Im Verhältnis von Landesplanungs- und Bauplanungsrecht ist vor allem die Regelung des § 35 Abs. 3 S. 2 BauGB zu nennen. Raumbedeutsamen Vorhaben stehen konkrete Ziele der Raumordnung als öffentlicher Belang entgegen. Im Zusammenhang mit § 35 Abs. 3 S. 3 BauGB können auf Grundlage des § 8 Abs. 7 Nr. 3 ROG sog. Eignungsgebiete im Regionalplan festgelegt werden. Damit besteht die Möglichkeit, die im Eignungsgebiet vorgesehenen raumbedeutsamen Maßnahmen durch Ziele der Raumordnung an anderer Stelle im Planbereich auszuschließen (sog. „Konzentrationszonenplanung").

---

[21] Vgl. BVerwG, BayVBl. 2003, 753; BayVGH, BayVBl. 2005, 63; BayVBl. 1997, 178; BauR 2003, 753; a. A. BayVGH, BayVBl. 1998, 436.
[22] BVerwG, BayVBl. 2003, 753.
[23] Vgl. BVerwGE 119, 54.
[24] Vgl. BayVGH, BayVBl. 2003, 432; BayVBl. 1993, 721.
[25] Vgl. BayVGH, Urteil v. 19. 4. 2004, juris; s. a. BVerwG, BauR 2011, 781.

32 Das Landesentwicklungsprogramm und die Regionalpläne, die verbindliche Ziele enthalten, haben nach Art. 17 Abs. 2, 19 Abs. 1 S. 2 BayLplG Rechtsnormqualität.[26]

Insoweit kann insbesondere auch der Regionalplan als unterlandesgesetzliche Norm zum Gegenstand eines Normkontrollverfahrens nach § 47 Abs. 1 Nr. 2 VwGO, Art. 5 AGVwGO gemacht werden. Vor allem Gemeinden, aber auch die sonst nach § 4 Abs. 1 ROG zur Beachtung verpflichteten Hoheitsträger und (ausnahmsweise) Privatpersonen können damit einen entsprechenden Antrag stellen.

4. Raumordnungsverfahren

33 Im Gegensatz zum Landesentwicklungsprogramm oder einem Regionalplan können sich aufgrund eines Raumordnungsverfahrens keine konkreten Ziele der Raumordnung ergeben.

Das Raumordnungsverfahren ist in Art. 21 BayLplG geregelt und vorhabenbezogen. Regelmäßig ist das Raumordnungsverfahren einem (fachplanungsrechtlichen) Zulassungsverfahren vorgeschaltet und bezweckt, dass der Träger eines Vorhabens zu einem frühen Zeitpunkt darüber Kenntnis erlangt, ob er sein Vorhaben mit Erfolg weiterverfolgen kann.

34 Beendet wird das Raumordnungsverfahren durch eine landesplanerische Beurteilung gemäß Art. 22 Abs. 6 BayLplG oder die Einstellung des Verfahrens. Die landesplanerische Beurteilung kann in einer Feststellung der Übereinstimmung gem. Art. 22 BayLplG oder einem Abstimmungsvorschlag bestehen.

35 Das Ergebnis des Raumordnungsverfahrens ist von den in § 3 Abs. 1 Nr. 5 ROG genannten Stellen wegen § 4 Abs. 1 ROG zu beachten. Es gehört zum Abwägungsmaterial im Rahmen der bauleitplanerischen Abwägung nach § 1 Abs. 7 BauGB dar.

Eine landesplanerische Beurteilung ersetzt im Übrigen nicht die für ein Vorhaben noch notwendigen Genehmigungen.

36 Die landesplanerische Beurteilung als Ergebnis des Raumordnungsverfahrens hat über die (mittelbare) Berücksichtigungspflicht aus §§ 3 Abs. 4 Nr. 5, 4 Abs. 1 ROG hinaus, keine unmittelbaren Rechtswirkungen nach außen. Sie ist kein Verwaltungsakt, sondern lediglich gutachterliche Äußerung und kann weder von Bürgern noch vom Vorhabensträger angefochten werden.[27]

---

[26] Vgl. auch BayVGH, NJW 2001, 2905.
[27] Vgl. BVerwG NVwZ-RR 1996, 67; NVwZ 1993, 894; NVwZ 1984, 367.

Stichwortverzeichnis

Die römischen Ziffern deuten auf das jeweilige Kapitel des Bandes, die halbfetten Zahlen auf den jeweiligen Teil. Die mageren Zahlen verweisen auf die Randnummern.

Abgrabung II, **5**, 36 ff.; III, **4**, 7
Abgrabungsgenehmigung IV, 7
Abstandsfläche IV, 28
Abstandsflächen II, **7**, 16 ff.
– Erforderlichkeit II, **7**, 28 f.
– Gebäude II, **7**, 23
– Gebäudegleiche Wirkung II, **7**, 24
– Gesamtbetrachtung II, **7**, 18 ff.
– Grundbegriffe II, **7**, 22
– Lage II, **7**, 32 ff.
– Nachbarschutz II, **7**, 46 f.
– Örtliche Bauvorschrift II, **7**, 45
– Satzungsbefugnis II, **7**, 43 f.
– Systematik II, **7**, 21
– Tiefe II, **7**, 25, 36 ff.
– Verhältnis zum Planungsrecht II, **7**, 30 ff.
– Werbeanlage II, **7**, 24
– 16-Meter-Privileg II, **7**, 39 ff.
Abwägungsgebot III, **1**, 130 ff.
– Abwägungsausfall III, **1**, 136
– Abwägungsdisproportionalität III, **1**, 151 ff., 153 ff.
– Auszuscheidende Belange III, **1**, 150
– Fauna-Flora-Habitat III, **1**, 148
– Fehlerfolge III, **1**, 166 ff.
– Konfliktbewältigung III, **1**, 157
– Naturschutzrechtlicher Eingriff III, **1**, 146 ff.
– Öffentliche Belange III, **1**, 137 ff.
– Private Belange III, **1**, 149
– Trennungsgrundsatz III, **1**, 158
– Umweltprüfung III, **1**, 10, 49, 63 ff., 109, 142, 145, 220, 231
– Vorwegbindung III, **1**, 155 f.
Abwägungsergebnis
– Fehlerfolge III, **1**, 168
Abweichung II, **7**, 83 ff.; III, **4**, 30 a, 47 a, 57 a; IV, 30
Adressat IV, 12
Änderung II, **5**, 9
Anfechtungsklage IV, 10, 12, 16
Anlage, BayAbgrG II, **5**, 22
Anlage, Legaldefinition II, **1**, 22

Anlage, Wasserrecht II, **5**, 15 ff.
Anlagen des öffentlichen Verkehrs II, **2**, 5
Anlagenbezogen II, **5**, 13
Anordnung der aufschiebenden Wirkung IV, 71
Anordnung der sofortigen Vollziehung IV, 72
Anordnungen gegenüber bestandsgeschützten Anlagen II, **8**, 20 ff.
Anordnungsanspruch IV, 78
Anordnungsgrund IV, 78
Anpassung an Ziele der Raumordnung III, **1**, 119 ff.
Anpassungspflicht in der Bauleitplanung III, **1**, 119 ff.
Antragsbefugnis IV, 50, 70
Anwendungsbereich II, **2**, 3 ff.
Anzeigepflicht II, **5**, 2
Anzeigeverfahren II, **6**, 5
Aufbau BayBO II, **2**, 1 ff.
Aufenthaltsräume II, **2**, 34 f.
Aufschüttung II, **5**, 36 ff.
Aufschüttungen II, **2**, 19; III, **4**, 7
Aufstellungsbeschluss III, **1**, 19 ff.
– ortsübliche Bekanntmachung III, **1**, 22 ff.
Aufwendungsersatz III, **4**, 127
Ausgleichsbebauungsplan III, **1**, 146
Ausnahme III, **4**, 25 ff.
Außenbereich III, **4**, 60
Außenbereich im Innenbereich III, **4**, 40
Außenbereichssatzung III, **4**, 107
Außenkoordination III, **4**, 95
Außerkrafttreten des Bauleitplans III, **1**, 261 ff.
Ausstellungsplätze II, **2**, 19

Bandsäge-Entscheidung II, **8**, 77
Barrierefreies Bauen II, **7**, 54
Bauantrag, Aufforderung zu stellen II, **8**, 18
Bauart II, **2**, 35
Bauaufsichtliche Zustimmung II, **5**, 57
Bauaufsichtsbehörde II, **2**, 36 ff.

Bauaufsichtsbehörde, höhere II, **2**, 38
Bauaufsichtsbehörde, oberste II, **2**, 37
Bauaufsichtsbehörde, untere II, **2**, 39
Bauaufsichtsbehörde, Verfahren II, **3**, 22 ff.
Bauaufsichtsrechtliches Einschreiten, Anspruch II, **8**, 73 ff.; IV, 38 ff.
– Anspruch der Gemeinde II, **8**, 81
Baubeschreibung II, **3**, 1
Baubeseitigung II, **8**, 43 ff.
Baueinstellung II, **8**, 28 ff.
Baugebietsübergreifender Nachbarschutz III, **4**, 21
Baugenehmigung II, **4**, 1 ff.
– Ausfertigung II, **4**, 19
– Feststellender VA II, **4**, 7
– Geltungsdauer II, **4**, 14
– Mitwirkungsbedürftiger VA II, **4**, 4, 5
– Nebenbestimmung II, **4**, 20
– Sachbezogener VA II, **4**, 11
– Unteilbarer VA II, **4**, 12
– Verfahren, Form II, **4**, 15 ff.
– Wirkungen II, **4**, 5 ff.
Baugenehmigungsverfahren und Nachbarschutz II, **3**, 27a f.
Baugestaltung I, 13; II, **7**, 71
Baugrundstück II, **2**, 7 f.
Bauherr II, **2**, 44 f.
Bauleitplan III, **1**, 1, 3 ff.
Bauleitplan und sonstiges Bundesrecht III, **1**, 126 ff.
Bauleitplanbeschluss III, **1**, 68 f.
Bauleitplanung III, **1**, 1
– eigener Wirkungskreis III, **1**, 2
Bauliche Anlage II, **2**, 9 ff.
Baupolizeirecht I, 13, 15
Bauprodukte II, **2**, 35
Baurecht, öffentlich I, 2
Baurecht, privat I, 2
Bausicherheit I, 13
Bauüberwachung II, **8**, 17
Bauvorlagen II, **4**, 19
Bauvorlagenverordnung II, **3**, 1
Bauzeichnungen II, **3**, 1
Bebauungsplan III, **1**, 3 ff.
Bebauungszusammenhang III, **4**, 39 ff.
Befreiung III, **4**, 28
Begriffsbestimmungen II, **2**, 6 ff.
Begründung der Sofortvollzugsanordnung IV, 78
Begründung des Bebauungsplans III, **1**, 216 f.

Begründung des FNP III, **1**, 179
Behördenbeteiligung III, **1**, 47 ff.
Beiladung IV, 36
Beitragsfunktion III, **1**, 140
Beitrittsbeschluss III, **1**, 80
Bekanntmachung Bauleitplan III, **1**, 83 ff.
– Fehler III, **1**, 91 f.
– Hinweiszweck III, **1**, 83, 87
Beschleunigtes Verfahren III, **1**, 243 ff.
Besondere öffentliche Zweckbestimmung III, **4**, 124
Bestandsschutz I, 22 ff.; II, **8**, 51
– Aktiv I, 30 f.
– Beweislast I, 35
– Ende I, 34
– formeller, I, 26
– Grundsatz I, 22
– Nutzungen I, 32 f.
– Passiv I, 28
– Reichweite I, 26 ff.
– Voraussetzungen I, 24 ff.
– Zeitmodell I, 32
Bestandsschutzregelung III, **3**, 12
Beteiligte II, **2**, 43 ff.
Bindungswirkung, negativ II, **3**, 26
Bindungswirkung, positiv II, **3**, 26
Binnenkoordination III, **4**, 95
Bodenrecht I, 12, 15
Bodenschutzklausel III, **1**, 143

Campingplätze II, **2**, 19

Dachgeschossausbau II, **5**, 38
Darstellungen des Flächennutzungsplans III, **1**, 155 ff.; III, **4**, 81
Dauerverwaltungsakt IV, 13
Delegation II, **2**, 40 ff.
Dienen III, **4**, 66
Differenzierungsmöglichkeiten BauNVO III, **1**, 200 f.
Direktvermarktung III, **4**, 63
Drittanfechtungsklage IV, 16
Durchführungsvertrag III, **4**, 34

Eigenart der näheren Umgebung III, **4**, 50
Eigentumskräftig verfestigte Anspruchsposition I, 28
Eigenverantwortlichkeit Bauherr II, **6**, 1
Einfacher Bebauungsplan III, **4**, 36
Einfriedung II, **5**, 31, 32
Einfügen III, **4**, 49 ff.

Stichwortverzeichnis

Eingriffsbefugnisse, bauaufsichtlich II, 8
- Aufgabe II, 8, 4 ff.
- Befugnisse im Einzelnen II, 8, 7 ff.
- Ermessensnormen II, 8, 2
- Prüfungsschema II, 8, 1
- Spezielle Befugnisnormen II, 8, 11 ff.
- Störer, Adressat II, 8, 69 ff.
- Zuständigkeit II, 8, 3
Einheimischenmodell III, 2, 5 f.
Einheitliche Baumaßnahme II, 5, 3, 4
Einschaltung Dritter III, 1, 17
Einstweilige Anordnung IV, 76
Einvernehmen II, 7, 85; III, 4, 111 ff.
Einvernehmensersetzung III, 4, 118
Einvernehmensfiktion III, 4, 121
Einwendungsprüfung III, 1, 59 ff.
Entwicklungsgebot III, 1, 181 ff.
Entwurfsverfasser II, 2, 46 f.
Erforderlichkeit der Bauleitplanung III, 1, 112 ff.
Ergänzendes Verfahren III, 1, 226 ff.
Errichtung II, 5, 8
Erschließung II, 5, 48; III, 4, 19, 108
Erschließung, bauordnungsrechtlich II, 7, 9

Fachplanungsvorbehalt III, 4, 8
Faktischer Vollzug IV, 81
Faktisches Baugebiet III, 4, 51
Fehler in der Bauleitplanung III, 1, 223
Fehlerfolgen III, 2, 22
Ferien auf dem Bauernhof III, 4, 63
Festsetzungen im Bebauungsplan III, 1, 192 ff.
Festsetzungs(er)findungsrecht III, 1, 193
Feststellungswirkung IV, 32
Fiktive bauliche Anlage III, 4, 4
Fingierte bauliche Anlage II, 2, 17 ff.
Flächennutzungsplan III, 1, 3 ff.
Fliegende Bauten II, 5, 55 f.
Folgekostenvertrag III, 2, 8 ff.
Forstwirtschaft III, 4, 64
Fremdenverkehrssatzung III, 3, 43 ff.
Funktionslosigkeit III, 1, 263 ff.

Garage II, 5, 29
Gebäude II, 2, 23 ff.; II, 7, 3
Gebäude, verfahrensfrei II, 5, 29
Gebäudeklassen II, 2, 28 ff.
Gebietserhaltungsanspruch IV, 20
Gebot der Rücksichtnahme III, 4, 30, 56, 59, 98, 110; IV, 23 ff.
Gedankliche Schnur III, 1, 103

369

Geeignetheit des Grundstücks II, 7, 5 ff.
Gefahrerforschungseingriff II, 8, 14
Gegenstromprinzip V, 11
Geltungsdauer der Veränderungssperre III, 3, 17 ff.
Gemeinde, Verfahren II, 3, 19 ff.
Gemeinsamer FNP III, 1, 174
Genehmigung Bauleitplan III, 1, 70 ff.
- Zeitpunkt III, 1, 81 ff.
Genehmigungsabwehranspruch IV, 18
Genehmigungsfreistellung II, 5, 45 ff.
Genehmigungsinhaltsbestimmung IV, 11
Genehmigungspflicht II, 5, 2 ff.
Geschichte II, 1, 1 ff.
Gesetzgebungskompetenzen I, 11 ff.
Gesetzgebungskompetenzen, Übersicht I, 11
Gestattungsformen II, 4, 1 ff.
Grenzüberschreitende Beteiligung III, 1, 57 f.
Grundrechte I, 19 ff.
- Art. 2 Abs. 1 GG I, 21
- Art. 3 Abs. 1 GG I, 38 ff.
- Art. 13 GG I, 36 f.
- Art. 14 GG I, 19 ff.

Herstellung aus Bauprodukten II, 2, 13
Hobbyräume II, 2, 34
Hochhaus II, 2, 28

Imhotep I, 1
Immissionsschutzrechtliche Abfallbeseitigungsanlage III, 4, 12
Innenbereichssatzungen III, 4, 44 ff.
Instandhaltung II, 5, 10, 26
Interkommunale Abstimmung III, 1, 160 ff.
Inzidentkontrolle IV, 55
Isolierte Abweichung II, 4, 39 ff.

Katasterkartenwerk II, 3, 1
Kiesabbau IV, 7; III, 4, 72, 93
Klimaanpassung III, 1, 140, 148 a
Klimaschutz III, 1, 140, 142, 148 a
Klimaschutzklausel III, 1, 148 a
Klimawandel III, 1, 175
Konsensuale Zusammenarbeit III, 2, 1
Konzentrationsfläche III, 4, 93
Konzentrationswirkung II, 5, 13 f.

Lageplan II, 3, 1
Lagerplätze II, 2, 19
Ländervorbehalt IV, 60

Landesentwicklungsprogramm V, 16 ff.
Landesplanungsbehörden V, 11
Landwirtschaft III, 4, 62

Maschendrahtzaun II, 5, 34
Maßgebliche Sach- und Rechtslage IV, 9, 13, 35, 41
Materiell-rechtliche Anforderungen an Bauleitplan III, 1, 111 ff.
Mauer II, 5, 31
Mobilfunksendeanlage III, 4, 71
Mobilfunksendemasten II, 5, 30
Modifizierende Auflage IV, 11
Monitoring III, 1, 18

Nachbar IV, 14
Nachbarbegriff II, 3, 7 ff.
 – Drittschutz II, 3, 17 f.
 – Verweigerung Unterschrift II, 3, 15 ff.
 – Widerrufbarkeit II, 3, 13
 – Wirksamkeit der Zustimmung II, 3, 13
 – Zustimmung II, 3, 11 ff.
Nachbarbeteiligung II, 3, 4 ff.
Nachbarschutz III, 4, 20 ff.
Nachbarstreit IV, 26
Natürliche Eigenart der Landschaft III, 4, 87
Nebenbestimmung IV, 10
Negativplanung III, 1, 115
Normenkontrolle IV, 48 ff.
Notwegerecht II, 7, 13
Nutzungsänderung II, 5, 11; III, 4, 5
 – Verfahrensfreiheit II, 5, 42 ff.
Nutzungsaufgabe I, 33
Nutzungsunterbrechung I, 33
Nutzungsuntersagung II, 8, 60 ff.

Öffentliche Belange III, 4, 80
Öffentlichkeitsbeteiligung III, 1, 24 ff.
 – Anstoßwirkung III, 1, 34
 – Auslegungsbeschluss III, 1, 31
 – Bekanntmachung III, 1, 32, 34 f.
 – Billigungsbeschluss III, 1, 31
 – Förmliche III, 1, 30 ff.
 – Frühzeitige (vorgezogene) III, 1, 25 ff.
 – Öffentliche Auslegung III, 1, 36 ff.
Originäre Ermessensausübung IV, 71
Örtliche Bauvorschriften II, 7, 55 ff.
 – Abstandsflächen II, 7, 78 ff.
 – Abwägung II, 7, 68

 – Ausfertigung II, 7, 64 f.
 – Bekanntmachung II, 7, 66
 – Eigener Wirkungskreis II, 7, 55
 – Materielle Anforderungen II, 7, 68 ff.
 – Positive Gestaltungspflege II, 7, 71
 – Satzung II, 7, 55
 – Verfahren II, 7, 59 ff.
 – Stellplätze II, 7, 76
 – Werbeanlagenverbot II, 7, 73 f.
Ortsbild III, 4, 58
Ortsfest II, 2, 16, 17 ff.
Ortsgebundener gewerblicher Betrieb III, 4, 72
Ortsteil III, 4, 41

Parabolantenne (Schüssel) II, 5, 30
Parallelverfahren III, 1, 187 ff.
Planerhaltung III, 1, 12 ff.
Planmäßigkeitsprinzip III, 1, 3, 114, 117
Planreife III, 4, 15
Planungspflicht III, 1, 112, 114, 117 f., 124, 261
Planungsrechtliche Relevanz III, 4, 3
Planungsvorbehalt III, 4, 93
Planvorlagenmonopol II, 3, 3
Positiver Zulassungstatbestand III, 4, 14
Privilegierte Vorhaben III, 4, 61
Prüfungsmaßstab, Baugenehmigungsverfahren II, 6, 1 ff.
Prüfungsstoff Examen I, 5 ff.
Prüfungsumfang II, 3, 26

Qualifizierter Bebauungsplan III, 4, 18
Querschnittsklausel III, 1, 140

Rahmen III, 4, 51 ff.
Raumordnung V, 1 ff.
Raumordnungsklausel V, 22
Raumordnungsrecht I, 17 f.
Raumordnungsverfahren V, 33 ff.
Recht auf gerechte Abwägung IV, 53
Rechtsanspruch IV, 4, 7
Rechtsgutachten BVerfG I, 13
Rechtsnatur städtebaulicher Verträge III, 2, 11
Rechtsschutz der Gemeinden IV, 44 ff.
Rechtsschutz im Raumordnungsrecht V, 32
Regionaler Planungsverband V, 13 ff.
Rücksichtnahme, bauordnungsrechtlich II, 7, 84
Ruine II, 8, 13

Sachbescheidungsinteresse II, 4, 3; II, 6, 10 ff.
Schädliche Umwelteinwirkungen III, 4, 82
Schlusspunkttheorie II, 4, 2
Schutznorm IV, 18
Schrottimmobilie II, 8, 13a
Schwarzbau IV, 37; III, 4, 39
Selbständige bauliche Maßnahme II, 5, 28
Selbständiger Bebauungsplan III, 1, 185 f.
Sicherungsmittel III, 3, 1
Ski- und Berghütte III, 4, 76
Sonderbauten II, 2, 31 ff.; II, 8, 15
Sonstige Vorhaben III, 4, 79
Splittersiedlung III, 4, 86
Staatliche Organisation II, 2, 36 ff.
Städtebauliche Belange III, 4, 13
Stellplätze II, 2, 19; II, 7, 49 ff.
Stellplätze II, 7, 49
Störer, Adressat II, 8, 69 ff.
Suspensiveffekt IV, 66

Teil-/Nichtigkeit von Bauleitplänen III, 1, 224 f.
Teilbaugenehmigung II, 4, 36 ff.
Teilflächennutzungsplan, sachlich III, 1, 177
Teilprivilegierte Vorhaben III, 4, 100 ff.
Teilungsgenehmigung III, 3, 43 ff.
Tekturgenehmigung II, 4, 21 f.
Typisierende Gebietsfestsetzung III, 4, 20

Überdeckung II, 2, 25
Überörtliche Planung III, 4, 10, 11
Umweltbericht III, 1, 218 ff.
Umweltprüfung III, 1, 10, 49, 63 ff., 109, 142, 145, 220, 231
Umwidmungssperre III, 1, 144
Unbedeutende bauliche Anlage II, 5, 40
Unmittelbare Bodenertragsnutzung III, 4, 62
Unselbständige bauliche Maßnahme II, 5, 28
Untätigkeitsklage IV, 7
Unternehmer II, 2, 48 ff.
Unwirtschaftliche Aufwendungen III, 4, 90

Variationsbreite III, 4, 5
Veränderungssperre III, 3, 2

Verbindlichkeit von Zielen V, 21
Verbindung mit Erdboden II, 2, 12
Verbot mit Erlaubnisvorbehalt II, 4, 1, II, 5, 1
Vereinfachtes Änderungsverfahren III, 1, 230 ff.
Vereinfachtes Genehmigungsverfahren II, 4, 4; II, 6, 7 ff.; IV, 32
 – Ermessensprüfprogramm II, 6, 9 ff.
 – Folge II, 6, 14 ff.
 – Grundsatz II, 6, 7 f.
 – Pflichtprüfprogramm II, 6, 9 ff.
Vereinfachtes Genehmigungsverfahren II, 6, 7 ff.
 – Folgen II, 6, 14 ff.
 – Grundsatz II, 6, 7
 – Prüfungsprogramm II, 6, 9
 – Rechtsprechung II, 6, 11
 – Sachbescheidungsinteresse II, 6, 10
Verfahren bei der Baugenehmigungsbehörde II, 3, 22 ff.
Verfahren der Bauleitplanung III, 1, 10 ff.
Verfahrensfehler nach Landesrecht III, 1, 93 ff.
 – Ausfertigung III, 1, 102 ff.
 – persönliche Beteiligung III, 1, 97 f.
Verfahrensfreiheit II, 5, 24 ff.
Verfahrenszweck III, 1, 108 ff.
Verfassungsrecht, Bezüge I, 12 ff.
Verlängerungsmöglichkeit II, 4, 44 ff.
Verpflichtungsklage IV, 2, 8
Versagungsbescheid IV, 3
Versagungsermessen II, 6, 12
Versagungsgegenklage IV, 2
Versiegelung II, 8, 41
Verwaltungsinternum III, 4, 111
Vollgeschosse II, 2, 33
Voraussetzungen der Veränderungssperre III, 3, 4 ff.
Vorbehaltsflächen V, 27
Vorbescheid II, 4, 23 ff.
 – Änderung Sach- und Rechtslage II, 4, 35
 – Bebauungsgenehmigung II, 4, 27
 – Grundsatz II, 4, 23 ff.
 – Verfahren II, 4, 29
 – Verhältnis zur Baugenehmigung II, 4, 30 ff.
Vorhaben der Landesverteidigung III, 4, 126

Vorhaben- und Erschließungsplan III, **4**, 34
Vorhabenbezogener Bebauungsplan III, **4**, 31 ff.
Vorhabensbegriff III, **4**, 1
Vorhabensbezogene Bebauungsplan III, **1**, 260
Vorkaufsrechte III, **3**, 59 ff.
Vorläufige Untersagung III, **3**, 33
Vorläufiger Rechtsschutz IV, 66 ff.
Vorrangflächen V, 26
Vorwegnahme der Hauptsache IV, 78
Vorzeitiger Bebauungsplan III, **1**, 190 f.

Werbeanlage II, **2**, 14 ff.
Werbemittel II, **2**, 14
Widmung II, **7**, 10
Wiederherstellung der aufschiebenden Wirkung IV, 74
Wirksamkeitsvoraussetzungen III, **2**, 17 ff.
Wirkung „inter omnes" IV, 61
Wirtschaftswerbung II, **2**, 15
Wochenendplätze II, **2**, 19
Wohnweg II, **7**, 12

Zentraler Versorgungsbereich III, **1**, 163
Ziele der Raumordnung V, 29; III, **4**, 92
Zivilrechtlicher Nachbarschutz IV, 43
Zufahrt II, **7**, 9 ff.
Zurückstellung III, **3**, 23 ff.
Zustimmungsverfahren III, **4**, 125
Zweites Standbein III, **4**, 63